U0917904

主　编　夏泽祥

副主编　于胜刚　　汪　栋

撰稿人（以所撰写章节先后为序）

夏泽祥　王新娟　宋海春

王守印　汪　栋　李　琳

于胜刚　朱宝丽

CONSTITUTIONAL LAW

● 高等院校法学专业系列教材

宪法学

主　编　夏泽祥

副主编　于胜刚　汪 栋

山东人民出版社

目 录

第一编 宪法学的一般理论

第二编 公民权利

第三编　国家权力

第四编　宪法的制定与实施

第一编

宪法学的一般理论

第一章　宪法概述

第一节　宪法与宪法学

“宪法”这个术语不论在中国还是在外国,都早已有之,但其含义与我们今天所讲的“宪法”并不相同。为便于大家了解我们今天所讲的“宪法”,现将“宪法”一词的古典含义与近现代含义作一扼要介绍,然后我们再对“宪法”的概念作一界定。

一、“宪法”的古典含义

(一)“宪法”在古代西方的词义

在古希腊,宪法是法律的一种。亚里士多德(Aristotle)曾将古希腊各城邦的法律分为宪法和普通法律,将古希腊各城邦宪法汇编为《一百五十八国宪法》一书,并以此为基础研究宪政问题。在其名著《政治学》中,亚里士多德提出,国家应该有一个根本大法,作为立法与统治权行使的指导原则,法律就是依据宪法制定的。他认为,宪法是国家各种机关的体制,用以决定统治团体的构成和国家之目的;认同一个国家,就必须认同其宪法,而宪法被废止就代表国家的消亡,新宪法的产生就象征着新国家的诞生。在古希腊,宪法是有关城邦组织和其权限的法律,包括有关公民资格、公民权利与义务的法律,有关城邦议事机构、行政机构,以及法庭的选任、权限、责任的法律。可见,当时古希腊的宪法与今天的国家机构组织法非常接近。

在古罗马,宪法(宪令)是指罗马皇帝所颁的敕令、诏令、策令、谕旨等,经常出现在罗马的法律和法学著作中,比如,由查士丁尼钦定并被赋予法律效力的《法学总论》的序言中曾四次使用“宪令”一词。应当说明的是,古罗马人虽然将宪法与普通法律作了区分,但他们并未将宪法视为根本法或组织法。①

① 参见蒋碧昆等:《宪法学》,中国政法大学出版社1999年版,第3页;肖泽晟:《宪法学——关于人权保障与权力控制的学说》,科学出版社2004年修订版,第38页。

在中世纪，宪法是确立教会与封建主的特权及其与国家间关系的法律。如12世纪，英王亨利二世颁布《克拉伦登宪章》(The Constitutions of Clarendon)来规定英王与教士的关系。1215年，英王约翰颁布的《大宪章》(Magna Carta)规定了国王与贵族、诸侯及僧侣的关系。14世纪，法国自然科学家把一些公认的传统和原则与国王所公布的法律作了区分，将国王召集国民会议所制定的法律称做根本法、组织法、宪法。例如，国王非经三级会议同意不得开征新税，国王不得割让国家领土，国王的立法权必须受到自然法、神法和国家根本法的限制等，都是宪法的内容。①

（二）"宪法"在中国典籍中的词义

中国典籍中常见的与"宪法"有关的词语有"宪"、"宪令"、"宪章"、"宪典"、"宪纲"、"宪则"及"成宪"等。据学者考察，中国古代典籍中"宪"的含义主要包括七个方面：(1)最基本的意义是指法，既可以指除刑律之外的国家典章制度，也可以指包括刑律在内的所有法律制度；(2)指一般的法律、法令；(3)指法律、法令的公布；(4)指效法、遵循；(5)指受法律的惩罚和制裁；(6)指御史和监察机关；(7)指具有最高效力的法律、法令。中国古代典籍中的"宪法"，有时是"宪"和"法"两个同义词素的组合词，含义相当于法制、法纪或者法律、法令，有时是指最重要、最根本的法律准则。如《尚书·说命》有"监于先王成宪，其永无愆"之说，《国语·晋语》有"赏善罚奸，国之宪法"之说，《管子·七法》有"一体之治，故能出号令，明宪法矣"之说。

（三）"宪法"的近代词义及其登陆中国

"宪法"一词在西方几经变迁，到18世纪末，美国颁布了世界上第一部成文宪法，宪法作为国家根本法的含义才最终确定下来。比较古代中西方"宪法"的词义不难发现，"宪法"一词虽都有法律的意思，但西方"宪法"中具有"根本法"、"组织法"这一层含义，而中国则没有。宪法作为国家根本法这一含义是从日本舶来的。

据我国学者考证，第一位将Constitution译作汉字"宪法"的是曾任日本司法大臣的箕作麟祥，时间是1873年。中国和韩国都沿袭了日本人的译法。日本的"宪法"含义也非自古即有，19世纪末（大约在1882年）明治天皇派遣伊藤博文去欧洲考察，将欧洲的"宪法"一词翻译到日本，并在宪法的诏敕《训条》第一款中首次正式出现"宪法"字样。从此，宪法作为近代意义上的根本法在日本正式确立。1887年，清朝驻日外交官黄遵宪将"宪法"一词引入中国。1904年，张之洞奏请清廷立宪，"宪法"一词在中国被赋予了近代的意义。1908年，清廷颁布《钦定宪法大纲》，宪法作为一种专门的法律在中国

① 参见李步云主编：《宪法比较研究》，法律出版社1998年版，第7~8页。

正式产生。

二、什么是宪法

作为一本宪法学教科书,必须对宪法的概念作出尽可能合理的界定,而宪法概念所要表达的,主要是该词的近代含义。我们日常所见的宪法学教科书主要是按照两种思路来界定宪法含义的:

一是对宪法的内容进行描述。我国大陆老一辈宪法学家受前苏联学者的影响,一般是从宪法的阶级本质、政治属性及其在整个法律体系中的地位来界定宪法。他们认为,所谓宪法,又称"母法",是国家的根本大法,它集中反映各种政治力量的对比关系,规定国家的根本任务和根本制度,即社会制度、国家制度的原则和国家政权的组织以及公民的基本权利和义务等内容,具有最高的法律效力。① 台湾学者林纪东认为:"宪法者,规定国家之基本组织、人民之权利义务及基本国策之根本法也。"②日本学者美浓部达吉认为,宪法是"关于国家领土的范围,国民资格的条件,国家统治组织的大纲,尤其是处于国家最高地位的机关如何构成,享有什么权利,怎样行使它的权能,各种机关彼此间有何种关系等问题的法则,以及关于国家与国民之关系的基础法则"③。这种思路并没有围绕宪法的基石范畴来界定宪法概念,没有说明宪法的调整对象,因此并不能对宪法作出恰当的界定。

二是围绕国家权力与公民权利之间的关系描述宪法。布朗戴尔认为,宪法就是"对政府活动进行限制,给予公民最大限度自由的强制性规范"④;史特朗说:"宪法的目的是限制武断的权力……来保障被统治者的各种权利"⑤。按照这种思路,把国家权力与公民权利的关系作为宪法的调整对象,能够将宪法与其他部门法区别开来。因此,按照这种思路来界定宪法具有相当程度的合理性。那么,为什么界定宪法需要围绕国家权力与公民权利之间的关系来进行呢?

近代意义上的宪法是资产阶级革命的产物。回顾近代宪法产生的历史不难发现,一部宪法史其实就是对国家权力加以限制和对公民权利加以保障的历史。

---

① 我国大陆出版的老一辈宪法学者所编撰的宪法学教科书,绝大部分采纳这一观点。参见肖蔚云等:《宪法学概论》,北京大学出版社 2005 年版,第 11 页;栗劲、李放主编:《中华实用法学大辞典》"宪法"词条,吉林大学出版社 1988 年版,第 1425 页。

② 林纪东:《民国宪法释论》,台湾明文印刷厂 1981 年版,第 1 页。

③ [日]美浓部达吉:《宪法学原理》,欧宗祐等译,商务印书馆 1925 年版,第 271 页。

④ 转引自罗豪才、吴撷英:《资本主义国家的宪法和政治制度》,北京大学出版社 1983 年版,第 2 页。

⑤ 转引自肖蔚云等:《宪法学概论》,北京大学出版社 2005 年版,第 12 页。

英国的《自由大宪章》(1215 年)是世界上第一部宪法性文件。当时英王约翰横征暴敛,遭到封建贵族的反对,被迫签署该宪章。它规定,除了英王被俘赎身、英王长子被封为武士、英王长女出嫁这三种情况以外,国王须事先经过由贵族组成的"大会议"同意才能征收代役金或者贡金,这一规定确立了国王也必须受法律约束的原则,限制了国王的权力。《大宪章》还规定,对于自由民,不得非法加以扣留、监禁、没收财产、剥夺法律保护权或加以放逐、伤害、搜索、逮捕。这实际上否定了封建贵族对国王的人身依附关系,它的划时代的历史意义不在于它规定了臣民的有限的权利,而在于它开创了限制国王权力的先例。1215 年《自由大宪章》经过国王的多次确认,在实践中发挥了限制国王权力的作用。后来,英国又出现了多个具有代表性的宪法性文件:《人身保护法》(1679 年)、《权利法案》(1689 年)、《王位继承法》(1701 年)。《人身保护法》共 20 条,约 4000 字,其主要内容是:除叛国犯、重罪犯以及战时或遇到紧急状态外,非经法院签发写明理由的逮捕证,不得对任何人实行逮捕和羁押;法官接到在押人犯后,应于2 日内作出释放、逮捕或取保候审的决定;经被捕人或其代理人申请,法院可签发人身保护令状,令逮捕机关或人员说明逮捕的理由;不得以同一罪名再度拘押已获准保释的人犯;英格兰的居民犯罪,不得押送到其他地区拘禁。总之,《人身保护法》的目的是为了确立司法独立制度,限制王权。《权利法案》是议会向英王詹姆士二世提出的要求,其中最重要的是:非经议会同意不得强迫臣民交纳任何租税以及特种地产税、捐款;除依历代遵行已久的法律、习惯或议会通过的法律,不得判处任何人死刑;无论任何人触犯任何法律条文,非经法律规定的程序不得加以审判;依法尊重并保障人民的各种权利和自由,尽快减轻人民的负担。《权利法案》确认了"权利自由原则"(如议院辩论和选举不受干预,行政机关不能擅自停止法规之实施等)和"议会权力至上"原则,把国王的权力置于议会权力之下。对此,伯纳德·施瓦茨说:"(英国)《权利法案》主要是想剥夺最后两个斯图亚特王朝的国王控制议会的手段和被詹姆士二世滥用的特权"①。《王位继承法》在序言的第一句就开宗明义地指出,本法旨在"限制王位之继承",同时,还规定了法官的独立地位。根据英国学者的传统看法,凡是具有分权意义的法律文件都可以称之为"宪章"。② 可见,英国宪法是作为英国资产阶级限制国王权力、保障公民权利的工具而产生的。

1787 年美国宪法是世界上第一部成文宪法,它之所以把分权制衡奉为

---

① [美]伯纳德·施瓦茨:《美国法律史》,王军等译,中国政法大学出版社 1990 年版,第 33 页。

② 詹克斯:《英国法律简史》,1928 年伦敦英文版。参见李步云主编:《宪法比较研究》,法律出版社 1998 年版,第 100 页。

基本原则之一，主要是由于当时的立宪者们对于强有力的万能政府怀有本能的恐惧。他们认为，最好的政府就是管事最少的政府。因此，有的学者指出，1787 年美国宪法的全部内容（共 7 条）可以归结为“权力的划分”和“权力的界限”两个方面。① 这部以限制国家权力为己任的宪法生效后，美国人民和资产阶级民主派都发现，国家权力侵害公民权利的现象仍时有发生，这表明，仅仅依靠“分权制衡原则”从正面对国家权力加以限制还是远远不够的，有必要从反面为国家权力划定一个禁区。于是，在 1791 年，美国宪法又增加了 10 条关于公民权利的规定，这就是著名的《权利法案》。《权利法案》诞生的动机是什么？伯纳德·施瓦茨评论道，“（美国）权利法案的目的是……对权力加以限制和限定”，它要“对立法机关加以防范，因为它最有权力，最有可能被滥用；还要防止行政官员滥用职权，防止由多数人控制的集团压迫少数人。”②由此观之，《权利法案》从字面上看是关于公民权利的规定，实质上是对国家权力设置的界限。《权利法案》同美国宪法的主文一样，都把限制国家权力作为第一位的任务。

《人和公民的权利宣言》（1789 年，以下简称《人权宣言》）是法国历史上第一个宪法性文件，它是 18 世纪晚期资产阶级大革命的产物。由于这次大革命的导火线是封建国王肆意践踏第三等级（资产阶级）的权利，因此，《人权宣言》的斗争锋芒是直接指向国王特权的。《人权宣言》第 16 条写道：“凡权利无保障和分权未确立的社会，就没有宪法。”正是由于肯定了限制国家权力、保障公民权利的原则，罗伯斯庇尔把《人权宣言》誉为一切民族的宪法。

考察英、美、法三国宪法的起源可以得出结论：宪法的产生是基于限制国家权力的需要，而保障公民权利则是宪法的终极目的。从 20 世纪 80 年代末开始，我国学者对宪法学的基石范畴进行了探讨，其中，“国家权力与公民权利”说是主流观点。③ 因此，国家权力与公民权利是宪法（学）的基石范畴，只有围绕这一对范畴才能对宪法含义做出较为准确的界定。

“宪法”一词本身有多层含义：（1）原始意义上的宪法，指国家机构组织法；（2）立宪主义意义上的宪法，即实质意义上的宪法，指通过限制国家权力来保障公民权利的法；（3）部门法意义上的宪法，指所有调整国家与公民之间关系的法律规范的总和，包括宪法典、宪法性法律以及其他宪法渊源；（4）根本法意义上的宪法，是指在一国法律体系中居于最高地位、具有最高

---

①　参见李步云主编：《宪法比较研究》，法律出版社 1998 年版，第 103 页。

②　［美］伯纳德·施瓦茨：《美国法律史》，王军等译，中国政法大学出版社 1990 年版，第 35 页。

③　参见夏泽祥：《宪法学的范畴之争》，载韩大元主编：《共和国六十年法学论争实录》（宪法卷），厦门大学出版社 2009 年版，第 76 页。

法律效力的宪法典。[①] 但是,按照当前宪法学界的主流观点,今天我们理解的"宪法",主要包括其立宪意义和根本法意义,而不包括其原始意义,只有在涉及"宪法渊源"时,"宪法"意指法的一个部门。

综上所述,以国家权力与公民权利作为宪法(学)的基石范畴,融合其立宪意义和根本法意义,可以将宪法界定为:宪法是授予并约束国家权力以保障公民权利的根本法。

三、宪法学

(一)什么是宪法学

关于什么是宪法学,这是一个十分复杂的法学问题。要给出宪法学的定义,首先需要对宪法学的研究对象作出界定。对于宪法学的研究对象是什么,我国学者从上个世纪60年代开始即开始了学术讨论,截至目前,已经形成了两种较为主流的学说,一为"宪法现象"说,一为"公民权利与国家权力的关系"说。[②] 由于学术界对于何为"宪法现象"存在着不同的认识,相较而言,将公民权利与国家权力之间的关系视为宪法学的研究对象更为可取。因此,我们从宪法学的研究对象着眼,将宪法学界定为:宪法学是关于国家权力控制与公民权利保障的学说。

(二)宪法学与其他部门法学的联系

根据《全国高等学校法学专业核心课程教学基本要求》的建议,我国目前共确定了14门法学专业核心课程:法理学、中国法制史、宪法学、行政法与行政诉讼法学、刑法学、刑事诉讼法学、民法学、民事诉讼法学、经济法学、商法学、知识产权法学、国际法学、国际私法学、国际经济法学。宪法学作为一门专业基础课、必修课,与其他学科之间存在着某种程度的联系,但与以下几门学科的联系更紧密、更直接一些:

1. 宪法学与行政法学。

宪法的主要功能之一是控制国家权力,行政法则是对国家行政权进行控制的法,所以,行政法有"小宪法"、"活的宪法"之别称。宪法学是关于权力控制与人权保障的学说,行政法学自然可以视为宪法学的延伸。在一定意义上可以说,行政法学理论同立法学理论、司法审判理论共同构成了宪法学理论体系的主体。

2. 宪法学与刑法学。

从内容角度看,刑法学是关于犯罪、刑事责任与刑罚的学科;从价值角

---

① 参见许崇德主编:《宪法》,中国人民大学出版社2009年版,第11~12页。

② 参见韩大元、于文豪:《宪法学研究对象之争》,载韩大元主编:《共和国六十年法学论争实录》(宪法卷),厦门大学出版社2009年版。

度看,刑法学是对国家刑罚权加以限制,以保障犯罪嫌疑人之人权的学科。刑法学的基本内容可以归结为对国家刑罚权的限制:(1)罪刑法定、排斥习惯法、排斥不定期刑、禁止类推、刑法不溯既往等原则,以及刑罚消灭制度,这些都是为国家刑罚权划定的界限;(2)罪刑均衡原则和罪刑平等原则是对刑罚权滥用的防范;(3)犯罪构成要件、定罪的法定情节等规定为随意出入人罪设置了障碍;(4)刑罚种类的列举式规定宣告了法外之刑的违法性,等等。可以说,刑法与宪法有着共同的价值取向,而宪法作为人权保障学说为刑法对国家刑罚权的限制提供了理论支持。

3. 宪法学与刑事诉讼法学。

宪法与刑事诉讼法同属于公法,都把保障人权作为最基本的价值取向。美国宪法修正案规定的 23 项公民基本权利中,有 12 项与刑事诉讼密切相关;1949 年《德意志联邦共和国基本法》第 1 ~ 19 条、第 101 ~ 103 条都有刑事诉讼方面的规定;法国《人权宣言》第 7、9 条是刑事诉讼条款;1947 年《意大利共和国宪法》第 13、14、15、21、24 条规定了若干刑事诉讼的制度和原则;1946 年《日本国宪法》第 31、32、33、34、35、36、37、38、39、40 条是刑事诉讼条款,占"国民的权利与义务"所有条款的 1/3。国家对公民权利的保障,主要是通过对国家的刑事司法权加以制约来实现的,刑事诉讼被视为检验宪法对国家专断权是否有限制以及限制是否有效的试金石。所以,在法治国家一般都把刑事诉讼法称做"宪法的适用法"(Applied Constitutional Law)。

4. 宪法学与行政诉讼法学。

世界各国宪法关于法院的主管与管辖范围、司法独立、审级制度、公开审判制度等规定都是对国家司法权的限制,这些规定适用于刑事、民事和行政诉讼,因此,行政诉讼法必然具有对司法权进行制约的功能。以我国《行政诉讼法》为例,它所规定的受案范围、管辖原则、诉讼期间、审判监督、法律适用等规定,都是对司法权的制约。同刑事诉讼法一样,行政诉讼法也可以理解为是对国家司法权进行制约的法。另外,行政诉讼法上的"被告人举证制度"还体现出对行政权力的制约。可以说,行政诉讼法在权力控制与人权保障方面与宪法是一脉相承的。行政诉讼法同样是宪法的适用法。

总之,我们认为,宪法学与行政法学、刑法学、刑事诉讼法学和行政诉讼法学有着最直接的联系,宪法学为它们提供最直接的理论支持,是学好这些部门法学的基础。

第二节　宪法的分类

自近代宪法诞生以来,历史上的宪法多达几百种,世界各国现行宪法也有100多部。这些纷繁复杂的宪法有其共同点，比如，从内容上看，大都规定了公民(基本)权利和义务，国家机关的组织及职权，宪法的保障及修改程序等。但是，另一方面，无论从宪法结构，还是从宪法内容来看，这些宪法文件又存在着诸多差别。为了学习和研究的方便，有必要依据不同的标准，把它们归纳为不同的类别。

一、成文宪法与不成文宪法

成文宪法(Written Constitution)与不成文宪法(Unwritten Constitution)是根据宪法是否具有统一的文书形式而作的分类，这一分类法是英国著名法学家詹姆斯·蒲莱士(James Bryce)于1884年在牛津大学讲学时提出来的，是对宪法的最早分类。

凡是有关国家的根本事项(如国家的根本组织、政府职权、公民权利和义务等)用一个或几个法律文件表现出来的宪法是成文宪法。所以，成文宪法也叫文书宪法(Documentary Constitution)。由于成文宪法是由制宪机关或君主制定的，成文宪法又称为制定宪法(Statutory Constitution)。世界上绝大多数国家的宪法都用一个法律文书即宪法典来表示，如美国、法国、日本、朝鲜、古巴等国。但也有少数国家的成文宪法用同一时期或不同时期制定的几个书面文件表示，如1875年法国宪法由《国家权力组织法》(1875年2月25日)、《参议院组织法》(1875年2月24日)和《国家权力关系法》(1875年7月16日)三个文件组成。一般认为，世界上第一部成文宪法是1787年美国宪法，1791年法国宪法是欧洲大陆第一部成文宪法。

不成文宪法是指对国家的根本事项不用统一的书面文件表示，而是散见于不同时期的宪法性法律、宪法判例或宪法惯例之中，又称做汇集宪法。在实行不成文宪法的国家，不存在成文的宪法典，只存在宪法性法律、宪法惯例等其他宪法渊源。英国、以色列、新西兰和1949年之前的匈牙利是不成文宪法国家，其中以英国最为典型。英国宪法主要由三个部分构成：(1)宪法法案，包括国会立法(如1679年的《人身保护法》、1689年的《权利法案》、1701年的《王位继承法》、1911年的《国会法》、1948年颁布1969年修订的《人民代表法》)和具有规约性质的重要文件(如1215年的《大宪章》、1259年的《人民公约》、1628年的《权利请愿书》)。(2)宪法惯例，如内阁由下院多数党组成并对下院负责、英王为虚位元首、大臣对国会和国王负连带责任，等等。(3)宪法判例，如司法独立原则、正当法律程序原则，等等。

一般认为，成文宪法的优点是：(1)经过制宪机关(或君主)的仔细研究和推敲，结构严谨，内容系统、全面，文字表述精确，且修改程序比较严格，因此成文宪法比较稳定，易于保持其权威性；(2)对国家机关的组织和职权作了明确规定,便于公民的监督,宪法的效力较易保障。当然,成文宪法也有自己的不足之处,主要是它的制定和修改程序比较严格,因此成文宪法的适应性比较差,特别是难以适应变化莫测的政治形势和紧急情况,较易出现宪法危机。不成文宪法的优点有:(1)不成文宪法中的宪法惯例是在长期的社会实践过程中形成的,容易得到人们的认可和遵守;(2)制定和修改没有严格的程序限制,具有较强的灵活性,便于适应复杂的政治情势和紧急情况。其缺点是内容分散且不系统、不明确,当权者(特别是深孚众望的国家领导人)易于各取所需,甚至随意废弃或创造宪法惯例。

成文宪法与不成文宪法的区分标准不是绝对的。事实上,成文宪法中可能包括着大量不成文的宪法惯例、政治传统,如两党制、司法审查制度等也是美国宪法的组成部分;同时,不成文宪法当中也包括了大量宪法文件,如英国虽然没有成文的宪法典,但存在着大量的宪法性法律文件,新西兰的宪法包括20多个宪法性法律文件。成文与不成文的区别,只是量上的差异,而无质的不同,不管成文宪法还是不成文宪法都是这两种宪法形式的混合体。所以,这种传统分类法遭到了不少批评。

成文宪法与不成文宪法究竟孰优孰劣?我们注意到,同样是成文宪法,在有的国家能够达到限制政府权力、保障公民权利和自由的目的,这样的国家是现代的法治国家;在有的国家,成文宪法不仅无法防止权力的滥用,甚至沦为专制独裁的工具。而在不成文宪法国家,尽管那些宪法性文件杂乱无章,宪法惯例看不见、摸不着,但政府权力却得到了有效制约,人民沐浴着自由的阳光。其实,一国公民的法治传统以及公职人员的民主修养,对宪法实效的有无起着至关重要的作用,而是否实行成文宪法并非法治国家能否建成的关键因素,成文宪法与不成文宪法也没有绝对的优劣之分。

二、刚性宪法与柔性宪法

刚性宪法(Rigid Constitution)与柔性宪法(Flexible Constitution)是根据宪法修改之难易程度的不同而对宪法所作的分类,这一分类法是英国著名法学家詹姆斯·蒲莱士(James Bryce)于1904年在《历史与法学研究》一书中提出来的。

宪法的制定和修改机关、程序、效力与普通法律不同,其修改程序比普通法律更复杂的宪法谓之刚性宪法。这种"刚性",通常包括以下三种情况:(1)修宪权并非完全由普通立法机关行使,比如,美国宪法的修改虽然由联邦立法机关进行,但批准权则由各州立法机关行使,从而使得宪法的修改比普通法律更为困难。(2)修改宪法的程序比一般立法程序更为严格,比如,我国法律由全国人民代表大会以全体代表的半数通过即可,但宪法的修改须由全国人大常委会或者五分之一以上的全国人大代表提议,并由全国人大以全体代表的三分之二以上的多数通过。(3)修改宪法的机关既非普通立法机关,修改程序也不同于普通的立法程序,如瑞士宪法以及美国一些州的宪法即属于此种情形。①

由普通立法机关通过一般立法程序即可修改的宪法,谓之柔性宪法。由于不存在统一的宪法典,宪法规范都体现在宪法性法律等宪法渊源之中,故不需要也不可能有特别的修改程序。一般而言,不成文宪法都是柔性宪法;成文宪法一般都规定了特别的修改程序,故大都属于刚性宪法,但也有个别例外。如 1947 年《意大利共和国宪法》第 138 条第 1 款规定,宪法和其他宪法性法律的修改程序完全相同,故该成文宪法属于柔性宪法。

刚性宪法的优点是,由于修改程序比较严格,且其效力高于普通法律,一般而言其稳定性强,权威性比较高;其弱点是适应性差,缺乏足够的灵活性,政府往往会陷入"发展创新与违宪"的两难困境之中。柔性宪法的最大优点是,由于其制定和修改程序不如刚性宪法严格,故适应性比刚性宪法强,能够较好地适应不断发展变化的社会环境;缺点是不如刚性宪法稳定。

蒲莱士本人认为,刚性宪法与柔性宪法的划分优于成文宪法与不成文宪法的划分,因为它比较科学和合于适用。实际上,刚性宪法与柔性宪法的区别仍然只是量的区别,而非质的差异,"刚性宪法与柔性宪法的分别,严格地讲,亦是一个程度问题"②。现实生活中,个别刚性宪法的修改并不难,如 1875 年法国宪法为刚性宪法,但由国会两院分别通过修正案,再经两院联席会议绝对多数通过即可进行修改。再如 1972 年孟加拉国宪法规定,修改宪法要经全体议员 2/3 多数票通过后提交总统,总统必须在 7 天内批准或须经公民投票决定。按此规定,孟加拉国宪法属于刚性宪法,但自 1972 ~ 1975 年间,先后被修改过 4 次,其修改频率是相当高的。也有个别柔性宪法的修改并不容易,比如英国宪法是典型的柔性宪法,但其宪法的某些方面修改起来却十分困难。以妇女参政为例,英国妇女在 1918 年之前是没有选举权的,1918 年 2 月 6 日颁布的《国民参政法》规定年满 30 岁的妇女和年满 21 岁的男子享有选举权,直到 1928 年 7 月 2 日颁布的《国民参政法》才取消了妇女年龄高于男子的规定,前后经过了 10 年时间。③ 所以,这种分类法招致了一些批评,认为这种分类只是成文宪法与不成文宪法分类的延伸,无多大必要。

我们认为,将宪法分为刚性宪法与柔性宪法,有助于人们认识宪法在国

① 参见李步云主编:《宪法比较研究》,法律出版社 1998 年版,第 65 页。

② 王世杰、钱端升:《比较宪法》,商务印书馆 1946 年版,第 17 页。

③ 参见李步云主编:《宪法比较研究》,法律出版社 1998 年版,第 67 ~ 68 页。

家生活中的地位和作用，因此，这种分类不是毫无意义的。当然，从实际情况来看，宪法是否稳定，并不完全取决于宪法的制定和修改程序是否严格，它还与宪法内容是否恰当地反映了本国国情、立宪技术是否成熟、国家公职人员守法意识的强弱、一国公民是否具有护法传统等因素密切相关。无论宪法属于刚性抑或柔性，只要它的内容恰当地反映了本国国情、立宪技术较为成熟、国家公职人员守法意识较强、公民具有良好的护法传统，则任何一种宪法皆可发挥其应有的作用。一般而言，在民主观念尚不浓厚，法治传统尚未形成的国家，宜采取刚性宪法的形式。

三、钦定宪法、民定宪法与协定宪法

钦定宪法、民定宪法和协定宪法是根据宪法制定机关（主体）的不同而将宪法所作的分类。

封建君主依据自己单方面意志制定和颁布的宪法，谓之钦定宪法。如1848年普鲁士宪法，1889年明治天皇颁布的《大日本帝国宪法》，清朝光绪34年（公元1908年）颁布的《钦定宪法大纲》即非常典型。钦定宪法一般是在封建势力还很强大，资产阶级力量尚不能占据优势的情况下出现的。这种宪法对君主特权稍作限制，对民权做一些点缀性的宣示，因此，钦定宪法并非近代立宪意义上的宪法。

由君主与国民（或国民代表机关）协商制定的宪法，谓之协定宪法。由于协定宪法是君主与政治上的反对派相互斗争和妥协的结果，体现了权力制约性质，故协定宪法是近代立宪意义上的宪法。欧洲中世纪君主国家的宪法大都属于此类。如1215年英国的《大宪章》、1689年英国的《权利法案》都属于典型的协定宪法。

由国民或国民选出的代表机关制定的，反映国民公意的宪法，谓之民定宪法。1787年美国宪法、1793年法国宪法都是典型的民定宪法。目前世界上绝大多数宪法都是民定宪法。

把宪法分为钦定宪法、民定宪法与协定宪法有两个问题需要澄清：（1）这种划分是否适当？我们在一般意义上所指的宪法，是指近代立宪意义上的宪法，而钦定宪法并无制约国家权力的意义，故钦定宪法并不属于严格意义上的宪法，因而该种分类法的确值得商榷。（2）钦定宪法的称谓是否绝对没有意义？将钦定宪法与近代宪法的内容、制宪目的相对照，很容易得出钦定宪法是“假宪法”、“无意义”的结论。但是，联系到具体的历史背景则可以看出，在钦定宪法产生之前，封建君主们是从虚幻的天命（神意）中寻求王权的正当性的，而钦定宪法的产生则意味着，封建君主们已经开始从法律文件中寻求其统治的正当性了。在这个意义上，“假宪法”也有其意义。

四、规范性宪法、名义性宪法与标签性宪法

规范性宪法(Normative Constitution)、名义性宪法(Nominal Constitution)与标签性宪法(Semantic Constitution)是以宪法在制约国家权力方面的实际效果为标准而对宪法所作的分类,这种分类法是美国学者卡尔·娄文斯坦首先提出来的。

具有限制国家权力、保障公民权利的功能,且在政治实践中发生实际效力的宪法,谓之规范性宪法。当代法治发达的资本主义国家宪法属于这一类型。

其文本体现了限制国家权力、保障公民权利的精神,但文本内容得不到有效实施,因而不能有效地制约国家权力和保障公民权利的宪法,谓之名义性宪法。名义性宪法就是徒有虚名的宪法。二战以后新独立的亚非拉国家的宪法基本上属于这种宪法,这些国家本来没有宪政经验,只不过从欧美输入了宪法的称谓,制定了宪法文本,但这种宪法无法发挥限制国家权力的实效。娄文斯坦将这种宪法比喻为一件不合身的衣服,没有穿在身上,而是摆在衣柜中,待身材长成时再穿。

为了维护掌权者之独占利益而对现有的政治权力状况加以肯定的宪法,谓之标签性宪法。这种宪法充满着假话、大话、空话和废话,在实际生活中根本不可能起到限制政府权力、保障公民权利和自由的作用。娄文斯坦说,这种宪法根本不是一件真正的"衣服",它只是一副面具。

卡尔·娄文斯坦提出的这种分类法有利于人们认识一个国家宪法的实际效果,对于人们研究宪法有重要价值,但也遭到了某些批评。有人认为,这种分类法不太现实;也有人认为这种分类法过于机械;还有人认为这种分类的标准过于笼统,等等。

五、原生性宪法与派生性宪法

原生性宪法与派生性宪法是按照宪法是否由本国独创而对宪法所作的分类。

凡是宪法模式及基本内容皆有原创性的宪法,谓之原生性宪法。如1787年美国宪法创立了分权制衡模式;英国宪法创立了《权利法案》(或称权利宣言)、议会内阁制等宪法模式;1919年魏玛宪法独创了一种新型的宪法权利——社会权利;1918年苏俄宪法创立了苏维埃制等等,属于原生性宪法。

凡是借鉴外国模式或者基本内容的宪法,谓之派生性宪法。后起的制宪国家不可能不借鉴它国的制宪经验,所以世界上绝大多数宪法都是派生

性宪法，如我国宪法不仅保留了革命根据地宪法的模式，而且汲取了前苏联的制宪经验，属于派生性宪法。

原生性宪法与派生性宪法的区分是相对的，原生性宪法往往也要在某些方面借鉴其他国家的宪法，而派生性宪法也必定要结合本国的实际，进行一定程度的创新，纯粹的原生性宪法或派生性宪法都是极为罕见的。1787 年美国宪法是世界上第一部成文宪法典，可以说是无可争议的原生性宪法，但该宪法是继承了殖民地时期的制宪经验（如采取成文宪法的形式，采取权利法案或权利宣言的形式对公民权利进行保障等）而形成的。随着世界各国政治、经济、文化的交流尤其是风俗、传统的融合，宪政建设的相互影响和相互借鉴是不可避免的。可以预见，现代各国宪法的制定和修改都必须借鉴其他国家的有益经验，原生性宪法与派生性宪法的区别将日渐式微。

六、古代宪法、近代宪法与现代宪法

古代宪法、近代宪法与现代宪法是按照时间标准对宪法所作的分类。

古代宪法是指近代立宪主义宪法出现之前的宪法，即原始意义上的宪法，实际上是指国家机构组织法，不是我们今天所谓的“宪法”。

近代宪法是指近代自由资本主义时期的宪法。这一时期的宪法体现了自由主义原则，公民权利主要是自由权，国家职能比较简单，以英国、美国和法国的宪法为代表。

现代宪法是指 20 世纪初以来的宪法，宪法宣告的公民权利从自由权扩大到社会权，与此对应，国家职能得到加强。近代宪法向现代宪法转型的标志，一是 1918 年《俄罗斯社会主义联邦苏维埃共和国宪法》（第一部社会主义宪法，简称 1918 年苏俄宪法），二是 1919 年德国的魏玛宪法。

这类分类法的优点在于能够把近代宪法与现代宪法的不同功能予以显著地区分开来，从而使人们对两种宪法所宣告的公民权利类型和所规定的国家职能有一个清楚的认识；这种分类法的缺点在于，由于一般意义上的宪法是具有制约国家权力功能的根本法，而古代宪法则既无制约国家权力的功能，也无根本法地位，因此，对于古代宪法是否属于“宪法”，这在理论上是有争议的。因而，以时间为标准把宪法分为古代宪法、近代宪法与现代宪法，也并非一种完美的分类方法。

除了上述分类之外，还可以根据不同的标准将宪法分为：(1)议会内阁制宪法、总统制宪法与委员会制宪法；(2)三权宪法与五权宪法；(3)单一制宪法与联邦制宪法；(4)分权制宪法与集权制宪法；(5)一院制宪法、两院制宪法与三院制宪法；(6)单一文件宪法与复式文件宪法；(7)有序言的宪法与无序言的宪法；(8)附有意识形态的宪法与不附有意识形态的宪法；(9)平时

宪法与战时宪法;(10)普通宪法与特别宪法;(11)长宪法与短宪法;(12)资本主义宪法与社会主义宪法,等等。①

第三节 宪法的特征

宪法是一个国家法律体系的组成部分之一,具有法律性,因而宪法与其他普通法律具有某些相似性。但宪法作为国家的根本法,在某些方面又与普通法律存在着不同之处。为便于大家加深对宪法的了解,现从两个角度将宪法的特征介绍如下:

一、宪法作为根本法的特征

宪法作为国家根本法的特征,主要是指宪法典与普通法律的区别:

(一)宪法在内容方面不同于普通法律

宪法规定国家制度和社会制度的基本原则、国家机关的组织与活动原则以及公民的权利和义务,如制宪目的、国家机构的组织与活动原则(包括国家结构形式和政体)、公民权利的保障、社会政策等等,这些都是一个国家中最具根本性因而也是最重要的问题。可以说,宪法是普通法律的纲领。

普通法律也规定国家制度与社会制度以及公民的权利与义务方面的内容,但它只规定其中某一方面的问题,如刑法通过规定何为犯罪、对犯罪施加何种刑罚来维护国家制度和社会制度,保护公民的权利;行政法通过规定行政权力的组织、行使原则与方式来保障公民权利;民法主要通过调整平等主体之间的财产关系和人身关系来保护公民的财产权和人身权等。可以说,普通法律是宪法原则、精神和规则的具体化。

(二)宪法的制定、修改程序比普通法律更为严格

宪法所规定的是国家政治生活、社会生活中的根本内容,这些内容体现为国家机关之间、国家与公民之间的关系。为保证国家制度的稳定性、维护宪法的权威和尊严,大多数国家宪法的制定和修改程序均比普通法律更为严格。

在制定方面,宪法与普通法律相比主要有两点不同:(1)制定主体不同。宪法的制定主体有制宪会议、宪法起草委员会等不同称谓,可笼统地称之为制宪机关,属于临时机构,宪法制定完毕即解散,如美国建国之初,各州推选

---

① 参见李步云主编:《宪法比较研究》,法律出版社1998年版,第72~88页。

代表于1787年5~9月,在费城组成制宪会议起草宪法;我国在制定1954年宪法时,专门成立了"宪法起草委员会"。普通法律的制定机关是立法机关,属于国家的常设机关。(2)批准条件不同。宪法草案一般要求批准会议代表的特定多数(如2/3、3/4或者4/5)同意;有的国家还要求举行全民公决,由有选举权的公民半数以上同意;在一些联邦制国家,要求由联邦组成单位(州、邦、共和国)的特定多数同意,如1787年美国宪法第7条规定,本宪法(草案)须经13个州中9个州的制宪会议批准方可生效。普通法律的通过只要求立法机关代表过半数同意即可。如我国1982年《宪法》第64条第2款规定:"法律和其他议案由全国人民代表大会以全体代表的过半数通过。"

在修改方面,宪法与普通法律相比主要有三点不同:(1)有权提出修改宪法和法律的主体范围不同。只有宪法规定的特定主体才可提出修改宪法的有效议案,比如美国宪法第5条规定:两院议员各以2/3的多数认为必要时,国会应提出对本宪法的修正案;或者当现有诸州2/3的州议会提出请求时,国会应召集修宪大会。1958年《法兰西共和国宪法》第89条第1款规定"修改宪法的倡议权,同时属于共和国总统和议会议员,共和国总统依照总理的建议案行使此项倡议权。"根据我国1982年《宪法》第64条的规定,只有全国人大常委会或者1/5以上的全国人大代表有权提出有效的修宪议案。对于普通法律的修改,凡是有权向立法机关提出法律草案的主体也都有权提出修改法律的有效方案。因此,有权提出修改宪法议案的主体比有权提出修改法律议案的主体在范围上要小得多。(2)宪法的修改程序比普通法律严格。如美国宪法规定,宪法修正案的通过须有3/4的州议会或经3/4的州修宪会议批准才能生效。1946年《日本国宪法》第96条规定:"本宪法的修订,必须经各议院全体议员2/3以上赞成,由国会创议,向国民提出,并得其承认。此种承认,必须在特别国民投票或国会规定的选举时进行投票,必须获得半数以上赞成。宪法的修订在经过前项承认后,天皇立即以国民的名义,作为本宪法的组成部分公布之。"1958年《法兰西共和国宪法》第89条第2款规定"修改宪法的草案或者建议案,必须由议会两院就同样的词句表决通过。宪法的修改,必须在公民投票通过后才最后确定。"我国1982年《宪法》第64条规定,宪法的修改由人民代表大会常务委员会或者1/5以上的全国人民代表大会代表提议,并由全国人民代表大会以全体代表的2/3以上的多数通过。而普通法律一般由立法机关来制定和修改,法律案和法律修正案的通过只需1/2以上的多数赞成即可。(3)宪法修改的内容有特殊限制。有些国家的宪法规定,宪法的某些内容不得修改,或者在宪法通过以后的一定时间内不得修改宪法。如1947年《意大利共和国宪法》第139条规定:"共和国体制不得成为宪法的修改对象。"1958年《法兰西共和国宪法》第 89 条第 4、5 款规定“如果有损于领土完整,任何修改程序均不得开始或者继续进行;政府的共和政体不得成为修改的对象。”对于普通法律的修改,只要符合程序,在内容方面一般没有限制。

(三)宪法的效力高于普通法律,即宪法具有最高的法律效力

宪法的最高法律效力主要体现在以下两个方面:(1)宪法是其他法律的立法依据。宪法的内容主要是国家政治、社会生活中的基本制度和基本原则,从宏观上和总体上分配、制约国家权力并保障公民权利,这些内容需要立法机关通过制定普通法律予以具体化。因此,普通法律是由宪法派生出来的,普通法律在制定时必须以宪法为依据。如我国 1982 年宪法第 31 条为全国人民代表大会制定特别行政区基本法提供了立法依据;第 48 条和第 49 条为制定婚姻家庭法提供了立法依据,等等。从普通法律的规定来看,我国绝大多数普通法律都明确规定“根据宪法,制定本法”,如《中华人民共和国国家赔偿法》第 1 条规定:“为保障公民、法人和其他组织享有依法取得国家赔偿的权利,促进国家机关依法行使职权,根据宪法,制定本法。”但也有少数普通法律没有“以宪法为依据制定本法”这样的规定,如《中华人民共和国治安管理处罚法》(2005 年公布)第 1 条规定:“为维护社会治安秩序,保障公共安全,保护公民、法人和其他组织的合法权益,规范和保障公安机关及其人民警察依法履行治安管理职责,制定本法。”从理论上讲,无论能否从宪法中找到制定普通法律的明确依据,也无论普通法律是否明确规定以宪法为制定依据,都应当认为一项普通法律是以宪法为依据制定的。(2)普通法律都必须符合宪法的基本原则与内容,否则会因违宪而无效。我国 1982 年宪法在“序言”第 13 个自然段规定,宪法是国家的根本法,具有最高的法律效力;在第 5 条中规定“一切法律、行政法规和地方性法规都不得同宪法相抵触。”1946 年《日本国宪法》第 98 条规定:“本宪法为国家最高法规,凡与本宪法条款相违反的法律、法令、诏敕以及有关国务的其他行为的全部或一部,一律无效。”为了认定普通法律是否违反宪法,现代法治国家都建立了违宪审查制度。

按照当前国内宪法学教科书的主流说法,上述三点既是宪法与普通法律的区别,也是宪法作为根本法的特征。

二、宪法规范的特征

按照主流的学术观点,普通的法律规范由假定、处理和制裁三要素构成。宪法规范是法律规范的一种,但对于宪法规范是否具备以上三个要素,则存在着肯定说和否定说两种观点。肯定说认为,制裁要素是保证宪法实施的必不可少的措施,因而,宪法规范不仅有假定和处理要素,而且应当有制裁要素。否定说则认为,宪法规范只有假定和处理要素,没有制裁要素,

故无具体惩罚性或无制裁性是宪法规范的特征之一。[1] 事实上,宪法文本一般都不规定违反宪法应当承担的违宪责任,因此,肯定说缺乏相关的证据。

按照否定说,可以将宪法规范的特征归纳为以下几个方面[2]:

(一)原则性和概括性

宪法作为国家的根本法,其内容涉及国家生活的各个主要方面,而其他法律规范只涉及国家生活或社会生活的某一个方面;宪法调整的社会关系的主体十分广泛,各国家机关、各民族、各政党、各社会团体、各企事业组织和公民都是宪法所调整的社会关系主体,其他法律规范所调整的社会关系主体就没有这么广泛。由于宪法所调整的社会关系的特点,其只需对大部分内容作出原则性规定就可以达到调整特定社会关系的目的。

与原则性相关的是宪法规范的概括性。由于宪法规范的内容十分广泛,因此,要在一个统一的宪法文书中对如此广泛的内容作出规定,同时又不能规定得十分详细和具体,必然要求宪法的文字表述要简洁而具有概括性。如我国现行宪法第41条第3款规定"由于国家机关和国家机关工作人员侵犯公民权利而受到损失的人,有依照法律规定取得赔偿的权利",至于国家机关工作人员哪些行为是侵犯公民权利的行为以及公民如何取得赔偿,则由《国家赔偿法》做具作规定。显而易见,这一规定具有概括性的特征。

(二)高度适应性和相对稳定性

由于具有较强的原则性和概括性,宪法规范在较长时间内可以承受住因国家客观形势变化带来的影响,具有高度适应这种变化的能力。当然,宪法的这种高度适应性还要求立宪者对未来社会的发展有较强的预测能力以及宪法解释机关根据客观条件的变化及时对宪法条文作出解释这两个条件。

与高度适应性相联系的是宪法规范的相对稳定性。由于宪法具有高度适应性,因此宪法规范比普通法律规范变动少,能在较长时间内适用。同时,宪法是国家的根本大法,它的变化直接关系到国家政治和社会秩序的稳定,不宜轻易变更。为此,立宪者往往在宪法中规定严格的修改程序,使宪法的修改较为困难,这也是宪法具有相对稳定的原因之一。

(三)最高权威性和无具体惩罚性

宪法在一国法律体系中居于根本法的地位,宪法规范的效力高于其他法律规范,是其他法律规范得以产生和发生效力的依据,具有最高权威性。普通法律不得同宪法规范相抵触,否则无效。虽然有些法律在宪法颁布之

---

① 参见许崇德主编:《宪法》,中国人民大学出版社2009年版,第30~31页。

② 参见朱福惠主编:《宪法学原理》,中信出版社2005年版,第8~9页。

前即已存在并发生了法律效力，但宪法颁布之后，这些法律必须受到审查，其中和宪法规范相抵触者必须停止发生效力并立即予以修改。

与最高权威性密切联系的是无具体惩罚性。与普通法律规范不同的是，宪法规范中的大部分条文一般不规定具体的制裁手段，因此同普通法律规范相比，宪法具有无具体惩罚性的特点。

【资料】有学者认为，宪法的权威性主要源于对违宪责任的追究，承认宪法规范的无具体惩罚性会削弱宪法的权威。因此，探讨违宪责任的概念、特征及其与法律责任的区别是十分必要的。肖北庚认为，违宪责任是指国家机关及其工作人员、政党、社会团体的言论或行为违背宪法的原则、精神和具体内容而应承担由专门国家机关依法确认为其承担的合理的负担。违宪责任具有如下特征：(1)违宪责任的承担主体具有多重性。违宪责任的承担主体通常包括国家机关、武装力量、政党、社会团体、企事业组织及担任一定职务的个人。(2)违宪责任是基于宪法关系而发生的，即在宪政实践中，因宪法关系主体违宪而引起。(3)违宪责任追究程序具有多元性。违宪责任的追究机关包括立法机关、司法机关和某些特设机关，在个别国家还包括总统。由于这些机关的职权范围、活动方式不一，所以对违宪行为进行制裁时，其适用程序也各有不同。(4)违宪责任既具有法律性质又具有政治性质。违宪责任在一定程度上仅具有法律责任的部分特征，而不涵盖其全部。同时，违宪责任还反映一定的政治愿望和要求，例如，“罢免”具有法律规范所规定和由违法行为所引起的法律特征，但不具有强制性的特征。罢免责任的实现主要不依靠强制手段，而依赖于政治方式。(5)违宪责任的承担方式也不同于其他法律责任，主要是撤销，如撤销职务、撤销违宪的法律或行政决定。①

违宪责任是一种政治责任，那么，政治责任与法律责任有何区别与联系呢？张贤明认为，二者的区别是：(1)法律责任必须有法律的明文规定，政治责任则不可能完全精确地由法律明文规定；(2)政治责任的实现相对于法律责任的实现而言具有优先性；(3)法律责任有专门的评价机关，政治责任则不必也不能仅以专门机关来评价；(4)政治责任与法律责任的承担方式不一样；(5)法律责任是不连带的，政治责任是可以连带的。二者的联系在于：(1)在现代法治国家，政治责任的追究要符合法定程序；(2)从范围来看，政治责任与法律责任存在交叉。这种交叉主要表现为政治责任可能引起法律

① 参见肖北庚：《违宪责任论略》，《湖南公安高等专科学校学报》2001年第4期，第40页。

责任，法律责任也可能引起政治责任。①

第四节　宪法的渊源

宪法的渊源是指宪法的表现形式。宪法作为一个法律部门，是由众多的带有根本法性质的法律组成的，这些法律就是宪法的渊源。大陆法系国家宪法的渊源一般有宪法典、宪法性法律、宪法惯例和条约；英美法系国家宪法的渊源主要是宪法典、宪法性法律和宪法判例，条约、宪法惯例和法理学说也是宪法的渊源。近年来，两大法系呈现出逐渐融合的趋势，某些大陆法系国家也开始把宪法判例和法理学说作为宪法的渊源。

一、一般意义上的宪法渊源

如果不考虑国别、法系等因素，则可从一般意义上将宪法的渊源归纳为以下几种形式：

（一）宪法典

除了英国、新西兰、以色列等国外，世界上绝大多数国家实行成文宪法。在实行成文宪法的国家，宪法典是最基本的宪法渊源。在一般意义上也可以说，宪法典是最主要、最基本的宪法渊源。

（二）宪法性法律

宪法性法律是指宪法典之外的那些关于国家权力的来源、组织与分配，以及关于公民权利自由的普通法律，如选举法、国家机构组织法等。这些法律虽然在制定与修改的程序、法律效力等方面与普通法律无异，但其与宪法典具有相同的功能。无论在成文宪法国家还是在不成文宪法国家，宪法性法律都是重要的宪法渊源。

（三）宪法修正案

宪法修正案是为了适应社会发展的需要，依据特定的修宪程序对宪法典的某些规定所作的修改或者补充，它是宪法典的有机组成部分，同宪法文本具有同等的效力。如1787年美国宪法共有27条修正案，我国1982年宪法共有31条修正案。

（四）宪法解释

宪法解释是专门机关依据专门的程序对宪法所作的解释和说明，具有法律效力，因而是宪法的渊源之一。

---

① 参见张贤明：《法律责任与政治责任的比较分析》，《政治学研究》2000年第1期。

（五）宪法判例

普通法系国家奉行“先例约束原则”，上级法院依据宪法作出的判决可以作为下级法院审理同类案件的依据，故称宪法判例。宪法判例所确立的宪法规则在很大程度上弥补了宪法典的不足，因此，宪法判例也是重要的宪法渊源之一。

（六）宪法惯例

宪法惯例是指在长期的政治实践中形成的、为国家机关、政党及政治家所遵循，并为人民所接受，因而具有宪法效力的习惯或传统。无论在成文宪法国家还是在不成文宪法国家，宪法惯例都是重要的宪法渊源。

（七）国际条约

国际条约是国家（地区）根据国际法缔结的规定相互之间的权利义务的协议。有些国家的宪法明文规定国际条约是重要的宪法渊源，如美国宪法第6条第2款规定：“本宪法和依本宪法所制定的合众国法律，以及根据合众国的权力已缔结或将缔结的一切条约，都是全国的最高法律”；1946年《日本国宪法》第98条第2款规定“日本国缔结的条约及已确立的国际法规，必须诚实遵守之”。有些国家的宪法虽然没有规定国际条约的域内效力，但并不排除本国政府承认或批准的国际条约也是重要的宪法渊源。在各种类型的国际条约中，人权公约是最常见的宪法渊源，如《公民权利和政治权利国际公约》、《经济、社会和文化权利国际公约》、《儿童权利国际公约》、《禁止并惩治灭绝种族罪公约》等。

（八）法理学说

法理学说是指法律理论、原理或权利意识、平等正义等观念。无论是英美法系还是大陆法系国家，都深受“自然法—自然权利”学说影响。按照这一学说，权利先于宪法，宪法先于政府，故在涉及公民权利保障的问题上，当出现法律漏洞或法律冲突时，人权保障机构往往会把法理学说作为人权保障的依据，故法理学说也会成为宪法渊源。但从维护法律的确定性方面考虑，通常把法理学说视为非正式渊源。

二、我国宪法的渊源

我国是成文宪法国家，宪法的主要渊源有：

（一）宪法典

我国现行宪法，即1982年《中华人民共和国宪法》，是我国最主要的宪法渊源。

（二）宪法修正案

我国现行宪法经过1988年、1993年、1999年和2004年4次修正，共产生了31条修正案,这些修正案也是重要的宪法渊源。

(三)宪法性法律

我国的各类组织法如《选举法》、《香港特别行政区基本法》、《全国人民代表大会组织法》、《国务院组织法》、《人民法院组织法》、《人民检察院组织法》、《地方各级人民代表大会和地方各级人民政府组织法》、《村民委员会组织法》、《民族区域自治法》、《集会游行示威法》、《立法法》等基本法律,都是重要的宪法渊源。

(四)宪法解释

根据我国现行宪法第67条的规定,解释宪法是全国人民代表大会常务委员会的职权,故该机构对宪法所作的解释也是重要的宪法渊源。

(五)国际条约

我国政府已经加入并经全国人大批准的国际公约,也是我国宪法的渊源,如我国政府于1997年10月签订、全国人大于2001年2月28日批准的《经济、社会和文化权利国际公约》等。

【资料】关于我国是否存在宪法惯例的问题,学者们意见还不一致。有学者认为,宪法惯例已经成为我国宪法的渊源,现有的宪法惯例主要有:(1)以修正案的方式来修改宪法;(2)全国人大与全国政协同时举行会议;(3)有关国家重大问题的决策,先由政协及各民主党派、各人民团体进行协商、讨论,再由国家权力机关依法决定;(4)由全国人大主席团颁布新宪法,等等。对此,也存在着尖锐的反对意见。

第五节　宪法的价值与功能

一、宪法的价值

(一)什么是宪法的价值[①]

宪法既反映事实关系,也反映价值关系。也就是说,宪法既是对民主事实的确认,对国家政治生活的规范,也是对人类政治理想的指引。所以,透过具体的宪法规范和政治事实来探寻宪法的内在价值,是宪法学研究不可或缺的内容之一。宪法价值理论是法的价值理论的重要组成部分,尤其与

① 本部分的写作,主要参考了周叶中主编:《宪法》之"宪法价值概说"部分,高等教育出版社、北京大学出版社2005年版,第156~157页。

法治社会中法的价值理论有着同一性。在近现代社会中,宪法包含何种价值,或者能够促进何种价值,以及如何实现这些价值,往往与法的一般价值的设定与实现相一致,并且通过部门法的各项价值的实现而得以体现和实现。同时,由于宪法是根本法,其价值的体现和实现又有其特殊性。与法的价值的内涵相一致,宪法的价值至少应包括以下三个方面的含义:

1. 宪法在实施过程中能够保护和促进哪些价值。

这实际上是宪法的目的问题。例如政治制度的民主化、公民的自由和权利、经济的发展、社会的公共福利等,都是宪法应该促进的重要社会价值。宪法在制定和实施过程中,都应对这些社会价值予以体现、保护并促使其实现。从根本上说,宪法应当着力于推动保护和增进公民的自由和民主权利,逐步消除人们对国家的依附,从而逐步推动社会政治关系的进步,最终在政治和社会生活中实现人民主权。

2. 宪法本身具有哪些价值。

这实质上指宪法不仅实现一定目的的手段,同时它本身也有着特定的价值。宪法这一范畴本身就意味着平等、自由和法治,意味着一定的民主政治制度以及由其形成的宪政秩序,并且必然与专制、独裁和动乱相对立。而违背了一般民主原则的宪法就不能成其为宪法。根据体现自由和民主的程度,我们可以将宪法区分为有价值的宪法和无价值的宪法。因此,自由、平等、民主等法律价值都应当是宪法本身应当具有的价值。

3. 宪法所包含的价值评价标准。

在宪法所促进的各类价值之间或同类价值之间必然会产生矛盾,在研究宪法价值时,必须分析解决这些矛盾的评价准则,按照这一标准来确定什么样的要求、行为或利益是正当的、值得保护的,并根据每种价值的大小来确定其在宪法价值体系中的位次,同时寻求各种价值得以共存的条件,或者在价值发生冲突时确定如何取舍。比如,任何宪法在制定和实施过程中,都必须依据一定标准来评价公民权利和政治秩序两项价值,并确定这两项价值共同存在和协调发展的途径;又比如,在公民权利的保护与社会效率的促进发生冲突时,就应该明确以一定的方式来首先确保公民权利的实现。

宪法价值范畴所包含的以上三层含义,是相互联系、相互依存的统一体,共同构成宪法价值的完整内涵。这三方面要素的共同作用,保证了宪法价值系统的完整性,并在实践中指导着宪法的发展、完善和实施。

(二)宪法的基本价值①

宪法的价值既不同于宪法的作用,也不等于宪法的功能。宪法的价值

① 本部分的写作,除了明确注明出处者外,主要参考了朱福惠主编:《宪法学原理》,中信出版社2005年版,第14~19页。

是人们对宪法的预期需求。从宪法产生和发展的历史来分析，宪法的价值显然与人民主权、民主、法治和人权等相关，但集中体现在宪法中的价值需求则主要是：正义、自由和秩序。以此为基点，凡具备这三种价值的宪法及其制度，就有可能出现民主宪政。

1. 正义。

正义的含义十分复杂，几千年来也一直处于争论和变化之中，但从一般意义上讲，正义的基本含义是：恰当地实施法律，给予某人以应得的东西，以及对纠纷一贯地、连续地作出类似的处理等。① 毫无疑问，正义是宪法的基本价值之一。人们期望通过宪法规范政治生活，并形成符合人们共同生活准则的法律秩序。宪法对国家制度的建构反映同时代人们对政治正义的要求。以近代宪法为例，反映人民主权、国家权力配置与制约、宣告和保障公民权利的宪法才是正义的宪法。正义价值对宪政制度提出了如下要求：

(1)公民平等地享有权利，如选举权、就业权、参政权。宪法既不能为某些特殊公民确立特权，也不能授权立法机关制定法律来保证一部分人享有权利，而对另一部分人实行歧视。平等享有权利是宪法在社会成员间分配权利的基本准则。

(2)对公民利利的重视与保护。宪法的终极目的在于保障公民权利，宪法应当确立权利保护体制以及相应的手段与方式。具体表现在，国家权力必须与公民权利有明确的宪法界限，国家权力的配置和运行必须最大限度地保障公民权利，国家机关制定的限制公民权利的法律以维护公共利益为限。

(3)广泛的政治参与。古希腊城邦政治制度被亚里士多德称为“宪法”，即带有民主参与政治生活的意义。英国议会制度也是从贵族、平民参与国家政权而形成的，以议会活动为中心形成的宪法原则被认为是正义的宪法原则。近现代宪法对公民选举权和被选举权的规定，对结社权的规定，对文官选拔制度的规定等就是为了满足公民广泛参与国家政治的需要。不能设想国家政权为少数人所把持，排斥公众参与的宪法制度会是一种正义的政治制度。

(4)执法活动符合正义的要求。正义不仅仅表现在宪法规范对社会政治生活的规定，也不限于对国家制度作出的合理安排，它还要求执法活动必须符合正义的要求。法官判决违约人承担赔偿责任，判决遗弃老人和儿童的人有罪，判决国家机关对违法行使职权而造成的损害承担责任，这些都是司法正义的体现。这一原则也可以适用于行政执法领域。

---

① 参见薛波主编：《元照英美法词典》，法律出版社 2003 年版，第 763 页。

由此可见,宪法的正义价值通过宪法规范社会生活而体现,通过规范政治生活和制度安排达到平等、民主和保障公民权利的目标。

2. 秩序。

秩序是人、事物存在和运转中具有一定一致性、连续性和确定性的结构、过程和模式等;作为法律价值的秩序是一种社会秩序,指人们交互作用的正常的结构、过程或变化模式,是人们互动的状态和结果。①

有组织的政治社会必然会产生秩序。到目前为止,政治秩序不外乎两种:其一为压制型秩序,即通过暴力夺取权力,而又以暴力为建构秩序的主要手段。一切专制政治的目标都是建立压制型秩序,其基本特征是以人的权威代替法律的权威,凭个人的主观意志制定政策并推行政策。其二为协调型秩序,即通过民主方式确立法律秩序。在推行民主方式以前,权力的取得也可能以暴力的方式而获得,但不承认现实权力是某一部分人获取政治经济利益的工具,而是通过民主的程序对权力的合法性和权力体制进行确认和重构。近现代宪法就是为了满足这种秩序建构的需要而产生的,它的基本特征在于奉行法治,强调国家权力的有限性,认为法律和政策是利益平衡的产物,国家政策的制定和实施以法律的权威为主要手段。所以,秩序之所以能够成为宪法的价值,盖出于人们对有序生活的企求。然而,宪法创设的秩序究竟应当包含哪些内容才能达到人们的期望,则是一个极为复杂的问题。

(1)从理论上来说,宪法秩序应当是一种正义的秩序,即宪法的制度安排应当充分体现正义的要求。除上文所述平等的政治参与机会、尊重公民权利等因素外,宪法的制定还应当具有正当性,即应当以人民的制宪权为基础。如果脱离了正义价值,由宪法创设的秩序虽然具有形式上的有序化,但这种秩序只能以强权和压迫来实现,最终会成为无序的开端。

(2)宪法秩序是一种选择性秩序,即宪法对制度的安排具有其他社会控制手段不可替代的价值。文明时代以前的社会秩序是一种自发型秩序,依靠习惯和道德而规制人们的行为。文明时代以来(确切地讲是国家产生以后)人们对社会秩序有各种不同的需求,既有日常的家庭秩序、生活秩序,还有工作秩序和政治秩序。道德、宗教和政策都在特定范围内建构并维持某种秩序,或对某种秩序产生影响,但在存在公共权力的条件下,由于公共权力机构具有管理、分配和惩罚的职能,使得由公共权力维持的秩序成为决定性的秩序形态,人们可以将一般道德规范适用于政治生活,然而公共权力的侵略性使道德规范的约束力受到威胁,运用法律作为建构政治秩序的手段

---

① 参见葛洪义主编:《法理学》,中国政法大学出版社2002年修订版,第44页。

成为唯一恰当的选择。

(3)宪法秩序表现为制度安排。宪法条文是一种纸面上的东西,本身没有任何价值,不过宪法条文体现人民对宪政秩序的理想,是政治实践经验的总结。宪法对制度的安排,首先是对公共权力的性质和目的进行宣告,以阐明政治权力的行使在于实施正义,或者说国家机关制定的法律是正义的法律。其次,为维持政治权力的有序运行,宪法应当为国家机关的设置、职权、主要官员的产生方式与任命程序作出明确的规定,并确认国家权力运行的基本原则,以防止公共权力的滥用。

(4)宪法秩序是一种动态的秩序。人们之所以期望法律创设秩序,在于法律具有普遍性和稳定性,但是法律的稳定性是相对的,任何法律制度都必须在社会进步面前作出积极的反应,否则它就难以形成稳定的秩序。宪法秩序的动态建构,要求法律与社会生活之间的紧张关系通过民选立法机关的立法活动进行调整,要求政府的管理行为与人民的权利自由之间的紧张关系在宪法范围内,通过民主的方式予以解决,要求对政府权力进行限制,但同时对无政府主义等藐视秩序的行为施加惩罚。

3. 自由。

自由是指"除合乎正义的法定限制外,不受任何限制的状态"①。宪法的自由价值寓于两对矛盾之中,即个人自由与社会其他成员之间的自由的矛盾,个人自由与国家对公共利益的维护之间的矛盾。理解这两对矛盾对我们从法律上理解自由的含义有很大帮助。宪法的自由价值体现在:

(1)宪政制度是满足人类最大限度自由的政治制度。虽然向往自由是人的天性,不过正如卢梭在《社会契约论》中所阐述的:"人是生而自由的,却无往不在枷锁之中。"②专制政府可以通过各种法令将一部分人置于被奴役的地位,认为有些人天生就是受压迫的人,是没有自由权利的人。宪法制度建立在自由的基础之上,它要求国家的法律制度应当承认人的自由并且为这种自由提供法律保障,所以,自由价值就成为近现代宪法是否正义的判断准则之一。不过,在近代宪法的形成阶段,宪法制度对自由的保障还是比较缺乏的。究其原因,一方面是封建残余思想的影响或者不同经济利益集团的冲突;另一方面则是自由的理念尚处于制度实验阶段。如美国1787年宪法规定,1808年前奴隶贸易合法,黑人在选举时只能算作3/5个人。然而,宪法的自由价值在于不断推动宪法制度满足人们对自由的需要,当自由得不到宪法制度的保障时,民主政治将通过修改宪法或者其他方式来推动这

---

① 薛波主编:《元照英美法词典》,法律出版社2003年版,第844页。

② [法]卢梭:《社会契约论》,何兆武译,商务印书馆1980年版,第8页。

一制度的创新,这是宪法制度能够成为最能够保障公民自由的制度的重要原因。宪法制度之所以能保障自由,首先在于它确立人的主体地位和平等原则,人人都具有天赋的不可转让的权利,这些权利包括生命、自由和财产安全;其次,为保障人的自由,宪法划定了国家权力与公民权利的边界,国家和社会的关系在宪法上定位为具有对抗性的相互依存关系。

(2)宪法和法律保护公民的各种自由。公民希望宪法和法律赋予其最大限度的自由,然而,个体利益往往与公共利益发生冲突,如果在一个不设定任何规则的社会里去满足个体对自由的愿望,则社会必然会陷入这样一种状态:强者欺凌弱者,欺诈、暴力和恐吓将是获得自由和利益的手段。如果是这样,任何人的自由都会化为乌有。正因为自由的宝贵才须制定宪法和法律进行规范,"法律不是限制自由,而是保证公民自由的手段"就是从这一角度来说的。近现代大多数国家的宪法都确认公民的各项自由。如住宅不受侵犯,迁徙自由,言论、出版、集会、结社自由等,而且宪法规定,公民的这些权利受到侵犯时可以根据法定程序向有关机关提出控诉,请求保护。

(3)宪法的自由价值还在于,既要维护个人自由又要维护正常的社会秩序,即在公共利益和个体利益之间达到平衡。如前所述,宪法具有秩序价值,即为政治社会提供基本的秩序框架并进行制度安排,为了维护宪政状态,要求个人自由不能妨碍社会其他成员的利益,也不得对社会利益构成威胁。为此,宪法一般规定国家机关有权制定法律来限制个人自由。

(4)宪法的自由价值除要求法律的目的在于保障个人自由之外,对个人自由的法律限制还须符合宪法的原则和精神。如上文所述,国家机关为了保证公共利益的实现,可以制定法律对公民自由权的行使施加必要限制和约束。然而,在国家权力行使过程中,出于管理者个人愿望或者其他因素的影响,国家机关制定的法律可能只强调国家权力的神圣性而否定自由的价值,从而导致个人自由因法律规定而丧失。所以,宪法对法律限制公民自由规定了条件,只有在公共利益受到严重威胁时,法律才能对自由作出限制。如因战争、不可控制的动乱、流行病发生、经济危机等才能对公民的迁徙自由施加限制,否则,就是滥用立法权和行政权。

二、宪法的功能①

关于什么是宪法的功能,学者们见仁见智,莫衷一是。在一般意义上可以说,宪法的功能是宪法应当具有的作用,它是宪法价值的要求和表现。具

① 本部分的写作,除了明确注明出处者外,主要参考了朱福惠主编:《宪法学原理》,中信出版社2005年版,第214~215页。

体来说,宪法的功能主要包括以下四个方面:

(一)分配政治权力

从宪法的产生和发展来看,分配权力是解决权力冲突的主要手段。近代民主政治强调人民主权,即国家的一切权力属于人民。国家权力来自人民,这一原则从法理上解决了国家权力的来源和行使目的问题。至于由哪些人来组织国家政权并执掌权力,则受到社会各种政治势力的影响。不同的政治势力有不同的政治主张。一般来说,由社会占主导地位的政治力量来组织国家政权,但是如果非主导力量的政治主张不能得到恰当体现,则国家政权就会成为压迫者的工具。近代宪政不同于历史上一切权力分配方式之处就在于不同政治势力之间能够达成妥协,容许不同政治集团在法律范围内存在,体现出宪政的宽容和民主精神。如果政治力量最强大的社会集团与其他政治集团之间缺乏和平共处的精神和意识,那么政治权力冲突的结果便是残酷的武装对立,宪法便不能具有较强的包容性,也不会对权力的冲突以宪法的形式加以规范。英国宪法是典型的妥协性宪法,在1215年《大宪章》至"光荣革命"近500年的时间内,英王、贵族、城市平民、教会四种主要政治力量围绕议会合法地展开较量。"光荣革命"后,各种政治力量之间建立了新的平衡,新贵族和城市平民占支配地位,下院取得了对国家权力的控制权,但在整个国家政权中,各种封建势力的政治经济利益仍然得到保障,只不过这种保障已经普遍化为法律面前人人平等以及私人财产受法律保护等法治原则。美国宪法也体现了妥协精神。1787年宪法制定时,存在南部蓄奴州和北方工业州之间、联邦主义者与州权主义者之间、大州与小州之间的不同政治主张。费城制宪会议期间围绕着议员名额、奴隶贸易、联邦权力与州权等问题进行了激烈争论,最后各种政治力量艰难地、有保留地达成妥协。法国1791年宪法、日本明治宪法等都在一定程度上反映了这样一个事实,宪法是分配权力的产物,而其本身的功能也在于以法律的形式对权力分配进行确认。近代宪法的这一功能对于政治稳定起到了非常重要的作用,创造了一种政治秩序的建构形式。它与一切专制政治的区别在于,各种政治力量存在于共同体内,彼此相互容忍并共同服从宪法。

(二)规范并控制国家权力

宪法对国家权力进行分配的目的在于对政治运行进行规范并对合法产生的政府权力进行控制,以形成政治秩序。所以,规范和控制国家权力成为宪法的重要功能。

规范国家权力,就是对国家机关的产生、设置、职权、运行原则和方式进行明确的规定。可以说,宪法的权力分配功能只解决了政治权力的合法性问题,不能排除国家权力受到某些政治势力或者个人的控制而为非公共目的服务,宪法对国家权力进行规范可以从法律的层面防止国家权力运行的混乱,其作用在于既保障国家机关能够有效地行使管理权,又能够防止国家机关滥用权力。近现代宪法确立选举制度,将由何种政治势力领导国家事务的决定权交给人民;确立政党参与国家政权的方式,将政治力量的活动纳入宪法的轨道。不论何种政治力量,也不论何种政治家,要掌握国家政权都必须遵守宪法的规定。

控制国家权力即对国家机关行使权力的行为进行必要的限制,有些学者将这一功能称之为限权。如美国学者特里索里尼就认为,宪法的功能在于授予权力并限制权力。[①] 近代宪法理论以人性缺陷说为基础,认定人有自私和滥用权力的天性,因此,宪政主义的根本标志就是对国家权力的限制,限制国家权力是宪法的基本功能之一。近现代宪法在限制国家权力方面主要采取两种方式:一是限制国家机关的权力范围和行使权力的方式,明确权力界限。这种限制方式可以称为国家权力的"外部限制"方式,即通过宪法划定公民权利与国家权力的界线,维持政治领域与社会领域的适度分离,国家机关只能在宪法设定的权力范围内行事,不能超越宪法设置的权力界限。对国家机关行使权力的方式也作出规定,如对立法行为和行政行为的违宪审查,行政机关作出行政行为必须符合相应的法定程序等。二是将国家职权按照一定的标准进行划分并在不同国家机关之间进行配置,这种配置权力的方式也称之为分权。有些学者将这种限制权力的方式称为"内部限制"。一般来说,宪法将国家机关的职权划分为立法权、行政权与司法权。但第二次世界大战后,由于国家职能的扩张,宪法对权力的配置突破了传统方法,如将宪法监督权作为独立的职权等,形成国家机关职权的"四分法"甚至"五分法"。虽然国家权力分立仍然在理论上存在争议,但这种分配国家权力的方式并没有丧失其价值。根据传统的宪法理论,"内部限制"是极为必要的预防性措施,因为一切国家机关都有扩张自身权力的本性,仅靠"外部限制"显然是不够的,必须以权力对抗权力、以野心对抗野心。当然,职权的分立仅仅是一个方面,相互制衡才是问题的关键。

上述国家权力限制的方式带有消极的色彩,第二次世界大战后,这种消极限权观已经不适应科学技术的发展以及国际局势的变化。首先,公民权利的保障日益依赖于国家权力的行使,尤其是行政机关的活动与公民权利保障之间的关系越来越密切,在这种情况下,行政权的扩张成为必然。其次,为了保证国家在国际竞争中处于更加有利的位置,也需要国家机关在经济管理和市场调控方面发挥更加重要的作用。所以,战后西方各国相继采

① 转引自何华辉:《比较宪法学》,武汉大学出版社1988年版,第12页。

取措施扩大政府职权,不过政府权力的扩张在理论上提出了如何保障法治的问题。既然消极限制政府权力是不合时宜的,那么在政府权力膨胀的条件下又如何对之加以约束呢?实践中,限制政府权力的方式发生了较大变化,如进一步加强直接民主,公民对重要的法案和重大政治问题拥有更多的决定权;同时,从法律上增加政府行为的透明度,重视对国家权力的社会监督;由于政党政治的发展,国家权力的失控往往由政党参与政治而产生,因此,战后各国对政党行为的控制加强,特别重视政党制度的完善,如要求政党经费公开、政党的政治纲领不能与宪法相违背等等。

(三)平衡各种利益

利益平衡是宪政存在的社会基础,因为宪政的发生和存在需要不同利益集团的相互作用。然而,利益永远不是单一的政治利益,它涉及社会各方面的经济利益,如果经济利益得不到平衡,政治上的平衡将会变得极为脆弱。

应当指出,宪法在传统上属于公法的范围,因此它主要调整政治关系。宪法建构国家制度,必然会涉及对经济利益的调节。从整体来看,社会各阶层的经济利益是不同的,既有个人的利益、群体的利益又有公共利益。宪法保护各种合法的经济权益,其基本原则是在不同利益主体之间进行平衡,以维持社会的稳定和经济的发展。近代民主宪政制度之所以能够发展生产力,其制度性因素起了决定性的作用,政治制度最大限度地满足个人对财富的追求,重视个人在社会经济中的作用。可以肯定,宪法对私有财产的保护是市场经济高度繁荣的原因之一。所以,民主政治首先应当保护私人的经济利益。具有相同经济基础和劳动方式的社会各阶层的利益是个体利益的一种表现方式。任何事物都是相对的,个体是社会的细胞,任何个人利益都以他人的利益和社会公共利益作为其存在的基础。因此,宪法对公共利益的保护是社会进步不可缺少的手段,平衡这种经济利益关系是宪法的主要功能。

宪法平衡利益关系的方式主要依赖于财政制度的建构。各国宪法都对国家财政制度作出规定,因为财政政策涉及各种利益关系,因此,由反映社会各阶层利益的议会来决定。西方国家的宪法如日本、意大利等国还规定了国家财政的使用范围以及限制,如规定国家财政不能资助宗教组织和私立机构,只能用于公共行政和福利。有些国家的宪法还规定经济结构和经济政策,如我国现行宪法即规定各种经济成分的宪法地位以及国家对其采取的政策,将私营经济和个体经济提高到适当的位置,以保障私有经济的发展。

思考题

1. 浏览英、美、法等国家的主要宪法文件，试归纳宪法（学）的核心范畴。

【提示】美国宪法共 7 条内容，其中，第 1 条规定国会的立法权，第 2 条规定总统的行政权，第 3 条规定法院的司法权，第 4 条规定州际合作中的州权，第 5 条规定修宪程序，第 6 条规定联邦的最高原则，第 7 条是。可见，美国宪法是围绕“权力”展开的。那么，第 1 ~ 10 修正案（又称《权利法案》）规定的公民权利和自由的作用是什么呢？对此，美国学者认为 It is better to have them and not need them than to need them and not have them. 据此，我们可以认为，《权利法案》所规定的公民权利是一些“备而不用”的权利，是公民抵抗政府权力侵害的法定理由。这些权利和自由通常采用的表述方式是“国会不得……”“政府不得……”。可见，《权利法案》的作用是对“权力”进行限制，也是围绕“权力”而展开的。总之，宪法的一对独有范畴是“国家权力—公民权利”。

2. 为什么说宪法是根本法？

3. 我国现行宪法第 125 条规定被告人有获得辩护的权利，第 134 条规定各民族公民都有使用本民族语言文字进行诉讼的权利。美国《权利法案》共 10 条，其中有 4 条（第 4、5、6、8 条修正案）规定的是犯罪嫌疑人的权利。法国《人权宣言》共 17 条，其中有 3 条（第 7、8、9 条）规定的刑事诉讼问题，第 8 条规定了刑罚原则。1947 年《意大利共和国宪法》第 25、27、28 条规定了刑法制度。试问：为什么宪法文件中会出现刑法与刑事诉讼条款？

4. 宪法的价值与功能是什么？

第二章　宪法的产生与发展

一般认为,立宪主义意义上的宪法发源于英国,其源头是被称为"宪法性法律"的1215年的《大宪章》(Magna Carta)。进入近代社会以后,资本主义国家中出现了成文宪法(即宪法典)这一新的宪法形式。其中,1787年美国宪法是世界上第一部成文宪法,1791年法国宪法是欧洲大陆第一部成文宪法。西方资本主义国家在近代社会中产生的宪法以自由权为本位,谓之近代宪法。第一次世界大战之后,新生的社会主义国家苏联于1918年7月颁布了《俄罗斯社会主义联邦苏维埃共和国宪法(根本法)》(简称1918年苏俄宪法);德国于1919年8月颁布了魏玛宪法,这两部宪法标志着现代宪法的诞生。

宪法作为一种新的法律形式在旧中国的出现,始自1908年(清光绪三十四年八月初一日)颁布的《钦定宪法大纲》。其后,直到民国时期,又出现过十几种形形色色的宪法文件。新中国成立后,先后诞生过四部宪法(1954年、1975年、1978年、1982年宪法)。[①]

"对法律的理性研究……在很大程度上,是对历史的研究。"[②]学习宪法史,对于理解宪法学原理具有十分重要的意义。

第一节　近代宪法的产生与发展

本节以英国、美国和法国为例,对近代宪法的产生与发展作简要介绍:

一、近代宪法的产生

(一)英国宪法的产生

虽然英国至今未有成文的宪法典,但它却是世界上最早制定宪法文件

① 从严格的意义上讲,新中国从成立至今,只制定过一部宪法即1954年宪法。1975年宪法、1978年宪法、1982年宪法仅仅是对已有宪法的修改,并非"制定"而成的新宪法。

② 霍姆斯语,转引自[美]伯纳德·施瓦茨:《美国法律史》,王军等译,法律出版社2007年版,第4页。

的国家。所谓英国宪法,是指英国历史上制定的一系列成文的宪法性法律文件以及在实践中所形成的宪法惯例。

"光荣革命"完成之前,英国资产阶级致力于对国王权力的限制,制定了一系列宪法性法律,主要有:

1.《大宪章》(Magna Carta)。

世界上第一部宪法性文件是英国1215年的《大宪章》(又称《自由大宪章》)。英王约翰横征暴敛,遭到封建贵族的反对,被迫签署该宪章。该宪章共63条,是国王约翰以誓词的形式发布的,它规定:(1)除了英王被俘赎身、英王长子被封为武士、英王长女出嫁这三种情况以外,国王须事先经过由贵族组成的"大会议"同意才能征收代役金或者贡金,这一规定确立了国王也必须受法律约束的原则。(2)对于自由民不得非法加以扣留、监禁、没收财产、剥夺法律保护权,或加以放逐、伤害、搜索、逮捕,这实际上是否定了封建贵族对国王的人身依附关系。"大宪章"的划时代的历史意义在于它开创了限制国王权力的先例,①开创了近代宪法的先河。

2.《无承诺不课税法》。

该法于1295年以国王的名义颁布,主要规定包括:(1)无承诺禁止课税。非经大主教、主教、伯爵、男爵、武士、市民及其他自由民之自愿承诺,国王不得向他们征课租税或摊派捐款。(2)无承诺禁止征用物资。未经物资所有者之自愿承诺,国王与官吏不得征用任何的谷物、羊皮、皮革及其他物资。(3)禁止通行税。对任何物资,国王或官吏不得以通行税之名义或其他理由,予以征收。

3.《权利请愿书》(Petition of Right)。

鉴于国王一再违反《大宪章》《无承诺不课税法》等限制国王权力的法律,英国灵俗两界贵族与议员于1628年在国会集会,通过了该文件,其宗旨是要求国王重新确认并遵守上述法律中关于限制国王权力的规定。6月2日,国王驾莅国会,准如所请;6月7日、20日,国王又两度莅临国会,重申6月2日之谕旨。

4.《人身保护法》(Act of Habeas Corpus)。

1640年,英国资产阶级革命爆发,并不断向前发展。1649年1月30日,资产阶级革命派处死国王查理一世,5月19日宣布英国为共和制国家,革命达到高潮。但是,克伦威尔于1653年3月宣布解散"长期国会",实行个人军事独裁,这一倒行逆施的做法使资产阶级革命失去了人民群众的支持,斯图亚特王朝乘机复辟。复辟的查理二世一方面对资产阶级中的激进派进行

① 《大宪章》第61条最为直观地体现了限制国王权力的精神。参见本书"附录"。

镇压，另一方面对资产阶级右派进行利诱拉拢。英国资产阶级一方面与国王实行妥协，另一方面又要求对国王肆意逮捕、监禁资产阶级革命派的专横行为进行制约。双方斗争的结果是查理二世被迫于1679年5月26日签署批准了资产阶级在国会中提出的《人身保护法》。该法共20条，约4000字。主要内容是：除叛国犯、重罪犯以及战时或遇到紧急状态外，非经法院签发写明理由的逮捕证，不得对任何人实行逮捕和羁押；法官接到在押人犯后，应于2日内做出释放、逮捕或取保候审的决定；经被捕人或其代理人申请，法院可签发人身保护令状，令逮捕机关或人员说明逮捕的理由；不得以同一罪名再度拘押已获准保释的人犯；英格兰的居民犯罪，不得押送到其他地区拘禁。资产阶级提出《人身保护法》的目的是为了限制王权，逐步确立司法独立制度。

5.《权利法案》(Bill of Right)。

《权利法案》是英国1688年"光荣革命"的产物。1685年查理二世病死，其弟詹姆士二世继承王位。詹姆士信仰天主教，他继位后下令释放大批天主教徒，还任命天主教徒担任大学校长、军官等职务。1687年又颁布《信仰自由宣言》，企图将天主教定为国教。詹姆士二世实行的政策引起了资产阶级和土地封建主的不满。代表土地封建主利益的托利党认为，土地封建主在宗教改革中从天主教教会中取得的利益会丧失，70%的土地要易手。代表工商业资产阶级利益的辉格党则认为，如果天主教被定为国教，英国将被置于法国的控制之下，法国的商品会涌入英国市场，对英国工商业形成沉重打击。于是，辉格党与托利党联手发动宫廷政变，驱逐詹姆士二世，迎接信奉新教的荷兰执政威廉三世到英国。1689年2月，英国国会宣布威廉三世(詹姆士二世的女婿)为英王，其妻玛丽(詹姆士二世的长女)为女王，这就是英国的"光荣革命"。资产阶级和土地封建主一方面把威廉三世安置在国王位置上，另一方面着手对王权进行限制。1689年10月23日，威廉三世接受了国会提出的《权利法案》。该法案共13条，约800字，核心内容是：非经议会同意不得强迫交纳任何租税以及特种地产税、捐款；除依历代遵行已久的法律、习惯或议会通过的法律，不得判处任何人死刑；无论任何人触犯任何法律条文，非经法律规定的程序不得加以审判；依法尊重并保障人民的各种权利和自由，尽快减轻人民的负担。《权利法案》把国王在立法、司法、征税、军事等方面的权力统统置于国会之下，确立了"议会权力至上"的原则，这成为英国君主立宪制度的宪法依据。

6.《王位继承法》。

在"光荣革命"中被逐出英国的前国王詹姆士二世流亡法国后，时刻等待时机，企图卷土重来。为了巩固"光荣革命"后建立起来的君主立宪制度，资产阶级不仅需要通过《权利法案》来限制在位国王的权力，而且试图将后继的国王置于自己的控制之下。1701 年，资产阶级颁布了《王位继承法》。该法在序言首句即写明，本法的立法宗旨就是“进一步限制王位之继承并确保臣民的权利与自由”。序言之外，共有 4 条内容。第 1 条和第 2 条规定王位的继承顺序和继承条件；第 3 条规定，非经国会批准，由国王颁布的法律一律无效；对国会众议院提出的弹劾案，国王无权赦免。第 4 条规定，英国法律是英国人民出生以后的既得权利，国王和女王都应依照英国法律的规定处理政务。《王位继承法》进一步强化了“议会权力至上”的资产阶级宪法原则。

英国宪法是英国资产阶级革命的产物。通过革命，英国资产阶级推翻了“主权在君”原则，确立了“主权在民”原则。但是，由于英国资产阶级革命的妥协性和不彻底性，使得英国的政体呈现出典型的君主立宪制特点；同时，由于英国宪法是在革命过程中逐渐产生的，是由一系列宪法性法律积累而成，在形式上表现为不成文宪法，不具有根本法的形式特征。

（二）美国宪法的产生

18 世纪初叶，英属北美 13 个殖民地已经成为一个拥有 300 万人口、资本主义工商业比较发达的美利坚民族，它与宗主国英国的矛盾也日趋激化。1775 年，独立战争爆发。战争之初，第二届大陆会议即先后通过了《独立宣言》和《邦联条例》。

《独立宣言》（1776 年 7 月 4 日）提出，人人生而平等，他们都有天赋的不可转让的生命、自由和追求幸福的权利；人们为了保障和实现这些权利才成立政府，政府的权力来自人民的同意；对于侵害人民权利的政府，人民有权改变和废除它。

《独立宣言》并未解决独立后的 13 个州相互之间的关系问题，而这个问题又是不可回避的。1777 年 11 月 15 日，第二届大陆会议通过了《邦联和永久联合条例》（简称《邦联条例》）。《邦联条例》共 13 条，约 5000 字，在独立战争期间起了临时宪法的作用，对独立战争的胜利起了重大作用，也为美国宪法的制定准备了经验。但是，《邦联条例》只规定设立合众国国会，并未建立邦联的行政机关和统一的军队，它规定了合众国国会的各项权力，但没有规定行使这些权力的必要手段，因而这些权力都是形式上的权力，对各州没有强制性和约束力。独立战争胜利后，依据《邦联条例》所组成的松散的联邦体制明显地不能适应美国当时所面临的形势的要求。汉密尔顿、麦迪逊等人积极呼吁修改《邦联条例》，制定一部正式宪法，以密切州际关系，加强中央权力，建立起一个能够应对国内外政治、经济形势的强有力的中央政府。

1787年5月25日，除罗德岛州外，其他12州的55名代表聚集费城，讨论修改《邦联条例》。由于汉密尔顿、麦迪逊等人的大力鼓吹，这次会议最终抛开了《邦联条例》，开成了一个制定美国宪法的制宪会议，世界上第一部成文宪法诞生了。1787年美国宪法包括序言和7条正文，共约7000字。(1)序言部分，文字简约，宣布宪法的目的是“树立正义，保证国内治安，筹设国防，增进全民幸福”；(2)第1条，规定了立法权；(3)第2条，规定了行政权；(4)第3条，规定了司法权；(5)第4条，规定了联邦与州、州与州之间的权力分工；(6)第5条，规定了修宪程序；(7)第6条，规定了宪法的根本法地位和最高效力；(8)第7条，规定宪法(草案)须由9个州的制宪会议批准方可生效。由于宪法(草案)没有规定公民权利，围绕1787年宪法草案的批准，美国各州展开了一场历时2年半之久的论战。最后，在制定宪法中起主导作用的联邦党人做出承诺，在宪法(草案)得到批准之后再附加一部《权利法案》。由于联邦党人与反联邦党人的妥协，宪法(草案)于1789年3月4日正式生效。

1789年4月，美国第一届国会召开。在麦迪逊的推动下，本届国会提出了12条宪法修正案，并交由各州议会批准。1791年12月15日，其中的10条修正案得到了多数州议会的批准，这就是《权利法案》。

1787年美国宪法是世界上第一部成文宪法典，它所创立的宪法原则包括联邦主义(Federalism)、分权(Separation of powers)、正当程序(Due process)、平等保护(Equal protection)、公民自由(Equal protection)等原则，[①]对近代各国都起了很大的影响。

(三)法国宪法的产生

法国是继美国之后第二个制定成文宪法的国家，1789年8月26日颁布的《人权宣言》标志着法国立宪活动的开端。此后，法国制定了数部成文宪法。

1.《人权宣言》。

1789年5月5日，国王路易十六召集由贵族、僧侣和资产阶级代表参加的“三级会议”，研究征税问题。在1200名代表中，资产阶级代表就有600名。会议一开始，资产阶级代表就对三个等级的代表分别开会、按等级表决、每个等级只有一票表决权的传统做法表示反对，要求全体代表应当不分等级地坐在一起开会和表决。资产阶级代表们还宣称，他们代表着法国国民的96%，“三级会议”应当反映国民的要求。6月27日，资产阶级代表西

① 见James V. Calvi，Susan Coleman，American Law and Legal System，高等教育出版社2002年影印版，第140～153页。

耶斯提出,“三级会议”应当改名为“国民会议”。7月9日,资产阶级代表们又提出,国民会议首先要制定一部能保障国民权利的宪法而不是研究征税问题,所以国民会议应当改名为“制宪会议”。路易十六被迫采纳了这些建议,三级会议改称“制宪会议”,着手制定宪法,而把征税问题抛在一边。“制宪会议”开始后,资产阶级代表穆尼埃提出,在宪法制定之前,应当先制定一个确认公民基本人权的宣言。于是,“制宪会议”委托穆尼埃、米拉波、西耶斯做起草人。8月26日,宣言获得通过,《人权宣言》诞生。

《人权宣言》包括序言和17个条款,全文不足2000字,其内容可以概括为三个方面:(1)阐述了法国资产阶级的人权观,集中体现在“序言”、第1、2、11、17条中。序言部分写道:“不知人权、忽视人权或轻蔑人权是公众不幸和政府腐败的唯一原因,所以……把自然的、不可剥夺的和神圣的人权阐明于庄严的宣言之中”;第1条宣告“在权利方面,人们生来是而且始终是自由平等的。”这就把人权界定为一种人人都有的、不可剥夺的东西。第2、11、17条则进一步明确肯定这些不可剥夺的人权包括“自由、财产、安全和反抗压迫”的权利和“言论、著述和出版的自由。”这些条款是为权力划定的禁区。(2)阐述了“主权在民”和“权力分立原则”。这方面的内容体现在第3条和第16条中。第3条规定:“整个主权的本原主要是寄托于国民。任何团体、任何个人都不得行使主权所未明白授予的权力”;第16条写道:“凡权利无保障和分权未确立的社会,就没有宪法。”(3)规定了权力制约和人权保障的具体措施,这方面的内容主要体现在第5~10条当中。这些条款用“除非”、“不得”、“未经”等术语明确地对权力施以限制,是对人权的直接保障。

《人权宣言》并非一部完整的宪法,而只是一个宪法性文件,它的全部内容和精神就是“权力制约、人权保障”。由于它把孟德斯鸠、卢梭、伏尔泰、狄德罗等启蒙思想家以及美国《独立宣言》所倡导的“以法治国”、“权力分立”、“天赋人权”、“主权在民”等原则发挥得淋漓尽致,《人权宣言》得到了法国资产阶级立宪者们的极端宠爱。1791年、1793年宪法都把它作为序言,1946年、1958年宪法重申了对《人权宣言》的尊重。《人权宣言》不仅在法国制宪史上具有重大影响,学者们在研究法国宪法时也都把它作为法国宪法的一个必不可少的部分加以研究。

2.1791年法国宪法。

1791年,法国国民议会通过了一部正式的成文宪法,这是欧洲大陆第一部成文宪法。该宪法以《人权宣言》为序文,正文部分包括序言、“宪法所保障的基本条款”(第一篇)、“王国的区划及公民的资格”(第二篇)、“国家权力”(第三篇)、“武装力量”(第四篇)、“赋税”(第五篇)、“法国与外国的关系”（第六篇）、“宪法的修改”（第七篇）、“其他规定”（第八篇）共8篇。

这部宪法在第三篇中明确规定“立法权委托给由人民自由选举出来的暂时性的代表们所组成的国民议会”，“行政权委托给国王”，“司法权委托给由人民按时选出的审判官行使之”，“在任何情况下，司法权不得由立法议会或国王行使之”，从而体现确立了“三权分立”原则。但是，这部宪法是法国革命初期资产阶级与国王互相妥协的产物。一方面，它将《人权宣言》作为序言，规定“国王只能根据法律来治理国家”，体现了立宪主义精神；另一方面，它又有不少违反《人权宣言》之原则的规定，如规定只有那些具有法律所指定的住所和缴纳直接税的“能动公民”享有选举权与被选举权，规定了君主立宪制政体和国王的特权，“政府是君主制”、“行政权委托给国王”、“国王的人身是神圣不可侵犯的”、“最高行政权专属于国王”、“任免部长之权专属于国王”、“立法议会的法令应提呈国王，国王对于法令得拒绝同意”。

3.1793年法国宪法。

随着法国大革命的深入发展，国民议会于1792年9月21日宣布，废除君主立宪制度，成立法兰西共和国（即第一共和国）。由激进的资产阶级雅各宾派主导的国民议会于1793年6月24日通过了一部新宪法，称为《共和国元年宪法》或“雅各宾宪法”。本宪法序文名曰“人权宣言”，是在1789年人权宣言17条内容的基础上修订、补充而成，共35条。与1789年《人权宣言》相比，新“人权宣言”体现出了激进的反专制主义精神，如第7条规定：“用出版或各种其他方法发表自己的思想和意见的权利、安静集会的权利以及信教自由，都不得受到禁止。由于专制主义的存在或记忆犹新，故有表明这些权利的必要”；第34条规定：“当社会成员之一受到压迫时，即是对社会的压迫。当社会受到压迫时，即是对其各个成员的压迫”；第35条规定：“当政府违犯人民的权利时，对于人民及一部分人民而论，起义就是最神圣的权利和最不可缺少的义务。”

1793年法国宪法正文共124条。与1791年法国宪法相比，该宪法最为明显的特色是除了宣告人民主权原则外，还把这一原则具体化为各项具体的宪法制度，从而彻底废除了君主立宪政体，确立了民主政体。因此，该宪法是一部体现了彻底的民主精神的近代宪法。但是，由于雅各宾派的统治在1794年7月被“热月政变”所颠覆，该宪法并没有得到真正的实施。

4.1795年法国宪法。

“热月党人”取得政权后，为了防止民主势力的复兴以及保王党的复辟，维护大资产阶级和投机商人的利益，于1795年8月22日通过了一部宪法。该宪法规定，立法团由500人团和元老院组成，选举权有高额财产资格的限制，最高行政机构是由5人组成的督政府，等等。

1799年11月9日,拿破仑·波拿巴发动“雾月政变”,推翻了“热月党人”政权,建立了执政府。于是,1795年法国宪法被更新的宪法所取代。

二、近代宪法产生的条件

近代宪法最早出现在英、美、法三国,而这三国宪法也可以说是近代宪法的典型。那么,近代宪法的产生条件是什么?英国是“宪政之母”,没有作为根本法形式的宪法典,其宪政传统孕生于盎格鲁—撒克逊人所导入的日耳曼人原始民主习惯,发育于封建法和王权与贵族的均势结构,成形于普通法制度与议会制度的确立[①];美国宪法是世界上第一部成文宪法,其之所以采取成文法典的形式,则与英属北美殖民地成立的法律形式——公司章程(公司式殖民地)、王室特许状(领主式殖民地)和契约(契约式殖民地)——有着直接的渊源关系。这两部原生性宪法的产生与传统有着直接的关联,显示出极强的个性化特征,似乎是“土生土长和几乎是盲目地发展”(萨维尼语)的[②],不是通过理性的立法手段来创建的。

但是,以法国宪法为代表的派生性宪法则是通过理性的立宪手段创建出来的。根据我国学者的主流观点,我们可以把派生性宪法的产生条件大致上归纳为以下几个方面:

(一)经济条件——资本主义生产关系的产生

在奴隶制社会和封建制社会,生产资料集中于奴隶主或封建主手中,奴隶或农民对奴隶主或封建主有很强的人身依附关系。在这种生产资料高度集中和人身关系不平等的基础上,不可能产生以自由、平等、民主为基本精神的近代宪法。

以商品生产为特征的资本主义生产关系的产生和发展,要求人们成为自由、平等的权利主体。这种要求与封建制生产关系之间存在着尖锐的矛盾,从而导致了资产阶级革命。资产阶级取得革命的胜利后,确立了以自由、平等为基本特征的资本主义生产关系,从而为近代宪法的产生奠定了经济基础。

(二)思想文化条件——民主、自由、平等、人权等宪政思想理念的提出与深入人心

在奴隶制社会和封建制社会,由于生产资料占有方式方面的高度集中制占主导地位,不可能产生以民主、自由、平等、人权为内容的宪政思想理念,更不可能产生具有立宪主义性质的宪法。在反对封建专制的斗争中,以

① 参见程汉大:《英国宪政传统的历史成因》,《法制与社会发展》2005年第1期。

② 转引自张宏生主编:《西方法律思想史》,北京大学出版社1983年版,第369页。

洛克、孟德斯鸠、卢梭等为代表的资产阶级启蒙思想家们提出了“自然权利”、“社会契约”、“权力分立与制约”、“人民主权”等体现民主、自由、人权理念的学说，并在资产阶级革命中得到了丰富和发展，为人们所普遍接受，为近代宪法的产生提供了思想文化条件。

（三）政治条件——资产阶级民主制度的确立

在奴隶制社会和封建制社会，法律公开地规定人与人之间的不平等关系。在这种不平等状态下，根本没有民主可言，自然也就不会有以民主制度为基础的宪法产生。资产阶级通过革命，基于自由、平等等原则建立了资产阶级民主制度，为近代宪法的产生奠定了政治基础。

【资料】英国宪政传统的历史成因[①]

英国宪政传统：（1）孕生于盎格鲁—撒克逊人所导入的日耳曼人原始民主习惯：严格的规则意识和崇法遵法习惯，以及通过民众大会协商解决公共事务的传统做法。在盎格鲁—撒克逊时期的英国，协商决策是通过贤人会议来实现的，出现了“贤人会议”这样一种决策形式。这是英国“王在法下”的法治传统和政治协商传统的渊源。（2）发育于封建法和王权与贵族的均势结构。所谓封建法，指的是建立在土地分封基础上的领主——封臣之间的封建法权关系。这种关系不是一种单纯的绝对支配和服从关系，而是一种以互惠互利为前提的双向性封建契约关系，就像一种婚姻契约。这种封建法权关系便成为推动英国法治传统成长的积极力量。通过《大宪章》，内含于封建法中的法治原则以宪法文件的形式含蓄地固定下来。盎格鲁—撒克逊时期的“贤人会议”发展成为“御前大会议”，政治协商传统得以延续和发展。英国在诺曼征服后建立起了欧洲最强大的封建集权君主制，完成了国家的政治统一。但是，英国王权的实力虽然远远超过任何单一贵族，却没有强大到足以压倒贵族联合势力的地步。于是，强大王权和贵族联盟便形成一种奇特的二元平衡结构。在这种力量对比条件下，国王不可能独断专行，而只能遵循封建法习惯，于每年的复活节、降灵节和圣诞节定期召开大会议，与贵族们一起商定国家大事，裁决纠纷。贵族们则利用大会议协商机会和封建法赋予自己的权利，批评政府政策，维护自身合法权益。在充当贵族自我保护工具的过程中，原本是属于私法范畴的封建法，被意外地赋予了某种公法（宪法）性质，原本是最高领主封建法庭的大会议，“不自觉地”充当了公共机构（中央政府）的角色。随着这种私法公法化进程的步步深入，封

① 本段阅读资料系根据程汉大《英国宪政传统的历史成因》一文缩写而成。详细的论述，参见程汉大：《英国宪政传统的历史成因》，《法制与社会发展》2005 年第 1 期。

建法和大会议的封建胎记日趋淡化，其宪法和公权机构的性能越来越突出。结果，法治和协商决策传统得以延续下来。(3)成形于普通法制度与议会制度的确立。12世纪中后期，英王亨利二世通过司法改革，实现了司法体制的中央集权化，原先分散的地方习惯法、封建法逐步融为一体，普通法由此而生。与当时所有其他各国的法律制度相比，普通法天生具有较高的法治含量。西方学者阿兰在谈到英国宪政的法律基础时曾说："在英国，由于缺乏一部以成文法宣示的、被尊为唯一法律源泉的高级'宪法法'，所以法治便充当了宪法形式。……而构成法治的那些观念和价值均体现和包含在了平常的普通法之中。"因此，"从根本意义上说，英国有一部'普通法宪法'。"(I. R. S. Allen, Law Liberty and Justice: The Legal Foundations of British Constitutionalism, Oxford: Clarendon Press, 1993, P4)正是立足于普通法的这种宪法属性，爱德华·科克在17世纪初勇敢地宣称：如果议会的制定法与普通法相悖，普通法法院可以宣布其无效。普通法的宪法属性使其成为促进英国法治和宪政传统成长最强大的法律力量。在普通法产生的同时，大会议也完成了从封建协商机构向代议协商机构议会的转变。议会的产生把英国的政治协商传统推进到一个新的历史阶段。首先，议会产生后，扩大了政治协商的对象范围，把一向与政治无缘的平民阶层吸纳进协商体系之中，从而结束了贵族阶层独享政治协商权的历史，加速了英吉利"政治民族"的形成过程。其次，议会产生后，政治协商的内涵发生了根本性变化。以前，大会议是作为国王的最高法庭和咨询机构发挥其政治协商功能的，局限性很大，在王权强大之时，大会议往往沦为国王的御用工具，或者根本不召开大会议。议会产生之初，因立足未稳、权力有限，协商功能和对王权的制约作用一度不甚明显。但不久之后，议会利用对外战争造成的政府财政困难和空前激烈的贵族派系纷争所提供的有利时机，获得了参与立法、控制税收和批评监督政府的法定权力，确立了两院制的组织形态，实现了议会召开的制度化，完善了议会运行的程序规则，议员们取得了辩论自由和免于逮捕的特权。从此，制定法律必须经国王、上院和下院三方同意，其中下院可以通过直接提出议案的方式行使立法创制权。政府征税必须经议会批准，而且征税案只能由下院首先提出，因为它所代表的平民是主要纳税人。借助财政权，议会经常干预政府决策、影响大臣任免、弹劾政府官员，有效地抑制了国家军事官僚机器的建立和发展。在特殊情况下，议会甚至能够废黜国王，14世纪时曾有两个国王被议会赶下台。到15世纪，由于各种历史机缘的催化作用，议会一度超越王权之上，成为国家政治生活的主导力量，导致"议会政治"的早产。经过几个世纪的持续发展，议会作为一个相对独立的权力实体在英国政治上层建筑中牢固地树立起来。最后，议会的建立开创了代议制的先河，找到了一条保持和推进宪政传统的有效途径。在此之前，古代希腊和罗马曾经尝试过世界史上的第一次立宪主义实验，但它们采用的是原始的直接参与制，即由全体公民组成的民众大会直接投票制定法律、选举官员和决定国家大政方针，这种制度只有在小国寡民的城邦国家中才能行得通。至于如何在一个广土众民的大国中实现民众的政治参与问题，在很长时期内，始终都没有得到解决。英国议会首次采用代议制，由各地社区共同体(Community)即各郡和各自治城市的居民选举产生的"代表"(Representative)组成下院，再加上由教俗贵族组成的上院，就构成一个全权"代表"全国人民(至少在理论上是如此)的代议机构。这个机构采用的是以人为单位的表决制，实行多数决定原则，它做出的任何决定，对全体国民都具有普遍的法律约束力。发明代议制是一个划时代的创举，它解决了长期困扰人们的一大宪政难题。综上所述，到中世纪晚期，随着普通法制度臻于完善和议会制度基本框架的形成，构成英国宪政传统的那些基本原则，诸如法律至上与王权有限原则、国王不应干涉司法活动原则、重大立法和决策应与议会协商原则、征税必须预先取得纳税人同意原则，都已确立起来。言其"确立"，指的是到此时这些原则不但已经内化于英国人的心灵深处和日常行为与思维习惯中，而且已经物化为一套大致成形的政治法律制度，也就是说在一定程度上得到了制度化保障。

三、近代宪法的发展

由于英、美、法三国是最早产生近代宪法的国家，这里仍以三国为例说明近代宪法的发展状况。

(一)英国宪法的发展

1689年的"光荣革命"是英国宪法发展史上的一个重大事件。是年通过的《权利法案》以及1701年的《王位继承法》标志着君主立宪制在英国的最终确立。从此，国王权力被剥夺得一干二净，"议会至上"原则得以确立。截止到19世纪末20世纪初，英国处在自由资本主义时期。这一时期英国宪法的发展主要表现在以下几个方面：(1)责任内阁制逐步形成；(2)议会至上的宪法原则确立；(3)政党制开始兴起。[①] 在宪法形式方面，主要表现为宪法惯例的出现。这个历史时期形成的宪法惯例大致可以分为三类：[②]

1. 关于国王的宪法惯例，主要有两个：

---

① 关于从"光荣革命"到19世纪末20世纪初英国宪法发展的主要表现，参见周叶中主编：《宪法》，高等教育出版社、北京大学出版社2005年版，第60页。

② 参见赵宝云：《西方五国宪法通论》，中国人民公安大学出版社2005年版，第141～147页。

(1)“国王统而不治”。在《权利法案》通过之前,议会本身的存废以及法律的制定,都是以国王的意志为转移的,国王既可以随时解散或召集议会,又可以任意地否决议会通过的法案和决议,议会对国王没有实际的约束力。枢密院也只是国王的咨询机关,国家政务由国王一人决断。国家的立法和行政大权由国王总揽。《权利法案》确立了“议会权力至上”原则,议会享有最高立法权,枢密院演变成内阁后全权处理政务。伴随着王权的衰落,国王的参政兴趣锐减。1714 年,德国人乔治一世被加冕为英王。乔治一世天资愚钝,不懂英语,且即位时已 54 岁,虽继英王之位,但多数时间住在自己的德国领地汉诺威,较少来伦敦出席内阁会议。偶尔出席,也听不懂议员和大臣们的发言和讨论,不能在内阁会议期间对内阁的议事活动施加直接影响。鉴于这种情形,英国议会于 1717 年做出决定,国王无须出席内阁会议。国王乔治三世于 1760 ~ 1820 年间曾力图重振王权,但这种努力归于失败。责任内阁制度的形成,加剧了王权的衰落,资产阶级政党取代国王成为议会和内阁的实际控制者。如此一来,国王就成了脱离实际政务的“虚位君王”,“国王统而不治”成为一种宪法惯例。

(2)“国王不得为非”。“国王不得为非”的含义是指,国家政策中的一切错误都不得归咎于国王,国王不对国家的政治决策承担政治责任。这一惯例形成的主要原因在于,责任内阁制度形成以后,国王的一切政务活动都是根据内阁的安排进行的,政治决策引起的责任由内阁承担,内阁不得将其执政活动中出现的错误归咎于国王。从表面上看,“国王不得为非”的宪法惯例似乎是为国王解脱责任。实质上,由于介入国家政务的人难免犯错,国王若想处于“无咎”的境界,就必须脱离政治生活。这样,资产阶级就巧妙地把国王排斥于国家权力之外。可见,“国王不得为非”的宪法惯例体现了对国王权力的限制。

2. 关于首相的宪法惯例,主要有两个:

(1)首相主持内阁政务。英国议会于 1717 年做出国王无须出席内阁会议的决定后,由谁来主持内阁会议并领导内阁的工作这一问题便自然而然地被提出来了。1721 年,英王乔治一世决定由当时担任财政大臣的罗伯特·沃波尔主持内阁会议并领导内阁的工作,罗伯特·沃波尔因此成为内阁大臣中权力最大、地位最显赫的“首席大臣”,人们称其为“首相”。首相主持内阁政务的宪法惯例由此形成。这一惯例对今天英国的政府格局仍有重大影响。罗伯特·沃波尔任首相时兼任财政大臣,这也相沿成习,成为英国首相兼任财政大臣的惯例。200 多年前罗伯特·沃波尔首相在伦敦唐宁街 10 号的办公地点,至今仍作为英国首相的办公官邸。

(2)首相自行组阁。在“首相主持内阁政务”的宪法惯例形成之后的百余年内，首相虽有主持内阁会议、领导内阁工作之权，但无权挑选内阁成员人选。1832年，英国实行选举改革，改革政策有利于资产阶级而不利于封建贵族，资产阶级与封建贵族的矛盾趋向激化，两派的斗争动摇了政府的稳定性。1834年，首相人选频繁更迭，一年内先后有3位首相下台，这年年底，托利党人罗伯特·皮尔又走马上任，成为本年度的第四任首相。罗伯特·皮尔上任后，深感要保持内阁稳定，必须组织一个能与首相合作的内阁班子，这一要求得到了英王的默许。于是，罗伯特·皮尔首相便自行挑选政府大臣，并决定哪些政府大臣进入内阁成为阁员大臣，国王则按照首相的意见加以任命。从此，首相自行挑选政府大臣及阁员大臣便成为惯例。

3. 关于议会与内阁关系的宪法惯例，主要有两个：

(1)内阁失去众议院信任则应辞职。“议会权力至上”原则确立以后，为实现议会立法与内阁施政的一致，英王一般会选择任命得到众议院信任的人担任内阁大臣。事实上，为众议院所信任的内阁大臣，又都属于众议院多数党，这样便形成了由众议院多数党组织内阁的惯例。1742年，众议院中为数众多的辉格党议员对首相罗伯特·沃波尔的执政方针不满，长期控制着众议院多数议席的辉格党发生内讧，在野党议员乘机要求罗伯特·沃波尔首相及内阁集体辞职。在本党与在野党的内外夹击下，罗伯特·沃波尔被迫与全体内阁大臣集体辞职。从此，内阁施政方针得不到众议院信任时内阁应集体辞职成为宪法惯例。

(2)首相提请英王解散众议院。1742年形成的“内阁失去众议院信任则应辞职”的宪法惯例表明，议会暂时取得了相对于内阁的权力优势。1783年，北美独立战争的胜利标志着英国北美政策的重大失败。这一年，在经历了首相人选的3次更迭之后，时年仅24岁的小威廉·皮特于12月出任首相，成为英国有史以来最年轻的首相。1784年，众议院又对小威廉·皮特首相提出不信任案，要求其下台，小威廉·皮特首相则要求英王乔治三世提前解散未届期满的众议院，重新选举众议院议员。众议院与内阁形成对峙僵局。乔治三世对此前发生的内阁更迭颇为不满，为保持内阁稳定，遂批准了小威廉·皮特首相关于解散众议院的要求，下令任期未满的众议院解散。在随后进行的新一届众议院选举中，小威廉·皮特领导的托利党赢得众议院多数席位，新选出的众议院支持小威廉·皮特继续执政。从此，当众议院不信任内阁时，首相可提请英王解散众议院，由新的众议院决定原内阁去留就成为一项宪法惯例。

(二)美国宪法的发展

美国宪法的发展，是通过宪法修正案、宪法惯例和宪法判例等方式实现的。

1. 宪法修正案。

1789 年宪法生效后，作为对宪法的补充，1791 年通过 10 条修正案，被称为《权利法案》。自 1794 年至 1992 年，又批准了 17 条宪法修正案。因此，美国历史上先后产生过 27 条宪法修正案。由于 1919 年生效的第十八修正案（关于禁酒的内容）于 1933 年被第二十一修正案所废除，截至目前有效的宪法修正案只有 26 条。

2. 美国总统创造的宪法惯例。

尽管美国是成文宪法国家，但由于总统是国家元首、政府首脑，行政权力又是不需要借助程序即可行使的权力，所以，一些有作为、有声望的总统在执政过程的中某些"创新"措施往往会得到人们的默认和尊重，从而成为宪法惯例。比如，美国宪法并未规定内阁之设，但华盛顿任总统时，政府部长大都是独立战争时期有影响的人物，华盛顿比较尊重他们的意见，遇有大事总是与他们商量。1791 年华盛顿因事离开首都，嘱咐亚当斯副总统应随时就重大事务与各部部长举行会议，由此创造了组建内阁的宪法惯例。再比如，美国第 1 任总统华盛顿、第 2 任总统亚当斯在向国会述职时，总是亲自到国会发表演讲。杰斐逊任第 3 任总统时，由于他本人口才不佳，总是将政府工作情况写成书面发言稿，派秘书到国会代为宣读，从此形成了总统向国会发表书面国情咨文的宪法惯例。美国总统创造的宪法惯例除了得到国会的默认外，国会还可以通过宪法修正案的形式予以确认，比如第 22、25 修正案就是如此。美国总统创造的宪法惯例也是美国宪法的重要组成部分。

3. 联邦最高法院的宪法判例。

1787 年美国宪法没有对宪法解释机关做出明确规定。1803 年，联邦最高法院在审理"马伯里诉麦迪逊"案时创立了解释美国宪法的惯例。截止到 1972 年，联邦最高法院共审理了约 5000 件与解释宪法有关的案件，判决宣告 102 件联邦法律违宪。① 这些判例具有法律效力，是对美国宪法的发展和补充。联邦最高法院的宪法判例对于美国宪法有两个方面的作用：(1) 使宪法含义变得明确。美国宪法只是规定黑人有 3/5 个投票权，那么，黑人在宪法上是"公民"呢还是奴隶呢？这个问题在宪法上并不明确。1857 年 3 月 6 日，联邦最高法院首席大法官罗杰·B. 塔尼在审理"斯科特诉桑福德"案时根据美国宪法条文的规定，认为"黑人不是公民"。以此为前提，他认为，美国宪法保护公民的财产权，任何法律都不得剥夺公民的财产，黑人奴隶是其主人的财产，因而法律不得剥夺奴隶主对奴隶的占有。后人认为，塔尼大法官做出的"黑人不是公民"的判决是一个臭名昭著的判决。我们认为，这一

① 参见龚祥瑞：《比较宪法与行政法》，法律出版社 1985 年版，第 120 页。

判断是根据美国宪法条文得出的,它使得美国宪法的含义变得明晰起来,将美国宪法对奴隶制的错误肯定展示于光天化日之下。臭名昭著的不是塔尼的判决,而是美国宪法的种族歧视规定。(2)使美国宪法具备了极强的适应性。联邦最高法院在进行违宪审查时,往往根据个案的具体情况,对同一宪法条文的含义作出前后迥然不同的解释,从而使美国宪法在有关条文不做形式上修正的情况下适应了社会发展的要求。比如,第 14 修正案提出了“平等保护”原则,但联邦最高法院对于何为“平等”的理解不是一成不变的,而是随着社会的进步变化的。1896 年 5 月 28 日,联邦最高法院在审理“普莱西诉弗格森”案时认为,在公立学校对黑人学生进行隔离符合第 14 修正案的“平等保护”原则,得出了“隔离即平等”的结论。1954 年 5 月 17 日,联邦最高法院在审理“布朗诉托皮卡教育委员会”案时认为,公立学校对黑人学生实行隔离违反了第 14 修正案的“平等保护”原则,得出了“隔离即为不平等”的结论。美国著名大法官、现实主义法学派代表人物之一霍姆斯说:“法律的生命始终不是逻辑,而是经验。”[①]联邦最高法院总是根据社会历史条件的变化来解释美国宪法,这就是美国宪法能够不断适应社会条件的变化而保持其旺盛生命力的秘诀。1787 年宪法制定至今,已经历 200 多年,但仍被沿用,其中较少修改,被誉为是一部“超稳定”的宪法。

【资料】马伯里诉麦迪逊案[②]

马伯里诉麦迪逊案发生于 1801 年初,当时美国的党争非常激烈。以亚当斯为首的联邦党人与以杰斐逊为首的共和党之间的政治角逐白热化。在 1800 年底举行的总统大选中,亚当斯获连任,杰斐逊获胜,成为美国第三任总统。在总统权力交接之前,亚当斯利用手中的总统权力及其由联邦党所控制的国会,对司法机构作了重大调整,并且迅速委任联邦党人出任联邦法官。正好在 1800 年 12 月,美国最高法院首席大法官埃尔斯沃思辞职,亚当斯即提名当时亚当斯政府国务卿的联邦党的重要领导人之一的马歇尔继任首席大法官。这一提名立即获得国会批准。但是马歇尔并未立即就任,而是根据亚当斯的要求,续任国务卿至换届为止。与此同时,亚当斯抓紧提名由联邦党人出任新调整的法官职位,这些新提名的法官在杰斐逊就任总统前两天获得由联邦党人控制的国会批准,因而这些法官被人们称之为“午夜法官”。在亚当斯任职总统的最后一天,即 1801 年 3 月 3 日,他正式签署了

① 转引自[美]E. 博登海默:《法理学:法律哲学与法律方法》,邓正来译,中国政法大学出版社 1999 年版,第 151 页。

② 参见徐炳:《美国司法审查制度的起源——马伯里诉麦迪逊案述评》,《外国法译评》1995 年第 1 期,第 39 ~ 41 页。

42 名哥伦比亚和亚历山大地区的法官的委任书,并盖了国印。这些委任状都由国务卿马歇尔颁发给法官本人。作为国务卿的马歇尔于3月3日抓紧送发委任状,但是由于当时的交通和通讯条件,仍有几位法官的委任状未能送出,其中一位就是马伯里。3月4日,杰斐逊就任总统,任命麦迪逊为国务卿。杰斐逊对亚当斯卸任前的这些做法十分恼火,决心采取措施纠正。第一个办法就是停发尚未发出的法官委任状。马伯里等几位已得到法官任命,但未接到委任状的人对此当然不满,因此向最高法院提起诉讼,请求最高法院对国务卿麦迪逊下达法院强制令,强制他向马伯里等人发出委任状,故此案列名为马伯里诉麦迪逊(Marbury v. Madison)。

马伯里等人的这一请求的法律依据是美国1789年9月24日通过的《司法法》第13条。它规定,美国最高法院具有受理针对美国官员的排他管辖权,可以针对美国政府官员下达强制令。杰斐逊从政治上厌恶"午夜法官",从宪法理论上认为最高法院无权对他的政府下达这种强制令。因此他指示麦迪逊拒绝出庭,拒不说明不送达委任状给马伯里等人的理由。马歇尔接到这一诉讼后感到很难办,他也知道,即使最高法院同意马伯里的请求,下达强制令,强令麦迪逊向马伯里发出法官委任状,麦迪逊也未必执行,而且会导致一场宪法危机。事实上,如果马歇尔真的发出这种强制令,国会则可能弹劾他。马歇尔经过慎重的研究最终对马伯里诉麦迪逊作出判决,驳回马伯里的请求。然而,这个案子本身了结了,而它产生的宪法价值和影响却是深远的、巨大的,因为马歇尔代表最高法院所做的判决理由涉及一个最基本的宪法原则——法院有权对国会立法进行违宪审查,如果发现国会所立之法与宪法相抵触,法院有权宣布它无效,不予执行。马歇尔是这样得出上述结论的:

马歇尔认为,首先必须弄清马伯里的权利是否受到伤害,这一问题若弄不清楚就谈不到法律救济;如他的权利确实受到伤害,那么才有可能讨论司法救济。马歇尔对这个问题作了肯定的回答。他说:"委任状已经由总统签署,说明委任已经作出,国务卿已经在委任状上盖上了美国国玺,说明委任状已经作成。马伯里也就因其委任状已经总统签署,已由国务卿加盖国玺,而得到了正式任命。法律设定了这一官职,给他任期5年的权利,并且独立于行政部门,这一任命因而是不可撤销的。马伯里的法律权利是受美国法律保护的。最高法院认为,阻碍他的任命的行为是没有法律依据的,而且是侵犯法律权利的行为。"这个分析指明了马伯里就任法官是法律赋予他的权利。

接着,马歇尔又提出并回答了第二问题,这就是:如果他就任法官的权利受到侵犯,那么,法律应当对他给予什么救济?他说:"公民权利的精髓在于公民受到侵害时，每个公民都有权请求法律保护。政府的第一职责也在于给予这种保护。人们强调美国政府是法治政府，而不是人治政府。如果法律不对侵犯法定权利的行为给予救济，也就不再能享受这一美称了。”马歇尔对第二个问题同样做了肯定的回答，认为马伯里就任法官的权利受到了侵犯，他有权请求法律救济。法律也应当对他给予救济。

最后，马歇尔提出并回答了第三个问题：如果法律应当给他以救济，那么应当如何给救济呢？是否应当是由最高法院向国务卿发出原告所请求的强制令？对此，马歇尔作出了否定的回答。他认为这个问题取决于这一问题的性质。他说：“行政部门的行为的合法性问题是否应由法院审查，应当取决于行为的性质。”他继续论证说，根据美国宪法，美国总统被授予了一些重要的政治权力。他行使这些权力时可以运用他的自由裁量权，他仅根据他的政治性格对美国负责，对他的良心负责。为了帮助他履行这些职责，他有权任命一些官员。这些官员依他的职权行事，听命于他的指示。在这种情形下，这些官员的行为就是总统的行为。这就是说，麦迪逊的行为应归结为总统指示的行为。人们对总统如何行使他的职权，如何使用他的自由裁量权，当然可以有这样那样的意见，但马歇尔认为，这些问题是政治问题，它们与国家有关，而与单独的个人无关。这类问题由行政首脑负责处理，而且他的决定是最终的决定，不能由法院审查。行政部门的官员对总统负责，他们的决定也就等于行政首脑的决定。相反，如果法律对这些行政官员赋予了一些义务，他们必须履行这些义务。如果公民个人的权利取决于他的履行法定的义务，那么他们就不应依自己的自由裁量权行事，而应依法律规定行事。法院也就可以依法调查和处理他们依法行事的情形。如有公民认为自己的法律权利受到此种行为的伤害，他就可以向法院求助，法院就可以调查，给予救济。

根据上述推论，马歇尔认为，马伯里有就任法官的权利，拒不向他送达委任状侵犯了他的权利。但是，是否应给予他救济完全取决于他的请求的性质。他请求下达强制令，那么法院就必须调查国务卿不给他送达委任状的理由，那就涉及行政权、行政首长的自由裁量权，涉及政治问题。马歇尔说：“法院的唯一职责是裁决个人权利，而不应调查行政部门或行政官员是如何用自由裁量权履行其职责的问题。这种问题在性质上是政治问题，根据宪法和法律应由行政部门处理，不应由法院处理。”

但是，根据《1789 年司法法》第 13 条的规定，法院有权对任何行政官员发出强制令。按照马伯里的请求，最高法院也就应当发强制令。马歇尔认为，如果按照这一规定向麦迪逊发出强制令，则违反了美国宪法的规定。美国宪法第三条规定：“对于涉及大使、其他公使和领事的一切案件，以一州为当事人的案件,最高法院有初审管辖权。对于前述一切其他案件,最高法院有关于法律与事实的上诉管辖权。”马歇尔认为,马伯里的法律请求显属宪法所指的“其他案件”,也就是说,最高法院对此种案件只有上诉管辖权,没有初审管辖权。马歇尔说,由最高法院直接下达强制令,命令国务卿送达委任状给马伯里,等于行使了初审管辖权。言外之意,马伯里只能找麦迪逊要委任状,不应直接找最高法院。

马歇尔接着提出了一个极有价值的宪法问题——一部违宪的国会立法是否成为国家的法律?他认为,宪法是由人民制定的,是人民设定未来政府的方案,具有最高的法律效力;立法机构的权力是有限的。他说,“宪法要么是优先的、最高的法律,不能以普通方法加以改变;要么宪法就如同普通立法一样,立法机关想怎么变就怎么变。此外别无他途。如果是前一种的话,立法机关所立的与宪法相违背的法就不是法律;如果是后一种的话,那么成文宪法就是荒谬的企图,对于公民来说,限制权力的企图本身就是不可限制的。”他说,“显然,制定宪法的人们都意在使宪法成为国家的根本法、最高的法,因此,任何政府理论都必然是,立法机关制定的法律若与宪法相违背就是无效的。”他认为,这是一条最基本的原则,必须坚守。

既然违背宪法的法律无效,法官就不能适用它,那么这又必然涉及另一个基本问题——谁有权认定什么是法律?什么是违宪的法律?马歇尔认为这一权力属于司法机关。他说,“将既定规则适用于特定案件的人必然要解释这种规则。如果两个法律相互抵触,法院必须决定适用其中哪个法律。如果一部法律是违宪的,而该法与宪法都适用于同一案件,那么法院必然要么无视宪法,适用该法,要么无视该法,适用宪法。”他认为这是司法的本质所在。显然,他认为宪法是至高无上的、是受人崇敬的,法院只能也只应当服从宪法,适用宪法,而且法官受命时是要对宪法宣誓效忠的。由此他得出结论,《1789 年司法法》是违宪的、无效的,不能适用于本案,因而驳回了马伯里的请求。

这个案子虽然早已判结了,但是,它的影响不但没有随着时间的流逝而消逝,反而随着时间的推移越来越深远,因为这个判例开创了司法机关审查违宪立法的先河。马歇尔在判决该案时虽然考虑了党争的因素,但是他的判词有着实实在在的宪法理论依据,他所阐述的宪法理论思想影响了美国宪法的全部发展史。正如大法官弗兰克福特在 1955 年所说:“自马歇尔时代开始,并且主要因为他创立的经验,在讲英语的法院里都认为马伯里诉麦迪逊判例是成文宪法的不可缺少的固有特色。”(Frankfurter, JohnMarahall and the Judicial Function, Harvard Law Review, Vol. 69, 1955, P. 219)

（三）法国宪法的发展

继1795年宪法之后，法国又先后出现了1799年宪法、1814年宪法、1830年宪法、1848年宪法、1852年宪法、1875年宪法、1946年宪法和1958年宪法。这些宪法中，既有确立封建帝制的"钦定宪法"（如1814年宪法），也有确立君主立宪制度的"协定宪法"（如1830年宪法），也有确立资产阶级共和制度的"民定宪法"。法国宪法更迭之快、类型之复杂，在近现代资本主义制宪史上是极为罕见的。在此，仅仅对第一次世界大战之前的几部法国宪法进行扼要介绍：

1. 1799年法国宪法。

1799年11月9日（法国新历雾月18日），拿破仑·波拿巴发动"雾月政变"并组成新政府，即着手起草新宪法。12月24日，新宪法获得通过。该宪法又被称为"共和国八年宪法"或"拿破仑宪法"。

1799年法国宪法共7章95条，它虽然重申废除封建君主专制制度，实行共和制度，但在实际上却确立了拿破仑的个人独裁统治。具体而言：（1）关于行政权，它规定法国最高行政权属于三个执政，但明确规定拿破仑是第一执政，有"公布法律，随意任免参政院成员、各部部长、大使和其他高级外交官员、陆海军军官、地方行政人员和驻在法院的政府官员"等权力；第二、第三执政只是第一执政的顾问，没有明确的法定权力。（2）关于立法权，它规定立法权属于由四院——参政院、保民院、立法团、元老院——组成的议会。参政院设议员40名，第一执政随意任命；保民院（100名）、立法团（300名）议员由选民选举产生，任期5年；元老院议员（60～80名）由第一执政与参政院协商后任命，任职终身。

1799年法国宪法授予拿破仑的权力，比1791年宪法授予国王路易十六的权力还要大，这就为拿破仑实行个人独裁提供了便利。此后，在拿破仑的授意下，法国议会又通过宪法修正案的形式进一步扩大拿破仑的权力。1804年5月4日，法国议会决定，尊称拿破仑为皇帝，18日，法兰西（第一）帝国正式宣布成立。

2. 1814年法国宪法。

1814年，波旁王朝复辟后由国王路易十八颁布了1814年法国宪法，史称"1814年钦定宪章"。该宪章规定，法国实行君主立宪政体，国王是国家最高元首、武装部队总司令，有宣战、缔约、创制和颁布法律之权，有权任命政府一切高级官吏、贵族院议员和众议院议长，有权宣布解散众议院。因此，国会两院实际上属于虚设机构。

3. 1830年法国宪法。

国王路易十八死后，其弟查理十世推行独裁专制，激起了1830年7月

27～28 日的“七月革命”。资产阶级在推翻查理十世的独裁统治后,仍旧与波旁王朝妥协,建立起“七月王朝”。“七月王朝”于 1830 年 8 月 14 日颁布了确认君主立宪制的新宪法。

1830 年法国宪法在性质上类似于 1814 年法国宪法,但对国王的权力作了较多的限制,扩大了众议院的权力,突出表现在,该宪法只授予国王以行政权,对国王的立法权施加了较多的限制。比如,该宪法规定,国王和议会两院均有立法提案权,但法案的通过权属于议会两院,取消了国王对议会通过的法案的延搁权;国王无权以命令的方式中止法律的实施,国王不得以敕令的方式限制出版、集会等自由;国王无权增设世袭的贵族院议员。此外,该宪法还取消了贵族特权;放宽了选举权和被选举权的限制。

4. 1848 年法国宪法。

1848 年 2 月,法国资产阶级通过“二月革命”推翻了“七月王朝”,建立起了法兰西第二共和国,颁布了实行共和制的新宪法即 1848 年宪法。与此前的历部宪法相比,该宪法具有如下特点:(1)扩大了公民权利的范围。一是首次将“博爱”写进宪法,使之与“自由、平等”并列,成为一项宪法原则;二是废除奴隶制;三是废除政治犯死刑制度;四是规定公民有从业自由,规定实行劳资平等、通过义务教育及职业培训来发展公民的劳动技能、对老弱病残进行救济等。(2)实行行政权与立法权的分立。它规定,立法权属于一院制的立法议会;立法议会有立法、宣战、媾和、批准条约等权力。总统是国家元首,统揽行政、军事大权。总统无权解散议会,但也不对议会负责。(3)对总统权力施加某些限制,如规定总统由公民直接选举产生,任期 4 年,不得连任。该宪法既具有美国的总统制的某些特点,也有英国内阁制的某些特点。

5. 1852 年法国宪法。

路易·波拿巴当上法兰西第二共和国总统后,并不满足于做一个任期有限制的总统,而是梦想着做一个专制君主。于是,他于 1851 年发动“雾月政变”,解散了国民议会,并于 1852 年 1 月公布了一部以 1799 年“拿破仑宪法”为蓝本的宪法,即 1852 年宪法。该宪法的一个突出特点是强化了总统的权力,它规定总统有独立创制法律的权力,有最高行政权,批准和公布法律的权力,统帅军事力量权,宣战、媾和、缔约权,宣布戒严权,司法权,解散立法院的权力等。因此,虽然该宪法宣称法国是共和制,但从其内容看则是君主制。1852 年底,路易·波拿巴宣布称帝,修订并继续延用该宪法,因此,该宪法又称为“法兰西第二帝国宪法”。

6. 1875 年法国宪法。

巴黎工人于 1870 年 9 月推翻了第二帝国后,法国国内民主势力与保皇势力的斗争仍然很激烈。所以,直到 1875 年 1 月,国民议会才通过决议,确认法国实行共和制。同年 2 ~ 7 月，国民议会先后通过了《参议院组织法》、《国家权力组织法》、《国家权力关系法》等三部宪法性法律。这三部宪法性法律合称 1875 年法国宪法。

《参议院组织法》主要规定，参议院与众议院共同行政立法权，但参议院有权否决众议院通过的法案；参议院可以组成最高法院，审理危害国家安全案，审判总统及部长犯罪的案件。《国家权力组织法》主要规定，总统由参议院与众议院选举产生，任期七年，可连选连任，有统帅武装力量权、任命文武官员权、特赦权、征得参议院同意后解散众议院之权等。《国家权力关系法》主要规定，非经议会同意，国王不得宣战；议员在行使职权时享有人身保障。

总起来看，1875 年法国宪法对总统的权力规定了较多的限制，并对议员的权利作了规定，这可以看做是法国宪法的民主进步性。但是，该宪法并没有对公民权利作出规定。1884 年 8 月通过的宪法修正案还规定：共和政体不得修改，凡曾经统治过法国的家族的成员不得当选为共和国总统，参议院议员不得实行终身制等。这些修正，进一步增强了该宪法的民主色彩。该宪法一直适用到 20 世纪 40 年代才被"维希政权"所废弃。

四、近代宪法的主要特点

从世界范围来看，由英、美、法等国宪法所代表的近代宪法，主要有以下几个特点：一是确立了主权在民原则，民主共和是宪法的主流；二是宪法强调公民权利，特别是自由权利，具有自由主义色彩；三是国家权力受到限制，国家的作用主要被限制在政治生活领域，宪法具有政治法的特色；四是从形式上看，成文宪法被普遍采用；五是虽然亚洲的日本等国也出现了宪法（1889 年《大日本帝国宪法》），但在整个近代，宪法基本上仍然是西方的一种政治法律现象，局限于西方文化圈的范围内。①

第二节　近代宪法向现代宪法的转型及其发展

第一次世界大战的结束，在宪法发展史上具有重大意义。战后新成立的国家较为普遍地实行普选制度，大都制定宪法并且采用成文宪法的形式。从宪法本身来看，此时的宪法与此前的宪法体现出如下不同：（1）宪法所体现的不再是自由主义原理，而是国家干预主义；（2）宪法的内容不再局限于政治方面，而是扩展到经济方面；（3）从国家职能及其与公民权利的关系来

---

① 参见周叶中主编：《宪法》，高等教育出版社、北京大学出版社 2005 年版，第 61 页。

看,宪法所授予的国家权力呈现扩张趋势,公民权利由自由权扩展到社会权。最早体现出这种变化的是1918年苏俄宪法和1919年《魏玛宪法》,这两部宪法因而成为近代宪法向现代宪法转型的标志。

(一)近代宪法向现代宪法转型的标志

1.1918年苏俄宪法。

俄国"十月革命"胜利后,全俄苏维埃第二次代表大会于1917年10月25日开幕,通过了列宁起草的《告工人、士兵和农民书》以及"和平法令"、"土地法令"和"建立工农政府的法令"。这些法令宣告中央和地方的政权都归属于苏维埃,并构建了苏维埃国家体制和政策的基本原则。1918年1月25日全俄苏维埃第三次代表大会通过了列宁起草的《被剥削劳动人民权利宣言》,宣称苏维埃政权已经在全国建立起来,并且享有无限的权力;苏维埃国家实行联邦制。上述法律文件确立了苏维埃国家的社会主义性质和社会主义类型宪法的基本原则,为第一部社会主义类型宪法的诞生奠定了基础,《被剥削劳动人民权利宣言》的全部内容后来被写入了《俄罗斯苏维埃联邦社会主义共和国宪法》。

1918年7月10日,全俄苏维埃第五次代表大会通过了由斯维尔德洛夫领导的全俄中央执行委员会制宪委员会起草、并经列宁修订的《俄罗斯苏维埃联邦社会主义共和国宪法》,这是世界上第一部社会主义类型的宪法。它的主要原则有:(1)确认了以工人阶级为首的劳动人民具有无限权力的无产阶级专政;(2)废除土地私有制,实行全民所有制,一切森林、矿藏、水利、实验农场与农业企业、工厂、矿山、铁路及其他生产和运输手段、银行,实行国有制;(3)实行普遍的义务劳动制;(4)废除人剥削人的制度,实行"不劳动者不得食"原则。以上原则所体现的宪法精神与近代宪法所体现的宪法精神具有根本的区别,是近代宪法转型的标志之一。

2. 1919年魏玛宪法。

1918年10月,第一次世界大战已近尾声,德国败局已定。德国资产阶级推举马克斯·巴登出任帝国首相。10月4日,巴登政府接受了美国总统威尔逊提出的十四点和平停战条款(条款之一要求德国修改1871年宪法,废除君主专制政体,实行资产阶级议会制度),并着手修改宪法。11月9日,柏林工人和士兵联合行动,占领了帝国政府机关,德国皇帝逃往荷兰,巴登辞职,1871年建立起来的德意志帝国宣告灭亡,成立了由社会民主党右派控制的临时政府。临时政府在镇压了国内的社会主义运动、杀害了著名的共产党领袖李卜克内西和卢森堡后,控制了国会的选举。1919年2月6日,德国临时政府在远离革命中心柏林的小城魏玛举行国民议会。10日,国民议会通过了"十条约法",宣布德国为共和国。这是德国历史上第一个资产阶级共和国,由于是在魏玛宣布成立的,史称"魏玛共和国"。1919 年 7 月 31 日,国民议会又在魏玛通过了宪法学家胡果·普鲁斯主持起草的《德意志共和国宪法》,史称《魏玛宪法》。

《魏玛宪法》共分两编,外加一个规定过渡问题的结尾,共 181 条,计约 14000 字,是当时最长的宪法。《魏玛宪法》的下列规定使其与确立封建军事专制制度的《德意志帝国宪法》(1871 年)区分开来:(1)规定德国实行共和政体,肯定了"主权在民"的资产阶级宪法原则;(2)规定了联邦制国家结构形式;(3)实行三权分立原则。立法权由联邦国会和联邦参政会行使;行政权由总统和总理(或有关部长)行使;司法权由联邦法院和各邦法院行使,实行司法独立原则,规定"法官独立,只服从法律"以及法官的终身制。但是,《魏玛宪法》第 48 条规定,若联邦中某一邦不尽宪法和法律所规定的义务时,总统拥有以武力强制其遵守宪法和法律的"强制执行权";当总统认为联邦公共安宁及秩序受到扰乱或危害时,总统有决定停止执行宪法有关条款的"紧急命令权"。该条所规定的总统具有某些情况下的独裁权,是对 1871 年德意志帝国宪法规定的皇帝独裁权的沿袭,为德国法西斯篡改《魏玛宪法》提供了方便。因此,第 48 条是《魏玛宪法》的自杀性条款。

《魏玛宪法》关于"国民的基本权利"的规定,集中体现了该宪法的现代宪法特征:(1)第一次规定生存权。第 151 条第 3 款规定:"经济生活之组织,应与公平之原则及人类维持生存之目的相适应。"这一规定标志着公民权利体系由"自由权本位"转向"生存权本位",是人权换代的原始规范;①(2)第一次规定男女平等权(第 119 条);(3)第一次规定私生子与嫡生子的平等权(第 121 条);(4)第一次规定市民的公职权(第 128 条);(5)第一次规定官吏的政治独立权,(第 130 条规定,官吏为全国之公仆,非一党一派之佣役。也含有党派平等的意味);(6)第一次规定公民的良心自由(第 135 条);(7)第一次规定"所有权为义务,其使用应同时为公共福利之役务"(第 153 条);(8)第一次规定公民的劳动权(第 157、163 条);(9)第一次规定劳动者组织和参加工会权(第 159 条)。这九项开创性的规定是实质平等的重要体现,标志着现代宪法的产生。

(二)现代宪法的发展②

现代宪法的发展,以"二战"结束为标志分为两个阶段。前一阶段的宪法发展主要表现为近代宪法向现代宪法的转型和现代宪法的产生,政治民主化是这一阶段宪法发展的主流(但也有逆流,如法西斯德国对《魏玛宪法》

---

① 参见徐显明:《生存权论》,《中国社会科学》1992 年第 5 期,第 45 页。

② 本部分内容,主要参考了周叶中主编:《宪法》,高等教育出版社、北京大学出版社 2005 年版,第 62 ~ 64 页。

的破坏、意大利法西斯体制的建立等）。后一阶段的宪法发展主要表现为四个方面：（1）有些国家的宪法在战后继续朝着现代宪法转型，如法国1958年宪法（即第五共和国宪法，或称“戴高乐宪法”）的颁布实施标志着法国宪法完全实现了向现代宪法的转型；（2）对宪法发展中出现的逆流进行清算，成功实现了对法西斯主义及其体制的改造，使德国、意大利、日本等国的宪法回到了民主和平的道路；（3）随着社会主义国家的建立，社会主义宪法纷纷制定和颁布，并以鲜明的特色丰富和发展着宪法；（4）随着殖民体系的崩溃，民族国家的民族主义宪法以其民族主义特色成为宪法大家庭中必不可少的组成部分。

在现代宪法的发展过程中，产生了许多具有代表性的宪法，发生了一些对宪法发展具有重要影响的宪法事件，这里择其要者进行介绍：

1. 罗斯福新政与美国宪法。

就形式而言，美国并无所谓现代宪法。美国宪法还是1789年生效的那部宪法，只不过美国社会的发展，特别是“罗斯福新政”赋予美国宪法以新的时代内涵，使其具有了现代宪法的品质。罗斯福在20世纪三十年代经济危机时当选美国总统，为摆脱危机，他开创性地实行“新政”。“新政”深刻地影响了美国立法权、行政权、司法权之间的关系，也对联邦与州之间的关系产生了较大影响。“新政”对美国宪法的影响主要表现在：（1）总统的行政权扩张，议会赋予总统广泛的委托立法权；（2）在联邦与州的关系上，联邦政府的权力得到强化；（3）政府广泛干预社会经济事务。因此，“新政”使美国宪法完成了向现代宪法的转型。

2.《德意志联邦共和国基本法》。

1945年，纳粹德国无条件投降，同盟国占领德国。6月5日，苏、美、英、法四国在柏林发表《关于管制德国的联合声明》，成立由上述四国组成的“盟国管制委员会”，将德国划为四个占领区，由四国分别占领。1948年春，美、英、法三国占领区合并为德国西占区。此后，美、英、法三国抛弃了将德国作为一个整体的承诺，准备在西占区建立国家，着手制定规范西占区的临时宪法即基本法。1949年2月，制宪会议完成了基本法草案，并于5月8日通过了《德意志联邦共和国基本法》。该宪法除序言外，共11章146条：第1章规定公民的基本权利和义务；第2章规定联邦德国实行联邦制，对联邦与州的关系做了规定；第3~9章，规定联邦的立法、行政、司法机关及联邦总统的产生方式、主要职权等问题；第11章规定有关过渡问题。《德意志联邦共和国基本法》以下五个方面的规定非常引人注目：（1）联邦德国不得对外实行侵略战争；（2）增设宪法法院，赋予其解释、保障、监督基本法实施之权。为此，《基本法》规定，联邦宪法法院有权就政党活动是否违宪做出裁决（第21

条),对联邦议院提出的弹劾总统案进行裁决(第61条第1款),对法官适用的法律是否违宪、对国际法某项规则是否构成国内法、对州宪法法院关于基本法的解释是否成立等问题有权做出最后的裁决;(3)为保障公民基本权利不受剥夺和侵犯做了特别的规定。《基本法》规定,当公民的基本权利受到政府的侵犯时,公民有对此侵犯行为做出反抗的"抵抗权"(第20条第4款),有权向联邦宪法法院提起诉讼(第93条)。鉴于希特勒通过行使《魏玛宪法》所规定的"紧急命令权"、"强制执行权"实行法西斯独裁的教训,《基本法》不再规定总统享有此类权力;(4)对政党的法律地位做了规定。鉴于希特勒实行党国合一的法西斯一党独裁专制的事实,《基本法》第21条第1款规定:"政党参与形成人民的政治意志。可以自由建立政党。政党的内部组织必须符合民主原则。它们必须公开说明其经费来源";第2款规定:"凡由于政党的宗旨或党员的行为,企图损害或废除自由民主的基本秩序,或企图危及德意志联邦共和国的存在的政党,都是违反宪法的。联邦宪法法院对是否违宪的问题作出裁决";第3款规定,联邦应制定专门的政党法。1967年7月24日,联邦德国正式颁布了《关于政党的法律》,就政党的概念、任务、地位、组织原则、经费来源等问题做了规定,这是世界上唯一的政党法;(5)对本国主权予以某些限制,承认国际法的效力优于国内法。1990年10月3日,西德与东德实现和平统一后,以《德意志联邦共和国基本法》为临时宪法。

3. 前苏联的制宪活动。

"十月革命"后,在原沙俄帝国废墟上建立的许多共和国,以1918年苏俄宪法为蓝本制定了宪法。1922年12月,苏维埃社会主义共和国联盟(简称苏联)成立,并于1924年制定了第一部宪法。

1924年1月31日,第二次全苏苏维埃代表大会通过了《苏维埃社会主义共和国联盟根本法(宪法)》,以代替1918年的苏俄宪法。这部宪法共有两篇11章72条。第一篇是苏联成立的宣言,说明成立联盟的必要性,承认这个联盟是各平权民族的自愿联合,每一共和国都有自由退出联盟的权利。第二篇具体规定了苏联的国家体制。作为联盟最高权力机关的苏维埃代表大会,由联盟苏维埃和民族苏维埃组成。其他中央最高权力机关和最高管理机关的设置及其相互关系,都和1918年宪法大致相同,只是扩大了中央执行委员会主席团的权限,主席团有权停止联盟人民委员会的决定和指令。宪法还增加了"联盟最高法院"和"联合国家政治管理局"两章。最高法院是联盟中央执行委员会的下属机关,除享有审判权之外,最高法院还有权解释法律并对加盟共和国的决定是否符合宪法提出意见。检察长如不同意最高法院的判决,可以向中央执行委员会主席团提出抗议。联合国家政治管理局是联盟人民委员会的下属机构,它的任务是在全联盟范围内反对政治上及经济上的反革命活动、间谍及土匪行为。加盟共和国中央国家机关的设置与联盟中央机关基本相同。1924 年苏联宪法和 1918 年苏俄宪法一样,都是过渡宪法。

1936 年,斯大林领导制定了《苏维埃社会主义共和国联盟宪法(根本法)》,这就是 1936 年苏联宪法,又称"斯大林宪法"。该宪法共 13 章 146 条,它是对 1918 年苏俄宪法和 1924 年苏联宪法的发展。同 1924 年苏联宪法相比,这部宪法最大的变动是:(1)对选举制度作了重大修改,实行普遍、平等、直接和无记名投票的选举原则;(2)最高苏维埃由权利平等的"民族院"和"联盟院"组成,最高苏维埃主席团既是最高苏维埃的常设机关,又是集体的国家元首;(3)检察机关实行垂直领导,不受任何地方机关的干涉,只服从苏联总检察长;(4)显著地扩大了公民的各项基本权利和义务,确认了公民在政治、人身、经济、文化等方面的权利,取消了权利方面的各种限制和例外,规定了人人平等原则,同时规定了实现这些权利的法律保证和物质保障。

1977 年 10 月 7 日,苏联第九届最高苏维埃非常第七次会议,一致通过了新宪法。新宪法除"序言"外,包括九个部分 21 章,共 174 条。1977 年苏联宪法的基本特点是:(1)继承了 1918 年苏俄宪法、1924 年苏联宪法和 1936 年苏联宪法的思想和原则,再次确认了苏联的基本政治制度是苏维埃制,人民通过苏维埃行使全部国家权力;保留了国家的联邦体制和苏维埃自治制度,保障各加盟共和国的主权;重申了共产党在整个国家政治体制中的核心地位;确立了社会主义法制、民主集中制等宪法原则;(2)进一步扩大公民的权利和自由,并规定了"权利的保证"(34 ~ 58 条);(3)确认了发达社会主义社会的基本特点。

4. 新兴民族国家的宪法。

两次世界大战之后,帝国主义殖民体系逐渐走向崩溃,与之相伴随的是新兴民族主义国家的诞生。这些新生的民族国家成立后的一般做法是制定宪法,设立国民代表大会,建立现代选举制度,成立独立的司法机关,强调民族独立和国家主权。这些国家宪法的制定与颁布,使宪法在世界范围内更为普及。虽然一些新兴民族主义国家的宪法在实施过程中历经坎坷,但它们在维护民族独立与自由,在探索与本国特点相适应的宪法与宪政模式方面,推进了现代宪法在内容、形式乃至精神方面的发展,因而具有重要意义。

(三)宪法的发展趋势

根据学者的考察,宪法的发展趋势主要表现在以下几个方面[①]:

① 参见周叶中主编:《宪法》,高等教育出版社、北京大学出版社 2005 年版,第 64 ~ 67 页。

1. 宪法所确立的政府角色日趋积极能动。

现代宪法与近代宪法的不同之一即在于，前者所确立的政府角色是积极能动的，而后者所确立的政府角色却是消极被动的。政府角色由消极被动转向积极能动，在宪法权力的配置方面，明显地体现在以下几个方面：(1)行政权力扩张。纵观各国，行政权的扩大表现为：行政权干预立法权，如美国总统频繁使用否决权；紧急命令权出现，如法国宪法对紧急命令权的规定；委托立法权(即行政机关经委托享有一定的立法权)常态化。行政权的扩大现在还有进一步发展的态势，如俄罗斯现行宪法规定的总统权力就是明显的例子；(2)国家权力向中央政府集中，中央集权的趋势日趋明显。主要表现在三个方面：在传统中央集权的国家，国家权力的重心在中央，虽然有的国家在宪法中也有地方分权、地方自治的规定，但地方分权的程度、自治的范围均由中央定夺，这种分权和自治并不具有实际意义。在奉行地方分权并以此为基础实行地方自治的国家(如英国)，中央对地方的干预越来越多；在联邦制国家，联邦中央的权力在理论上和宪法的规定上是有限的，但在现实中，联邦与成员国或州的关系上，联邦中央的权力越来越大，这种现象在美国表现得尤为突出；(3)随着国家权力进入社会、经济和文化生活领域，宪法对经济和文化方面的规定越来越多并因而在宪法中形成基本经济制度和文化制度，而且内容日益丰富和完备。

2. 宪法越来越重视公民权利的保护。

宪法在组织、配置国家权力的同时，对公民权利的保护日益重视，主要表现为：(1)宪法所宣告的公民权利的范围进一步扩大。宪法对公民权利的宣告超越了自由权的范畴，日益向经济权利、文化权利、社会权利扩展，同时还对公民的环境权做出宣告；(2)宪法越来越强调公民权利的保障。现代宪法在宣告公民权利的同时，还对公民权利的实现规定了保障措施。1982 年葡萄牙宪法在规定每一种权利的同时都对该权利的保障作了规定。葡萄牙宪法公民权利与义务篇第二章为《权利、自由与保障》，其三节的标题分别为《权利、自由与人身保障》、《参政的权利、自由与保障》、《工人的权利、自由与保障》，从中可见宪法对公民权利保障的重视程度。

3. 宪法保障加强，建立专门的宪法监督机关成为一种潮流。

1920 年，奥地利设立宪法法院，作为监督实施的专门机关。随后，法国设立了宪法委员会。二战后，德国、法国、日本等国也建立或进一步完善了本国的宪法监督制度。从众多国家的宪法监督制度来看，专门机关监督宪法实施，已成为一种潮流，其中采用宪法法院是主流，如德国、俄罗斯、波兰、葡萄牙等。

4. 宪法发展的国际化趋势进一步扩大。

二战以来，全球一体化趋势日渐明显，与此相适应，宪法的发展也呈现出了国际化趋势。具体表现在以下几个方面:(1)对国际法的直接承认和接受。国际法是国家间关系的准则,各国近代宪法基于国家主权观念对国际法往往采取保留的态度,现代宪法对国际法则一般采取直接接受的态度。如联邦德国基本法第25条规定:“国际法的一般规则是联邦法律的组成部分,它们优先于法律,并且直接为联邦领土上的公民创设权利和义务。”日本、法国、意大利、葡萄牙等国的宪法均有类似规定。(2)对国家主权有条件地限制。随着战后传统主权观念的淡化,并基于国际合作的需要,许多发达国家,特别是欧盟国家都通过宪法对国家主权作了有条件的限制。如联邦德国基本法第24条规定:“联邦可以通过立法将一些主权移交各国政府间机构。为维护和平,联邦可以加入共同集体安全体系,在这样做的同时它将同意对它的主权进行某种限制”。1947年《意大利共和国宪法》第11条规定:“在与其他国家平等的条件下,意大利同意为了建立保证国际和平与正义的秩序而对主权作必要的限制”。(3)人权是国际法的一个重要领域,围绕人权问题签署了许多公约,其中主要有《公民权利和政治权利国际公约》、《经济、社会和文化权利国际公约》等。世界上绝大多数国家都已经加入了上述国际人权公约,使人权保障呈现出了明显的国际化趋势。

第三节 旧中国宪法的产生与更迭

鸦片战争以后,大批先进的中国人开始寻找中国的出路。魏源最早提出了“师夷长技以制夷”的口号,林则徐进一步发现西人长技在于“器良、技熟”,洋务运动遂为举国之盛事。甲午中日战争的惨败否定了上述结论,先进的中国知识分子开始转向对西方政治制度的研究,但他们的济民、保国、卫君之志,最终落脚于对“君民共主”这一君主立宪政体的选择上。[①] 在清末,明确提出立宪主张并付诸行动的是以康有为所代表的“维新派”。戊戌变法虽然没有产生宪法文件,但在某种意义上可以把它视为中国近代制宪运动的开端。

一、清朝末年的立宪

慈禧太后镇压戊戌变法运动并未消弭清政府面临的各种矛盾。义和团的打击,尤其是“八国联军”占领北京、孙中山领导的革命运动,使慈禧认识到,除了“变法”之外,再没有第二根可以凭借以缓和时局的稻草,于是在

① 参见徐祥民等:《中国宪政史》,青岛海洋大学出版社2002年版,第38~41页。

1901年1月，慈禧于流亡西安时便下诏变法。1908年9月，清政府颁布《钦定宪法大纲》，这是中国历史上第一部以“宪法”命名的法律文件。

《钦定宪法大纲》分为“君上大权”和“臣民权利义务”两部分，共23条，其中君上大权14条，臣民权利义务9条。《钦定宪法大纲》第1条明示“大清皇帝统治大清帝国，万世一系，永永尊戴”，第2条规定“君上神圣尊严，不可侵犯”。其余12条具体规定，凡内政、外交、财政、军备、任免等大权均由君主掌握。从这些字里行间，实在找不到民主的影子，有的只是专制独裁，证明清政府的“仿行宪政”是一个骗局。

武昌起义爆发后，清政府于1911年11月公布《重大信条》，规定了“国会”、“资政院”、“总理大臣”之设置，并规定了各自的职权。除在第1条规定“大清帝国皇统万世不易”，第2条规定“皇帝神圣不可侵犯”外，《重大信条》与《钦定宪法大纲》相比体现出了相当程度的民主性。但是，《重大信条》尚未及实施，清政府即被推翻。

二、中国第一部资产阶级的宪法——《中华民国临时约法》

1911年10月10日，武昌起义爆发，起义者成立了湖北军政府，制定了省级的临时宪法——《中华民国鄂州约法》。各省纷纷响应这次起义，并建立政权，颁布各省的临时宪法。11月底，各省都督府代表会议召开，酝酿成立中央政府，以美国宪法为蓝本制定了《中华民国临时政府组织大纲》，并于29日选举孙中山为临时大总统。1912年1月1日，中华民国在南京宣告成立，孙中山就任临时大总统。3月11日，《中华民国临时约法》正式公布。

《中华民国临时约法》共7章56条，它以资产阶级国家的三权分立为原则，具体设计了一套责任内阁制的国家机构，其基本精神在于：(1)确认了“主权在民”原则；(2)规定了人民的自由权利；(3)以“三权分立”作为临时政府机构的基本组织原则，扩大议会职权，限制总统权力，防止专制制度复辟。《中华民国临时约法》以根本法的形式宣告了清王朝以及延续两千多年的封建专制帝制的最后崩溃，也宣告了资产阶级民主共和制度在中国的正式建立。它确立的主权在民、三权分立、人人平等等资产阶级民主原则在中国具有开创性意义。

三、北洋政府的制宪活动

北洋军阀政权是继清皇朝之后代表封建地主和官僚买办资产阶级利益的政权，出于政治欺骗的目的，也祭起了立宪的“法宝”。这一时期，军阀混战不断，政权更迭频繁，制宪活动也花样百出。

(一)《中华民国约法》(袁记约法)

1913年10月31日，中华民国第一届国会公布了《中华民国宪法草案》

(即天坛宪草)。它以列举的方式规定了人民广泛的权利,规定政府采用议院内阁制以限制总统权力,还规定了行政诉讼制度。由于这些规定不利于袁世凯的独裁统治,1914 年 1 月,袁世凯以武力解散国会,"天坛宪草"和《临时约法》一样遭到毁弃。

但是,袁世凯为了使其独裁统治合法化,一边毁弃宪法,一边玩弄起了制宪游戏。他于 1914 年 5 月 1 日正式公布施行《中华民国约法》,史称"袁记约法",包括:"国家"、"人民"、"大总统"、"立法"、"行政"、"司法"、"参政院"、"会计"、"制宪程序"、"附则"共 10 章,计 68 条。与《临时约法》相比,"袁记约法"的特点是取消了责任内阁制以及国会对总统的牵制,把外交、宣战、任免、财政等大权交由总统行使,且总统有否决立法院的法律案之权;总统还有权"发布与法律有同等效力之敕令"。"袁记约法"彻底否定了资产阶级民主共和制度,确立了袁世凯个人的军阀独裁制度。同年 12 月,还公布了《修正大总统选举法》,规定大总统为终身制和世袭制,为袁世凯称帝做准备。

1915 年,袁世凯公然称帝,并策划拟订"中华帝国宪法草案",但遭到全国各地的愤怒声讨。袁世凯于 1916 年 6 月 6 日忧疾而亡,由他导演的制宪闹剧也暂时告一段落。

(二)《中华民国宪法》(贿选宪法)

袁世凯死后,中国出现了直、奉、皖等派系军阀割据和长期混战的局面。经过直皖战争、直奉战争,直系军阀控制了北京政权,该派军阀头目曹锟以"恢复法统"为幌子,出巨资收买议员选举自己为总统。曹锟依靠金钱收买的办法当选总统后,于 1923 年 10 月 10 日公布了《中华民国宪法》,史称"贿选宪法"。"贿选宪法"共 13 章 141 条。主要内容是:(1)规定了"中华民国永远为统一民主国"、"中华民国主权属于国民全体"、"中华民国人民于法律上无种族、阶级、宗教之别,均平等"等资产阶级的民主原则;(2)规定国会行使立法权,又规定总统有权解散国会,因此《中华民国宪法》规定的政体,形式上是议会制,实质上是总统制;(3)规定中央与地方军阀的分权制度,既规定了武力统一的中央集权,又规定地方的权力,实行妥协;(4)规定了人民的权利和自由,但又规定"得以法律限制"。

四、国民党政府的立宪活动

北洋军阀政府终结后,继之而起的是国民党政府的立宪活动。从 1927 年国共分裂到 1949 年国民党败退台湾 22 年间,国民党政府制定的宪法主要有《中华民国训政时期约法》、《中华民国宪法草案》和 1947 年《中华民国宪法》。

(一)《中华民国训政时期约法》

1931 年 6 月 1 日国民党政府公布的《中华民国训政时期约法》是利用孙中山关于建国之"军政、训政、宪政"三时期学说,以蒋介石的"以党治国"方针为基础制定的,共 8 章 89 条,其主要内容和特点是:(1)以根本法的形式确认了国民党一党专政的政权和蒋介石个人独裁的政治制度。《训政时期约法》规定,训政时期由中国国民党全国代表大会代表国民大会行使中央统治权;在国民党全国代表大会闭会期间,其权力由国民党中央执行委员会行使(第 30 条);在中央执行委员会内设置政治会议对国民政府进行指导和监督,而政治会议的主席就是蒋介石。《训政时期约法》还规定,"国民政府总揽中华民国治权"(第 65 条),"各院院长及各部、会首长以国民政府主席之提请,由国民政府依法任免之"(第 74 条),而当时的国民政府主席就是蒋介石;(2)确立了"主权在民"原则(第 2 条),规定了人民的民主自由权利(第二章),却授权国民党中央执行委员会解释约法(第 85 条);(3)采用五院制的政权组织形式。国民政府设立行政院、立法院、司法院、考试院、监察院及各部会,共同听命于国民党中央执行委员会;(4)规定油、煤、金、铁矿业由国家兴办(第 35 条),创办国营航业(第 36 条),确认官僚买办的垄断经济权,但对于节制资本与平均地权的经济政策却无原则性规定或具体条款;(5)规定了中央与地方权力划分的原则(第六章),却没有具体的职权划分。

(二)《中华民国宪法草案》

《训政时期约法》公布不久,日本帝国主义发动"九·一八"事变,侵占了中国东三省,扶持了"伪满洲国"。其后又进攻上海,侵占华北。面对中华民族亡国灭种的威胁,社会各阶层掀起了声势浩大的抗日民主运动,要求结束"训政","还政于民"。国民党政府迫于形势,于 1936 年 5 月 5 日公布了《中华民国宪法草案》,又称"五五宪草",共 8 章 148 条,其主要内容和特点是:(1)赋予总统以无上的权力,规定总统为国家元首,统率全国陆海空军,具有公布法律、发布命令、宣战、媾和、缔约、戒严、赦免、减刑、任免官员之权,还享有对国家紧急事变的处置权(第 36 ~ 44 条);(2)确认经济上的国有制(第六章),变相地保障四大家族的经济利益;(3)规定了人民的某些权利,同时又做出法律上的限制。此外,还规定了"地方制度"、"教育"、"宪法之施行及修正"等内容。"五五宪草"以《中华民国训政时期约法》为基础,继续肯定国民党专政和总统独裁的政治制度,类似于"袁记约法"的翻版。

(三)1947 年《中华民国宪法》

1946 年 11 月,蒋介石撕毁"双十协定"和政协决定,一手包办召开国民大会,单方面开始制宪活动。1946 年 11 月 15 日,国民党一手操办的"国民大会"在南京开幕,12 月 15 日三读通过了《中华民国宪法》,1947 年 1 月 1

日由国民政府公布,同年12月15日施行。这部宪法共14章,计175条。其主要内容和特点是:(1)确认了“主权在民”原则,宣称中华民国是“三民主义”基础之上的民主共和国(第1、2条);(2)较为详细地列举了“人民之权利”(第7~18条),规定人民的未列举权利同样受宪法保障(第22条),但同时规定,为“防止妨碍他人自由,避免紧急危难,维持社会秩序或增进公共利益”,在必要情况下,可以法律对人民的权利进行限制(第23条);(3)以“地方自治”之名,行中央集权之实。该宪法既规定了“省县自治”原则(第112、121条),又规定了省、县的立法权限(第109、110条),却规定司法院有权宣布上述立法无效(第114、115、125条);(4)规定了五院制的政权组织形式,但授予总统过多、过大的权力(第四章);(5)借助“民生主义”旗号,巩固和发展官僚资本主义。该宪法规定“国民经济应以民生主义为基本原则”(第142条),却规定“公用事业及其他有独占性之企业,以公营为原则”(第144条),“金融机构,应依法受国家之管理”(第149条),为四大家族垄断经济命脉开了方便之门。可以说,《中华民国宪法》基本上是“五五宪草”的翻版。

五、革命根据地的立宪活动

蒋介石的南京国民政府镇压人民民主运动,中国共产党被迫在农村建立起人民政权。革命根据地政权在不同历史时期相继颁布了若干宪法性的文件,其中最主要的有:《中华苏维埃共和国宪法大纲》、《陕甘宁边区施政纲领》和《陕甘宁边区宪法原则》。

(一)《中华苏维埃共和国宪法大纲》

1931年11月,在江西瑞金召开的第一次全国工农兵代表大会通过了《中华苏维埃共和国宪法大纲》(1934年1月召开的第二次全国工农兵代表大会在第1条中增加了“同中农巩固的联合”一项内容,并对该大纲作了一些文字性修改)共17条。它的基本内容是:(1)规定了苏维埃政权反帝反封建的性质。它规定:苏维埃政权的目的,在于消灭一切封建残余,赶走帝国主义列强在华的势力,统一中国。为此,它宣布没收地主阶级的土地,分配给贫农、中农(第1条);不承认帝国主义在华的一切特权,宣布一切不平等条约无效,否认反革命政府的一切外债;苏维埃区域内帝国主义的海、陆、空军不许驻扎,无条件地收回帝国主义的租借地和它们手中的银行、海关、铁路、航空、矿山、工厂等(第8条);(2)规定了中华苏维埃共和国的国体。《大纲》第2条规定,“苏维埃全部政权是属于工人、农民、红军兵士及一切劳苦民众的”,“中华苏维埃所建设的,是工人和农民的民主专政国家”,对军阀、官僚、地主、买办资产阶级实行专政;(3)《大纲》第3条规定,“中华苏维埃共和国之最高政权为全国工农兵苏维埃代表大会”;(4)规定了中华苏维埃共和国公民广泛的权利和自由，包括：参政权——在苏维埃政权领域内，工人、农民、红军战士及一切劳苦大众，都有权选派代表讨论、决定、管理国家和地方的一切大事（第2条）；选举权——凡苏维埃公民，年十六岁以上者，都有选举权和被选举权（第4条）；平等权——在苏维埃政权领域内的工人、农民、红军士兵及一切劳苦民众和他们的家属，不分男女、种族（汉、满、蒙、回、藏、苗、黎……）、宗教，在苏维埃法律面前一律平等（第4条）；言论、出版、集会、结社及信教的自由（第10条）；参加革命战争的权利（第9条）；文化教育权利（第12条）；解放妇女，承认其婚姻自由，采取各种措施，使她们参加社会经济政治文化活动（第11条）。

《中华苏维埃共和国宪法大纲》是中国共产党指导革命立宪的初次尝试，除了苏联宪法之外无其他经验可资借鉴，又是在战争环境下进行的，这决定了《宪法大纲》不能不具有某些缺点和不足。其中，最明显的缺点是，《大纲》第2条规定，苏维埃政权是属于工人、农民、红色战士及一切劳苦民众的；军阀、官僚、地主、豪绅、资本家、富农、僧侣及一切剥削者没有政治权利和自由。这是总结大革命失败教训的结果，也是照搬1918年苏俄宪法的结果。由于苏俄的工农阶级走的是一条从城市到乡村建立全国政权的道路，苏俄的社会主义宪政建设是彻底镇压敌对阶级和一切中间阶级。中国革命的特点决定了工农阶级在破坏旧宪政的同时，不能立即建设社会主义宪政，而是要经过一个新民主主义宪政的过渡阶段。在这个过渡阶段中，工农阶级只有与一切中间力量"共和"，以扩大民主的基础，才能破坏旧宪政。可以说，《宪法大纲》作为根本大法，缺乏必要的前瞻性，难以对中国新民主主义宪政建设提供科学的指导。后来的《陕甘宁边区施政纲领》规定给中间分子在民主政权中以1/3的位置，纠正了《宪法大纲》的这一不足。

（二）《陕甘宁边区施政纲领》

抗日战争期间，国共两党再次合作，建立起抗日民族统一战线。毛泽东于1940年12月向党内发出指示，要求边区政权建设"必须坚决地执行'三三制'"，"不论政府机关和民意机关，均要吸引那些不积极反共的小资产阶级、民族资产阶级和开明士绅的代表参加，必须容许不反共的国民党员参加"，"切忌我党包办一切"；"应规定一切不反对抗日的地主资本家和工人农民有同等的人权、财权、选举权和言论、集会、结社、思想、信仰的自由权"。[①]随后，毛泽东又亲自审订了《陕甘宁边区施政纲领》[②]，中共中央政治局于1941年5月1日正式公布（故称"五一施政纲领"）。同年11月，经边区第二

① 参见毛泽东：《论政策》，《毛泽东选集》（第2卷），人民出版社1991年版，第766～768页。

② 《陕甘宁边区施政纲领》的绝大部分内容出自毛泽东的手笔，这个宪法性文件的题目也是毛泽东改拟的。参见《毛泽东文集》（第2卷），人民出版社1993年版，第337页注1。

届参议会通过。《陕甘宁边区施政纲领》除简短的“序言”外，计21条，体现了毛泽东“抗战、团结、进步”三位一体的指导思想，其主要内容可以用“抗战、团结、进步”六个字来概括：

1. 关于抗战的规定。

《纲领》第1条开宗明义，规定：“发挥一切人力、物力、财力、智力，为保卫边区，保卫西北，保卫中国，驱逐日本帝国主义而战。”这是纲领的根本宗旨。

2. 关于团结的规定。

《纲领》第1条规定“团结边区内部各社会阶级，各抗日党派”；第2条规定“坚持与边区境外友党友军及全体人民的团结”；第3条规定“增进军队与人民的亲密团结”；第4条规定“实施优抗条例，务使八路军及一切友军在边区的家属得到物质上的保障与精神上的安慰”；第17条规定了蒙、回民族与汉族平等原则，目的是团结边区蒙、回等少数民族共同抗日；第18条规定了对华侨的团结政策，“欢迎海外华侨来边区求学，参加抗日工作，或兴办实业”；第19条规定对社会游民分子进行团结，要求纠正歧视他们的不良习惯，分给他们土地，给他们提供就业和受教育的机会，同时还规定“对会门组织实行争取与团结教育的政策”；第20条规定了团结敌伪官兵的政策，对被俘敌伪官兵，不问情况如何，不问被俘次数多少，一律实行宽大政策，“其愿参加抗战者，收容并优待之”；第21条规定了团结与保护外国人的政策。

3. 关于进步的规定。

（1）政治制度的进步：《纲领》第5条规定边区政权机关中共产党员只占1/3，保证职员有2/3为其他党派和无党派人士充任，实行各党各派民主合作；第8条规定严惩公务人员的贪污行为，厉行廉洁政治；第6条规定了抗日人民的人权、政权、财权及言论、出版、集会、结社、信仰、居住、迁徙的自由；第16条规定了男女平等的原则；（2）司法制度的进步。《纲领》第7条规定“改进司法制度，坚决废止肉刑，重证据不重口供”，对汉奸也实行宽大政策，“争取感化转变”；（3）经济制度的进步。第9条、第10条规定发展农业生产，奖励外来移民，实行土地私有，合理调整租佃关系等农业政策；第11条、第12条、第13条规定了鼓励发展工商业、调节劳资关系、实行合理的税收制度等政策；（4）文教卫生制度的进步。《纲领》第14条规定了普及国民教育，消灭文盲，提倡科学知识与文艺运动，尊重知识分子的政策；第15条规定了推广卫生行政，减轻人民疾病，救济外来灾民难民的政策。

《陕甘宁边区施政纲领》的实施，使陕甘宁边区民主政权建设进一步趋向完善，为争取和团结一切社会力量参加抗战起了重要作用。

（三）《陕甘宁边区宪法原则》

1946年4月23日，陕甘宁边区第三届参议会第一次大会通过的《陕甘宁边区宪法原则》包括“政权组织”、“人民权利”、“司法”、“经济”、“文化”5个部分，计26条，基本内容是：(1)规定人民代表会议是人民政权的基本政治制度。《宪法原则》规定，边区、县、乡人民代表会议(参议会)为人民管理政权机关；人民采取普遍、直接、平等、无记名方式选举各级代表，各级代表会选举政府人员；各级政府对各级代表会负责，各级代表对选举人负责；(2)规定了人民的各项权利，包括免于经济上偏枯与贫困的权利、免于愚昧及不健康的权利、武装自卫的权利，以及民族平等、男女平等；(3)首次规定司法独立原则。《宪法原则》规定，“各级司法机关独立行使职权，除服从法律外，不受任何干涉”，从而确立了司法机关的地位和审判独立原则；(4)规定了经济政策。《宪法原则》规定，应保障耕者有其田、劳动者有职业、企业者有发展的机会；用公营、合作、私营三种方式组织所有的人力、财力为促进繁荣、消灭贫穷而斗争；欢迎外来投资，保障其合理利润；设立职业学校，培育技术人才；有计划地发展农工矿各实业；(5)规定了民族区域自治的原则。《宪法原则》规定，边区各少数民族在居住集中的地区，得划成民族区域，组织民族自治政权，在不与省宪抵触的原则下，得订立自治法规；(6)规定了文化政策。《宪法原则》规定，普及并提高一般人民的文化水准，从速消灭文盲，减少疾病与死亡现象；保障学术自由，致力科学发展。

第四节　中华人民共和国宪法的产生与发展

1949年10月1日，中华人民共和国宣告成立。新中国根据当时所处历史阶段的国情特点，先后颁布了《中国人民政治协商会议共同纲领》、1954年宪法、1975年宪法、1978年宪法和现行的1982年宪法。

一、《中国人民政治协商会议共同纲领》

1949年解放战争的胜利，标志着中国现代民主宪政史的重大转折，制定一部国家根本大法已经成为当务之急。然而，由于大陆的军事斗争尚未结束，人民政权还不巩固，人民的组织程度和思想觉悟程度还有待于提高，尤其是普选的各级人大还不可能召开，所以制定一部正式宪法的条件还不成熟。在这种条件下，中国共产党邀请各民主党派、人民团体、人民解放军和各地区、各民族以及国外华侨等方面的代表635人，于1949年9月在北京召开中国人民政治协商会议第一次全体会议，由它代行最高国家权力机关的职权。29日，中国人民政治协商会议第一次全体会议选举了中央人民政府委员会，宣布中华人民共和国成立，并通过了《中国人民政治协商会议共同纲领》(以下简称《共同纲领》)。

《共同纲领》是一部临时宪法,除"序言"外,共分为7章60条。主要内容是:(1)规定了中华人民共和国的国体,即人民民主专政,是工人阶级、农民阶级、小资产阶级、民族资产阶级及其他爱国分子的人民民主统一战线的政权(序言)。(2)规定了中华人民共和国的政体。《共同纲领》规定,中华人民共和国的国家政权属于人民,人民行使国家政权的机关为各级人民代表大会和各级人民政府;在普选的全国人民代表大会召开之前,由中国人民政治协商会议执行全国人民代表大会的职权;在普选的地方人民代表大会召开之前,由地方各界人民代表会议逐步地代行人民代表大会的职权(第2章"政权机关")。(3)规定了中华人民共和国的军事制度。《共同纲领》规定,中华人民共和国建立统一的军队,实行统一的指挥、统一的制度、统一的编制、统一的纪律;实行官兵一致、军民一致、拥军优属等原则(第3章)。(4)规定了中华人民共和国的经济政策。《共同纲领》"总纲"规定,中华人民共和国必须没收官僚资本归人民的国家所有,有步骤地将封建、半封建的土地所有制改变为农民的土地所有制,保护国家的公共财产和合作社的财产,保护工人、农民、小资产阶级和民族资产阶级的经济利益及其私有财产,发展新民主主义的人民经济,稳步地变农业国为工业国。在"经济政策"一章规定,中华人民共和国经济建设的根本方针,是以公私兼顾、劳资两利、城乡互助、内外交流的政策,达到发展生产、繁荣经济之目的;国家应在整个经济领域调剂国营经济、合作社经济、农民和手工业者的个体经济、私人资本主义经济和国家资本主义经济这五种经济成分在国营经济的领导下,分工合作,各得其所,以促进整个社会经济的发展。(5)规定了中华人民共和国的文化教育政策、民族政策、外交政策(第5~7章)。

《共同纲领》是按照毛泽东"人民民主专政"宪政思想制定的一部临时宪法性文件,是中国宪政运动史上一个极其重要的文献。人民——工人、农民、小资产阶级、民族资产阶级等各个阶级、阶层——的正当利益都得到了确认和保障,一切反人民的组织和个人的政治、经济等各项权利和利益被统统剥夺或取缔。第一届政治协商会议选举成立的第一届中央人民政府,设国家副主席6人,其中,非中共人士占3人;56名中央人民政府委员会委员中,非中共人士约占48.3%;部委级单位正职负责人中,非中共人士占44.1%。[①] 可见,人民当中各阶级、阶层的政治利益也得到了充分的尊重。总之,人民民主专政的宪政"对资本主义的发展有其限制,对于无产阶级也有一定的限制"[②],照顾到

---

① 参见文正邦等:《共和国宪政历程》,河南人民出版社1994年版,第13页。

② 董必武:《关于人民政协共同纲领的讲演》,载《董必武政治法律文集》,法律出版社1986年版,第143页。

了工农阶级与小资产阶级、民族资产阶级政治、经济利益的平衡，因此，《共同纲领》得到了绝大多数人民的衷心拥护，成为各革命阶级、阶层团结奋斗的政治基础，成为建国之初全国人民共同遵守的宪政纲领。

由于建国之初，资产阶级民主革命的任务还没有完成，作为临时宪法的《共同纲领》具有明显的过渡性特点，因此，它没有明确地提出社会主义的奋斗目标。对此，周恩来解释说：社会主义是全中国人民的奋斗目标，这是毫无疑问的，之所以没有把社会主义的前途写入《共同纲领》，是因为当时的条件还不成熟，民族资本主义还有它的历史任务，过早地提出来不仅会乱了资产阶级的阵脚，而且可能使一部分人把前途当做现时的政策，导致“左”倾错误。“现在暂时不写出来，不是否定它，而是更加慎重地对待它。”[①]基于同样的考虑，“不劳动者不得食”这一分配原则也没有写入《共同纲领》。由此可见，《共同纲领》中未写社会主义，既不是出于疏忽，也不完全是出于策略上的考虑（如有人说是为了麻痹资产阶级），而是从当时的实际出发，经过中央慎重考虑作出的决策，表明了共产党在立国之初确是真心实意要搞一段新民主主义的。[②]《共同纲领》是一部建设新民主主义中国的大宪章，是中国新民主主义宪政建设的重大成果，它符合中国的国情，因而转化为广大人民群众的精神力量，使建国之初的宪政建设出现了崭新的局面，其他各项建设事业也呈现出欣欣向荣的景象。

《共同纲领》起了临时宪法的作用，必然地打上了当时历史条件的烙印。关于人民的基本权利和义务的规定，一方面，权利主体界定于“人民”而不是“公民”，这就把政治概念当做了法律范畴；它所规定的人民基本权利的范围和程度也是很初步的；把各级人民政府同各级人民代表大会并列为行使国家政权的机关，并由它在各级人民代表大会闭会期间来行使各级政权，这就没有把国家权力机关与国家行政机关的地位、职能明确区分开来。

二、1954年《中华人民共和国宪法》

《共同纲领》的贯彻实施，调动了全体人民参与国家建设的积极性。新中国在短短的3年时间里，胜利完成了土地改革、抗美援朝、镇压反革命等重大任务，国民经济得到基本恢复，人民民主专政的政权更加巩固。1952年12月，以毛泽东为首的中共中央提出了过渡时期的总路线，引导全国人民逐步实现对个体农业、手工业和资本主义工商业的社会主义改造。全国人民信

---

① 周恩来：《关于〈中国人民政治协商会议共同纲领〉草案的起草经过和特点》，肖蔚云等编：《宪法学参考资料》（上册），北京大学出版社2003年版，第117页。

② 参见薄一波：《若干重大决策与事件的回顾》（上卷），中共中央党校出版社1991年版，第32页。

心百倍地投身社会主义革命和社会主义建设,表现出空前的政治热情和主人翁责任感,这表明,召开普选的人民代表大会的时机已经成熟了。为了进一步推进新中国的宪政建设,巩固新生的人民民主专政的政权,中共中央决定及时召开由人民用普选的办法产生的人民代表大会,同时在《共同纲领》的基础上制定一部比《共同纲领》更加完备的宪法。1953 年 1 月 13 日,中央人民政府委员会通过了《关于召开全国人民代表大会及地方各级人民代表大会的决议》,决定于 1953 年召开由人民普选产生的乡、县、省(市)各级人民代表大会,然后在此基础上召开全国人民代表大会。同时,成立了以毛泽东为主席,朱德、宋庆龄、周恩来等为委员的“中华人民共和国宪法起草委员会”,负责宪法的起草工作。1954 年 3 月 23 日,“宪法起草委员会”举行第一次会议,决定接受毛泽东代表中共中央拟定的宪法草案初稿作为讨论的基础。经过三次大规模的群众性讨论,全国人民代表大会第一次会议于 9 月 20 日一致通过了《中华人民共和国宪法》,并于当日公布施行。

1954 年宪法由“序言”和“总纲”、“国家机构”、“公民的基本权利和义务”、“国旗、国徽、首都”等 4 章组成,共计 106 条。其主要内容是:(1)规定了我国在过渡时期的总任务是逐步实现国家的社会主义工业化,逐步完成对农业、手工业和资本主义工商业的社会主义改造;其方式和步骤是,各族人民通过和平方式消灭剥削,建设繁荣幸福的社会主义社会。社会主义作为全国人民的奋斗目标明确地提出来了,这是“五四宪法”对《共同纲领》的重大发展。(2)规定了中华人民共和国的国体,是工人阶级领导的、以工农联盟为基础的人民民主国家;确认了中国共产党领导的各民主阶级、各民主党派、各人民团体的广泛的人民民主统一战线的地位。(3)规定了新中国的政体是人民代表大会制度。我国国家政权由权力机关、行政机关、审判机关、检察机关组成;我国是统一的多民族国家;各少数民族聚居的地方实行民族区域自治制度;各民族一律平等,都是民族大家庭的一员,实行民族团结政策,禁止对任何民族的歧视和压迫。(4)规定了新中国的经济制度。该宪法确认我国现阶段的经济形式有四种——国家所有制、合作社所有制、个体劳动者所有制、资本家所有制。其中,国营经济是国民经济的领导力量。(5)规定了我国公民广泛的权利、自由,如平等权(第 85 条),选举权与被选举权(第 86 条),言论、出版、集会、结社、游行、示威的自由(第 87 条),宗教信仰自由(第 88 条),人身自由(第 89 条),隐私权及居住和迁徙的自由(第 90 条),劳动权(第 91 条),休息权(第 92 条),物质帮助权(第 93 条),文化教育权(第 94、95 条),等等。同时,还规定了我国公民应当遵守的义务,如遵守宪法和法律(第 100 条),爱护和保卫公共财产(第 101 条),依法纳税(第 102 条),服兵役(第 103 条)。

1954 年宪法是《共同纲领》的继承和发展。它继承了《共同纲领》的基本原则,如 1954 年宪法"总纲"规定的我国社会制度和国家制度的基本内容就是以《共同纲领》中"总纲"、"政权机关"、"经济政策"、"民族政策"各章为基础的;关于国家机构的规定,就肯定了《共同纲领》"政权机关"的基本原则;宪法关于公民的基本权利和义务也包括了《共同纲领》"总纲"和其他各章的有关规定。1954 年宪法是我国第一部社会主义类型的宪法,"但还不是完全社会主义的宪法,它是一个过渡时期的宪法。"[①]尽管如此,它在许多方面超越了《共同纲领》的规定和精神,主要表现在:(1)正式确立了人民代表大会制度。政治协商会议与全国人民代表大会都具有广泛的代表性,但前者是特定条件下暂行人民代表机关职权的统一战线组织,其代表性只是来自政治现实的认可,而后者是行使国家最高权力的国家机关,其代表性不仅反映了政治现实,而且是通过法律程序的反映。因此,1954 年宪法使新中国的宪政蓝图具备了更为完备的法律形式。(2)1954 年宪法确立了由国家权力机关、国家元首机关、国家行政机关、国家审判机关、国家法律监督机关构成的权力分工体系。在这个体系中,人民代表大会居于主导地位,按照"民主集中制"原则决定国家机关的产生、组织、职权、工作程序及相互关系。(3)1954 年宪法确立了民主法制建设的基本原则和基本体制。这部宪法规定了"一切国家权力属于人民"的原则;要求"一切国家机关工作人员必须效忠人民民主制度,服从宪法和法律,努力为人民服务";确立了国家立法制度;授权全国人大及其常务委员会监督宪法的实施;规定各级检察机关对人大以外的国家机关及所有国家机关工作人员、公民是否遵守法律行使检察权;规定人民法院独立进行审判,只服从法律;规定除特殊情况外,审判一律公开进行,被告人有权获得辩护;规定了"公民在法律上一律平等"的原则,等等。这些原则和制度,为新中国的民主法制建设提供了宪法依据。(4)1954年宪法将权利、自由的主体界定为"公民",而不是《共同纲领》所界定的"人民",使权利主体的范围进一步扩大。

当然,1954 年宪法也有某些不完善的地方,比如它对宪法的实施问题没有做出明确规定等。

三、1975 年《中华人民共和国宪法》

由于"三大改造"任务的提前完成和客观形势的变化,1954 年宪法规定的部分内容显得与现实情况很不适应,这部宪法处于名存实亡的地位。

---

① 毛泽东:《关于中华人民共和国宪法草案》,载王培英编:《中国宪法文献通编》,中国民主法制出版社 2007 年版,第 253 页。

1975年1月17日,第四届全国人民代表大会第一次会议通过了《中华人民共和国宪法》,这部宪法是在1954年宪法的基础上修改而成的,保持了1954年宪法的结构框架,包括"序言"和"总纲"、"国家机构"、"公民的基本权利和义务"、"国旗、国徽、首都"4章,但条文却从106条缩减为30条,内容方面也有诸多缺陷:(1)在指导思想上,坚持"以阶级斗争为纲",认为"无产阶级必须在上层建筑其中包括各个文化领域对资产阶级实行全面专政",规定"必须坚持无产阶级专政下的继续革命";(2)在内容上有不少的极"左"规定,诸如"以工农兵为主体的各级人民代表大会"是政权组织形式,从而否定人民民主统一战线的地位和作用;取消"中华人民共和国主席"的设置,割裂了国家的领导体制;规定"全国人民代表大会是中国共产党领导的最高国家权力机关",以及中共中央主席的军事统帅权和国务院总理的提名权,将党政不分写进了宪法;宣布"大鸣、大放、大辩论、大字报"是社会主义民主的新形式;取消国家的法律监督机关,将检察院职权交由公安机关行使;取消了"公民在法律面前一律平等"的原则;(3)宪法结构极不完备,混乱不堪,如在"国家机构"中任意删除职权,将"检察机关"的职权赋予公安机关,且"审判机关和检察机关"作为"国家机构"章中的一节只有1条内容;在"公民的基本权利和义务"中,仅规定4条内容,并且先规定义务,后规定权利;又将公民的权利与义务加以合并,从而缩减权利,加重了义务。

四、1978年《中华人民共和国宪法》

1976年,"文化大革命"宣告结束,中华人民共和国再次进入一个重要的历史转折时期。1978年3月5日,第五届全国人民代表大会第一次会议通过了修改的《中华人民共和国宪法》,这部宪法沿袭了1954年宪法和1975年宪法的结构,包括"序言"和"总纲"、"国家机构"、"公民的基本权利和义务"、"国旗、国徽、首都"4章,计60条。主要内容有:(1)序言,确认国家在新的历史时期的总任务,即在本世纪内实现工业、农业、国防和科技的社会主义现代化,制宪的指导思想开始从"七五宪法"的"以阶级斗争为纲"转向经济建设;(2)总纲,规定了我国国家制度和社会制度的基本原则,特别规定了发扬社会主义民主、保障人民参加国家管理、管理经济文化事业的原则和措施,取消了1975年宪法中"全面专政"的称谓,尤其是在第13条中强调了科学、教育在"四化"建设中的地位和作用,规定了大力发展科学、教育事业的基本方针和政策;(3)国家机构,比1975年宪法更为完备和具体,恢复了人民检察院的设置;(4)公民的基本权利和义务,由1975年宪法的4条增加到16条,增设了公民的基本权利。

1978年宪法是在"文化大革命"结束之后不久颁布的,极"左"思潮对于宪法的影响还未得到肃清,这部宪法还存在着明显的缺陷,如在序言中仍然肯定"文革"的成就,仍然坚持"以阶级斗争为纲"的指导思想和"无产阶级专政下继续革命"的理论;在地方国家机关中仍保持"革命委员会"的名称;在公民的基本权利部分,仍规定"大鸣、大放、大辩论、大字报"作为公民基本权利之一,等等。为了适应形势发展的需要,五届全国人大的第二次和第三次会议先后两度对该宪法的部分条文作了修改,但从总体上看,仍未摆脱"左"的影响,还没有恢复到1954年宪法的水平,而且越来越不能适应新时期客观形势发展的要求,因此全面修宪便提到了日程上来。

五、1982年《中华人民共和国宪法》

1978年12月,中共中央召开了具有伟大意义的十一届三中全会,全面清理了"文化大革命"的错误,深入总结了建国后的历史经验,恢复并制定了一系列正确方针政策,使国家生活的各方面发生了重大的变化。接着,十一届六中全会通过了《关于建国以来党的若干历史问题的决议》。其间,邓小平关于"要使我们的宪法更加完备、周密、准确,能够切实保证人民真正享有管理国家各级组织和各项企业事业的权力,享有充分的公民权利,要使各民族真正实行民族区域自治,要改善各级人民代表大会制度",关于"不允许权力过分集中的原则,也将在宪法上表现出来"[①]等论述,为全面修宪提供了重要的理论依据。1980年9月10日,五届全国人大三次会议接受中共中央的建议,决定成立宪法修改委员会,主持宪法修改工作。宪法修改委员会和它的秘书处于1982年2月提出了《中华人民共和国宪法修改草案》讨论稿,经过反复讨论、修改,于12月4日经五届人大五次会议通过。

(一)1982年宪法(以下称"现行宪法")的内容和特点

现行宪法在结构上,除"序言"外,共分为"总纲"、"公民的基本权利和义务"、"国家机构"、"国旗、国徽、首都"4章,计138条。与前三部宪法不同的是,现行宪法将"公民的基本权利和义务"一章放在"国家机构"之前,显示了国家对公民权利的重视。在内容上,现行宪法具有以下特点:(1)现行宪法总结了历史经验,规定了国家的根本任务和指导思想。"序言"部分明确规定,"今后国家的根本任务是集中力量进行社会主义现代化建设","逐步实现工业、农业、国防和科学技术的现代化,把我国建设成为高度文明、高度民主的社会主义国家"。这样规定一方面以法律形式把实现国家工作重点转移的历史性转变固定了下来,另一方面也提出了物质文明建设与精神文明建设同步进行的总体建设思想。同时,"序言"还规定了"四项基本原则",

---

① 《邓小平文选》(1975~1982),人民出版社1983年版,第299、293页。

并将这一原则作为立宪的指导思想。(2)现行宪法完善了国家机构体系。主要表现在:加强了人民代表大会制度,省级以上人大设立了专门委员会,规定了人民代表的权利和义务,扩大了人大常委会的职权;恢复了国家主席的设置,并调整了其职权;设立了中央军事委员会,明确了武装力量在宪法上的地位;规定了国家领导人员的任期限任制,废除了职务终身制。(3)现行宪法强调了民主法制建设的重要性,保障公民的基本权利和自由。现行宪法关于民主建设的规定主要表现在:确认了国家一切权力属于人民的原则,坚持和完善了人民代表大会制度;规定了国家生活中的一系列民主原则,如党政分开、任期限任制、首长负责制、人大常委会组成人员不得兼任行政机关和司法机关职务,等等;扩大了公民的民主权利和自由,如重新规定了"法律面前一律平等"的原则(第33条)和公民的选举权与被选举权(第34条)、言论、出版、集会、结社、游行示威的自由(第35条)、宗教信仰自由(第36条)、人身自由与安全(第37条)、社会经济权利(第42~45条),尤其是增加了公民的人格尊严不受侵犯(第38条)和对国家工作人员的批评建议权及取得赔偿权(第41条),公民的权利与自由比前几部宪法的规定更加广泛、具体。关于社会主义法制建设的规定,主要是规定了宪法自身的最高法律地位和最高效力,强调全国一切国家机关、政党、社会团体、企事业组织和公民"都必须以宪法为根本的活动准则",重申了国家的法律统一原则,严禁任何组织或个人拥有宪法与法律以外的特权,并且规定了宪法实施的保障制度。在其他具体内容的规定中,还体现了社会主义民主与社会主义法制高度结合的精神,如公民基本权利义务的规定中关于平等权、权利义务相一致等的规定都是如此。(4)现行宪法规定了"国家统一和民族团结"的原则。现行宪法"序言"指出:"台湾省是中华人民共和国的神圣领土的一部分。完成统一祖国的大业是包括台湾同胞在内的全中国人民的神圣职责。"为了实现台湾回归祖国,恢复行使对香港、澳门的主权,我国宪法从实际出发,根据"一国两制"的原则,规定"国家在必要时得设立特别行政区。在特别行政区内实行的制度按照具体情况由全国人民代表大会以法律规定",这就为解决历史遗留下来的国家统一问题,为维护国家主权的统一与完整,提供了一个切实可行的法律基础和条件。同时,现行宪法还根据建国以来民族工作方面的经验教训,进一步确认和健全了民族区域自治制度,扩大了民族自治地方的自治权限,加强了对自治权实现的法律保障。此外,宪法还确认了经济体制和政治体制改革中已经取得的有益成果,如家庭联产承包责任制、发展多种经济形式、扩大国营企业自主权、重视市场调节及党政分开、各类国家机关职能分开、任期限任与个人负责等。这既是对改革成果与经验的总结和保障,同时也是对改革方向和具体做法的肯定和推广,对经济体制和政治体制改革的进一步深化具有重大的指导和促进作用。

(二)现行宪法的修正

从1988年起,我国的宪法修改工作改变了过去"修改一次,重颁一次"的做法,开始采用宪法修正案的方式对宪法个别内容予以修改和完善。迄今为止,对现行宪法共进行过4次修正,形成了31条宪法修正案。

1.1988年宪法修正案。

现行宪法颁布以后,我国的改革开放事业稳妥地发展,我们对社会主义的认识也在这一伟大实践过程中得到深化。1987年,中共十三大提出了"一个中心,两个基本点"的基本路线和"有计划的社会主义商品经济"理论,现行宪法无论在理论上还是在实践方面都已滞后于改革开放的形势,因此,1988年4月召开的七届全国人大一次会议对现行宪法作了两处修改:(1)在宪法第11条增加规定(修正案第1条):"国家允许私营经济在法律规定的范围内存在和发展。私营经济是社会主义公有制经济的补充。国家保护私营经济的合法权利和利益,对私营经济实行引导、监督和管理。"(2)将宪法第10条第4款"任何组织或者个人不得侵占、买卖、出租或者以其他形式非法转让土地"增加"土地的使用权可以依照法律的规定转让"的规定(修正案第2条)。

2.1993年宪法修正案。

1993年3月29日,八届全国人大一次会议在1988年宪法修正案的基础上,又通过了第3~11条修正案,主要内容是:(1)在"序言"中加进了"我国正处于社会主义初级阶段"、"根据建设有中国特色社会主义的理论"、"坚持改革开放"等新内容,同时将"高度文明、高度民主"的社会主义国家改为建设"富强、民主、文明"的社会主义国家(修正案第3条);(2)在"序言"第10自然段末尾增加了"中国共产党领导的多党合作和政治协商制度将长期存在和发展"(修正案第4条);(3)将宪法第7、16、42条中的"国营"改为"国有"(修正案第5、8、10条);(4)规定"国家实行社会主义市场经济","国家加强经济立法,完善宏观调控"(修正案第7条);(5)取消了宪法第16、17条中"国家的统一领导"和"国家计划"的规定,规定国有企业和集体经济组织在法律规定的范围内有权自主经营(修正案第8、9条);(6)将农村中的家庭联产承包为主的责任制写进宪法(修正案第6条);(7)将宪法第98条规定的县级人大的任期从3年改为5年(修正案第11条)。

3.1999年宪法修正案。

1999年3月15日第九届全国人大第二次会议通过的宪法修正案共6条,分别是:(1)在宪法序言第7自然段中增加"邓小平理论"的内容,把"根据建设有中国特色社会主义的理论"修改为"沿着建设有中国特色社会主义道路”,将“我国正处于社会主义初级阶段”修改为“我国将长期处于社会主义初级阶段”,增加“发展社会主义市场经济”的内容(修正案第12条);(2)在宪法第5条中增加“中华人民共和国实行依法治国,建设社会主义法治国家”(修正案第13条);(3)在宪法第6条中增加规定“国家在社会主义初级阶段,坚持公有制为主体,多种所有制经济共同发展的基本经济制度,坚持按劳分配为主体,多种分配方式并存的分配制度”(修正案第14条);(4)在宪法第8条第1款中增加规定“农村集体经济组织实行家庭承包经营为基础、统分结合的双层经营体制”,删去“家庭联产承包为主的责任制”的提法(修正案第15条);(5)在宪法第11条中增加规定“在法律规定范围内的个体经济、私营经济等非公有制经济,是社会主义市场经济的重要组成部分”,删去个体经济、私营经济“是社会主义公有制经济的补充”的提法(修正案第16条);(6)将宪法第28条中的“反革命的活动”修改为“危害国家安全的犯罪活动”(修正案第17条)。

4. 2004年宪法修正案。

2004年3月14日,十届全国人大二次会议通过的宪法修正案共14条(即第18~31条修正案),主要内容是:(1)在“序言”第7个自然段中增加了“三个代表”重要思想,增加了“政治文明”概念(修正案第18条);(2)在“序言”第10个自然段关于统一战线的组成中增加“社会主义事业的建设者”(修正案第19条);(3)对“经济制度”的修改,体现了保护“私权”的精神:其一,将宪法第10条第三款“国家为了公共利益的需要,可以依照法律规定对土地实行征用”修改为“国家为了公共利益的需要,可以依照法律规定对土地实行征收或者征用并给予补偿”(修正案第20条);其二,将宪法第11条第2款“国家保护个体经济、私营经济的合法的权利和利益。国家对个体经济、私营经济实行引导、监督和管理”修改为“国家保护个体经济、私营经济等非公有制经济的合法的权利和利益。国家鼓励、支持和引导非公有制经济的发展,并对非公有制经济依法实行监督和管理”(修正案第21条);(4)保护私有财产权,将宪法第13条“国家保护公民的合法的收入、储蓄、房屋和其他合法财产的所有权”,“国家依照法律规定保护公民的私有财产的继承权”修改为“公民的合法的私有财产不受侵犯”,“国家依照法律规定保护公民的私有财产权和继承权”(修正案第22条);(5)在宪法第14条中增加“国家建立健全同经济发展水平相适应的社会保障制度”(修正案第23条);(6)在宪法第33条中增加“国家尊重和保障人权”(修正案第24条);(7)在宪法第59条第1款关于全国人民代表大会组成的规定中增加“特别行政区”(修正案第25条);(8)将宪法第67、89条中的“戒严”修改为“进入紧急状态”(修正案第26、29条),并将宪法第80条中的“发布戒严令”修改为“宣布进入紧急状态”(修正案第27条);(9)在国家主席的职权中增加了“进行国事活动”的规定(修正案第28条);(10)把乡、镇级人大的任期由3年改为5年(修正案第30条);(11)在宪法第136条中增加“中华人民共和国国歌是《义勇军进行曲》”(修正案第31条)。

思考题

1. 制定宪法的目的是什么?
2. 宪法的实施需要哪些条件?
3. 宪法的发展有无规律性?
4. 我国现行宪法的修正有无规律性?

第三章 宪法的基本原则

任何一部宪法的产生都受到一定的思想、观念的影响,这些观念和思想最集中的反映就是基本原则。因此,宪法的基本原则是指贯穿于宪法的制定、修改及实施过程之中的最基本的准则。

我国宪法学教科书的普遍做法是对宪法的基本原则进行笼统地归类,但对于宪法的基本原则究竟有哪些,则是众说纷纭,莫衷一是。我们认为,由于现代宪法上的政府角色与近代宪法上的政府角色明显不同,现代宪法上的公民权利不仅包括消极权利,而且包括积极权利,因此,现代宪法与近代宪法的基本原则肯定是不同的,应当将两种类型宪法的基本原则分别予以归类。我们借鉴信春鹰的做法,以近代宪法与现代宪法的区别为依据,对近代宪法的基本原则与现代宪法的基本原则分别作介绍。[①] 本章中,还将扼要介绍我国现行宪法的基本原则。

第一节 近代宪法的基本原则

近代宪法脱胎于封建社会,它本身就是反对封建专制制度的产物。因此,近代宪法所确立的原则是从封建专制制度中反向引申出来的,具有明显的反专制特征。我们把近代宪法的基本原则归纳为以下诸项:

一、个人自由原则[②]

(一)个人自由的概念

普通民众通常会把自由理解为无拘无束,意谓人的思想和行为不受任

---

① 信春鹰认为,近代宪法所确立的主要原则包括个人主义、人民主权、法律上的平等、基本人权、受限制的国家权力等5项,现代宪法所确立的主要原则包括民主原则、人权原则、社会利益原则等3项。参见李步云主编:《宪法比较研究》,法律出版社1998年版,第116~120、146~148页。

② 此处的个人自由即信春鹰所谓的个人主义。在哲学上,自由经历了从古典自由主义(传统自由主义)向现代自由主义(新自由主义)的转变。前者强调个体价值至上,排斥政府对个人事务的干预;后者兼顾社会利益,主张由政府对个人事务进行干预,故又称“社会自由主义”。为了与现代社会中的“社会自由主义”相区分,我们将近代宪法上的自由称为个人自由。

何约束的状态。这种自由是一种绝对的自由,其实质是一种无政府状态。由于每个人总是处于一定的社会关系之中,会受到他人、周围环境等因素的限制,这种自由是不可能实现的,因此,卢梭说:“人是生而自由的,但却无往不在枷锁之中。”①

我们在学理上所讲的自由,是一个源远流长的西方概念。在古希腊、罗马时期,人就有奴隶与自由民之分。在中世纪,虽然英国人一度迫使国王签署了《大宪章》,但其确认的自由仍然受到教会的限制,具有很大局限性。直到启蒙时代,由于启蒙思想家及其后继者的强调,自由才成为西方政治哲学史上一个引人注目的概念。与我们的理解不同的是,启蒙思想家们总是把自由与法律联系在一起。霍布斯认为,自由就是人可以不受阻碍地做他愿意做的事情,但是,人只有在遵守法律的条件下才有自由。② 洛克把自由区分为自然状态下的自由与社会状态下的自由,说:“人的自然自由,就是不受人间任何上级权力的约束,不处在人们的意志或立法权之下,只以自然法作为他的准绳。处在社会中的人的自由,就是除经人们同意在国家内所建立的立法权之外,不受其他任何立法权的支配;除了立法机关根据对它的委托所制定的法律以外,不受任何意志的统辖或任何法律的约束。所以,自由并非……各人乐意怎样做就怎样做,高兴怎样生活就怎样生活,而不受任何法律束缚的那种自由。”③他还说:“哪里没有法律,那里就没有自由。这是因为自由意味着不受他人的束缚和强暴,而哪里没有法律,哪里就不能有这种自由。”④孟德斯鸠说:“自由是做法律所许可的一切事情的权利;如果一个公民能够做法律所禁止的事情,他就不再有自由了,因为其他的人也同样会有这个权利。”⑤近代社会的时代命题是通过论证个人价值的正当性,从而为反对封建专制提供理论上的正当性证明,因此,在启蒙思想家的论述中,自由即指个人自由,指个人做法律所许可的一切事情的权利。

（二）个人自由原则的含义

追求自由是英国人的传统之一。英国近代甚至更为远古的宪法性法律中,不乏有关“自由”的规定(比如,1215 年《大宪章》所规定的臣民和教会的自由,1689 年《权利法案》规定的臣民和国会议员的多项自由权利,等等),但这些规定是否能够成为宪法原则,是值得讨论的。世界上第一部成文宪法的诞生地美国,在建国过程中,由欧洲的启蒙思想家阐述的自由思想不仅

① [法]卢梭:《社会契约论》,何兆武译,商务印书馆 1980 年版,第 8 页。
② 参见张宏生、谷春德主编:《西方法律思想史》,北京大学出版社 1990 年版,第 118 ~ 119 页。
③ [英]洛克:《政府论》(下篇),叶启芳、瞿菊农译,商务印书馆 1964 年版,第 16 页。
④ [英]洛克:《政府论》(下篇),叶启芳、瞿菊农译,商务印书馆 1964 年版,第 36 页。
⑤ [法]孟德斯鸠:《论法的精神》(上册),张雁深译,商务印书馆 1961 年版,第 154 页。

得到了进一步丰富,而且发展成为一种具有里程碑意义的斗争口号和目标。比如,有"独立战争的号角"之称的托马斯·潘恩用"哪里没有自由,哪里就是我的故乡"表达自己为争取自由而献身的价值观;有"独立战争的喉舌"之称的帕特里克·亨得用"不自由,毋宁死"来表达自己争取自由的决心;杰斐逊主笔起草的《独立宣言》(1776 年 7 月 4 日)宣告:"我们认为这些真理是不言而喻的:人人生而平等,他们都从他们的'造物主'那边被赋予了某些不可转让的权利,其中包括生命权、自由权和追求幸福的权利。"比《独立宣言》早22 天诞生的《弗吉尼亚权利法案》(1776 年6 月12 日)第1 条宣告:"所有人都是生来同样自由与独立的……"因此,有人认为,美国的独立战争其实不是一场争"独立"的战争,而是一场争自由的战争。

世界上第一部成文宪法——美国宪法在序言中宣告,制定宪法的目的之一是确保美国人民及其后代"安享自由带来的幸福";美国《权利法案》通篇都用国家机关"不得……"的措辞方式表达了"排斥国家权力即为自由"的古典主义自由观。被罗伯斯庇尔誉为"一切民族的宪法"的法国《人权宣言》仅有 17 条内容,其中有 4 个条款论及了"自由"问题:第 1 条规定"在权利方面,人们生来是而且始终是自由平等的",第 2 条规定"任何政治结合的目的都在于保护人的自然的和不可动摇的权利。这些权利就是自由、财产、安全和反抗压迫",第 4 条规定"自由就是指有权从事一切无害于他人的行为",第 11 条规定"自由传达思想和意见是人类最宝贵的权利之一;因此,各个公民都有言论、著述和出版的自由……"从此以后,任何国家,不论其为民主国家还是专制国家,凡有宪法之设者,皆不敢不在宪法中确立自由的地位。

作为近代宪法基本原则的个人自由所体现的主要是排斥国家权力的价值,这一原则不仅强调自由对于个体的价值,而且特别强调公民个人对国家权力的排斥。因此,近代宪法上的个人自由是指个人做法律所许可的一切事情而不受国家干涉的权利。

【思考】无论是近代宪法还是现代宪法,都明确肯定了个人自由的宪法地位,为什么说个人自由原则是近代宪法的基本原则而非现代宪法的基本原则?

【提示】近代宪法上的个人自由是绝对的,与之相对应的政府角色是消极的。而在现代宪法上,由于政府负有若干积极义务,个人自由不再具有绝对价值,它不能体现现代宪法的特色。

二、形式平等原则

(一)平等与形式平等

在西方历史上,平等与自由作为两种重要的政治法律思想,同样源远流长,但平等似乎不如自由那样受重视。古希腊智者阿基马丹曾经说过:“神让一切人自由,自然并没有使任何人成为奴隶”①,这句话明白地提到了自由,同时也隐含着奴隶与其他人“平等”的思想。尽管在那时,奴隶与自由人的区分是合法的,但平等与自由在西方文明的源头就存在着共生关系,所以,平等与自由思想的历史几乎一样古老。尽管如此,人类进入文明时代以后,社会形态是等级制,在这种社会形态下,鼓吹人与人之间的等级分殊必定是政治法律思想的主流。比如,古希腊柏拉图公开宣扬人是不平等的。在他的《理想国》中写道,国家是由三种不同身份的人组成的,第一种人是上帝用金子铸成的,担任统治者;第二种人是上帝用银子铸成的,即军人,他们和统治者结合起来保卫国家安全;第三种人是上帝用铜和铁铸成的劳动者,从事生产劳动。在《理想国》中,奴隶不被看做人,而是被当做一种活的财富,一种会说话的工具。② 在中世纪,神学家虽然宣扬每个人在上帝面前是平等的,但当马丁·路德主张每个人都有权利与上帝直接对话而无需以教士为媒介时,却遭到了教会的迫害。进入启蒙时代,早期的启蒙思想家,如格劳秀斯、斯宾诺莎等较多地关注自由,而对平等关注不够。洛克曾经说过:“法律一经制定,任何人也不能凭借他自已的权威逃避法律的制裁,也不能以地位优越为借口,放任自已或任何下属胡作非为,而要求免受法律的制裁。公民社会中的任何人都是不能免受它的法律的制裁的。”③他使用“任何人”一语将君主置于法律之下,表述了具有近代意义的“法律面前人人平等”思想,但他认为,人们的自然权利包括生命、健康、自由和财产四项,并不包括平等权。所以,在十七世纪的启蒙思想家那里,平等受到关注的程度不及自由。直到十八世纪,从卢梭的著作《论人类不平等的起源和基础》开始,平等才引起了思想家们的广泛关注,并被杰斐逊等人写进了宪法文件。

近代宪法上的平等原则是人们平等愿望的宪法确认,为人们实现自我价值与社会价值提供了相同的机会和条件。但是,由于各个人的天赋、生理、观念、出身、环境、年龄、职业等因素的不同,这种平等愿望不仅未能得到实现,反而走到了自身的对立面,即出现了人与人之间政治、经济等方面的差别。到十九世纪末二十世纪初,这种差别达到了相当严重的程度。于是,

① 转引自张宏生、谷春德主编:《西方法律思想史》,北京大学出版社1990年版,第4页。

② 参见张宏生、谷春德主编:《西方法律思想史》,北京大学出版社1990年版,第8页。

③ [英]洛克:《政府论》(下篇),叶启芳、瞿菊农译,商务印书馆1964年版,第86页。

政府的角色从消极被动走向积极主动,对人与人之间的不平等状态进行干预。在这种背景下,近代宪法向现代宪法转型,其标志之一就是通过关注特殊个体的实际生存状态而对传统意义上的平等原则进行矫正。这样,在现代宪法上就出现了两种意义上的"平等":(1)形式平等,又称机会平等、条件平等,即指同样情况同样对待,而不论结果如何;(2)实质平等,又称结果平等,即指特殊情况特殊对待,以实现相同的结果。为了实现实质平等,现代各国宪法规定了对若干特殊主体的"差别对待",这些合理的差别对待既可以说是现代宪法上社会利益原则的具体体现,也可以说是近代宪法确立的(形式)平等原则的例外。

鉴于"平等"的内容在近、现代宪法上的这种区别,我们把近代宪法所确立的平等原则称为形式平等原则。

【思考】新中国成立之初,我国普遍存在着贫穷现象,但人们的生活状态基本上可以说是"贫穷并快乐着"。改革开放以后,农村实行"包产到户",城市允许"自由经营",大部分人都富起来了,社会上却出现了"端起碗来吃肉,放下筷子骂娘"的现象。试分析这两种社会现象反映出来的平等观。

(二)形式平等原则的宪法确认

在近代英国的宪法性法律中,较少出现"平等"一词。

早在殖民地时期,美国《弗吉尼亚州权利法案》第4条就规定:"除非为了服务公众,任何个人或一群人都无权自社会得到独占的或单独的报酬或特权;公务职位不能相传,行政官、立法者与法官等职不应世袭。"这一规定表达的是平等的内容,但未使用平等概念。《独立宣言》宣告"所有的人生来是平等的"(All Men Are Created Equal),这可以看做是自由成为一项宪法原则的标志。其后,美国宪法第1条第9款规定,合众国不得颁发任何贵族爵位,在某种程度上体现了平等精神。但是,该条第2款第3项又规定,土著居民印第安人不在"自由人民"之列,黑人等其他有色人种的人口数目只能按照3/5的比例计算,这又明显地违反了平等原则。直到1868年,第十四修正案第1款的"特权与豁免权条款"和"平等保护条款"才正式确立了平等原则。

法国《人权宣言》第1条规定:"在权利方面,人们生来是而且始终是自由平等的。"1791年宪法除了重申《人权宣言》的全部内容外,还在序言部分宣告,坚定不移地废除损害自由和损害权利平等的那些制度,废除贵族、爵位、世袭荣衔、等级差别、封建制度、世袭裁判权以及由这些制度所产生的任何头衔、称号和特权,任何一部分国民或任何个人都不得再有任何特权。第一篇规定，一切公民，除德行上和才能上的差别外，都得无差别地担任各种职业和职务；同样的犯法处以同样的刑罚，不因人而有所差别，等等。这些规定都体现了平等原则。但是，法国在近代社会中多次发生民主共和政体与专制政体的更替，故宪法上的平等原则多次被维护专制政体的宪法所抛弃，而为体现民主共和政体的宪法所肯定。比如，《共和国元年宪法》在“人权宣言”部分第 2 条宣告，人们所享有的不可动摇的权利就是“平等、自由、安全与财产”；第 3 条宣告“所有的人按其本性都是平等的，在法律面前是平等的。”在正文的“权利保障”部分规定：“宪法保障全体法国人民的平等、自由、安全、财产、公债、信教自由、普通教育、公共救助、无限的出版自由、请愿权、结成人民团体的权利并享有一切的人权。”

美、法两国宪法关于（形式）平等原则的规定大致反映了近代各国对待该原则的态度，即凡是确立民主共和政体的宪法一般都确认这一原则，而确立专制政体的所谓宪法一般都不承认这一原则。

三、主权在民原则

（一）主权与主权在民的含义

最早提出“主权”概念的是法国人让·布丹。让·布丹生活在中世纪晚期一个宗教战争频繁的时代。为了避免战争，他主张废除宗教国家，建立民族国家。为此，他主张加强君主的地位，削弱教会的权力。为宣传这一主张，他于 1576 年发表了《共和国六论》（Six Books on Republic）一书，提出了两个重要概念，一是宗教信仰自由，二是主权。为了论证王权至上的正当性，他提出，国家的社会基础是家庭，家庭中的家长处于最高地位，那么，君主理应掌握国家的最高权力。他把一个国家中不受法律限制的、不能转让、不可分割的对公民和臣民进行统治的最高权力称为“主权”（Sovereignty），这种权力应当由君主来掌握。当然，他也认为，君主在行使主权时应当受到自然法和社会契约的限制。在让·布丹之后，近代启蒙思想家荷兰人格劳秀斯从国际法角度对主权概念作了发展，他把主权分为对内主权和对外主权，对内主权具有最高性，对外主权具有平等性。到十八世纪，法国人卢梭对社会契约和主权问题都作了非常系统的阐述，认为主权是一种普遍的强制性的力量，是公意的体现和运用，应当属于人民而非属于君主，这就是人民主权（主权在民）理论。卢梭认为，人民的主权是不可转让、不可分割、不可代表的，是绝对的、至高无上和不可侵犯的。以上代表性的观点都是从政治学角度提出来的，对我们理解宪法上的主权在民（人民主权）原则没有直接的帮助。

法国大革命时期的思想家西耶斯认为，国家的权力分为两种，一种是制定宪法的权力,即制宪权,属于人民,它本身不受任何规范的限制和约束;第二种是由宪法所创设的权力,包括立法权、行政权、司法权,这些权力只有根据宪法才能行使,并受到宪法的约束。① 西耶斯在这里使用的"制宪权"概念,与让·布丹、卢梭所使用的"主权"概念具有相同的含义。如果把西耶斯的"制宪权"概念换言为"主权"概念,那么,西耶斯的理论不仅强调了宪法的根本法地位,而且明确地指出了主权与国家权力之间的源流关系,对于我们理解宪法上的主权在民原则具有直接的指导意义。

站在宪法学角度看,主权是指制定宪法的权力,这种权力在一个国家中是至高无上的、不可转让、不可分割、不可侵犯的。所谓主权在民,指国家的主权属于人民,具体是指制宪权属于人民所有,宪法授予国家机关的权力应当对人民负责。

(二)主权在民原则的由来

主权在民提出之前,流行的主权原则是主权在君;主权在民原则是作为主权在君原则的对立面而提出来的。

在"主权"概念产生之前,人们通常将权力的归属问题归结为政体。中世纪百科全书式的思想家托马斯·阿奎那认为,宇宙万物都是上帝创造的,而君主是上帝在人间的代表,君主制自然是人类社会最好的政体。他举例说:"在自然界,支配权总是操于单一的个体手中。在身体的各器官间,有一个对其他一切器官起推动作用的器官,那就是心;在灵魂中有一个出类拔萃的机能,那就是理性。蜜蜂有一个王,而在整个宇宙间有一个上帝,即造物主和万物之主。……既然人工的作品由于忠实地表现了它的自然范本而益臻完美,由此必然可以得出结论,人类社会中最好的政体就是一人所掌握的政体。"②布丹提出主权概念,其目的是为了证成主权在君原则,这一原则曾经得到了早期启蒙思想家格劳秀斯的赞同,而霍布斯则把这一原则发挥到登峰造极的程度,主张极端的君主专制。霍布斯认为,实行主权在君原则使君主的私益与公益合而为一,使天下人服从一人的意志,能够避免贪赃枉法和内乱,所以君主应当成为拥有绝对权力"利维坦"。可以说,在资产阶级革命之前,主权在君原则一度是政治学上的真理。

当君主制走向没落之际,主权在君原则注定要受到挑战和批判,对这一原则的批判即是资产阶级民主革命的理论先声。较早抨击主权在君原则的是英国思想家弥尔顿、哈林顿等人,洛克、卢梭则提出了系统而完备的主权在民理论,成为英、法等国资产阶级革命的理论武器。在资产阶级革命胜利

---

① 参见[法]西耶斯:《论特权·第三等级是什么?》,冯棠译,商务印书馆1990年版,第59~60页。

② 《阿奎那政治著作选》,商务印书馆1963年版,第49页。

后,主权在民原则被载入宪法,成为一项基本的宪法原则。

(三)主权在民原则的宪法体现

主权在民原则是由欧洲人首先提出来的,但最早在宪法文献中体现这一原则的却是美国人。早在殖民地时期,《弗吉尼亚州权利法案》第2条就规定:"所有的权力都属于人民,因而也来自人民;长官是他们的受托人与仆人,无论何时都应服从他们";第3条规定:"政府是为了或者应当是为了人民、国家或社会的共同利益、保障和安全而设立的;在所有各种形式的政府当中,最好的政府是能够提供最大幸福和安全的政府,是能够最有效地防止弊政危险的政府;当发现任何政府不适合或违反这些宗旨时,社会的大多数人享有不容置疑、不可剥夺和不能取消的权利,得以公认为最有助于大众利益的方式,改革、变换或废黜政府。"杰斐逊在《独立宣言》中写道:"人人生而平等,他们都从他们的'造物主'那边被赋予了某些不可转让的权利,其中包括生命权、自由权和追求幸福的权利。为了保障这些权利,所以才在人们中间成立政府。而政府的正当权力,则系得自被统治者的同意。……这新的政府,必须是建立在这样的原则的基础之上,并且是按照这样的方式来组织它的权力机关。"这一表述体现了主权在民原则的实质内容。《人权宣言》则明确宣告"整个主权的本原主要是寄托于国民"。从此,主权在民原则成为一项具有普世价值的原则,对它的否认即是冒天下之大不韪。在具有专制传统的国家中,除非公开确认专制政体的宪法,无不承认这一原则。比如,在中国,体现袁世凯独裁意志的《中华民国约法》(袁记约法)也规定:"中华民国之主权,本于国民之全体"(第2条)。

【思考】主权在民原则作为当代的一个不容挑战的政治真理和法学命题,其实是一种独断性的判断,是无法证明的。由此带来的一个问题是,法学(政治学)方面的真理具有客观性吗?

四、权力制约原则

(一)权力制约原则的含义及理论来源

权力制约是指将国家权力的各个组成部分彼此分配,使其相互监督、制约,避免权力腐败和权力滥用。

权力制约原则可以追溯到古希腊的亚里士多德,他在《政治学》一书中指出:"一切政体都有三个要素——议事职能、行政职能和审判职能。"①到古

① [古希腊]亚里士多德:《政治学》,吴寿彭译,商务印书馆1965年版,第214页。

罗马时期,思想家波里比阿提出过"混合政体论"和"制衡原理"。波里比阿是希腊人,希腊被罗马征服后,他被迫到罗马去当人质,从而得以系统地研究罗马的历史。他认为,罗马人之所以仅仅在半个世纪的时间里发展成为强大的罗马帝国,原因是罗马人不自觉地运用了一种称之为"混合政体(或称为混合制的宪法)"的政治制度:执政官具有君主政体的性质,平民会议具有民主政体的性质,元老院具有贵族政体的性质,而这三种力量又是互相牵制的——平民会议防止执政官的专制,元老院防止平民会议的激进,执政官又约束着元老院,这样就避免了政治的退化与衰败。大约半个世纪以后,另一位古罗马思想家西塞罗根据亚里士多德的"政体构成三要素"理论,认为国家职能可分为议事机能、行政机能和审判机能,三种机能应各司其事,互相制约。中世纪时期,意大利人马西利将国家权力分为立法权和执行权。但由于绵延1200年之久的欧洲中世纪是教会权力即神权的一统天下,上述思想家所提出的"分权"思想难以产生有效的影响。即使在中世纪晚期,教权受到了君权的挑战,先进的思想家首先是为君权进行辩护,这种君权与教权相分离的思想实际就是君主集权的思想,因此,马基雅维利、布丹等人对君权的强调是顺理成章的。17世纪,英国资产阶级限制王权的斗争取得了胜利,但英国思想家在对待君主权力的态度上是存在分歧的。比如,洛克将国王置于法律之下,正式提出了分权理论,将国家权力分为立法权、行政权和对外权;而霍布斯则主张实行极端的君主专制。

在西方近代史上,对权力分立、权力制约思想做出最经典阐述的是法国启蒙思想家孟德斯鸠。他说:"一切有权力的人都容易滥用权力,这是万古不易的一条经验。有权力的人们使用权力一直到遇有界限的地方才休止","要防止滥用权力,就必须以权力制约权力"。[①] 他把国家权力分为立法、司法、行政三部分,精辟地论证了这三种权力分立的必要性:"当立法权和行政权集中在同一个人或同一个机关之手,自由便不复存在了;因为人们将要害怕这个国王或议会制定暴虐的法律,并暴虐地执行这些法律。……如果司法权同立法权合而为一,则将对公民的生命和自由施行专断的权力,因为法官就是立法者。如果司法权同行政权合而为一,法官便将握有压迫者的力量。……如果同一个人或是由重要人物、贵族或平民组成的同一个机关行使三种权力……则一切便都完了。"[②]

由于启蒙思想家的大力鼓吹,当然也由于世界上第一部成文宪法——美国宪法、欧洲大陆第一部成文宪法——1791年法国宪法都采纳了权力制约原则,此后,凡是具有民主色彩的宪法也都采纳了这一原则。

①② [法]孟德斯鸠:《论法的精神》(上册),张雁深译,商务印书馆1961年版,第154页。

（二）权力制约原则的宪法体现——以美国为例

孟德斯鸠的权力制约理论为资产阶级共和政体的建立提供了理论依据，汉密尔顿等美国的制宪者们则在继承前人权力制约理论的基础上，推陈出新，设计了美国的宪政制度。根据汉密尔顿的观点，三权分立并不是将三种权力绝对地分开，而应当保持三种权力相互之间的必要联系，正是为了相互制约，才存在着权力间的局部混合，此其一。其二，他把一个部门的越权行为称为“进攻”，而把另一个部门抵制其他部门干涉的权力称为“防御”权。他强调，为了使“防御”之权与“进攻”之权相适应，必须使三种权力在力量对比方面形成均势，即使每一个部门的权力对其他两权来说不具有压倒的优势。以此为前提，汉密尔顿提出了“削弱立法权、加强行政权、保障司法权”的制度设计，将“分权”、“制衡”学说发展成为一整套周密、精致、极富实用性的治国安邦之术。因此，1787 年美国宪法采纳的是分权制衡（Separation of Powers and Checks and Balances）原则，其含义是“权力分立”、“权力制约”和“权力平衡”。

1. 权力分立。如图所示：

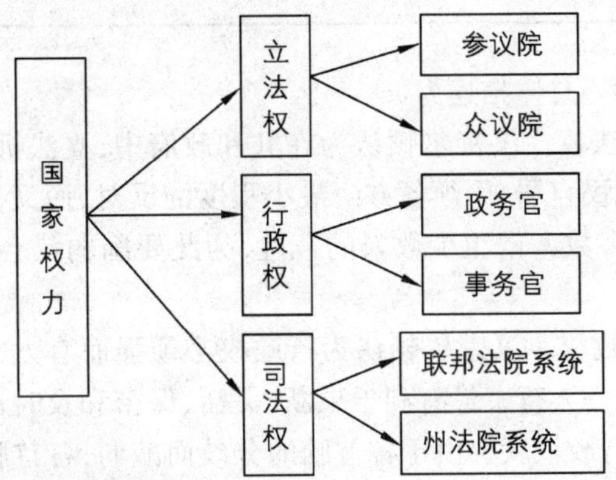

2. 权力制约。如表所示：

国会的权力	对总统的制约	（1）批准或否决总统对政府官员、驻外使节的任命名单（宪法第 2 条第 2 款） （2）批准或否决总统签订的对外条约（宪法第 2 条第 2 款） （3）推翻总统对法案的否决（宪法第 1 条第 7 款） （4）对总统及政府官员进行弹劾（宪法第 1 条第 3 款） （5）裁定总统有无履行职责之能力（第 25 修正案） （6）批准总统提出的副总统人选（第 25 修正案） （7）审批由总统提出的预算方案（第 1 条第 9 款）

国会的权力	对法院的制约	(1)批准或否决最高法院大法官的任命(宪法第2条第2款) (2)对法官进行弹劾(宪法第1条第3款) (3)决定除联邦最高法院外其他各级法院的设置,以及各级法院的管辖权(第1条第8款) (4)通过宪法修正案推翻联邦最高法院的判例(宪法惯例)
总统的权力	对国会的制约	(1)否决国会通过的法案(宪法第1条第7款) (2)用搁置的方式否决国会通过的法案(宪法惯例) (3)以呈送咨文的方式对国会立法施加影响(宪法惯例)
	对法院的制约	(1)经参议院同意,提名联邦最高法院大法院人选并加以任命(宪法第2条第2款) (2)变更法官的人数(宪法惯例)
法院的权力	对国会的制约	(1)通过违宪审查宣布国会的立法违宪(宪法判例) (2)国会弹劾总统时,由联邦最高法院首席大法官任主审法官(宪法第1条第3款)
	对总统的制约	通过违宪审查,宣布总统的行政行为违宪(宪法判例)

3. 权力平衡。总体描述为:

(1)削弱立法权。汉密尔顿认为在共和政府中,立法机关代表人民,民选代表常常以人民自居,厌烦各方面最小程度的反对,而又喜欢控制其他部门,这样会造成多数人侵犯少数人的危险,为此要削弱议会的权力,方法是实行两院制。

(2)加强行政权。汉密尔顿认为行政权必须强而有力,为此,行政权应集于一人之手。一人行事最有利于果断、灵活、保密和及时;相反,如果行政首脑一职多人,行政权就会由于各首脑的分歧而减弱,各首脑的虚荣和自负还会使他们推卸责任,掩盖错误,从而牺牲社会利益,所以要赋予总统极大的权力。

(3)保障司法权。汉密尔顿赞同孟德斯鸠关于司法权“最弱”的判断,他说,立法机关掌握财权,制定法律;行政部门掌握荣誉、地位的分配权,执掌国家的武力;而司法部门既无军权,又无财权,不能采取任何主动的“进攻”行为,只能对纠纷进行判断,是一种最弱的权力。为保障司法权不受立法权和行政权的侵犯与威胁,汉密尔顿主张司法权独立,并实行法官的终身制和高薪制。

汉密尔顿等人对宪法原理的阐述集中体现在《联邦党人文集》中,该书不仅在学术界有巨大影响,有时还被美国联邦最高法院引为判案的依据。因此,汉密尔顿、麦迪逊等人被尊为“美国宪法之父”。

第二节　现代宪法的基本原则

人类社会进入现代社会的标志是资本主义进入垄断阶段。在这个历史阶段中,保障社会弱者的权利成为一个不容回避的宪法问题,同时,普通民众强烈要求参与政治生活。由此,社会利益原则和民主原则成为现代宪法的两个基本原则。同时,两次世界大战对人类的残杀以及工业化造成的环境破坏使人的价值和人类的生存环境问题成为宪法关注的重要问题,因此,人权原则也成为现代宪法的重要原则。这三大原则要求政府(国家)的角色由消极被动转向积极主动。

一、民主原则

(一)民主的含义

"民主"一词起源于古希腊的雅典,含义是指"人民的统治"。中国人一般认为,民主是"由人民当家作主"。现代民主理论认为,这种词源意义上的民主观是非常空洞的,几乎无法告诉我们任何实质性的内容。首先,"人民"究竟是谁?是指一个人还是多数人?是指劳苦大众还是指一个团结一致的有机整体?其次,什么是统治?我们究竟是根据某一种程序规则进行决策,还是在决策中必须执行人们的意见?当一个人的偏好在实际的政策中并没有体现出来时,他是否行使了统治?因此,以熊彼特为代表的精英民主理论认为,民主与专制几乎是没有差别的,民主不是人民的统治,而是社会精英即政治家的统治。以达尔为代表的多元民主理论认为,民主是"多重少数人的统治"。[①]总之,民主是一个含义十分复杂的概念,要给出一个恰如其分的定义是十分困难的。在此,我们采取描述的方法而非下定义的方法来扼要介绍这一概念。

一般来说,民主有两种常见的分类:(1)根据人民的意见对于公共决策的作用,可以把民主分为程序民主与实质民主。程序民主强调人民享有参与公共决策的机会,但对人民的意见是否对于公共决策起决定作用在所不问;实质民主强调人民的意见对于公共决策的决定作用,即"人民说了算"。(2)根据人民参与公共决策的方式,可以把民主分为直接民主与间接民主。直接民主是指人民亲自参与公共决策,这种民主在幅员较小、人口较少的国

---

① 参见[美]达尔:《民主理论的前言》,顾昕、朱丹译,北京三联书店、牛津大学出版社1999年版,第205~231页。

家或地区方可实行;间接民主又称代议制民主,是指人民选举自己的代理人,由其代表自己参与公共决策。在现代社会中,民主主要是指程序民主而非实质民主;在实践中,绝大多数国家一般采取直接民主与间接民主相结合的方式进行公共决策。

(二)民主原则的宪法体现及其演进——以英国的宪法性法律为例

在宪法上,民主既可以作为一项原则明确地宣示出来,也可以通过具体的制度规定或权利条款体现出来。在后一种情况下,民主原则主要体现在议会制度和选举制度方面。据统计,世界各国现行的142部成文宪法中,涉及民主原则的有107部,占75.3%。①

本章对英国的议会制度和选举制度作一简要介绍,以期使大家对宪法上的民主原则及其贯彻有一个感性的认识。

1.民主原则的宪法体现之一——以英国议会制度为例。

在进入现代社会以前,英国奉行“议会至上”原则,但上议院权力大于下议院。1905年,自由党在众议院选举中取得胜利。自由党组阁后,对内奉行自由贸易政策,对外与德国展开军备竞赛。为此,自由党控制的众议院于1909年提出了一项财政预算案,该预算主要来自间接税,加重了人民群众的税负,同时也增加了一些所得税和土地附加税。这一预算案引起了大土地所有者的不满,在提交上议院表决时遭到否决。这一事件导致了议会两院间的对抗,上下议院之间的权力划分成为亟待解决的问题。1911年8月18日,众议院以微弱多数通过了《议会法》。该法共8条,主要内容是:上议院对下议院通过的一切议案没有否决权,只有延搁权;对财政议案,如上议院在1个月内未提出修正案又未通过原案,应直接将该案呈送国王核准而成为法律;对非财政议案,经下议院连续3次通过(第一次通过与第三次通过应间隔两年),而在上议院连遭3次否决后,该议案毋须再提交上议院表决,可呈请国王签署而成为法律。可见,1911年《议会法》名义为“规定上议院与下议院之职权”,实际上是通过该法削弱上议院的权力。

1949年,英国对1911年《议会法》进行修正,主旨是进一步削弱上议院的延搁权。新《议会法》规定,非财政议案经下议院连续两次通过(时间间隔应在1年以上),而在上议院连遭两次否决后,该议案毋须再提交上议院表决,可经国王批准而成为法律。由于1949年《议会法》将上议院对非财政议案的延搁次数由3次减为2次,延搁时间由两年减为1年,这样,上议院仅有的延搁权遭到了进一步削弱,下议院的权力进一步得到扩张。

① 参见[荷]亨利·范·马尔赛文等:《成文宪法:通过计算机进行的比较研究》,陈云生译,北京大学出版社2007年版,第107页。

通过议会制度的改革,英国议会的权力中心由上议院转移到下议院。由于上议院由代表社会上层利益的贵族组成,下议院由代表平民利益的民选代表组成,故这种改革体现了民主原则。

2. 民主原则的宪法体现之二——以英国选举制度为例。

资本主义社会的选举制度与议会制度紧密相关,最早产生于英国。英国的选举制度围绕着财产状况、性别等问题经历了一个由不平等到平等的发展历程,这个历程也可以说是英国选举制度民主化发展的历程。

(1)1918 年《国民参政法》。1832 年,英国资产阶级为了在下议院的选举中获得更多席位,遂对议会选举进行改革,增加了新兴工业城镇议员的名额,而这些城镇的工人阶级并未因此次改革而获得选举权。于是,英国于 1837 年爆发了"宪章运动",工人阶级提出了争取普选权的政治要求。在工人阶级的斗争压力下,英国先后于 1867 年和 1884 年两次对议会选举制度进行了改革,并在改革的基础上于 1918 年 2 月 6 日颁布了英国历史上第一部成文的议会选举法——《国民参政法》。该法共 5 章 47 条,在选举权的扩大方面,较之此前的选举制度有所发展:①放宽了对选民定居期限的限制,将原来实行的为期 1 年的定居期限缩短为 6 个月;②首次赋予妇女以选举权,规定妇女年满 30 岁,本人有住所或年收入达 5 镑以上者,或者其丈夫有此资格者,具有选举权。该法实施后,选民人数由原来的 800 万增加到 2100 万,约有半数的英国公民获得了选举权。

(2)1928 年《国民参政法》。英国议会为修正 1918 年《国民参政法》,于 1928 年 7 月 2 日通过了新的选举法。新的选举法较为简约,计 3000 余字,主要是确立了选举权的男女平等制度。它规定,凡成年(21 岁)的妇女,具有规定的住所资格(3 个月)及规定的营业所资格(指拥有价值 10 镑以上的交易所或土地)者,享有选举权;大学选区内的妇女,享有复数投票权。该法的规定使妇女取得了与男子平等的选举权。其实施使选民人数又增加了约 500 万人。

(3)1948 年《人民代表法》。为适应二战以后更加蓬勃的民主要求,英国议会对选举制度进一步修改完善,于 1948 年颁布了《人民代表法》。该法主要有三项创新:①对全国选举和地方选举的选民资格做出了统一的规定,规定参加议员选举的人应具有 3 个条件:取得投票资格之日为某一选区的选民;是不列颠或爱尔兰共和国公民;年满 21 岁。②废除了 1918 年、1928 年《国民参政法》规定的复票制度,即废除了有产者、大学生在其营业所选区、大学选区和伦敦市内可重复投票的制度,实行"一人一票"原则。③规定贵族、牧师、罗马天主教会的神父、法官、文官、警察、正规武装部队的成员,以及由政府指定在企业中担任董事的人员,不得被提名为下议院议员的候选人。1969 年,英国议会对 1948 年《人民代表法》进行了修正,将全国选举和地方选举的选民年龄由 21 岁降为 18 岁。这样,选民人数进一步增加,选举权进一步扩大。

严复于 1902 年总结英国权利历史时指出权利在现实层面的渐进过程:"如英伦为欧洲立宪模范之国,二百年以往,其权在国王;百年以往,其权在贵族;五十年以往,其权在富人;直至于今,始渐有民权之实。"[①]这段话用来描述英国议会制度、选举制度民主化的过程,也同样恰当。

二、人权原则

(一)人权的含义与分类

西方学者在讲人权(Human Right)时,往往将其与自然权利(Natural Right)、道德权利(Moral Right)相提并论。而我国清末民初时开始流行的"天赋人权"一词,其实就是西方学者所说的自然权利。第二次世界大战后,自然权利以及与自然权利相关的上述概念逐渐被人权概念所取代而淡出历史舞台。[②] 一般认为,人权是人作为人所享有的权利,是人区别于动物的道德的、政治的、法律的和历史的标准。

在国际上,人们通常根据人权的 3 个发展阶段将其划分为三种类型:(1)第一个阶段的人权称为第一代人权,指资产阶级革命时期以及这一革命在全世界取得胜利后一个很长的时期里的人权,主要是人身人格权和政治权利自由,这种类型的人权排斥国家的干预,又被称为消极人权,其诞生的标志是美国《独立宣言》、美国宪法以及法国《人权宣言》;(2)第二个阶段的人权称为第二代人权,指第一次世界大战后出现的新型人权,主要是经济、社会、文化方面的权利,这种类型的人权要求国家的干预,又被称为积极的人权,其诞生的标志是 1918 年苏俄宪法和 1919 年《魏玛宪法》;(3)第三阶段的人权称为第三代人权,指第二次世界大战后出现的人权,主要包括民族自决权、和平权、发展权、环境权,这种类型的人权需要国际合作才能实现,又被称为连带意义上的人权,其诞生的标志是《世界人权宣言》、《公民权利和政治权利国际公约》、《经济、社会和文化权利国际公约》。在我国,一种流行的分类是,根据人权的存在形态,将其分为应有权利、法定权利、实有权利。[③]

---

① 严复:《宪法大义》,载卢云昆编选:《严复文选:社会剧变与规范重建》,上海远东出版社 1996 年版,第 255 页。

② 参见钟丽娟:《自然权利制度化研究》,山东人民出版社 2010 年版,第 41、35 页。

③ 参见李步云主编:《宪法比较研究》,法律出版社 1998 年版,第 429、435 页。

(二)人权在现代宪法上的地位

在近代宪法上,人权主要是宣示性的。这个时期的人权纯粹属于国内法上的问题,只为少数民主政府所承认。进入现代社会以后,特别是鉴于两次世界大战对人类生命和价值的侵犯,国际社会对人权问题空前关注。1945年6月26日签署的《联合国宪章》在"序言"中指出:我联合国人民,同兹决心,欲免后世再遭今代人类两度身历惨不堪言之战祸,重申基本人权、人格尊严与价值,以及男女与大小各国平等权利之信念……由各国政府议定本联合国宪章,并设立国际组织,定名联合国。1948年的《世界人权宣言》在"序言"中宣告:对人权的无视和侮蔑已发展为野蛮暴行,这些暴行玷污了人类的良心,而一个人人享有言论和信仰自由并免于恐惧和匮乏的世界的来临,为普通人民的最高愿望。1966年开放签字的《公民权利和政治权利国际公约》、《经济、社会和文化权利国际公约》所列举的众多具体的人权已经得到了世界上绝大多数国家的承认。信春鹰认为,与近代宪法对人权的宣示性规定相比,现代宪法对人权的规定具有以下特点:(1)从理想与要求发展为具体的、可操作的法律制度;(2)从一些人的人权发展为每个人的人权;(3)从国内法原则发展为国际法原则。[①] 在联合国的推动下,一系列人权公约得到了世界各文明国家的一致承认,承认人权、尊重人权、保障人权已经成为世界各国政府的义务。这表明,人权已经成为现代宪法的一项基本原则。据统计,世界各国现行的142部成文宪法中,涉及人的尊严的有56部,占39.4%;涉及人的不可剥夺的权利的有19部,占13.4%;包括有关自由的一般声明的有91部,占64.1%。[②]

(三)现代宪法对人权的保障

1. 国内保障。

宪法作为国内法,通过两种方式来保障人权:(1)通过权利列举来保障人权。现代宪法所列举的人权,又称基本权利、公民权利、基本人权,既包括消极权利,也包括积极权利。(2)设定未列举权利条款保障人权。设置未列举权利条款来保障人权,是美国建国者们的创造。美国《权利法案》前8条修正案列举了国家权力不得侵犯的某些权利后,又在第九修正案中规定:"本宪法中,对某些权利的列举,不得被解释为是对人民保留的其他权利的否定或轻视。"作为世界上第一个未列举权利条款,该条款的有效实施开创了保障公民未列举权利的先河,对世界其他国家(地区)宪法产生了重大影响。比如,1946年《日本国宪法》第11条规定:"本宪法所保障的国民的基本

---

① 参见李步云主编:《宪法比较研究》,法律出版社1998年版,第147页。

② 参见[荷]亨利·范·马尔赛文等:《成文宪法:通过计算机进行的比较研究》,陈云生译,北京大学出版社2007年版,第103、104页。

人权,为不可侵犯的永久权利,现在及将来均赋予国民";第 13 条规定:"一切国民都作为个人受到尊重。对于国民谋求生存、自由以及幸福的权利,只要不违反公共福祉,在立法及国政上都必须予以最大尊重。"1949 年《德意志联邦共和国基本法》第 1 条第 1 款规定:"人的尊严不可侵犯。尊重和保护人的尊严是全部国家权力的义务。"1947 年《中华民国宪法》在第 7 ~ 21 条中列举了人民的许多权利自由后,在第 22 条中规定:"凡人民之其他自由及权利,不妨害社会秩序,公共利益者,均受宪法之保障。"1987 年《大韩民国宪法》第 37 条第 1 款规定:"不得轻视宪法上没有列举的国民的自由与权利。"在实践中,德国、日本和我国台湾地区都设立了专门的违宪审查机构,负责实施宪法中的未列举权利条款。

2. 国际保障。

第二次世界大战以后,联合国在保障人权方面发挥了重大作用,相继制定了许多国际人权公约。有学者认为,政治制度、意识形态不同的各主权国家所共同接受的唯一的观念是人权。[①] 在这种背景下,一些国家在宪法中规定国际条约具有最高法律效力,如 1946 年《日本国宪法》在"最高法规"(第十章)部分的第 98 条第 2 款规定:"日本国缔结的条约及确立的国际法规,必须诚实遵守之。"另外,许多国家还加入了《儿童权利国际公约》、《妇女权利国际公约》、《公民权利和政治权利国际公约》和《经济、社会和文化权利国际公约》等国际人权公约,以及其他地区性人权公约。我国政府于 1997 年 10 月签署了《经济、社会和文化权利国际公约》(2001 年 2 月全国人大批准该公约),于 1998 年 10 月签署了《公民权利和政治权利国际公约》。

特别值得一提的是,最有影响的两大人权公约——《公民权利和政治权利国际公约》、《经济、社会和文化权利国际公约》也都采取权利列举和设置未列举权利条款来保障人权。在权利列举方面,《公民权利和政治权利国际公约》所列举的主要是消极权利,《经济、社会和文化权利国际公约》所列举的主要是积极权利;对于未列举权利,这两大人权公约都在各自的第 5 条第 2 款规定:"对于本公约任何缔约国中依据法律、惯例、条例或习惯而被承认或存在的任何基本人权,不得借口本公约未予承认或只在较小范围上予以承认而加以限制或克减。"

三、社会利益原则

(一)社会利益的概念

在各国的宪法文本和学术研究中,经常使用"公共利益"、"公共福祉"、

---

① 参见[美]L. 亨金:《权利的时代》"前言",信春鹰等译,知识出版社 1997 年版,第 I 页。

"公共福利"、"社会公共利益"、"国家利益"等术语。这些术语都是社会利益的相近概念,也都是与个人利益相对的概念。① 社会利益与个人利益的主要区别在于它的公共受益性和非赢利性,社会利益的受益者是不特定的多数人,且该利益需求往往不能通过市场机制来满足,而是需要政府有组织地提供。因此,可以将社会利益笼统地界定为:社会利益是指个人利益之外的、由不特定的多数人所共同享有的利益,既包括有形的物质利益(如公共设施),也包括无形的精神利益(如公正的社会秩序、良好的风俗等)。

(二)社会利益原则的宪法体现

现代宪法与近代宪法一个突出区别是,得到近代宪法极端重视的个人权利自由在现代宪法上受到了某些程度的限制,即现代宪法开始强调社会利益,在个人权利自由与社会利益之间寻求某种折衷和平衡。最早在宪法文本中肯定社会利益原则的宪法是《魏玛宪法》,其 153 条第 3 款规定:"所有权为义务,其使用应同时为公共福利之役务。"②其后,许多国家的宪法都确立了这一原则。据统计,世界各国现行的 142 部成文宪法中,明确规定公共福利的有 85 部,占 59.9%;涉及公共利益或一般利益的有 96 部,占 67.6%。③

社会利益成为现代宪法上的一项重要原则,大致缘于以下原因:④(1)社会主义国家宪法的出现。比如 1977 年《苏维埃社会主义共和国联盟宪法(根本法)》第 39 条第 2 款规定:"公民行使权利和自由不得损害社会和国家利益以及其他公民的权利。"我国现行宪法第 12 条规定:"社会主义的公共财产神圣不可侵犯。国家保护社会主义的公共财产。禁止任何组织或者个人用任何手段侵占或者破坏国家的和集体的财产"。第 33 条第 4 款规定:"任何公民享有宪法和法律规定的权利,同时必须履行宪法和法律规定的义务。"(2)一些第三世界国家摆脱殖民统治,取得了国家独立后,采取民族主义的国家建设目标,在宪法上保障社会利益。如也门、孟加拉国、缅甸、斯里兰卡、阿尔及利亚、马达加斯加、苏丹等国都把社会利益写进了宪法。(3)资

① 从严格的意义上讲,这些术语之间也有差别。但本部分强调它们是个人利益的对称,故对其差别忽略不计。

② 美国宪法"序言"宣告,制定宪法的目的之一在于增进"全民福利"。这里的全民福利与社会利益、公共利益是相近概念,但这里的全民福利是十分笼统的。《魏玛宪法》中的公共福利概念否定了近代宪法上的"所有权绝对"原则,具有相对确定的内容,所以说,社会利益(公共福利)原则是在《魏玛宪法》中首次确立起来的。

③ 参见[荷]亨利·范·马尔赛文等:《成文宪法:通过计算机进行的比较研究》,陈云生译,北京大学出版社 2007 年版,第 111、112 页。

④ 信春鹰对这三个方面原因的总结,参见李步云主编:《宪法比较研究》,法律出版社 1998 年版,第 148 页。

本主义国家的宪法在经历了极端强调个人权利和自由的特定的历史阶段后,对本国宪政制度进行调整,开始重视社会利益。如1947年《意大利共和国宪法》第41条规定:“私人经济之积极性不受限制。惟私人经济积极性之发展不得与公共利益相违背,亦不得采取使公安、自由和人格尊严遭受损害的方式”。第42条第3款规定:“为了公共利益,私有财产在法定情况下得有偿征收之”。第43条规定:“为了公共利益,法律得为国家、公共机关、劳动者或者使用者团体预先备有一定的企业或企业部门、或以没收和有偿征用方式转给以一定的企业或企业部门。但这些企业或企业部门均应为基本的服务部门或动力来源或带有专卖性的,它们均应具有重要的公共利益的性质。”《德意志联邦共和国基本法》第14条规定:“财产应负义务。财产的使用也应为社会福利服务”,财产“只有为社会福利才能允许征用”,对于征用的赔偿“取决于建立公共利益和有关人的利益之间的公正平衡。”

第三节　我国现行宪法的基本原则

关于我国现行宪法的基本原则有哪些,不同学者编著的教材有不同的表述。我们从有关教材中选取几项作扼要的介绍:

一、社会主义原则

社会主义原则是社会主义类型宪法的一项基本原则。我国1954年宪法、1975年宪法、1978年宪法和现行宪法都坚持了这一原则。

我国现行宪法在“序言”中规定:“我国将长期处于社会主义初级阶段。国家的根本任务是,沿着中国特色社会主义道路,集中力量进行社会主义现代化建设”,要“坚持社会主义道路”,“不断完善社会主义的各项制度”,“把我国建设成为富强、民主、文明的社会主义国家”。第1条规定:“社会主义制度是中华人民共和国的根本制度。禁止任何组织或者个人破坏社会主义制度”。第6条规定:“中华人民共和国的社会主义经济制度的基础是生产资料的社会主义公有制”。第12条规定:“社会主义的公共财产神圣不可侵犯”。第15条规定:“国家实行社会主义市场经济”。第19条规定:“国家发展社会主义的教育事业,提高全国人民的科学文化水平”。第22条规定:“国家发展为人民服务、为社会主义服务的文学艺术事业、新闻广播电视事业、出版发行事业、图书馆博物馆文化馆和其他文化事业,开展群众性的文化活动”。第23条规定:“国家培养为社会主义服务的各种专业人才,扩大知识分子队伍,创造条件,充分发挥他们在社会主义现代化建设中的作用”。

第24条规定:“国家通过普及理想教育、道德教育、文化教育、纪律和法制教育,通过在城乡不同范围的群众中制定和执行各种守则、公约,加强社会主义精神文明的建设。国家提倡爱祖国、爱人民、爱劳动、爱科学、爱社会主义的公德,在人民中进行爱国主义、集体主义和国际主义、共产主义的教育,进行辩证唯物主义和历史唯物主义的教育,反对资本主义的、封建主义的和其他的腐朽思想。”上述规定都体现了我国宪法的社会主义原则。

二、主权在民原则

中国自有宪法以来,除了《钦定宪法大纲》和《重大信条十九条》没有规定主权在民原则外,无论是旧中国宪法还是新中国历部宪法,都明确地规定了主权在民原则。如1914年《中华民国约法》(袁记约法)第2条规定:“中华民国之主权,本于国民之全体”;我国现行宪法第2条第1款规定“中华人民共和国的一切权力属于人民。”

三、民主原则

新中国历部宪法都肯定了民主原则的宪法地位。在现行宪法上,民主原则主要体现在以下几个方面:(1)我国是人民民主专政的国家。现行宪法第1条规定:“中华人民共和国是工人阶级领导的、以工农联盟为基础的人民民主专政的社会主义国家。”这就确立了人民当家作主的地位。(2)我国宪法第2条第2、3款明确规定:“人民行使国家权力的机关是全国人民代表大会和地方各级人民代表大会。人民依照法律规定,通过各种途径和形式,管理国家事务,管理经济和文化事业,管理社会事务。”这是对“主权在民”原则的直接表述。(3)我国现行宪法规定的普选制,使“主权在民”原则有了制度上的保障。《宪法》第34条规定,“依照法律被剥夺政治权利的人除外”,“中华人民共和国年满十八周岁的公民,不分民族、种族、性别、职业、家庭出身、宗教信仰、教育程度、财产状况、居住期限,都有选举权和被选举权”;第3条规定:“全国人民代表大会和地方各级人民代表大会都由民主选举产生,对人民负责,受人民监督。国家行政机关、审判机关、检察机关都由人民代表大会产生,对它负责,受它监督。”

四、坚持共产党领导的原则

现行宪法在总结我国100多年来的历史经验,特别是在“文化大革命”的教训基础上,规定了中共十一届三中全会以及十二大、十三大、十四大、十五大、十六大的路线和方针、政策,体现了坚持中国共产党领导的原则。具体表现为:(1)现行宪法“序言”肯定了中国共产党的领导地位;(2)现行宪法“序言”还确立了“马克思列宁主义、毛泽东思想、邓小平理论和‘三个代表’重要思想”的指导地位;(3)中国共产党是我国统一战线的领导力量。现行宪法“序言”规定“中国共产党领导的多党合作和政治协商制度将长期存在和发展。”《中国人民政治协商会议共同纲领》是在中国共产党领导下制定的,中华人民共和国建国以来的历部宪法都首先由中共中央提出修改建议,再由全国人大通过,形成了“由中国共产党提议对宪法进行修改”的宪法惯例。

五、法治原则

“法治”一词有着复杂的内涵,但其核心思想是要依法治理国家,确保法律面前人人平等,反对任何组织和个人享有法律之外的特权。我国现行宪法的法治原则,根据现行《宪法》第5条规定:“中华人民共和国实行依法治国,建设社会主义法治国家。……一切国家机关和武装力量、各政党和各社会团体、各企业事业组织都必须遵守宪法和法律。一切违反宪法和法律的行为,必须予以追究。任何组织或者个人都不得有超越宪法和法律的特权。”

思考题

1. 试对照1918年苏俄宪法与此前世界上主要国家的宪法文件,看看这部宪法的创造性体现在哪些方面。

2. 古罗马哲学家塞涅卡曾经说过一句话,大意是:自由人以茅屋为居室,奴隶在大理石和黄金屋顶下面栖身。此处自由人中的“自由”概念是指什么?塞涅卡这句话对你的启发是什么?

3. 近代社会出现的具有资本主义民主性质的宪法一般都规定了平等原则,但在实践中这一原则又不可能完全实现。那么,是否可以说这一宪法原则是虚伪的?

4. 民主原则与主权在民原则的区别是什么?

【提示】后者主要关注国家权力的来源问题,前者主要关注国家权力的运行问题;从历史发生顺序而言,主权在民原则在先,民主原则在后。

5. 浏览宪法文本,看民主原则在成文宪法和不成文宪法中分别是如何体现出来的。

第二编

公民权利

第四章　公民权利概述

第一节　公民权利的概念与特征

一、公民权利的概念

（一）公民

1. 公民的概念。

在古希腊、古罗马国家，公民只是专指由奴隶主、自由职业者和外来居民构成的少数市民。广大奴隶作为奴隶主的财产，即“会说话的工具”，并不享有市民的任何权利。在欧洲中世纪和整个封建社会，“公民”为“臣民”所取代。“臣民”只是上帝的子民或封建君主的臣仆，而不是公民，不存在权利问题。公民这个称谓普遍地适用于社会全体成员，是从资产阶级革命和资产阶级国家建立时开始的。“文艺复兴运动”和“启蒙运动”中，“人”得以发现，个人的观念也得到普及，这使公民概念获得了新生。平等、自由、权利、独立等内涵逐渐渗透到公民概念中，注入了新的内涵的公民概念为资产阶级国家宪法所确认并被广泛适用。

公民这个称谓在我国的发展过程折射出宪政的发展历程。在严格的封建等级制社会，“民”只是义务主体的臣民。从清末立宪运动到民国时期颁布的宪法性文件中，“民”实现了从“臣民”到“国民”再到“人民”的转变。新中国成立之初，我国曾经将“国民”作为“公民”的同义语使用过。《中国人民政治协商会议共同纲领》中使用过“国民”的称谓。从 1953 年《中华人民共和国全国人民代表大会和地方各级人民代表大会选举法》开始，才用“公民”取代了“国民”称谓。1954 年宪法中，“公民”一词既用于基本权利的享有者，也用于基本义务的承担者。1982 年宪法对公民这一概念的内涵作了明确的规定：“凡具有中华人民共和国国籍的人都是中华人民共和国公民。”这就是说，成为中国公民除要求具有我国国籍外，没有其他资格限制。

一般认为，公民是指具有一国国籍并依据该国宪法和法律享有权利、负有义务的自然人。

国籍是指一个人属于某个国家的一种法律上的身份。国籍反映了一个人同特定国家的固定法律关系，是确定公民资格的唯一条件。一般把享有国籍看做每个人不容剥夺的权利。《世界人权宣言》宣称："人人有权享有国籍"，"任何人之国籍不容无理褫夺。"一个人具有某个国家的国籍，他就通常被认为是该国的公民，就享有该国宪法和法律规定的权利并承担必须履行的义务。个人凭借国籍才能取得国家赋予公民的政治、经济权利和各种优惠待遇。在国际上，国籍所属国对侨居外国的本国公民有义务给予外交保护，并有义务接纳他回国。现代国籍概念在外延上已经超出了自然人的范围，扩大到法人、船舶、航空器以及一般财产等。法人和船舶通过登记或取得悬挂国旗的权利而具有国籍。航空器的国籍由登记国决定。

2. 公民与人民。

我国现行宪法在"序言"和"总纲"中多次使用了人民的概念，在第二章"公民的基本权利和义务"中又多次使用了公民概念。在我国，公民与人民是两个不同的概念。两者的主要区别是：(1)二者的性质不同。公民是法律概念，而人民是政治概念，是政治上标明敌我的概念；(2)二者内容的稳定性不同。公民是具有某国国籍的人，是稳定的法律概念，而人民作为政治概念在不同的时期有不同的内容。如在抗日战争时期，除汉奸、亲日派以外一切抗日的阶级、阶层和社会集团都属于人民的范围；在解放战争时期，官僚资产阶级、地主阶级以及代表这些阶级的国民党反动派都是敌人，而一切反对这些敌人的阶级、阶层和社会集团都属于人民的范围。到了社会主义阶段，人民的范围有了扩大和发展。现阶段人民的范围包括全体社会主义劳动者、社会主义事业的建设者、一切拥护祖国统一的爱国者和拥护社会主义的爱国者。这说明公民概念的外延大于人民概念，不仅包括人民，而且包括敌对分子。(3)二者指称的对象不同。公民是个体概念，而人民是整体概念。公民作为公民权利的主体，它表示个体在具体法律关系中的地位，即享有权利履行义务。而人民作为一个整体概念，它主要表示国家权力的归属和国家性质，通常是作为一种政治原则来使用。我国宪法规定的"中华人民共和国的一切权力属于人民"的宪法原则反映了人民在国家体制中的地位，并不是指人民作为个体的地位。

（二）公民权利

1. 公民权利的概念。

在法理学上，公民权利又称个人权利，是与集体权利、国家权利、人类权利相对应的概念，意谓一国公民依法所享有的政治权利、经济权利、文化权利和社会权利。[1]但宪法学上的"公民权利"在世界各国宪法中的称谓则不尽相同,比如1931年《中华民国训政时期约法》称之为"人民之权利"(第2章),1946年《日本国宪法》称之为"国民的权利"(第3章),1947年《意大利共和国宪法》称之为"公民的权利"(第一篇之篇名),1958年《法兰西共和国宪法》称之为"人权"(序言),1974年《南斯拉夫社会主义联邦共和国宪法》和1993年《俄罗斯联邦宪法》称之为"人和公民的权利",而《魏玛宪法》称为"人民的基本权利",前苏联、罗马尼亚、中华人民共和国等社会主义国家的宪法则称之为"公民的基本权利"。由于各国宪法对公民权利的称谓各不相同,我国学者对"公民权利"一词的使用也比较混乱,有的把它与"政治权利"相对应,其意为"市民权利";[2]有的把它与"国家权力"相对应,其意为宪法上的"基本权利"。

我们认为,在法理学上,"公民权利"与"基本权利"是两个含义不同的概念,但在宪法学上,与"国家权力"相对应的"人权"、"公民权(利)"、"公民的基本权利"其含义不应被理解为有所不同。所以,本书所称之"公民权利"与我国大陆多数学者所谓之"基本权利"是同一含义。除非有特别的说明,本书所谓的"公民权利"专指公民的宪法权利,即《魏玛宪法》和我国现行宪法所确认的"公民的基本权利"。

借鉴其他学者的研究成果,我们将公民权利的含义界定为:宪法上的公民权利,意谓人的先天既存的和后天能够实现的价值在宪法上的一般承认,是宪法为保障公民的充分发展而宣告的公民在人身、政治、经济、社会、文化诸方面应当享有的基本权利。[3] 这些权利,人生来就应当享有,不可转让、不可剥夺、不可分割,在西方被称为"不证自明的权利"。我国学者认为,基本权利所直接否定的是"奴役人、束缚人、禁锢人、对人实行差别对待的不把人当做人"的特权制度。在人格不独立,机会不平等,表达不自由,起点实行差别的社会便没有公民权利。谈论公民权利的前提条件是承认人在政治关系、经济关系、文化生活关系等三大社会关系领域内具有平等的参与和主宰的主体地位,离开全面展开的社会关系中人的主体资格的平等和选择参与方式、种类等的自由就不会有民主制的产生,同时也就没有宪法的产生。公民权利无非是表明人在社会生活各个方面所处的法律地位的权利。公民权

---

① 参见张文显主编:《法理学》,高等教育出版社2003年版,第115页。

② 参见吕世伦、薄振峰:《论人权的几个对应范畴》,《金陵法律评论》2004年第1期,第4页。

③ 徐显明教授认为,所谓基本权利,不过是指那些关于人的既存的和后天能够实现的价值在人类近代史上已达成共识的法律上的一般承认,它与人们自己设定法律关系时明确权利的个别承认有着质的不同。他还认为,基本权利只能由宪法加以规定。参见徐显明:《"基本权利"析》,《中国法学》1991年第6期,第24页。

利由宪法加以规定，这已是宪法文化经过200多年的积淀后所形成的常识。①

【阅读与思考】阅读以下材料，结合人类历史的发展，请思考和分析法律关系主体资格规定的历史演变过程，从中你可以得到什么启示？

资料一：《汉莫拉比法典》第17条规定："自由民于原野捕到逃亡之奴婢而交还其主人者，奴主应以银二舍客勒酬之"；第18条规定："倘此奴隶不说其主人之名，则应带至宫廷，然后调查其情形，将其交还原主。"

《十二铜表法》第4表第2项规定："家属终身在家长权的支配下"；第3项规定："家长如三次出卖其子的，该子即脱离家长权而获得解放"；第5表第8项规定："获释奴未立遗嘱而死亡时，如无当然继承人，其遗产归恩主所有"；第8表第3项规定："折断自由人一骨的，处300阿斯的罚金；如被害人为奴隶，处150阿斯的罚金。"

资料二：1789年法国《人权宣言》第1条规定："在权利方面，人们生来是而且始终是自由平等的"；第6条规定："全国人民都有权亲身或经由其代表去参与法律的制定。法律对所有的人，无论是施行保护或处罚都是一样的。在法律面前，所有的公民都是平等的，故他们都能平等地按其能力担任一切官职、公共职位和职务。"

资料三：我国现行宪法第33条第1～3款规定："凡具有中华人民共和国国籍的人都是中华人民共和国公民。中华人民共和国公民在法律面前人人平等。国家尊重和保障人权。"

资料四：1946年12月6日联合国大会通过的《国家权利义务宣言》规定："各国对其管辖下之所有人民，有不分种族、性别、语言或宗教，尊重其基本自由之义务。"

1948年12月联合国大会通过的《世界人权宣言》中明确规定："一个人人享有议论自由和信仰自由并免于恐惧和匮乏的世界的来临，已被宣布为普通人民的最高愿望"，"人人有权享有生命、自由和人身安全。"②

2. 公民权利与人权的区别与联系。

所谓人权，是指作为一个人所应享有的权利，即在一定的社会历史条件下每个人按照其人格尊严应该享有的权利。在宪法学理论中，有时会把公民权利与人权两个概念混淆使用。其实，这两个概念既有区别，又有联系。

---

① 参见徐显明：《"基本权利"析》，《中国法学》1991年第6期，第24页。

② 资料来源，参见朱丘祥主编：《宪法学》，清华大学出版社2009年版，第172～173页。

人权与公民权利的区别主要表现在以下几个方面:(1)权利性质不同。人权主要是一个国际法概念,它不仅在一国之内受保护,而且在国际范围内同样受保护;公民权利主要是一个国内法概念,其主要是为限制国家权力,保护本国公民而设;(2)权利主体不同。人权的主体是作为人类社会的成员,无论其是否具有一国公民的资格,都可作为享有权利的主体;公民权利的主体是一国宪法和法律所确认的该国公民;(3)权利范围不同。人权是一种道德权利,其范围以自然人生存、发展的正当需求为标准来确定;公民权利的范围以一国宪法为依据来确定。

人权与公民权利的联系主要表现在:从其存在形态上看,人权与公民权利之间存在着包含与被包含的关系。一般认为,人权有应有权利、法定权利和实有权利三种存在形态。[①] 其中,法定权利即为公民权利。

二、公民权利的特征

根据我国学者的研究,公民权利具有六个方面的特征:[②]

(一)公民权利对人的不可缺乏性

人与动物的区别在于,人有获得独立的人格并展现其人格的要求。公民与奴隶的区别在于,宪法赋予公民以权利主体的地位。因此,公民权利是由宪法加以保障因而得到普遍承认的、人与动物和奴隶相区别的标准,它对"人"而言是不可或缺的。离开了公民权利,人就不成其为人了。

(二)公民权利的不可取代性

公民权利的不可替代性是对国家而言的,它要求国家不得随意更改公民权利的种类。每一项公民权利都代表着人所参与的社会生活的一个方面,将人从任何一类社会关系中隔离出去,都预示着人的不完整。人参与某类社会关系时被承认的主体价值不能替代他参与另一类社会关系时的主体价值,所以,该项公民权利不能用另一项公民权利来替换。用一项公民权利取代另一项公民权利,等于宣告人在被替代权利所联系着的社会关系领域内的主体地位被取消。

(三)公民权利的不可转让性

公民权利的不可转让性是对公民而言的,它要求公民在公民权利面前约束自己的任性,通过自律以珍惜公民权利。公民权利是按人格分配的,公民既不能放弃公民权利,也不能把公民权利转借于他人。即使一人的公民权利转让于另一人,另一人也无法获得宪法承认的双份公民权利。一个人

---

① 参见李步云主编:《宪法比较研究》,法律出版社 1998 年版,第 435 页。

② 参见徐显明:《"基本权利"析》,《中国法学》1991 年第 6 期,第 25 ~ 28 页。

的人格权转让于他人,接受者并不因之而成为两个人。选举权可以代为行使,但却不能说代人投票的人享有两个选举权。

(四)公民权利的稳定性

公民权利绝大多数是永久权和不直接对应义务的绝对权。一方面,它与人的人身相始终,在人生命的整个旅程中是稳定不变的。初生幼儿与耄耋老人的生命权具有同等价值,不知尊严为何物的儿童与视尊严为生命的成人在尊严权上受到同等保护。人从出生至死亡,其平等权、人格权、尊严权、表现权、信仰权等终生不被剥夺。公民权利的这种稳定性是其他权利所不具备的。另一方面,公民权利一旦在宪法上获得确认,这些权利就不因国家制度的改革、政府的更迭、法的修改和废除、政策方针的调整等因素而变更或被取消。公民权利是限制宪法修改而为立法权划定界限的尺度,宪法的刚性主要是靠公民权利的稳定性来体现的。

(五)公民权利的母体性

公民权利具有繁衍其他权利的功能,如根据尊严权,可以推导出维护人的尊严的私生活权;根据信仰自由,可以推导出良心自由;根据政治权,可以推导出作为参政起码条件的知情权;根据环境权,可以推导出良好生存环境所必需的净水权、净气权、稳静权等;根据财产权,可以推导出追求幸福的自由。公民权利的稳定性并不影响它的内容的丰富和发展,相反,以宣言的方式明示的公民权利越多,越说明公民权利家族的繁荣与稳定。公民权利与其他权利的关系如同宪法与其他法之间的关系,在把宪法当做"母法"的时候,公民权利就是"母权利"。

(六)公民权利在当代文明各国具有共似性

能够以保障人权最低限度的实现为文明标准的现代各国,尽管社会制度不同,文化背景和传统有很大的差异,但在人权内容上却有共同性或相似性。《世界人权宣言》、《公民权利和政治权利国际公约》、《经济、社会和文化权利国际公约》得到世界各国的普遍承认就表明,国际社会存在着如何对待人(公民)的共同标准。换言之,人权(公民权利)具有超越个别国界的性质。

第二节　公民权利的体系及其开放性

一、公民权利的体系

笼统地讲,公民权利的体系是指由全部的公民权利所构成的有机整体。

在我国宪法学界，由于学者们对公民权利的分类不尽相同，故对于公民权利体系的构建存在着不同的认识。

我国老一辈宪法学者立足于新中国宪法文本，认为公民权利的体系是由以下10类公民权利构成的：(1)平等权；(2)政治权利和自由；(3)宗教信仰自由；(4)人身自由；(5)批评、建议、申诉、控告、检举权和取得赔偿权；(6)社会经济权利；(7)文化教育权利和自由；(8)妇女的权利和自由；(9)有关婚姻、家庭、老人、妇女和儿童的权利；(10)华侨、归侨和侨眷的权利。① 另一种观点认为，公民权利的体系是由以下6类公民权利构成的：(1)平等权；(2)政治权利；(3)精神、文化活动的自由；(4)人身的自由与人格的尊严；(5)社会经济权利；(6)获得权利救济的权利。② 还有学者认为，公民权利的体系是由以下5类公民权利构成的体系：(1)平等权；(2)政治类权利；(3)人身自由和宗教信仰自由；(4)公民的社会经济、教育和文化方面的权利；(5)特定主体的权利。③

我国年轻一代的宪法学者则不以我国宪法文本为限，而是站在更为宏观的立场上来构建公民权利体系。比如，有学者认为，公民权利是由以下4类权利构成的体系：(1)政治生活方面的权利与自由；(2)人身权利和自由；(3)经济、社会、教育和文化方面的权利；(4)特定人的权利。④

另有学者则借鉴联合国教科文组织前法律顾问、法国学者卡雷尔·瓦萨克提出的“三代人权学说”，认为公民权利是由三代人权构成的体系：(1)第一代人权，指美国建国初期和法国大革命时期，最先由美国《权利法案》和法国“人权宣言”所确认的那些权利。确认这些权利的目的是保障公民个人的自由免受国家权力的侵犯。对于这些权利，国家负有不加侵犯和防止侵犯的义务，因而又称为消极的权利；(2)第二代人权，指形成于俄国革命时期的那些权利，并受到西方“福利国家”概念的影响，这些权利就是国际人权公约中的经济、社会、文化权利。这些权利是需要国家权力采取积极的行动才能实现的权利，因而被称为积极的权利；(3)第三代人权，包括维持人类和平、保护全球生态环境、促进各民族共同发展的那些权利，这些权利需要国际合作才能实现，因而被称为连带的权利。⑤

“三代人权”学说不仅在国际上影响很大，而且得到了我国许多学者的

① 参见吴家麟主编：《宪法学》，群众出版社1983年版，第364～386页。

② 参见许崇德主编：《宪法》，中国人民大学出版社2009年版，第172页。

③ 参见肖蔚云等：《宪法学概论》，北京大学出版社2005年版，第194～215页。

④ 参见朱福惠主编：《宪法学原理》，中信出版社2005年版，第187～216页。

⑤ 参见沈宗灵：《比较宪法——对八国宪法的比较研究》，北京大学出版社2002年版，第66页；肖泽晟：《宪法学——关于人权保障与权力控制的学说》，科学出版社2003年版，第177页。

认同。因此,我们以《公民权利和政治权利国际公约》、《经济、社会和文化权利国际公约》的规定为基础,以"三代人权"为划分标准,构建公民权利体系。

关于第一代人权,拟介绍:平等权、财产权、人身权利自由(生命权、人格尊严权、人身自由、迁徙自由、隐私权、精神自由、表达自由)、政治权利自由(创制与复决权、选举权、罢免权、担任公职权)、获得救济权(请愿权、获得公正审判权);

关于第二代人权,拟介绍:劳动权、适当生活水准权与社会保障权、婚姻家庭权、受教育权、从事科学文化艺术活动权;

关于第三代人权,拟介绍:环境权和发展权。

二、公民权利体系的开放性

在通常情况下,宪法(以及国际人权公约)对公民权利的确认是通过权利列举进行的。通过权利列举所构建的公民权利体系,其权利内容是确定的,权利数量是固定的。因此,公民权利体系具有封闭性。这种封闭性的权利体系为权利保障提供了相对确定的依据,但也存在着明显的缺陷——当社会上产生某种权利需求,而这种权利需求并未在宪法中明确地列举出来,那么,对这种权利需求的确认和保障就会产生极大的困难。比如,我国现行宪法没有确认公民有迁徙自由,自改革开放以来,我国社会上已经产生了具有普遍性的迁徙自由需求,但这种需求很难得到有效保障。所以,在我国存在着与"户籍"相关的若干类型的歧视现象。

为了克服权利列举所造成的公民权利体系的封闭性,有些国家的宪法在权利列举条款之外,还增设专门的"未列举权利条款"(又称概括性权利条款)。所谓未列举权利(Unenumerated Right/Unnamed Right),即宪法文本没有明确列举出来的基本权利。在得到权威认定之前,未列举权利具体体现为具有某种程度的普遍性、应当得到宪法保护但在宪法文本中找不到明确的保障依据的权利需求。[①] 从有关国家的实践来看,未列举权利是由专门机关根据宪法未列举权利条款所蕴涵的"权利先于宪法"、"权利优于权力"等自然法理念,通过复杂的价值衡量而推导出来的。未列举权利条款的存在,使得宪法能够适时地接纳原本没有确认过的新权利,从而使宪法确立的公民权利体系呈现出开放性特征。

首次设置未列举权利条款的宪法是美国宪法。美国宪法第九修正案规定:"本宪法中,对某些权利的列举,不得被解释为是对人民保留的其他权利

---

① 参见夏泽祥:《我国宪法人权条款之实施——从美国宪法"保留权利条款"生效方式说起》,《法学》2010 年第 12 期,第 59 页。

的否定或轻视。"因其有"保留权利"术语,故又称"保留权利条款"。是对作为世界上第一个未列举权利条款,该条款的有效实施开创了保障公民未列举权利的先河,得到了其他国家(地区)的仿效。在台湾 1996 年出版的《新编世界各国宪法大全》所选取的 80 国宪法文本中,设置未列举权利条款的有 39 个,约占总数的 48.75%。[①]《公民权利和政治权利国际公约》、《经济、社会和文化权利国际公约》都在各自的第 5 条第 2 款规定:"对于本公约任何缔约国中依据法律、惯例、条例或习惯而被承认或存在的任何基本人权,不得借口本公约未予承认或只在较小范围上予以承认而加以限制或克减。"在实践中,德国、日本和我国台湾地区都设立了专门的违宪审查机构,负责实施宪法中的未列举权利条款。

"保留权利条款"对我国宪法的影响始于民国时期。1923 年《中华民国宪法》第 14 条规定:"中华民国人民之自由权,除本章(第四章'国民',引者注)规定外,凡无背于宪政原则者,皆承认之。"共产党人于 1946 年 10 月制定的《中华民国陕甘宁边区宪法草案》(第六稿)第 16 条规定:"本宪法的列举及未列举之人民自由权利,均受宪法之保障,不得以法律或命令侵犯之。"[②]由于特殊的历史原因,以上两个条款都没有得到实施。1947 年《中华民国宪法》第 22 条规定:"凡人民之其他自由及权利,不妨害社会秩序,公共利益者,均受宪法之保护。"该规定经台湾地区司法院大法官解释,从中推导出了"家庭权"、"结婚之自由"、"姓名权"、"确定父子真实关系"、"性行为自由"、"契约自由"、"隐私权"等未列举权利。[③]

2004 年,"国家尊重和保障人权"(即"人权条款")写入我国现行宪法,这是新中国 4 部宪法中唯一的未列举权利条款。[④] 从理论上讲,这一条款使得我国现行宪法所确立的基本权利体系呈现出了开放性特征。

【思考】未列举权利条款的实施也许是宪法实施中最为复杂的问题之一。从美国、德国的经验来看,未列举权利的保障是借助于违宪审查来进行的。但是,违宪审查制度面临着这样的"两难困境":民主是宪法的基石,那么,违宪审查机关为了确认未列举权利而宣布民选的立法机关通过民主程序制定的法律违宪,这是否违反了民主原则?换言之,当人权原则与民主原

① 参见秦强:《我国宪法人权条款研究》,中国人民大学 2009 年博士学位论文,第 35 页。

② 参见《谢觉哉日记》,人民出版社 1981 年版,第 1001 页。

③ 参见李震山:《多元、宽容与人权保障——以宪法未列举权之保障为中心》,[台]元照出版公司 2005 年版,第 34 ~ 35 页。

④ "人权"与"基本权利"的宪法地位和涵义是有区别的,但二者之间又存在着价值沟通和逻辑转换关系。从其价值取向来看,"人权条款"可以通过宪法解释而成为我国宪法文本中的未列举权利条款。参见秦强:《我国宪法人权条款研究》,中国人民大学 2009 年博士学位论文,第 55 ~ 61 页。

则发生冲突时,二者究竟孰重孰轻?这一诘问在美国被称为“麦迪逊式两难困境”。

第三节 公民权利的保障、限制与救济

宪法对待公民权利,存在着三种态度:一是保障,这是宪法宣告公民权利的主要目的,也是宪法对待公民权利的基本态度;二是限制,意在防止公民权利被滥用而妨害社会利益;三是救济,意在将受到侵害的公民权利恢复到受侵害前的状态,或者排除国家权力对公民权利的妨害,从而保障公民权利的实现。

一、公民权利的保障

从广义上说,无论是宪法对公民权利的宣示,还是宪法所规定的法治、民主、权力有限等原则及其相关的制度,都可以看做是对公民权利的保障。如果作此种理解,整部宪法都可以看做是公民权利的保障书,那么,就无法讨论公民权利的限制问题。为此,我们仅仅着眼于宪法对公民权利的宣示这一角度,从狭义上来讨论公民权利的保障问题。

从狭义上来说,对公民权利的保障,主要有两种方式:绝对保障与相对保障。①

(一)绝对保障

对公民权利的绝对保障,是指宪法将某些公民权利视为绝对权,排除任何国家机关(主要是立法机关)对该权利的限制。如美国宪法第一修正案规定:“国会不得制定关于下列事项的法律:建立宗教或禁止宗教自由;剥夺言论自由或出版自由;或剥夺人民和平集会和向政府请愿申冤的权利”;1949年《德意志联邦共和国基本法》第1条第1款规定:“人的尊严不可侵犯。尊重和保护人的尊严是全部国家权力的义务。”从理论上来说,人格尊严、精神自由等与人格相关的权利自由是绝对的,不应当受到任何限制。但是,从世界各国宪法文本来看,明确宣告某种公民权利不受国家权力限制的情形较为少见。因此,对公民权利的绝对保障,是一种较为少见的保障方式。

在实际操作中,采取这种绝对保障方式,一般都实行具有实效性的违宪审查制度。只有通过违宪审查,才能真正排除国家权力对宪法所宣告的绝

---

① 林来梵教授将基本权利的保障方式划分为绝对保障与相对保障。参见许崇德主编:《宪法》,中国人民大学出版社2009年版,第173页。

对权利实施的侵害。

（二）相对保障

对公民权利的相对保障，是指宪法在对某项公民权利进行保障的前提下，又规定在某些特殊情况下该项公民权利可以受到国家机关的合法限制。宪法在采取这种保障方式对某项公民权利进行宣示时，通常会采取“其内容由法律规定”、“在法律的限制之内”、“在法律的范围内”、“其例外依法律规定”、“非依法律不得限制”等表述方式。如《魏玛宪法》第 110 条第 1 款规定：“联邦及各邦人民之国籍，得依照联邦法律规定而取得或丧失之”；第 112 条第 1 款规定：“德国人民有移住国外之权。此项移住，惟联邦法律得限制之”；第 123 条第 2 款规定：“露天集会，依据联邦法律，有报告官署之义务。其直接危害公共治安者，得禁止之。”

从世界各国宪法文本来看，宪法在明确宣告某种公民权利受保障的同时，又往往会规定公民权利应受限制的情形。因此，相对保障是一种通行的公民权利保障方式。

【资料】新中国历部宪法对公民基本权利的保障

从新中国成立至今，先后有 4 部宪法出台。

1954 年宪法，比较广泛地规定了公民的基本权利，有 14 条（第 85 条至第 98 条）。但是，该宪法并未明确规定对基本权利的保障方式。

1975 年宪法把 1954 年宪法关于公民基本权利的规定大幅度压缩，只保留了 2 条，并且把公民的义务置于公民基本权利之前。该宪法不仅没有明确规定对基本权利的保障方式，反而体现出了限制公民基本权利的明显趋向。

1978 年宪法一方面恢复了 1954 年宪法的某些规定，另一方面又没有完全摆脱 1975 年宪法的影响。在公民基本权利的规定方面，大幅度增加了有关公民基本权利的条文，但尚未恢复到 1954 年宪法的水平。该宪法也没有明确规定对基本权利的保障方式。

1982 年宪法在公民基本权利方面较前 3 部宪法更为完善。一方面，它关于基本权利方面的条款更多，达到 18 条。2004 年宪法修正案将“国家尊重和保障人权”写入宪法，使公民基本权利体系呈现出开放性；另一方面，它将“公民基本权利和义务”一章置于“国家机构”之前，体现出了对公民权利的重视。该宪法第 33 条第 4 款规定：“任何公民享有宪法和法律规定的权利，同时必须履行宪法和法律规定的义务”；第 51 条规定：“中华人民共和国公民在行使自由和权利的时候，不得损害国家的、社会的、集体的利益和其他公民的合法的自由和权利。”从上述规定体现的精神来看，我国现行宪法所宣示的公民基本权利都不是绝对的。因此，可以推定，我国现行宪法对公民基本权利采取的是相对保障方式。

二、公民权利的限制

宪法的根本出发点和最终归宿都在于保障公民权利和自由，但这并不意味着公民权利就是无边界的。由于某些情况下公民权利与社会利益存在着冲突，为了实现社会利益，就需要对公民权利施加必要的限制。

（一）限制公民权利的基本形式

对公民权利的限制主要包括以下几方面的内容：(1)剥夺公民权利主体享有的部分权利，如剥夺政治权利；(2)在特定的条件下，暂时中止某项公民权利的行使，如宪法可以规定，在紧急状态下，某项(些)公民权利得予以中止；(3)对特定主体的公民权利进行限制，如国家公务人员不得组织、参加反对政府的游行、示威活动，等等。一般来说，对公民权利的限制主要有两种方式：

1. 立法机关通过法律的形式限制公民权利。

在宪法对公民权利采取相对保障方式的情况下，为了保障社会利益的顺利实现及其最大化，只能由立法机关通过法律的形式规定对公民权利进行限制的具体情形，这体现了公民权利限制的基本原则之一——“法律保留原则”的基本要求。

2. 行政机关通过行使自由裁量权限制公民权利。

依照严格的法治原则，公民权利只应受到法律明文规定的限制。实际上，由于制宪者和立法者远非万能，宪法和法律往往不能对限制公民权利的具体情形做出详尽的规定。因此，行政机关在执法过程中行使着广泛的自由裁量权，这些自由裁量权事实上也构成对公民权利的限制，而且有些国家的宪法也往往授权行政机关在必要时限制公民权利。如《魏玛宪法》第48条规定，“联邦大总统得临时将……基本权利之全部或一部分停止之”；1993年《俄罗斯联邦宪法》第56条规定：总统“在实行紧急状态的情况下，为了保障公民的安全和捍卫宪法制度，可以根据联邦宪法法律，部分地限制权利与自由，并指出这种行动的范围和期限。”

（二）限制公民权利的原则

各国宪法虽然规定立法机关可以出于社会利益的考虑而限制公民权利，但这并不意味着立法机关可以任意限制公民权利。相反，立法机关对公民权利的限制也应该有一定的界限。比如经济权利和政治权利一般可以限制和克减，人的生命、思想、信仰方面的权利因其构成了人权的最本质的部分而不得克减。一般认为，对公民权利的限制，应遵守以下两项原则：

1. 法律保留原则。

法律保留原则是指对公民权利的限制必须通过法律的形式来进行。这一原则是法治理念的产物,旨在制约国家权力对公民权利的肆意践踏,将国家权力对公民权利的限制控制在法律范围之内。这一原则意味着,立法机关可以以立法的形式对公民权利加以限制,禁止行政机关和司法机关在没有法律授权的情况下限制公民权利。该原则是公民权利不受侵犯原则的例外,是限制公民权利的首要原则。

法律保留原则源于1789年法国《人权宣言》,其第4条规定:"自由就是指有权从事一切无害于他人的行为。因此,各人自然权利的行使,只以保证社会上其他成员享有同样的权利为界限。此等限制仅得由法律确定之。"此类规定意味着,唯有经过立法机关同意,才可以限制公民权利。因此,法律保留原则体现了立宪机关对人民代表机关的信任。比如,1949年《德意志联邦共和国基本法》第2条第2款规定:"人人都有生存权和人身不可侵犯权。个人的自由不可侵犯。只有根据法律才能侵害这些权利。"

当然,为防止立法机关因滥用立法权,限制少数人的公民权利而导致多数主义暴政,法律保留原则的一个题中应有之义是,限制公民权利的法律本身应当具有正当性。

2. 比例原则。

在限制公民权利的时候,除了需要有宪法和法律依据外,还应当考虑需要保障的社会利益与将要受到限制的公民权利之间的相互关系,以免造成对公民权利的过度限制,从而背离保障公共利益的最终目的。

比例原则是一个广义的概念,包括了三个子原则——妥当性原则、必要性原则以及狭义的比例原则(均衡性原则):(1)妥当性原则,其基本含义是要求国家权力的行使必须以实现宪法或法律所规定的目的为目标,并且每一手段的运用都必须有利于其法定目的的实现,不能以此种手段谋求法律规定的彼种手段才能实现的目的,更不能将国家权力用作谋取个人私利的工具。(2)必要性原则,又称"最小侵犯原则"、"最温和方式原则",其基本含义是国家权力在实现某一法定目的时,如果存在多种可以选择的手段,但这些手段对公民权利的限制程度各不相同,那么,就应当选择对公民权利限制最小的手段。(3)狭义的比例原则,又称均衡性原则,其基本含义是指国家在适用任何权力的过程中,其对公民权利所造成的损害与其所保护的社会利益之间应保持一定的比例关系。均衡性原则意味着,即使国家权力的行使符合了妥当性原则和必要性原则的要求,但如果该手段对公民权利造成的损害与其所保护的社会利益显然不成比例,也就是说,对公民权利的损害大于其所保护的社会利益,那么该手段仍然是不符合比例原则的。德国学者经常用下面的例子来说明这一子原则：警察为了驱赶树上的小鸟，假设当时已没有其他的办法而只好用大炮，用大炮虽然也可以达到驱逐小鸟的目的，手段也属必要，但使用大炮的后果可能不堪设想，因而这一做法不符合比例原则的要求。①

有些国家宪法的某些规定体现了比例原则。比如，1947 年《中华民国宪法》第 23 条规定："以上各条列举之自由权利，除为防止妨碍他人自由，避免紧急危难，维持社会秩序，或增进公共利益所必要者外，不得以法律限制之"。1949 年《德意志联邦共和国基本法》第 17 条第 2 款规定："用于国防目的，包括保护和平居民在内的法律，可以规定对迁徙自由和住宅不可侵犯的基本权利进行限制"；第 19 条第 1 款规定："根据本基本法，某一基本权利可以受法律限制或依法予以限制，就此而言，这种法律必须普遍适用而不仅适用于个别情况。此外，这种法律必须列出基本权利，指出有关的条款"；第 20 条第 3 款规定："立法权应服从宪法秩序；行政和司法权受法律和正义的制约"。

三、公民权利的救济

一般认为，公民权利条款具有拘束立法者、执法者和司法者的效力。"无救济则无权利"这一西方人权的基本理念表明，如果公民权利受到国家权力的侵犯，就应当有获得救济的机会。结合世界各国宪法文本的规定和公民权利保障的实践，以及国际人权机构保障人权的做法，可以把公民权利的救济途径归纳为以下 3 种：

（一）国家机关的救济

对公民权利的侵害来自国家机关，对公民权利的救济也主要依靠国家机关。国家机关对公民权利的救济有以下几种途径：

1. 立法救济。

国家立法是侵害公民权利的重要因素，当发生这种情形时，立法机关可以采取制定法律、废止法律、修改法律、解释宪法和法律等方式，对公民权利提供救济；对于行政机关侵害公民权利的行为，立法机关可以通过撤销行政行为的方式为公民权利提供救济。

2. 行政救济。

行政机关在执行法律的过程中，也会侵害公民权利。当这种情形发生时，公民可以通过申诉、行政复议、行政仲裁、行政确认等方式寻求救济。当

① 对比例原则涵义的介绍，参见郝银钟、席作立：《宪政视角下的比例原则》，《法商研究》2004 年第 6 期，第 69～70 页。

然，对于下级行政机关侵害公民权利的行为，上级行政机关可以主动地予以撤销或变更，从而使公民权利得到救济。

3. 司法救济。

司法机关通过诉讼程序对公民权利的救济是一种重要且经常的公民权利救济渠道。在实行司法审查制的国家（如美国、日本、菲律宾等），依据宪法对公民权利的救济即是违宪审查。在我国，宪法还没有在诉讼案件中得到实施，故行政诉讼是司法机关救济公民权利的一种重要方式。

此外，在世界其他国家中，还设有宪法委员会、宪法法院等实施宪法的专门机构，通过违宪审查为公民权利提供救济。设置宪法委员会的国家有法国、蒙古、哈萨克斯坦、柬埔寨、乍得等国，设置宪法法院的有德国、俄罗斯、白俄罗斯、韩国、罗马尼亚、意大利等国家。通过违宪审查来保障公民权利，是公民权利最有效的救济方式。

（二）国际社会的救济

第二次世界大战以来，人权保障作为一个国际问题，越来越受到重视。不仅人权的主体范围日益扩大，人权的内容日益丰富，而且人权的保障问题日益超越国内法的界线，成为国际法的基本内容。有的国家在宪法中承认，国际法具有高于国内法的效力；有的国家在宪法中规定，为了实现和平与国际合作，可对其主权作出必要的限制或转让。在这种形势下，联合国人权机构采取指导和协助的方式，促进人权的实现。根据学者的归纳，当出现严重侵犯人权的事件时，国际社会通常会采取以下两种方式提供救济：①

1. 国际监督。

某些国际人权公约的缔约国不履行自己应当承担的义务，其他缔约国和国际组织可以对这些国家实施具有某种程度的约束力的监督。如联合国"经济、社会、文化权利委员会"2005年4月对有关国家履行《经济、社会和文化权利国际公约》的情况进行审议并提出报告。

2. 国际制裁。

国际社会的任何成员国恶意违反国际法，如在政策上、法律上和实践中实行、鼓励或纵容诸如种族灭绝、种族隔离和种族歧视，奴隶买卖和奴隶制，侵略和侵略战争，国际恐怖，国际贩毒等严重侵犯人权的行为，国际社会可以对其实施强制性的制裁。如对南非的种族隔离政策实施的制裁，对伊拉克萨达姆政权侵犯科威特所实施的制裁。

（三）公民的自力救济

有的国家在宪法中规定，当国家权力侵害公民权利而公民无法获得国

① 参见李步云主编：《宪法比较研究》，法律出版社1998年版，第454页。

家机关的救济时,公民有权对来自国家权力的侵害实施抵抗,这种权利被称为公民的抵抗权。最早宣示公民的抵抗权的是1776年美国《独立宣言》:"……当任何形式的政府对这些目标具破坏作用时,人民便有权力改变或废除它,以建立一个新的政府……"1789年法国《人权宣言》第2条规定:"任何政治结合的目的都在于保存人的自然的和不可动摇的权利。这些权利就是自由、财产、安全和反抗压迫。"法国《共和国元年宪法》在"人权宣言"第35条中宣告:"当政府违犯人民的权利时,对于人民及一部分人民而论,起义就是最神圣的权利和最不可缺少的义务。"1949年《德意志联邦共和国基本法》第20条第4款规定:"所有德国人都有权在不可能采取其他办法的情况下,对企图废除宪法秩序的任何人或人们进行反抗。"公民行使抵抗权,即是对公民权利的自力救济。

思考题

1. 何为公民权利,它有哪些特征?

2. 试述公民权利与人权的关系。

3. 试述限制公民权利的目的和理由以及限制公民权利应遵循的原则。

4. 以现实生活中发生的侵犯公民权利的案件为例,谈一谈我国实施"人权条款"的意义、可能性及路径。

第五章　第一代人权

第一代人权是为了防范国家权力滥用而产生的防御权，其目的是保护公民权利和自由免遭国家专横行为的侵犯。这种类型的权利排斥国家（政府）对个人生活的干预，即要求国家（政府）成为人民的“守夜人”。第一代人权奠基于古典自由主义哲学和社会契约理论，强调个人权利的固有性、优先性，对反对封建专制统治，适应资本主义新文明的发展，具有重要的理论意义。

第一代人权主要是《公民权利和政治权利国际公约》中所列举的那些人权，大致可分为平等权、财产权、人身权利自由、政治权利自由、获得救济权五大类。

第一节　平等权

一、平等权的含义

宪法上的平等本身是一项基本原则，那么，平等是不是一项公民权利？要回答这一问题，要看“平等”是否有具体的权利、义务主体。

1868 年通过的美国宪法第 14 修正案规定：“不论何州……在其管辖范围内，对任何人不得拒绝给予平等的法律保护”；第 15 修正案（1870 年通过）第 1 款规定：“合众国公民的选举权，不得因种族、肤色或以前是奴隶而被合众国或任何一州加以否定或剥夺”；第 19 修正案（1920 年通过）第 1 款规定：“合众国公民的选举权，不得因性别缘故而被合众国或任何一州加以否定或剥夺”；第 26 修正案（1971 年通过）第 1 款规定：“已满十八岁和十八岁以上的合众国公民的选举权，不得因为年龄关系而被合众国或任何一州加以否定或剥夺”。《魏玛宪法》第 109 条第 1 款规定“德国人民，在法律前一律平等”，第 3 款规定“公法特权及不平等待遇由出生或阶级来看，概行废止。”1946 年《日本国宪法》第 14 条第 1 款规定“一切国民在法律面前一律平等。在政治、经济以及社会的关系中，不得因人种、信仰、性别、社会身份及门第不同而有所差别”，第2、3款紧接着规定“不承认华族及其他贵族制度。荣誉、勋章以及其他荣典的授予，不附任何特权。授予的荣典，其效力只限于已接受者和将接受者一代”。1947年《意大利共和国宪法》第3条第1款规定“全体公民，不问其性别、种族、语言、宗教、政治信仰、个人地位及社会地位如何，均有同等的社会身份，并在法律上一律平等”，第2款则规定“共和国的任务，在于消除经济及社会方面的障碍——实际上限制公民自由与平等的障碍，阻碍人格充分发展及全体劳动者真正参加国内政治、经济及社会组织的障碍”。1949年《德意志联邦共和国基本法》第3条第1、2款规定“在法律面前人人平等。男女享有同等的权利”，第3款接着规定“谁也不得因性别、世系、种族、语言、籍贯、出身、信仰、宗教或政治观点而受到歧视或优待”。1965年《罗马尼亚社会主义共和国宪法》第17条第1款规定“罗马尼亚社会主义共和国公民，不分民族、种族、性别或者宗教，在经济、政治、法律、社会和文化生活的一切领域内享有平等权利”，第2款规定“国家保障公民的平等权利。不容许以民族、种族、性别或者宗教为理由，对这些权利加以任何限制，以及在其行使上加以歧视”。1977年《苏维埃社会主义共和国联盟宪法（根本法）》第34条第1款规定“苏联公民，不分出身、社会地位和财产状况、种族和民族、性别、教育程度、语言、宗教信仰、职业的种类和性质、居住地点和其他情况，在法律面前一律平等”，第2款规定“苏联公民的权利平等从经济、政治、社会和文化各方面予以保证”。尤为明显的是，1977年《苏维埃社会主义共和国联盟宪法（根本法）》将第六章：“苏联国籍、公民权利平等”和第七章：“苏联公民的基本权利、自由和义务”列为“国家和个人”编的全部内容，更明确地显示出平等的义务主体不是个人而是国家（政府）。从上述规定可以发现，宪法上的“平等”既可以是纯粹的原则性宣示，也可以有具体的内容。在后一种情况下，“平等”的享有主体是公民，而其义务主体则是国家（政府）。由此推断，宪法上的平等也是一项公民权利。

平等作为一项公民权利，其含义可以概括为：公民不因自己的民族、种族、性别、语言、职业、政治观点、宗教信仰、财产状况、居住地点、家庭出身以及其他差异而受到国家之差别对待的权利。

二、平等权的内容

近现代宪法规定的平等权，主要有以下几项内容：

（一）人格尊严的平等

许多国家宪法都规定人的尊严、人性尊严、人格尊严平等或不受侵犯，如1946年《日本国宪法》第13条规定：“一切国民都作为个人受到尊重”；第18条规定：“任何人不受任何奴隶性质的拘束”。1948年《世界人权宣言》第

1 条规定:"人皆生而自由;在尊严及权利上均各平等。";我国现行宪法第 38 条规定:"中华人民共和国公民的人格尊严不受侵犯。禁止用任何方法对公民进行侮辱、诽谤和诬告陷害"。

（二）民族与种族平等

民族与种族平等是现代文明各国一致承认的通则,如美国宪法第 15 修正案(1870 年通过)第 1 款规定:"合众国公民的选举权,不得因种族、肤色或以前是奴隶而被合众国或任何一州加以否定或剥夺";1972 年《匈牙利人民共和国宪法》第 61 条第 2 款规定:"凡因性别、信仰或民族关系而对公民作任何不利的区别,均依法严惩";1977 年《苏维埃社会主义共和国联盟宪法(根本法)》第 36 条规定:"苏联各种族和民族的公民享有平等的权利。实现这些权利的保证是:实行苏联各民族全面发展和互相接近的政策,用苏维埃爱国主义和社会主义国际主义精神教育公民,可以使用本族语言和苏联其他民族的语言。凡是对权利的直接或间接限制,根据种族和民族的特点建立直接或间接的公民特权,以及任何宣传种族或民族的特殊化、仇恨或歧视等行为,均依法制裁。"

（三）宗教平等

世界各国宪法一般都规定宗教信仰自由,把宗教视为一种自由,这种自由本身就是一种平等。另外,还有少数国家的宪法明确规定了宗教平等权,如 1946 年《日本国宪法》第 20 条规定"任何宗教团体不得从国家接受特权或行使政治上的权利";1947 年《意大利共和国宪法》第 8 条规定"一切宗教在法律上均平等地享有自由";1948 年《世界人权宣言》第 2 条第 1 款规定:"人人皆得享受本宣言所载之一切权利与自由,不分种族、肤色、性别、语言、宗教、政见或他种主张、国籍或门第、财产、出生或他种身份。"

（四）身份平等

《瑞士联邦宪法》(1874 年公布)第 4 条规定:"一切瑞士公民,在法律面前一律平等。在瑞士国内,没有臣属关系,也没有地位、出生、身份或家庭的特权";《魏玛宪法》第 121 条规定:"私生子之身体上,精神上,及社会上之进展,在立法上,与嫡生子同等待遇";1947 年《意大利共和国宪法》第 30 条第 3 款规定:"法律保证非婚生子女享有与合法家庭成员之权利同样的全部法权与社会保护。"

（五）性别平等

美国宪法第 19 修正案(1920 年通过)第 1 款规定:"合众国公民的选举权,不得因性别缘故而被合众国或任何一州加以否定或剥夺。"1946 年《日本国宪法》第 24 条规定:"婚姻仅依两性自愿结合成立,必须以夫妻享有平等权利为基础,相互协力予以维持。关于选择配偶、财产权、继承、选定居所、离婚、婚姻与家族以及其他有关事项的法律,必须以尊重个人尊严与两性实质平等为基础制定之。”1947 年《意大利共和国宪法》第 37 条第 1 款规定:“劳动妇女享有与劳动男子同样之权利并与劳动男子同工同酬”;第 51 条第 1 款规定:“所有公民,不分男女,均可在平等的条件下,根据法定之要求在公共机关中任职以及担任选举职务”。1949 年《德意志联邦共和国基本法》第 3 条第 1、2 款规定:“在法律面前人人平等。男女享有同等的权利。”1972 年《匈牙利人民共和国宪法》第 62 条规定:“匈牙利人民共和国的男女有平等权利。妇女的平等权的保障为:以适当的方式保障劳动的可能性与劳动条件;保证妇女在产前产后有保留原薪的休假,加强对母亲和儿童的合法保护,建立保护母亲和儿童的制度。”1977 年《苏维埃社会主义共和国联盟宪法(根本法)》第 35 条规定:“苏联妇女享有同男子平等的权利。实现这些权利的保证是:向妇女提供与男子同样的受教育和职业训练、参加劳动、获得劳动奖赏和工作提升、参加社会政治活动和文化活动的机会,以及采取专门措施保护妇女的劳动和健康,创造条件使妇女能够兼顾劳动和母责,对母亲和儿童给予法律保护、物质上和道义上的支持,包括给予孕妇和母亲保留工资的假期和其他优待,逐步缩短有幼儿的妇女的工作时间。”

(六)教育平等

1947 年《意大利共和国宪法》第 33 条第 3、4 款规定:“机关与私人均有权创办无需国家负担之学校与教育机构。在规定非公立学校之权利与义务时,应本平等之精神”;34 条第 1 款规定:“学校向一切人开门”;第 38 条规定:“没有受过教育的人和未成年人均有学习和获得职业教育之权利”。1948 年《世界人权宣言》第 26 条第 1 款规定:“人人皆有受教育之权。教育应属免费,至少初级及基本教育应然。初级教育应属强迫性质。技术与职业教育应广为设立。高等教育应予人人平等机会,以成绩为准。”1966 年《经济、社会和文化权利国际公约》第 13 条第 1 款规定:“缔约国确认人人有受教育之权。”

三、平等权的例外——合理的差别待遇

近代宪法上的平等主要是一种形式平等。进入现代社会以来,宪法开始关注实质平等,其方式,一是对社会弱势群体提供特殊的优惠,二是对特殊主体的权利进行限制或者加重其义务。如爱尔兰宪法第 40 条第 1 款规定:“全体公民作为人在法律面前一律平等。这并不意味着,国家在其法律规章中对能力、身体、品德以及社会职能的差别不予适当考虑。”

合理的差别对待具体包括以下类型:(1)由于年龄的差别所采取的责任、权利等方面的合理差别;(2)依据人的生理差异所采取的合理差别;

(3)依据民族的差异所采取的合理差别;(4)依据经济能力的差异所采取的纳税负担上的合理差别;(5)对特殊职业者的特殊义务的加重或特定权利的限制。[①]

第二节　财产权

一、财产权的含义及性质

民法上的财产权意指公民对其财产所享有的占有、使用、收益和处分的权利,强调所有权人对其财产的现实的支配权。宪法上的财产权与民法上的财产权至少有以下区别:(1)民法上的财产权,其占有、使用、收益、处分四项权能与所有权人是可以分离的,财产权是可以分割和转让的,比如财产所有人可以将自己的财产交给他人保管、使用等;宪法上的财产权与公民的人身具有不可分割性、不可转让性、不可替代性;(2)民法上的财产权,其对应的义务主体是平等的民事主体;而宪法上的财产权,其对应的义务主体是国家,宪法对财产权的肯定,主要是为了排斥国家对公民财产权的侵犯。因此,宪法上的财产权是指公民对自己的财产进行占有、使用、收益、处分时免遭国家非法干涉的权利。

在近代宪法上,财产权同公民的生命、自由等一样,是绝对的。在近代英国,有一句流行的谚语:穷人的一间破房子,"风能进,雨能进,国王不能进。"自《魏玛宪法》开始,财产权神圣原则被打破,国家出于社会利益等方面的考虑,可以对公民的财产权加以必要的限制。但是,按照法治原则,这种限制必须符合法律保留原则、正当程序原则、比例原则等,而且国家应当给予合理补偿。可以说,财产权不受国家干涉是原则,受国家限制是例外。因此,从性质上说,财产权主要是一项防御权即消极权利,故将其列为第一代人权。

二、宪法保障财产权的意义与方式

(一)宪法保障财产权的意义

世界各国宪法大都对公民的财产权做出明确的保障,不外乎以下几点理由:

1. 财产权是公民生命权、自由权的基础和保障。

---

① 参见许崇德主编:《宪法》,中国人民大学出版社2009年版,第180~181页。

人要保持生命的存在,依赖于对财产的享有。公民的财产不受保障,其生命权就会受到威胁。财产权意味着公民不被强迫为他人提供生活必需品,它是公民实现自我价值的前提条件。在现代社会,如果财产权得不到充分而有效的保障,公民人格的完善和发展就会受到限制,不仅不可能对自己的行为承担责任,而且不可能在社会上充分发挥自己的能动性和创造性。无数事实证明,窒息个人自由、贬低生命价值的一个有效途径是限制、剥夺公民的财产权。从宪法史角度进行考察,1215 年《大宪章》、1787 年美国宪法和 1791 年法国宪法都是围绕财产权问题进行斗争的结果。对立宪民主理论做出卓越贡献的启蒙思想家洛克,将"天赋人权"归纳为平等权、自由权、生存权和财产权四项,但他认为其中最重要者首推财产权。杰斐逊在《独立宣言》中宣称,人的不可剥夺的权利包括生命权、自由权和追求幸福的权利。有学者认为,这里的"追求幸福的权利"实际上就是财产权的延伸。① 我国学者应克复认为,公民的三项基本权利,即生命权、自由权、财产权是一个整体,三者互为条件,不能肢解为首先是什么,然后是什么。②

2. 保障公民财产权是社会安定和经济发展的必然要求。

财产是人最基本的生存条件。人不仅为了自身的生存而追求财产,而且还为了改善生存条件追求利益最大化。公民的财产权得不到保障,实际上是公民的生存条件得不到保障,公民的生活就不会安定。在现代社会,公民的财产权不受保障,就等于公民通过正当手段改善生活条件的合法性得不到承认,那么,盗窃、抢劫、贪污受贿就会成为比劳动更有效的致富手段,社会动荡、经济萧条就会成为人类生活的常态。民无恒产,则无恒心。只有确认并保障公民的财产权,才能保障公民追求财产行为的正当性,社会才能呈现出安定、繁荣的局面。

3. 财产权受法律的平等保护是近现代制度文明的重要标志。

一个社会不保障公民的财产权,那么人与人之间的关系只能适用"丛林法则":牙齿和利爪代表一切。因此,凡是不保障公民的财产权的社会,本质上就是一个强盗式的社会。在人类历史上,私有制的确立是人类从原始社会进入奴隶社会的标志,也是人类从蒙昧时代进入文明时代的标志。在封建社会,财产权主要是少数人的特权,对财产权的保障不具有平等性。到了

---

① 洛克认为,即使组成了政府,人们仍然保留了一部分不可转让的(inalienable,亦可译为不可分割的)权利,包括生命、自由和财产。按照洛克的本意,此处的"财产"概念不单指具体的物质,而是更倾向于指人本身拥有或习得的创造物质财富的权利。杰斐逊在《独立宣言》中将洛克式语言中的"财产权"更改为"追求幸福",这一改动实际上更加准确地表达了洛克的原意。参见王希:《原则与妥协——美国宪法的精神与实践》(修订本),北京大学出版社 2000 年版,第 25 页注①。

② 参见应克复:《国家权力与公民权利——自由主义的基本原则》,《学海》2004 年第 3 期。

资本主义社会,法律平等原则的一个重要方面是公民的财产权受到平等的法律保护,因此,资本主义制度才具有了奴隶制、封建制所无可比拟的进步性。在现代社会,不仅各国宪法都对公民的财产权提供平等的保护,而且国际人权公约也把保障公民的财产权视为各国政府的一项义务。

(二)宪法保障财产权的方式

各国宪法对财产权的保障,主要有以下几种立法体例:

1. 将财产权作为一项具体的宪法权利。

《魏玛宪法》在"德国人民之基本权利与基本义务"(第二编)第153条第1款规定:"所有权,受宪法之保障。"1946年《日本国宪法》在"国民的权利与义务"(第二章)第29条第1款规定:"财产权不得侵犯。"1947年《意大利共和国宪法》在"公民的权利与义务"(第一篇)第42条规定:"财产有公有和私有两种。经济利益属于国家、机关或私人。法律承认并保障私有财产……"1949年《德意志联邦共和国基本法》在"基本权利"(第一章)第14条规定:"财产权和财产继承权受到法律保护。"1975年修改的《罗马尼亚社会主义共和国宪法》在"公民的基本权利和义务"(第二章)第36条规定:"个人财产权受法律保护。"

2. 将财产权受保障宣示为一项宪法原则或制度。

1977年《苏维埃社会主义共和国联盟宪法(根本法)》在"经济制度"一章中(第13条)规定:"劳动收入是苏联公民个人财产的基础。……公民的个人财产及个人财产的继承权都受法律保护。"我国现行宪法在"总纲"(第13条)中规定:"国家保护公民的合法的收入、储蓄、房屋和其他合法财产的所有权。国家依照法律规定保护公民的私有财产的继承权",但在"公民的基本权利和义务"部分则没有"财产权"的相关规定。

3. 禁止对公民的财产进行非法侵犯。

美国宪法《权利法案》第5条规定:"任何人……不依正当法律程序,不得被剥夺生命、自由或财产。"1973年《菲律宾共和国宪法》第4条第1款规定:"不依正当法律程序,不得剥夺任何人的生命、自由或财产,也不得对任何人拒绝给予法律的平等保护";第2款规定:"私人财产,若无公正补偿,不得取为公共使用"。现行的《新加坡共和国宪法》在"财政条款"(第五篇)第82条规定:"除经法律或根据法律批准者外,不得由新加坡或为新加坡之用,征收任何国家税或地方税。"

三、对财产权的限制

公民财产权受法律保障是一项基本的宪法原则,但为了保障社会公共利益,实现社会公平,宪法和法律也会对公民的财产权做出某些限制,如《魏玛宪法》第153条第3款规定："所有权为义务，其使用应同时为公共福利之役务。"1947年《意大利共和国宪法》第42条规定："法律承认并保障私有财产，但法律为了保证私有财产能履行其社会职责并使其为人人均可享有，得规定获得与使用私有财产的办法以及私有财产的范围。为了公共利益，私有财产在法定情况下得有偿征收之。"1946年《日本国宪法》第29条规定："财产权不得侵犯。财产权的内容，应符合公共福祉，以法律规定之。私有财产在正当补偿下得收为公用。"

从世界各国宪法的规定来看，国家依法对公民财产权进行限制的措施包括征税、没收、征收与征用等。

第三节 人身权利自由

所谓人身权利与自由，指与公民的人身相关联、以人身为中心在内外两个向度上的那些权利，主要包括生命权、人格尊严权、人身自由、迁徙自由、隐私权、精神自由、表达自由。

一、生命权

（一）生命权的含义

在一般意义上，公民的生命权是指公民所享有的保持自身处于存活状态的权利。但是，宪法上的生命权是一种防御权，宪法宣告公民具有生命权，意味着国家权力应尊重并保障公民的生命权，保障公民的生命权是国家的义务。因此，宪法上的生命权是指公民（人）的生命不被任意剥夺的权利。

（二）生命权的确认与保障

人处于存活状态才能成为法律关系的主体，才能享有权利，履行义务。所以，生命权是第一位的人权，也是首要的公民权利。一个人没有生命权，也就不可能有其他任何权利。在近代宪法诞生之前，启蒙思想家所极力鼓吹的"天赋人权"内容之一便是生命权，如霍布斯、洛克以及杰斐逊等思想家都认为，生命权是每个人固有的、不可剥夺的权利。

当今世界各国宪法大都明确肯定公民的生命权。如美国宪法第5修正案规定："任何人……不依正当法律程序，不得被剥夺生命、自由或财产"；1949年《德意志联邦共和国基本法》第2条规定："人人有生存权和肉体完整权"；1973年《菲律宾共和国宪法》第4条第1款规定："不依正当法律程序，不得剥夺任何人的生命、自由或财产，也不得对任何人拒绝给予法律的平等保护"；1974年《南斯拉夫社会主义联邦共和国宪法》第175条规定："人的生命不受侵犯”。

国际人权公约和区域性人权公约也都极力倡导对生命权的尊重和保障。1948 年 12 月 10 日联合国大会通过的《世界人权宣言》第 3 条规定：“人人有权享有生命、自由与人身安全。”《公民权利和政治权利国际公约》第 6 条规定：“人人皆有天赋之生存权。此种权利应受法律保障。任何人之生命不得无理剥夺。”1948 年 5 月美洲国家组织通过的《美洲人的权利和义务宣言》规定，生命权从胚胎时起受到法律保护，已废除死刑的国家不得恢复死刑，对政治犯不得处以死刑，对犯罪时超过 70 岁的人不得处以死刑，等等。1981 年 6 月 28 日非洲统一组织在肯尼亚首府内罗毕通过的《非洲人权和民族权宪章》第 4 条规定：“人是神圣不可侵犯的。每一个人的生命和整个人格均有权受到尊重。任何一个人均不得被剥夺此项权利。”1990 年 8 月 5 日伊斯兰会议组织通过的《伊斯兰世界人权宣言》（又称《开罗宣言》）第 2 条规定：“生命是真主赐予的礼物，人人的生命权受到保护。个人、社会和国家的责任是保护这种权利免遭任何侵犯，除伊斯兰教法规定的原因外，禁止剥夺生命。”

【思考】生命是公民权利的唯一载体，生命的价值是至高无上的。从人道主义立场出发，应当肯定生命权具有绝对性。从实践角度看，目前欧洲各国已经废除了死刑。但是，鉴于剥夺生命权的刑罚——死刑有着悠久的历史，法律又有其功利性，许多国家的法律规定，可以依法剥夺公民的生命权。这样，就出现了一个十分复杂的命题：生命权应否受到剥夺？

【提示】生命权应否受剥夺的问题，主要涉及死刑是否具有正当性的问题。对于死刑是否有正当性的争论由来已久。洛克、卢梭等启蒙思想家主张实行死刑，但贝卡利亚说：“体现公共意志的法律……阻止公民去做杀人犯，却安排一个公共的杀人犯。我认为这是一种荒谬的现象”，“死刑并不是一种权利”。[①] 此后，边沁、菲利、李斯特等人又展开了对死刑的持续批判，而龙勃罗梭、加罗法洛、康德、黑格尔等人则为死刑作了有力的辩护。我们认为，从尊重生命价值的绝对性角度而言，应当废除死刑；但从法律的功利性角度而言，应当保留死刑。诚如陈兴良教授所言，死刑存废取决于两个因素：一为物质文明程度的高低，二为精神文明程度的高低。物质文明程度的提高使得犯罪人所能创造的价值大于其已经造成的危害，精神文明程度的提高使得公众对罪犯的报应观念为理性态度所代替，死刑会逐渐被其他刑

---

① ［意］贝卡利亚：《论犯罪与刑罚》，黄风译，中国大百科全书出版社 1993 年版，第 49、45 页。

罚所替代。[①] 可以预见,总有一天,人类立法会废止死刑,实现生命价值至上性与生命权绝对性的统一。

此外,生命权应否受剥夺的问题还涉及堕胎、安乐死应否具有合法性、是否具有正当性的问题,这些问题同样是十分复杂的。

二、人格尊严权

(一)人格尊严权的概念

人格是指人成其为人所必须具有的资格,是人区别于动物的标准。人格尊严指公民作为人所应有的地位、应得的待遇和应受的尊重的总和,是公民对自身和他人的价值的认同和尊重。

(二)人格尊严权的确认与保障

人格尊严在不同社会里具有不同的表现形式。在奴隶社会里,只有奴隶主享有人格尊严,奴隶被看做是会说话的工具,被当做财产,被当做殉葬品,没有任何人格尊严。在封建社会里,地主阶级享有人格尊严,农民和农奴依附于地主,不具有完全的人格。进入资本主义社会后,宪法确认了人人平等的原则,为人格尊严受保障打下了基础。

对人格尊严权的保障来自国家的两个方面的义务:一是公民的人格尊严不受国家机关的侵犯;二是国家有义务保护公民的人格尊严免受其他人的侵犯。1946 年《日本国宪法》第 18 条规定:"任何人不受任何奴隶性质的拘束。除因犯罪受处罚外,对任何人不得违反本人意志使其服苦役。"1949 年《德意志联邦共和国基本法》规定:"人的尊严不可侵犯,尊重和保护它是国家的义务。"《公民权利和政治权利国际公约》第 7 条规定:"对任何人不得加以酷刑,或予以残忍、不人道或有辱人格的待遇或惩罚。非经本人自愿同意,尤不得对任何人作医学或科学试验";第 10 条规定:"自由被剥夺之人,应受合于人道及尊重其天赋人格尊严之处遇;除特殊情况外,被告应与被判决有罪之人分别羁押,且应另予与其未经判决有罪之身份相称之处遇;少年被告应与成年被告分别羁押,并应尽速予以判决;监狱制度所定监犯之处遇,应以使其悛悔自新、重适社会生活为基本目的。少年犯人应与成年犯人分别拘禁,且其处遇应与其年龄及法律身份相适应"。1977《苏维埃社会主义共和国联盟宪法(根本法)》第 57 条规定:"尊重人格、保护公民的权利和自由,是一切国家机关、社会团体和公职人员的义务。"我国现行宪法第 38 条规定:"中华人民共和国公民的人格尊严不受侵犯。禁止用任何方法对公民进行侮辱、诽谤和诬告陷害。"

---

① 参见陈兴良:《本体刑法学》,商务印书馆 2001 年版,第 689 页。

(三)人格尊严权的绝对性

人格尊严具有普适价值。无论公民的职业、职务、政治立场、宗教信仰、文化程度、财产状况、民族、种族、性别、年龄等有何差别,其人格尊严都没有任何差别。人格尊严与公民作为人的属性相关联,要承认一个公民是人,就得承认其具有人的尊严;要否定其人格尊严,就必须否定其作为人的属性。即使公民因违法犯罪而受到制裁,其人格尊严仍然应该得到尊重。因此,人格尊严权具有绝对性。比如1982年《葡萄牙共和国宪法》第19条规定,即使在紧急状态下,也不得侵犯公民的人格尊严。

在法治程度比较高的国家里,公职人员和社会公众人物的人格尊严权等受到一定的限制,如公职人员、公众人物不得不容忍公众对他们的品头论足,服务行业从业人员应当容忍顾客的粗鲁言行,等等。此种限制是与公职人员、公众人物的特殊身份分不开的,且以人格尊严权的主体之自愿为前提,尤其重要的是,此种限制并非来自国家权力。所以,不能否认公民人格尊严权的绝对性。

三、人身自由

(一)人身自由的含义

人身自由指公民所享有的其身体不受非法搜查、拘禁、逮捕,其活动不受非法限制的权利。人身自由是专属于自然人而法人所不享有的权利。公民具有人身自由,意味着该公民是一个"自由人",这是公民参加各种法律关系,享受其他公民权利的重要条件。日本宪法学家小林直树说:"人身的自由是人们一切行动和生活的前提条件,为此也是基本权利之中最基本的权利之一。盖人之自由,首先要求人的身体不受拘束,在这一意义上,人身自由被视为'最小限度的自由'。"①

(二)人身自由的确认与保障

人身自由作为一项重要的公民权利,得到了世界各国宪法的肯定。如法国《人权宣言》第7条规定:"除非在法律所规定的情况下并按照法律所指示的手续,不得控告、逮捕或拘留任何人";《魏玛宪法》第114条规定:"人身之自由不得侵犯。凡用公共权力以妨害或褫夺人身之自由者,惟依法律始得为之。凡被褫夺自由之人,最迟应于翌日受通知,由何官署,以何理由下令将其自由褫夺,并应立予其人以机会,使对于被夺自由提出抗辩";1947年《意大利共和国宪法》第13条规定:"人身自由不得侵犯。不得以任何形式进行拘禁、检查或人身搜查,亦不得对人身自由加以任何限制,但持有司法

① 转引自林来梵:《从宪法规范到规范宪法》,法律出版社2001年版,第170页。

当局逮捕令和在法定场合根据法定程序进行者不在此限。……对以任何形式被限制自由的人施行肉体或精神暴行者,均应受惩处";1973年巴林宪法第19条规定:"人身自由依法受保护,除非依照法律规定并在司法当局监督下,任何人不受逮捕、拘留、监禁、搜查……除监狱法所规定的场所,不得在任何其他场所拘留或监禁人犯……";1977《苏维埃社会主义共和国联盟宪法(根本法)》第54条规定:"苏联公民有人身不可侵犯的保障。任何公民,非经法院或者检察长批准,不受逮捕";我国现行宪法第37条规定:"中华人民共和国公民的人身自由不受侵犯。任何公民,非经人民检察院批准或者决定或者人民法院决定,并由公安机关执行,不受逮捕。禁止非法拘禁和以其他方法非法剥夺或者限制公民的人身自由,禁止非法搜查公民的身体"。

《公民权利和政治权利国际公约》第9条规定:"1.人人有权享有人身自由及人身安全。任何人不得无理予以任意逮捕或拘禁。非依法定理由及程序,不得剥夺任何人之自由。2.执行逮捕时,应当场向被捕人宣告逮捕原因,并应随即告知被控案由。3.因刑事罪名而被逮捕或拘禁之人,应迅即解送法官或依法执行司法权力之其他官员,并应于合理期间内审讯或释放。候讯人通常不得加以羁押,但释放得令具保,于审讯时、于司法程序之任何其他阶段、并于一旦执行判决时,候传到场。4.任何人因逮捕或拘禁而被剥夺自由时,有权声请法院提审,以迅速决定其拘禁是否合法,如属非法,应即令释放。5.任何人受非法逮捕或拘禁者,有权要求执行损害赔偿。"

(三)人身自由的限制

为了护公共秩序与安全,国家可以依法对公民的人身自由进行必要的限制。世界各国宪法在确认公民人身自由的同时,也往往规定了对公民的人身自由进行限制的条件。例如,法国《人权宣言》第7条规定:"根据法律而被传唤或被扣押的公民应当立即服从;抗拒则构成犯罪";1947年《意大利共和国宪法》第13条在规定"人身自由不得侵犯。不得以任何形式进行拘禁、检查或人身搜查,亦不得对人身自由加以任何限制"的同时,规定"持有司法当局逮捕令和在法定场合根据法定程序"可以对公民的人身自由进行限制,等等。由此看来,公民的人身自由是相对的。

四、迁徙自由

(一)迁徙自由的概念与性质

鉴于《公民权利和政治权利国际公约》第12条将"迁徙"与"择居"相并列,某些国家宪法(如1946年《日本国宪法》第22条)将"居住自由"与"迁徙自由"相并列,故有的学者将"居住自由"看做是与"迁徙自由"相并列的一项公民权利。[①]

“迁徙”一词在汉语中意谓“迁移”、“离开原来的所在地而另换地点”；[②]在英语中，“迁徙”一词的意思是 Move、Migrate、Change One's Residence。[③]可见，迁徙专指居所的变更而非旅行等所引起的公民身体位置的变化。我们认为，居住自由与迁徙自由是同一含义，正因为如此，有的国家宪法只规定了“迁徙自由”而未规定“居住自由”，如 1949 年《德意志联邦共和国基本法》第 11 条第 1 款规定：“所有德国人依法享有在联邦领土上自由迁徙的权利”。基于此种认识，我们将迁徙自由的含义界定为：迁徙自由亦即居住自由，指公民自由地出入国境和在国内选择住所的权利。

关于迁徙自由的性质，目前国内学者有“人身自由”说、“经济权利”说和“人身自由与经济权利”说，[④]但这些定性皆非恰当。迁徙自由与人身自由的密切关系一目了然——没有人身自由者必无迁徙自由，但人身自由并不涉及“住所”，有人身自由未必有迁徙自由。[⑤] 所以，不能将迁徙自由归入人身自由。由于经济权利属于积极权利，作为消极权利的迁徙自由不能归入“经济权利”一类，更不能因为迁徙自由的行使与选举权相关联而将迁徙自由归结为政治权利。此外，由于迁徙自由的行使不仅与人身自由、经济自由有关，而且与国家安全、公共秩序、公共福利、公民身份、法律评价等因素有关。[⑥] 所以，将迁徙自由归结为人身自由、经济权利、政治权利都不妥当，我们认为应当将迁徙自由看做是与公民的生命权、人身自由等并列的一项独立的公民权利。

（二）迁徙自由的确认

世界上最早规定迁徙自由的当属 1215 年的《大宪章》。《大宪章》第 41 条规定，除战时以及敌对国家的公民之外，“一切商人，倘能遵照旧时之公正习惯，皆可免除苛捐杂税，安全经由水道与旱道，出入英格兰，或在英格兰全境逗留或耽搁以经营商业”。这一规定属于迁徙自由的萌芽，而非完全意义上的迁徙自由。近现代意义的成文宪法大都规定公民的迁徙自由。现行

---

① 徐显明教授将人身自由、居住自由、迁徙自由统归人身自由权。参见李步云主编：《宪法比较研究》，法律出版社 1998 年版，第 476 ~ 478 页。

② 中国社会科学院语言研究年词典编辑室编：《现代汉语词典》，商务印书馆 1992 年版，第 910 页。

③ 参见外语教学与研究出版社典编辑室编：《现代汉英词典》，外语教学与研究出版社 1988 年版，第 695 页。

④ 参见杨海坤主编：《宪法基本权利新论》，北京大学出版社 2004 年版，第 101 ~ 104 页。

⑤ 我国现行宪法只规定了人身自由，而没有规定迁徙自由。

⑥ 《瑞士联邦宪法》（1879 ~ 1974 年）第 45 条规定，因受刑事判决褫夺其公民权者，屡次因犯重罪受惩罚者以及常受公共慈善机关的救济又向其本州或本邑请求给予适当的救济业经正式拒绝者，其定居特许证可以撤销。由此可见，迁徙自由与公民的法律评价有关。

《瑞士联邦宪法》(1874年公布)第44条规定:"凡瑞士公民,不得被逐出联邦或其本州的领土以外";1946年《日本国宪法》第22条规定:"在不违反公共福祉的范围内,任何人都有居住、迁徙及选择职业的自由。不得侵犯任何人移居国外或脱离国籍的自由";1947年《意大利共和国宪法》第16条规定:"除因保健和安全方面的利益一般得以法律规定某些限制外,每个公民在国内任何地区均可自由迁移或居住。每个公民在履行法定义务之条件下,均可自由离开或返回共和国国土";1949年《德意志联邦共和国基本法》第11条第1款规定:"所有德国人依法享有在联邦领土上自由迁徙的权利";1987年《大韩民国宪法》第14条规定:"任何国民都有居住、迁徙的自由。"1966年《公民权利和政治权利国际公约》第12条规定:"在一国领土内合法居留之人,在该国领土内有迁徙往来之自由及择居之自由。人人应有自由离去任何国家,连其本国在内。……人人进入其本国之权,不得无理褫夺。"

(三)对迁徙自由的限制

世界上绝大多数宪法都在确认公民的迁徙自由时,规定对迁徙自由可以进行限制。国家限制公民的迁徙自由权的理由一般是:(1)保障某些特殊利益,如公共利益、公共秩序、公共道德、国家安全或者其他公民的权利自由。1947年《意大利共和国宪法》第16条规定:"除因保健和安全方面的利益一般得以法律规定某些限制外,每个公民在国内任何地区均可自由迁移或居住",将"保健和安全"作为限制迁徙自由的理由;1987年《大韩民国宪法》第37条第2款规定:"根据保障国家安全,维护秩序和公共福利的需要,可依法对国民的一切自由与权利进行限制……"。《公民权利和政治权利国际公约》第12条规定,迁徙自由"不得限制","但法律所规定,保护国家安全、公共秩序、公共卫生或风化或他人权利与自由所必要"时,可以加以限制。(2)原则上禁止公民对迁徙自由的滥用,如1946年《日本国宪法》第12条规定:"本宪法所保障的国民的自由与权利,国民必须以不断的努力保持之。此种自由与权利,国民不得滥用,并应经常负起为公共福祉而利用的责任。"(3)列举对迁徙自由加以限制的条件,如现行《瑞士联邦宪法》(1874年公布)第45条规定:"因受刑事判决褫夺其公民权者,得以特例否决其定居权或撤销其定居特许证;凡屡次因犯重罪受惩罚者以及常受公共慈善机构的救济又向其本州或本邑请求给予适当的救济业经正式拒绝者,其定居特许证也得撤销";1949年《德意志联邦共和国基本法》第11条第2款规定,公民的迁徙自由权"在下列情况下予以限制:无充裕的生活基础和给社会增加特殊的负担;为保护青年不受遗弃;同流行性疾病作斗争和防止犯罪活动,因而须采取必要的限制措施"。(4)对迁徙自由的限制作出授权性规定,如1987年《大韩民国宪法》第37条规定,国民的一切自由和权利,只有在需要保障国家安全、维护秩序和维护公共福利的情况下,“由法律进行限制”。

(四)迁徙自由的特殊保障

对迁徙自由的限制是必要的,但这种限制不能违背保护人权的宗旨,因此,某些国家的宪法对公民的迁徙自由予以特殊保障:(1)不得因为某种原因限制迁徙自由,如1978年《西班牙宪法》第19条第2款规定,迁徙自由“不得因政治或意识形态之原因而受到限制”;1947年《意大利共和国宪法》第16条第2款规定:对迁徙自由“不得以政治理由规定任何限制。”(2)不得拒绝公民入境或将公民驱逐出境,如1993年《俄罗斯联邦宪法》第27条第2款规定:“俄罗斯联邦公民有不受阻碍地返回俄罗斯联邦的权利”;《公民权利和政治权利国际公约》第12条规定:“人人进入其本国之权,不得无理褫夺”。(3)规定某种法律程序,对限制迁徙自由或其他公民权利的行为进行程序上的控制,如现行《瑞士联邦宪法》(1874年公布)第45条第1款规定:“对于贫民的放逐,须经居住地的州政府批准,并须预先通知该贫民出生的州政府”。

【思考】我国1954年宪法曾经规定过公民的迁徙自由。1958年1月9日经全国人大常委会通过的《户口登记条例》将我国公民分为城镇人口和农村人口,实行不同的管理政策。随后,1975年宪法、1978年宪法和现行宪法都没有规定迁徙自由。在很长一个时期内,我国在征兵、高考录取、招工等方面都对两种类型的居民实行区别对待。目前,我国开始淡化“户籍”制度,但仍然没有完全切断公民与“户籍”之间的关系(比如在高考录取中,仍然实行按省区划定录取分数线的办法,因而出现了“高考移民”、冒名顶替等怪现象),甚至出现了新的与“户籍”有关的歧视政策(比如,2011年初,北京市对商品房实行限购政策,明确规定,不具有北京市户口的人在北京只能购买1套商品房)。试回答,如何从制度上消除对公民的歧视?

五、隐私权

(一)隐私权的概念

所谓隐私,是指不愿告人、不愿公开或不愿为他人所知的私人事务或私人信息等。个人隐私具体包括:(1)私人信息,如个人档案、个人经历、财产状况、健康状况、社会关系、家庭情况、婚恋情况、个人姓名、肖像、住址、私人电话号码、私人通信、个人日记、手机短信、E－MAIL等;(2)个人事务,指纯粹私人性质的、无害于他人与公共利益的活动,如日常活动、社会交往等;

(3)个人领域,如个人的身体、私人住宅、私人用包、口袋、抽屉等。从社会学意义上讲,它体现了一种普遍存在的社会公众心理——每个人都想为自己保留一块独立于他人且无害于社会的、相对宁静的空间;从法律上讲,则是指一种既不妨碍公共利益又不妨害他人合法权益的,公民不愿他人知道的个人生活秘密和个人生活自由。法律对个人隐私予以保护,体现了法律对公民人格的尊重,公民权利自由因之得到拓展。

根据我国学者的归纳和研究,隐私权理论经过了“独处权理论”、“信息控制权理论”、“亲密关系理论”、“人格权理论”四个发展阶段,而这四种理论又各有其缺陷:(1)“独处权理论”以沃伦和布兰代斯的《隐私权》一文为肇始,将隐私权界定为“独处的权利”,这一理论无法将隐私权与自由权(主要是消极自由)相区分。此其一。其二,独处权所确立的个人隐私受保护的正当性基础并不牢固,因为人们总是希望有选择地透露有关自身的事实以操纵他们周围的世界;(2)“信息控制理论”将隐私权界定为公民控制个人信息的权利,这一理论回应了“信息社会”对“独处权理论”的挑战,为隐私权的确立提供了明白易懂的理论基础,但该理论仍不能令人满意:一是缺少对个人信息的合理界定,二是无法包容私生活的安宁和自由等内容,有失狭隘。比如私拆他人信件,即使该信件由于发信人的失误仅有一张白纸,拆信人没有获得任何信息,但私拆行为仍然侵犯了隐私权;(3)“亲密关系理论”将隐私权界定为对个人亲密关系的自决或控制权,比较符合人们的日常生活经验,而且也给出了一个保护隐私权的恰当理由,具有相当的说服力。但是,将隐私权限定于人与人之间关系领域,忽略了个人独处的领域,显然过于狭窄,同时这一界定还意味着,一个没有机会结成社会关系的人(如精神病患者、被判处终身监禁者)将没有理由享有隐私权。因此,这一理论也不妥当;(4)人格权理论将人格界定为隐私权的基础,目前在学术界有较大影响。这一理论很好地解释了隐私权的权利属性,但也有不足。因为有许多体现人格的东西(如艺术品)人们愿意与他人分享,而且侵犯人格权的行为(如散布虚假事实的诽谤行为)未必会侵犯隐私权,所以,人格权并不等于隐私权。[①]这些理论观点之所以在逻辑上不周延,主要是民法学研究方法造成的。

站在宪法学立场上,我们认为,隐私权是指公民私人生活的自由和安全不受国家权力之非法干预的权利。[②]

---

① 以上关于隐私权理论发展阶段的归纳及其评介,参见屠振宇:《论隐私权的宪法保护》,中国人民大学2006年博士学位论文,第32~42页。

② 详细的论证,参见夏泽祥:《“深圳妓女示众事件”的宪法学分析》,《山东社会科学》2007年第11期,第32~34页。

（二）隐私权的确认与保障

1890年，美国法学家萨缪尔·D·沃伦（Samuel·D·Warren）和路易斯·D·布兰戴斯（Louis·D·Brundeis）发表《隐私权》一文，第一次提出了“隐私权”一词。但是，对隐私权内容的确认可追溯到1791年的美国宪法第四修正案：“人民的人身、住宅、文件和财产不受无理搜查和扣押的权利，不得侵犯。”此后，近现代各国宪法群起仿效。《魏玛宪法》第115条规定：“德国人民之住宅为其自由居处，不得侵犯，其例外应依法律为之”；第117条规定：“书信秘密以及邮政、电报、电话之秘密，不得侵害，其例外惟依据联邦法律始得为之”；1946年《日本国宪法》第35条规定：“任何人的住所、文件及其所有物不受侵入、搜查或没收”；1947年《意大利共和国宪法》第14条规定：“住宅不得侵犯。非在法定场合按照法定手续并根据旨在保护个人自由的各项保证条件，不得进行检查、搜查和查封”；第15条规定：“通信及其他各种通讯联络之自由与秘密，不得侵犯。只有根据司法当局的说明理由的文书并遵守各项法定保障，始得加以限制”；1949年《德意志联邦共和国基本法》第10条规定：“通信、邮政、电讯的秘密权利不容侵犯，但可依法限制此类秘密行为”；第13条规定：“住宅不得侵犯。在紧急情况下，得由法官或经法定的机关发布命令后，才允许按规定进行搜查”；1975年《罗马尼亚社会主义共和国宪法》第32条规定：“住所是不可侵犯的”；第33条规定：“通信和电话通话的秘密受保障”。

（三）隐私权的限制

公民的隐私权在和社会利益、国家安全等发生冲突时，可以受到限制。如1946年《日本国宪法》第35条规定：“持有依据正当理由签发并明示搜查场所及没收物品的令状，可以对公民的住所、文件及其所有物进行检查、搜查或没收。”1949年《德意志联邦共和国宪法》第10条规定：“通信、邮政、电讯的秘密权利不容侵犯，但可依法限制此类秘密行为”；第13条规定：“在紧急情况下，得由法官或经法定的机关发布命令后，才允许按规定对公民的住宅进行搜查”，此外，“本项不可侵犯的权利依法可能遭到剥夺或受限制，其目的是为防止公共利益受到危害或危及个人生命，以及紧急防止危害公共秩序和治安，特别是在为解决住宅缺乏问题，同流行性疾病作斗争和保护青年人免受危害而采取措施时。”1975年《罗马尼亚社会主义共和国宪法》第32条规定：“任何人非经本人认许不得进入其人的住宅，但在法律另有规定的情况和条件下除外。”1987年《菲律宾共和国宪法》第3条规定：“通信秘密不受侵犯。但根据法院的合法命令，或为维护公共秩序和安全的需要而另有规定者，为在此限。”

【资料】作为公民宪法权利的隐私权是如何产生的——1965年“格瑞斯伍尔德诉康乃狄格州案”(Griswold v. Connecticut)。[①]

康乃狄格州通法律,禁止任何人为避孕而使用避孕药具,违者将被处以至少50元罚款、或60天到1年的监禁。为避孕提供帮助或建议者视为主犯。一名医生(格瑞斯伍尔德)和耶鲁大学的医学教授(布克斯顿)因给已婚夫妻提供避孕的医学建议而各被罚款100美元。康乃狄格州的上诉法院支持了这一决定。格瑞斯伍尔德来到联邦最高法院,宣称州法律违反了第十四修正案的正当程序条款,联邦最高法院推翻了州法院的判决。在推翻康州法院判决过程中,联邦最高法院大法官道格拉斯提出了独特的“权利伴影”(Penumbra)理论,从而显著扩充了《权利法案》条款的实体内容。道格拉斯说:“《权利法案》的具体保障具有一系列伴影;它们来自那些赋予自身内容与生命力的保障。不同保障创造了‘隐私区域’(Zone of Privacy)。我们已经看到第一修正案的伴影所包含的结社权利。第四和第五修正案被解释为保护‘住宅和生活隐私’,不受任何政府侵犯……对于这些‘隐含和安息’的伴影权利,我们已经有过许多争论。这些案例证明,在此要求受到承认的隐私权是合法存在的。……因此,本案涉及的关系处于数项基本宪法保障所创造的隐私区域内。禁止使用避孕药具的州法是和婚姻关系的隐私观念相抵触的。我们所面对的,乃是比《权利法案》更古老的隐私权利。婚姻是近乎神圣的亲密结合。这种结合促进了生活方式的和谐与相互忠诚。……和我们先前所决定的任何目的相比,它的目的都同样高贵。”

试问:你认为道格拉斯大法官提出的“权利伴影”是确有宪法依据,还是一门“无中生有”的艺术?

六、精神自由

精神自由是指公民在精神领域中从事意识活动(如独立思考和判断,接受或持有某种观点等)所享有的自由。《公民权利和政治权利国际公约》第18条规定:“人人有思想、信念及宗教之自由。”此外,还有一些国家规定了公民的良心自由,如1946年《日本国宪法》第19条规定:“思想及良心的自由,不得侵犯”;第20条规定:“对任何人均保障其信教自由”。思想(信念)、良心和宗教信仰三项自由均指人的意识在“内向领域里的自由”。[②] 所以,我们认为,在外延上,精神自由包括思想自由、良心自由和宗教信仰自由。

---

① 资料来源,参见张千帆:《宪法学导论》,法律出版社2004年版,第607~608页。

② 参见王德志:《论思想自由权》,载《当代法学》1998年第2期。

(一)思想自由

1. 思想自由的概念与性质。

思想自由,亦称观点自由,是指公民独立自主地进行思维和判断,不受干涉地持有、接受和交流观点、见解的自由。①

对于一个智力健全的人而言,只要生命存在,就会不停地思想,就会对事物形成自己的观点和意见,所以,一个人要放弃思想自由是不可能的。斯宾诺莎说过:"人的心是不能完全由其他人处置安排的,因为没有人会愿意或被迫把他的天赋的自由思考判断之权转让与人",每个人都是"他自己思想的主人"。②

人的思想不应是法律所规范的对象。斯宾诺莎认为:"想法子控制人的心的政府,可以说是暴虐的政府,而且规定什么是真的要接受,什么是真的不要接受……这可算作误用治权与篡夺人民之权","政治的目的绝不是把人从有理性的动物变成畜牲或傀儡,而是使人有保障地发展他们的身心,没有拘束地运用他们的理智。"③马克思说过:"我只是由于表现自己,只是由于踏入现实的领域,我才进入受立法者支配的范围。对于法律来说,除了我的行为之外,我是根本不存在的,我根本不是法律的对象","凡是不以行为本身而以当事人的思想方式作为主要标准的法律,无非是对非法行为的公开认可。……这种追究倾向的法律……是对公民名誉的一种侮辱,是威胁着我的生存的一种阴险的陷阱。"④

思想自由是科学发展的动力,法律绝对不应限制人的思想。斯宾诺莎说:"思想自由本身就是一种德行,不能禁止……更不用说这种自由对于科学与艺术是绝对必须的。因为,若是一个人判断事物不能完全自由,没有拘束,则从事于科学与艺术就不会有什么创获。"⑤约翰·密尔说:"在精神奴役的……气氛中,从来没有而且永远不会有一种智力活跃的人民。"⑥他认为,真理像是摆在一架天平上,要靠两组相互冲突的理由来较量。文化愈发展,愈需要自由。自由地思想,自由地讨论,不仅可以使意见成为活的真理,而且还可以使自然哲学和政治哲学中的某些理论经过讨论、反驳和批判而站住脚。⑦

综上,"人之思想自由,乃当然之事,若不表现于外,只是独思自想,不致

① 参见王德志:《论思想自由权》,《当代法学》1998 年第 2 期。

② [荷]斯宾诺莎:《神学政治论》,温锡增译,商务印书馆 1963 年版,第 270 ~ 271 页。

③ [荷]斯宾诺莎:《神学政治论》,温锡增译,商务印书馆 1963 年版,第 270、272 页。

④ 《马克思恩格斯全集》(第 1 卷),第 16 ~ 17 页。

⑤ [荷]斯宾诺莎:《神学政治论》,温锡增译,商务印书馆 1963 年版,第 274 页。

⑥ [英]约翰·密尔:《论自由》,程崇华译,商务印书馆 1959 年版,第 35 页。

⑦ 参见[英]约翰·密尔:《论自由》,程崇华译,商务印书馆 1959 年版,第 38 页。

危害公安私益，故无待于法律之规律。”[①]世界各国宪法都不对思想自由予以限制，也不赋予立法机关、行政机关限制思想自由的权力。可见，思想自由是一种绝对的自由。

2. 对思想自由的确认和保障。

法国《人权宣言》第 10 条规定：“任何人都不得因其意见、甚至信教的意见而遭受干涉”；1978 年《西班牙宪法》第 16 条规定：“保障个人和团体的意识形态、宗教信仰自由；任何人不得被迫将其意识形态、宗教或信仰自由公之于世”。据统计，世界上 142 部正在实施的成文宪法中，规定了观点自由的占 12.7%，规定了思想自由的占 15.5%，同时规定了观点自由和思想自由的占 11.3%。[②]

（二）良心自由

1. 良心自由的概念与性质。

所谓良心自由，是指公民在道德上对一定行为有义务为之的意识或信念。[③] 良心自由与思想自由的联系在于，思想自由强调公民有权按照一定的世界观进行思考（当然也涉及道德判断问题）；良心自由强调公民有权按照一定的伦理标准对事物的是非善恶进行独立自主的判断并得出自己的结论，二者都属于人的内心活动。所以，良心自由同思想自由一样，是公民的一项绝对权，不应受任何限制。

2. 对良心自由的确认与保障。

某些国家的宪法明确规定公民的良心自由受保护，如《魏玛宪法》第 135 条规定：“联邦内居民得享完全信教自由及良心自由”；1946 年《日本国宪法》第 19 条规定：“思想及良心的自由，不得侵犯”；1949 年《德意志联邦共和国基本法》第 4 条第 1 款规定：“信仰自由、良心自由、世界观自由和宗教忏悔不受侵犯”；第 3 款规定：“任何人不得违背其良心被迫拿起武器服兵役”；1975 年《罗马尼亚社会主义共和国宪法》第 30 条规定：“保障罗马尼亚社会主义共和国所有公民的良心自由”。

由于良心自由与思想自由、意见自由、观点自由具有密切联系，各国宪法除了明确确认“良心自由”外，还有的用良知、意见自由、观点自由等指代或涵盖良心自由。如 1978 年《西班牙宪法》第 20 条第 1 款规定：“承认并保护的权利：以口头、书面或任何其他复制的方式自由表达和传播思想、想法和意见。……行使上述自由时，法律规定良知不予公开和保守职业秘密。”

---

① 耿少卿：《中华民国宪法论》，华欣文化事业中心 1982 年版，第 87 页。

② 参见［荷］亨利·范·马尔赛文等：《成文宪法：通过计算机进行的比较研究》，陈云生译，北京大学出版社 2007 年版，第 128 页。

③ 参见许志雄等：《现代宪法论》，元照出版公司 1999 年版，第 109 页。

(三)宗教信仰自由

1. 宗教信仰自由的概念。

宗教包括两个方面的内容,一为信条,一为仪节。所以,宗教信仰自由包括两个方面的内容:(1)信仰自由,该自由属于思想自由的范畴,意谓任何人有信仰宗教的自由,也有不信仰宗教的自由;有信仰这种宗教的自由,也有信仰那种宗教的自由;在同一宗教里,有信仰这个教派的自由,也有信仰那个教派的自由;有过去不信仰宗教而现在信仰宗教的自由,也有过去信仰宗教而现在不信仰宗教的自由;不得强迫任何人接受他所不信奉的宗教教育。(2)礼拜自由,意谓任何信教的人有履行其本教仪节的自由,自由地举行祈祷和典礼,国家不得强迫任何人履行宗教仪节;不得歧视信仰或不信仰宗教的人;不得以宗教信仰、宗教活动或宗教身份为由剥夺公民在教育、就业、担任公职等方面的资格;不得缴纳用于宣传或维持他所不信奉的宗教的特别捐税。①

2. 对宗教信仰自由的确认与保障。

宗教信仰是一个世界性的问题,自有宪法以来,宪法即与宗教问题有关。如在1787年美国宪法诞生之前,杰斐逊就曾经起草过《弗吉尼亚州宗教信仰自由法案》,将自杀、叛教、宗教异端三项罪名一笔勾销,这件事被杰斐逊视为自己毕生的三大成就之一。1791年通过的美国宪法第一修正案就规定禁止国会制定关于"建立宗教或禁止宗教自由"的法律。据荷兰学者亨利·范·马尔赛文等人的统计,全世界正在生效的142部成文宪法中,规定了宗教信仰自由的占79.4%。②

3. 对宗教信仰自由的限制。

世界某些国家在对宗教信仰自由予以确认和保障的同时,也对该种自由予以限制。限制方式主要有:(1)原则性地规定公民行使宗教信仰自由时不得违反法律、公共利益、他人合法权益或善良风俗。如1814年《荷兰王国宪法》第6条第1款规定:"每个人都有单独或与他人一起自由表达自己的宗教或信仰的权利,但不得违反法律规定的个人责任";1947年《意大利共和国宪法》第19条规定:"宗教宣传以及礼拜,其仪式不得违反善良风俗。"1952年《波兰人民共和国宪法》第70条第3款规定:"滥用信仰和宗教自由,意图违反波兰人民共和国的利益者,应受惩罚。"1986年《卢森堡宪法》第19条规定:"信奉宗教,公开作礼拜,以及进行宗教宣传的自由受法律保护,但

---

① 这是徐显明教授的观点,参见李步云主编:《宪法比较研究》,法律出版社1998年版,第473页。

② 参见[荷]亨利·范·马尔赛文等:《成文宪法:通过计算机进行的比较研究》,陈云生译,北京大学出版社2007年版,第148页。

利用这种自由进行违法活动者,得禁止之。"(2)规定政教分离。如《魏玛宪法》第137条规定"不立国教"。1947年《意大利共和国宪法》第7条规定:"国家与天主教会在组织上均独立自主。它们的关系,决定于拉特兰条约。"1958年法国宪法第2条规定"法兰西为不可分割的、非宗教的、民主的和社会的共和国。"1972年《匈牙利人民共和国宪法》第63条第2款规定:"匈牙利人民共和国实行政教分离。"(3)对某种宗教进行限制,或者确立某种宗教的特殊地位以排斥其他宗教。1814年挪威宪法规定:"福音派基督教路德教为国教,信奉基督教路德教的国民应培养子女信奉基督教路德教。"《瑞士联邦宪法》(1874年公布)第51条规定:"耶稣会及其分会不得在瑞士境内存在。其会员在教堂或学校进行任何活动,都被禁止。"1953年丹麦宪法第4条规定:"福音路德教是丹麦的国教,受国家的支持。"此外,穆斯林国家都规定伊斯兰教为国教。

七、表达自由

(一)表达自由的概念

关于公民表达自己内心观点、意见的权利和自由,世界各国宪法使用最多的称谓是"言论自由",此外,"言论"、"出版"、"新闻"、"印刷"、"创作"、"思想"、"观点"、"意见"、"演讲"、"信函"、"见解"、"报刊"等词汇使用的频率也很高。国内外学者们在表述这一公民权利时,除了使用"表达自由"这一术语外,还使用了"表现自由"、"表述自由"、"表达意见的自由"、"表达思想的自由"、"意见自由"、"头脑自由"、"意志表达自由"等术语,个别学者甚至将"言论自由"指称表达自由。① 关于表达自由的意义,约翰·密尔指出:"迫使一个意见不能发表的特殊罪恶乃在于它是对整个人类的掠夺……,假如那意见是对的,那么他们是被剥夺了以错误换真理的机会;假如那意见是错的,那么他们是失掉了一个差不多同样大的利益,那就是从真理与错误冲突中产生出来的对于真理的更加清楚的认识和更加生动的印象。"②

我们认为,公民对自己内心观点、意见的表达,作为一种权利,应当仅仅限于公开的表达方式,而将通信、宗教忏悔、无记名投票等秘密的方式排除在外。换言之,公民的表达自由是"人们通过相互交流意见,形成群体的意志,公诸外部的自由",其内涵应当包括"表达的主体与方式、表达的不受干扰性、表达自由与法律的关系"三个要素,其外延包括"言论、出版、新闻、艺术表现、集会、结社、游行、示威等自由。"③

---

① 参见甄树青:《论表达自由》,社会科学文献出版社2000年版,第9~10页。
② [英]约翰·密尔:《论自由》,程崇华译,商务印书馆1959年版,第17页。
③ 杨海坤主编:《跨入新世纪的中国宪法学》,中国人事出版社2001年版,第315、316页。

在此基础上,我们将表达自由界定为:表达自由是指公民通过口头、书面或形体语言的形式公开显示或传递自己的思想、意见、观点、主张而不受非法干涉的权利,[①]包括言论、出版、艺术表现、集会、结社、游行、示威等权利和自由。

鉴于学者们对艺术表现自由的论述极为罕见,本章中我们只介绍言论、出版、集会、结社、游行、示威自由。

(二)言论自由

1. 言论自由的概念与性质。

言论自由是公民以口头的形式发表意见而不受非法干涉的自由。言论自由在表达自由中处于最重要的地位,表达自由的其他形式实际上是言论自由的延伸。

言论自由的"言论"到底指什么呢?我国学者认为,在现代社会,言论自由首先是发表不同政治见解的言论自由,其次才是发表一般性异议或意见的言论自由。政治言论自由至少包括以下几个方面的内容:(1)批评和反对现行法律的言论自由;(2)批评政府的言论自由;(3)宣传和支持各种政治见解、政治观点、政治学说、政治信仰的自由;(4)批评执政党的自由。[②]

2. 对言论自由的确认与保障。

关于言论自由的重要性,思想家们留给我们许多精辟的论述。罗伯斯庇尔认为,表达思想的能力是人区别于其他动物的最可贵之处。要充分表达自己的思想就要有出版自由,不应以任何形式拘束或限制出版自由。天性造就了人的智能和性格的多样化,因此,言论自由只能是发表一切对立意见的自由,不把这种自由百分之百地给予每个人就等于否定公民的自由。但法律不能处罚意见、思想,因此同一种意见和思想究竟是真理还是谬误,在不同场合和不同人眼里会有断然不同的评价。向别人指出伟大真理的人物,乃是超出自己时代见解的天才,他的思想创新总是使软弱和愚昧的人望而生畏,总要招来嫉妒,因而常常受到同时代人不该有的奚落和后代人来之过晚的尊敬。[③] 英国著名诗人、政论家雪莱则认为:"任何不能表示意见的现象本身意味着,在政府方面是赤裸裸的暴政,在被统治者方面则是无知的奴性。"[④]

---

① 据荷兰学者亨利·范·马尔赛文等统计,在目前实施的142国成文宪法中,规定了"表达自由"的有124部,占87.3%。参见[荷]亨利·范·马尔赛文等:《成文宪法:通过计算机进行的比较研究》,陈云生译,北京大学出版社2007年版,第129页。

② 参见李步云主编:《宪法比较研究》,法律出版社1998年版,第496~497页。

③ 参见张宏生、谷春德主编:《西方法律思想史》,北京大学出版社1990年版,第193页。

④《雪莱政治论文选》,杨熙龄译,商务印书馆1982年版,第66页。

鉴于言论自由的重要性，世界各国宪法、世界人权公约、区域性人权公约都保障公民的言论自由。如1689年英国《权利法案》第9条规定："国会内之演说自由、辩论自由或议事之自由，不应在国会以外的任何地方受到弹劾或讯问"；法国《人权宣言》第11条规定："自由传达思想和意见是人类最宝贵的权利之一，因此，各个公民都有言论、著述和出版自由，但在法律所规定的情况下，应对滥用此项自由负担责任"；美国宪法第一修正案规定："国会不得制定关于下列事项的法律：……剥夺言论自由或出版自由；或剥夺人民和平集会和向政府请愿伸冤的权利"；1946年《日本国宪法》第21条规定："保障集会、结社、言论、出版及其他一切表现的自由"；1947年《意大利共和国宪法》第21条第1款规定："每人均有以口头、书面及他种传布思想之方法自由表达思想之权利"。《世界人权宣言》、《欧洲人权公约》、《公民权利和政治权利国际公约》、《美洲人权公约》都规定：人人有自由发表意见的权利，此项权利包括寻求、接受和传递各种消息和思想的自由，而不论国界，也不论口头的、书面的、印刷的、采取艺术形式的或通过他所选择的任何其他媒介。

3. 言论自由的界限。

除美国宪法第一修正案将言论自由视为一项绝对权外，其他国家宪法及人权公约一般都给言论自由的行使设定原则性的界限。

从内容方面而言，言论自由不得侵犯他人的合法权益，不得侵犯公共利益，如《公民权利和政治权利国际公约》第19条规定，公民发表意见的权利之行使，附有特别责任及义务：(1)尊重他人权利或名誉；(2)保障国家安全或公共秩序、或公共卫生或风化。

从言论自由的主体来看，公务人员、医生、律师等不能随意发表言论，否则会泄露国家机密或者他人隐私、商业秘密。

从言论自由的形式来看，公民的"言论"在用语方面不得使用挑衅性语言(即希望引起暴力的语言)，不得使用诽谤性语言(即无中生有的语言)，不得使用猥亵性语言(即低级下流的语言)，不得使用煽动性语言(即夸大其词的语言)。

(三)出版自由

出版自由是公民通过将自己的文字作品、图画、音像等视听资料予以印刷、复制并公开发行、出售或展览，以表达自己的意见、观点、主张，不受非法干涉的权利。出版自由的外延包括创办出版机构的自由，印刷、复制的自由，发行、销售、展览的自由。

出版自由，就其性质和重要性而言，与言论自由密不可分，所以有的国家宪法将出版自由与言论自由相提并论，同时予以确认。如1947年《意大利共和国宪法》第21条第1款规定“每人均有以口头、书面及他种传布思想之方法自由表达思想之权利”，第2款同时规定“出版无须得到准许或经过检查”。1949年《德意志联邦共和国基本法》第5条规定：“人人有用口头、书面和绘画自由地表达和传播自己意见的权利。并有自由采访一般可允许报道的消息的权利。新闻出版、广播与电影报道的自由予以保护，不受检查。”也有个别国家宪法将出版自由与其他形式的表达自由分开，设专条加以规定，如《瑞士联邦宪法》(1874年公布)第55条规定：“出版自由应予保障。”据荷兰学者亨利·范·马尔赛文等统计，在目前实施的142国成文宪法中，规定了“表达自由”的有16部，占11.3%。①

出版自由也不是绝对的，为保障公共利益、善良风俗或他人合法权益，各国宪法均对这种自由加以某种形式的限制。如法国《人权宣言》第11条规定，各个公民都有言论、著述和出版自由，“但在法律所规定的情况下，应对滥用此项自由负担责任”。1947年《意大利共和国宪法》第21条第6款规定：“违反善良风俗之出版物、曲艺演出和各种游行运动，均予禁止。”1949年《德意志联邦共和国基本法》第18条规定：“如任何人滥用自由表达的权利，特别是出版自由、教育自由、集会自由、结社自由、通信、邮政、电讯秘密权、财产权和避难权，此种滥用法定权利与自由、民主的基本法令相抵触，即丧失上述各种基本权利。联邦宪法法院将宣布褫夺此类权利，并确定褫夺的范围。”

(四)集会、游行、示威自由

1. 集会、游行、示威自由的概念。

集会指众人聚集于公共场所，发表意见，表达共同意愿的活动；游行指众人在公共道路、露天公共场所列队行进，表达共同意愿的活动；示威指众人在露天公共场所或者公共道路上以集会、游行、静坐等方式，表达强烈的共同意愿并显示力量的活动。

集会、游行、示威三个概念的区别在于：(1)聚集的地点不同。集会地点泛指公共场所；游行、示威则仅限于公共道路、露天公共场所；(2)表达意愿的方式不同。集会一般是静态的；游行则采取列队行进的方式，示威则是为了表达反对意见而显示力量的活动，方式比较灵活；(3)共同意愿的强弱不同。一般而言，集会表达的共同意愿最弱，游行较强，而示威则非常强烈。

2. 集会、游行、示威自由的确认与保障。

集会、游行、示威自由是公民表达自由的延伸，还与公民的诉愿权、参与

---

① 参见[荷]亨利·范·马尔赛文等：《成文宪法：通过计算机进行的比较研究》，陈云生译，北京大学出版社2007年版，第129页。

权密切联系，所以，各国宪法大都对集会、游行、示威自由予以确认和保障。

但是，各国宪法一般都规定，公民的集会、游行、示威自由活动必须按照和平原则进行。如美国宪法第一修正案规定，国会不得制定剥夺人民和平集会和向政府请愿伸冤的权利的法律。《魏玛宪法》第123条第1款规定："德国人民不必报告官署及得特别许可，有和平及无武器集会之权。"1947年《意大利共和国宪法》第17条第1款规定："所有公民均有不携带武器和平地举行集会之权利。甚至在向公众开放的房屋内举行集会，亦无须事先通知当局。"《公民权利和政治权利国际公约》第21条规定："和平集会之权利，应予承认。除依法律之规定，且为民主社会维护国家安全或公共安宁、公共秩序、维持公共卫生或风化、保障他人权利自由所必要者外，不得限制此种权利之行使。"我国1989年10月制定的《中华人民共和国集会游行示威法》第5条规定："集会、游行、示威应当和平地进行，不得携带武器、管制刀具和爆炸物，不得使用暴力或者煽动使用暴力。"

3. 对集会、游行、示威自由的限制。

集会、游行、示威自由作为一种表达意愿的活动，外显为行为，有可能侵害公共秩序、公共利益，所以应当受到必要的限制。如《魏玛宪法》第123条第2款规定："露天集会，依据联邦法律，有报告官署之义务。其直接危害公共治安者，得禁止之。"1947年《意大利共和国宪法》第17条第2款规定："在公共场所举行集会时，须通知当局，而当局只有根据维护公共安全和预防社会不幸事件的充分理由，始得禁止集会。"《中华人民共和国集会游行示威法》规定，我国公民行使这些自由权利时必须遵守宪法和法律，不得反对宪法确立的基本原则，不得损害国家、社会、集体或其他公民的合法权益，并对公民集会、游行、示威的程序、行为、时间、地点等作了规定。

世界各国对集会、游行、示威自由的限制，有三种方式：（1）申报制，即在集会、游行、示威前向有关机关报告而无须经过批准；（2）批准制，即在集会、游行、示威前必须取得有关机关许可方能举行；（3）追惩制，即在集会、游行、示威前不受任何国家机关的干涉，只在集会、游行、示威中有违法行为时才依法予以惩罚。

（五）结社自由

1. 结社自由的概念与分类。

结社自由是指公民为了一定的宗旨，依照法律规定的手续，组织成立某种持续的社会团体的自由。结社自由，一方面意味着公民有组织、加入某种社团并进行自主管理的自由，该种自由不受非法干涉，社团非依法律规定不被取缔；另一方面，结社自由意味着公民也有不加入某种社团的自由，或者脱离社团的自由。

结社可以分为营利性结社与非营利性结社。前者以商业性公司为代表,以营利为目的,多受民商法规范;后者又可分为政治性结社(如政党)、学术性结社(各类学会)、行业性结社(工会、商会)等。

2. 结社自由的确认与限制。

在民主国家里,公民虽然是独立的、自由的,而且享有诸多的公民权利,但是,由于每个公民都是分散的个体,当他们面对以国家暴力为后盾的国家权力时,公民权利是软弱无力的。而公民一旦结成一种社团,公民权利就变成了有组织的力量,能够与国家权力相抗衡,从而确保公民权利免遭国家权力的侵害。因此,结社自由对于公民而言是至关重要的一项权利,各国宪法大都对这项权利予以确认和保障。如《魏玛宪法》第124条第1款规定:"德国人民,其目的若不违背刑法,有组织社团及法团之权。此项权利不得以预防方法限制之";第3款规定:"社团得依据民法规定,获得权利能力。此项权利能力之获得,不能因该社团为求达其政治上、社会上、宗教上目的而拒绝之";《世界人权宣言》第20条规定:"人人有和平集会结社自由之权。任何人不容强使隶属于某一团体";《公民权利和政治权利国际公约》第22条第1款规定:"人人有自由结社之权利,包括为保障其本身利益而组织及加入工会之权利"。①

同时,结社自由也不是绝对的,它要受到法律的限制。《瑞士联邦宪法》(1874年公布)第56条规定:"公民有结社的权利,但其目的及其行使的方法不得对于国家有违法或危害的事,各州得以法律规定必要的措施,以防止滥用此项权利";1947年《意大利共和国宪法》第18条规定:"所有公民均有不经许可而自由结合之权利,但其所追求的目的应以未为刑事法律所禁止者为限。秘密团体及借助军事性组织间接追求政治目的之团体,得禁止之";《公民权利和政治权利国际公约》第22条第2款规定:"除依法律之规定,且为民主社会维护国家安全或公共安宁、公共秩序、维护公共卫生或风化,或保障他人权利自由所必要者外,不得限制公民的结社自由。"

第四节　政治权利自由

简而言之,政治权利自由是指公民参与国家政治生活(或曰参与公共决

---

① 世界各国宪法有的单独规定结社自由,有的把结社自由与集会、游行、示威等自由并列起来进行规定。据荷兰学者亨利·范·马尔赛文等统计,在目前实施的142国成文宪法中,单独规定结社自由的有10部,占7%;如果将关于结社自由与集会、游行、示威等自由的条款综合计算,则有109部,占76.8%。参见[荷]亨利·范·马尔赛文等:《成文宪法:通过计算机进行的比较研究》,陈云生译,北京大学出版社2007年版,第131页。

策)的权利。《公民权利和政治权利国际公约》以及各国宪法所确认的政治权利种类繁多,称谓也不尽相同。本节只对创制与复决权、选举权、罢免权、担任公职权、请愿权作简要介绍。

一、创制与复决权

孙中山先生将创制、复决权称为“直接民权”,认为政治权力包括政权和治权,人民享有的选举、罢免、创制、复决四权是政权,即直接民权,是管理政府的力量;政府的立法、行政、司法、考试、监察等权力是治权,是政府自身的力量。他认为,人民只有享有了四个方面的直接民权,才能直接管理国家的政治,才能称得上是国家的主人。[①] 我国著名宪法学家王世杰、钱端升则称之为公民的“直接立法权”。[②] 按照人民主权原则,“凡任何政府,必须有一个最高的权力,能说最后的一句话,其所决断的事,就是最终的判断,不能再上诉。在民治国内,此项权力应属诸人民,惟独人民才能终止一切的争端。”[③]可见,创制权与复决权是人民主权原则的具体表现,是公民的一项重要的政治权利。

(一)创制权概述

创制权指公民直接提出议案,从而参与立法或促使立法机关制定、修改法律的权利。宪法赋予公民以创制权,在于防止立法机关的专制。瑞士、美国各州宪法都赋予公民创制权。第一次世界大战以后,德国、奥地利、中国国民政府等也曾经仿效这一做法,如 1947 年《中华民国宪法》第 17 条规定:“人民有选举、罢免、创制及复决之权”。

从各国宪法的规定来看,创制权可分为“制宪创制权”与“立法创制权”。[④]所谓制宪创制权是指宪法赋予公民若干人提出宪法修正案并要求进行公民表决的权利,如《瑞士联邦宪法》(1874 年公布)第 121 条规定:“宪法部分的修改,得依人民的创议或按联邦法律规定的方式进行”。所谓立法创制权是指公民(若干人)对于普通立法问题提出建议案并要求进行公民表决的权利。瑞士各邦(佛拉堡除外)既确认公民有制宪创制权,又确认公民有立法创制权。美国各州普遍确认公民的立法创制权,而不赋予公民以制宪创制权。

(二)复决权概述

复决权是公民对于立法机关的立法进行投票表决以决定其存废的权

---

① 参见孙中山:《民权主义第六讲》,《孙中山选集》,人民出版社 1981 年版,第 792 ~794 页。

② 参见王世杰、钱端升:《比较宪法》,商务印书馆 1999 年版,第 203 页。

③ [英]詹姆斯·蒲莱士:《现代民治政体》,张慰慈等译,吉林人民出版社 2001 年版,第 397 页。

④ 参见王世杰、钱端升:《比较宪法》,商务印书馆 1999 年版,第 210 页。

利。复决权,最初发端于18世纪美法资产阶级革命的时期。当时的资产阶级革命派受卢梭的社会契约理论影响,认为宪法即为一种社会契约,因而主张一切宪法须经人民批准。1792年法国资产阶级革命派所组织的“国民议会”曾宣布,凡未经人民批准的宪法,不得视为宪法。随后,雅各宾党人主持起草的1793年法国宪法即交付全民公决并获通过。从19世纪开始,瑞士各邦陆续赋予公民以复决权。但是,二次世界大战之前,赋予公民以复决权的只有瑞士各邦及美国各州。二战以后,新出现的欧洲各国纷纷仿效这一做法,其中以德国、奥地利最为典型。根据不同的标准,可以将复决权分为不同的类型:①

1. 以复决的对象为标准,分为制宪复决权与立法复决权。

制宪复决权指公民对制宪机关所通过的宪法案或宪法修正案进行复决的权利。《瑞士联邦宪法》(1874年公布)第120条规定:“如参众两院中的一院提出修改联邦宪法的全部,而其他一院不予同意或者经有表决权的瑞士公民五万人声请修改联邦宪法的全部,则在此两种情形之下,其应修改与否,须交付瑞士人民公决。”立法复决权,指公民对于立法机关所通过的法律案进行复决的权利。如《瑞士联邦宪法》(1874年公布)第89条第1款规定:“……联邦法律以及具有一般约束力的命令必须经三万公民的投票或八个州的要求,由人民表决,或采用,或否决。”瑞士、德国、奥地利等国宪法既赋予公民以制宪复决权,也赋予公民以立法复决权。总的来看,世界各国宪法,赋予公民以制宪复决权的较之赋予公民以立法复决权者要多。

2. 以复决权的必要性为标准,分为强制性复决权与非强制性复决权。

按照宪法规定,宪法案或法律案必须经过公民复决才能成立,这种复决权即为强制性复决权。如1946年《日本国宪法》第96条规定:“本宪法的修改,必须经各议院全体议员三分之二以上赞成,由国会创议,向国民提出,并得其承认……”;1947年《中华民国宪法》第174条规定:“……宪法修正案,提请国民大会复决”;1949年《德意志联邦共和国基本法》第29条第3款规定:“法律草案通过后,规定更改州隶属的那些地区的有关法案部分,应交由该地区的国民进行复决。”按照宪法的规定,宪法案或法律案只有应公民或其他机关的要求才可交付复决并生效,这种复决权即为非强制性复决权。如《瑞士联邦宪法》(1874年公布)第89条第1款规定:“……联邦法律以及具有一般约束力的命令必须经三万公民的投票或八个州的要求,由人民表决,或采用,或否决”;1949年《德意志联邦共和国基本法》第29条第2款规

① 关于复决权的类型划分,参见王世杰、钱端升:《比较宪法》,商务印书馆1999年版,第204、205页。

定:“1945 年 5 月 8 日以后各州改组中,凡未经国民表决而更改了州隶属的那些地区,可于基本法生效后的一年内根据国民的要求,对于隶属的决定进行某种修改……”。

(三)公民行使创制与复决权的利弊。

赋予公民以创制与复决权,具有以下积极意义:(1)由公民直接制定法律,法律最能体现人民的真正意愿,故创制与复决权最能体现人民主权原则;(2)公民的创制权可以弥补立法机关之立法的偏颇或缺漏,防止立法机关的专断与失职;(3)增加公民的参政机会,提高公民的参政议政水平。

公民行使创制与复决权也存在一些弊端:(1)公民(人民)直接创制法律,可能因为缺乏专门知识而难以胜任;(2)公民行使创制、复决权,于小国寡民自无问题,但对于泱泱大国实无可能,故有违代议制初衷;(3)公民行使创制与复决权,是直接民主的重要形式,往往将多数人的意志强加给少数人,形成多数人的暴政;(4)公民行使创制与复决权,往往被少数精英人物所利用,走向民主的反面。

我们认为,民主是一个政治训练的过程,不能以结果否定过程。在缺乏民主传统的国家,宜确认公民的创制、复决权,以逐步培养公民的民主意识和政治觉悟。那种借口公民文化素质低、不会行使民主权利而剥夺公民民主权利的论调,其实是为专制辩护的托辞。

二、选举权

(一)选举权的含义及其主体

选举权是指公民依据宪法的规定,选择国家代表机关的代表或国家公职人员的权利。我国大陆学者编写的宪法学教科书一般是以我国现行宪法为基本参照,我国现行宪法第 34 条规定:“中华人民共和国年满十八周岁的公民,不分民族、种族、性别、职业、家庭出身、宗教信仰、教育程度、财产状况、居住期限,都有选举权和被选举权;但是依照法律被剥夺政治权利的人除外。”在这里,便引申出一个非常中国化的论题:选举权(与被选举权)的享有主体到底应为“人民”,还是应为“公民”?

一种观点认为,根据我国现行宪法第 34 条的规定,并非所有公民都能实际享有选举权,按照毛泽东关于人民民主专政问题的论述,敌人不得与人民分享政治权利,因此,选举权(与被选举权)的享有主体应该是人民。[①] 依照我国现行宪法第 34 条的规定,一部分公民之所以被剥夺选举权,是因为该部分公民首先拥有选举权,否则即无法予以剥夺。主权在民原则中的“民”被

① 参见魏定仁、甘超英、付思明:《宪法学》,北京大学出版社 2001 年版,第 253 页。

表述为“人民”时，其在外延上仍然是指一国公民的整体，所以选举权的主体应当是公民。

（二）选举权的特征

《公民和政治权利国际公约》第25条规定，公民无论其种族、肤色、性别、语言、宗教、政见或其他主张、民族本源或社会阶级、财产、出生或其他身份等等，均有权利及机会“直接或经自由选择之代表参与政事；在真正、定期之选举中投票及被选。选举权必须普及而平等，选举应以无记名投票法行之，以保证选民意志之自由表现；以一般平等之条件，服本国公职”。这一规定是对各国宪法所规定的选举权基本特征的概括和总结，得到了世界各文明国家的一致认可。据此，可以将选举权的特征归纳为：

1. 普遍性。

选举权的普遍性是指一国的成年公民，只要心智健全，一律享有法定的选举权。从世界各国宪法发展史来看，选举权经历了一个从“受限制的选举权”到“普遍的选举权”的发展过程。

资产阶级启蒙思想家最早提出了“主权在民”口号，《独立宣言》和《人权宣言》都肯定了“平等”原则，但在选举方面，资产阶级的近代宪法最初规定的却是“受限制的选举权”，对于选举权的取得规定了民族、种族、性别、财产状况、教育程度、住所、居住期限等等诸多条件，而且要求的年龄条件也很高。以英国为例，英国于1688年“光荣革命”后建立起选举制度，但规定了极高的财产资格和教育程度限制，而且还规定了居住期限和性别等限制，享有选举权的只是占总人口极少的大资产阶级和大地主。据统计，在18世纪中叶，在英国的700万成年人中，享有选举权的只有15万，占2.14%。1832年颁布了《选举改革法》，降低了财产资格限制，扩大了选民范围；1837年通过了新的《选举改革法》，放宽了农民的选举资格，使选民由135万扩大到225万；1884年英国议会通过法律，赋予城市工人以选举权；1918年通过的《人民代表选举法》规定，年满21岁的男子在1个选区住满6个月都有选举权；1928年的《国民参政（男女平等）法》首次赋予妇女以选举权。此后，英国议会相继于1939年、1944年、1945年、1948年、1949年和1969年对选举法进行修改，逐步确立了年满18岁的公民皆享有选举权的普选制。在美国，由于选举法由各州自行制定，对选举权的限制条件也是五花八门，主要包括民族、种族、性别、财产状况、教育程度、居住期限等项。美国建国之初，黑人、印第安人、穷人的选举权都受到很大限制，而妇女则不享有选举权，享有选举权的人仅占全国成年人口的4%。1868年的美国宪法第14修正案规定年满21岁的男子（包括黑人男子）享有选举权；1920年通过第19修正案赋予妇女以选举权；1964年的第24修正案取消了税收对选举权的限制，使印第安人获得选举权;1971 年的第 26 修正案把选举年龄降低到 18 岁,正式确立了年满 18 岁公民的普选制。

尽管选举制度是资产阶级的创造,但首先规定普选制的却是 1918 年苏俄宪法,该法第 64 条规定:"凡俄罗斯社会主义联邦苏维埃共和国的男女公民不问其信仰、民族、居住情况等等情况如何,凡在选举日前已年满 18 岁者,均享有各级苏维埃的选举权与被选举权。"此后,18 岁公民的普选制被其他社会主义国家宪法所仿效。

二战以后,普选制在资本主义国家得到普遍推广,如 1946 年《日本国宪法》第 15 条第 3 款规定:"公务员的选举,是保障成年者的普遍选举";第 44 条规定:"两议院的议员及其选举人的资格,以法律规定之。但不得因人种、信仰、性别、社会身份、门第、教育、财产或收入不同而有所差别";1947 年《意大利共和国宪法》第 48 条规定:"凡已经成年之男女公民均为选民。……除非没有民事能力或根据终审刑事判决或在法律已指出的丧失道德的情况下,不得对选举权实行限制";1949 年《德意志联邦共和国基本法》第 38 条规定:"年满 18 岁者有选举权……"。据学者统计,在世界各国的现行宪法中,规定了普选制的占 47.2%。[①]

但是,无论是发达的资本主义国家,还是不发达资本主义国家,都还没有实行彻底的普选制,都对公民的选举权规定了某些方面的限制。社会主义国家宪法也莫不如此。这些限制包括:[②](1)公民资格。普选制要求,只要是本国公民即可享有选举权,但有的国家宪法对选民资格还规定了特殊要求。例如 1962 年摩纳哥宪法规定,取得选举权的条件之一是必须具有 5 年以上的摩纳哥国籍;1978 年泰国宪法规定,虽然具有泰国国籍,但如果其父母为外国侨民,还必须具有下院议员被选权者才享有选举权;而下院议员被选权的资格除需具备一般选民资格外,还必须具备其他一些资格,如必须年满 25 岁(一般选民为满 20 岁),属于某一选派的政党成员,非吸毒成瘾者,不是尚未还清债务的破产者或因犯罪被判处两年以上监禁释放未满 5 年者,等等。(2)年龄资格。一般国家的宪法规定,公民只要年满 18 岁即可享有选举权,但有些国家的宪法和法律要求较高,如奥地利是满 19 岁,泰国、日本、瑞士是满 20 岁;土耳其、希腊、马来西亚、黎巴嫩、冰岛、比利时、芬兰、马尔代夫、塞浦路斯是满 21 岁,意大利参议员选举权的年龄资格是年满 25 岁。(3)财产资格。大多数国家的宪法都已取消了对选举权的财产资格限制,但仍有少数国家宪法保留了这种限制,如 1944 年冰岛宪法规定,无经济责任能

---

① 参见[荷]亨利·范·马尔赛文等:《成文宪法:通过计算机进行的比较研究》,陈云生译,北京大学出版社 2007 年版,第 113 页。

② 参见李步云主编:《宪法比较研究》,法律出版社 1998 年版,第 646 ~ 648 页。

力者无选举权;1953 年丹麦宪法规定,依济贫法接受救济的人,要剥夺其选举权,剥夺的具体情形由法律规定。(4)性别。世界上绝大多数国家宪法都规定了选举权的男女平等原则,但也有例外,如尼加拉瓜和哥斯达黎加男子享有选举权的年龄为满 18 岁,而妇女则须满 21 岁;萨尔瓦多男子享有选举权的年龄为 18 岁,而妇女则须满 25 岁,未婚妇女须满 30 岁;科威特妇女则无选举权。(5)居住期限。目前在资本主义国家中,有这种资格要求的还比较多,其中有的要求在本选区内居住一定期限,有的要求在国内居住一定期限,有的要求须有固定住所或永久性住所。例如新西兰、瑞士和日本都要求选民在选举日前连续在本选区内住满 3 个月;马耳他宪法要求,选民在登记前的 18 个月内,必须在本国内连续居住 6 个月;菲律宾宪法规定,选举日前须在国内居住 1 年,其中在本选区内住满 6 个月;丹麦宪法要求必须在国内有永久性住所;英国、德国和奥地利则要求选民必须有固定住所。(6)受教育状况。在哥伦比亚和巴西,选民必须具备识字能力;在危地马拉,妇女获得选举权的必备条件之一是识字;泰国宪法规定,无写读能力的聋哑人禁止参加投票;科威特宪法规定,无写读能力的人均无选举权。(7)职业(身份)。土耳其宪法规定,现役军人中的列兵、下士和军校学员无选举权;泰国宪法规定,修女、牧师和僧侣不得享有选举权;科威特和秘鲁宪法规定,现役军人和警察无选举权。

2. 平等性。

选举权的平等性也称为“平等选举制”,是指每个选民在同一次选举中只有一个投票权,每票的价值是相等的,简言之就是“一人一票,一票一价”。与“平等选举制”相对的是“复数选举制”,即在同一次选举中,不同选民的投票权数量是不同的,而且所投选票的价值也有区别。在“复数选举制”下,普通选民在同一次选举中只有一个投票权,特殊选民则有两个以上的投票权,而且特殊选民的选票在效力上也高于普通选民的选票。

资产阶级思想家最早倡导“法律面前人人平等”原则,但在选举问题上,许多资本主义国家一度长期实行复数选举制。如英国 1918 年制定的《国民参政法》确立的即是以财产、受教育状况为基础的“复数选举制”。《国民参政法》规定,具有住所和其他不动产是公民取得选举权的独立条件。如果某个选民在若干个选区拥有住宅、土地、企业和其他不动产,那么,这个选民在同一次选举中就可以分别在若干个选区各投 1 票;该法还规定,各个大学可以单独成为独立的选区(称为“大学选区”),凡是在某大学取得过某种学位、担任过某种职务或取得过其他资格的选民,在同一次选举中除了可以在各自所处的地域选区内投票外,还可以在“大学选区”内投票,这样就产生了在同一次选举中享有数个投票权的特殊选民。在英国历史上,曾经有个别特殊选民在一次选举中拥有几个至几十个投票权,最多的竟有80个投票权。再如,1893年比利时宪法修正案规定,年满25岁的男子,在某个选区居住1年以上,均有1个投票权;年满25岁的选民,有价值2000佛郎以上的不动产,或者有年利在100佛郎以上的公债或储金,享有2个投票权;年满35岁的选民,有子女,每年纳税5佛郎,也享有2个投票权;年满25岁的选民,已经大学毕业或者取得同等学历证明书,享有3个投票权。①

在资本主义国家宪法上,选举权经历了一个从"复数选举制"向"平等选举制"的发展过程,而第一部社会主义国家宪法,1918年苏俄宪法即确立了"平等选举制",并为其他社会主义国家的宪法所仿效。二战以后,世界上相当多数的国家都在宪法上规定了平等选举制。此外,还有若干国家在单行的选举法中规定了"平等选举制"。总之,"平等选举制"在目前世界上已经相当普及。

3. 秘密性。

选举权的秘密性,是指选民在投票时不向外界表明自己的姓名和选举意向。与秘密选举相对的是公开选举,意谓选民在投票时以欢呼、举手、唱名等方式向外界表明自己的姓名或选举意向。较之公开选举而言,秘密选举更有利于选民自由地表达自己的意愿。

秘密选举是从公开选举演变和发展而来的。18世纪末期之前,普遍采用的是公开选举制。1789年1月,法国首先采用口头与书面投票并用的选举制度。同年12月,法国又颁布选举法,确立了书面投票制度。19世纪30年代,英国爆发"宪章运动",英国工人于1836年提出的《人民宪章》内容之一是要求实行秘密投票制度。1856年11月,澳大利亚的新南威士议会通过宪法,正式确立了"无记名投票"制度,由选举工作机关事先制定统一格式的选票,印上被选举人的姓名,选举时选民领取选票进入密室,在自己意欲选举的人的姓名处划一记号,然后亲自将选票投入票箱。1872年,英国制定《投票法》,也确认了这一制度。此后,秘密选举制在世界范围内逐步得到推广,如今已成为各国宪法和选举法所普遍承认的一项民主原则。据学者统计,在世界各国142部现行宪法中,单独规定了秘密选举的有52部,占36.6%,同时规定自由选举与秘密选举的22部,占15.5%。②

4. 自由性。

选举权的自由性是指选民完全根据自己的意愿行使选举权,自主地决定是否参加选举以及是否选择被选举人。与自由选举相对的是强制选举,

① 参见李步云主编:《宪法比较研究》,法律出版社1998年版,第649页。

② 参见[荷]亨利·范·马尔赛文等:《成文宪法:通过计算机进行的比较研究》,陈云生译,北京大学出版社2007年版,第113页。

意谓选民必须依法参加选举活动,不得任意放弃选举"义务",否则即受到法律制裁。

自由选举制度的本意在于尊重民意,保障选举权的民主性。早在1689年,英国《权利法案》第8条就明确规定:"国会议员之选举应是自由的。"进入近现代社会,世界上多数国家都实行自由选举原则。土耳其宪法规定,选举和公民投票,应依照自由、平等、秘密、直接、普遍投票和公开计票的原则;1946年《日本国宪法》第15条第4款规定:"在一切选举中,投票秘密不得侵犯";1947年《意大利共和国宪法》第48条第2款规定:"投票方式是个人的、平等的、自由的和秘密的";1949年《德意志联邦共和国基本法》第38条第1款规定:"德意志联邦议院的议员由普遍、直接、自由、平等和秘密的选举产生";瑞典议会法规定,瑞典议会通过自由、直接、秘密投票方式选举产生。据统计,在世界各国142部现行宪法中,单独规定了自由选举的有6部,占4.2%,同时规定自由选举与秘密选举的22部,占15.5%。①

但是,有些国家仍然实行强制选举制。例如奥地利宪法规定,国民议会选举实行人人必须参加的义务投票制,参加总统选举投票是强制性的;1947年《意大利共和国宪法》第48条第3款规定:"实行投票是公民的天职";新西兰宪法规定,凡选民必须参加选民登记,凡登记选民必须参加选举,否则要分别情况给予罚金或其他处罚;澳大利亚也是实行强制选举制的国家。

三、罢免权

(一)罢免权的含义及其确认

罢免权是选举权的延伸,指选民依法撤换自己选举产生的国家代表机关的代表或国家公职人员的权利。

罢免权起源于1852年的瑞士。在第二次世界大战之前,罢免权仅行于瑞士各邦、美国各州和德国各邦。如瑞士实行选民就议会的全体议员进行罢免的制度,全国选民满若干人时,对于全体议员得要求全国选民投票解散,并举行新议会的选举。1903年美国洛杉矶市宪章首先规定了罢免权条款,至1912年,美国实行罢免制度的州有12个,市有1200多个。美国各州(市)实行的罢免是对议员个人的罢免,即当一个选区中的选民满若干人时,对于其本区的议员,得要求本区选民全体投票,以罢免其职务,而另选他人补充。第一次世界大战后,美国各州普遍实行罢免制。再如德国,二战之前

① 参见[荷]亨利·范·马尔赛文等:《成文宪法:通过计算机进行的比较研究》,陈云生译,北京大学出版社2007年版,第113页。

有11个邦实行对本邦全体议员实行罢免的制度,有9个邦宪法规定公民可以对市议会行使罢免权。公民的罢免权除了适用于议员外,还适用于民选的行政官吏,如《魏玛宪法》第43条提到了对于大总统的"罢免"问题。

第二次世界大战之后,公民的罢免权在社会主义国家宪法中得到比较普遍的确认。1972年《匈牙利人民共和国宪法》第73条第2款规定:"国民议会议员和地方议会议员的选举与罢免由特别法律规定之。"1972年《朝鲜民主主义人民共和国社会主义宪法》规定,最高人民会议和地方人民会议都有权选举和罢免议员、行政官员、司法官员。1974年《南斯拉夫社会主义联邦共和国宪法》第95条第3款规定:"当选或被任命担任自治职务、公共职务或其他社会职务的任何人……,可以被罢免或撤换";第124条规定:"代表团和代表团的每一个成员以及参加议会的代表,都可以罢免"。1975年《罗马尼亚社会主义共和国宪法》第25条第5款规定:"选举人有权按照法律规定的程序随时罢免他们的代表。"1977年《苏维埃社会主义共和国联盟宪法(根本法)》第107条第2款规定:"辜负选民信任的代表,根据多数选民的决定,依照法律规定的程序可以随时召回。"我国现行宪法第77条规定:"全国人民代表大会代表受原选举单位的监督。原选举单位有权依照法律规定的程序罢免本单位选出的代表";第102条第2款规定:"地方各级人民代表大会代表的选举单位和选民有权依照法律规定的程序罢免由他们选出的代表。"

(二)公民行使罢免权之利弊

赋予公民以罢免权,具有以下作用与优点:(1)可以使公民制约当选者,对当选者的违法或不当行为进行补救;(2)罢免权是一种"备而不用"的权力(利),其作用是潜在的,可以增强当选者的责任感;(3)罢免权与选举权密不可分,二者都是人民主权的体现。

公民罢免权的行使也会导致某些弊端:(1)不利于发挥人民代表及其他公职人员的开拓创新精神;(2)公民的罢免权往往被各种政治势力所利用,造成罢免权的滥用和政局的不稳定;(3)容易导致对国家长远建设规划的破坏,诱使公务人员迁就民意,采取短期行为。所以,有个别国家宪法明确禁止对公务人员的罢免,如1949年《德意志联邦共和国基本法》第38条第1款规定,联邦议院的议员"是全体人民的代表,不受选民的委托和指示的约束,只凭他们自己的良心行事";第48条第2款规定:"当选议员和行使议员职责,任何人不得阻挡。因此,任何罢免或撤销都是不许可的"。

我们认为,在公民素质较高的国家中,由于有其他方式监督国家权力的正当行使,故罢免权并非十分必要。但在缺乏民主传统、公务人员守法素质较低的国家中,罢免权的确认就是必不可少的。至于罢免权的行使可能带来的负面影响，可以通过程序法予以控制，以杜绝对罢免权的滥用，但绝不可因噎废食。

四、担任公职权

（一）担任公职权的含义

担任公职权是指公民享有的依法担任国家机关及其他公共职务的权利。担任公职权对于每个公民而言，仅仅意味着公民具有担任某种公共职务的机会。由于公务职数是有限的，要求国家为每个公民都提供担任公职的机会是不可能的，因此，担任公职权亦可称为"担任公职的机会"。

担任公职权与工作权都包含着公民享有从事某项事务或者某一工作的机会和权利，但二者有着明显的区别：(1)从二者的类别上看，担任公职权属于《公民权利和政治权利国际公约》所确认的政治权利范畴，工作权属于《经济、社会和文化权利国际公约》所确认的经济社会权利范畴；(2)从二者所对应的国家义务来看，担任公职权蕴涵的国家义务是，国家为公民提供担任公职机会时，不得因种族、肤色、性别、语言、宗教、政见或其他主张、民族本源或社会阶级、财产、出生或其他身份而给予公民以歧视或优待；工作权蕴涵的国家义务是，国家应当为公民提供技术和职业指导及训练方案，以便在保障个人基本政治与经济自由的条件下，达成经济、社会及文化的稳步发展以及充分之生产性就业。①

（二）担任公职权的确认

担任公职权关系到公民能否通过亲身参与国家事务和公共事务的管理来实现和维护自己的合法权益问题。从一定意义上说，选择最优秀的公民担任国家公职，也关涉公共利益和国家利益，是国家民主建设中需要解决的一个重要问题。因此，许多国家的宪法都明确规定公民有担任公职的权利。《魏玛宪法》第128条规定："市民，不分差别，均得依法规定，按其才能及其劳绩，准予充任官吏。反对女子服官之例外规定，应完全废止。"1931年西班牙宪法第37条规定："国家得强制人民担任公职。"1947年《意大利共和国宪法》第51条规定："所有公民，不分男女，均可在平等的条件下，根据法定之要求在公共机关中任职以及担任选举职务。"1987年《大韩民国宪法》第25条规定："任何国民依照法律规定有公务担任权。"1993年《俄罗斯联邦宪法》第32条第4款规定："俄罗斯联邦公民有进入国家机关的平等机遇。"

---

① 参见柳砚涛：《论公职权》，载杨海坤主编：《宪法基本权利新论》，北京大学出版社2004年版，第177页。

此外，某些国际人权公约也规定了公民担任公职的权利，如《世界人权宣言》第21条规定："人人有权直接或以自由选举之代表参加其本国政府。人人有以平等机会参加其本国公务之权。"《公民权利和政治权利国际公约》第25条规定：每个公民均应有权"直接或经自由选择之代表参与政事……以一般平等之条件，服本国公职。"《美洲人权公约》第23条规定："在普遍平等的条件下，每个公民均有机会担任国家公职。"

(三) 对担任公职权的限制

公民担任公职机会的平等，并不排除法律或者有权机关或单位可以依法对某些公共职位设定必要的资格限制。从世界各国宪法的规定来看，对担任公职权的限制通常有：(1)年龄、公民资格与居住状况。许多国家的宪法都对特定职位提出年龄、居住期限等方面的资格要求，如美国宪法第1条第2款规定："凡不满二十五岁，成为合众国公民不满七年，当选时不是选举他的州的居民者，不得担任众议员。"1973年《菲律宾共和国宪法》第7条第3款规定："任何人非在当选总统之日年满五十岁，并在选举前一直是菲律宾居民已满十年者，不得当选为总统。"(2)健康状况。担任国家公职，必须身体健康，心智健全。(3)文化学识。如《魏玛宪法》第144条规定"……学校之监督，应由以教育为主要职业及有专门学识之官吏担任之。"(4)遵守本国法律。

第五节 获得救济权

本节结合《公民权利和政治权利国际公约》以及一些国家宪法的规定，简要介绍两项救济权。

一、请愿权

(一) 请愿权的含义

请愿权是指公民为了维护自身权益或为维护集体利益、公共利益而要求国家机关为一定行为或不为一定行为的权利。这一概念与诉愿权往往容易混淆。诉愿权是公民因违法或不当的具体行政行为侵犯了自己的合法权益而要求行政机关予以审查并给予救济的权利。请愿权与诉愿权都是公民维护自己权益的重要手段，都是公民的宪法权利，但二者也有某些区别：(1)主体不同。诉愿必须由受害人本人或其代理人提出，请愿则不受此限制；(2)对象不同。诉愿只能针对具体行政行为及其所依据的规范性文件提出，请愿既可以针对政府的某项具体行政行为或抽象行政行为，还可以针对国家的内政外交等诸多公共事务;(3)主管机关不同。诉愿只能向行政机关提出,请愿则既可以向行政机关、立法机关提出,也可以向司法机关提出。[①]

鉴于许多国家的宪法对请愿权作了明确规定,而对诉愿权称谓不一,甚至将诉愿权的内容涵括于请愿权之中,所以我们只对请愿权作一简要介绍。

(二)请愿权的确认[②]

请愿权源于英国,1215 年的《大宪章》第 61 条规定:"如余等[③]……在任何方面干犯任何人之权利,或破坏任何和平条款而为上述二十五男爵中之四人发觉时,此四人可……指出余等之错误,要求余等立即设法改正。自错误指出之四十日内,如余等……不改正此项错误……此二十五男爵即可联合全国人民,共同使用其权力,以一切方法向余等施以抑制和压力,诸如夺取余等之城堡、土地与财产等等,务使此项错误终能依照彼等之意见改正而后已……"。英国《权利法案》第 5 条进一步明确规定:"向国王请愿乃臣民之权利,一切对此项请愿之判罪或控告,皆为非法。"在这里,"请愿"作为一项公民权利得到了明确的肯定。美国宪法第一修正案禁止国会制定"剥夺人民……向政府请愿伸冤的权利"的法律,将"向政府请愿伸冤的权利"确立为公民的一项绝对权。《瑞士联邦宪法》(1874 年公布)第 57 条也宣称"请愿权受到保障"。《魏玛宪法》第 126 条规定:"德国人民有以书面向主管官署或议会请愿或控告之权利。此权利得由一人或多人行使之。"二战以后,各国对公民的请愿权更加重视,不仅在宪法中规定公民的请愿权,而且有的国家还制定单行的《请愿法》。如 1947 年《意大利共和国宪法》第 50 条规定:"为了要求采取某些立法措施或表明某些共同需要,每个公民均可向两院呈递请愿书";危地马拉宪法第 28 条规定:"危地马拉共和国居民有权个别或集体地向当局递交请愿书,当局必须依法予以办理和解决。在行政上解决请愿并把决定通知出去的期限不得超过 30 天";1946 年《日本国宪法》第 16 条规定:"任何人对于损害的救济,公务员的罢免,法律、命令以及规章的制定、修改或废除,都有和平请愿的权利,任何人不因进行此种请愿而受到不同待遇。"1947 年,日本颁布《请愿法》,对公民请愿的方式和处理程序

---

① 参见章志远:《论请愿权》,载杨海坤主编:《宪法基本权利新论》,北京大学出版社 2004 年版,第 195 ~ 196 页。

② 本部分资料来源,除注明出处者外,参见章志远:《论请愿权》,载杨海坤主编:《宪法基本权利新论》,北京大学出版社 2004 年版,第 198 ~ 200 页。

③ 《自由大宪章》共63 条,系英王约翰于1215 年6 月15 日在兰尼米德原野以第一人称发布的誓词,故"余等"系英王约翰自称。

等事项作了专门的规定。此外,日本的国会法、参众议院规则、地方自治法、地方议会规则等单行法律也对公民请愿权的实现作了全方位的规定。1949年《德意志联邦共和国基本法》第17条规定:"任何人均有权单独或联名用书面向有关负责当局及议员请愿或提出抗议。"1991年5月,该条的修正案进一步规定,任何人除有权利提出请愿外,还有权要求受理机关做出附有理由的回答。另外,德国还制定了关于联邦议会请愿委员会处理请愿事项的权限及其原则的单行法律,对请愿事项的处理程序作了更为详细的规定。据统计,世界各国现行的142部成文宪法中,明确规定请愿权的有69部,占48.6%;另有6部规定公民有请求人身保护的权利,占4.2%。①

值得一提的是,20世纪90年代初,东欧社会主义国家发生剧变、苏联解体之后,这些国家的新宪法也纷纷将请愿权作为一项公民权加以规定。例如,1991年罗马尼亚宪法第47条规定:"公民有权向官方机构递交署名的请愿书;合法成立的组织有权仅以其集体的名义递交请愿书;行使请愿者免税;官方机构必须按照法律规定的期限和条件,对请愿做出答复";1993年《俄罗斯联邦宪法》第33条规定:"俄罗斯联邦公民有亲自诉诸于国家机关和地方自治机关以及向这些机关发出个人的和集体的呼吁的权利。"

(三)请愿权的限制

公民行使请愿权,必须用"书面"方式,或用"和平"方式,或者提出"请愿书",这就明确地禁止公民在行使请愿权时使用暴力。如1946年《日本国宪法》第16条规定:"任何人对于损害的救济,公务员的罢免,法律、命令以及规章的制定、修改或废除,都有和平请愿的权利";1949年《德意志联邦共和国基本法》第17条就规定:"任何人均有权单独或联名用书面向有关负责当局及议员请愿或提出抗议"。

二、获得公正审判权

(一)获得公正审判权的含义与性质

《公民权利和政治权利国际公约》第14条规定:

> 一、所有的人在法庭和裁判所前一律平等。在判定对任何人提出的任何刑事指控或确定他在一件诉讼案中的权利和义务时,人人有资格由一个依法设立的合格的、独立的和无偏倚的法庭进行公正的和公开的审讯。由于民主社会中的道德的、公共秩序的或国家安全的理由,或当诉讼当事人的

---

① 参见[荷]亨利·范·马尔赛文等:《成文宪法:通过计算机进行的比较研究》,陈云生译,北京大学出版社2007年版,第130、131页。

私生活的利益有此需要时,或在特殊情况下法庭认为公开审判会损害司法利益因而严格需要的限度下,可不使记者和公众出席全部或部分审判;但对刑事案件或法律诉讼的任何判决应公开宣布,除非少年的利益另有要求或者诉讼系有关儿童监护权的婚姻争端。

二、凡受刑事控告者,在未依法证实有罪之前,应有权被视为无罪。

三、在判定对他提出的任何刑事指控时,人人完全平等地有资格享受以下的最低限度的保证:

(甲)迅速以一种他懂得的语言详细地告知对他提出的指控的性质和原因;

(乙)有相当时间和便利准备他的辩护并与他自己选择的律师联络;

(丙)受审时间不被无故拖延;

(丁)出席受审并亲自替自己辩护或经由他自己所选择的法律援助进行辩护;如果他没有法律援助,要通知他享有这种权利;在司法利益有此需要的案件中,为他指定法律援助,而在他没有足够能力偿付法律援助的案件中,不要他自己付费;

(戊)讯问或业已讯问对他不利的证人,并使对他有利的证人在与对他不利的证人相同的条件下出庭和受讯问;

(己)如他不懂或不会说法庭上所用的语言,能免费获得译员的援助;

(庚)不被强迫作不利于他自己的证言或强迫承认犯罪。

四、对少年的案件,在程序上应考虑到他们的年龄和帮助他们重新做人的需要。

五、凡被判定有罪者,应有权由一个较高级法庭对其定罪及刑罚依法进行复审。

六、在一人按照最后决定已被判定犯刑事罪而其后根据新的或新发现的事实确实表明发生误审,他的定罪被推翻或被赦免的情况下,因这种定罪而受刑罚的人应依法得到赔偿,除非经证明当时不知道的事实的未被及时揭露完全是或部分是由于他自己的缘故。

七、任何人已依一国的法律及刑事程序被最后定罪或宣告无罪者,不得就同一罪名再予审判或惩罚。

根据上述规定,可以将公正审判权的含义界定为:当公民的权利和义务处于待判定状态或者受到刑事指控时,公民依法享有的接受法庭的公正审判及享受其他程序性保障的权利。

根据我国学者的研究,从其性质上来看,获得公正审判权是最重要的程序性人权,是一项以突出保护刑事诉讼被告的人权的方式来保障所有公民人权的基本人权。[①] 该项权利具有以下内涵:(1)法院和法庭前的平等权;(2)公正、公开审讯权;(3)对犯罪嫌疑人和刑事被告的最低保障,主要包括:无罪推定;被告知指控的性质和原因;准备辩护的权利;迅速受审的权利;辩护的权利;传唤和讯问证人的权利;获得译员免费援助的权利;禁止自我归罪;上诉的权利;获得赔偿的权利;不受重复审判的权利。[②]

(二)对公正审判权的确认与保障

据统计,世界各国142部现行宪法中,明确规定了被告人在刑事诉讼中的权利的有125部,占88%。[③]

根据欧洲理事会威尼斯委员会的调查,确认了公正审判权的欧洲、美洲发达资本主义国家和亚洲的日本、韩国都建立了宪法诉讼制度,以保障公民之公正审判权的实现。[④]

思考题

1. 死者是否应当有人格尊严?

2. 迁徙自由与平等权之间有何关系?

3. 2001年全国38家省级以上新闻媒体报道了耸人听闻的"麻旦旦嫖娼案",该案的案情是:2001年1月8日晚,19岁的农村姑娘麻旦旦在其姐姐的理发店里看电视,被泾阳县蒋路派出所民警王海涛和聘用司机胡安带到派出所,轮流单独讯问,辱骂殴打,并吊在屋外的篮球架上,折磨逼供。至第二天凌晨4时许,麻旦旦被迫在"招供材料"上签字,承认曾有"卖淫"行为。之后,泾阳县公安局便以"嫖娼"为由出具处罚裁决书。为使"嫖娼"成立,裁决书故意把麻旦旦写成"男性"。在受害人申请复议后,咸阳市公安局竟然两次令其到医院进行"处女膜完整鉴定",结果都证明其是处女。为了维护自己的权益,麻旦旦把两级公安局告上了法庭,但由于《国家赔偿法》的严重缺陷(没有精神损害赔偿,且人身权、财产权损害的赔偿标准很低,被不少学者戏称为"国家不赔法"),最后法院仅仅判决被告支付受害人麻旦旦74.66元的赔偿金。而与此截然不同的是,前奥运会冠军王军霞的名誉权受到昆明

① 参见黎晓武:《论公正审判权》,载杨海坤主编:《宪法基本权利新论》,北京大学出版社2004年版,第346、349页。

② 参见黎晓武:《论公正审判权》,载杨海坤主编:《宪法基本权利新论》,北京大学出版社2004年版,第341~344页。

③ 参见[荷]亨利·范·马尔赛文等:《成文宪法:通过计算机进行的比较研究》,陈云生译,北京大学出版社2007年版,第122页。

④ 参见黎晓武:《论公正审判权》,载杨海坤主编:《宪法基本权利新论》,北京大学出版社2004年版,第354页。

卷烟厂的侵犯,而法院判决昆明卷烟厂赔偿王军霞80万元。[①] 试对这两个案件作一评论。

4. 在波黑战争期间,一个年轻人与其家人从南斯拉夫战地流亡到了瑞士。他父亲是南斯拉夫军队中的一名军官。他是塞尔维亚族人,他的妻子是克罗地亚的后裔。因此,他不想在一个使他向妻子的兄弟开枪的军队中作战。后来,克罗地亚当局决定,他们要征召这个不愿在塞尔维亚军队中服役的有良心的人参加克罗地亚军队。但是,在克罗地亚军队中,他又将向他的家人开战。由于没有一项法律免除公民向其亲戚开战的义务或免除其为本国服兵役的义务,以致这个年轻人不希望向他的亲戚开战的主张得不到官僚机构的同意。[②] 试回答:公民应否享有拒绝服兵役的权利?

5. 试简要分析,为什么在资本主义国家中无产阶级能够成功地开展议会斗争,而中国无产阶级只能开展暴力夺权斗争?

---

① 王军霞案的具体案情是,某报以"热烈祝贺中国奥运代表团高奏凯歌"为题登载整版广告,刊登王军霞身挂奖牌、高举鲜花站在领奖台的巨幅照片,在王军霞相片的右方,摆放有两盒昆明卷烟厂出品的红山茶香烟,王军霞据此认为名誉权受侵犯。本案资料来源,参见肖泽晟:《宪法学——关于人权保障与权利控制的学说》,科学出版社2003年版,第11页。

② 资料来源,参见肖泽晟:《宪法学——关于人权保障与权力控制的学说》,科学出版社2003年版,第13页。

第六章　第二代人权

第二代人权是为保证每个人都能够过上合乎人类尊严的生活而要求国家(政府)采取积极的行为才能实现的权利(又称积极权利、社会权利)。从性质上讲,第二代人权既具有自由权的性质,又具有受益权的性质。作为受益权,第二代人权仅仅具有方针、规定之性质,并不具有可诉性,即公民并不能请求国家(政府)帮助自己充分地实现这些权利。尽管如此,对这些权利的宪法确认扩大了国家(政府)对公民承担的义务。

世界各国宪法以及《经济、社会和文化权利国际公约》所列举的第二代人权,数量较多,本章选取几项最重要者,作简要介绍。

第一节　劳动权

在自由资本主义阶段,人们普遍认为,工作机会的获得,应由各人自由竞争,政府不必加以干预,故劳动权不受重视。进入20世纪,先进机械的利用导致工人数量相对过剩,失业严重,劳动机会的取得作为一种生存条件日益受到各国的重视。《魏玛宪法》第157条规定:"劳力,受国家特别保护。联邦应制定划一之劳工法。"这是劳动权首次出现在成文宪法中。《世界人权宣言》第23、24条规定,人人有权工作、自由选择职业、享受公正和合适的工作条件并免于失业、同工同酬、组织和参加工会、享受休息和闲暇等权利。《经济、社会和文化权利国际公约》对劳动权的规定更为详细、完备。由于联合国的推动,劳动权在世界各国宪法上得到了较为普遍的承认。

一、劳动权的含义

劳动权又称工作权,有广义与狭义之分。狭义的工作权,是指公民平等地获得工作机会,并取得相应的劳动报酬的权利。广义的工作权包括就业权、同工同酬权、自由择业权、组织与参加工会权、安全与卫生保障权、休息权、工作时间的合理限制以及定期带薪休假的权利。由于世界各国宪法和国际人权公约对工作权的规定很不一致,且有着不断丰富发展的趋势,为了全面介绍这一权利的内容，本节所称工作权是指广义上的工作权。

二、劳动权的内容及其宪法确认

《经济、社会和文化权利国际公约》对劳动权的内容作了比较详细的列举：

第六条

一、本公约缔约各国承认工作权，包括人人应有机会凭其自由选择和接受的工作来谋生的权利，并将采取适当步骤来保障这一权利。

二、本公约缔约各国为充分实现这一权利而采取的步骤应包括技术的和职业的指导和训练，以及在保障个人基本政治和经济自由的条件下达到稳定的经济、社会和文化的发展和充分的生产就业的计划、政策和技术。

第七条

本公约缔约各国承认人人有权享受公正和良好的工作条件，特别要保证：

(甲)最低限度给予所有工人以下列报酬：

(1)公平的工资和同值工作同酬而没有任何歧视，特别是保证妇女享受不差于男子所享受的工作条件，并享受同工同酬；

(2)保证他们自己和他们的家庭得有符合本公约规定的过得去的生活；

(乙)安全和卫生的工作条件；

(丙)人人在其行业中有适当的提级的同等机会，除资历和能力的考虑外，不受其他考虑的限制；

(丁)休息、闲暇和工作时间的合理限制，定期给薪休假以及公共假日报酬。

第八条

一、本公约缔约各国承担保证：

(甲)人人有权组织工会和参加他所选择的工会，以促进和保护他的经济和社会利益；这个权利只受有关工会的规章的限制。对这一权利的行使，不得加以除法律所规定及在民主社会中为了国家安全或公共秩序的利益或为保护他人的权利和自由所需要的限制以外的任何限制；

……

根据以上规定，一般认为，劳动权的内容主要包括以下诸项：

第一，就业权，指具有劳动能力的公民在具备法定的年龄后，依法所享有的参加社会工作的权利。《魏玛宪法》第163条规定："……德国人民应有可能之机会,从事经济劳动,以维持生计……";1947 年《意大利共和国宪法》第 4 条规定:"共和国承认全体公民均享有劳动权,并帮助建立实现此项权利的条件";第 35 条规定:"共和国保护一切形式和种类的劳动";1974 年《南斯拉夫社会主义联邦共和国宪法》第 159 条规定:"保障劳动权。在劳动基础上得到的权利不得予以剥夺。"《世界人权宣言》第 23 条第 1 款规定:"人人有权工作,自由选择职业,享受公平优裕之工作条件及失业保障";《经济、社会和文化权利国际公约》第 6 条的规定也体现了这一权利。据统计,世界各国现行的 142 部成文宪法中,明确规定劳动权的有 78 部,占 54.9%。[①]

第二,同工同酬权,指公民付出相同价值的劳动后所享有的从工作单位获得相同数量报酬的权利。这一权利直接体现在《经济、社会和文化权利国际公约》第 7 条(甲)(1)的规定。据统计,世界各国现行的 142 部成文宪法中,明确规定同工同酬权的有 46 部,占 32.4%。[②] 如 1947 年《意大利共和国宪法》第 36 条规定:"劳动者均有按其劳动之质与量的比例获得报酬之权利";1975 年《罗马尼亚社会主义共和国宪法》第 18 条第 1 款规定:"在罗马尼亚社会主义共和国,公民有劳动权。保证每个公民都有机会根据其训练在经济、行政、社会或者文化领域从事工作,并且按照其劳动的数量和质量受报酬。同工同酬。"

第三,自由择业权,指公民依法所享有的按照自己的才智、技能、志愿等选择工作,并免受强制劳动的权利。根据《经济、社会和文化权利国际公约》第 6 条的规定,自由择业权包括三个方面的内容:(1)禁止对劳动者实施强制劳动;(2)保障劳动者获得自由选择职业的机会;(3)帮助劳动者提高自身就业条件并给予职业指导。据统计,世界各国现行的 142 部成文宪法中,明确规定自由择业权的有 41 部,占 28.8%;规定禁止奴隶制、奴役或强制劳动的有 67 部,占 47.2%。[③] 如 1949 年《德意志联邦共和国基本法》第 12 条规定:"所有德国人有权自由选择其职业、工作及接受培训造就的地点。……任何人不得被迫从事一种特定的工作……妇女不得被迫在武装部队服务……经法院宣布剥夺某人自由权利之后,才容许对其执行强迫劳动";1974 年《南斯拉夫社会主义联邦共和国宪法》第 160 条规定:"保障劳动自

① 此处的劳动权,主要是指就业权。参见[荷]亨利·范·马尔赛文等:《成文宪法:通过计算机进行的比较研究》,陈云生译,北京大学出版社 2007 年版,第 133 页。

② 参见[荷]亨利·范·马尔赛文等:《成文宪法:通过计算机进行的比较研究》,陈云生译,北京大学出版社 2007 年版,第 134 页。

③ 参见[荷]亨利·范·马尔赛文等:《成文宪法:通过计算机进行的比较研究》,陈云生译,北京大学出版社 2007 年版,第 133、121 页。

由。每个人都可以自由选择自己的职业和工作。每个公民可以在平等条件下得到任何劳动岗位和社会中的任何职务。禁止强制劳动。”

第四,劳动安全权,指公民在工作过程中,按照其工作性质,为保持其身心健康而获得安全与卫生的工作条件的权利。此项权利具体体现在《经济、社会和文化权利国际公约》第 7 条(乙)项的规定。世界上一些国家的宪法也规定了此项权利,如 1974 年《南斯拉夫社会主义联邦共和国宪法》第 161 条规定:“劳动者有权获得保证他在人身上和精神上不受损害和安全的劳动条件”;第 162 条第 5、6 款规定:“工人在劳动中享有健康保护、其他保护和人身安全的权利。青年、妇女和残废人员在劳动中享受特殊保护”;1975 年《罗马尼亚社会主义共和国宪法》第 18 条第 2 款规定:“由法律规定关于劳动保护和安全的措施,以及关于保护妇女劳动和青年劳动的特别措施。”

第五,组织和参加工会权,指参加工作的公民为维护自己的合法权益而组织或者参加工会的权利。此项权利的具体体现在《经济、社会和文化权利国际公约》第 8 条(甲)项的规定。据统计,世界各国现行的 142 部成文宪法中,明确规定组织或参加工会权的有 84 部,占 59.1%。[①] 如 1946 年《日本国宪法》第 28 条规定:“保障劳动者的团结权、集体交涉权及其他集体行动的权利”;1947 年《意大利共和国宪法》第 39 条规定:“职工会组织自由。职工会除按法律规定须在各地方或中央机关进行登记外,并不承担其他义务”;1973 年《菲律宾共和国宪法》第 9 款规定:“国家将对劳动提供保护……国家将保证工人得有自己组织工会、集体劳资谈判、职业稳定和对劳动享有合理及人道条件的权利。”

第六,休息权,指参加工作的公民依法所享有的在法定工作时间外享受闲暇的权利,包括工作时间的合理限制、享受公共节假日以及定期的带薪休假。此项权利的直接体现是《经济、社会和文化权利国际公约》第 7 条(丁)项的规定。据统计,世界各国现行的 142 部成文宪法中,明确规定休息或休假权的有 46 部,占 32.4%。[②] 如 1946 年《日本国宪法》第 27 条规定:“一切国民都享有劳动的权利有关工资、劳动时间、休息以及其他劳动条件的基本标准,以法律规定之”;1947 年《意大利共和国宪法》第 36 条规定:“……劳动日的最长限度由法律规定之。劳动者均有每周一次的休息权和每年一度的照付工资的休假权;劳动者不得放弃自己的这两项权利”;1974 年《南斯拉夫社会主义联邦共和国宪法》第 162 条第 1 ~ 4 款规定:“工人有使劳动时间

---

① 参见[荷]亨利·范·马尔赛文等:《成文宪法:通过计算机进行的比较研究》,陈云生译,北京大学出版社 2007 年版,第 134 页。

② 参见[荷]亨利·范·马尔赛文等:《成文宪法:通过计算机进行的比较研究》,陈云生译,北京大学出版社 2007 年版,第 135 页。

有限制的权利。工人的劳动时间每周不得超过四十二小时。……缩短劳动时间的条件,可由法律规定。工人有每日和每周休息的权利,以及每年有不少于十八个劳动日的工资照付的休假的权利";1975年《罗马尼亚社会主义共和国宪法》第19条规定:"罗马尼亚社会主义共和国公民有休息权。规定工作日不超过8小时,每周的休息以及每年有报酬的休假,以保障劳动者的休息权。"

三、工作权的限制

工作权作为一种公民权利,应当受到国家法律的限制,如世界各国法律普遍禁止公民从事走私、贩毒等活动,公民从事开矿、渔猎活动必须履行法定的手续,等等。《南斯拉夫社会主义联邦共和国宪法》(1974年)第159条第7、8款规定:"只有按照法律规定的条件和方式,才能违反工人的意志停止他的劳动。凡有劳动能力而不愿劳动者,不享有在劳动基础上得到的权利和保护。"

此外,工作权作为一种法律上的平等机会,其充分实现还受制于其他条件,如国家的经济发展状况,公民的年龄、受教育状况、劳动技能、健康状况等。某些特殊工作还可能对公民的性别提出特殊要求,如我国法律禁止女性从事矿井下的工作。可见,公民享有工作权并不意味公民在无业或失业的情况下,国家必须给失业者提供具体的工作。公民的工作权作为国家的积极义务,是指国家应当积极采取措施,为公民获得就业机会创造条件,排除工作障碍。

【案例】2005年10月14日《生活日报》(B12版)转载《南方周末》题目为《退休凭啥男女有别》的文章,介绍了这样一件事情:2005年1月,中国建设银行平顶山支行出纳员周香华年龄达到了55周岁,单位依据《国务院关于安置老弱病残干部的暂行办法》关于"男年满60周岁,女年满55周岁可以退休"的规定,要求她退休。周香华认为,自从1989年进入平顶山支行以来,自己工作能力并不比男同事差,当年几十斤的运钞箱一个人也就搬了,如今身体尚好,可为什么男的可以干到60岁,女的55岁却一定要退休呢?另外,周香华还考虑到一个事实:她在岗时每月收入达2000元,退休后月收入将下降到1000元左右,基于这个原因,她的女同事都害怕退休。8月,周香华因不服单位让她退休的决定,向平顶山市劳动仲裁委员会提出仲裁申请,要求与男职工一样60岁退休,周香华的儿子李昊(四川大学法律系研究生)和上海交通大学法学院教授周伟义务担任周香华的代理人。问题:早退休是权利还是义务?

【提示】1978 年，国务院发布《关于安置老弱病残干部的暂行办法》，规定男年满 60 周岁，女年满 55 周岁可以退休。“在计划经济的条件下，《暂行办法》的出台还是适应当时需要的。”上海交通大学法学院教授周伟介绍，改革开放前，妇女的文化水平普遍较低，子女较多，家庭负担重，当时是考虑到女性的生理状况，为保护妇女的权益而规定女性的法定退休年龄比男性早 5 年。改革开放以来，中国女性的健康状况、文化水平有了较大提高。据了解，我国女性平均寿命已经达到 73 岁，高于男性平均寿命；国务院发布的《中国性别平等与妇女发展状况》白皮书数据显示：2004 年，全国普通高等院校在校女生达 609 万人，占在校生总数的 45.7%；女硕士、女博士的比例分别达到 44 .2% 和 31.4%；女干部占干部队伍总数的比例也已达到近 40%；计划生育政策的实行，更使女性的家庭负担大大降低。然而，退休制度却没有跟上时代的步伐，目前的退休政策造成男女退休后的待遇不一样，甚至出现了学历越高、工龄越短、退休金越少等浪费人力资源的情况。

西南民族大学法学院王允武教授说，《暂行办法》制定之初，当时工作劳动强度较大，劳动安全和保护不发达，立法初衷在于解放妇女，保护女性劳动者，提前退休是一种福利。但随着时代发展，而今要求女性 55 岁退休，在一定程度上限制了女性贡献社会的能力，可以说是一种保护性歧视。“既然退休是一种福利和权利，那么女性就应该可以自主选择是否提前 5 年退休。”周伟教授说，女性可以享受 55 岁退休这项权利，也可以放弃这项权利，选择与男性一样到 60 岁时再退休，而单位则无权强行要求女性 55 岁时必须退休。“现在的问题是，提前 5 年退休对于很多女性而言，实际上已经不是一项权利，而是变成了一项必须履行的义务。”北京大学妇女法律研究与服务中心的调查显示，相当一部分女性到 50 岁后，身体还很健康，孩子不用操心了，业务能力成熟了，进入人生“第二个黄金期”。因此，从对妇女权益的保障来看，应区别对待，将选择权交予个人。或者在男女正常退休年龄一致的基础上，允许男女自愿选择是否提前 5 年退休，各级政府部门对于他们的选择予以尊重，并在待遇上等同于正常退休，这才是真正意义上的男女平等。

第二节　适当生活水准权与社会保障权

适当生活水准权主要体现于国际人权公约中，各国宪法直接规定这一权利的较少（世界上许多国家宪法规定物质帮助权、社会保险权），所以我国宪法学者不太关注此项权利。但作为一项正在发展中的公民权利，这一权利正受到越来越多的关注。关于适当生活水准权与社会保障权(物质帮助权)的关系,有的学者认为适当生活水准权包括社会保障权,有的学者认为社会保障权包括适当生活水准权。鉴于《经济、社会和文化权利国际公约》将适当生活水准权和社会保障权规定于不同的条款之中,二者的区别是比较明显的。我们认为,适当生活水准权与社会保障权密切相关,适当生活水准权是社会保障权的前提,公民的适当生活水准权无法实现时,可诉诸社会保障权;二者的区别是,适当生活水准权是常态下的公民权利,只有当公民遇到年老、疾病、伤残、失业、生育、灾害、生活困难等情形时才涉及社会保障权。① 基于以上认识,我们将适当生活水准权与社会保障权合并为一节,分别介绍。

一、适当生活水准权

(一)适当生活水准权的含义

适当生活水准权,是指公民为维持有尊严的生活应当享有的满足基本生存要求的权利。一般而言,公民作为人赖以保持其人格尊严的生活条件包括足够的食物、衣服、住房、医疗保健。从世界有关国家宪法和国际人权公约的规定来看,适当生活水准权主要包括免于饥饿权、医疗保健权、住房权。

据统计,世界各国现行的142部成文宪法中,规定公民享受宽裕或合理标准生活权的有33部,占23.2%。②

(二)适当生活水准权的内容及其确认

《世界人权宣言》第25条第1款规定:“人人有权享受为维持其本人和家属的健康和福利所需的生活水准,包括食物、衣着、住房、医疗和必要的社会服务。”

《经济、社会和文化权利国际公约》对适当生活水准权的规定比较详细具体:

第十一条

一、本公约缔约各国承认人人有权为他自己和家庭获得相当的生活水准,包括足够的食物、衣着和住房,并能不断改进生活条件。各缔约国将采

① 《经济、社会和文化权利国际公约》第9条简明须要地规定了社会保障权,第11、12条规定了适当生活水准权。《世界人权宣言》第25条第1款同时规定了适当生活水准权和社会保障权,从该规定来看,公民于发生失业、患病、残废、寡居、衰老等情形时始享有社会保障权。

② 参见[荷]亨利·范·马尔赛文等:《成文宪法:通过计算机进行的比较研究》,陈云生译,北京大学出版社2007年版,第136页。

取适当的步骤保证实现这一权利，并承认为此而实行基于自愿同意的国际合作的重要性。

二、本公约缔约各国既确认人人享有免于饥饿的基本权利，应为下列目的，个别采取必要的措施或经由国际合作采取必要的措施，包括具体的计划在内：

（甲）用充分利用科技知识、传播营养原则的知识、和发展或改革土地制度以使天然资源得到最有效的开发和利用等方法，改进粮食的生产、保存及分配方法；

（乙）在顾及粮食入口国家和粮食出口国家的问题的情况下，保证世界粮食供应，会按照需要，公平分配。

第十二条

一、本公约缔约各国承认人人有权享有能达到的最高的体质和心理健康的标准。

二、本公约缔约各国为充分实现这一权利而采取的步骤应包括为达到下列目标所需的步骤：

（甲）减低死胎率和婴儿死亡率，和使儿童得到健康的发育；

（乙）改善环境卫生和工业卫生的各个方面；

（丙）预防、治疗和控制传染病、风土病、职业病以及其他的疾病；

（丁）创造保证人人在患病时能得到医疗照顾的条件。

从上述两个国际人权公约的规定来看，适当生活水准权主要包括食物、住房和医疗保健三方面。

1. 免受饥饿权。

免受饥饿权是指公民获得足够维持其生存的食物的权利。从《经济、社会和文化权利国际公约》的规定看，这一权利意味着：公民应当有机会和条件持续不断地获得食物；公民所获得食物在数量和质量上能够满足本人及其家属的饮食需求；食物符合卫生标准；食物的种类不违反民族风俗和禁忌，等等。

2. 获得住房权。

获得住房权是指公民不论其收入或经济状况如何都应享有获得住房的权利。该项权利包括：住房适于居住；住房标准适当；住房机会均等；住房的使用权受法律保障，公民不受强制驱逐或骚扰，等等。如 1973 年《菲律宾共和国宪法》第 2 条第 7 款规定：“国家在教育、卫生、住屋、就业、福利和社会安全等方面，将建立、维持和保证足够的社会服务，以保证人民享受适当的生活标准”；1974 年《南斯拉夫社会主义联邦共和国宪法》第 146 条规定：

"保障公民对为社会所有的住房获得居住权……";1977 年《苏维埃社会主义共和国联盟宪法(根本法)》第 44 条规定:"苏联公民有获得住房的权利。这一权利的保证是:发展和维护国家房产与公有房产,帮助合作社和个人住宅建设,在社会监督下合理分配随着实施设备完善的住宅建设计划而提供的住宅面积,以及收取价格不高的房租和公用设施费……"。

3. 医疗保健权。

医疗保健权指公民在患病时所享有的要求政府直接提供医疗保护以维持自身健康的权利。该项权利作为一项国家义务,包括:(1)国家应当积极地采取措施,为公民提供优良的医疗条件(如改善环境卫生,预防和控制传染病、职业病,开展群众性体育健身运动),使全体公民达到一定的健康标准;(2)当公民患病而无力求医时,国家应当提供免费的医疗救助。如 1946 年《日本国宪法》第 25 条规定:"国民均享有最低限度的健康与文化生活的权利。国家应于一切生活部门,努力于社会福祉、社会保障及公共卫生之提高及增进";1947 年《意大利共和国宪法》第 32 条第 1 款规定:"共和国把健康作为基本人权和社会主要利益予以保护,保证贫穷者能得到免费医疗";1977 年《苏维埃社会主义共和国联盟宪法(根本法)》第 42 条规定:"苏联公民有享受保健的权利。这一权利的保证是:国家保健机构免费提供良好的医疗;扩大公民治疗和健身机构网;发展与完善安全技术设备与生产保健;实施广泛的防疫措施;实施环境卫生措施;特别关心年青一代的健康,包括禁止儿童从事同学习和劳动教育无关的劳动;开展预防和降低发病率、保障公民健康长寿的科研活动"。

二、社会保障权

(一)社会保障权的含义

当一个公民因年老、疾病、伤残、失业、生育、遭遇灾害、面临生活困难等,暂时或永久地丧失工作能力,失去工作机会,以至其收入不能维持必要的生活水准时,他就会成为社会的不安定因素。所以,赋予公民以社会保障权,是保持社会秩序稳定的基本要求。从《魏玛宪法》规定了生存权之后,各国宪法群起仿效,于是宪法的人权保障机能由对公民权利自由的消极避让转向积极的保障,由此形成了近代宪法与现代宪法的分野。

《经济、社会和文化权利国际公约》第 9 条对社会保障权的规定十分简约:"本公约缔约各国承认人人有权享受社会保障,包括社会保险。"《世界人权宣言》第 25 条第 1 款的规定则较为详细、完备:"人人有权享受为维持他本人和家属的健康和福利所需的生活水准……;在遭到失业、疾病、残废、守寡、衰老或在其他不能控制的情况下丧失谋生能力时,有权享受保障。”

根据《人权宣言》的上述规定，一般认为，社会保障权是指公民由于年老、疾病、伤残、失业、生育、遭遇灾害或因其他原因处于生活困境中，不能维持必要的生活水准时，依法从国家获得物质帮助的权利。

（二）社会保障权的确认

社会保障权与适当生活水准权一样，所涉及的仍然是公民的衣、食、住、医等方面必需的生活资料，但是，社会保障权（有的国家宪法称之为物质帮助权）强调，这是公民在失业、患病、残废、寡居、衰老等情形下享有的权利。据统计，世界各国现行的142部成文宪法中，规定了社会救济和社会保险的有95部，占66.9%；规定了社会保障或社会救济的有62部，占43.7%。[①] 如1947年《意大利共和国宪法》第38条第1款规定：“每个没有劳动能力和失去必需生活资料之公民，均有权获得社会之扶助和救济。一切劳动者，凡遇不幸、疾病、残废、年老和不由自主的失业等情况时，均有权享受相当于其生活需要的规定措施和保障”；1974年《南斯拉夫社会主义联邦共和国宪法》规定：“工人的社会保险权，通过……义务保险，得到保证。工人通过这种保险依法保障自己健康保护权和生病时应享受的其他权利，在生育、丧失部分或全部劳动能力、失业和年老时应享受的权利以及其他形式的社会保险权利，而对自己的家属，则保障他们享有健康保护权、家庭赡养权以及根据社会保险应得的其他权利”；1975年《罗马尼亚社会主义共和国宪法》第20条规定：“罗马尼亚社会主义共和国公民享有在年老、患病或者丧失劳动能力时的物质帮助权。工人和工作人员通过在国家社会保险制度范围内付给的退休金和疾病补助金，合作社组织或者其他社会组织的成员通过它们自己所组织的保险方式，实现物质帮助权。国家通过其卫生机构保证医药帮助”；1977年《苏维埃社会主义共和国联盟宪法（根本法）》第43条规定：“苏联公民在年老、患病、全部或部分丧失劳动能力以及失去赡养者的情况下，有享受物质保证的权利。这一权利的保证是：对工人、职员与集体农庄庄员实行社会保险；发给临时失去劳动能力者补助金；对年老、残疾及失去赡养者由国家和集体农庄发给优抚金；安排部分失去劳动能力的公民就业；关心老年公民和残废者；实行其他形式的社会保障。”

① 参见［荷］亨利·范·马尔赛文等：《成文宪法：通过计算机进行的比较研究》，陈云生译，北京大学出版社2007年版，第136页。

第三节 婚姻家庭权

婚姻是一定社会制度所确认的男女两性结合的形式,家庭则是婚姻成立的结果。由于婚姻家庭生活是每个公民最基本的生活内容之一,故婚姻家庭权是最基本的公民权利之一,对公民具有特别重要的意义。

一、婚姻家庭权的含义

《公民权利和政治权利国际公约》以及《经济、社会和文化权利国际公约》都涉及了婚姻家庭方面的问题。《公民权利和政治权利国际公约》的相关规定是:

第二十三条

一、家庭是天然的和基本的社会单元,并应受社会和国家的保护。

二、已达结婚年龄的男女缔婚和成立家庭的权利应被承认。

三、只有经男女双方的自由的和完全的同意,才能缔婚。

四、本公约缔约各国应采取适当步骤以保证缔婚双方在缔婚、结婚期间和解除婚约时的权利和责任平等。在解除婚约的情况下,应为儿童规定必要的保护办法。

第二十四条

一、每一儿童应有权享受家庭、社会和国家为其未成年地位给予的必要保护措施,不因种族、肤色、性别、语言、宗教、国籍或社会出身、财产或出生而受任何歧视。

二、每一儿童出生后应立即加以登记,并应有一个名字。

三、每一儿童有权取得一个国籍。

《经济、社会和文化权利国际公约》对上述规定又有所补充,具体如下:

第十条

本公约缔约各国承认:

一、对作为社会的自然和基本的单元的家庭,特别是对于它的建立和当它负责照顾和教育未独立的儿童时,应给以尽可能广泛的保护和协助。缔婚必须经男女双方自由同意。

二、对母亲,在产前和产后的合理期间,应给以特别保护。在此期间,对有工作的母亲应给以给薪休假或有适当社会保障福利金的休假。

三、应为一切儿童和少年采取特殊的保护和协助措施,不得因出身或其他条件而有任何歧视。儿童和少年应予保护免受经济和社会的剥削。雇佣他们做对他们的道德或健康有害或对生命有危险的工作或做足以妨害他们正常发育的工作,依法应受惩罚。各国亦应规定限定的年龄,凡雇佣这个年龄以下的童工,应予禁止和依法应受惩罚。

根据以上规定,可以将婚姻家庭权的含义界定为:婚姻家庭权是指公民在婚姻家庭生活方面依法所享有的权利,一般包括婚姻自由权、夫妻平等权、非婚生子女的权利、对母亲和儿童的特别保护。

据统计,世界各国现行的142部成文宪法中,包括关于家庭的规定的,有86部,占60.6%;规定了结婚的权利的,有5部,占3.5%;规定了组成家庭的权利的,有4部,占2.8%。[①]

二、婚姻家庭权的主要内容

(一)婚姻自由

婚姻自由,包括结婚自由和离婚自由,指成年男女缔结或解除婚姻关系,不受非法干涉。婚姻自由上升为一项公民权利,是社会发展的结果。在奴隶社会和封建社会,各国法律几乎都把子女的婚姻置于亲权的支配之下。直到资本主义社会,婚姻自由才被用法律的形式固定下来。如《瑞士联邦宪法》(1874年)第54条第1、2款规定:"结婚的权利受联邦的保护。结婚的权利不得因宗教或经济原因或者先前的行为或者其他政治上的考虑受到限制";《魏玛宪法》第119条第1款规定:"婚姻为家族生命及民族生存增长之基础,受宪法之特别保护,并以男女两性平权为本"。进入现代社会,承认婚姻自由已成为文明各国的一致做法,这集中体现在国际人权公约之中。除了《公民权利和政治权利国际公约》以及《经济、社会和文化权利国际公约》做出了此种规定外,《世界人权宣言》第16条第1、2款也规定:"成年男女,不受种族、国籍或宗教之任何限制,有权婚嫁及成立家庭。男女在婚姻方面,在结婚期间及在解除婚约时,具有平等的权利。婚约之缔订仅能以男女双方之自由完全承诺为之。"

(二)夫妻平等

夫妻平等,指婚姻关系的男女双方在婚姻家庭生活方面处于完全平等的地位。在人类相当长的历史时期内,男尊女卑都是中西方婚姻家庭生活

---

① 参见[荷]亨利·范·马尔赛文等:《成文宪法:通过计算机进行的比较研究》,陈云生译,北京大学出版社2007年版,第147、140、141页。

中的男性与女性关系的铁则。在中国,春秋时期孔子有"女子难养"的名言,战国时期孟子强调"无违夫子"的"夫妇别",汉代大儒董仲舒提出影响深远的"夫为妻纲"原则。在法律上,《汉律》规定了夫对妻的"七出"之条,《唐律》也规定了夫出妻的权利,以后历代法律都肯定"夫权"。遍查中国的法律典籍,首次肯定男女平等的是 1930 年 10 月 27 日的《太原扩大会议约法草案》。[①] 在西方,人与人平等的思想源远流长,但似乎把女性排除在外。比如亚里士多德提出,"在同类的人们所组成的社会中,大家就应享有平等的权利",[②]但他同时又认为男子是理性的化身,女人易动感情的说法。直到 16 世纪,布丹在论述家庭与国家关系时还强调男女的这一差别。[③] 在西方政治法律思想史上,以反特权、求平等为己任的启蒙思想家们似乎没有注意到男女平等问题。在英、美、法三国制宪史上,人们极力争取奴隶和有色人种的平等地位,都忽略了女性,连《人权宣言》中也未见有男女平等的宣示。直到 19 世纪,各资本主义国家宪法中仍然存留着男尊女卑的痕迹,如《瑞士联邦宪法》(1874 年)第 54 条第 4 款规定:"妇女因结婚取得丈夫的国籍"。据我们粗略考察,男女平等作为一项选举原则,首次出现于 1918 年苏俄宪法,该宪法第 64 条规定:"凡俄罗斯社会主义联邦苏维埃共和国的……男女公民……,均享有各级苏维埃的选举权及被选举权";而作为一项普遍的法律原则和婚姻家庭关系准则,男女平等首次出现于《魏玛宪法》,该宪法第 109 条在规定了"德国人民,在法律面前一律平等"之后,紧接着规定"原则上,男女均有同等之公民权利及义务",体现出了对男女平等的格外重视。关于婚姻家庭生活,该法在 119 条中规定"婚姻……以男女两性平权为本"。此后,肯定女性在婚姻家庭生活中与男性的平等地位,成为现代宪法和国际人权公约的一项重要原则。

(三)非婚生子女与婚生子女平等

非婚生子女即没有合法婚姻关系的男女所生子女。在封建社会和资本主义社会早期,非婚生子女的权利受到法律的限制,地位比婚生子女低。如 1804 年《法国民法典》规定,非婚生子女不得主张婚生子女的权利。到了近代,非婚生子女才取得与婚生子女同等的法律地位。《魏玛宪法》第 121 条规定:"私生子之身体上,精神上,及社会上之进展,在立法上,与嫡生子同等待遇";1947 年《意大利共和国宪法》第 30 条第 3 款规定:"法律保证非婚生

---

① 《太原扩大会议约法草案》(中华民国十九年十月二十七日)第 27 条规定:"人民于法律上一律平等,无男女、种族、宗教、阶级之分",此前中华民国所颁布的法律文件仅仅肯定人民的平等无种族、阶级、宗教之区别。

② [古希腊]亚里士多德著:《政治学》,吴寿彭译,商务印书馆 1965 年版,第 386 页。

③ 参见张宏生、谷春德主编:《西方法律思想史》,北京大学出版社 1990 年版,第 79 页。

子女享有与合法家庭成员之权利同样的全部法权与社会保护”;1949年《德意志联邦共和国基本法》第6条第5款规定:“法律必须保障私生子和婚生子都享有同等的权利,并关心其体力、智力和道德的发展。同时,应保障其社会地位”;1974年《南斯拉夫社会主义联邦共和国宪法》第190条第4款规定:“非婚生的子女同婚生的子女有同样的权利和义务。”

(四)对妇女、儿童的特殊保障

男女平等原则主要强调形式平等。由于男女两性生理上的差异、女性承担的社会功能以及历史上遗留下来的男尊女卑思想和习惯的影响,女性在许多方面无法达到与男子同等的地位,因此有必要在法律上对妇女的利益进行特殊保障。儿童是人类的未来,由于其身心发育尚未成熟,在其成长过程中需要特别的保护和照料。现代各国宪法多数对母亲、儿童的保障做出了特别的规定。如《魏玛宪法》第119条第3款规定:“产妇得要求保护及扶助之”;第120条规定:“教育子女,使之受身体上,精神上及社会上之美格,为父母之最高义务及自然权利”;第122条规定:“应保护青年,使勿受利用及防道德上、精神上及体力上之荒废。国家及公共团体对此亦应有必要之设备,以达其保护之目的”;第161条规定:“为保持康健及工作能力,保护产妇及预防因老病衰弱之生活经济不生影响起见,联邦应制定概括之保险制度,且使被保险者与闻其事”;1947年《意大利共和国宪法》第31条第2款规定:“共和国保护母亲、儿童和青年……”;1949年《德意志联邦共和国基本法》第6条第3、4款规定:“如儿童的家长不能尽责,或由于其他动机致儿童遭受遗弃时,儿童得依法与对他们负有教育责任的家庭分离。母亲有享受社会保护和救济的权利”;1973年《菲律宾共和国宪法》第2条第4款规定:“父母对培养青少年的公民效能和发展其道德品质的自然权利和义务,将得到政府的帮助和丈持”;第5款规定:“国家认识到青少年在建国事业中的重要作用,并将增进其身体、智力的健康和社会生活的幸福”。

在国际上,除了《世界人权宣言》、《公民权利和政治权利国际公约》和《经济、社会和文化权利国际公约》对母亲、儿童规定了特别的保护外,国际社会还通过了《妇女政治权利公约》(1952年)、《已婚妇女国籍公约》(1957年)、《儿童权利宣言》(1959年)、《关于妇女的平等地位和她们对发展和和平的贡献墨西哥宣言》(1975年)、《消除对妇女一切形式歧视公约》(1980年),进一步加强对妇女、儿童的保护。

【思考】在现实生活中,有些服刑罪犯的恋爱对象向监狱提出与罪犯结婚的要求。大多数监狱都出于监管安全的考虑拒绝了这一要求,但也有少数监狱为了促进罪犯的改造自新,同意罪犯在服刑期间结婚。这就暴露出了一个问题:罪犯有没有结婚的权利?如果回答有,则反驳的理由是,没有人身自由的罪犯,其人格是受到严格限制的,怎么会享有结婚的权利?如果回答没有,则反驳的理由是,罪犯的刑事判决书并没有明确地剥夺该项权利,那么,根据罪刑法定原则,可以推定罪犯有结婚的权利。

第四节 受教育权

公民的受教育权是公民行使其他权利、实现个人全面发展的前提。对一个国家而言,公民的受教育水平是影响国家发展的重要因素,也是衡量这个国家的文明程度的重要指标,因此,现代各国宪法大都有关于公民受教育权的规定。《经济、社会和文化权利国际公约》关于受教育权的规定是:

第十三条

一、本公约缔约各国承认,人人有受教育的权利。它们同意,教育应鼓励人的个性和尊严的充分发展,加强对人权和基本自由的尊重,并应使所有的人能有效地参加自由社会,促进各民族之间和各种族、人种或宗教团体之间的了解、容忍和友谊,和促进联合国维护和平的各项活动。

二、本公约缔约各国认为,为了充分实现这一权利起见:

(甲)初等教育应属义务性质并一律免费;

(乙)各种形式的中等教育,包括中等技术和职业教育,应以一切适当方法,普遍设立,并对一切人开放,特别要逐渐做到免费;

(丙)高等教育应根据成绩,以一切适当方法,对一切人平等开放,特别要逐渐做到免费;

(丁)对那些未受到或未完成初等教育的人的基础教育,应尽可能加以鼓励或推进;

(戊)各级学校的制度,应积极加以发展;适当的奖学金制度,应予设置;教员的物质条件,应不断加以改善。

三、本公约缔约各国承担,尊重父母和(如适用时)法定监护人的下列自由:为他们的孩子选择非公立的但系符合于国家所可能规定或批准的最低教育标准的学校,并保证他们的孩子能按照他们自己的信仰接受宗教和道德教育。

四、本条的任何部分不得解释为干涉个人或团体设立及管理教育机构的自由,但以遵守本条第一款所述各项原则及此等机构实施的教育必须符合国家所可能规定的最低标准为限。

第十四条

本公约任何缔约国在参加本公约时尚未能在其宗主领土或其他在其管辖下的领土实施免费的、义务性的初等教育者,承担在两年之内制定和采取一个逐步实行的详细的行动计划,其中规定在合理的年限内实现一切人均得受免费的义务性教育的原则。

一、受教育权的概念及其宪法确认

一般来说,公民的受教育权是指公民在各类学校、教育机构中,或者通过其他途径学习获得文化科学知识的权利。

世界上第一部规定公民受教育权的宪法是1918年苏俄宪法,该宪法第17条规定:"为保障劳动者能够真正获得知识,俄罗斯社会主义联邦苏维埃共和国的任务为给予工人与贫农各方面的完全的免费教育。"稍后,《魏玛宪法》对受教育权做了全面规定,该宪法第120条规定:"教育子女,使之受身体上,精神上及社会上之美格,为父母之最高义务及自然权利";第145条规定:"受国民小学教育为国民普通义务。就学期限,至少八学年,次为完成学校至满足十八岁为止,国民小学及完成学校之授课及教育用品,完全免费"。此外,魏玛宪法还就各级学校的组织和奖学金资助(第146条)、学校的监督(第144条)、教员的待遇(第143条)、私立学校的设立(第147条)等问题做了规定。在教育内容上,魏玛宪法特别强调道德教化、国民操节、德意志民族精神的培养(第148条)。魏玛宪法是世界上第一部全面、系统地规定公民受教育权的宪法,对现代宪法的发展发生了深远的影响。进入20世纪,无论是社会主义国家还是资本主义国家,大都在宪法中规定公民的受教育权及相关问题。据统计,世界各国现行的142部成文宪法中,规定了受教育权的有73部,占51.4%;包括有关各类学校的规定的有78部,占54.9%;提及大学的有40部,占28.2%;提及科学或各门科学的有61部,占43%。[①]

二、受教育权的保障原则

以公民接受教育的阶段为标准,教育包括幼儿教育、普通全日制教育(包括初等教育、中等教育、高等教育)、成人教育;以教育目标为标准,大致包括扫盲教育、职业技术教育,等等。关于受教育权的内容,各国宪法和国际人权公约的规定很不一致。但共同的做法是针对不同种类的教育规定不

① 参见[荷]亨利·范·马尔赛文等:《成文宪法:通过计算机进行的比较研究》,陈云生译,北京大学出版社2007年版,第137、143、148、149页。

同的原则保障:

（一）教育权的普遍性原则

法律面前人人平等的宪法原则在教育方面体现为教育平等,即教育权的普遍性原则,这在许多国家的宪法和国际人权公约中都有所体现。1946年《日本国宪法》第26条第1款规定:“国民均有依法律规定适应其能力而受教育之权利”;1947年《意大利共和国宪法》第34条第1款规定:“学校向一切人开门”;《世界人权宣言》第26条第1款规定:“人人皆有受教育之权”;1961年《魏内瑞拉共和国宪法》第78条第1款规定:“人人有受教育的权利”;1974年《南斯拉夫社会主义联邦共和国宪法》第165条第3款规定:“公民享有在法律规定的同等条件下在各类学校和其他教育机构,在各种教育程度上获得知识和受到专业训练的权利”;1977年《苏维埃社会主义共和国联盟宪法(根本法)》第45条第1款规定:“苏联公民有受教育的权利。”

（二）免费教育原则

《日本国宪法》(1946年)第26条第2款规定:“国民负有依法律规定使其所保护之子女受普通教育之义务。义务教育免费”;《世界人权宣言》第26条第1款规定:“……教育应属免费,至少初级及基本教育应然。初级教育应属强迫性质。技术与职业教育应广为设立。高等教育应予人人平等机会,以成绩为准”;1961年《委内瑞拉共和国宪法》第78条第2款规定:“由国家机关备办的教育应当在所有阶段都是免费的”;1973年《菲律宾共和国宪法》第15条第8款第5项规定:“国家应维持免费的公共初等教育制度,并在资金许可的地区内,建立和维持至少达到中等程度的免费教育制度”;1974年《南斯拉夫社会主义联邦共和国宪法》第165条规定:“至少八年的初等教育为义务制。劳动者、联合劳动组织、其他自治组织和共同体以及社会政治共同体,为学校和其他公民教育机构的建立和工作以及为促进它们的活动,依法保证物质条件和其他条件”。

（三）给予儿童、青少年受教育权特别保障原则

《魏玛宪法》第143条第1款规定:“青年教育,由公共机关任之……”;第146条规定:“对于儿童之人一种特定学校之取录,应视其才能及志向而定,不得以其父母之经济及社会地位或宗教信仰为准据,定其去留。……联邦及各邦及自治区,应于预算内准备公款,以资助穷困无资入中学及高等学校者。适合受中学及高等学校之贫乏儿童之父母,应受奖学金之资助,至其儿童毕业为止,使其儿童得终所学”;1947年《意大利共和国宪法》第38条规定:“……没有受过教育的人和未成年人均有学习和获得职业教育之权利”;1973年《菲律宾共和国宪法》第15条第8款第6项规定:“国家应为……贫困和值得培养的学生创立和保持奖学金”;1977年《苏维埃社会主义共和国

联盟宪法(根本法)》第45条第2款规定:“实行各种免费教育,对青年实行普及义务中等教育……对学生提供国家助学金和优待;免费发给中小学教科书……”

第五节　从事科学文化艺术活动权

公民从事科学文化艺术活动权是公民在科学文化领域内的一项重要权利,现代各国宪法大都对该项权利自由予以明确规定。据统计,世界各国现行的142部成文宪法中,规定公民参加文化生活权利的有32部,占22.5%;规定公民享受科学进步利益权利的有11部,占7.7%;规定学术自由的有34部,占23.9%;规定艺术自由的有17部,占11.9%;规定少数民族或少数集团的权利和文化的有38部,占26.8%;规定对国内各种不同语言进行保护的有43部,占30.3%。[①]《经济、社会和文化权利国际公约》对该项权利自由的规定是:

第十五条

一、本公约缔约各国承认人人有权:

(甲)参加文化生活;

(乙)享受科学进步及其应用所产生的利益;

(丙)对其本人的任何科学、文学或艺术作品所产生的精神上和物质上的利益,享受被保护之利。

二、本公约缔约各国为充分实现这一权利而采取的步骤应包括为保存、发展和传播科学和文化所必需的步骤。

三、本公约缔约各国承担尊重进行科学研究和创造性活动所不可缺少的自由。

四、本公约缔约各国认识到鼓励和发展科学与文化方面的国际接触和合作的好处。

下面,我们对从事科学文化艺术活动权的含义与性质、从事科学文化艺术活动权的内容及界限作简要介绍。

---

① 参见[荷]亨利·范·马尔赛文等:《成文宪法:通过计算机进行的比较研究》,陈云生译,北京大学出版社2007年版,第137~140页。

一、从事科学文化艺术活动权的含义与性质

从事科学文化艺术活动权包括从事科学研究的权利、从事文艺创作的权利和从事其他文化活动的权利。所谓从事科学研究的权利，指公民依法对任何一个自己感兴趣的问题进行研究，提出和坚持自己的学术见解，对学术问题进行自由讨论而不受国家干涉的权利；所谓从事文艺创作的权利，指公民按照法律的规定，根据自己的兴趣爱好，自由地发挥自己的文学艺术才能，创作各种形式的文学艺术作品的权利；所谓从事其他文化活动的权利，指公民依法从事科学研究、文艺创作、教育活动以外的其他文化活动的权利，包括从事体育活动、各种文化娱乐活动、享受科学进步的利益、保护和发展少数民族文化、保护各种不同的语言文字，等等。①

就其性质来说，从事科学文化艺术活动权首先是一种自由权。科学文化艺术活动是一种非常个性化的创造性工作，不能对其强求一律，所以，科学文化艺术活动从性质上排斥国家的干涉。另一方面，科学文化艺术活动作为一种精神活动，离不开必要的物质条件，所以，公民要充分行使从事科学文化艺术活动的权利，还要求国家采取积极措施予以保障，如为科学研究、文艺创作提供物质条件，为科技成果推广进行奖励，为艺术成果交流提供方便，等等。总起来看，从事科学文化艺术活动权既排斥国家权力的干涉，又要求国家采取积极行为进行保障，兼具自由权与受益权双重性质。

二、从事科学文化艺术活动权的宪法确认

（一）关于从事科学研究的权利

关于从事科学研究的权利亦称为学术自由。保障这一权利和自由，是科学研究和教育事业健康、繁荣发展的基本条件。19世纪初，欧洲的一些著名大学在反对当局对学校的干涉政策时，提出了“大学自治”、“学术自由”等要求。《魏玛宪法》第142条规定：“艺术、科学及其学理为自由，国家应予以培植。”二战以后，许多国家的宪法和国际人权公约都明确规定了学术自由，如1946年《日本国宪法》第23条规定：“保障学术自由”；1973年《菲律宾共和国宪法》第15条第8款第2项规定：“一切高等学术机关应享有学术自由”。《经济、社会和文化权利国际公约》第15条第3款规定：“本公约缔约各国承担尊重进行科学研究和创造性活动所不可缺少的自由”。

（二）关于从事文艺创作的权利

从事文艺创作的权利亦称为文艺创作自由或艺术自由，它同“学术自

① 参见李步云主编：《宪法比较研究》，法律出版社1998年版，第559～560页。

由”、“精神自由”、“表达自由”等有着密切联系，但艺术自由更强调公民在文艺方面的个性化的思想、感情、主张、观点不受非法干涉。许多国家的宪法都规定了文艺创作自由。如《魏玛宪法》第158条规定：“智识上之工作，著作权，发明权，美术权，同享受国家之扶持扶助。德国科学上、美术上、技术上之创作品，应依照国际条约，使其在国外亦享受保护”；1974年《南斯拉夫社会主义联邦共和国宪法》第169条第1、2款规定：“科学创作和艺术创作自由。科学著作和艺术作品以及科学发现和技术发明的创造者，对自己的成果享有道义上和物质上的权利”。

（三）关于从事其他文化活动的权利

“其他文化活动”泛指除科学、教育、文学艺术之外的一切与文化有关的活动，如体育活动、各种文化娱乐活动、享受科学进步的利益、保护和发展少数民族文化、保护各种不同的语言文字，等等。除国际人权公约外，许多国家的宪法都有关于该项权利的规定，如1952年《波兰人民共和国宪法》第62条规定：“波兰人民共和国的公民都有权享受文化的成就和在民族文化的发展上参与创造。此项权利日益广泛的保证是：扩充图书馆、书籍、定期刊物、无线电、电影、剧院、博物馆、展览会、文化宫、俱乐部、阅览室，并交由城乡劳动人民支配，全面奖励和提倡人民大众的文化创作并发挥其创作才能”；1974年《南斯拉夫社会主义联邦共和国宪法》第170条第1款规定：“保障公民表达民族归属的自由，表达民族文化的自由以及使用自己的语言和文字的自由”；1977年《苏维埃社会主义共和国联盟宪法（根本法）》第46条规定：“苏联公民有享受文化成果的权利。这一权利的保证是：人人可观赏由国家和社会保管的祖国和世界文化珍品；发展和在全国平均设置文化教育机构；发展电视和广播、图书出版、期刊、免费图书馆网；扩大同外国的文化交流。”

三、从事科学文化艺术活动权的界限

公民的科学文化艺术活动虽然能够推动文化、艺术、科技进步，但从事科学文化艺术活动权的不当行使也会给人类生存和人的尊严带来巨大威胁，尤其是在生物医学、生命科学、信息技术、军事技术等领域更是如此。所以，宪法对从事科学文化艺术活动权的行使设置了某些界限：(1)不得违反善良风俗。如1947年《意大利共和国宪法》第21条第6款规定：“违反善良风俗之出版物、曲艺演出和各种游行运动，均予禁止……”。(2)不得违反法定义务。如1974年泰国宪法第42条规定：“学术自由受到保护。但不得与公民的义务相违背。”(3)不得违反宪法设定此种权利的目的。如1974年《南斯拉夫社会主义联邦共和国宪法》第169条第2款规定：“……创造者对自己的成果的权利不得用来违反社会采用科学新成就和技术新发明的利益。”(4)任何人不得滥用从事科学文化艺术活动权危害社会公共利益、他人合法权益和国家安全。

【资料】人们从事科学文化艺术活动所取得的成果,既可以得到合理利用,造福人类,也可能被不道德地使用,危害人类。比如,核能既能用于发电,满足人们的生活需要,也可用于制造毁灭性的杀人武器;艺术作品既可以陶冶人们的情操,也可以成为传递不健康信息的淫媒。近一个时期以来,人们对以下三个问题一直争论不休:(1)转基因食品,色、香、味俱佳,但从长远来看,转基因食品是否会改变人类的基因?(2)科学家“克隆”动物成功后,有的科学家也已经掌握了“克隆”人的技术,而且个别富翁也曾经向科学家提出过“克隆”自己的请求。英、美等国政府出于维护伦理道德的考虑,明确禁止科学家克隆人类。但是,也有的科学家认为,这一禁令不合理,因为“克隆”出来的人可以用于维护人类健康的目的。(3)手机大大方便了人们的生活,但手机辐射是否真的无害于人类健康?有的科学家认为,手机辐射对于人类是安全的;但也有科学家认为,二十世纪人类最危险的发明,不是核武器,而是手机。

思考题

1. 在我国当下,大学生就业问题成了我国最突出的社会问题之一。试回答,大学生的劳动权如何才能得到保障?

2. 浏览《经济、社会和文化权利国际公约》后回答,除了本章介绍的权利之外,第二代人权还有哪些?

3. 哪些权利既体现在《公民权利和政治权利国际公约》中,也体现在《经济、社会和文化权利国际公约》中?

4. 为什么说第二代人权不具有可诉性?

第七章　第三代人权

根据联合国教科文组织前法律顾问卡雷尔·瓦萨克提出的“三代人权”理论,第三代人权是对全球相互依存现象的回应,主要包括和平权、环境权和发展权。由于目前法学界对和平权尚未展开研究,各国宪法中规定和平条款者亦为少数,和平权方面的材料极为罕见。有鉴于此,本章只对发展权和环境权做一简要介绍。

第一节　环 境 权

一、环境权的产生

环境权作为一种法律权利,是20世纪六七十年代世界性环境危机和环境保护运动的产物。进入工业社会以前,人类认为自然环境及其资源是取之不尽、用之不竭的公共物品,以征服、改造自然为荣,没有保护自然环境的观念,当然也没有把环境与权利联系在一起。进入工业社会以后,人类对自然资源的消耗超过了大自然的再生能力,对环境的污染超过了大自然的净化能力,世界各国相继发生了严重的环境污染事故,影响到了人类自身的生存安全。于是,人类不得不对自己与环境的关系进行反思。20世纪60年代,联邦德国一位医生向欧洲人权委员会提出,向北海倾倒废弃物的行为是侵犯人权的行为,引发了环境权是否属于人权的争论。美国密执安大学的萨克斯教授提出了“环境公共财产论”和“环境公共委托论”的观点,认为每一个公民都有在良好环境下生活的权利,环境权是公民最基本的权利之一,应该在法律上得到确认并受法律的保护。① 萨克斯教授的“环境权”理论一经提出,便受到了法学界的极大关注。1972年召开的联合国人类环境会议,通过了《联合国人类环境会议宣言》,该宣言第1条规定:“人类有权在一种能够过尊严和福利的生活环境中,享有自由平等和充足的生活的基本权利,

① 参见程正康:《环境法概要》,光明日报出版社1990年版,第43页。

并且负有保证和改善这一代和世世代代的环境的庄严责任”。至此,环境权首次得到国际上的承认。随后,1982 年的《世界自然宪章》、1992 年的《里约环境与发展宣言》都提到了环境权。环境权作为第三代人权已为国际社会和许多国家所普遍接受,并将其写入宪法和国际人权公约。

二、宪法中环境权的概念

对于环境权的概念,学术界存在着不同的认识。

蔡守秋教授认为,环境权存在狭义和广义两种。狭义的环境权是指公民的环境权,即公民享有良好、适宜的自然环境的权利;广义的环境权是指包括自然人、法人和国家在内的一切法律关系主体在其生存的自然环境方面所享有的权利及承担的义务。蔡守秋教授所讨论的环境权是指广义的环境权,并以他的可持续发展理论为核心构建了广义的环境权理论体系。①

陈泉生教授认为,环境权是指“环境法律关系的主体享有适宜健康和良好生活环境,以及合理利用环境资源的基本权利”;她认为环境权的主体为全体人民,不仅包括公民、法人及其他组织、国家乃至全人类,还包括尚未出生的后代人。②

吕忠梅教授则认为,环境权仅指公民的环境权,不包括所谓的“法人环境权”与“国家环境权”在内。基于这样的认识,她把环境权定义为“公民享有的不在被污染和破坏的环境中生存及利用环境资源的权利”;这一定义包括如下含义:环境权的主体包括当代人和后代人;环境权的对象包括人类环境整体,既包括天然的环境要素和人为环境,还包括各环境要素所构成的环境系统的功能和效应,如生态效益、环境的优美舒适等;环境权是一项概括性权利,它可以通过列举而具体化;环境权是与义务相对应的权利。③

针对上述分歧,徐祥民教授指出,学者们所讨论的国家环境权其实是国家对外的主权和对内环境管理权;环境权的权利主体是人类,义务主体也是人类,是人类的分体及这些分体的各种形式的组合;环境权是一种自得权,它产生于环境危机,是以自负义务的履行为实现手段的保有和维护适宜人类生存繁衍的自然环境的人类权利。④

① 参见周训芳:《环境权论》,法律出版社 2003 年版,第 130 ~ 131 页。

② 参见陈泉生:《环境权之辨析》,《中国法学》1997 年第 2 期,第 66 页。

③ 参见吕忠梅:《论公民环境权》,《法学研究》1995 年第 6 期,第 62 页。

④ 参见徐祥民:《环境权论——人权发展历史分期的视角》,《中国社会科学》2004 年第 4 期,第 135 ~ 138 页。

尽管以上概念都各有其道理，但我们认为，站在宪法学角度对环境权的考察，主要强调环境权的实现是国家的义务，国家履行这种义务的目的是使本国公民受益。因此，在本章中，我们把环境权界定为一项公民权利，其意谓公民所享有的在舒适、有益于健康的环境中生活的权利。

三、环境权的主要内容

根据联合国人权委员会特别报告员起草的最后报告《人权和环境原则草案》(1994 年)，环境权的内容包括实体和程序两个方面。

实体性权利主要包括：(1)免受污染、环境恶化和对环境造成负面影响、威胁生命、健康、生活、福利或可持续发展的行为的危害；(2)保护和保全空气、土壤、水、海洋层、植物种群，有权参与为维持生物多样性和生态系统所必要的基本过程和领域；(3)拥有免于环境危害的可达到的最高健康标准；(4)拥有足以维持其福利的安全和健康的食物及饮用水；(5)拥有安全而又健康的工作环境；(6)在一个安全、健康和生态健全的环境中获得足够的住房、土地使用权和生活条件；(7)平等地从对自然和自然资源的维持和可持续利用中获得利益；(8)土著人有权对其土地、区域和自然资源保持控制并维持他们传统的生活方式。

程序性权利主要包括：(1)所有人有权获得与环境有关的信息；(2)所有人有权持有、发表和传播有关环境的观点和信息；(3)所有人有权获得环境和人权方面的教育；(4)所有人有权积极、自由并有意义地参与可能对环境和发展造成影响的计划和决策活动及过程；(5)为了保护环境或者为了保护受环境伤害的人们的权利，所有人有权自由和平等地与他人结社；(6)所有人有权由于遭受环境伤害或此类威胁，在行政或司法程序中获得有效的救济和赔偿。

目前世界上多数国家环境权的内容，主要是参照《人权和环境原则草案》，在规定实体性权利的同时规定保障实体性权利实现的程序性权利。环境权除了最基本的享受清洁空气和水的权利及享受具有生物多样性的良好的先天环境的权利外，还包括传统民法加以保护的日照权、采光权、通风权、安静权等。环境权是由人权本质不断优化发展而来的，呈现出开放性而非封闭性的特征，正是在其自身的不断发展、变化的过程中，通过不断吸纳新的人权要素而使其内容得以不断丰富。随着社会经济的发展和人们物质文化生活的提高，环境权作为一项概括性权利，在新的社会环境下要对其不断做出扩大解释，如优美环境享受权，包括眺望权、景观权、亲水权、达滨权、嫌烟权、自决性环境权、享受自然权等，从而使环境权的内容得以不断充实和丰富。此外，为了实现上述权利，公民应当享受一些广泛的程序性权利。[1]

四、环境权的基本人权属性[2]

环境权的基本人权属性是环境权的宪法理论基础。保障基本人权乃是宪法的基本价值所在,应然层面的基本人权经由宪法保障成为公民(基本)权利从而具有法律约束力,因而宪法被认为是公民(基本)权利的保障书。环境权作为第三代人权进入宪法,经由宪法保障成为法定的基本权利,正是因为环境权的基本人权属性。

基本人权是指人"因其为人而应享有的权利"。对于人的生存、发展而言,基本人权是一个人成其为人不可或缺、不可剥夺、不可转让的权利。一般认为,基本人权具有以下基本属性:其一,基本人权的权利主体具有普遍性;其二,基本人权在权利体系中处于上位的地位;其三,基本人权对"人之所以为人"具有不可或缺性;其四,基本人权的权利功能具有母体性,即具有派生功能。我们之所以认定环境权具有基本人权的属性,正是因为其具备了基本人权的基本属性:

(一)环境权的主体具有普遍性

自然环境是每个人生存中必不可少的,它不是个别人的,而是公民所共有的。环境权的提出不是凭借某种特有的身份,而是基于平等地尊重他人这一道德原则,是"普遍适用"的,即为一种"普遍权利要求",它不是个别或局部的权利需求。

(二)环境权在相关权利体系中居于上位的地位

环境权在整个利用自然资源与保护环境的权利中处于逻辑结构的上位层次,在地位上、次序上优于一般人权,在此领域起全局性、根本性作用。它是在政治、经济、文化权利的基础上不断发展与分化,并高度抽象与提升而形成的一项人权,具有派生与包含一系列具体人权形式的独特价值。因此,与其他人权形式相比较,环境权是一个高居于其他人权之上的基本人权。

(三)环境权是一项不可或缺、不可剥夺、不可转让的权利

环境权源于人的本性,是先于国家和政府而存在的,而不是哪一个国家和政府及其法律所赐予的,这也就决定了它是每个人不可或缺、不可剥夺、不可转让的权利。每个人可以不因其年龄、性别、职业、地位以及犯罪状况等因素而被剥夺其与生俱来所享受的环境权利。

---

① 参见黄应龙:《论环境权及其法律保护》,徐显明主编:《人权研究》(第2卷),山东人民出版社2002年版,第397页。

② 参见谭丕震:《人权视野下的环境权》,《法制与社会》2010年第1期,第284页。

(四)环境权具有母体功能

依据环境权,可派生出良好环境所要求的日照权、清洁空气权、清洁水权、享有自然资源权等一系列子权利。因此,环境权是一个由多项子权利组成的内容丰富的权利系统,它具有繁衍、派生其他权利的功能。

可见,环境权的基本属性与公民权利的基本属性具有一致性,是一项基本人权。

五、环境权入宪的价值正当性

(一)环境权入宪是实现宪法价值追求的必然结果

宪法作为治国的根本依据,规范社会政治、经济、文化等各个方面,因而它所保护和促进的价值也是多层次、多方面的。但就根本而言,人权和民主是宪法最基本、最核心的价值追求。宪法如果失去了对人权与民主的价值追求,就丧失了宪法的核心原则,从而也就不能成其为宪法。宪法需要在规定并不断丰富人权的内涵中来体现、实现自己的价值追求。因此,具有基本人权属性的环境权产生之初就被纳入到了宪法的保障中。

(二)环境权入宪是环境权基本人权属性的必然要求,是宪法基本原则的生动体现[①]

人权原则是宪法的基本原则之一。环境权作为一项基本人权,理应得到作为人权保障法的宪法的确认。通过宪法确立环境权是实行民主和公众参与制度的最具有决定性的因素之一。从环境权这一公民权利出发,可以明确规定公民在有关环境事务方面的知情权以及参与环境事务的讨论、建议权等具体权利。环境权的理论基础在于,适合人生存的环境是现存道德系统的内在自然规范,它是现存的包含着明示环境质量保证的人权规范,是生命权和健康权的逻辑结果。环境权具有作为人权的基本属性,是每个人与生俱来的基本权利,也就是特定社会的人们基于一定物质生活条件和文化传统而提出的权利要求,任何机构和个人都不能因年龄、性别、职业、地位等因素的差异而剥夺其所应有的环境权利。公民对自身权利的保障已不满足于、局限于普通法律,他们更希望通过宪法,使宪法所确认的各项基本权利得到全面的、充分的实现和保障,真正使宪法成为公民权利的保障书。

(三)环境权入宪是公民宪法诉讼权的基本要求[②]

所谓宪法诉讼权,是指公民、法人或其他社会组织等社会主体在其公民

① 参见关凤荣:《公民环境权的宪法保障》,长春理工大学2008年硕士学位论文,第19页。

② 参见关凤荣:《公民环境权的宪法保障》,长春理工大学2008年硕士学位论文,第19页。

权利受到侵害或围绕公民权利发生争议时所享有的直接向特定的法院寻求宪法救济的权利。自从1803年美国联邦最高法院首席大法官马歇尔通过马伯里诉麦迪逊案开创司法审查先例以来，宪法诉讼权在越来越多的国家受到重视，业已成为宪政建设和人权保护领域的"第一诉权"。是否确认公民宪法诉讼权，已成为当今世界判断一国宪政建设水平的标志。现实生活中，随着人类对大自然的无度索取，侵犯环境权的实例层出不穷。如果环境权不能规定到宪法中，则会导致宪法诉讼权的缺失，从而失去对于环境权的宪法保障。因此，越来越多的国家把环境权写入宪法，为实现环境权的宪法诉讼权创造前提性条件，从而为公民环境权受到侵害时获得法律救济提供宪法依据。

六、关于环境权的宪法规定①

（一）环境权的国内法承认

最先在国内法上确立环境权的是美、日两国。美国于1969年颁布《国家环境政策法》，该法第一篇具体规定了国家、公民在保护环境方面的权利与义务。该篇第3条强调："国会认为，每个人都应当享受健康的环境，同时每个人也有责任对维护和改善环境作出贡献。"这实际上确立了公民的环境权，对世界各国的环境立法产生了较大的影响。同年，日本制定了《东京都公害防止条例》。《条例》序言明确规定，全面尊重市民健康、安全和舒适生活的权利，并确立了三项原则：(1)所有市民都有过健康、安全以及舒适的生活的权利，这种权利不能因公害而受侵害；(2)所有市民对他人享有的健康、安全以及舒适的生活权利都负有尊重的义务，不得从事破坏自然与生活环境的行为；(3)作为东京都市民自治组织体的东京都，负有最大限度地保障市民健康、安全和舒适生活权利的义务，为了切实负起这一职责，东京都应采取一切手段，防止与消除公害。美、日两国在立法实践中确认了环境权以后，其他国家纷纷仿效，在宪法上规定环境权的有关内容。据统计，目前世界上许多国家的宪法已将保障环境权规定为国家或者国家机关的职责，或者将保护环境确认为个人、团体和组织的义务。环境权在世界各国宪法上的规定主要有两种形式：

1. 宪法直接确认环境权。

有些国家的宪法直接确认公民的环境权，使环境权成为一项新生的公民权利。比如1980年《智利共和国政治宪法》第19条规定："所有的人都

---

① 本部分的写作参考了顾爱平：《论环境权》，载杨海坤主编：《宪法基本权利新论》，北京大学出版社2004年版，第308～312页。

有权生活在一个无污染的环境中";第 123 条规定:"公民有生活在一个有利于健康、生态平衡、生命繁衍的环境中的权利。"1982 年《葡萄牙共和国宪法》第 66 条规定:"任何人都有享有有益健康与生态平衡的人类生活环境的权利和保护这种生活环境的义务。"1987 年《大韩民国宪法》第 35 条规定:"一切国民都有在健康、舒适的环境中生活的权利,国家和国民应努力保护环境。"1993 年《俄罗斯联邦宪法》第 42 条规定:"每个人都有享受良好的环境、被通报关于环境状况的信息的权利,都有因破坏生态损害其健康或财产而要求赔偿的权利。"1978 年《西班牙宪法》第 45 条第 1 款规定:"所有人有权利享受适于人发展的环境,并有义务保护环境。"

美国各州面对生态危机的挑战,从 20 世纪 70 年代初期开始,对州宪法进行调整,以适应环境保护的需要。据统计,美国至少有 16 个州在宪法中规定了涉及环境保护的条款,比如《马萨诸塞州宪法》第 4 条规定:"人民享有对清洁空气和水、对免受过量和不必要的噪声侵害以及对他们的环境的自然的、风景的、历史的和美学的质量的权利。"《宾夕法尼亚州宪法》第 1 条第 27 款规定:"人民拥有对于清洁的空气和水和保存环境的自然的、风景的、历史的和美学的价值的权利。"《弗吉尼亚州宪法》第 11 条第 1 款规定:"人民享有清洁的空气和水和为娱乐而利用和享受充分的公共土地、水体和其他自然资源之目的而保护、开发和利用自然资源、公共土地、历史遗迹和建筑物是州的政策。此外,为本州人民的利益而保护大气、水体和土地免遭污染、破坏或毁灭亦为本州之政策。"

2. 宪法未直接确认环境权,但在宪法中规定环境保护条款。

有些国家虽未对环境权做宪法上的规定,却在宪法中宣示对环境进行保护,规定了环境保护的权利和义务。如 1974 年《南斯拉夫社会主义联邦共和国宪法》设"保护和改善人的环境"专条(第 87 条)规定:"劳动者和公民、联合劳动组织、社会政治共同体、地方共同体、其他自治组织和共同体,有权利和义务为维护和发展人的环境中自然的和人工创造的有价值的东西保证条件,防止和消除由于空气、土壤、水流、水道和海洋的污染,由于噪音或通过其他方式使这些有价值的东西受到威胁或者使人的生命和健康遭到危害的有害后果"。此外,瑞士、瑞典、加拿大、希腊、捷克、中国、斯里兰卡、保加利亚、泰国、古巴、罗马尼亚等国都有类似规定。这种宣示性规定表明,国家对环境问题具有一定程度的认识和重视,将环境保护作为国家政治生活的一项重要内容,但这只能说明宪法中隐含有维护公民环境权的思想,公民的环境权还没有得到完全的宪法确认。

(二)环境权的国际法承认

1972 年 6 月,113 个国家和国际机构的代表共 1300 多人出席了在斯德哥尔摩召开的联合国人类环境会议，会议通过的《人类环境宣言》第 1 条庄严宣告"人人都享有自由、平等和舒适的生活条件，有在尊严的和舒适的环境中生活的基本权利，并且负有保证和改善这一代和世世代代的环境的庄严责任"，这标志着环境权作为一项公民权利得到了世界性的承认。1973 年，欧洲环境部长会议通过的《欧洲自然资源人权草案》将环境权作为一项新的人权加以肯定，同时将其作为《世界人权宣言》的补充。1981 年，非洲《人类和人民权利宪章》确认，"所有人应当对适合他们发展的环境享有权利"。1987 年 4 月，世界环境和发展委员会在其报告《我们共同的未来》中多次使用"环境权"概念，认为"全人类对能满足其健康和福利的环境拥有基本的权利"，要求各国政府"寻找途径来认识和保护今世和后代人生活在对健康和福利都适宜的环境中的权利"。[①] 1988 年的《美洲人权公约》"经济、社会和文化权利议定书"第 11 条规定："每个人应有权在健康的环境中生活……"1992 年的《里约环境与发展宣言》宣告："人类在关注可持续发展方面处于中心的地位。他们有权获得与自然相和谐统一的健康而富足的生活。"

第二节 发展权

一、发展权概念的提出

二战以后，随着第三世界国家民族解放运动的发展，改变旧的国际秩序，提高发展中国家人民的生活水平成为时代的呼声。1948 年的《世界人权宣言》第 22 条规定："人既为社会之一员，自有权享受社会保障，并有权享受个人尊严及人格自由发展所必需之经济、社会及文化各种权利之实现；此种实现之促成端赖国家措施与国际合作并依各国之机构与资源量力为之。"这是国际人权公约首次规定"人的发展"问题。1966 年的《经济、社会和文化权利国际公约》、《公民权利和政治权利国际公约》都在第 1 条第 1 款规定："所有民族均享有自决权，根据此种权利，自由决定其政治地位及自由从事其经济、社会与文化之发展。"在这里，两大人权公约肯定的是"民族的发展"问题。1969 年的《社会进步与发展宣言》规定，发展中国家实现其发展的主要责任在于这些国家本身，其他国家也有责任为发展中国家的发展提供帮

① 世界环境与发展委员会：《我们共同的未来》，王之佳等译，吉林人民出版社 1997 年版，第 25 页。

助。在这里,发展的主体界定为国家,而且被宣示为一种责任。

发展权利的理念最早是由非洲提出来的。1969 年,阿尔及利亚正义与和平委员会发表了一份关于"不发达国家发展权利"的报告,首次使用了"发展权利"术语。而第一次明确提出"发展权"概念并尝试给其下定义的是塞内加尔第一任最高法院院长、人权国际协会副主席、联大人权委员会委员凯巴·姆巴耶。1970 年,他在斯特拉斯堡人权国际协会开幕式上发表了一篇题目为《作为一项人权的发展权》的演讲。他指出,发展权是一项人权,因为人类没有发展就不能生存,所有的基本权利和自由必然与生存权、不断提高生活水平权相联系,也就是与发展权相联系。至此,发展权概念被正式提出,并立即受到了广大发展中国家的强烈支持和联大一系列国际文书的确认。

1974 年 5 月 1 日,联大通过的《建立国际经济新秩序宣言》宣告,"每个国家都有权实行自己认为对自己的发展最适合的经济和社会制度,而不因此遭受任何歧视",把建立国际经济新秩序作为各国实现发展权的首要任务。在呼吁建立新的国际经济新秩序的浪潮中,1974 年 12 月 12 日,联大通过《各国经济权利和义务宪章》,重点规定了有关发展合作和发展的障碍问题,系统地论述了促进各国发展的国际经济权利义务的具体内容。1977 年,联大教科文组织对发展权概念展开讨论,同年,联合国人权委员会第 33 届会议通过第 4(XXXIII)号决议,第一次在联大人权委员会系统内承认发展权是一项人权。从此,发展权问题正式列入联大的议事日程,联大就此展开了一系列活动。

1979 年 3 月 2 日,联合国人权委员会通过的第 4(XXXV)和第 5(XXXV)决议指出,"发展机会均等,既是国家的权利,也是国家内个人的权利",明确了发展权的主体包含了国家及个人,无疑是对发展权概念的认识的深化。[①] 同年 11 月 23 日,第 34 届联大第 34/36 决议通过《关于发展权的决议》。该决议的颁行,标志着国际社会已对发展权予以了确定和认可。1981 年,联合国人权委员会设立一个由 15 国成员组成的关于发展权研究的工作组,主要负责起草发展权宣言的工作。但随后几年,宣言草案仍不能够达成协议,决定提交联合国大会。经过发展权工作组和发展中国家的不断努力,在广泛征求意见的基础上,1986 年 12 月 4 日,在联大第 41 届会议上,以 146 票通过、1 票反对、8 票弃权通过了《发展权利宣言》(第 41/128 号决议)。该《宣言》第 1 条第 1 款规定:"发展权是一项不可剥夺的人权,由于这

① 参见汪习根:《法治社会的基本人权——发展权法律制度研究》,中国人民公安大学出版社 2002 年版,第 35 页。

种权利,每个人和所有各国人民均有权参与、促进并享受经济、社会、文化和政治发展,在这种发展中,所有人权和基本自由都能够获得充分实现。"该宣言对发展权的主体、内涵、地位、保护方式和实现途径等基本问题进行了原则性的阐述。[①]

二、发展权概念的含义[②]

要准确地理解发展权,首先要正确理解"发展"的含义。"发展"的实质在于人类在经济、政治、社会和文化诸方面得以全面发展。基于对作为发展权内容的"发展"的实质的把握,大多研究者将发展权概念概括为:发展权是全体个人及其集合体有资格自由地向本国政府和国际社会主张的参与、促进和享受经济、社会、文化和政治各方面发展所获利益的一项基本人权。一般来说,发展权包括经济发展权、政治发展权、文化发展权、社会发展权及由此分化出来的生存发展权。对于发展权的概念,立足于发展的属性,可以做如下理解:

第一,发展权的内容涉及个人和集体关于政治、经济、社会、文化等诸方面的发展权利,是一个由各种主、客观发展要素组成的整体。

第二,发展权是个人人权与集体人权的综合,具有集体人权的属性。国家、区域性组织、个人都应该对发展负有责任,从而在实践上实现国家与区域性组织、个人之间的和谐发展。

第三,通过权利主体自由地选择发展模式,实现权利主体发展行为与发展利益的平衡和统一。

第四、发展权是一个开放的体系,其内容将随着社会的发展而日益更新和扩展。

三、发展权的基本人权属性

在世界范围内,有人主张发展权是一项人权;也有人否认发展权的人权属性,认为发展权不过是一项被国际社会普遍接受的国际经济、社会政策,在法律上没有可诉性,不是一项独立的法律权利。据汪习根教授统计,在亚洲 45 部宪法中有 27 部体现了发展权的要求,拉丁美洲 27 国宪法中有 17 部包含了发展权的内容,大洋洲 9 国宪法中有 5 部反映了发展权的思想,欧洲 42 国宪法中有 8 部表达了自由发展愿望。[③] 基于这一事实,我们认为,发展

---

① 参见何志鹏:《发展权与欧盟的法律体制》,吉林大学出版社 2007 年版,第 7 页。

② 参见翟红芬:《论发展权概念》,《山东省农业管理干部学院学报》2009 年第 5 期,第 108 页。

③ 参见汪习根:《发展权法律规范的比较研究》,载徐显明主编:《人权研究》(第 2 卷),山东人民出版社 2002 年版,第 358 ~ 359 页。

权目前还没有可诉性,只是表明这一权利还不成熟,是一项正处于发展完善过程中的权利,不应因此否认发展权的权利属性。《发展权利宣言》第1条第1款规定:"发展权是一项不可剥夺的人权,由于这种权利,每个人和所有各国人民均有权参与、促进并享受经济、社会、文化和政治发展,在这种发展中,所有人权和基本自由都能够获得充分实现。"在这里,发展权被确认为一项独立的人权。作为一项人权,发展权与其他人权相比较,不仅具备一般人权的属性,又是对传统人权的一种突破:在权利主体的规定上,它兼有集体和个体两个方面;在权利内容上,它涵盖了经济、社会、文化权利和政治权利而超出了传统的各项人权的范围;在实施方式上,发展权既属于一国内政,又强调在国际范围内做出安排,要求国际社会成员对其加以尊重、维护和保障。可见,发展权的价值不只是体现在它是一项具有人权属性、符合人权构成要件的一般人权,更在于它是人权系统中涉及人的基本属性和终极价值的基本人权。发展权同基本人权具有内在的一致性,是一项基本人权。①

首先,发展权是全人类的权利,其主体具有普遍性。任何基本人权为普遍主体共同地享有,是其成为基本人权的先决条件,只为部分主体或特殊主体享有的人权不可能是一项基本人权。在《发展权利宣言》的规定中,所谓"每个人和所有各国人民"表明发展权主体涵盖了社会中所有的主体,是普遍的,发展权是全人类的权利。人作为发展的中心,应当是发展权的积极参与者和受益者,全人类都应个别地或集体地对发展负有责任。正是在这个意义上说,一切人,不论种族、肤色、性别、年龄、语言、宗教信仰、国籍、政治见解、社会出身、财产、身份、能力等等各方面差异或不同,都应一视同仁地享有发展的权利。

其次,发展权是政治、经济、社会、文化等诸方面的发展权的统一体,具有母体性。一方面,基本人权优先于法律,立法的本位落脚于人权,法律的理念和价值又来源于它;另一方面,基本人权具有繁衍、派生其他具体权利的功能。发展权作为一项人的权利,具有推导法律和求证法律存在必要性的价值,它从思想上、理念上孕育着以人类的普遍发展为价值的法律的形成与发展,在实践中派生出了发展权法。同时,发展权在微观上繁衍、派生出了一系列具体的人权,诸如经济发展合作权、社会保障发展权、生活质量提高权、教育科技发展权,等等。总之,发展权既是一个推动法律不断得以进化与完善的动力,又是一种对人权系统中其他一般人权的演化与保障具有原生意义的构建型人权形态。所以,发展权具有母体性,是一项基本人权。

---

① 参见梁新明、翟红芬:《人权视角下的发展权解读》,《山东省农业管理干部学院学报》2008年第4期,第101~102页。

再次,发展权是权利主体固有的、稳定永恒的权利,具备基本人权普遍具有的不可缺乏性、不可取代性、不可转让性、不可分割性等特征。人类基于自然的本性而要求生存、发展、平等、自由这些权利,同时也只有享有了这些权利,人才能脱离生物学意义上的人而成为法律意义上和社会意义上的人。所以,对任何人而言,发展权都是不可或缺的。在人权体系中,发展权与其他基本人权既相互依存,又相互独立存在。我们无法用一项人权取代另一项人权,否则,就等于宣告人权体系的倾斜或倒塌,无异于扭曲人的本质,破坏人的完整性,这表明发展权是不可取代的。发展权与人的生命相始终,任何人无法将其让渡,它不能够出借,不能够易主,也无法由人代理,即使人们愿意让与,国家与社会也不允许这种让与,他人亦不能和无权接受,这就是发展权的不可转让性。发展权具有不可分割性,是因为它同其他基本人权相互依存、相互渗透、相互制约,构筑成一个不可分割的整体,发展权不可能离开其他人权而孤立存在,恰恰是分别渗入其他人权形式中,相互关联,并以其整体的优势相互推动这些权利的实现。

四、关于发展权的宣示性规定

(一)关于发展权的国内法承认

1. 关于发展权观念的宪法宣示。

世界上有许多国家的宪法没有提及发展权这一概念,而是将发展权的内涵做出原则性的宣告。如 1987 年《阿富汗民主共和国宪法草案》第 12 条规定:"国家奉行所有民族、部落和部族全面发展、谅解、友好与合作,保障政治、经济、社会和文化平等,加速落后地区社会与经济发展的政策。"1993 年《俄罗斯联邦宪法》第 7 条规定:"俄罗斯联邦是社会国家,其政策旨在创造保障人的正当生活和自由发展的条件。"据不完全统计,宪法中包含了发展权思想的亚洲国家有中国、巴基斯坦、巴林、朝鲜、菲律宾、卡塔尔、科威特、马来西亚、蒙古、孟加拉国、缅甸、尼泊尔、斯里兰卡、泰国、土耳其、叙利亚、也门、伊朗、印度、越南、格鲁吉亚、哈萨克斯坦、韩国、吉尔吉斯斯坦、土库曼斯坦、乌兹别克斯坦、亚美尼亚,计有 27 个国家;宪法中包含有发展权思想的拉丁美洲国家主要有巴拉圭、巴西、秘鲁、玻利维亚、厄瓜多尔、哥斯达黎加、古巴、圭亚那、洪都拉斯、尼加拉瓜、萨尔瓦多、特立尼达和多巴哥、危地马拉、委内瑞拉、乌拉圭、智利,计有 16 个国家;宪法中包含了发展权思想的大洋洲国家主要有巴布亚新几内亚、所罗门群岛、图瓦卢、瓦鲁阿图、新西兰,计有 5 个国家;宪法中包含了发展权思想的欧洲国家主要有摩纳哥、葡萄牙、西班牙、希腊、意大利、白俄罗斯、俄罗斯、斯洛伐克等8个国家。①

2. 宪法对发展权内容的确认。

发展权的内容涵括政治、经济、社会生活各个方面,一些国家在宪法中对于发展权的具体内容做了规定。如1976年《古巴共和国宪法》第16条规定:"发展经济是为了……不断满足社会和公民物质、文化需要,促进人的个性和人的尊严的发展。"1980年《圭亚那合作共和国宪法》第14条规定:"经济制度的最高目标是,尽可能充分满足人民对物质、文化和知识日益增长的需要,发展他们的人格。"

发展权作为一项崭新的人权类型,在学术界已经引起了普遍的关注。对于发展权的研究是一个开放的领域,随着研究的深入会有更多成果涌现,推动发展权理论完善的同时,逐步推动发展权的宪法化。

(二)关于发展权的国际承认

1977年11月,联合国教科文组织主编的《信使》杂志上发表了《三十年的斗争》一文,该文将发展权界定为一种新的人权,这引起了联合国人权委员会的极大关注。这一年2月1日,联合国人权委员会通过了第4(XXXIII)号决议,首次承认发展权是一项人权,以此为发端,发展权才被正式列入联合国大会关于国际政治、经济和法律事务的讨论议程。1977年12月26日,联合国大会通过了《关于人权新概念的决议案》,把政治、经济及社会发展作为人权的不可分割的内容。同时,联合国秘书长根据人权委员会的要求,专门发表了研究发展权之国际意义的E/CN.4/1344报告,指出:"发展机会均等,既是国家的权利,也是国家内个人的权利。"②此后,联合国大会为了使发展权的研究和保护工作更加全面、系统,于1979年11月23日通过了《关于发展权的决议》,强调"发展权是一项人权,平等的发展机会既是各个国家的特权,也是各国国内个人的特权"。

在发展权问题上,发达国家与发展中国家有着不同的理解。针对在这个问题上的冲突,联合国从20世纪80年代起,开始将工作重点转移到对发展权的实现和保障方面。1986年12月4日,联合国大会通过了《发展权利宣言》,其中第1条第1款规定:"发展权利是一项不可剥夺的人权,由于这种权利,每个人和所有各国人民均有权参与、促进、享受经济、社会、文化和政治发展,在这种发展中,所有人权和基本自由都获得充分实现";第2条第1款规定:"人是发展的主体,因此,人应成为发展权利的积极参与者和受益者";第3条第1款规定:"各国对创造有利于实现发展权利的国家和国际条

---

① 参见汪习根:《发展权法律规范的比较研究》,载徐显明主编:《人权研究》(第2卷),山东人民出版社2002年版,第359页。

② 转引自汪习根:《发展权法理探析》,《法学研究》1999年第4期,第17页。

件负有主要责任”。20 世纪 90 年代以来,对如何理解和保障发展权进行了更加深入的讨论。发展权虽然在形式上已经成为国际社会认可的一项人权,但在理论和实践中仍然存在着严重的分歧。

思考题

1. 什么是第三代人权?
2. 如何理解环境权的基本人权属性?
3. 如何理解发展权的基本人权属性?
4. 简述环境权与发展权的宪法规定。

第八章　我国公民的基本权利与义务

第一节　我国公民的基本权利

一、平等权

一般说来,平等权在宪法中的表述是"公民在法律面前一律平等"。这一口号是资产阶级在反对封建等级特权的斗争中提出来,并在取得政权之后用法律形式予以规定的。最早确认这一原则的是1789年法国《人权宣言》(第6条),它规定:"法律对于所有的人,无论是施行保护或处罚都是一样的。在法律面前,所有的公民都是平等的……"此后,其他资本主义国家也大都在宪法中肯定这一原则。在资本主义宪法中,从形式上看,这项原则的含义包括三个方面:(1)公民在立法上的平等;(2)公民在适用法律上的平等;(3)公民在守法上的平等。

我国现行宪法第33条规定:"中华人民共和国公民在法律面前一律平等。"公民在法律面前一律平等,是我国现行宪法的一项原则,也是我国公民的一项基本权利。从宪法学角度而言,平等权是指宪法所赋予的公民不受国家之歧视的权利,其具体含义包括:(1)公民平等地享有宪法和法律规定的权利,也都平等地履行宪法和法律规定的义务;(2)任何人的合法权益都一律平等地受到保护,对违法行为一律依法予以追究,绝不允许任何违法犯罪分子逍遥法外;(3)在法律面前,不允许任何公民享有超越法律的特权,任何人不得强迫任何公民承担法律以外的义务,不得使公民受到法律以外的惩罚。

就广义而言,我国公民的平等权还包括民族平等、男女平等。它们和公民在法律面前一律平等既有联系,又有区别。民族平等和男女平等的含义更为广泛,不仅包括在法律面前一律平等,即不能因民族和性别的不同而获得法律以外的特权或者作为限制权利的借口使公民受到歧视,而且还包括经济、政治、社会、家庭等方面的平等。但是,各民族和男女公民在法律面前一律平等非常重要，只有平等地适用法律，其他各方面的平等才可以得到基本的保障。

二、人身权利与自由

（一）人身自由

人身自由指公民的人身不受非法搜查、拘留、限制和逮捕的权利。公民的人身自由，是公民参加各种社会活动、参加国家政治生活和享受其他权利自由的先决条件。公民失去了人身自由，其他权利就会受到极大限制。

我国现行宪法第37条规定："中华人民共和国公民的人身自由不受侵犯。任何公民，非经人民检察院批准或者决定或者人民法院决定，并由公安机关执行，不受逮捕。禁止非法拘禁和以其他方法非法剥夺或者限制公民的人身自由，禁止非法搜查公民的身体。"非法拘禁是指违反法律规定的程序，以拘留、监禁的方法剥夺或限制公民的人身自由；以其他方法限制、剥夺公民的人身自由，是指以非法管制、拘役、徒刑以及非法讯问、非法跟踪盯梢等方法限制、剥夺公民的人身自由；非法搜查公民身体，是指国家机关违反法律规定的程序或者依法不享有搜查权的组织和个人，对公民的身体强行进行搜查。

公民的人身自由权利是一种相对的权利，国家机关可以依照法定的程序进行限制或剥夺。《中华人民共和国刑事诉讼法》规定了我国有关国家机关限制或者剥夺公民人身自由的条件、程序以及国家工作人员违反法律规定的责任。

（二）人格尊严

人格尊严，是公民人身权利的重要组成部分。为了保障公民的人身自由权利，我国现行宪法第38条规定："中华人民共和国公民的人格尊严不受侵犯。禁止用任何方法对公民进行侮辱、诽谤和诬告陷害。"这是新中国宪法第一次写明保护公民人格尊严的内容。

公民的人格，就是公民作为人所必须具有的资格。从法律上讲，公民的人格，是指作为权利和义务主体的自主的资格。公民的人格尊严是指公民作为法律关系上主体的独立资格应当得到承认、受到尊重与保障。

公民的人格尊严对国家和社会不会构成任何明显的威胁，法律无法也不可能对其进行限制。在宪法上，人格尊严具有不可剥夺、不可转让和不受限制三个方面的特点。任何公民包括犯罪的公民，其人格都应受到国家和社会的尊重，可以被剥夺的公民权利中不包括人格尊严在内。公民个人也不能转让或放弃，不知自重、出卖自己人格的人，会受到舆论的谴责。

（三）隐私权

隐私权，又称个人生活秘密权或私生活秘密权，是指公民的个人生活秘密和个人生活自由不受侵犯的权利。[①] 我国现行宪法第 37 条“禁止非法搜查公民的身体”的规定，既涉及公民的人身自由，也涉及公民的隐私权。此外，我国现行宪法关于隐私权的规定，还涉及住宅不受侵犯以及通信自由、通信秘密受法律保护这两项内容。

1. 住宅不受侵犯。

我国现行宪法第 39 条规定：“中华人民共和国公民的住宅不受侵犯。禁止非法搜查或者非法侵入公民的住宅。”住宅是公民居住、生活和休息的场所，保护公民住宅不受侵犯，就是保护公民居住安全和进行私人生活的权利，这是公民享有人身自由权的基础和保障。

公民的住宅不受侵犯，应当包括三个方面的含义：(1)公民的住宅不得随意进入；(2)公民的住宅不得随意搜查；(3)公民的住宅不得随意查封。公安机关、检察机关为了收集犯罪证据、查获犯罪人，侦查人员需要对被告人以及可能隐藏罪犯或者犯罪证据的人的身体、物品、住所和其他有关的地方进行搜查时，必须严格依照法律规定的程序进行。为了保障公民住宅不受侵犯，我国刑法还具体规定：非法搜查他人身体、住宅，或者非法侵入他人住宅的，处 3 年以下有期徒刑或者拘役。司法工作人员滥用职权，犯前款罪的，从重处罚。

2. 通信自由和通信秘密受法律保护。

我国现行宪法第 40 条规定：“中华人民共和国公民的通信自由和通信秘密受法律的保护。除因国家安全或者追查刑事犯罪的需要，由公安机关或者检察机关依照法律规定的程序对通信进行检查外，任何组织或者个人不得以任何理由侵犯公民的通信自由和通信秘密。”

公民的通信自由和通信秘密，是指公民的通信（包括电报、电话、邮件和其他合法电子联系方式），不被非法隐匿、毁弃、拆阅或者窃听。隐匿或毁弃公民的信件、电报，就是对公民通信自由的侵犯；拆阅或者窃听公民的通讯内容，就是对公民通信秘密的侵犯。通信是公民进行社会交往的一种正常活动，也是公民日常生活中不可缺少的一项基本权利，保护这种权利，对于维护正常的社会生活秩序和公民的切身利益非常重要。同时，在一定条件下，公安机关和检察机关为了国家安全或者同罪犯作斗争的需要，可以依法对公民的通信进行检查，这是对公民通信自由和通信秘密的具体化保护的另一种方式，不仅为国家安全所必需，而且也符合广大人民群众的利益。但这种检查要有严格的程序控制，使之不得用于其他非法的目的。除宪法外，我国的刑法、刑事诉讼法和邮政法等都对保护公民的通信自由和通信秘密

---

① 参见李步云主编：《宪法比较研究》，法律出版社 1998 年版，第 485 页。

规定了具体的措施。

三、宪教信仰自由

我国现行宪法第36条第1、2款规定:“中华人民共和国公民有宗教信仰自由。任何国家机关、社会团体和个人不得强制公民信仰宗教或者不信仰宗教,不得歧视信仰宗教的公民和不信仰宗教的公民。”宗教是一种十分复杂的社会意识形态。我国宪法之所以规定宗教信仰自由是因为:(1)宗教是一种历史现象,有它发生、发展和消亡的过程。只要人们还有一些不能从思想上解释和解决的问题,就难以避免有宗教信仰现象。当社会还没有发展到使宗教赖以存在的历史条件完全消失的时候,宗教就会存在,我们应从实际出发,实事求是地对待宗教问题;(2)宗教信仰属于思想范畴的问题,对待公民的思想认识问题,决不能强迫命令,粗暴压制;(3)宗教的存在具有国际性和群众性的特点。我国的宗教有悠久的历史,佛教已有2000年左右的历史,道教有1700多年的历史,伊斯兰教有1300多年的历史。基督教在公元635年传入我国且于鸦片战争后有了较大发展。我国有部分少数民族几乎都信仰宗教。佛教(包括喇嘛教)在蒙、藏、傣等少数民族中几乎是全民族信仰的宗教。佛教和道教在汉族中也有一定影响。所以,信仰宗教具有民族性和群众性的特点。同时,宗教也具有国际性,宗教在世界各地有广泛的社会影响。全世界约有30亿人信仰宗教,占世界总人口的60%到70%。因此,正确处理好宗教问题,对于民族团结、国家统一和国际交往,都有重要意义。

宗教信仰自由的含义是指:(1)每个公民都有按照自己的意愿信仰宗教的自由,也有不信仰宗教的自由;(2)有信仰这种宗教的自由,也有信仰那种宗教的自由;(3)在同一宗教里,有信仰这个教派的自由,也有信仰那个教派的自由;(4)有过去不信教而现在信教的自由,也有过去信教而现在不信教的自由;(5)有按宗教信仰参加宗教仪式的自由,也有不参加宗教仪式的自由。

宗教信仰自由作为公民的一项基本权利,受宪法和法律的保障,同时也受到宪法和法律的限制。我国现行宪法第36条第3、4款规定:“国家保护正常的宗教活动。任何人不得利用宗教进行破坏社会秩序、损害公民身体健康、妨碍国家教育制度的活动。宗教团体和宗教事务不受外国势力的支配。”

四、政治权利与自由

(一)选举权和被选举权

选举权是公民依法享有的选举代议机关代表和国家公职人员的权利;

被选举权是公民依法享有的当选为代议机关代表和国家公职人员的权利。

在我国,人民是国家的主人,人民有当家做主的权利,但并不是每一个人都直接行使国家权力,参与国家的重大决策和日常事务管理,而是采用选举的方式,选出代表自己意愿的代表参加各级国家机关管理国家事务,行使国家权力,实现人民民主专政。因此,选举权和被选举权是我国人民参加国家管理的一项最基本的手段,也是我国人民行使国家权力的基本形式,它直接体现了人民的国家主人翁地位。因而,选举权和被选举权是人民参加管理国家最基本的一项政治权利。

对公民的选举权和被选举权,新中国的4部宪法都做了规定,但规定的法律形式不尽相同。1975年宪法和1978年宪法的规定都比较简单:"年满十八周岁的公民,都有选举权和被选举权。依照法律被剥夺选举权和被选举权的人除外。"

现行宪法(第34条)恢复了1954年宪法的规定:"中华人民共和国年满十八周岁的公民,不分民族、种族、性别、职业、家庭出身、宗教信仰、教育程度、财产状况、居住期限,都有选举权和被选举权;但是依照法律被剥夺政治权利的人除外。"按照这一规定,我国公民不分民族、种族、性别、职业、家庭出身、宗教信仰、教育程度、财产状况、居住期限等方面的差别,都享有选举权与被选举权,体现了我国公民选举权和被选举权的普遍性。但是,依照法律规定被剥夺政治权利的人,不能享有选举权和被选举权。

为了保证我国公民这项最基本的政治权利的行使,我国立法机关还制定了《全国人民代表大会和地方各级人民代表大会选举法》,对公民行使选举权和被选举权的原则、程序和方法做了符合我国国情的规定。并且还规定了选举经费由国库开支,对破坏选举者给以法律制裁,从而使我国公民的选举权和被选举权得到了法律上和物质上的有效保障。

(二)表达自由

我国现行宪法第35条规定:"中华人民共和国公民有言论、出版、集会、结社、游行、示威的自由。"自由就是可以做法律所许可的一切事情的权利,或者说,是可以做法律所不禁止的事情而不受国家非法干涉的权利。现行宪法所确认的这些自由,是公民在法律范围内享有表达意愿的权利,统称表达自由。

1. 言论自由。

言论自由是公民对于政治和社会的各项问题,通过语言方式表达其思想和见解的自由。语言是人们交流思想、传播信息的基本工具,是连接人群的纽带,言论自由在公民的各项自由权利中居于首要的地位。从某种意义上讲,一个国家言论自由的程度从一个侧面反应了这个国家的民主化程度。①

新中国成立后颁布的4部宪法都明确规定公民有言论自由,但言论自由必须在法律的范围内行使。对言论自由的限制涉及的主要有:不得利用言论自由煽动群众反对政府,危害国家和社会安宁;不得利用言论自由对他人的人格尊严进行侮辱诽谤。

2. 出版自由。

出版自由是公民以出版物的形式表达其思想和见解的自由。出版自由与言论自由的区别仅仅在于,它是以出版物的形式来表达思想和见解。出版自由作为公民的一项基本权利,既是公民交流思想和见解的手段,也是国家促进科学文化事业发展的一种措施。

与言论自由一样,出版自由也要按法律的规定享有和行使。国务院于2011年3月19日颁布生效的《出版管理条例》第25条规定,任何出版物不得含有下列内容:(1)反对宪法确定的基本原则的;(2)危害国家统一、主权和领土完整的;(3)泄露国家秘密、危害国家安全或者损害国家荣誉和利益的;(4)煽动民族仇恨、民族歧视,破坏民族团结,或者侵害民族风俗、习惯的;(5)宣扬邪教、迷信的;(6)扰乱社会秩序,破坏社会稳定的;(7)宣扬淫秽、赌博、暴力或者教唆犯罪的;(8)侮辱或者诽谤他人,侵害他人合法权益的;(9)危害社会公德或者民族优秀文化传统的;(10)有法律、行政法规和国家规定禁止的其他内容的。

【案例】谢朝平出版作品遭刑事拘留案②

2010年8月19日,55岁的谢朝平被陕西渭南警方以涉嫌"非法经营罪"从北京家中带走。"非法经营"是因为谢朝平自费在《火花》杂志出版了增刊1万本纪实文学《大迁徙》,其中记录了三门峡移民的一些历史遗留问题,渭南地区的移民是作品主角。2010年9月17日,陕西渭南检察机关对谢朝平作出不予批准逮捕决定,谢被取保候审。

【评析】苏州大学王健法学院上官丕亮点评:(1)渭南警方因谢朝平在作品中揭露了真实的情况和腐败的问题,就以涉嫌非法经营罪对其进行追捕和拘留,仅凭这一点就足以断定,警方明显侵犯了谢朝平的出版自由权。(2)渭南警方因为谢朝平的作品披露了真相,批评了当地的公务员,就对作者进行打击报复,这明显侵犯了谢朝平的批评、建议等监督的权利。(3)我

① 参见周叶中主编:《宪法》,高等教育出版社、北京大学出版社2000年版,第263页。

② 参见双华斌、万玉凤:《法学家点评2010年度中国十大宪法事例》,http://www.Chinanews.com/fz/2011/01-24/2807529.shtml. 阅读日期:2011年4月9日。

国宪法明确规定公民的人身自由不受侵犯,我国的刑事诉讼法也有很多限制人身自由的程序规定,渭南警方没有遵守这些规定,超期羁押严重侵犯公民的人身自由。(4)国家工作人员一定要有宪法意识,应当按照宪法的精神来理解法律的规定。只有这样,才能保证我们的法律在执行中不与宪法相抵触,所有的部门法中的"根据宪法,制定本法",才不至于成为一句空话。只有这样,才能保证屡屡发生的"因言获罪"、"因言治罪"的冤案不再发生。

【案例】定南县"人民日报事件"

2003 年 8 月 28 日,《人民日报》第 5 版刊登了一篇报道,题为《如此拆房为谁谋利》。文章的大意是批评江西省定南县政府先违规出让土地,后又不顾法院要求诉讼期间"停止执行"的裁定,组织人力赶在法官到达之前强行拆毁地上房屋。8 月 30 日上午,县武装部门口的水泥墙上悄悄贴上了这篇文章的复印件,引来许多人观看。不一会儿,人群中传闻县里已经派人把这张报纸封杀了。一位面色严肃的人挤进人群,一手撕掉了墙上的复印文章。据说第二天下午,县里来了两位领导,要求带走前一天的《人民日报》。最后,8 月 28 日的《人民日报》第 5 版被单独抽出来"封存"了。因此,除了私下复印的一些报纸之外,那一天的《人民日报》第 5 版从当地全部"失踪"。

【思考】在定南"人民日报事件"中,谁的、何种自由受到了侵犯?

3. 结社自由。

结社自由是公民为一定宗旨,依照法定程序组织或者参加具有持续性的社会团体的自由。公民的结社因目的不同,可以分为两种:(1)以营利为目的的结社,如商业结社中的公司、集团、中心等。此种结社通常由民法、商法来调整。(2)非以营利为目的结社。其中又分为政治性结社,如组织政党、政治团体等;以及非政治性结社,如组织宗教、慈善、文化艺术等团体。各国的法律通常对政治性结社予以严格限制。

在我国,凡符合宪法和法律的规定,并履行一定的法律程序而组成的社会团体,都受到国家的保护。1998 年 10 月,国务院发布《社会团体登记管理条例》规定:"本条例所称社会团体,是指中国公民自愿组成,为实现会员共同意愿,按照其章程开展活动的非营利性社会组织。"在我国,除了中国共产党之外,还有 8 个民主党派以及工会、青年团、妇女联合会等各种社会团体。不仅如此,为了繁荣科学和文化艺术,我国还有各种学会等学术团体。我国法律既保护公民享有结社自由,又禁止和取缔不法分子假借这种自由搞非法组织和破坏活动。

4. 集会、游行、示威自由。

集会自由是指公民聚集于露天公共场所，发表意见、表达意愿的自由。集会自由是言论自由的延伸和扩展。通过集会可以扩大言论的影响，在集会时，经过讨论，可使有关问题深刻化、条理化，从而能够更好地实现言论自由所要达到的目的。集会和结社两者都是多数人聚集在一起讨论问题或表达意愿的活动。所以，集会同结社常常相提并论。两者的不同之处是，集会是临时性的聚集，而结社则是长期的、持续性的结合，并且具有固定的组织、章程和制度。

游行自由是公民在公共道路、露天公共场所列队行进、表达其强烈的共同意愿的自由。

示威自由是公民在公共道路或露天公共场所，以集会、静坐或游行等方式，为了表达抗议、支持、声援等强烈意愿而聚集在一起，以显示决心和力量的自由。

集会、游行、示威自由的共同之处是它们都属于表达意愿的自由；不同之处是，表达意愿的程度、方式和方法有所差异。一般来说，集会具有静态性特征，而游行、示威多为动态形式；集会的成员通常较为固定，而游行和示威参加或观看的人数众多，情绪感染性强，对社会影响较大。由于集会、游行和示威具有重大的政治和社会影响，绝大多数国家的宪法和法律都对集会、游行和示威自由权利的行使规定了严格的限制：在程序上要经过申报、审批，未经批准的则可被取缔；在范围上设置禁止游行的区域，对活动的时间、路线加以严格控制；在主体上可以禁止某些特定的党派、群体和个人参加；在制裁上可以派警员随行，对出现违法行为的游行、示威及时予以取缔，并可以处罚有关责任人员。

为了更好地保障公民行使集会、游行、示威的自由权利，维护社会安定团结，1989 年我国制定了《中华人民共和国集会游行示威法》。该法第 4 条规定："公民在行使集会、游行、示威的权利的时候，必须遵守宪法和法律，不得反对宪法所确定的基本原则，不得损害国家的、社会的、集体的利益和其他公民的合法的自由和权利。"这一条确定了集会、游行、示威自由的总体原则。该法还作出了一系列限制性规定：(1)集会、游行、示威应当和平地进行，不得携带武器、管制刀具和爆炸物，不得使用暴力或者煽动使用暴力。(2)不得妨碍公务。集会、游行、示威在国家机关、军事机关、广播电台、电视台、外国驻华使领馆等单位所在地举行或者经过的，主管机关为了维持秩序，可以在附近设置临时警戒线，未经人民警察许可，不得逾越。(3)集会、游行、示威应当按照许可的目的、方式、标语、口号、起止时间、地点、路线及其他事项进行。举行集会、游行、示威，不得违反治安管理法规，不得进行犯罪活动或者煽动犯罪。(4)违法行为应承担相应的法律责任。举行集会、游行、示威,有下列情形之一的,公安机关可以对其负责人和直接责任人员处以警告或者十五日以下拘留:未依照本法规定申请或者申请未获许可的;未按照主管机关许可的目的、方式、标语、口号、起止时间、地点、路线进行,不听制止的。举行集会、游行、示威,有犯罪行为的,依照刑法有关规定追究刑事责任。

五、经济、社会和文化权利与自由

(一)私有财产权

公民的私有财产权是公民对其合法财产享有的占有、使用、收益和处分的权利。我国现行宪法第 13 条规定:“公民的合法私有财产不受侵犯。国家依照法律规定保护公民的私有财产权和继承权。国家为了公共利益的需要,可以按照法律规定对公民的私有财产实行征收或者征用并给予补偿。”

确认和保护公民的财产不受非法侵犯,是发展生产、繁荣经济、富国强民的基本保障,也是社会发展必不可少的物质条件。2004 年宪法修正案关于现行宪法第 13 条的规定,是我国人权保障和立宪史上的里程碑,具有重要的现实意义和深远的社会影响,它表明我国宪法对公民私有财产权的保护得到了进一步的发展:(1)加大了私有财产的保护力度,明确提出了私有财产“不受侵犯”;(2)扩大了私有财产的保护范围,进一步明确了对全体公民的合法私有财产都给予保护,包括生活资料也包括生产资料,以财产权代替了“所有权”,扩大了公民私有财产权的内涵和外延。财产权包括物权、债权、知识产权,其中物权包括所有权、用益物权和担保物权。所有权无法涵盖财产权中的全部范围;(3)修正案保留了 1982 年宪法中对私有财产继承权予以保护的规定。继承权是财产权的延伸,我国民法通则和继承法对公民私有财产的继承制度做了具体的规定;(4)确立了对公民私有财产的征收和征用制度。征收是指为了公共利益的需要,国家将私人所有的财产收归国有。征用是指为了公共利益的需要,国家使用公民的私有财产。征收与征用是国家的强制性行为,它必然会给公民的私有财产造成一定的损失。因此,为了保护公民的私有财产,国家必须给予补偿,而不得无偿剥夺。

【案例】成都自焚抗拆事件①

2009 年 11 月 13 日,成都市金牛区城管执法大队拆除违法建筑时,市民唐福珍阻止拆违。其间,唐福珍往自己身上倾倒汽油并引燃,因伤势过重,

① 胡锦光教授点评 2009 年 10 大宪法事例,http://www.edu1488.com/article/2010-1/17100435.shtml. 阅读日期:2011 年 4 月 14 日。

抢救无效去世。

【点评】前几年，全国各地因房屋拆迁而引发的暴力执法和暴力抗法事件频发，一度成为比较严重的社会问题，唐福珍事件是其中比较突出的典型。

2004年宪法修正案为保护公民个人合法的私有财产，规定只能基于“公共利益”的需要并依照法律程序，才能进行征收或者征用。而在房屋拆迁过程中，较难证明是基于公共利益的需要并依照法律程序。宪法修正案规定，即使是基于公共利益的需要并依照法律程序，对私有房屋进行征收时，必须给予补偿。但在实际房屋拆迁过程中，不能及时补偿或者不能足额补偿的情况比较严重。

（二）劳动权

公民的劳动权，是指有劳动能力的公民所享有的获得劳动机会并按照劳动的数量和质量取得劳动报酬的权利。我国现行宪法第42条第1款规定：“中华人民共和国公民有劳动的权利和义务。”

公民的劳动权对于国家的意义是，国家应该想尽一切办法，通过各种途径，创造劳动就业条件，并为劳动者提供安全生产的保障。我国现行宪法第42条第2款规定：“国家通过各种途径，创造劳动就业条件，加强劳动保护，改善劳动条件，并在发展生产的基础上，提高劳动报酬和福利待遇。”第4款规定：“国家对就业前的公民进行必要的劳动就业训练”。

在我国，公民的劳动权同时也是公民的一项职责。现行宪法第42条第3款规定：“劳动是一切有劳动能力的公民的光荣职责。国有企业和城乡集体经济组织的劳动者都应当以国家主人翁的态度对待自己的劳动。国家提倡社会主义劳动竞赛，奖励劳动模范和先进工作者。国家提倡公民从事义务劳动。”

从广义上说，公民的劳动权还包括劳动者休息的权利。休息权是指劳动者在享受劳动权、履行劳动义务的过程中依法所享有的休息和休养的权利。劳动者的休息权是和劳动者的劳动权密切相关的，休息权是劳动权的题中应有之义。我国现行宪法第43条第1款规定：“中华人民共和国劳动者有休息的权利。”

宪法确认休息权的目的在于使劳动者的体力和精力得到恢复，以便更好地享有劳动权利，履行劳动义务。为了保障劳动者的休息权，现行宪法第43条第2款规定：“国家发展劳动者休息和休养的设施，规定职工的工作时间和休假制度。”《劳动法》对劳动者的休息权做了明确的规定，国家实行劳动者每日工作时间不超过八小时、平均每周工作时间不超过四十四小时的工时制度；规定劳动者每周两天的公休假日，以及每年的法定节假日；规定逐步创造和扩充劳动者休息和休养的设施等。

（三）获得物质帮助的权利

我国现行宪法第45条第1款规定："中华人民共和国公民在年老、疾病或者丧失劳动能力的情况下，有从国家和社会获得物质帮助的权利。"物质帮助权，是公民因失去劳动能力或者暂时失去劳动能力而不能获得必要的物质生活资料时所享有的从国家和社会获得生活保障，享受集体福利的一种权利。

公民在特定情况下获得物质帮助权的具体表现是：(1)老年人的物质帮助权。一般地讲，国有企业、私营企业、集体企业、国家机关和各种事业单位的退休职工，可从国家和社会获得一定数量的退休金。农村的孤寡老人可获得"五保"帮助。近年来，少数富裕农村的老人，也开始享受养老金待遇；(2)患疾病公民的物质帮助权。我国公民在患病期间有从国家或社会获得医疗帮助和物质帮助的权利；(3)丧失劳动能力公民的物质帮助权。主要指残疾人的物质帮助权；(4)残废军人、烈士家属、军人家属的物质帮助权。我国现行宪法第45条第2款规定："国家和社会保障残废军人的生活，抚恤烈士家属，优待军人家属。"

（四）受教育的权利和义务

我国现行宪法第46条第1款规定："中华人民共和国公民有受教育的权利和义务。"公民受教育的权利和义务，是指公民所享有的在国家和社会提供的各类学校和其他机构中学习文化科学知识的权利。

公民受教育的权利的基本内容是：(1)学龄前儿童有接受学前教育的权利；(2)适龄儿童有接受初等教育的权利；(3)公民有接受中等教育、职业教育和高等教育的权利；(4)成年人有接受成人教育的权利；(5)公民有从集体经济组织、国家企业事业组织和其他社会力量举办的教育机构接受教育的机会；(6)就业前的公民有接受必要的劳动就业训练的权利。

（五）从事科学研究、文学艺术创作和其他文化活动的自由

我国现行宪法第47条规定："中华人民共和国公民有进行科学研究、文学艺术创作和其他文化活动的自由。"科学研究自由，是指我国公民在从事社会科学和自然科学研究时，有选择科学研究课题，研究和探索问题，交流学术思想，发表个人学术见解的自由。文艺创作自由，是指公民有发挥个人的文学艺术创作才能，创作各种形式文学艺术作品的自由。此外，我国公民还享有从事体育活动以及有益于身心健康的文化娱乐活动等其他文化活动的自由。为了保障公民上述自由权利的实现，宪法第47条还规定："国家对于从事教育、科学、技术、文学、艺术和其他文化事业的公民的有益于人民的

创造性工作,给以鼓励和帮助。”

六、特殊主体的权利

(一)保障妇女的权利

我国现行宪法第 48 条规定:“中华人民共和国妇女在政治的、经济的、文化的、社会的和家庭的生活等各方面享有同男子平等的权利。国家保护妇女的权利和利益,实行男女同工同酬,培养和选拔妇女干部。”

妇女占人类的一半,男女平等的程度是衡量一国文明程度的重要尺度。为了实现男女平等,我国政府颁布了一系列体现男女平等精神的法律,如妇女权益保障法、婚姻法、选举法、继承法等,从法律上保证了男女平等原则的实现。但是,由于几千年男尊女卑的封建思想残余对人们的长期影响,由于我国地域辽阔,经济、政治、文化发展不平衡等原因,一些歧视和虐待妇女的事件还屡见不鲜,有些现象还相当严重。因此,有必要从立法、执法、司法、法律宣传教育等各个环节,加强对妇女权利的保障。

(二)退休人员的生活保障权

我国现行宪法第 44 条规定:“国家依照法律规定实行企业事业组织的职工和国家工作人员的退休制度。退休人员的生活受到国家和社会的保障。”退休制度是指根据国家有关部门的规定,国有和集体等企业、事业组织的职工和国家机关的工作人员达到一定年龄时,离开劳动或工作岗位,进行休息或休养,并按照规定领取一定的离休金或退休金的制度。宪法规定对广大职工和干部实行退休制度,是劳动者休息权的延伸。我国已经颁布了一系列法律、法规,对职工退休的年龄、条件和退休以后的工资待遇以及老干部离休后的生活待遇做了详细规定,以落实宪法规定的退休制度。

(三)保护婚姻、家庭、母亲、儿童和老人

我国现行宪法第 49 条规定:“婚姻、家庭、母亲和儿童受国家的保护。……父母有抚养教育未成年子女的义务,成年子女有赡养扶助父母的义务。禁止破坏婚姻自由,禁止虐待老人、妇女和儿童。”

婚姻是指男女双方在自愿结合的基础上,经国家婚姻登记机关登记批准而结成的夫妻关系。家庭是指由婚姻关系、血缘关系或收养关系而形成的人们共同生活的组织,是最基本的社会单位。国家保护婚姻家庭,就是指法律承认和保护合法的婚姻家庭关系,承认和保护夫妻双方以及家庭其他成员的正当权利,同时要求夫妻双方及家庭其他成员履行法定的义务。

在家庭关系中,宪法还规定禁止虐待老人、妇女和儿童。这是因为,老人、妇女和儿童是社会关系中相对较弱的一方,应当享受国家的特殊保护。为了切实保障老人、妇女和儿童的合法权益,国家制定了《中华人民共和国

未成年人保护法》、《中华人民共和国妇女权益保障法》和《中华人民共和国老年人权益保障法》。为了更好地关怀青少年和儿童的成长，1999 年全国人大常委会制定了专门的《中华人民共和国预防未成年人犯罪法》，这对保障未成年人的身心健康，培养他们良好的品行，使他们在品德、智力、体质等方面全面发展是十分有利的。

(四)保护华侨、归侨和侨眷的合法权益

我国现行宪法第 50 条规定："中华人民共和国保护华侨的正当的权利和利益，保护归侨和侨眷的合法的权利和利益。"这一规定体现了国家对广大华侨、归侨和侨眷的关怀和爱护。

华侨是旅居在外国的中国公民。我国华侨人数很多，目前大约有 3000 多万人，分布在世界各地，他们是我国发展同各国人民友谊的纽带。由于华侨身处国外，情况有些特殊，因此，国家一方面要求华侨遵守所在国法律，同所在国的人民和睦相处，为发展所在国的经济文化事业，促进所在国人民同我国人民的友谊和两国之间的经济文化交流起积极的作用；另一方面，根据国际上的惯例，国家维护华侨的正当权利和利益，反对强迫华侨改变国籍，反对歧视和迫害华侨。对于一切反华、排华、迫害华侨和损害华侨正当权利和利益的行为，国家通过外交途径予以解决。归侨是已经回到祖国定居的华侨。由于他们长期旅居国外，在生活习惯和其他方面都具有各自的特点，与国内居民有所不同。侨眷是华侨在国内的亲属，包括华侨、归侨的配偶、血亲和其他亲属。他们家居两地，相互间既有经常通讯、互访往来等家庭和亲属间的联系，又和祖国人民的命运紧密相连。因此，国家把归侨、侨眷的合法权益保护作为专门问题写进宪法，这体现了国家对广大华侨、归侨和侨眷的关怀。1990 年第七届全国人大常委会通过的《中华人民共和国归侨侨眷权益保护法》，规定了一个较为完整的归侨、侨眷保护制度，并对他们的合法权益做出了明确的规定，从而使宪法规定在立法上得到了具体的实现。

七、批评、建议、申诉、控告、检举和取得赔偿的权利

我国现行宪法第 41 条规定："中华人民共和国公民对于任何国家机关和国家工作人员，有提出批评和建议的权利；对于任何国家机关和国家工作人员的违法失职行为，有向有关国家机关提出申诉、控告或者检举的权利，但是不得捏造或者歪曲事实进行诬告陷害。"公民通过这项权利的行使，既可以对我国国家机关和国家工作人员实行监督，同时又可维护自己的合法权益，使其免遭国家机关和国家工作人员的不法侵害。

所谓批评权是指公民对国家机关和国家工作人员在工作中的缺点和错

误,提出批评意见的权利。所谓建议权是指公民对国家机关、国家工作人员的工作提出合理的、建设性意见的权利。批评权和建议权的区别仅仅在于,前者针对的是国家机关和国家工作人员的缺点和错误,而后者则是针对国家机关、国家工作人员的工作。在我国,公民行使批评权和建议权的途径是多种多样的,如公民可以通过新闻舆论、来信来访、座谈讨论等途径来行使此权利。

所谓申诉权是指公民的合法权益因行政机关或司法机关的错误、违法的决定或判决,或者因国家工作人员的违法失职行为而受到侵害时,受害公民向有关机关申述理由,要求重新处理的权利。依据我国法律规定,申诉可以分为诉讼中的申诉和非诉讼上的申诉两类。前者主要是针对已经发生法律效力的判决或裁定,当事人、被告人及其家属或者其他公民,可以向人民法院或者人民检察院提出申诉,要求改正或者撤销原判决或裁定。非诉讼上的申诉主要是公民对于行政机关所作出的行政处罚决定不服时,可以向其上级机关或者有关国家机关提出申诉,要求改正或者撤销原决定。

所谓控告权是公民对任何国家机关和国家工作人员的违法失职行为,向有关机关进行揭发和指控的权利。所谓检举权是指公民对于违法失职的国家机关和国家工作人员,向有关机关揭发事实,请求依法处理的权利。控告和检举是公民同国家机关工作人员的违法失职行为作斗争的两种不同手段。控告人通常是因为自身的合法权益受到国家机关工作人员的违法失职行为侵害而遭受损失的公民,控告权是因涉及公民自身的合法权益而行使,是一种救济权利;而检举权通常是任何公民针对国家机关或国家机关工作人员的违法失职行为来行使的监督权利,检举人不一定自身权益受到侵害,也可能与事件无关。

为了保障公民监督权的有效实现,宪法第 41 条还规定:“对于公民的申诉、控告或者检举,有关国家机关必须查清事实,负责处理。任何人不得压制和打击报复。”全国各级国家机关都设立专门的信访机构,在检察机关和审判机关还设立专门的申诉和控告机构,在刑事诉讼法和有关的法律中规定了公民行使申诉、控告和检举权的具体程序。但是,公民在行使申诉、控告和检举权利的时候,不得捏造或者歪曲事实进行诬告陷害。

我国现行宪法第 41 条规定:“由于国家机关和国家工作人员侵犯公民权利而受到损失的人,有依照法律规定取得赔偿的权利。”根据这一规定,公民取得国家赔偿的权利,是指国家机关及其工作人员侵犯公民合法权益时,公民依法享有的要求国家予以赔偿的权利。这一权利的行使,依《国家赔偿法》的规定进行。

【案例】北京安元鼎保安公司截访事件①

2010年,一家名叫"安元鼎"的保安公司在北京保安业悄然做大。越来越多的调查表明,安元鼎公司的主业为关押、押送到北京上访的民众。这家时间短却发展迅猛的保安公司在京设立多处"黑监狱",向地方政府收取佣金,限制上访者的自由并押送返乡,甚至向上访者施暴。目前,北京警方以涉嫌"非法经营和非法拘禁"对安元鼎公司立案侦查,该公司董事长和总经理已被刑拘。

【分析】中国人民大学法学院王贵松点评:这个案件应当说是非常恶劣的一个案件。最值得关注的一个重大事实就是,委托合同的存在,即地方政府和保安公司之间签订的合同。我觉得,这才是这个案件最恶劣的地方。造成这种恶劣的,是制度性的问题。第一,我们基本的考评机制出现了问题,即追求"零上访",坚决否定越级上访。追求"零上访",是一个严重的问题,这是对宪法基本权利的一种否定。第二,地方政府委托安元鼎公司做这样的事情,当然要给他们钱,这种"维稳费"也是一个制度性的错误,这是公权的滥用或者公权的私用。故只有真正建立地方政府的权力监督机制,实现"相互合作、相互制约、相互监督",才能够从根本上杜绝这类事情的发生。

第二节　我国公民的基本义务

一、公民基本义务的性质

公民的基本义务是指宪法规定的公民应当对国家和社会承担的法律责任。国家根据宪法确定的公民基本义务,可以制定法律要求公民遵守其应尽的法律职责。公民是国家统治权的客体,必须服从国家的统治,才能够享有宪法确认并保障的基本权利与自由。②

公民服从国家的统治,亦即服从法律的统治。国家设定公民对国家的义务,涉及限制公民权利的行使,必须要有宪法上的依据。宪法规定公民基本义务,实质上就是授权国家制定相应的法律要求公民服从国家的统治权,以确立公民对国家履行某些法律义务的正当性、合宪性基础。

从宪法规定的公民基本义务的法律性质来看,宪法基本义务与普通法规定的公民法律义务有着不同的性质和拘束力。"宪法规定的基本义务是

---

① 双华斌、万玉凤:《法学家点评2010年度中国十大宪法事例》,http://www.chinanews.com/fz/2011/01-24/2807529.shtml. 阅读日期:2011年4月14日。

② 参见董和平主编:《宪法》,中国人民大学出版社2010年版,第373页。

具体立法的宪法依据，通常具有一种伦理的、宣言的效力。基本义务是公民宪法地位的高度概括，它必须通过各种形式的部门法才能具体化和现实化。”①在这个意义上，宪法规定的公民基本义务不是直接约束公民个人的，亦即国家对个人不能直接依照宪法基本义务而追究其不履行基本义务的法律责任，宪法基本义务的目的是授权国家制定约束个人权利的法律，它所表明的是公民有服从这类国家对公民权利特别限制的法律义务，亦即国家制定这类限制公民权利的法律具有合宪性、正当性。国家制定的这类限制公民基本权利的法律，因为有宪法的授权而不存在违宪的可能；而国家制定其他限制宪法基本权利的法律，则存在违宪的可能。因此，国家不得直接依据宪法基本义务强制公民履行，而必须通过制定法律的方式，具体地确定公民的法律义务的方式，强制公民履行宪法基本义务。

从宪法基本义务的拘束对象来看，即使公民的行为违反了宪法基本义务，也只接受法律的制裁，不能够依照宪法基本义务进行制裁，而国家可以直接根据法律义务强制公民承担违反法律义务的责任，即接受法律制裁，这是宪法基本义务与法律义务的区别所在。

就此而言，国家权力受宪法和法律的限制，并在宪法和法律授权的范围内进行活动，其行为始为合法；公民的行为受法律、行政法规的限制，并在法律范围内进行一切活动，其行为均受法律保障。国家可以作为违宪、违法的主体；公民只能够作为违法的主体，而没有违宪的主体资格。

二、我国公民基本义务的主要内容

（一）维护国家统一和民族团结的义务

我国现行宪法第52条规定：“中华人民共和国公民有维护国家统一和全国各民族团结的义务。”维护国家统一是指维护国家主权和领土完整，反对外来侵略和危害祖国统一的一切行为。国家统一是公民享有基本权利的重要条件，任何公民都负有自觉的维护国家统一的神圣义务。

维护民族团结的义务是指每个公民都有责任维护各民族间的平等、团结和互助关系，同一切破坏民族团结和制造民族分裂的言行作斗争。在我国，维护国家统一的重要标志是维护民族团结。我国是统一的多民族国家，能否正确处理民族关系对国家的统一与稳定具有重要的影响。根据宪法和民族区域自治法的规定，一切破坏民族团结、制造民族分裂的行为都将受到法律的追究。

（二）遵纪守法的义务

我国现行宪法第53条规定：“中华人民共和国公民必须遵守宪法和法

① 董和平、韩大元、李树忠：《宪法学》，法律出版社2000年版，第425页。

律，保守国家秘密，爱护公共财产，遵守劳动纪律，遵守公共秩序，尊重社会公德。”根据该条的规定，公民遵纪守法的义务包括：

1. 遵守宪法和法律。

我国宪法和法律是全国各族人民意志和利益的集中体现，在保护人民、打击违法犯罪、促进社会主义现代化建设顺利发展方面有着不可取代的地位。因此，维护宪法和法律的尊严是每个公民对国家和社会应尽的神圣职责。

2. 保守国家秘密。

国家秘密，亦称国家机密，指涉及国家安全和利益，尚未公开或不准公开的有关政治、经济、军事、外交和科技等方面的重大事项。国家秘密关系到国家的安全和利益，是依照法定程序在一定时期内只限于一定范围内的人知悉的事项，因而严守国家秘密是关系到国家安危的大事。保守国家秘密就是要保护国家秘密不被泄露、不被遗失。

3. 爱护公共财产。

公共财产是全民所有制和集体所有制的财产，它是巩固国家政权，使国家日益繁荣富强的物质基础，也是公民享有基本权利的物质保证。任何侵犯公共财产的行为都是侵犯国家和人民利益的行为，必须受到法律的制裁。因此，所有公民都必须爱护国家和集体的财产。

4. 遵守劳动纪律。

劳动纪律是劳动者进行社会生产必须遵守的秩序和规则，是有秩序地进行生产和工作的必要保证。现代化大生产是一个统一的整体，没有劳动纪律，生产就不能顺利进行，遵守劳动纪律是国家和人民利益的要求，公民必须自觉履行遵守劳动纪律的义务。

5. 遵守公共秩序，尊重社会公德。

公共秩序就是社会秩序，是生产、工作和生活秩序的总称。社会公德是指社会中占主导地位的道德准则。公共秩序和社会公德合起来又可简称“公序良俗”，是由法律所规定或确认的，人们在共同生活中形成的稳定的基本社会生活规则和行为标准，是社会有序运行的基础。因此，遵守公共秩序，尊重社会公德是公民的一项基本义务。对于那些严重扰乱公共秩序，违背宪法和法律所确认的道德准则的行为必须予以法律制裁。

（三）维护祖国的安全、荣誉和利益

我国现行宪法第 54 条规定：“中华人民共和国公民有维护祖国的安全、荣誉和利益的义务，不得有危害祖国的安全、荣誉和利益的行为。”国家的安全是每一位以中国为祖国的公民生产生活、安居乐业的必要条件；国家的荣誉也就是国家和民族的尊严；国家的利益则是人民共同利益的集中表现。

毫无疑问，如果国家不安全，公民的工作和生活也就无法正常进行；国家的荣誉和利益受到破坏也危及每一个公民的荣誉和利益。因此，维护祖国的安全、荣誉和利益既是爱国主义的体现，也是每一个中国公民义不容辞的责任。

（四）保卫祖国、依法服兵役和参加民兵组织

我国现行宪法第55条规定：“保卫祖国、抵抗侵略是中华人民共和国每一个公民的神圣职责。依照法律服兵役和参加民兵组织是中华人民共和国公民的光荣义务。”国家的独立和安全，关系着国家、民族的前途和命运，也关系着个人的命运。保卫祖国不受侵犯是每个公民的神圣职责。中国人民解放军是人民民主专政国家的武装力量，强大的人民军队是保卫祖国，进行社会主义现代化建设的坚强后盾。人民军队来自人民，依法服兵役是每一个适龄公民的神圣职责和光荣义务。按照我国《兵役法》的规定，我国实行义务兵役制为主体的义务兵与志愿兵相结合、民兵与预备役相结合的兵役制度。我国公民，不分民族、种族、职业、家庭出身、宗教信仰和教育程度，都有服兵役的义务。有严重生理缺陷或者严重残疾不适合服兵役的人，免服兵役。依照法律规定被剥夺政治权利的人，不得服兵役。民兵是中国解放军的后备军，参加民兵组织是公民的光荣义务。

（五）依法纳税

我国现行宪法第56条规定：“中华人民共和国公民有依照法律纳税的义务。”新中国成立之初，《共同纲领》及1954年宪法规定了公民的纳税义务，但受到经济工作中“左”的思想影响，1975年宪法、1978年宪法均没有关于公民纳税义务的规定，1982年宪法又重新规定了公民的纳税义务。

税收是国家筹集资金的重要方式，是国家财政收入的主要来源，也是国家调节生产和分配的重要经济杠杆。依法纳税是现代社会中公民的一项基本义务，纳税义务的履行是纳税人享受权利的基础和条件。我国的税收是用来发展社会主义现代化建设和提高人民物质文化生活水平的。公民依法纳税是对国家的一种贡献，也是为个人享受权利创造条件。因此，每个公民都应该根据宪法和法律的规定，自觉履行纳税义务。

（六）其他方面的义务

我国现行宪法第49条第2款规定：“夫妻双方有实行计划生育的义务。”实行计划生育，有计划地控制人口增长，是从我国人口众多、必须控制人口增长这一实际情况出发的，是我国的一项长期的基本国策，它不仅关系到全国人民的切身利益，而且关系到民族的兴衰。

我国现行宪法第49条第3款规定：“父母有抚养教育未成年子女的义务，成年子女有赡养扶助父母的义务。”抚养和赡养的义务是我国长期形成

的优良传统，也是我国公民处理家庭关系的一项基本准则。父母遗弃和虐待未成年子女、成年子女虐待父母的行为，不仅要受到舆论的谴责，严重的要受到法律的处罚。

此外，根据现行宪法的规定，公民还有受教育的义务和劳动的义务。

思考题

1. 收集有关资料回答，为什么新中国历部宪法都没有规定我国公民的生命权？

2. 我国现行宪法第13条关于“公民的合法的私有财产不受侵犯”的规定出现在宪法“总纲”部分中，而不是“公民的基本权利和义务”部分。那么，公民的私有财产受保障究竟是一项宪法原则还是公民的一项基本权利？

3. 我国2004年宪法修正案的主要内容有哪些？

4. 结合“孙志刚案”分析人身自由的保护与法律进步的关系。

第三编

国家权利

第九章　国家权力概述

第一节　权力的概念

社会科学的基本概念是权力，正如能量是物理学的基本概念一样。[①]权力是一个普遍而古老的概念，它反映了人们之间一种特定的社会关系。宪法学研究国家与公民的关系问题，此问题的实质是国家权力和公民权利的关系。在公民社会中，人的福祉的实现与国家权力密切相关。国家权力是权力的一种，要认识国家权力，首先必须对权力的概念进行清晰的界定。

一、权力概念的辨析[②]

（一）权力的词源

古代汉语的“权”，最初指测量物体重量的秤锤。《汉书·律历志上》载：“权者，铢、两、斤、均、石也，所以称物平施，知轻重也。”《广雅·释器》云：“锤谓之权”，锤是古时测定物体重量的器具，后引申为称量、权衡。

“权”古时既可以作名词，又可作动词使用，有两种基本含义，一是衡量审度。《论语·尧曰》载：“百姓有过，在予一人，谨权量，审法度，修废官，四方之政行焉。”《孟子·梁惠王上》载：“权，然后知轻重。”“权”已经脱离物质器具层面而具有政治和社会意蕴，引申指“能量”和“强制力”。二是由权衡的引申义进一步转化为“掌权”，即制约他人的能力。《礼记·王制》载：“凡听五刑之讼，必原父子之亲，立君臣之义，以权之。”《国策·齐策一》载：“田忌亡齐而之楚，邹忌代之相齐，恐田忌欲以楚权复于齐。”高诱注：“权，势也。”《管子》也指出：“欲用天下之权者，必先布德诸侯。”《商君书·修权篇》中“权”已经具备了现代意义上“权力”的内涵：“权制独断于君则威。”汉语

---

① ［英］伯特兰·罗素：《权力论》，吴友三译，商务印书馆1991年版，第4页。

② 参见王彦斌：《权力的逻辑》，华中师范大学2008年博士学位论文，第43～51页。

"权"演变至今,其含义清晰可辨,权力即约束他人的强制力。[①]

英文 Power 可对译汉语的"权力",源于拉丁语 Potere 或 Autorias,Potere 原意为"能够"。在罗马人看来,Potenfia 是指一个人或物影响他人或他物的能力,或具有做某事的能力,后派生出英文 Power。亦有人认为 Power 出于拉丁语 Autorias,指法令或权威,由此派生出 Authority。朗文词典和韦伯词典均认为 Power 有两种基本含义:一种是 Control over Others,把 Power 理解为一种"控制关系、支配关系",亦即政治学的权力概念;另一种是 What One Can Do or Ability,也就是"能力"的意思。[②] Power 固然具有确定的内涵,却也一直在变化衍生新的意义。不同语境,其所指亦不同。自然科学语言中的 Power,指一种物理能量或动能。而在社会科学与人文学科的领域,它有时与"能力"(Capacity),"禀赋"(Talent)等词同义,有时又具有"主宰"(Mastery)、"统治"(Govern)之意,它还可以指"有说服力"(Forcefulness)、"有效"(Effectiveness)等意思。总体而言,Power 的内涵和外延既有某种程度的确定性,又随其所处语境而发生变化。

(二)权力的定义

《现代汉语词典》对权力的定义包括两点:政治上的强制力量;职责范围内的支配力量。[③] 这是对公共权力的解释,而并未揭示权力的一般含义。

西方学者对于权力的定义历来是见仁见智。霍布斯认为,权力就是为个人"获得任何未来明显利益的当前手段"。[④] 马克思·韦伯则指出,权力乃是"在一种社会关系里哪怕是遇到反对也能贯彻自己意志的任何机会,不管这种机会是建立在什么基础之上"。[⑤] 霍布斯和韦伯是针对一般权力而下的定义,仅指"能力"意义上的权力,而"扩张我们能力意义上的权力并不腐败,腐败的乃是那种强迫我们的意志服从于他人的意志的权力,亦即利用我们对抗我们自己的意志以实现其他人的目的的权力"。英国学者哈耶克说:"所恶者,恰恰不是权力本身——即实现一个人愿望的能力;真正的恶者只是强制的权力,亦即一个人通过施加损害的威胁而迫使其他人实现其意志

---

① 参见王浦劬:《政治学基础》,北京大学出版社 2006 年第 2 版,第 65 页。姜安、赵连章、刘彤:《政治学概论》,高等教育出版社 2001 年版,第 47 页。

② Merriam-Webster's Collegiate Dictionary, Merriam-Webster, Incorporated,2001:910.《朗文当代高级英语辞典:英英·英汉双解》(缩印本),商务印书馆 2002 年版,第 1170~1171 页。

③ 中国社会科学院语言研究所词典编辑室编:《现代汉语词典》,商务印书馆 2002 年第 3 版,第 1048 页。

④ 转引自[美]丹尼斯·朗:《权力论》,陆震纶、郑明哲译,中国社会科学出版社 2001 年版,第 7 页。

⑤ [德]马克思·韦伯:《经济与社会》(上),林荣远译,商务印书馆 1997 年版,第 81 页。

的权力。"①

英国作家伯特兰·罗素将权力解释为"若干预期结果的产生"。罗素把权力不仅看做一种欲望和机会,而且是一种现实的行为。他认为处在社会交往中的人,权力欲是人们的重要欲望,是社会生活的重要动力。② 美国学者丹尼斯·朗认为:"权力是某些人对他人产生预期效果的能力","是有意和有效的影响","是社会关系或社会互动的一种形式。"③马克思、恩格斯把权力定义为"一个阶级用以压迫另一个阶级的有组织的暴力"。④

由上可见,权力概念的内涵包括"能力"、"关系"、"欲望"、"暴力"等要素。只有对这些要素的关系和组合进行深入分析,方能对权力概念有清晰的理解和认识。中西学界定义的权力概念举其要者有"控制说"、"能力说"、"利益说"、"影响说"。

1. 传统权力概念的中心意义是"控制",实质含义是"力量"、"能力"等。

这种古老的权力概念源于对社会生活的朴素认识。它主张,权力是一种支配力量,而支配的主体拥有此力量去强迫被支配的客体服从。它强调的权力,是一方居于主导地位,而另一方受指使、被支配。

政治学上的各种权力学说多强调权力关系中的强制性。"控制说"认为权力的指向是单向度的,权力关系一方的主观愿望拥有绝对的强制力;而另一方是完全被动的,他的命运听命于权力的发出者;权力实施的效果取决于二者的力量对比,强者的权力可以势如破竹、所向披靡,不必顾忌弱者的反抗而得以贯通。它关注权力的主体,强调权力发出者的威慑性和目的性,权力的客体丝毫不在其考虑范围之内。这种传统的权力观,在现实生活中也得到广泛的认同。但是,当把权力等同于强制、支配时,即意味着服从权力的人们要做某些不愿意做的事情,忽视了权力既可能是"硬控制",也可能是"软控制"。

2. 与资源、禀赋等相关的权力概念的核心词汇是"利益"。

"利益说"强调权力必须以占有可供支配的资源为前提,权力的目的指向是"利益"。它常常把权力的内涵分两部分来理解,即"权"和"力"。一般而言,唯有掌握了"权",才能拥有"力"。"权"是"力"的前提,"力"须以"权"为基础。而且,"权"还可以进一步放大"力"。"权"的实质是占据了可

① [英]弗里德里希·冯·哈耶克:《自由秩序原理》,邓正来译,生活·读书·新知三联书店1997年版,第266页。

② [英]伯特兰·罗素:《权力论》,吴友三译,商务印书馆1991年版,第23页。

③ [美]丹尼斯·朗:《权力论》,陆震纶、郑明哲译,中国社会科学出版社2001年版,第3、4、265~266页。

④ 《马克思恩格斯选集》(第1卷),人民出版社1972年版,第273页。

支配的资源,没有资源的“权”,不是真正的“权”。权力依赖的资源主要有自然资源、技术、财富等。自然资源分布是不均的,人们对技术、财富的占有是不平等的。人们占有资源的不平等导致相互依赖,相互依赖的不对称格局导致服从。一个人或组织利用某种方式控制了另一个人或组织所需要的资源,就有可能获取对另一个人或组织的“权力”。“权力”的大小取决于可供支配的资源的多少。资源具有稀缺性,对它占有的不平等造成人们之间彼此依赖和服从的权力关系。

3. 从权力关系所处的社会结构出发,将权力定义为“影响”。

“影响”一词突出了权力的三个特点:交互性、对等性、细微性。“影响”说认为,权力是“某一主体凭借和利用某种资源能够对客体实行价值控制致使客体改变行为服从自己,以实现主体意志、目标或利益的一种社会力量和特殊的影响力。”①《布莱克维尔政治学百科全书》同样认为:“权力在最低限度上讲是指一个行为者或机构影响其他行为者或机构的态度和行为的能力。”②

社会是人们的权力交互作用的产物。人们之间的交互作用的主要表现形式是合作、服从和冲突。合作、服从是典型的相互依赖,冲突是相互依赖的特殊表现形式,是服从与反抗的胶着状态,是从一种依赖向另一种依赖转变的斗争过程。因此,人类社会的关系和交互作用可以用相互依赖来表达,人与人之间的社会关系可以用相互依赖来概括。

值得注意的是,后现代性理论突出社会结构的片断性、非连续性、多样性,相对主义地解释权力。将权力视为一种关系、网络、场,认为权力是无主体的、非中心化的,强调权力的分散性、多元性和交互性。

权力的社会性和交互性特点淡化了权力的客体色彩,或者说,权力关系发生于社会主体之间,而客体则指权力关系主体之间相互作用指向的对象。

综上所述,可将权力定义为,社会主体依据一定资源,在特定的场域,通过强制、支配、影响、权威、劝说、诱导等有目的地对另一社会主体实施影响力,以实现利益的力量。

第一,应当把权力限定在“有目的的影响”。如果把无意间产生的影响都视为权力的作用,就会将整个社会系统简化为权力系统。对权力概念作过于宽泛的理解,会失去权力概念的特定意义。

第二,权力是一种力量。力量既包含潜在的能力品质,也包括实际表现出的权力结果。权力是社会体制中职位的标志,而不是某个人的标志。当

---

① 卢少华、徐万珉:《权力社会学》,黑龙江人民出版社 1989 年版,第 20 页。

② [英]戴维·米勒:《布莱克维尔政治学百科全书》,邓正来译,中国政法大学出版社 2002 年版,第 642 页。

人们在一定社会结构中占据支配地位时，他们就有了权力，无论有无作为，都会使人感受到权力的存在。

第三，权力关系的主体是个人、群体或范围更大的社会组织。

第四，权力的前提和最终目标是取得利益或资源。

第五，权力具有一定的场域或社会结构限制。这种“场域”通常体现为某个组织、国家、区域等等社会结构。从宏观方面看，权力离开了特定的社会结构，便会失去其功效。但从行使者方面讲，当权力没有了场域的边界时，它必然会无限扩张、放大，“一切有权力的人们使用权力一直到遇到界限的地方才休止”。①

二、权力与权威

权威是由一定社会物质生活条件所决定的社会上占统治地位的获得社会成员所认同的合法权力。

首先，权威基于人们的认同和信仰。在权威理论中，信仰体系可以理解为为什么某些人应该服从某种统治的理论体系或意识形态，它为统治的合法性提供理论依据。信仰是对某种权威的崇拜，权威必须建立在主观信仰基础之上。同时，主观信仰体系也必须依托某种权威得以生存。

其次，权威是一种强制性的权力。权威来源于权力，传统权威把强制力作为权威的核心的事实，就充分说明了强制力在权威形成过程中起着十分重要的作用。现代统治的合法性虽然更多地建立在自愿服从的基础上，但不表明强制力失去了地位，即使在现代权威中，强制力也发挥着不可替代的作用，只有在强制力的作用下，才能使人们保持最起码的服从。一种权威的统治能够发生效力，除了强制性的服从外，更重要的还在于对统治者的自愿服从。

再次，权威具有合法性。合法性的核心含义是指人们内心所认为的“合道义性”、“正义性”或“适当性”。合法性是主体认为正当的、合乎道义的，从而自愿服从或认可的能力与属性。人类政治活动的经验和当代政治学研究的结果已经证明，政治统治的权威性固然不能离开暴力或物质的强制力，但是纯粹暴力的征服不可能形成有效的统治权威。这首先是因为统治身份得不到社会成员中多数人的认可，公众就会缺乏起码的道德情感，以致产生普遍的不服从；另外，暴力统治的成本高昂与收效低微的反差，也使其难以维系。

权威究竟是以强制还是以信仰为核心？我们认为既不能片面地强调强

① ［法］孟德斯鸠：《论法的精神》，张雁深译，商务印书馆1961年版，第154页。

制性,也不能夸大信仰的作用。依靠强制力而建立起来的权威只会走向文明的反面,并最终丧失权威;过分强调信仰的作用,而不依靠强制力的保障,也不符合人的本性和历史文明的进程。权威是一个外在强制力和内在说服力紧密结合的有机统一体系,强制和信仰对于权威同等重要。只有在强制和信仰之间保持平衡和适度的关系,才能形成稳定的权威。①

最后,权威是一个注重结果、并根据结果加以判断的概念,这就进一步把权威与权力区别开来。权力或表现为行为过程,或表现为最后状态(结果)。但权威只有通过由意志发动的行为所体现出来的服从关系或类服从关系(结果),才能确定自身的性质。一项指令没有引起服从因而招致制裁的结局,这可能是一种权力行为,但不是权威关系。一个偶然的权力行为,或时而产生服从、时而引起抗拒的不稳定的权力也难以形成权威。权威的本质在于它是一种持续的服从关系或类服从关系。

三、权力与权利

权利与自然权利之间具有密切关联。权利的英文对译词是 Right,由拉丁语 ius 演变而来。ius 的含义在西方古代很少具有主观、积极的内涵,更多指的是人类意志必须服从的客观法则。古代希腊罗马人在"法则"的意义上理解和使用 ius naturale。从西方哲学的童年起,自然(Physis)与习俗(Nomos)之间的分野,法则(Ius)与约定(Convention)之间的不同,就两相对应,与西方古典政治哲学传统相依相存。中世纪的基督教将 ius naturale 笼罩上一圈神圣光环,ius naturale 具有更多的伦理色彩,成为统驭人类实在法的最高道德规范。这种最高道德法则先于并高于人类意志,ius naturale 在人与城邦或上帝的关系中,就人这一方而言,指涉人对其所属的城邦或上帝所承担的自然义务;而就城邦或上帝这一方来说,则意味着管辖人类的自然法则。②

现代自然权利论的创立者霍布斯透彻地论证了自然权利概念。他颠覆了自然正义的传统内涵,ius naturale 不再具有"法律"的含义,相反,它指人的主观诉求,或者毋宁说自然能力。霍布斯将 ius naturale 的内涵由客观法则置换为主观能力,jus(ius) naturale 这个拉丁术语从此演变成英文 Natural

① 参见许娟:《权威与法律权威的概念辨析》,《理论界》2005 年第 12 期,第 94 ~ 95 页。

② 参见汪栋:《霍布斯公民科学的宪法原理》,知识产权出版社 2010 年版,第 90 页。

Right 的同义词。霍布斯用 Right 替换 ius，[①]确立了影响深远的自然权利概念：自然权利就是每一个人按照自己所愿意的方式运用自己的力量保全自己的天性——也就是保全自己的生命——的自由。因此，这种自由就是用他自己的判断和理性认为最适合的手段去做任何事情的自由。[②]

与古代权利概念强调客观性的“法则”不同，现代权利的概念的核心要素是主观意志。现代权利的概念也是围绕人的主观意志进行定义：权利是由利益、正义、意志、力量和要求五要素构成的整体，是以利益为内容，以意志自由为表现形式，以法律强制力为保障的正当要求。以主观意志为核心的权利概念，可理解为：(1)权利是一种主张或要求。作为权利构成要素的要求不限于主张或要求本身，还能够引起一定的法律后果。(2)权利是正当、合理的要求。客观上具有满足的可能性，与其他同样的要求可以协调共存，否则为特权，符合公认的社会正义标准。(3)权利以自由意志为表现形式。权利主体在其权利范围内，只受自己意志的支配，不受国家、组织或他人的强制性干涉与控制。(4)权利的内容是某种利益。权利之所以成立，是因为利在其中，不存在没有任何利益的权利。(5)权利是得到法律保障的正当要求。[③]

权利与权力既有同一性，又有区别。两者的同一性表现在：(1)权利不仅可以构成权力的基础，而且有时直接表现为一种权力。权力，即职权、职责，具有权利的一切特性。(2)权利是源，权力是流，权力是权利的一种特殊转化形式。(3)权利是目的，权力是手段，手段要为目的服务。(4)权利具有独立的价值，而权力如果离开权利，则无存在的必要，因而权力只具有工具价值，具有对权利的依附性。(5)两者之间是既对立又统一的关系，强大的权力为充分的公民权利所必要，强大的权力是公民权利的坚实保证，如果强

---

① 霍布斯说：“虽然谈论这一问题的人经常把 ius(可译为现代意义上的权利)和 lex(可译为现代意义上的法律)混为一谈，我们却应该把它们分开；因为 ius 的本质在于去做或不去做的自由，lex 则决定应该去做或不应该去做，而且迫使人不得不去做或不得不克制自己；因此 lex 和 ius 之区别大得有如义务和自由之区别。”见[英]托马斯·霍布斯：《利维坦》，黎思复、黎廷弼译，商务印书馆 1985 年版，第 97 页。由此，霍布斯把 ius naturale 转换为 Natural Rights，把 lex naturale 这个本来跟 ius naturale 同义的短语转换为 Natural Law。这种革命性转换的意义在于，根本否定了西方古典将自然法看做是一种客观法则的观点，现代的自然法完全成了自然权利的产物。而自然权利实际上就是一种绝对的主观诉求，几乎是自然欲望的同义语。自然权利与意向(Endeavour)、能力(Faculty)、性情(Disposition)等人的主观欲求之间存在着内在一致性。详见 Richard Tuck. Natural Rights Theories: Their Origin and Development, Cambridge University Press, 1981, P. 119 ~ 143.

② [英]托马斯·霍布斯：《利维坦》，黎思复、黎廷弼译，杨昌裕校，商务印书馆 1985 年版，第 97 页。

③ 参见赵世义：《资源配置与权利保障：公民权利的经济学研究》，陕西人民出版社 1998 年版，第 45 ~ 47 页。

大的权力构成对权利的威胁，这一威胁主要不是来自于权力的强大，而是来自于强大的权力的不受制约。

权利与权力之间的区别表现在：(1)主体及其相互关系不同。权利的主体，是参加社会关系的一切主体。权利主体之间平等，而权力的主体是特殊主体，只能是从事公共事务或受公众委托或依特定章程规定进行管理、指挥的主体，与特定人在特定组织、机构中的地位、身份直接相联系。一旦不具有这种特定的地位、身份，则丧失其同地位、身份相联系的权力。权力主体之间、权利主体与权力主体之间，不是平权、平等关系，而是指挥、管理、服从关系。(2)内容不同。权利的内容包括权能和利益，侧重于利益，而且是个人或组织的利益。而权力的内容，虽然也包括权能和利益，但侧重于权能。行使权力者，并不是出于自身的利益，而是出于组织的利益。(3)实现权利与权力的保障不同。权利的实现，主要依靠负有相应义务的个人、组织履行义务，或请求有关组织给予保障，并不能通过权利享有者自身的措施强行实现权利；而权力则是通过有关组织直接采取相应强制性措施，予以实现，其中，包括某些强制性的惩罚措施，使破坏权力者直接遭受强制性的精神上、肉体上、财产上的痛苦与损失。(4)对主体的要求不同。权利的享有者，实际上具有作为或不作为的可能性，而是否实现此可能性，兑现自己的权利，则由其自行决定；放弃自身的权利，是允许的。而权力的享有者，则具有作为或不作为的必要性，必须实现、兑现自己的权力，不得放弃，否则，就是失职行为，甚至构成渎职犯罪。

总之，权力是一种特殊的权利，是从事公共事务的特殊主体的职权和职责。权利重点在于利，权力重点则在于力。

第二节 权力的类型

一、传统的权力、横暴的权力和同意的权力①

这种分类以权力(主要指政治权力)的来源或基础为标准。权力的来源即权力赖以产生的根源以及权力获得正当性、合理性的逻辑前提。历史地看，权力的产生大致可以分为三类，即源于传统的权力、源于暴力的权力和源于契约的权力。

(一)传统的权力

传统的权力或称世袭的权力是指命令他人服从的力量源于社会长期形

① 参见费孝通：《乡土中国·生育制度》，北京大学出版社1998年版，第51页。

成的传统和习惯。政治传统和习惯决定了权力资源像其他资源一样可以世袭继承,这种类型的权力普遍存在于人类社会。权力作为政治资源很大程度上是经济财富的一种延伸,而政治和经济资源在人类世代之间的传递又是一个自然的过程,即使今天世界上大部分国家已经废除了政治权力的世袭制度,而财产的继承却仍然存在。

传统权力的主要特点有:(1)权力的合法性和正当性源于传统。被统治者对统治者的服从,与其说是服从统治者个人,毋宁是服从一种政治传统。(2)传统权力的实质是血缘关系中形成的自然支配与服从。世袭权力制度源于父权制,而父权制是基于血缘关系的政治制度,国家起源于家庭,君权的实质即父权,正如恩格斯所说:"习惯地由同一家族选出他们的后继者的办法,特别是从父权制确立以来,就逐渐转变为世袭制,人们最初是容忍,后来是要求,最后便僭取这种世袭制了;世袭王权和世袭贵族的基础奠定下来了。"①(3)强烈的人身依附性。决定政治关系的不是事务上的职务职责,而是个人的忠诚,政治体中的人们不是作为平等的"成员",而是作为臣仆服从世袭权力。

(二)横暴的权力

横暴的权力即纯粹的武力压迫。通过暴力获取权力和依靠暴力执掌权力是人类历史的普遍现象。休谟说:"我们如果追溯任何国家的最初起源,我们就将发现,几乎没有任何一个帝系或共和国政府最初不是建立在篡夺和反叛上的,而且其权力在最初还是极其可疑而不定的。只有时间在人们心灵上逐渐地起了作用,使它顺从任何权威,并使那个权威显得正当和合理。"②可以说,自古以来,许多国家都是依靠军事征服建立的,即使不是直接诉诸暴力,也须依靠暴力威胁。历史上罗马帝国对亚非欧地区的征服所建立的行省,日耳曼对罗马帝国的征服所建立的王国,中国历史上王朝政权之更迭,无一不是直接使用暴力或者借助于暴力威胁实现的。所以马基雅维里对通过暴力实现权力转移的历史发出由衷的感叹:"所有武装的先知都获得胜利,而非武装的先知都失败了。"③毛泽东"枪杆子里面出政权"的著名论断,更是被当做真理性经验为人所熟知。

暴力作为权力的基础,固然首先是就权力的获取方式而言的,但同时也包括巩固权力及权力行使所凭借的武力基础。对此,恩格斯曾经有过精辟而深刻的分析,他说:"公共权力在每一个国家里都存在。构成这种权力的,

① 《马克思恩格斯选集》(第4卷),人民出版社1972年版,第160~161页。
② [英]休谟:《人性论》(下),关文运译,商务印书馆1980年版,第597页。
③ [意]马基雅维里:《君主论》,潘汉典译,商务印书馆1985年版,第27页。

不仅有武装的人,而且还有物质的附属物,如监狱和各种强制机关。"①

横暴的权力有三个特点:(1)纯粹的武力高压。一般而言,暴政即是指统治者完全依靠运用武力或武力威胁来维持社会秩序,而不诉诸教化、说服、商谈等其他方式。(2)敌对性。由于权力关系完全凭借武力维持,弱者失去反抗能力而完全被强者所制服,强弱双方其实处于敌对状态,因为,弱者只要有可能就会以暴易暴,以武力攻击压迫者。(3)临时性。严格地说,横暴的权力并不构成真正的统治关系,被制服的弱者并未服从强者,而只是处于奴役或战俘状态,双方之间的战争状态一般难以长期存在,最终将以妥协而结束,这种妥协是指弱者以服从换取强者对其人身和财产的保护。在这个意义上,横暴的权力在很大程度上只是一种取得权力的方式,②而很少可能作为一种权力结构持续存在。

(三)同意的权力

同意的权力或称契约的权力,它源于人的意志自愿而非源于自然或神的意志。对于社会契约论而言,人类关系只有两种,自然状态的敌对关系和公民社会的契约关系,非此即彼。公民社会的政治权力既不先于自然权利,也不与自然权利同时存在。在逻辑上,自然状态是原因,政治权力是结果,原因先于结果。政治权力作为结果,是人们基于自然权利相互立约的人为产物。如卢梭所说:"社会秩序乃是为其他一切权利提供了基础的一项神圣权利。然而这项权利决不是出于自然,而是建立在约定之上的。"③社会契约是国家权力的唯一合法性基础。他说:"既然任何人对于自己的同类都没有任何天然的权威,既然强力并不能产生任何权利,于是便只剩下来约定才可以成为人间一切合法权威的基础。"④按照卢梭的理论,社会契约是以"公意"为基础的,而法律无外乎就是"公意"的体现,宪法则被认为是社会契约的一种规范化的表现形式。

二、抽象性权力与具体性权力⑤

抽象性权力与具体性权力的区分标准是权力研究的方法或视角。这是一对既有紧密内在联系而又有相对独立性的范畴。抽象性权力体现和强调

---

① 《马克思恩格斯选集》(第4卷),人民出版社1972年版,第167页。

② 霍布斯辩称:"其实世界上根本没有任何国家的开业创基在良心上是说得过去的。而暴君政体这一名词正好等于主权这一名词的含义,不论主权者是操在一人手中还是许多人手中都一样,只不过用前一名词的人,被认为是对他们所说的暴君怀着愤懑。"参见托马斯·霍布斯:《利维坦》,黎思复、黎廷弼译,杨昌裕校,商务印书馆1985年版,第571~572页。

③ [法]卢梭:《社会契约论》,何兆武译,商务印书馆2003年版,第4页。

④ [法]卢梭:《社会契约论》,何兆武译,商务印书馆2003年版,第10页。

⑤ 参见安东:《国家权力控制论》,武汉大学2005年博士学位论文,第16~17页。

权力的正当性与合法性特征,其内容受制于生产力、生产关系的发展水平和人们的认知能力。抽象性权力体现政治共同体的根本价值理念,“君权神授”、“受命于天”、“人民主权”等均属于抽象性权力。抽象性权力的特点在于其主权性、原则性、整合性、绝对性、不可分割性和不可转让性。抽象性权力的消灭或异化,实质上是政权的更迭或权力的转移。这种权力作为抽象的价值理念,往往在宪法中予以规定,体现在政权的宣言中。由于其不作为具体规范直接作用于社会,所以不会对人的具体权益产生直接危害。

具体性权力是依据抽象性权力进行设计、用以实现抽象性权力的权力,它体现抽象性权力的内容。抽象性权力必须通过具体性权力才能得到实施,后者相对于前者而言具有授权性、合宪性和规范性特征。抽象的、概念化的权力,必须通过法律、法规和具体的制度设计才能转变为能够具体行使的权力,才会发生对社会的作用。例如各类组织法、管理法等规定的权力都属于具体性权力。

从逻辑上看,抽象性权力与具体性权力具有内在的一致性。抽象性权力的性质决定具体性权力的性质,有什么样的抽象性权力,就有什么样的具体性权力。抽象性权力指导具体性权力的设计与运用,而具体性权力则体现和实现抽象性权力。抽象性权力与具体性权力,统一于政权的性质。

同时,两者又是不同的相对独立的范畴,具有不同的价值和功能:

首先,权力的主体不同。抽象性权力的主体是掌握政权的统治阶级所代表的人民,是由人民或通过其代表设定的。具体性权力从逻辑上说来源于抽象性权力,是由一般立法或有关国家机关设定的制度规范。如果说抽象性权力的主体是作为政治统一体的人民,那么,具体性权力的主体则是议会、政府、法院等国家机关。

其次,二者分离为不同的表现形式。抽象性权力一般由宪法、基本法予以体现,而具体性权力则由有关法律法规体现。由于二者发生了分离,所以具体性权力的设计和运行既可以体现抽象性权力,也可以偏离或背离抽象性权力,抽象性权力并不必然能够在具体权力制度中得到体现。

再次,两者的分离和统一是互动调适的过程。具体性权力在设计和运行之初,某些不完善的部分可能同抽象性权力发生一定矛盾;具体性权力在运行过程中,往往可能在某些环节上发生不符合抽象性权力的情况;人们对抽象性权力的理解深化后,某些具体性权力也可能不能适应这种变化等等。这就决定了权力的腐蚀性、扩张性、强制性特征,都是由具体性权力体现的。权力的失范和滥用往往发生在具体性权力领域。

抽象性权力与具体性权力的关系表明,一个政权要做到健康有序的运行,防止权力腐败的发生,既需要对抽象性权力做出规定和宣告,又需要对具体性权力进行合理配置和设计,使其真正体现抽象性权力。具体性权力制度的理性设置和健康运行是宪法权力的具体化,它关系到人权的切实保障,是宪政建设的根本问题。从人类社会的一般经验看,对抽象性权力做出一般宣告是较为容易的,困难的是在具体性权力制度的设置和行使上做到有效控制,使其不能侵害公民的权利。因此,一个政权权力控制的重心便必然落脚于具体性权力领域。

根据这种分类,人民主权属于抽象性权力,是不可分割、不可转让、不可限制的绝对权力。而立法、行政、司法等权力则属于具体性权力,它们彼此之间的牵制与平衡是宪政的要义。

上述两种权力分类对后文的权力制约制度具有重要的理论意义,因此在此加以详述。权力的其他分类还有:(1)根据行为人所受到的物质的或精神的影响的不同,可分为物理权力和心理权力。(2)根据权力实施中所借助的手段的性质的不同,可分为强制性权力、奖酬性权力和象征性权力。(3)根据权力是否合法,可分为合法的权力与不合法的权力。(4)根据权力的作用领域的不同,可分为经济权力、政治权力和精神权力。(5)根据权力所属的主体的不同,可分为社会权力与国家权力。

第三节 国家权力

一、国家权力的概念

国家权力是国家作为一个整体所享有并行使的权力,是体现国家对社会进行控制和管理的公共权力。国家权力有一个历史发展的过程,就现代民族国家而言,国家权力与社会权力和私权力并存。国家权力首先表现为政治权力。政治权力是政权的具体体现,包括立法权、行政权、司法权等。国家权力通过军队、警察、法庭、监狱等机关的威慑力和强制力保证实现。国家权力是政治国家的产物,它的存在旨在建立政治国家的基本法律秩序,有效地组织社会资源,保证公民权利。

国家权力的内涵大致可以从六个方面来确定:

第一,国家权力相对于社会权力而存在。社会权力是指“社会主体以其所拥有的社会资源对社会的支配力”。① 政治国家与市民社会的分野是近现代国家政治理论的基石。根据市民社会的理论,国家与社会既相互分离,又

① 郭道晖:《论国家权力与社会权力》,《法制与社会发展》1995年第2期,第22页。

彼此联系。一方面国家存在于社会之中,社会因有国家才成为有秩序的社会;另一方面,社会与国家分属不同的范畴,两者存在着质的区分。对于二者的关系来说,国家权力与社会权力互相制约,二元并立,相辅相成,然而"具体到某一国家、某一时期,却往往是国家控制社会,国家权力优越于社会权力"。社会权力属原生权力的范畴。所谓原生权力,是权力的本源,即人民是权力的所有者。而国家权力是派生权力,是人民赋予的权力,是受委托行使的权力。

第二,空间和时间的连续性。民族国家的国家权力的时间连续性表现为不受政府或统治者的更迭而中断,在空间上则具有确定的领土范围。

第三,超越性。国家权力不同于作为它的组成部分的统治者和被统治者,它超越于这两者之上。政府、司法、官僚体系及常备军本身并非就是国家,它们只是国家的政治机构。

第四,普遍性和直接性。国家权力不同于一般政治团体的权力的地方在于,通过它的政治机构——政府、司法、官僚体系、警察部门——而行动,这些机构形成一种彼此合作、协调以及具有集权倾向的权威等级体制。国家治理通过法律和行政而在其领土范围内具有普遍性和直接性。

第五,权威性。主权在国家领土内是终极的政治权威,法律强制为国家所垄断,也即实现了对于暴力的集中管理,国家权力直接及于领土内的每一个居民。

第六,公民忠诚。现代国家权力的组织形式即是民族国家(National State),①民族国家是依靠公民的忠诚维系的政治团体,公民对国家的忠诚必须优先于他对自己所属的其他任何社会组织、政治团体的忠诚。

二、国家权力的构成要素

人们常把国家比作一部机器,这部机器由担负不同职能的各个部分组

① 民族主义和民族国家理论发源于近代欧洲,政治上表现为民族国家的形成。15、16世纪在西欧兴起的君主专制王朝,是民族国家的最初形态。它的形成经历了一个政治权力由分散转向集中的过程。17世纪初期,专制王朝发展较为典型的西班牙、英国、法国,已经具备了现代民族国家的基本特征。其中一个重要的特征是"领土"的内涵发生了深刻变化。在欧洲,与中世纪纵横交错的领地不同,作为现代民族国家早期形态的专制王朝拥有一块连绵不断的领土,一条明确的、相互承认的边界。国家的管辖范围(Boundaries)以领土的边界(Borders)为限,边界(Borders)确立了国家的"内"(Inside)与"外"(Outside),国家的统治权囿于其领土之内。这与传统的帝国不同,传统帝国不存在内部事务与外部事务的划分,例如罗马帝国,在其所能够控制的地理范围内拥有政治统治权力,帝国的地理范围并不构成其领土边界,而仅仅是其势力和影响所能够达到的前沿(Frontiers),换言之,帝国的空间范围仅仅受其实力而非近代国际法法理的限制。因而对于帝国来说,领土或边界是没有意义的。See Christopher W. Morris. An Essay on the Modern State, Cambridge University Press, 1998, P. 45~46.

成。国家机器要运转正常,各个部分必须合理设置,相互制约,协调配合。这实际上就是权力组织结构问题。

国家权力从确立到执行以及对执行结果的检验,大致分为三个环节,也即三个组成部分。

第一,立法权。是指制定、修改、补充或废止法律、法规、法令等普遍性规则的权力。就其本质而言,立法权是将社会全体成员或统治阶级全体成员意志和利益的要求,上升为国家意志的权力,因此,立法权的主导价值是民主。立法权是国家权力的首要组成部分,在整个国家权力体系中处于前提和基础的地位。立法权可一分为二,既相互制约,又有功能分殊。一部分偏重于立法,一部分专注于社会和国家资源与财富的再分配。

第二,行政权。是指国家行政机关执行国家的法律、政策,管理国家内政外交事务的权力。行政权的本质是执行体现国家意志的法律,无法律则无行政,是对于立法的执行,以效率为主导价值。行政权的传统职能包括国防、外交、治安、税收,新兴职能包括经济、文化、社会管理。行政权的形式主要有行政立法、行政命令、行政决定、行政检查监督、行政制裁、行政强制执行、行政裁判、行政奖励、行政救济等。相对于立法权,行政权具有从属性、执行性、效率性、直接性、广泛性等特点。和司法权相比,行政权具有执行性、效率性、主动性、自由裁量性、广泛性等特点。

第三,司法权。又称审判权,是指法院依法居间审理裁决法律纠纷的权力。司法权的本质是维护社会全体成员或统治阶级全体成员的意志和利益,其主要价值取向是公正。司法权奉行不告不理的原则,是一种被动的权力。

三、国家权力的特点

(一)工具性

国家权力是一种工具。权力可以调动社会资源为一定的目的服务。相对于权力所有者的根本目的来说,权力本身只有工具的意义。特定的利益总是权力享有者追求和维护的特定目的,特定目的只有通过权力发挥作用才能付诸实现。因此,从表面看,权力享有者孜孜以求的是权力,但最终是利用权力这种工具实现其以权谋利的目的。正如恩格斯所说:"政治权力不过是用来实现经济利益的手段"。[①] 权力能够整合和调动各种资源为公众谋利益,成为推动社会前进的积极力量。这种整合性是由权力的能动性决定的。因为权力是权力主体能量的高度积聚,具有巨大的能动性。这种能动

① 《马克思恩格斯选集》(第4卷),人民出版社1972年版,第246页。

性一方面体现在它是权力主体实现和维护自身利益的能动杠杆，能够使利益得到最大限度的实现。另一方面体现在它是一种积极的支配力量，能够对其他成员和力量施以强大的支配和影响，具有规范和指导作用。权力主体依靠其能动性通过控制能够给权力客体带来精神利益或物质利益，迫使权力客体服从于自己的支配。因此，权力能够使分散的社会力量一体化，使社会秩序维持在权力意志的范围之内。恩格斯曾经指出："国家权力是一种表面上驾于社会之上的力量，这种力量应当缓和冲突，把冲突保持在'秩序'的范围以内。"[①]这种缓和冲突，保持秩序的作用，就是权力整合性特征的具体表现。权力作为工具，既可以整合资源，为社会大众谋利益，也可能发生滥用，危害人类和社会。"权力既可按其本质规定发生作用，又可违背其本质规定，产生越轨乃至否定自身。"[②]

（二）强制性

权力即强制约束力，权力本质上是特定的力量制约关系，因此强制性是一切权力的基本特性。强制与自愿相对而言，权力的行使不以相关者同意为条件，即使权力相对人反抗也能够实现权力主体的意志。权力的强制性有三个原因：(1)权力实质上是公共利益或共同利益，它的实现方式难以通过私人交易的市场方式实现。(2)权力的目的也难以通过社会成员的完全自发的行动来实现。因此，政治权力及其运行，实际上是人们基于共同利益的公共性而选择的一种实现方式和机制，也就是以政治力量的强制和约束来实现和维护社会共同利益，它是人们在生产力和社会历史发展特定阶段上"不得不"选择的可能方式。(3)权力的强制性还源于其实现利益的方式。从政治权力的形成过程看，政治权力是通过利益聚集和力量对比的方式而实现特定利益，强制约束是基本方式。权力的强制性不过是这种强制约束方式在其特性方面的直接体现。[③]

权力强制特性在国家权力中表现得最为突出。因为国家权力具有强制性特征，所以特别容易以强凌弱，滋生强权与特权。权力的强制性有的以合法权威性面目出现，有的则纯粹是暴力的。正是因为权力的这种特性，所以必须加强抑制，使这种特性严格限制在法律规则之内。

（三）扩张性

伴随着权力强制性而来的，就是权力的扩张性。阿克顿认为："现代世界的法则，即权力趋于无限扩张，并超越任何国际国内的约束现象，直到遇

① 《马克思恩格斯选集》（第4卷），人民出版社1972年版，第166页。

② 刘清华：《论权力的两重性》，《学海》1995年第3期，第102页。

③ 参见王浦劬：《政治学基础》，北京大学出版社2006年版，第72页。

上更神圣的原则,更强大的力量的阻挠,才会停止下来。”[①]权力的扩张性使越权和滥用职权成了社会中难以避免的现象。国家权力作为一种工具,既可以用来为社会谋取福利,也可能被用来为当权者谋求荣誉、地位和利益,因而对掌权者有一种本能的自发的腐蚀作用,以致驱使人们竭力地谋取权力。霍布斯曾把“永无休止谋求权力的欲望,至死方休,作为一切人类的普遍倾向”,[②]无数的事例表明,“一个渴望权力的人所追求的只是个人的利益,而绝不是国家的利益”。[③] 而为公共利益行使权力者,则往往希望对权力有所制约和监督。阿克顿说:“在所有使人类腐化堕落和道德败坏的因素中,权力是出现频率最多和最活跃的因素”,“只要条件允许,每个人都喜欢得到更多的权力,并且没有任何人愿意投票赞成一项旨在要求个人自我克制的条例”。[④] 权力虽然同整个社会需要和公共利益相联系,但它的行使毕竟是由社会中的少数人所直接掌握,因而又同掌权者的集团利益和个人利益相联系。权力的运行过程也是社会价值和资源的分配过程。分配社会价值和资源的过程为一些人利用手中的权力牟取私利提供了条件和机会,从而导致权力寻租的现象发生。如阿克顿所说:“权力往往导致腐败,绝对权力绝对导致腐败”(Power Tends to Corrupt;Absolute Power Corrupts Absolutely)。[⑤]

（四）责任性

权力有其特定的职责范围和行使界限,绝对的到处都适用的权力是没有的。在特定的范围和界限内,权力可以充分发挥自己的作用,一旦超出了特定的范围和界限,权力就会失去应有的效力。鉴于权力的这种特性,要保证权力的规范行使,就要求对权力做出明确界定,以防止其越位滥用。从理性上考虑,权力不是一种好处,而是社会责任。因为权力的制定与行使会导致一定的后果,这种后果是对掌权者的义务要求。为了明确责任义务,必须通过法律界定权力的责任后果。权力的责任如不严格合理界定,比如说权力行使主体责任小,权力大,那就与权力的责任性不相适应。如果权力行使主体责任小,权力行使的自由度必然任意扩大,果真如此,那么公民权利的保护就会十分困难。正如卢梭所说:“在一切真正的民主制下,行政职位并不是一种便宜,而是一种沉重的负担。”[⑥]

---

① [英]阿克顿:《自由与权力》,侯健、范亚峰译,商务印书馆2001年版,第344页。

② [英]托马斯·霍布斯:《利维坦》,黎思复、黎廷弼译,杨昌裕校,商务印书馆1985年版,第72页。

③ [法]孟德斯鸠:《论法的精神》,孙立坚、孙丕强、樊瑞庆译,陕西人民出版社2001年版,第83页。

④ [英]阿克顿:《自由与权力》,侯健、范亚峰译,商务印书馆2001年版,第342~343页。

⑤ [英]阿克顿:《自由与权力》,侯健、范亚峰译,商务印书馆2001年版,第342页。

⑥ [法]卢梭:《社会契约论》,何兆武译,商务印书馆2003年第3版,第138页。

权力是权利的转化形式，是权利的集中和统一形式。权力与权利一样以意志或力量为根本，而如果没有另一种意志或力量予以制约，则任何意志和力量都会无限地扩张。而权力相对于权利的工具性、强制性和责任性特点，又要求权力必须受到限制。限制权力的方式有很多种，以权利制约权力是根本的方式，而以权力制约权力则是以权利制约权力的具体表现。宪政的实质是限制权力，保障权利，限制权力的制度化形式乃是实行权力的相对分离，以权力制约权力。

第四节　权力制约

一、权力制约的概念

权力制约是指以人民主权基础，国家权力的各部分之间相互监督、彼此牵制，以保障公民权利的制度设置原则。权力制约的完整表述是权力制约平衡(checks and balances)，或简称权力制衡。[①] 此概念具有以下内涵：

第一，权力制约必须以现代民主制度为基础。现代民主承认每个人的权利，每个人是统治者又是被统治者，国家权力是个人权利转换的结果，国家法人代表每个公民。只有确立人民主权作为现代政治的基础，才会在制度上实行权力之间的制约和平衡。

第二，权力制约的前提是分权(Separation of Powers)。国家权力分为若干部分，各个部分的权力相对独立，权力相当，这样才能够做到相互牵制与平衡。可见，分权制约与权力平衡具有密切关系，前者是手段，后者是结果。有适当的分权，才有力量的平衡。

第三，分权有分工合作的含义。国家权力的职能分离确实具有追求工作效率的考虑，但这不是权力功能分离的根本目的。

第四，权力制约的根本目的是保障公民权利。当然，其直接目的是防止权力的滥用和腐败，杜绝压迫式的专制政治。换言之，国家权力划分为彼此制约的几个部分，也就不可能出现一种绝对权力。绝对权力则难免形成压

① “制衡”在美国制宪会议的讨论中，原本是指涉国会参议院和众议院之间的关系，而并非指分立的三权之间的运作。依据美国学者鲁兹(Donald S. Lutz)的看法，尽管美国宪法具有“权力分立”的外在形式，但是，制宪者设计的其实是另一套较为复杂的体制。“权力分立”的说法容易引起误解，准确的说法应该是“权力共享而功能区分”(Separation of Functions with Shared Powers)。See Donald S. Lutz, The Origins of American Constitutionalism, Baton Rouge and London: Louisiana State University Press, 1988, P. 157 ~ 162.

迫性的力量。而就国家权力的总体来说,或者就其抽象意义而言,它体现的是唯一而绝对的人民共同体的意志,这种意志不受实在法的限制。

二、权力制约理论的历史渊源

现代权力制衡理论是在近代17、18世纪由洛克、孟德斯鸠确立起来的理论体系。就其渊源而言,可以追溯到古代希腊罗马时期的混合政体思想和中世纪宗教与国家的二元权力体系结构。①

(一)古希腊的混合政体思想

权力制衡理论的萌芽可追溯到古希腊的哲学家柏拉图。通过对斯巴达和雅典两个政体的分析,柏拉图认为,由于斯巴达实行压倒一切的军事化体制,其会伴随着君主或者僭主政体的专制权力而衰亡。而雅典城邦由于实行直接的民主政体,则会因过分的自由而毁灭。两个城邦的兴衰史表明,如果城邦能保持必要的节制,使权力同智慧相结合或自由同守法相结合,那么就可以保持持久的繁荣。于是,良好国家必须遵循的原则是:服从法律明智而强有力的统治原则和民主原则——群众分享自由和权力的原则,形成君主制与民主制的混合政体。亚里士多德则进一步指出混合政体的两层含义:首先,混合政体是指不同阶级(部分)通过参与城邦政治,其利益都能在城邦政治中得到体现和满足。这样,各种阶级的力量方能够达到平衡,减少政治冲突,保证城邦的和谐生活。亚里士多德还将城邦的政治机构划分为三个部分或三个要素:议事机能、行政机能、审判机能。这是现代分权的萌芽,当然,此政体三要素不等同于现代的行政权、立法权、司法权。在三要素合成为政体的方式上,他说:"我们也必须考虑到三项(议事、行政、司法)权力结构的各种组织形式,在合成为一个政体时,可能有哪些搭配方式,不同的配合可使各种政体成为互相掺杂的政体。"②

亚里士多德主张政体三种机构的权力平衡。他强调:理想的城邦是以法律为最高的政治原则,其政治权力的分配和政治机构的设置要兼顾到社会各阶级与阶层的利益。这意味着不能让某一个阶级独自掌握全部的政权,亦不能把全部的权力集中到某一个单独的政府机构手里。

(二)古罗马的混合政体论

古罗马的波里比阿继承了希腊先哲的混合政体思想。他认为,希腊城邦不可避免地走向衰落的根本原因是其只采用了一种纯粹的政体形式,而任何纯粹的政体都必然有一个生长和灭亡的过程——从军事专制制度开

---

① 详细论述参见林建华、余莉霞:《西方权力制衡理论的历史溯源》,《黑龙江社会科学》2008年第2期,第30~33页。

② [古希腊]亚里士多德:《政治学》,吴寿彭译,商务印书馆1965年版,第310页。

始，经过王政（君主政体）、僭主政体、贵族政体、寡头政体，发展到民主政体，最后蜕变为暴民政体而衰亡。而单一政体的缺点就在于它的不稳定，容易蜕变为自己的反面，如民主制度蜕变为暴民统治。相反，罗马不断走向强盛的根本原因在于罗马共和国采取了一种混合政体的形式，即将三种正常政体——君主制、贵族制和民主制的特点集中在一起，使各种政治要素融合为一种和谐、平衡状态的政体。由于此政体融合了每一种政体的长处，且每一种原则都不完全占据支配地位，因此它也就能够避免单一政体的缺陷。在波里比阿看来，这种权力组合构成了"一个联合体，它强大的力量足以应付任何危机，所以没有一种形式的政体能胜过它"。[①] 波里比阿认为，罗马共和国的政体混合了君主制、贵族制和民主制三个方面的因素，即把权力分为三个部分：人民（或人民大会）、元老院和执政官。罗马统治机构的真正秘密在于这样一个事实，即三种力量相互牵制，从而防止了自发的衰败倾向，而如果任何一种力量过于强大，衰败现象就会发生。这种混合政体适当地调和了君主、人民与元老院的权力，使三个部分分别掌握着重要的、但又不是全部的权力，他们可以相互支持和协助，也可以相互制约对方。

由于实行相互制约或者说相互作用的原则，罗马政体得以长期保持平衡的状态，显示出极大的活力。

（三）中世纪的二元权力制约体系

中世纪西方社会的权力呈多元化特点。这表现在三个方面：一是王权与教权的关系。王权需要教权的支持和正名，教权则需要王权的保护。同时，王权和教权又为争夺社会统治权而斗争。二是王权与贵族权力的关系。以契约为基础的封建制，君臣彼此有保护和忠诚的权利义务。而贵族权力对王权的分割，使其成为与王权相抗衡的重要力量。三是教权与贵族权力的关系。教会、国王和贵族在利益冲突和权力分割中，既有合作也有对立，多元权力的斗争与妥协造成了一种特有的均势与张力。总的来说，中世纪的权力是以王权与教权的关系为主的二元权力化体系，即政权与教权各自独立、相互制约，形成各自相对稳定的控制领域。对教权与王权之间的关系做出系统论述的是圣·奥古斯丁。他在《上帝之城》中提出"上帝之城"和"地上之城"两个概念。上帝之城由教会代表，地上之城则指世俗国家，"两城"关系即政教关系。上帝之城是永恒存在的天国，是正义的灵魂的栖息之所，是"最高的善，是永久和完美的和平"。地上之城则体现了人间的政治秩序。它是上帝由于人的堕落而对其实行惩罚的一种方式，永远遭受魔鬼统治的痛苦，是"没有希望的、不幸的，而且非常痛苦"，其成员过着肉欲的生

---

① ［美］肯尼斯·米诺斯：《政治学》，龚人译，辽宁教育出版社 1998 年版，第 22 页。

活,充满着罪恶。世俗之城与上帝之城在现实生活中是混合在一起的,只有到末日审判时才分开。奥古斯丁的神学论证了教权与王权各自的独立性,为政教关系确立了基本原则。

此外,教皇格拉修斯一世的"双剑论"理论系统地阐述了二元权力观,为中世纪的政教关系奠定了教义基础。其理论认为,世俗权威与宗教权威,在国家内部必须保持平衡、互相制约。而政教分工的原则就是教会和世俗政府各司其职,任何一方都不应干预另一方的事务,双方应该有明确的权力界限,"每一种权限都要尊重上帝为另一种权限规定的权利"。① 而为了使信仰不受尘世的干扰,献身上帝的任何人都不应该介入世俗的事务;同时,那些已经卷入俗务之人也不应该染指对神圣事务的指导。于是,这两种秩序都保持着各自的状态,它们都不会通过使另一方屈从于自己而得到提升,每一方都履行特别适合于自己的职责。教权与王权虽然相互分开,但又不能完全脱离对方,两权之间也能够彼此合作,因为"皇帝为得到永生需要主教,主教在世俗事务上应求助于皇帝的管理"。②

柏拉图的混合政体思想经由亚里士多德、波里比阿的论证,形成最早的分权制衡思想,再通过教会在宗教事务上的自治和奥古斯丁对"上帝之城"与"地上之城"的划分,最后由格拉修斯系统地、完整地阐述了"世俗权威"与"宗教权威"的理论,为中世纪的教权与王权关系划定了界限。显然,近代权力制衡理论滥觞于西方古典政体论与中世纪神学政治思想。

三、权力制约的理论基础

(一)自然权利论

现代权力制约的理论与实践对于古典政治哲学既有继承,更有深刻的变革。古典自然正义理论相信,自然万物包括人类社会存在着客观和谐的秩序,人类应当服从自然的秩序,因此,也就负担与生俱来的自然义务。人们只有恪尽自然义务,并且在社会生活中与他人和平相处,政治生活方能臻于完美,人的生活方能实现至善。古典思想家还认为,人与人之间存在着自然的不平等,统治者与被统治者的支配与被支配关系是自然形成的,统治者由于其优越的自然禀赋而享有奴役愚弱者的特权。柏拉图的最佳政体论,即是设想在明智之士统治之下,人们根据其天生品质而各得其所的理想城邦。显然,古典政体论的实质主张,与其是国家权力之间要相互制约,毋宁是城邦的各个要素或组成部分之间要各得其所,各安其自然的本分。

---

① [美]乔治·霍兰·萨拜因:《政治学说史》(上),盛葵阳等译,南木校,商务印书馆1986年版,第237页。

② 丛日云:《西方政治文化传统》,大连出版社2002年版,第400页。

自然权利论是权力制约理论的真正基础。与古典政体论不同，自然权利论主张人的与生俱来的生命权、自由权和追求幸福生活的权利。自然权利论不相信外在于人的自我保存的任何自然或社会权威。每个人都追求自我保存，每个人都自我珍惜，因而，他们彼此之间的冲突不可避免。这种普遍而不可消除的冲突表现在政治制度上即是权力制约。权力制约归根到底是人们相互之间的权利制约，用麦迪逊的话来说，权力制约的实质就是“用野心对抗野心”，或者说，以恶制恶。

自然权利概念的实质内涵是人的主观意志或主观诉求，自然权利也就是自然欲望。自然权利论是现代政治法律制度的理论基础。古代政体论和中世纪的神权政治论否认人类存在一个前政治的自然状态，他们认为，政治社会的形成是神的意志决定的自然过程，政治社会是神定的或自然的秩序。这种神定秩序或自然秩序作为客观的法则与尺度，先于人类的意志并独立于人类意志，对人类的意志形成约束。人类只能适应、参与而不能改变这一秩序，政治秩序是神定秩序或自然秩序的一部分。与此相反，自然权利论从人的绝对无可非议的主观诉求出发，主张这种主观诉求完全不依赖于任何先在的法律、秩序或义务，相反，它本身即是所有法律、秩序或义务的起源。[①]为解决权利或意志之间的冲突，人们相约组成公民社会，设立主权权威是为了调处冲突，而不是指导人们各得其所，实现至善的生活。

（二）主权的目的

人民主权的出发点和归宿是每个人的自然权利。主权产生于权利冲突，也是为了调处权利冲突。

麦迪逊认为，人们的不同禀赋导致人们在财产拥有的数量和种类上差异极大。财产的数量差别将社会分成债权人和债务人，富人和穷人；人们拥有的财产种类的不同则会导致派系冲突，如土地、商业、金融、手工业等行业之间的利益冲突。“只要人们之间的理智和自爱之间存在联系，他们的意见和情感就会相互影响，前者就会成为后者依附的目标”，[②]于是，利益分化与冲突不可避免。

人是激情的生物而不是理性的生物，自然权利中的理性要素必然依附于自我保存的激情，人们之间的利益分歧和冲突的根源即在于此。麦迪逊的这段话对人性洞烛幽微，却可能因为人们过度熟稔而容易滋生轻视：“人的才能是多种多样的，因而就有财产权的产生，这种多样性对于达到利益一致来说，不亚于一种无法排除的障碍。保护这些才能（也可以说就是自然权

---

① ［美］列奥·施特劳斯：《霍布斯的政治哲学：基础与起源》，申彤译，译林出版社2001年版，第2页。

② ［美］汉密尔顿等：《联邦党人文集》，程逢如等译，商务印书馆1980年版，第46页。

利),是政府的首要目的。由于保护了获取财产的不同才能,立刻就会产生不同程度的和各种各样的财产占有情况;而由于这一切对各财产所有人的感情和见解的影响,从而使社会划分成不同利益集团和党派。"①

麦迪逊探讨社会冲突的目的是为了证明主权权威的必要性。他认为,在自然状态中,人们无论强弱均意识到需要公共权威来处理他们之间的冲突。麦迪逊宪法方案确定的公共权威的职能仅限于此,这种有限政府设计的理论基础在于,与传统政治和现代威权政治不同,承认人们基于自然权利的社会冲突的不可消除,政府的职能只是维持和平的社会秩序,为人们实现自己的权利提供基本的条件。古典政体论否认人们的权利诉求,更反感权力冲突,而强调人们必须依靠明智者的指导去追求至善的生活。显然,主权论中的权力制约与权利冲突相辅相成,而古代政体论则与权力制约的主张互不相容。

(三)权力共享而功能区分

1. 国家权力的各部分相互参与而非绝对分立。

宪法按照一定的职能模式组织政府的权力,分享权力的每个机构都要与其他机构合作以行使权力。如霍布斯所说,政府的权力是不受限制的主权的总和,这种不受限制的主权在自然状态中属于每个人。宪法分权体制要求分享主权的每个职能部门都必须按照宪法的一般规定去行使权力,在行使权力的过程中相互制约。

2. 权力制约的实质是权利制衡。

麦迪逊警告人们不要相信"羊皮纸上的划分"和"开明的政治家"之类来保持宪法体制的平衡;对于自由的保障从来不是依靠开明的领导者,也不是依靠自然法和独立的司法对于公共权威的限制。他的结论是:防止把某些权力逐渐集中于同一部门的最可靠办法,就是给予各部门的主管人抵制其他部门侵犯的必要法定手段和个人的主动。防御规定必须与攻击的危险相称。野心必须用野心来对抗。用这种办法来控制政府的弊病,可能是对人性的一种耻辱。但是政府本身若不是对人性的最大耻辱,又是什么呢?② 麦迪逊认为,政府结构的设计要以保持相互竞争的政治权力之间的平衡为原则,自由只有在人们野心的彼此对抗中才得以保存。

3. 权力制约的内容是人员分离。

作为权力制衡的前提的分权,一般有三种主张:(1)职能分离;(2)机构

---

① [美]汉密尔顿等:《联邦党人文集》,程逢如等译,商务印书馆1980年版,第46页。

② [美]汉密尔顿等:《联邦党人文集》,程逢如等译,商务印书馆1980年版,第264页。

分离;(3)人员分离。[①] 前两种分离其实区别不大,强调的主要是分工和效率,而不在于权力制约。人员分离是现代权力制约理论的核心,因为人员分离实质即是人们相互独立的权力欲望和利益诉求的分离。这种分离的真正目的是为了防止人们由于利益的一致而形成社会中压倒一切的力量,对其他社会力量实行压迫。

4. 权力制约的社会基础是利益分化和价值多元。

与宪政相对立的专制政治,其基础在于一元价值观(一元价值观与一个社会共同体得以建立于其上的社会共识之间存在区别),更在于某种特定的社会利益或力量处于压倒一切的地位。这种处于支配地位的社会力量要求其他社会成员处于服从和附属地位,这种社会因而不存在利益和价值冲突,准确地说,冲突被强行压制,在制度上就表现为专制政治。专制固然存在着制度和人性等方面的原因,但不能忽视的是,还存在着社会经济方面的原因,这些原因相互作用,使问题变得复杂。就社会经济方面而言,专制的基础在于某种特定的社会力量具有绝对的支配性而缺乏与之抗衡的其他社会力量,在这种社会中,专制与压迫性的社会力量之间互为因果。权力制约,也即是社会力量的相互制约。[②]

5. 绝对主权与权力制约并不矛盾。

绝对主权与权力制衡是两个不同层面的问题,前者是就主权者所代表的人民主权或公共人格而言,不存在对它的实在法上的限制;后者则就主权的具体构成而言,存在着彼此的限制。换句话说,立法、行政和司法等具体性权力相互制衡;整体的政府作为人民的代表者,其权力即抽象性的绝对主权只受每个人的安全和自由的限制,而在实在法上并无限制;也因此,主权者以我们每个人的名义而制定的法律不可能不公正。[③]

四、权力制约的模式

(一)英国模式

英国政体的主要原则是"议会主权"和"议会至上"(Parliamentary Supremacy)。议会是立法机关,议会至上也就是"立法至上",立法权是三权的重点。随着政党制度的发展,选举获胜的政党能够同时控制立法权和行政权。英国的议会至上原则与责任内阁制相互结合,在下议院占多数席位的

---

① [美]列奥·施特劳斯、约瑟夫·克罗波西:《政治哲学史》,李天然等译,河北人民出版社1993年版,第772页。

② 参见汪栋:《霍布斯公民科学的宪法原理》,知识产权出版社2010年版,第236页。

③ [英]托马斯·霍布斯:《利维坦》,黎思复、黎廷弼译,杨昌裕校,商务印书馆1985年版,第270页。

政党不仅控制立法主导权,而且也获得了行政组阁权。行政权对立法权的负责制转化为多数党的一种内部控制与反控制。权力制约不仅表现在反对党对执政党的制约,也表现为执政党内的权力制约,也就是说,执政党虽然同时主导议会和内阁,但是,议会可以倒阁,而内阁亦可解散议会,提前举行议会选举,由新议会决定内阁的去留。现在世界上实行君主立宪制的国家和实行议会共和制的国家都采用英国式的分权制衡原则,比如日本、意大利、德国等。

(二)美国模式

美国政体是贯彻权力制约原则的典范,其权力制衡关系极为明确、具体:

1. 国会参众两院之间的权力制约。

美国联邦立法机关由参议院和众议院组成。联邦宪法规定参众两院在立法上享有大体相等的权力,使两院之间形成相互制约的关系。立法权由两院共同行使,任何一院通过的法案,另一院有绝对的否决权。“法案于一院通过即送另一院以同样程序审议,如果另一院照原案通过,则视为国会通过该法案,如果法案被另一院否决,则该法案归于消灭。如果另一院修改了法案而退回原来的议院时,可成立协商委员会进行协商。协商委员会由两院议长各指定3至9名议员组成。如果协商不能成立,即视为否决该法案,如协商成立,则向两院报告协商后的修改法案,交两院表决。”[①]人事任命权由参议院和总统享有,但众议院可提出针对高级官员的弹劾案,在联邦最高法院首席法官主持下,由参议院审判。宪法还规定,所有提高税收的议案必须由众议院提出,但参议院保留修正或拒绝这类建议的权力。

国会两院之间的内部制约和其他国家机关对国会的外部制约并存。国会在内政、外交、国防等领域享有的其他权力,如财政权、宣战权、批准缔约权,铸造货币权、组织武装、任命批准等权力,大体上也由两院分享,以相互制约。国会的这些权力亦分别受国家行政权与司法权的制约。

2. 行政权与立法权之间的相互制约。

美国总统享有广泛的权力。总统根据或征得参议院之咨询意见并取得其同意有权缔结条约,但需有该院出席议员三分之二的人数赞同。总统得提名并根据或征得参议院之意见并获得其同意任命大使、其他使节、领事、最高法院法官及其他高级官员。国会如认为适当,得以法律形式将下级官员之任命权授予总统单独行使。总统在参议院休会期间有权补充人员之缺额。总统于非常情况下可以召开国会两院或一院会议。总统监督法律之忠

① 韩大元主编:《比较宪法学》,高等教育出版社2003年版,第311页。

实施行。总统分享国会的立法权,宪法规定:凡众议院和参议院通过的法案,应在其成为法律之前送交总统。总统如批准该项法案,即应签署,否则退还提出该项法案的议院。该院复议后以三分之二多数同意通过该项法案,即应将该案连同总统的异议书送交另一院,该院亦应加以复议,如经该院三分之二议员认可,该项法案即成为法律。如法案于送交总统后十天内(星期日除外)未经总统退还,即视为业经总统签署,可以定为法律。如因国会休会而不能退还该项法案,该项法案仍不得成为法律(即形成"搁置否决"或称总统的"口袋否决权")。凡必须经参议院和众议院同意的命令、决议或表决(惟关于休会问题的除外),应送交合众国总统。该项命令、决议或表决于发生效力前应经总统批准,如总统不予批准,应依照所订关于法案的规则和限制,由参议院和众议院议员三分之二多数重新加以通过。这些规定表明,虽然国会在立法权上处于主导地位,但是其立法权的行使受到总统的制约。

根据联邦宪法的规定,美国总统既是国家元首,又是政府首脑、武装部队的总司令、主要的立法创议人,集诸多权力于一身。然而总统的权力受国会和法院严格制约。总统否决的法案,只要国会两院各以2/3的议员通过,即可驳回总统的否决,当然生效。总统提名的官员人选必须经参议院同意批准。财政法案必须经国会批准。此外,国会还有弹劾总统的权力。这些都形成对行政权的有力制约。

3. 司法权与立法权、行政权之间的相互制约。

美国法院享有对立法行为和行政行为的司法审查权。联邦最高法院可对国会和州的立法机构的法律的合宪性进行审查。行政机关越权或滥用职权,法院可宣告其无效。然而行政权、立法权对司法权也有明确的制约关系,联邦最高法院、上诉法院、地区法院的法官的任命须由总统提名并经参议院批准;司法经费则由政府提出,国会批准;总统享有特赦权。

4. 州与联邦政府之间的相互制约。

美国的联邦制遵循分权与制约的原则,联邦和各州也有权力的划分与制约。各州先于联邦而存在,都制定有自己的宪法,保留除国防、外交等之外的剩余权力。因而,联邦与州"双方都握有能与对方相抗衡的资源,在权力关系上从分离走向合作与平等竞争,且随着双方资源实力的起伏波动而呈现此消彼长的依赖状态。"①

美国的权力分立是相对的,只有彼此相互参与,方能相互制约。据麦迪逊的看法,认为孟德斯鸠支持分立的国家机关行使不同的权力,其实是人们

① 尤光付:《中外监督制度比较》,商务印书馆2003年版,第126页。

对他的误解;政府的每个分支都应该广泛地分享其他部门的权力,这是孟德斯鸠的真实意图:“他的意思并不是说这些部门不应部分参与或支配彼此的行动,他的意思就像他所说的那样,尤其像用他心目中的事例(英国宪法)作出更明确的说明那样,只能是在一个部门的全部权力由掌握另一个部门的全部权力的同一些人行使的地方,自由宪法的基本原则就会遭到破坏。”①

因此,“权力分立”显属用词不当。政府的权力和职位并非绝对分立,其运用也是一样;没有一个政府部门是最高权力者,政府各部门行使权力时要相互参与,每个政府部门的行动都需要其他部门的合作。宪法创设的所有机构对于国家权力是共享的而只有功能上的区分。

(三)法国模式

法国宪法理论强调立法权、行政权和司法权彼此绝对分立,司法权决不能干涉立法和行政。根据法国的宪法理论,“三权分立”并不是美国宪法的“相互制约和平衡”,而是议会专享立法权,行政、司法机关无权立法和干预立法。当然,立法机关也受到制约,但这种制约是政治上的,而不是法律上的,它来自立法机关内部政治力量的对比,而不应来自行政或司法部门。1958 年宪法设立的宪法委员会实际上是一个政治机构而非司法机关,宪法委员会对议会的制约是政治制约而不是法律制约。法国的行政法院系统并不属于司法系统,而属于行政系统,这就排除了司法对行政的干预。

法国在运用分权原则的过程中,既吸收了总统制的特点,也借鉴了议会制的特点。通过加强总统的权力削弱议会的权力,从而把分权的权力重心由立法转移到了行政,并建立了半总统半议会制的体制。这种分权体制强调行政对议会的制约,总体上以效率为价值取向。

【资料】权力制约与权力监督的区别

《现代汉语词典》对“制约”的定义是:“甲事物本身的存在和变化以乙事物的存在和变化为条件,则甲事物为乙事物所制约”。而对监督的定义是:“察看并督促。”②不管是字义分析,还是从经验来看,权力制约与权力监督有共同点,均指对权力的约束和法定影响力。但二者也存在着重大的差异。如果说权力监督要解决的问题是不允许滥用权力,即不敢不想滥用权力的话,那么制约则是要解决不能滥用权力的问题。③

首先,权力制约关系必须有两个或两个以上的政治权力才能形成,权力

① [美]汉密尔顿等:《联邦党人文集》,程逢如等译,商务印书馆 1980 年版,第 247 页。

② 中国社会科学院语言研究所词典编辑室编:《现代汉语词典》,商务印书馆 2002 年第 3 版,第 1622、614 页。

③ 参见安东:《国家权力控制论》,武汉大学 2005 年博士学位论文,第 28 ~ 30 页。

之间的关系是横向的而非纵向的。纵向的权力关系是上下级之间的领导与服从关系,而权力监督关系中的各种权力之间没有隶属关系。① 制约与被制约双方有互动性,一方的存在变化以另一方的存在变化为条件,一方行动必有另一方行为作反应。制约具有刚性和双向性的特点,但制约不是单纯的掣肘,而是既制约,又合作。而监督则表现为外在机制,是弹性约束,具有单向性特点。没有被监督者的参与,监督活动可以照常进行。

其次,权力制约以权力之间的大致平等为基础。而监督与被监督对象之间的力量和地位一般是不相等的。监督往往指力量关系中优势者对弱势者的控制。

再次,制约多为事前、事中制约,而监督则为事前、事中、事后监督。制约涉及权力的合理设置与划分,而监督并非如此。权力制约是与民主法治相联系的,是反对特权的。而监督机制则可以与特权并存。

最后,监督会产生监督者无从监督的难题。监督是优势者对弱势者单向的约束,监督者能够限制被监督者,而监督者自身无约束。或者,假定对监督者无须再进行监督,这就必须进一步假定监督者具有特殊的品质而不会发生权力的滥用。

思考题

1. 如何评价国家权力起源的三种理论?

2. 现代国家权力的特点是什么? 国家权力的目的是什么?

3. 试以宪法学原理分析“Power Tends to Corrupt; Absolute Power Corrupts Absolutely”的翻译和含义。

4. 什么是国家权力? 什么是权利? 它们之间是什么关系?

5. 什么是自然权利? 为什么说自然权利概念蕴含权力制约的原理?

6. 试结合英文原著的表述,分析自然权利概念的要素。

THE RIGHT OF NATURE, which writers commonly call jus naturale, is the liberty each man hath, to use his own power, as he will himself, for the preservation of his own nature; that is to say, of his own life; and consequently, of doing any thing, which in his own judgment, and reason, he shall conceive to be the aptest means thereunto.

① 参见周平主编:《政治学导论》,云南大学出版社2007年版,第47页。

第十章　国家权力的形成

根据主权在民原则，国家权力来源于人民。那么，人民的"主权"是如何变成"国家权力"的呢？简单地说，这个过程其实就是人民"让渡"自己权力的过程，一个民主的过程。从制度角度而言，主要体现为选举制度和政党制度。

第一节　选举制度

一、选举制度的含义

选举源于拉丁语动词 Eligere，意为挑选，它是指根据正式的程序规则并按照少数服从多数的原则，由选民从若干候选人中挑选民意代表机关或政府官员的活动。自由选举是民主政治的核心内容。选举应当自由、公正、定期举行，才成为民主选举，完成其利益代表职能。选举的状况通常也反映了一个国家真实的民主水平。

一般认为，选举制度是公民依照法律规定推选各级国家代表机关的代表和其他国家公职人员的制度，包括选举的基本原则、选举程序、选举制度等。

二、选举制度的类型

根据学者的归纳，选举制度有以下类型：①

（一）地域代表制和职业代表制

地域代表制是指按地域划分选区，根据区域的人口比例分配代表名额，并进行选举的一种选举制度。职业代表制是指按职业团体而不是按地域分配代表名额，并选举代表的一种选举制度。

---

① 参见肖泽晟：《宪法学——关于人权保障与权力控制的学说》，科学出版社 2003 年版，第 341～343 页。

主张实行职业代表制的主要理由有:(1)使议会由专门人才组成,以便更好地完成现代社会日趋复杂的立法、监督事务(通过地域代表制选举出来的代表往往缺乏专业知识和经验);(2)职业代表制生产的代表有充分的时间与被代表者进行沟通,从而可以减少代议制度异化的可能性。

反对职业代表制、主张实行地域代表制的主要理由有:(1)职业代表制产生的代表往往缺乏专业知识,而地域代表制产生的代表正好弥补了这方面的缺陷;(2)职业代表制形成的职业团体,往往对该团体的传统习惯有深厚的好感和无限的忠诚,因而往往成为该行业改革运动的阻力,而地域代表制则不存在这方面的问题。

世界各国大都兼采地域代表制和职业代表制,只不过结合的方式不同而已。

(二)多数选举制和比例选举制

多数选举制是指一个候选人或一个政党在各选举区内获得最多选票就可当选或者完全占据应选出的议员名额的一种选举制度。多数选举制在实践中又分为相对多数选举制和绝对多数选举制。比例选举制是指根据各党派在选举团体中的人数力量就议员议席在各政党之间按比例分配的一种选举制度。

主张实行比例选举制的主要理由有:(1)议会应当为全国人民的代表机关,而不能仅仅是多数党的代表机关,故比例选举制在原则上讲比多数选举制公平;(2)从实际利益上讲,比例选举制也使议会不易为一党所垄断,可以减少代议制度中政党专制的弊端。

反对比例选举制的主要理由有:(1)比例选举制给内阁制的实现造成了困难,容易导致内阁组织上的混合性和内阁地位的不巩固(尤其是在不存在一个占半数议席的多数党的情况下);(2)比例选举制减少了选民投票的独立和自由(因为许多国家选民投票只能以各政党所提出的荐选单为目标,没有其他选择)。

相对而言,在实行多党制的国家里,比例选举制是一种比较合理的选举制度。

(三)直接选举制与间接选举制

间接选举制是指代表机关的代表或其他公职人员不是由选民直接选出,而是由选民选出的代表选定的制度;直接选举制是指代表机关的代表或其他公职人员的选举由选民直接选定的制度。

主张实行间接选举制、反对直接选举制的人认为,普通选民缺乏充分的知识和判断能力,不能择取其中的政治精英,而且在一个大国之中,采取直接选举制,选举成本太大,而采取间接选举制,普通选民只要选出最终执行选举职务的人(而非最终当选的人)即可,因而可以避免乱选的弊端。

反对实行间接选举制、主张直接选举制的人认为,间接选举制有重大弊端:(1)因为初选时,选民难以了解各方面的政治意见,所以选举很难对普通选民的政治知识产生重大的教育作用;(2)因为最终选举人数与较初选举人数大减,所以贿赂选举和恫吓选举等危及民主之情势容易发生。

在实践中,小国(地区)往往实行直接选举制,大国往往实行直接选举与间接选举相结合的选举制度。

三、选举制度的基本原则①

选举制度是一项重要的宪法制度,各国宪法一般都对选举制度做出原则性的规定。例如,1949 年《德意志联邦共和国基本法》第 38 条第 1 款对议会选举的平等、直接、秘密和自由原则做出了全面规定:"德国众议院的代表应在直接、自愿、平等与秘密选举中产生。他们应该是全体人民的代表,不受任何命令和指示约束,并只服从其自己的良知。"又如《法兰西第五共和国宪法》第 3 条规定:"根据宪法所规定的条件,采取直接选举或间接选举。选举一律采取普遍、平等和秘密投票的方式。根据法律所规定的条件,凡享有公民权利和政治权利的法国成年男女国民都享有选举权。"

纵观世界各国宪法,选举制度一般包括如下几项基本原则:

(一)选举权的普遍性原则

选举权的普遍性原则是指,公民只要精神发育健全、达到法定的选举年龄(世界上多数国家为 18 周岁)且没有触犯法律的禁止性规定(如因犯罪被剥夺选举权),都享有选举权,不受民族、种族、性别、职业、家庭出身、宗教信仰、教育程度、财产状况、居住期限等方面的限制。与此相对应的是限制性选举,即除了国籍、年龄、精神健康状况等限制条件外,还设有其他资格作为公民取得选举权的条件,例如对财产、教育、性别、居住期限等条件的限制要求。

在西方历史上,曾经存在对选举权的各种各样的限制,如居住条件限制、财产限制、种族限制、性别限制、教育程度限制、职业限制、品行限制等。日本在 1945 年才取消了对妇女选举权的限制,承认所有 20 岁以上的国民都拥有选举权。②

1789 年法国《人权宣言》最早宣布了普选权,随后在西方社会逐步得到了仿效。选举权的普遍享有是衡量一国民主化程度的重要标准之一,是人

① 参见张千帆主编:《宪法》,北京大学出版社 2008 年版,第 258 ~263 页。

② [日]芦部信喜:《宪法》,林来梵等译,北京大学出版社 2006 年版,第 229 页。

民主权实现的重要条件。普遍选举权的功能在于,周期性地通过非暴力的、有序的方式,实现权力机构的产生与更替,从而奠定了现代民主政治的基础。选举权的普遍享有原则意味着只有公民选举产生的政府才具有合法性。

(二)选举权的平等性原则

选举权的平等性原则是指,每一个选民在一次选举中只能有一个投票权,不能同时参加两个或两个以上地方的选举;每一选民所投的票的价值与效力是一样的,不允许任何选民享有特权。这一原则可以换言为"一人一票,各票等价"原则。

选举权的平等原则已经被现代宪法所普遍确认。只能承认选举权的平等性,才能使公民的各项政治、经济、文化权利在政府活动中获得平等的表达机会和平等的保护机会。然而,与普选制一样,选举权的平等性的实现也经历了一个历史过程。例如,美国宪法规定,众议员名额按各州人口比例进行分配。在1868年第十四修正案批准之前,其非自由人口(黑人奴隶)仅按3/5予以确定。英国下议院选举法在1918年以前把独立"住宅"(occupation)作为选举权取得的资格,因此,凡选民在数个选区中分别拥有独立住宅的,则在此数个选区中,事实上都拥有投票权。① 诸如此类的公然歧视已经被现代法律所废弃。例如,美国宪法第十四宪法修正案取消了宪法第1条原有的"3/5条款";1870年通过的第十五修正案明确禁止联邦或各州政府对选举权进行种族歧视:"合众国公民的选举权,不得被合众国或任何州以种族、肤色或从前的奴役状态为由而否认或剥夺。"

在法治发达国家,表面化的选举歧视或不平等早已不存在,但仍可能有隐含歧视。要消除各种歧视,真正获得公民选举权的"平等保护",还必须具备有效的司法保障。例如,美国在1964年的"选区重划第二案"中,联邦最高法院正式确立了"一人一票"原则。在该案中,沃伦首席大法官撰写的法院意见指出:"既然立法划分选区的基本目的,乃是取得公正和有效的公民代表,(平等保护)条款保障所有选民在州议员选举中的平等参与机会。就和基于诸如种族或经济地位的歧视一样,因居住地点而削弱选票的分量,也同样削弱第十四修正案保护的基本宪法权利","我们判决,作为一项宪法标准,(平等保护)条款要求州的议会两院席位必须基于人口而获得分配。简言之,如果和居住州内其他地方的公民选票相比,某地区公民的选票份量受到显著削弱,那么个人选举州议员的权利就受到了违宪侵犯。"②

---

① 参见王世杰、钱端升:《比较宪法》,中国政法大学出版社1997年版,第154页。

② 张千帆:《西方宪政体系》(上册),中国政法大学出版社2000年版,第310、315~318页。

平等选举制也有个别例外。如果基于保护弱者（例如少数民族、联邦制下的小州）利益的考虑而对其选举权给予适当的特殊照顾，这种区别对待一般不能被认为是对平等原则的侵犯。例如，根据美国宪法规定，不论各州人口多少，每州在联邦参议院都只有两个参议员名额，这显然是为保护小州的利益而有意作出的一项制度安排。就形式而言，这不符合选举权的平等性要求；但因其具有公认的正当性理由，一般不会被认为是对大州选民选举权的歧视。再如，我国选举法规定，在全国人大代表的组成中，人口最少的少数民族至少应当有1名代表，这也体现了平等选举的例外。

（三）直接选举和间接选举相结合的原则

直接选举就是指代表机关的代表或其他公职人员由选民直接投票选出的制度；间接选举即先由选民选出代表或选举人，再由代表或选举人选出上一级代表或国家公职人员。

相对而言，直接选举更为民主，故现代民主国家的选举法基本都规定实行直接选举产生民意代表。除对上议院还有采用间接选举或委任者外，下议院的选举绝大多数都采用直接选举制。在当今世界180多个国家的下议院议员选举中，只有五、六个国家还完全采用间接选举的方式，例如厄立特里亚、几内亚比绍、利比亚等各国；还有七、八个国家如不丹、乌干达、汤如等国家采用直接选举和间接选举并用的方式。[①] 美国1787年宪法最初规定联邦参议员由各州议会选举产生，1913年通过第十七修正案之后改为由各州人民直接选举产生。目前美国总统的"选举人团"制度在名义上是间接选举，即由各州先产生选举人，然后由选举人选择联邦总统，但选举人的选择实际上受到严格限制，因而美国总统的选举很接近直接选举。

在直接选举中，因选民人数众多，贿选或威胁都难以有效实施，显然更为民主和公平，能对公职人员构成有效的监督，因而直接选举一般比间接选举更能确保民意代表真正反映广大选民的利益，有助于加强选民与当选者的联系。[②] 另外，在直接选举中，选民的参政能力、国家观念也能获得更多的锻炼和培育，公民素质总体上将得到相应的提高，更好地调动公民参与管理国家事务的积极性，充分行使人民当家作主的主人翁的权利。但是直接选举相比较间接选举来说，选举成本较高。

间接选举也有其优点，即节省了程序、时间，节省了人力、物力、财力，以低成本高效率著称。不过，主张间接选举的理由并非基于选举成本的考虑，而是基于对普通选民能力的不信任，认为一般选民缺乏充分知识与判断力，

① 参见王晓民主编：《世界各国议会全书》"附录三·各国议会产生方式一览表"，世界知识出版社2001年版，第751～757页。

② 参见张千帆：《宪法学导论——原理与应用》，法律出版社2004年版，第389～390页。

不能抉择相当的政治人才，“这个办法大概是要给民众感情的冲击设置一个小小的障碍。”①但实际上，越是不给选民参加直接选举的机会，选民的参政能力越是无法提高。在间接选举中，到最后选举关头，有权最终抉择代表或官员的选举人数量明显较少，选举贿赂与选举暴力、恫吓容易施行，较难保障选举结果符合选民的真实意思。选民较难通过间接选举有效控制当选代表，当选代表也比较缺乏对选民的责任感，选民的真实意见和切身利益难以得到及时、充分的表达，不利于选民与当选代表或官员的沟通，不利于调动广大选民的积极性，因此，现代民主选举一般都采用更为民主的直接选举制。

总起来看，由于直接选举制与间接选举制各有利弊，除了小国（地区，如我国香港地区）实行直接选举制以外，多数国家尤其是大国往往采取直接选举和间接选举相结合的原则。

（四）秘密（无记名）投票原则

秘密投票原则即选举时采取秘密投票、不记投票人姓名的方法进行。无记名或秘密投票原则是选举自由的一项制度要求。如果候选人的产生、宣传介绍或选民的投票行为受制于外部力量的强制安排，这种选举将无法真实反映选民的意愿，代议制民主也就成为空话。在无记名（秘密）投票原则下，选民的意思表示是不公开的，从而能够免受他人的威逼利诱，保障选民的自由选择。

秘密投票制度也称“澳大利亚选票”（Australian Ballot）制度，就是指政府先把所有候选人的名单印在选票上，由选民投票后放入统一的票箱。这项制度由澳大利亚首先采纳，故以此命名。在以前，美国选民投的是政党发到手中的党票，且两党的票箱是分开的，因而选民投哪个党或哪个候选人的票一目了然。当时候选人贿赂选民投自己票的做法极为普遍，然后候选人可以监督“受贿者”履行其“承诺”。采取澳大利亚选票制后，监督履行已不可能，因为候选人不知道选民在放入统一票箱的无记名票上投了谁的票，因而候选人不再有理性动机去贿赂选民。②

四、选举的组织和程序

（一）选举的组织

在选举进行之前，先成立选举的组织机构（如选举委员会），负责选举活动的组织、安排等日常事务。这样的组织机构是一个临时机构，选举结束即

① ［英］密尔：《代议制政府》，汪瑄译，商务印书馆 1982 年版，第 144 页。

② 参见张千帆：《宪法学导论——原理与应用》，法律出版社 2004 年版，第 404 页。

行撤销。

(二)选举的程序

1. 划分选区。

选区是以一定数量的人口为基础划分的区域,是选民从事选举活动的基本单位。选区可以按照居住状况划分,也可以按照生产单位、工作单位划分。选区的大小,一般按照有利于选民参加选举、有利于选民行使监督权,有利于选举组织工作的进行,有利于选民了解候选人等原则进行划分,但无论怎样划分,各个选区选出的每一名代表所代表的选民数量应当大致相等,以体现选举的平等性。

2. 选民登记。

选民登记是选举工作的重要环节,是公民取得选民资格的基本程序。选民登记的要求是不错、不漏、不重,凡达到法定年龄、心智健全、依法享有选举权的公民皆应列入选民名单。

选民名单应在选举日之前的法定期限内公布,对公布的选民名单有不同意见的,可以向选举机构提出申诉。选举机构对申诉意见,应在法定期限内作出处理。申诉人对处理决定不服的,可以向司法机关起诉。

3. 候选人的提出与确定。

各政党、各社会团体,可以联合或单独推荐代表候选人;达到法定数量的选民也可以推荐候选人。被推荐者经过选举机构的审核,符合法定条件的,即可成为候选人。

4. 投票。

投票是选举程序的重要环节,是选民行使选举权的集中体现。选民可以投赞成票、反对票,可以另选其他选民,也可以弃权。

5. 公布选举结果。

这一程序又包括以下步骤:(1)确定选举是否有效。参加选举的选民达到法定的最低人数时,选举即为有效。(2)依法确定当选人员。当选人员不足应选代表名额时,另行选举,以得票多的当选,但得票数不得少于法定的比例(如不得低于1/3)。(3)公布选举结果。结果应包括全体代表数、参加选举人数、有效票数、废票数、当选代表与未当选代表的得票数等。

6. 对代表的罢免和补选。

对选出的代表,达到法定人数的原选区选民可以通过法定程序予以罢免,并补选新的代表。对代表的罢免和补选体现了选民对代表的监督,这一程序集中体现了选民与代表之间的关系。

【资料】“选区重划第二案”[①]

在1964年的里程碑判例中，美国最高法院正式确立了“一人一票”原则。阿拉巴马州议会选举在1960年代的选区划分仍然按照1901年的州宪法规定，但是60年来的人口分布变化使得选举结果极为不公。该州议会虽然提议对此进行改革，但程度极为有限。选区人口和代表席位的比例，在不同地区差异显著。例如根据1960年代的联邦人口统计，有的选区超过60万人，却只有7个众院、1个参院席位；而有的选区不过区区15000人，却也有两个众院、一个参院席位。选区代表比例的最高与最低之比在州参议院达到41∶1，在州众议院亦达16∶10结果，参众两院多数议员都只代表阿州的1/4人口。这一选举机制受到选民团体的挑战，并被联邦地区法院判决违反了第十四修正案的平等保护条款。沃伦首席大法官（C. J. Warren）在传达的意见中，最高法院肯定了地区法院的决定。

第二节　政党制度

一、什么是政党？

政党不是从来就有的，而是人类社会发展到一定的历史阶段才出现的。

“党”字古已有之，由于各个时代的社会背景和制度不同，其结合或组织的方式亦不一致。中国古籍对“党”一词的使用范围很广，归根结底，“党”指的是一种组织、团体、群体，也可以指政治上的帮派。例如，《汉书·食货志》说：“五家为此，五比为闾，五闾为族，五族为党。”《汉律》说“诸侯有罪，傅相不举奏，为阿党”。《尚书·洪范》亦有“无偏无党，王道荡荡”之说。中国古籍中的“党”，不管其义属贬属褒，均有别于现代意义的“政党”。

政党可谓是近代西方政治的产物。政党一词，在英文中是party，在法语中是parti，其实全部来自拉丁文的pars。它本来的含义是“一部分”，即社会的一部分，后引申为一种社会政治组织。最初也是一部分意见或利害相同的人的结合，其所作所为也无非是党同伐异，这和我国历史上的“党”是一致的。

马克思主义者认为，“党是阶级的先进觉悟阶层，是阶级的先锋队”。[②]我国学者认为，从本质上说，政党是特定阶级或阶层利益的集中代表者，是

---

① 参见张千帆：《宪法经典判例导读》，高等教育出版社2008年版，第155页。

② 《列宁全集》（第24卷），人民出版社1990年版，第38页。

由基于一定的阶级基础，在共同政治纲领的引导下，以谋取和巩固政权为目标而采取共同行动的积极分子所组成的政治组织。[①]

二、政党的特征[②]

关于政党的特征，学者们多有论述，总结起来大致有以下几个方面：

1. 鲜明的阶级性。

马克思主义认为，政党本质上是特定阶级利益的集中代表者，政党是阶级的政治组织，具有鲜明的阶级性，可以说阶级性是政党的本质属性。它是一个阶级整体利益的最高代表，肩负维护本阶级的利益、团结、组织和率领本阶级群众以及同盟者进行共同斗争的重任。政党建立的基础是阶级的利益，正是为了实现本阶级的共同利益，才组成政党以统帅本阶级的力量。在《共产党宣言》中，马克思、恩格斯明确指出政党是在阶级基础上形成的这一根本属性。列宁也指出，群众是划分阶级的，在多数场合，阶级是由政党来领导的，政党是代表某一阶级或集团的根本利益的。这些都表明政党是阶级斗争的产物和工具，具有鲜明的阶级性。

2. 阶级的先锋队组织。

这一特征主要体现在政党的成员构成、思想特征和对本阶级的政治领导作用方面。马克思主义认为，政党是特定阶级政治力量中的领导力量，是由各阶级的政治中坚分子组成的政治组织。无论是处于统治地位的阶级，还是处于被统治地位的阶级，在实现其阶级使命时，都是由这部分政治中坚分子带领本阶级进行斗争的。这一部分人能够代表整个阶级的利益，统一整个阶级的意志，是本阶级的组织者和领导者。他们组织成为政党，成为阶级的核心。政党就是由一个阶级中政治上最活跃、思想上最进步、行动上最积极、素质上最有政治能力的成员组成的。他们集中反映和代表一个阶级的利益，其思想和理论是阶级思想和利益的最高体现。

3. 具有明确的政治纲领和政治目标，以及一套以实现政治纲领为目的的理论指导。

政党制定代表本阶级利益的政治纲领或章程，用以组织和领导本阶级群众和同盟者为实现其政治目标而共同斗争。无论是资产阶级政党还是无产阶级政党，都有自己明确的政治目标，其核心是维护或夺取国家政治权力。政治纲领集中反映了政党所代表的阶级根本利益，是政党的政治基础和行动指南。政治目标就是指影响、夺取、巩固国家政权，其目的在于实现

① 许耀桐主编：《政治学》，对外经济贸易大学出版社2010年版，第403页。

② 这一部分的写作，主要参考了秦前红主编：《宪法》，武汉大学出版社2010年版，第303～304页。

本阶级对国家生活和社会生活的领导权，最低限度是干预国家政治生活以维护本阶级的各方面利益。为了实现政治目标，政党都必须有完备的政治纲领和一整套行动准则，以保证政治目标的实现。无产阶级政党明确提出自己的政治纲领，以推翻资本主义制度，建立社会主义制度，以消灭阶级和实现全人类的解放，实现共产主义为自己的政治目标。

4. 政党具有特定的组织形式和纪律。

政党作为一种政治组织，要发挥其阶级组织者和领导者的作用，实现阶级的根本利益，就必须有一定的组织形式，政党正是通过其一定的组织把党员集聚起来，并通过组织纪律把党员的行动统一起来。而纪律性是政党战斗力的保障和体现，政党的纪律严格与否是检验政党有无战斗力的重要标志。马克思主义认为，作为无产阶级政党的共产党组织，必须实行严密的组织原则和组织纪律，依靠集体的智慧，不搞个人独裁，实行民主集中制，根据严格的组织形式和严格的组织纪律，规定党员在组织上必须承认章程，编入支部，缴纳党费，过党的组织生活，服从党的决议，保守党的秘密，才能保证党的战斗力。

三、政党制度

政党制度是指由法律规定或者在实际政治生活中形成的有关政党的组织、活动以及政党参与政权的方式、程序等一系列制度性规定的总和，即一个国家关于政党的各种规范的总和，至少包含三方面的内容：(1)国家对政党活动的有关法律和法规的具体规定，如政党的政治地位、活动规范和参政的方式等；(2)政党在政治实践当中形成的参政、执政的行为模式和体制结构等；(3)政党自身的各种组织制度、活动规则和运作机制等。

政党制度是随着政党的出现而形成的，是近代西方资产阶级民主政治的产物，受到国家制度结构、历史传统、民族结构、地域因素等的影响。根据政党数量的多少，近现代各国政党体制主要有以下几种类型：

（一）一党制

所谓一党制，是指国家政权在法律上或事实上完全由一个政党垄断的一种政党制度。[①] 一党制又可区分为法西斯国家一党制、民族主义国家一党制和社会主义国家一党制。法西斯国家一党制是一种严格的一党独裁制，该政党是该国唯一合法的政党，实行党魁独裁者，国家成为政党专权的暴力工具，实行的是党政合一的政权形式。民族主义国家一党制是一些从帝国主义的殖民统治中获得独立的国家采用的一种方式，政党在该国享有崇高

---

① 秦前红主编：《宪法》，武汉大学出版社2010年版，第307页。

的、绝对的权威,成为唯一的执政党,有利于维护国内的政治稳定和经济发展,也有利于维护国家的主权独立。社会主义国家一党制是取得无产阶级革命胜利后建立的社会主义国家采用的方式,主要有苏联、古巴等。

(二)两党制

所谓两党制,是指由两个主要政党固定的、长期的通过竞选轮流执政的制度。[①] 上台执掌政权的称为“执政党”,而另一党即为“反对党”或“在野党”。两党间的关系是独立平等的关系,不存在依附或剥削的关系。实行两党制的国家有美国、英国、加拿大、澳大利亚等。在目前实行两党制的国家中,形成了以英国为代表的议会内阁制下的两党制和以美国为代表的总统制下的两党制。在英国,两党政治活动围绕议会选举展开,依靠竞选争夺下院议员席位,由获得多数席位的政党组阁,成为执政党;而美国两党则围绕总统的选举开展活动,总统竞选获胜成为执政党,失败者成为反对党。

两党制并不意味着在一个国家只存在两个政党。事实上,在实行两党制的国家中,还存在两大党以外的其他政党,但在两党制下,其他政党很难获得国家政权,在国家政权中不能起到决定作用。

(三)多党制

所谓多党制是指多个政党通过选举,按得票比例获得相应议会席位,由在议会中居于多数的政党独自执掌政权或由其联合其他政党共同执掌政权的制度。[②]西欧、北欧绝大多数发达资本主义国家和第三世界摆脱殖民统治的民族国家实行该制度。我国实行的是一党领导下的多党合作制度,国内有多个政党,但以共产党为执政党,其他政党并不以执掌政权为目标,作为参政党参政议政。在我国,执政党与其他政党不构成竞争关系,而是领导与合作的关系。

第三节　我国的选举制度和政党制度

一、我国的选举制度

我国现代意义上的选举制度发端于1908年7月22日清王朝颁布的《咨议局宪章》,此后屡经变更,过程十分曲折、复杂。本节拟围绕选举法的制定与修改,对于新中国选举制度作一简要介绍。

①② 秦前红主编:《宪法》,武汉大学出版社2010年版,第308页。

（一）新中国选举制度的历史发展

1.1953年《选举法》。

新中国成立后，选举制度的建立与完善成为发展民主政治的重要任务与形式。1953年颁布了新中国第一部《选举法》，对全国与地方人大代表的选举程序与原则做了具体的规定。1953年选举法的基本特点是：体现选举权的普遍性原则，扩大了选民的范围；实行直接选举与间接选举并用的原则等。虽然该选举法也有一些不完善的地方，但是作为新中国第一部选举法，在发展民主政治与发挥人民群众政治积极性方面仍发挥了重要作用。

2.1979年对《选举法》的修改。

1979年7月，第五届全国人大第二次会议对1953年的《选举法》进行了重大修改，反映了社会主义民主与法制建设的新要求，通过了《全国人大与地方人大选举法》。在选举制度方面的主要发展如下：(1)扩大了普选的范围，除依法被剥夺政治权利的人以外，凡年满18周岁的公民都有选举权和被选举权；(2)扩大了直接选举的范围，将直接选举的范围扩大到县；(3)实行差额选举，将各级人大代表的等额选举改为差额选举，规定候选人名额应多于应选人名额；(4)调整了划分选区的方法，将选区划分方法改为按居住状况、生产单位、事业单位与工作单位划分，便于选民参加选举；(5)改变了推荐代表候选人的方法，规定任何选民或单位有3人以上附议，都可推荐代表候选人；(6)确定了预选制度；(7)规定了对代表的监督与罢免程序；(8)规定可以采取各种形式宣传候选人；(9)明确规定各个少数民族至少有1名代表参加全国人民代表大会。

3.1982年和1983年对《选举法》选举制度的修改。

1982年宪法颁布以后，根据国家政治生活的变化，曾对选举法进行多次修改。其中，1982年12月五届全国人大会议作出《关于修改选举法的若干规定的决议》，对1979年选举法进行了修改，其主要内容是：(1)完善了介绍候选人的程序，规定选举委员会应向选民介绍候选人的情况；(2)对少数民族每一代表所代表的人口数，作了进一步有利于民族平等的规定。

1983年3月，五届全国人大常务委员会根据各地进行县级以下直接选举的实践经验，通过了《关于县级以下人民代表大会人大代表直接选举的若干规定》，对县级以下人大代表的直接选举作了补充规定，进一步完善了选举权主体行使选举权的程序与条件。

4.1986年对《选举法》的修改。

1986年12月，六届全国人大常委会第十八次会议对1979年选举法进行了修改与补充，完善了选举制度：(1)确定了省、自治区、直辖市，设区的市、自治州的人大常委会指导本行政区域内县级以下人大代表的选举工作，乡镇的选举委员会受县、不设区的市和市辖区的选举委员会的领导,从而确定了新的选举工作领导关系;(2)规定了少数民族每一代表所代表的人口数的新比例;(3)确定了比较灵活的选区划分原则,实行新的选民登记方法;(4)关于代为投票问题,改为“每一选民接受的委托不得超过三人”;(5)规定直接选举代表时,选区全体选民过半数参加投票才有效。

5.1995 年对《选举法》的修改。

1995 年,第八届全国人大对《选举法》再次进行了重大修改,主要内容有:(1)进一步体现选举制度的平等性原则,将原来规定的省级人大与全国人大每一代表所代表的人口数5 倍于、8 倍于城市每一代表所代表的人口数一律改为4 倍,进一步缩小城乡的差别;(2)具体规定了地方各级人大代表的名额,逐步提高妇女代表的比例;(3)规定乡镇的选举委员会受上一级人民代表大会常务委员会的领导;(4)规定由全国人大另行规定香港特别行政区和澳门特别行政区应选全国人大代表的名额及其产生方法;(5)进一步完善了差额选举制度;(6)规定了代表当选与代表罢免的具体程序,强化选举制度的监督功能;(7)增加了县、乡两级代表的辞职规定;(8)在直接选举中,将选民名单的公布时间由 30 天改为 20 天。

6.2004 年对《选举法》的修改。

2004 年 10 月,第十届全国人大常委会第十二次会议对《选举法》进行了修改,主要内容有:(1)根据实际需要,适当增加县级以上地方各级人大常委会组成人员的名额;(2)规定候选人可以与选民见面,扩大了选举的民主基础;(3)进一步保障提名权;(4)强化了破坏选举的制裁措施,如规定依法给予行政处罚的类型;(5)对罢免代表的人数做一定调整,规定罢免县级人大代表,须 50 名以上选民联名;罢免乡级人大代表,须有 30 名以上选民联名。

7.2010 年对《选举法》的修改。

2010 年 3 月 14 日,第十一届全国人大第三次会议通过修改《选举法》的决定,主要内容有:(1)实行城乡按相同人口比例选举人大代表;(2)增加“选举机构”一章作为第二章,对选举委员会的产生、回避、职责和工作要求等作出具体规定;(3)确保基层代表数量;(4)选举时应当设有秘密写票处;(5)公民不得同时担任两个以上无隶属关系的行政区域的人民代表大会代表;(6)代表候选人与选民见面不是可有可无。新修改的《选举法》特别规定:“选举委员会根据选民的要求,应当组织代表候选人与选民见面,由代表候选人介绍本人的情况,回答选民的问题”;(7)保障依法选举。新修改的选举法增加规定:“全国人民代表大会和地方各级人民代表大会的选举,应当严格依照法定程序进行,并接受监督,任何组织或者个人都不得以任何方式干预选民或代表自由行使选举权。”

（二）我国选举制度的基本原则

1. 选举权的普遍性原则。

我国现行宪法第34条规定："中华人民共和国年满18周岁的公民，不分民族、种族、性别、职业、家庭出身、宗教信仰、教育程度、财产状况、居住期限，都有选举权和被选举权；但依照法律被剥夺政治权利的人除外。"由此可见，中国公民普遍享有选举权，不仅在选举资格方面没有限制，而且在被选举资格方面同样没有什么限制，只有依法被剥夺政治权利的人不享有上述权利。

在理解选举权的普遍性原则时应注意掌握以下三个问题：(1)精神病患者的选举权。精神病患者不能行使选举权，经选举委员会确认，不列入选民名单，仍承认精神病患者是选举权的主体，但因其患病失去行为能力时，可暂不行使选举权。(2)因犯危害国家安全罪或其他严重刑事犯罪案件被羁押、正在受侦查、起诉、审判的人，经人民检察院或人民法院正式书面决定，在羁押期间停止行使选举权利，根据1983年第五届全国人大常委会第二十次会议通过的《关于县级以下人民代表大会代表直接选举的若干规定》所规定的下列人员准予行使选举权：被判处有期徒刑、拘役、管制而没有附加剥夺政治权利的；被羁押、正在受侦查、起诉、审判，人民检察院或人民法院没有决定停止行使选举权的；正在取保候审、监视居住的；正在被劳动教养的；正在受拘留处罚的。这是根据《刑事诉讼法》规定的无罪推定原则所引申出的一种情况：只要未经有关机关依法判决有罪并剥夺政治权利之前，仍然是选举权的主体。如经过检察院或法院的书面决定可在一定期间内停止行使选举权。

根据选举法第6条规定，旅居国外的中国公民在县级以下人民代表大会代表选举期间在国内的，可以参加原籍地或出国前居住地的选举。

2. 选举权的平等性原则。

选举权平等性原则是法律面前人人平等原则在选举中的具体体现。选举权平等的基本含义是：(1)公民平等地享有选举权，没有任何歧视性的资格限制；(2)"一人一票"，"一票一价"。每个选民在选举中的投票行为所产生的影响力完全相同，每一选民只有一张选票，每张选票的效力相等。《选举法》第4条规定："每一选民在一次选举中只有一个投票权"；第25条规定："本行政区域内各选区每一代表所代表的人口数应当大体相等。"

【案例】2007年11月，山东省淄博市淄川区以十七大精神指导人大换届选举工作，在研究确定代表名额分配比例时，在全区率先取消了城乡差别，将农村每一代表所代表的人口数应多于市区每一代表所代表的人口数，改为农村代表所代表的人口数与市区代表所代表的人口数相同，即“城乡按相同人口比例选举人大代表”。山东省十届人大常委会第二十七次会议依法确定淄川区第十六届人民代表大会代表名额为253名。该区将代表名额按照这一原则分配到各选举单位，由各选举单位酝酿产生候选人。

【点评】这是一次对选举制度改革的尝试，是实现选举权平等原则的探索。2010年3月14日第十一届全国人大第三次会议修改的《中华人民共和国全国人民代表大会和地方各级人民代表大会选举法》规定，实行城乡按相同人口比例选举人大代表，这说明山东省淄博市淄川区走在了选举制度改革的前列。

3. 直接选举与间接选举并用的原则。

选举方式的采用取决于一个国家的实际需要与具体条件。在我国，县、乡两级人民代表大会代表由选民直接投票选出，县级以上各级人民代表大会代表由下级人民代表大会选举，各级国家机关、领导人由同级人大代表选举。在选举方法上，我国采用直接选举与间接选举相结合的原则。这项原则是我国特殊国情的产物，主要是考虑到我国选举制度还不成熟，且由于经济条件的限制，完全直接选举还不可能普遍采用，于是采用直接与间接选举相结合的方式。选举法规定，全国人民代表大会的代表，省、自治区、直辖市、设区的市、自治州的人民代表大会的代表，由下一级人民代表大会选举；不设区的市、市辖区、县、自治县、乡、民族乡、镇的人民代表大会的代表，由选民直接选举。

直接选举与间接选举并用的原则是根据国家的经济、政治与文化发展的实际情况确定的，具有现实的客观基础。县级政权是国家政权的基础，其政权的活动直接与基层人民群众的生活有关。把直接选举扩大到县级，有利于发展基层人民民主，发挥群众的积极性，也有利于强化对基层政权活动的监督。

4. 无记名投票（秘密投票）原则。

选举法规定，全国人民代表大会和地方各级人民代表大会的选举，一律采用无记名投票的方法；选民如果是文盲或因残疾不能写选票的，可以委托他信任的人代写。无记名投票方法有利于选民在不受任何干扰的情况下，按照自己的意志选举候选人。根据这一原则，选民在选举时只需在正式候选人姓名下注明同意或不同意，也可另选他人或弃权，填写选票后亲手投入票箱。无记名投票原则的实行有利于选民自由地表达自己的意愿，从而提高选举的民主性。

实践中，我国个别地方、个别单位的选举存在着违反秘密投票原则的现象，主要表现在以下几方面：(1)有些地方存在“指选”现象，暗示甚至诱导选民投票方向,使选举失去公正性;(2)有的地方,基层选举中没有为选民提供不受干扰的投票环境,甚至有工作人员代为划选票等现象;(3)有的选举机构在选民的选票上打记号,记录选民的投票情况,严重违反了秘密投票原则。因此,为落实秘密投票原则,保障选民自由表达意愿,首先应当确保选民能够在无恐惧不受威胁的情况下自由投票,如设立秘密写票间,切断选民与外界联系,摆脱外界各种干扰,使选民毫无顾虑地自由投票;其次,在选举过程中,应当让训练有素的人员计票,并接受监督与核实,避免弄虚作假或其他非法行为,确保投票过程安全有序;最后,做好选举前的动员宣传,提高选民民主意识,为选民提供法律保障,消除选民怕打击报复等思想顾虑。

(三)选举程序

1. 选举机构。

2010 年修改后的《选举法》增设了"选举机构"专章,对选举委员会的产生和职责分别作出规定。《选举法》第 8 条规定:"全国人民代表大会常务委员会主持全国人民代表大会代表的选举。省、自治区、直辖市、设区的市、自治州的人民代表大会常务委员会主持本级人民代表大会代表的选举。不设区的市、市辖区、县、自治县、乡、民族乡、镇设立选举委员会,主持本级人民代表大会代表的选举。不设区的市、市辖区、县、自治县的选举委员会受本级人民代表大会常务委员会的领导。乡、民族乡、镇的选举委员会受不设区的市、市辖区、县、自治县的人民代表大会常务委员会的领导。省、自治区、直辖市、设区的市、自治州的人民代表大会常务委员会指导本行政区域内县级以下人民代表大会代表的选举工作。"第 9 条规定:"不设区的市、市辖区、县、自治县的选举委员会的组成人员由本级人民代表大会常务委员会任命。乡、民族乡、镇的选举委员会的组成人员由不设区的市、市辖区、县、自治县的人民代表大会常务委员会任命。"

根据《选举法》第 10 条之规定,选举委员会履行下列职责:(1)划分选举本级人民代表大会代表的选区,分配各选区应选代表的名额;(2)进行选民登记,审查选民资格,公布选民名单;受理对于选民名单不同意见的申诉,并作出决定;(3)确定选举日期;(4)了解核实并组织介绍候选人的情况;根据较多数选民的意见,确定和公布正式候选人的名单;(5)主持投票选举;(6)确定选举结果是否有效,公布当选代表名单;(7)法律规定的其他职责。

选举委员会应及时公布选举信息。《选举法》明确规定选举委员会的组成人员为代表候选人的,应当辞去选举委员会的职务。

2. 选举程序。

(1)选区划分。

选区划分的基本原则应以既有利于组织选举,又要方便选民参加选举为出发点加以确定。《选举法》第 24 条规定，选区可以按照居住状况划分，也可以按照生产单位、事业单位、工作单位划分；选区的大小，按照每一选区选一至三名代表划分；第 25 条规定，本行政区域内各选区每一代表所代表的人口数应当大体相等。

从选举法的规定看，选区划分的适用范围应适用于直接选举。

(2)选民登记。

选民登记是选举过程中非常重要的程序，是公民取得选民资格的基本程序，其实质是国家对每一位公民是否具有选举权，是否达到法律规定的享有选举权和被选举权的资格条件进行确认的行为，是公民实际行使选举权的重要步骤。

《选举法》第 3 条规定："中华人民共和国年满十八周岁的公民，不分民族、种族、性别、职业、家庭出身、宗教信仰、教育程度、财产状况和居住期限，都有选举权和被选举权。依照法律被剥夺政治权利的人没有选举权和被选举权。"第 26 条规定："选民登记按选区进行，经登记确认的选民资格长期有效。每次选举前对上次选民登记以后新满十八周岁的、被剥夺政治权利期满后恢复政治权利的选民，予以登记。对选民经登记后迁出原选区的，列入新迁入的选区的选民名单；对死亡的和依照法律被剥夺政治权利的人，从选民名单上除名。精神病患者不能行使选举权利的，经选举委员会确认，不列入选民名单。"从选举法的规定中可看出，选民登记可简单概括为"一次登记，长期有效、三加三减"。①

选民名单是具有法律效力的文件，应在选举日前 20 天公布，并发放选民证。

(3)候选人的提名。

候选人的产生，包括候选人的提名和候选人的确定两个步骤。候选人的提名，是指提名权的享有者以何种形式提出候选人。根据我国《选举法》，候选人的提名方式有两种：①选民或代表 10 人以上联名可以推荐代表候选人；②各政党、各人民团体既可以联合推荐候选人，也可以单独推荐候选人。

选民或代表 10 人参加联名推荐的代表候选人的人数，各政党、各人民团体联合或单独（实践中联名占主导）推荐的代表候选人的人数，均不得超过本选区或选举单位应选代表的名额。推荐者应在选举日前向选举委员会或人大主席团介绍代表候选人的情况；接受推荐的候选人应向选举委员会或人大主席团如实提供个人身份、简历、工作业绩、财产状况等基本情况。

---

① 参见张千帆主编：《宪法》，北京大学出版社 2008 年版，第 280 页。

(4)投票。

投票是选民在规定的时间和地点,按照法律规定的原则和方法,就候选人或重大事务作出选择的方式,是选举中至关重要的环节。在直接选举中,由选举委员会主持在该选区设立投票站或召开选举大会进行投票;在间接选举中,投票由该级人大主席团主持。选民投票包括以下几个要素:①选民投票的基本原则。我国投票的原则是秘密投票原则,选举中采用无记名投票方法以保证选民自由选择;②投票时间和场所。《选举法》规定投票场所应当视不同情况设投票站或流动投票箱。③投票方式。投票方式上,我国采用填写统一制作选票的方法,并规定因公民是文盲或残疾不能填写时,可以委托信任的人代写;代他人投票的,每一选民接受的委托不得超过3人,并应当按照委托人的意愿代为投票;④参选率。即实际参加投票的人数与选民总人数的比例,《选举法》规定参选率必须达到登记选民的半数,否则选举无效。[①]

投票结束后,进入选举结果的确定程序,包括选举是否有效,候选人当选的确定,宣布选举结果。

(5)确定并宣布投票结果。

我国选票计算方法采用三种方式:绝对多数制、简单多数制和特定多数制。

在一般的选举中,我国采用以过半数票赞成获胜的绝对多数制。在直接选举中,一个选区登记的选民有半数以上参加投票,该选举活动有效,候选人只需要获得参加投票选民的半数以上赞成即可当选;在间接选举中,候选人需要全体代表半数以上的赞成始得当选。

简单多数制即当获得半数以上赞成的当选代表总数少于应选代表名额时,在第二轮投票中"以得票多的当选,但票数不得少于选票的1/3"。

特定多数制仅在两种情况下适用:①宪法修改;②推迟人大选举,延长人大任期。上述情况需代表的2/3以上多数通过方可。这种方式不是针对代表机关代表和公职人员的选举,而是用于决定一些重要的事项,因而不能包括在当选的制度中。

投票结束后,首先应确定选票是否有效即是否与应选代表数一致或少于代表数。其次确定选举是否有效即选举所投的票数与投票的人数的比例或选民是否过半数参与投票。如所投的票数与投票的人数一致或少于投票的人数则有效,反之无效。直接选举中,选民过半数参与投票则选举有效。再次确定代表候选人是否当选即直接选举中,得到参见投票的选民的过半

① 关于选民投票的要素,参见秦前红主编:《宪法》,武汉大学出版社2010年版,第242页。

数支持则当选;间接选举中,获得全体代表的半数支持则当选。最后宣布选举结果即由选举委员会或人大主席团宣布此次选举的结果。

(四)罢免制度

罢免是对代表实行监督的严厉手段,它能促使代表以高度的责任心为人民服务。对代表的罢免既是行使选举权的重要方面,也是选民对代表进行监督的最有利的措施。《选举法》以专章规定了对代表的罢免问题。

依据《选举法》的规定,直接选举的代表,由选民作为罢免主体。具体如下:对于县级的人民代表大会代表,原选区选民 50 人以上联名;对于乡级的人民代表大会代表,原选区选民 30 人以上联名可以向县级人大常委会提出罢免要求,被提出罢免的代表有权在选民会议上提出申辩意见,也可以书面提出申辩意见,然后由县级人大常委会将罢免要求和书面申辩意见印发原选区选民。

间接选举的代表,由选举单位行使罢免权。具体如下:在开会期间,主席团或 1/10 以上的代表联名,可以提出对本级人大选出的上一级人大代表的罢免案;在闭会期间,人大常委会主任会议、人大常委会 1/5 以上组成人员联名,可以向人大常委会提出由该级人大选出的上一级代表的罢免案。被提出罢免的代表有权在主席团会议、大会全体会议、人大常委会主任会议、常务委员会全体会议上提出申辩意见,也可以书面提出申辩意见。

罢免案经审议后由全体会议表决,一般要求在开会期间经半数代表的同意,在闭会期间经人大常委会组成人员的半数通过。罢免的决议报上一级常委会备案、公告。依法定程序通过的罢免决议产生法律效力,除代表职务撤销外,其他担任的职务也相应被撤销。

【案例】2010 年 4 月 15 日,湘西小城溆浦县一选区,6444 名选民,投票罢免了米晓东的县人大代表。15 天后,该县人大常委会发布公告,终止了米的人大代表资格。米晓东遭遇罢免,源自米晓东获刑。选民们质疑,犯罪分子怎能当代表?而根据代表法规定,获刑且未被剥夺政治权利的代表,服刑期间暂停执行代表职务,但“代表资格”仍在。如想罢免,必须获得联名和过半选民的支持投票。中国区县人大代表直选产生,近年罢免案例不少,但成功者寥寥。在此情况下,溆浦案例的意义更加凸现。“米晓东是犯罪分子,怎么还能当我们的人大代表?”从今年 3 月开始,湖南省溆浦县卢峰镇民主街居民不断向居委会党支部书记朱湘反映,已经获刑的米晓东已经不适合再担任人大代表。尽管溆浦的罢免案很特殊,但毕竟成功了,这也是民主和法制的演练,将依法罢免从沉睡中激活,变成人们乐见的鲜活案例。不过,依法罢免还是应超越个案,变成制度性的常规。选举法虽然早就规定了选民的罢免权，但由于设立了过高的门槛，程序也非常繁琐，比如2004年的选举法修正案为了"防止随意罢免"，严格限制了罢免的条件，将罢免县级人大代表的选民联名数提高到了50人。

五、我国的政党制度——中国共产党领导的多党合作和政治协商制度[①]

（一）中国共产党是执政党

所谓执政党是指负责组织政府、掌握或领导国家政权，使本党的纲领目标在全国得以实现的政党。在实行两党制或多党制的资本主义国家中，亦称"反对党"，与"在野党"相对应。执政党通常是在议会选举中获得多数席位（如英国），或在总统选举中获胜，负责组织政府的政党（如美国）。

中国共产党作为执政党的领导地位，主要体现在对国家的统一领导上，这种领导包括政治领导、思想领导、组织领导等方面。其中，政治领导是指党通过制定正确的路线、方针、政策来指导国家各方面的工作；思想领导是指党通过经常性的政治思想工作，通过党的先锋模范作用，对广大人民群众进行思想教育，提高思想觉悟，团结、引导和说服群众共同前进；组织领导是指推荐干部到国家机关去工作，正确处理、协调同国家机关、群众团体的关系，保证各方面工作能在正确的方针、政策指导下顺利进行。

（二）民主党派是参政党

我国目前有八大民主党派：（1）中国国民党革命委员会，简称"民革"，成立于1948年1月，于1949年11月与民主革命同盟、民联、民促等合并使用现名；（2）中国民主同盟，简称"民盟"，主要成员是来自文教、科技界的知识分子；（3）民主促进会，简称"民进"，成立于1945年12月；（4）中国民主建国会，简称"民建"，成员主要由来自知识界、民族工商业的人员组成；（5）中国农工民主党，简称"农工党"，成立于1927年12月，成员主要来自医药卫生界；（6）中国致公党，成立于1925年10月，主要成员为归国华侨和侨眷；（7）九三学社，成立于1946年5月，成员为科技界的中、高级知识分子；（8）台湾民主自治同盟，简称"台盟"，主要成员为台湾省籍的爱国民主人士。

参政党是中国特有的政党概念。中国共产党于1989年12月在同各民主党派中央和无党派代表人士反复研讨，广泛征求意见的基础上，正式颁布了《中共中央关于坚持和完善中国共产党领导的多党合作和政治协商制度的意见》，明确提出："我国是人民民主专政的社会主义国家。中国共产党是

① 这一部分的写作，主要参考了秦前红主编：《宪法》，武汉大学出版社2010年版，第310～317页。

社会主义事业的领导核心，是执政党。各民主党派是各自所联系的一部分社会主义劳动者和一部分拥护社会主义的爱国者的政治联盟，是接受中国共产党领导的，同共产党通力合作，共同致力于社会主义事业的亲密友党，是参政党。”

参政党的内涵包括：(1)参政党是参加政权的党，不是“参与执政的党”，不是与中国共产党联合执政的党；(2)执政党与参政党的关系在政治上是领导与被领导的关系；(3)参政党的基本职能是政治协商、民主监督、参政议政；(4)参政党的目的是和执政党一起共同致力于社会主义建设事业，为广大人民谋福利。

(三)“人民政协”是多党合作和政治协商制度的组织形式

1. 人民政协的性质。

人民政协是中国人民爱国统一战线的组织，是中国共产党领导的多党合作和政治协商的重要机构，是中国政治生活中发扬社会主义民主的重要形式，也是具有中国特色的政党制度。人民通过选举、投票行使权利和人民内部各方面在重大决策之前进行充分协商，尽可能就共同性问题取得一致意见，是中国社会主义民主的两种重要形式。人民政协作为实行协商民主的重要渠道和载体，各党派团体、各族各界人士通过政协组织的会议和活动协商议政，是扩大民主、实现人民当家作主的生动体现。

现阶段，我国已经结成了由中国共产党领导的、有各民主党派、无党派民主人士、人民团体、少数民族人士和各界爱国人士参加的，由全体社会主义劳动者、社会主义事业的建设者、拥护社会主义的爱国者和拥护祖国统一的爱国者组成的，包括台湾地区同胞、港澳同胞和海外侨胞在内的最广泛的爱国统一战线。

2. 人民政协的地位。

人民政协是实行中国共产党领导的多党合作和政治协商这一基本政治制度的重要政治形式和组织形式，是中国政治体制的重要组成部分，在国家政治生活中具有不可替代的作用。

人民政协是我国唯一的由各个政党共同创立、共同参与、合作共事的政治组织，是各民主党派、各人民团体、各界人士团结合作、参政议政的重要场所。人民政协与人大、政府之间的关系是，一个在决策前协商，一个在决策后表决做决策，一个在决策后执行，三者统一在中国共产党的领导下，依照宪法和法律独立负责、协商一致地开展工作，各司其职，相辅相成。

3. 人民政协的职能。

一是政治协商，即对国家和地方的大政方针以及政治、经济、文化和社会生活的各个方面的重大问题在决策前和就决策执行过程中的重要问题进行协商。

二是民主监督,即对国家宪法、法律和法规的实施,重要方针政策的贯彻执行,国家机构及其工作人员的工作,通过建议和批评进行监督。

三是参政议政,即对政治、经济、文化和社会生活的各个方面的重大问题以及人民群众普遍关心的问题,开展调查研究,反映社情民情,进行协商讨论;通过调研报告、提案等方式,向中国共产党和国家机关提出意见和建议。

4. 人民政协的组成。

人民政协设全国委员会(全委会)和地方委员会(设到县一级,简称地委会)。全国委员会由主席 1 人、副主席若干人、秘书长 1 人、委员若干人组成。政协委员每届任期5 年。地方委员会包括省、自治区、直辖市委员会,自治州、地级市委员会,县、县级市委员会三级。各级地方委员会每届任期 5 年。

思考题

1. 什么是政党? 政党有哪些特征?
2. 什么是政党制度? 世界上政党制度主要有哪些类型?
3. 简述我国现行宪法关于政党制度的规定。
4. 简述我国选举制度的基本原则。
5. 简述我国选举制度的组织和程序。

第十一章　国家权力的配置

国家,同任何事物一样,是内容与形式的统一。每一个国家既有其内容即国家权力,也有表现其内容的形式。如果没有一定的表现形式,那么,国家权力不仅没有组织载体,也没有明确的运作程序和机制,就无法实现国家的基本职能。因此,国家权力必须通过一定的制度形式表现出来。

国家形式就是国家权力实现基本职能的制度形式,包括政权组织形式(政体)和国家结构形式。本章对政体和国家结构形式作一简要介绍,从中可以看出国家权力在横向和纵向上的配置。

第一节　政体——国家权力的横向配置

一、政体的概念

从有关文献来看,最早使用政体概念的是亚里士多德。在其名著《政治学》中,亚里士多德提到:政体是"全城邦居民由以分配政治权利的体系","政体为城邦一切政治组织的依据,其中尤其着重于政治所由以决定的最高治权的组织","政体可以说是一个城邦的职能组织,由以确定最高统治机构和政权的安排,也由以订立城邦及其全体分子所企求的目的"。[①] 亚里士多德将社会结构和公民生活包括在政体含义中,这样一种整体论的观点经由黑格尔而被马克思所接受。

我国宪法学者以马克思主义国家学说为指导,发展出特有的政体概念。在我国宪法学界,主流观点将政权组织形式称为"政体",特指政权的组织形式,即统治阶级为了行使国家权力,依据一定的原则和方式而确立的反对敌人、保护自己、治理社会的国家政权机关的组织体系。[②] 从政体(政权组织形式)概念所阐述的内容看,它主要体现国家权力在横向上的划分问题,即国

① [古希腊]亚里士多德:《政治学》,吴寿彭译,商务印书馆1996年版,第109、129、178页。

② 参见韩大元、胡锦光:《宪法教学参考书》,中国人民大学出版社2003年版,第147页。

家权力在同一层次的国家机关如立法机关、行政机关、司法机关之间的分配问题。

【资料】有的宪法学者认为,"政体"与"政权组织形式"是两个既联系又有区别的概念。已故著名宪法学家何华辉教授认为:"政体是实现国家权力的形式,它是形成和表现国家意志的特殊形式,或者是表现国家权力的政治体制;政权组织形式也是一种实现国家权力的形式,但它是一个国家实现国家权力的机关组织。前者侧重于体制,粗略说明国家权力的组织过程和基本形态,后者侧重于机关,着重说明国家权力的行使机关及其相互关系。"(何华辉:《比较宪法学》,武汉大学出版社 1988 年版,第 136 ~ 144 页)。另有学者对何华辉教授的观点作了进一步的阐述,明确指出,政体与政权组织形式是不同层次的问题:政体是对政权组织形式的抽象和概括,政权组织形式则是政体的具体化(参见周叶中主编:《宪法》,高等教育出版社、北京大学出版社 2005 年版,第 222 页)。

二、政体的种类

政体除了受国家性质的影响外,还受文化传统、民族特点、历史条件、地理环境、风俗习惯等各种因素的综合影响。因此,各国所采用的政体不尽相同。下面仅就资本主义国家的政体和社会主义国家的政体作一些简要介绍:

(一)资本主义国家的政体

资本主义国家一般将政体分为君主政体和共和政体两大类。君主政体是指君主一人实质或形式上掌握对内、对外大权的政体,通常实行世袭制。君主政体可以细分为君主专制、贵族君主制和君主立宪制三种形式。其中,君主立宪制可再分为二元君主制和议会君主制。在近现代民主潮流的影响下,传统的专制君主制大都转变为君主立宪制,君主立宪制中君主的权力受到宪法或议会的严格限制,其行使国家权力的范围和方式日益缩小,其极端者君主已徒具虚名,实质上已趋于共和制,以英国、日本为典型。共和政体相对于君主制而言,意味着国家权力不得由个别人或少数人专有,而是由本国公民共有,共和政体中行使最高权力的代议机关和国家元首由民主选举产生,且有法定的任期,不得世袭。共和政体下,国家最高官员与一般公民在法律上、人格上是平等的,不容许贵族拥有特权,也不许授予贵族爵位。

1. 君主立宪制。

该政体是以君主或国王为国家元首,国家最高权力由君主一人掌握的政权组织形式。与封建社会不同,在资本主义国家,君主的权力通常受到宪法和议会的限制。君主立宪制又分为二元君主制和议会君主制。

二元君主制是君主仍然拥有较大的实际权力的立宪君主政体。君主通过掌握内阁的任命权而掌握着国家的行政权（内阁向君主负责），与掌握立法权的议会构成两个权力中心，故称为二元君主制。现代国家中只有约旦、沙特阿拉伯等极少数国家采用。

议会君主制是当代资产阶级国家的主要政权组织形式之一。君主是国家的元首或象征，其权力受到宪法和议会的限制，一般行使的是形式上或礼仪上的职权，是“统而不治”；政府不再向君主负责而是向议会负责。议会不仅是最高立法机关，而且是最高国家权力机关，由议会选举产生的政府首脑组织政府，因此议会是真正的国家权力中心。英国、西班牙、荷兰等国采用该种形式。

2. 共和制。

该类政体是国家最高权力在实际上或形式上都不属于一人所有，而是由选举产生的并有一定任期的国家机关掌握。共和制又有总统制、议会共和制、委员会制和半总统半议会制四种形式。

总统制是指总统既是国家元首又是政府首脑并在国家组织体系中处于主导地位的政权组织形式。其特点是：总统由选民直接选举产生，不向议会负责；议会不能通过不信任案迫使总统辞职，总统也无权解散议会；总统是国家政治生活的中心，其掌握的权力非常广泛。总统担任武装部队总司令，直接组织和领导政府；内阁由总统、副总统、各部部长组成，不对议会负责，只对总统负责，总统可以接受部长辞职和解除其职务；国家权力根据宪法在总统、议会和司法部门进行分配，严格贯彻分权制衡原则；总统有权否决议会立法，议会也可对总统行使质询和弹劾的权力；最高法院法官由总统任命，可终身任职，并有权对议会法律实施违宪审查。美国是实行这种政体的典型国家。

议会共和制是指由议会（下议院）中获得多数席位的政党组成内阁并向议会负责的政权组织形式。其特点是：议会可以通过不信任案倒阁，政府也可以依照宪法程序解散议会，并重新组织议会；国家元首一般为虚位元首，不向议会负责，也不是政府首脑；政府首脑领导内阁，向议会负责；内阁是中央政府的核心，掌握国家的实际权力，首相领导内阁，是国家政治生活的最高决策者和领导者。德国、意大利等是实行这种政体的典型国家。

半总统半议会制吸纳了总统制和议会制的优点，是以总统为国家权力中心、以总理为政府首脑的政权组织形式，以第五共和国时期的法国为典型。总统由全民投票选举产生，有法定的任期。总统拥有重大权力，总理由总统任命。总统可以要求总理提出辞职并将其免职。但总理和政府又必须向议会负责,当议会提出对政府的不信任案时,政府也要向总统提出辞职。这种政体既有总统制的某些特点,又有议会制的某些特点,故称半总统半议会制。

委员会制政府是以实行合议制的委员会为国家最高行政机关的政权组织形式。瑞士是采用这种政体的唯一国家,其最高行政机关是联邦委员会。委员会由议会选举产生并对议会负责,它是议会委托的执行机关,实行议行合一体制;联邦委员会由7名委员组成,从中选出正、副主席各1名,任期1年,并不得在次年连任,具有轮流替换的性质;委员会实行集体领导,主席与各委员权力平等;委员会对内主持会议,对外集体行使国家元首职能;委员会成员不得兼任议会议员;委员会无权解散议会,议会也无权倒阁。

(二)社会主义国家的政体

人民代表制是社会主义国家普遍实行的政体,但由于各国政治、经济、文化发展、民族关系、历史传统等各有所异,因而采取的政体在具体形式上也不尽相同,如苏维埃制、代表会议制、人民大会制等。

1. 苏维埃制。①

苏维埃制是俄国"十月革命"后建立的人类历史上第一个社会主义国家苏联采取的政权组织形式。其基本特点是:由人民选举的代表组成的苏维埃代表大会作为人民的代议机关,苏维埃对人民负责,代表可以由人民撤换;最高苏维埃是最高国家立法机关,设立联邦院和民族院,两院有平等的权力;最高苏维埃也是最高国家权力机关,其他一切国家机关如苏联部长会议、苏联最高法院和检察院都由它产生,由它授权并向它负责;最高苏维埃设立主席团作为常设机构。

2. 人民会议制。

人民会议制是朝鲜的政体,其基本特点是:最高人民会议是朝鲜民主主义人民共和国的最高国家权力机关,代表全体人民行使立法权;最高人民会议闭会期间的最高权力机关是最高人民会议常任委员会,最高人民会议常任委员会委员长代表国家,接受外国使节的派遣国书和召回国书;内阁是国家最高权力机关的执行机关,内阁总理代表朝鲜民主主义人民共和国政府,内阁对最高人民会议负责,最高人民会议闭会期间对最高人民会议常任委员会负责。

3. 人民代表大会制。

人民代表大会制是我国的政权组织形式。作为新型的无产阶级国家的政权组织形式,它的基本特点包括:"一切权力属于人民"是我国政治制度的核心内容和根本准则;全国人民代表大会是最高国家权力机关,其他一切国

① 参见许耀桐主编:《政治学》,对外经济贸易大学出版社2010年版,第92页。

家机关都由全国人民代表大会产生并对它负责，受它监督；全国人民代表大会又是国家最高立法机关，可以修改宪法和解释宪法，制定法律及解释法律，全国人大及其常委会行使国家立法权。全国人大和地方各级人大由人民选举产生，对人民负责，受人民监督。

第二节　国家结构形式——国家权力的纵向配置

一、国家结构形式的概念

国家结构形式同政体（政权组织形式）共同构成国家形式。与政体不同的是，国家结构形式是国家纵向分权的结果，侧重于表现同领土结构相适应的国家整体与组成部分之间的关系。一个主权国家，只要其领土不是小到可以直接管辖的程度，就必然将其广袤的疆土划分为不同层级的治理区域，并根据各治理区域的区域性特点，将国家权力在中央与地方各级政府之间进行适当分割，由此形成各级政府间的职责权限关系。不同于国家横向的功能性分权，纵向分权属于一种地域性分权，即在统一主权内部以地域为基础所作的事务划分。因此，不论是中央政府，还是地方各级政府，都必须首先从整体上明确各自管辖的事务范围，即各级政府的事务管辖权，然后，才能在同一层次的治理单位内部，基于不同国家机关的性质，将国家权力划分为立法权、行政权等，即横向的功能分权。①

关于国家结构形式的概念，一种传统的理解认为，国家结构形式指的是特定国家的统治阶级根据什么原则、采取何种形式来处理国家内部的组成，以及调整国家整体与组成部分之间的相互关系。它的实质在于中央和地方或组成单位之间的权限划分问题。② 这种理解是站在政治学立场上的分析。另有学者站在宪法学立场上，对国家结构形式的概念进行了更为准确的界定：国家结构形式是在国家机构体系内纵向配置国家权力并规范其运用程序的制度模式。③

【资料】童之伟教授认为，国家结构形式的主要内容是：国家职能赖以实现、国家权力借以有效发挥作用的国家区域构成单位划分；各层级区域单位

---

① 参见朱丘祥主编：《宪法学》，清华大学出版社 2009 年版，第 306 页。

② 参见许崇德主编：《宪法》，中国人民大学出版社 2009 年版，第 141 页。

③ 这是童之伟教授的观点，参见李步云主编：《宪法比较研究》，法律出版社 1998 年版，第 594 页。

的法律地位和权限划分；处理全国性政府与区域性政府之间纵向职权关系的原则；各层级政府之间权限争议的解决方式，等等，其核心问题是全国性政府与各级区域性政府之间的权限划分，以及相应的利益和财富分配（参见李步云主编：《宪法比较研究》，法律出版社 1998 年版，第 594 页）。

二、国家结构形式的种类

国家的结构形式是一个历史的范畴，传统宪法学根据国家整体与部分关系的紧密联系程度将国家结构形式分为单一制和复合制。复合制国家结构形式又分为联邦、邦联、君合国、政和国四种形式。① 当今的国家结构形式只有单一制和联邦制两种。②

（一）单一制③

单一制是指在统一的主权国家内部，根据行政区域的划分设立不同层级的地方政府，在中央政府与地方政府之间依法进行权力分配而形成的一种比较紧密的国家结构形式。一般认为，单一制具有如下特点：国家具有单一的宪法，全国具有统一的法律体系和司法体系、统一的最高国家权力机关、统一的行政机关体系，公民具有统一的国籍。

单一制国家结构形式又可细分为中央集权型单一制（如法国）、地方分权型单一制（如英国）、中央和地方均权单一制（较少见）和民主集中单一制（古巴、中国等）。④

所谓中央集权型单一制国家结构形式，就是中央政府独占一切公共事务的决策权，地方政府只是中央政府设立在地方的执行机关，必须服从中央的统一领导和指挥，中央通过掌控人事权、立法权、财政权、监察权等对地方进行严格监控。集权型的单一制国家结构形式主要出现于民族国家建构初期，或国家的主权遭受挑战的时期，中央的高度集权以其顽强的动员能力有效地融合地方经济、社会发展的过分差异，在全国范围内实现资源的有效整合以防止国家分裂。集权型单一制国家结构形式不是单一制的主流和常态。1982 年以前的法国是实行中央集权型单一制国家结构形式的典型国家。

所谓地方分权型单一制国家结构形式，就是地方政府（或地方公共团

① 这是童之伟教授的观点，参见李步云主编：《宪法比较研究》，法律出版社 1998 年版，第 597 页。

② 这是童之伟教授的观点，参见李步云主编：《宪法比较研究》，法律出版社 1998 年版，第 601 页。

③ 参见朱丘祥主编：《宪法学》，清华大学出版社 2009 年版，第 309 页。

④ 参见王月明：《宪法学基本问题》，法律出版社 2006 年版，第 216 页。

体)依宪法和法律的规定,依法享有一定的地方事务的自治权,具备了独立的主体资格,可以由当地人民通过民主的方式自主地处理地方自治事务。地方自治标志着地方政府具有法律上的主体资格,但并不意味着地方政府可以闹独立,成为国中之国。如发现地方议会有越权行为,中央政府可诉请司法机关予以纠正,以维护中央的权威。实行地方分权型单一制国家结构形式的典型国家是英国。英国地方政府制订了一系列法律,如1835年《市自治法》、1978年的《苏格兰法》和《威尔士法》等,充分表明中央将一些权力下放给地方政府行使,地方政府依法进行自治。

(二)联邦制

联邦制是由若干具有相对独立性的地区(如邦、州、共和国等)作为成员单位联盟组成的国家。这种国家有适用于全国的宪法和基本法律,但是各成员单位在不违反联邦宪法和法律的前提下也有自己的宪法和法律;联邦的立法机关、行政机关和司法机关在全国范围内行使主要国家权力,各成员单位可以建立自己的政府,在本区域范围内的经济、社会和财政等方面享有相当的自主权;在对外关系方面,只有联邦作为主权国家,是国际法的主体,全国人民具有共同的国籍。当今世界的主要联邦制国家有美国、德国、加拿大、澳大利亚等。

第三节 我国的政体与国家结构形式

一、我国的政体——人民代表大会制度

(一)人民代表大会制度的概念

人民代表大会制度是我国人民民主专政的政权组织形式,是我国的根本政治制度。我国现行宪法第2条规定:“国家的一切权力属于人民。人民行使国家权力的机关是全国人民代表大会和地方各级人民代表大会……”;第3条规定:“中华人民共和国的国家机构实行民主集中制的原则。全国人民代表大会和地方各级人民代表大会都是由民主选举产生,对人民负责,受人民监督。国家行政机关、审判机关、检察机关都由人民代表大会产生,对它负责,受它监督……”从以上规定中可以看出,我国人民代表大会制度具有如下特点:①

首先,人民在普选的基础上选派代表,组成各级人民代表大会,作为人

① 参见朱丘祥主编:《宪法学》,清华大学出版社2009年版,第297页。

民行使国家权力的机关。社会主义就其本质来说就是人民当家作主,这种民主需要通过一定的形式才能实现,人民代表大会制度就是实现这种民主的形式。从人民代表大会的组成来看,人民代表大会由代表组成,而代表是由人民通过直接或间接选举产生的,这构成了人民代表大会制度的前提和基础;从人民代表大会的职权来看,人民代表大会代表人民行使国家权力。全国人民代表大会和地方各级人民代表大会都是全权代表人民行使国家权力的机关,人民代表大会的代表来自人民,人民代表大会的权力来自人民,人民代表大会必须对人民负责,受其监督。

其次,人民代表大会及其常委会集中统一行使职权,按照少数服从多数的原则讨论决定,实行的是集体负责制。全国性的重大问题须经过全国人大及其常委会讨论决定,地方性的重大问题须经过多方各级人大及其常委会讨论决定,而不是由个别人或少数人决定。为此,人大及其常委会制定了一系列会议规则和工作制度,以保障国家权力行使的人民属性。

再次,人民代表大会是国家的权力中枢,其他国家机关由人民代表大会产生,对它负责,受它监督。由人民代表大会产生国家行政机关、审判机关和检察机关,这些国家机关行使宪法和法律赋予的法定职权,并对人民代表大会负责,向人民代表大会报告工作,受人民代表大会的监督,不能脱离或违背人民代表大会的意志进行活动。

最后,人民代表大会制度的基本组织原则是民主集中制。民主集中制体现在三个层面:第一,在人民代表大会与人民的关系上,由人民选举产生的全国人民代表大会和地方各级人民代表大会,代表人民集中行使国家权力;第二,在人民代表大会与其他国家机关的关系上,由人民代表大会产生其他国家机关,其他国家机关向人民代表大会负责,受其监督,既体现职能分工,又贯彻人民的集中意志;第三,在人民代表大会内部的组织活动上,也贯彻体现了民主集中制原则。

由此,我们可以把人民代表大会制度的概念归纳为:所谓人民代表大会制度,是在国家一切权力属于人民的基础上,按照民主集中制原则,依照法定程序,通过选举产生人民代表组成各级人民代表大会,在此基础上产生国家行政机关、审判机关和检察机关,共同行使国家权力,实现人民当家作主权利的一种特定的政治制度。

需注意的是,人民代表大会制度与人民代表大会是两个不同的概念,前者是指以人民代表大会这一国家机关为核心载体的政权组织形式和运行方式,后者是具体的国家机关。

【思考】阅读资料并分析,为什么说人民代表大会制度是我国的政体?

资料一：全国人大作为最高权力机关，根据我国现行宪法第62、63条的规定可行使以下职权：选举中华人民共和国主席、副主席；根据中华人民共和国主席的提名，决定国务院总理的人选；根据国务院总理的提名，决定国务院副总理、国务委员、各部部长、各委员会主任、审计长、秘书长的人选；选举中央军事委员会主席；根据中央军事委员会主席的提名，决定中央军事委员会其他组成人员的人选；选举最高人民法院院长；选举最高人民检察院检察长，行使罢免其任命的有关人员等职权。

资料二：根据我国现行宪法第67条的规定，全国人大常委会作为全国人大的常设机构，可行使以下职权：(1)人事任免权。在全国人民代表大会闭会期间，根据国务院总理提名，决定部长、委员会主任、审计长、秘书长的人选；根据中央军事委员会主席的提名，决定中央军事委员会其他组成人员的人选；根据最高人民法院院长的提请，任免最高人民法院副院长、审判长、审判委员会委员和军事法院院长；根据最高人民检察院检察长的提请，任免最高人民检察院副检察长。(2)监督权。在全国人民代表大会闭会期间，全国人民代表大会常务委员会有权监督国务院、中央军事委员会、最高人民法院和最高人民检察院的工作；有权撤销国务院制定的同宪法、法律相抵触的行政法规、决定和命令；有权撤销省、自治区、直辖市权力机关制定的同宪法、法律、行政法规相抵触的地方性法规和决议；听取和审议国务院及其部门、最高人民法院、最高人民检察院的工作报告；可以向国务院及国务院各部、各委员会及最高人民法院、最高人民检察院提出质询等。

资料三：根据我国现行宪法第89条的规定，国务院是最高国家权力机关的执行机关，从属于全国人民代表大会，它由最高权力机关产生并对其负责和报告工作，接受其监督。国务院是最高国家行政机关，领导、监督其他行政机关的行政管理活动。国务院有权根据宪法和法律，规定行政措施，制定行政法规，发布决定和命令。应当由全国人民代表大会及其常务委员会制定法律的事项，根据全国人民代表大会及其常务委员会的授权，国务院也可以先制定行政法规，条件成熟时再提请全国人民代表大会及其常务委员会制定法律等职权。

【提示】以上3段资料具体体现了宪法第2、3条的规定精神，即体现了国家机关在中央政府这个层次上的横向权力划分关系。

（二）人民代表制度的特征[①]

我国的人民代表大会制度具有如下特征：

---

① 本部分的写作，主要参考了朱丘祥主编：《宪法学》，清华大学出版社2009年版，第301～303页。

1. 人民代表大会制度具有高度的民主性。

人民代表大会制度充分体现了一切权力属于人民的原则。全国人民通过5级、270余万名各级人大代表,依法行使国家权力。我们要努力建设社会主义民主,务必使人民代表大会制度作为整体及每一个具体环节能充分体现人民当家作主,使每一个人民代表,每一个从政的人员能真正的代表人民,受人民监督,为人民服务,每一项决策都能完整的体现民意,实现宪法规定的一切权力属于人民的要求。

2. 人民代表大会制度以民主集中制为根本的组织和活动原则。

人民代表大会制度充分体现了民主集中制的原则。在制定法律和决定重大问题上,由国家权力机关按照民主集中制原则,充分发扬民主,集体作出决定;在法律和决议决定的贯彻执行上,实行严格的责任制,由"一府两院"各负其责。国家政权集中掌握在各级人民代表大会手中,有利于政治决策的统一和连续,避免政出多门和决策的频繁变动。最高国家权力由最高的国家权力机关统一、集中地行使,长期以来被认为是我国人民代表大会制度的优越性之一。

3. 人民代表大会制度保障中央的统一领导,同时充分发挥地方的积极性和主动性。

人民代表大会制度充分体现了在中央统一领导下合理分权的原则,有利于维护国家统一和民族团结。全国人大行使最高国家权力;地方各级权力机关保证宪法、法律、行政法规在本行政区域遵守和执行,有权决定本行政区域内一切重大问题;省级权力机关、省及自治区人民政府所在地的市和国务院批准的较大市的权力机关,有权制定地方性法规;民族自治机关依照宪法、特别行政区依照特别行政区基本法以及其他有关本区域法律,在本行政区域内行使最高自治权等。

4. 坚持共产党的领导。

中国共产党是中国特色社会主义事业的领导核心。共产党执政就是领导、支持、保证人民当家作主,最广泛地动员和组织人民群众依法管理国家事务,管理经济和文化事业,管理社会事务,实现好、维护好最广大人民的根本利益。人民代表大会制度是中国共产党领导、支持、保证人民当家作主,实现党对国家和社会事务领导的最好政权组织形式。坚持党的领导,自觉接受党的领导,是人大工作的基本前提和根本保证。各级人大及其常委会要坚决贯彻党的路线、方针、政策,通过法定程序,使党的主张成为国家意志,使党组织推荐的人选成为国家机关工作人员。在人大工作的共产党员,必须牢固树立党的观念,模范地落实党的路线方针政策,在思想上、政治上、行动上与党中央保持高度一致。

（三）坚持和完善人民代表大会制度

坚持和完善人民代表大会制度，保证人大及其常委会依法履行国家权力机关的职能，这是由我国的政体性质决定的。我们必须坚定不移地坚持和完善人民代表大会制度，切实加强人民代表大会制度建设，才能树立其权威，从而充分发挥人民代表大会制度的实际作用，并通过理论和制度上的创新和设计进一步推动和强化人民代表大会行使国家权力的能力和条件，尽快把我国的人民代表大会制度建设成为与时俱进的、保障人民充分行使当家作主权利的政权组织形式。

1. 必须坚持正确的政治方向。

所谓正确的政治方向，就是走有中国特色的社会主义发展道路。走有中国特色的社会主义发展道路，这是关系到党和国家的长治久安，关系到能不能坚持社会主义制度，关系到人民群众的根本利益的问题。改革开放30多年来，正是由于我们坚持了有中国特色的社会主义道路，我国的国民经济才能以较快的速度增长，创造了世界经济发展史上的奇迹。事实充分证明，这条道路符合中国实际，有利于促进生产力的发展和人民生活水平的提高，是得到人民认同和拥护的强国富民之路。因此，我们必须坚持正确的政治方向不动摇。

2. 理顺各级人大及其常委会与其他组织的关系。

第一，各级人大及其常委会与同级党组织的关系。坚持党的领导是“四项基本原则”的核心，但党的领导主要是政治领导、组织领导和思想领导，而不是对具体工作的包办代替。就各级人大及其常委会与同级党组织的关系来说，一是各级人大及其常委会依法行使职权也就坚持和实现了党的领导；二是同级党组织的职责是为人大及其常委会依法行使职权提供保障，它们的目标和宗旨是一致的，即真正保障广大人民当家作主。党的十六大报告指出，党对国家事务实行政治领导的主要方式是：使党的主张经过法定程序变成国家意志，通过党组织的活动和党员的模范作用带动广大人民群众，实现党的路线、方针和政策。实践证明，这是一种科学的领导方式，要不断坚持和完善。

第二，各级人大及其常委会与同级国家行政机关的关系。各级人大及其常委会与同级国家行政机关是决定与执行、监督与被监督的关系。目前在立法领域，主要是处理好人大对政府的授权立法问题。根据《立法法》的规定，对于全国人大立法保留的事项，人大及其常委会要切实履行好职责，即使在条件还不成熟的情况下有必要向国务院授权，也必须遵守授权立法的规范，不应空白授权，禁止转授权。在监督领域，主要是加强对行政机关的财政监督。财政乃庶政之母，控制了政府的钱袋子，就能达到对政府的监督和控制。

第三,各级人大及其常委会与同级法院、检察院的关系。各级人大及其常委会与同级法院、检察院的关系主要是人大监督与司法独立的关系问题。既要明确人大及其常委会监督的内容、方式和程序,进行依法监督,又要支持、保障法院、检察院依法独立行使职权。

3.加强人民代表大会制度的自身建设。

从人民代表大会制度的实际运行来看,在自身建设方面应做好以下工作:(1)组织机构建设。人民代表大会及其常委会应根据实际需要增设机构,增设沟通群众的部门,以加强立法、法律监督和对行政部门的监督。增设专门委员会如宪法委员会、监察委员会;加强地区、乡、镇人大的机构建设。应健全其常设机关,以便于落实本级人大的决议,经常性地监督乡镇政府的工作;加强各级人大及其常委会的组织建设。一方面要尽快实现代表结构的合理化,另一方面要实现各级人大常委会的专职化。(2)制度建设。健全各项制度是建设现代化国家的必然要求,也是坚持和完善人民代表大会制度的必然要求。具体来说主要包括:第一,完善会议制度,地方各级人大及其常委会和各级人大专门委员会应制定和完善其议事规则,制定有关工作条例。第二,建立和健全各级人大常委会与代表的联系制度,代表与选民的联系制度。第三,建立和健全代表的视察、调查制度。第四,建立和健全代表的学习制度等。① (3)成员素质的提高。人大代表及其常委会成员是组成国家权力机关的主体,担负着代表人民行使国家权力的重大使命,提高他们的素质是加强人民代表大会制度的关键。首先,要逐步完善代表的产生方式,既要依法选举,又要改革选举制度,全面考察代表的素质和参政议政能力,从根本上保证代表具有较高的素质。其次,要加强对代表活动的组织和对代表的培训工作,这是提高代表素质的另一方面。代表只有随着形势的发展采取各种方式,不断提高自身的素质,才能更好地履行自己的职责。第三,要逐步实现常委会组成人员的年轻化、知识化、专业化、职业化,以有利于培养和选拔年轻干部。只有这样,才能做到依法治国,由人治走向法治。

二、我国的国家结构形式

(一)我国的国家结构形式是单一制

我国现行宪法第3条第4款规定:"中央和地方国家机构职权的划分,遵循在中央的统一领导下,充分发挥地方的主动性、积极性的原则。"可见,

---

① 参见周叶中主编:《宪法》,高等教育出版社、北京大学出版社2005年版,第230~231页。

关于中央与地方的关系，我国遵循两项原则：(1)确保中央政府的统一领导，坚持地方服从中央，下级服从上级；(2)在中央统一领导下，充分发挥地方的积极性和创造性。这一规定可以说是我国单一制国家结构形式的集中体现。

我国单一制国家结构形式首先体现在中央政府与普通行政区域之间的关系上。现行宪法第62条授权全国人大批准省、自治区和直辖市的建置，决定特别行政区的设立及其制度；第89条授权国务院统一领导全国地方各级国家行政机关的工作，规定中央与省、自治区和直辖市的国家行政机关的职权的具体划分，并批准省、自治区和直辖市的区域划分，批准自治州、县、自治县、市的建置和区域划分；现行宪法第三章第五节集中规定了我国地方各级人民代表大会和地方各级人民政府的组织形式和职责权限关系，还通过《地方各级人民代表大会和地方各级人民政府组织法》进行了细化，使之具有了可操作性。现行宪法还在第111条规定了居民委员会和村民委员会两种基层群众性自治组织的性质和形式。《立法法》第8条规定了10项中央专属的立法事项，并通过第64条赋予了地方人大在一定范围内先行制定地方性法规的优先立法权，这标志者我国中央与地方的关系已开始通过法律规范分权。

针对我国是多民族国家的特点，我国现行宪法第4条第3款规定："各少数民族聚居的地方实行区域自治，设立自治机关，行使自治权。各民族自治地方都是中华人民共和国不可分离的部分。"我国实行民族区域自治制度，实行自治的民族区域一般享有比其他行政区域更多的权力，这又从一个具体的方面体现了我国单一制国家结构形式的一个特点。

作为对于国家结构形式的拓展，我国对于港、澳、台地区实行"一国两制"，即在一个中国的前提下，国家的主体坚持社会主义制度；香港、澳门、台湾是中国不可分割的组成部分，它们作为特别行政区，保持原有的资本主义制度和生活方式长期不变。该制度体现在宪法第31条："国家在必要时候设立特别行政区。在特别行政区内实行的制度按照具体情况由全国人民代表大会以法律规定。"香港与澳门《特别行政区基本法》第1条都规定，特别行政区是中华人民共和国不可分离的一部分；这两个基本法都在第12条规定，特别行政区是中华人民共和国的一个享有高度自治权的地方行政区域，直辖于中央人民政府。这又从另一个具体的方面体现了我国单一制国家结构形式的一个特点。

上述规定表明，我国有单一的宪法和完整的法律体系；由中央政府代表国家行使外交权；我国公民具有统一的中国国籍；国家机构实行民主集中制原则，地方服从中央的统一领导等。这些特点表明，我国的国家结构形式是单一制。我国的单一制结构又具有较大的包容性。在统一主权下,既有类别不同的多层级的普通行政区域,又创造了中国特色的民族区域自治制度,并发展出世界上独一无二的特别行政区制度,这充分体现出我国的单一制是一种具有极大包容性的制度形式。

(二)我国实行单一制的原因

中国从秦朝统一六国开始,就建立了一种中央集权的国家结构形式,两千年来没有实质的变化。宪法学界认为,新中国采取单一制,主要有以下几个方面的原因:

1. 从历史因素看,实行单一制是历史的必然选择。

我国从公元前221年秦始皇统一中国起,开始形成了以汉族为主体、包括少数民族在内的中央集权制的多民族国家。从那时起直到中华人民共和国成立,两千多年来,虽然有分有合,但统一是主流。各族人民共同劳动生息在这块土地上,创造了祖国光辉灿烂的中华文明,各民族之间经济、政治、文化的互相交流和渗透经久不衰,统一是各民族人民的共同愿望。这种历史传统有利于建立单一制的国家结构形式。

2. 从我国的民族成分和民族分布的情况来看,建立单一制的国家有利于民族的团结。

我国共有56个民族,汉族人口占全国人口的90%以上,其他55个民族人口总数不到10%,习惯上把汉族以外的各民族,称为少数民族。各族人民在长期的发展过程中,由于历史上多次的民族迁徙,民族之间的经济、文化交流以及屯田、移民戍边、朝代更迭等原因,形成了各民族间"大杂居,小聚居"的分布格局。在这种民族杂居的格局下,只能采取单一制国家结构形式。

3. 从我国资源分布的情况和经济发展不平衡的情况来看,建立单一制的国家有利于各民族的共同繁荣。

在自然资源的分布上,少数民族地区具有天然的优势,地区广阔,占全国总面积的50%~60%,自然资源极其丰富,但没有得到开发,土地很多,但没有开垦利用。由于历史的原因,我国各民族之间的经济文化水平发展极不平衡,在文化和科学技术方面,汉族相对于少数民族来说,要先进一些。这种不平衡的状态需要民族间团结互助,互通有无,取长补短。建立单一制的国家结构形式,有利于发挥各方优势,共同建设社会主义现代化国家。

4. 根据我国尚未完全统一和少数民族多的特点,我们需要建立具有自身特色具有灵活性的单一制国家。

我国要完成祖国的统一事业需要具有灵活性的单一制国家,为此,我国提出了“一国两制”,设立特别行政区的办法;针对少数民族多的特点,建立了民族区域自治制度,这体现出了我国单一制的灵活性和包容性。

三、我国的行政区域划分

行政区域划分是指国家按一定的原则和程序,将领土划分为许多层次不同的区域,建立相应的各级国家机关进行管理,实现国家职能的法律制度。它是地方政权赖以建立的框架。

行政区划和一国的国家结构形式密切相关,行政区划以国家结构形式为依据,并且是对国家结构形式的确认和体现。在此种意义上说,行政区划属于国家结构形式问题。

(一)我国目前的行政区域划分状况

我国的行政区划是长期历史形成的,在中华人民共和国成立后又在原有的基础上进行了调整。根据我国现行宪法第30、31条的规定,我国的行政区域划分包括3类:

1. 一般行政区域单位:省、直辖市,县、不设区的市、市辖区,乡、民族乡、镇。

2. 民族自治地方:自治区,自治州,自治县。

3. 特别行政区:香港,澳门。

总起来看,我国现行宪法规定的行政区划基本上是三级制,即省(自治区、直辖市)、县(自治县、不设区的市)、乡(民族乡、镇)。有的省、自治区下设自治州、市,而州、市下属的自治县、县或区又设乡、民族乡、镇的,属于四级制。

(二)我国行政区划变更的法律程序①

1. 我国行政区划的变更实行分级审批制度。具体如下:

审批机构	审批权限
全国人大	审议决定省、自治区、直辖市的建置,特别行政区的建立
国务院	审批省级行政区域界限的变更
	审批自治州、自治县、市、县、市辖区的建置或者隶属关系的变更
	审批自治州、自治县行政区域界限的变更;县、市区域界限的重大变更
省级人民政府	根据国务院授权审批县、市、市辖区的部分行政区域界限的变更
	审批乡级的建置和区域界限变更

① 参见国务院1985制定的《关于行政区划的管理规定》。

2. 行政区划变更报批程序。

(1)省、自治区、直辖市、特别行政区的设立、撤销、更名，由国务院牵头，民政部及有关部、委参加，在反复调查研究，并征求有关各级地方行政机关(含派出机构)、权力机关和专家学者、当地居民意见的基础上，进行多方案综合比较，拟订最佳变更方案，经国务院讨论同意，以国务院总理的名义提出议案，报请全国人民代表大会审议决定。

(2)省、自治区、直辖市的行政区域界线变更，省、自治区、直辖市人民政府驻地的迁移，以及自治州和地区的设立，由所在省、自治区、直辖市人民政府制定变更方案[变更方案由省、自治区、直辖市人民政府牵头，民政厅(局)会同有关厅(局)、委拟定]，请示国务院，转经民政部审核并征求有关部、委意见后，报请国务院审批。

(3)自治州、地级市和地区的撤销、更名，自治州、地级市人民政府和地区行政公署驻地的迁移，以及自治州的行政区域界线变更和地级市的行政区域界线重大变更，由自治州、地级市人民政府制定变更方案，请示所在的省、自治区人民政府，经省、自治区人民政府讨论同意后上报国务院[在此之前先转经民政厅(局)审核并征求有关厅(局)意见后报省、自治区人民政府，下同]，转经民政部审核并征求有关部、委意见后报请国务院审批。

(4)县、自治县、县级市、市辖区的设立、撤销、更名、隶属关系变更和县、自治县、县级市人民政府驻地迁移，县级市升格为地级市，以及自治县的行政区域界线变更和县、县级市的行政区域界线重大变更。其中设立县、市辖区和以部分行政区域设置自治县、县级市，由所在的自治州、地级市人民政府或地区行政公署制定变更方案，请示所在的省、自治区人民政府；其余的由所在的县、自治县、县级市、市辖区人民政府制定变更方案请示所在的自治州、地级市人民政府或地区行政公署，研究同意后转呈省、自治区人民政府，其中省、自治区、直辖市直接管辖的县、自治县、县级市直接请示所在的省、自治区、直辖市人民政府。经省、自治区、直辖市人民政府研究同意后上报国务院，转经民政部审核并征求有关部、委意见后报请国务院审批。

(5)凡涉及海岸线、海岛、边疆要地、重要资源及特殊情况地区的隶属关系或行政区域界线的变更，由所在的县、自治县、市人民政府制定变更方案，最终报请国务院审批。

(6)县、自治县、市、市辖区的部分行政区域界线的变更，由所在的县、自治县、市辖区制定变更方案，国务院授权省、自治区、直辖市人民政府审批，批准变更时，同时报送民政部备案。

(7)乡、民族乡、镇的设立、撤销、更名，乡、民族乡、镇行政区域界线的变更和乡、民族乡、镇人民政府及区公所驻地的迁移。其中设立区公所、乡、民族乡、镇由所在的县、自治县、市、市辖区人民政府制定变更方案,其余(包括乡改镇和民族乡改镇)由所在乡、民族乡、镇人民政府和区公所制定变更方案,最终报请所在省、自治区、直辖市人民政府审批。

(8)街道办事处的设立、撤销、更名和街道办事处驻地的迁移。设立、撤销街道办事处由市辖区或不设区的市人民政府制定变更方案,其余由街道办事处制定变更方案,设区的市报请市人民政府审批,不设区的市报请上一级人民政府审批。

【案例】北京市变更部分行政区划事件:2010年7月,国务院正式批复了北京市政府关于调整首都功能核心区行政区划的请示,同意撤销东城区、崇文区,设立新的东城区,以原东城区、崇文区的行政区域为东城区的行政区域;撤销西城区、宣武区,设立新的西城区,以原西城区、宣武区的行政区域为西城区的行政区域。

【提示】本事件涉及的宪法问题包括:行政区划变更的法律程序、行政区划的基本原则、行政区划变更后相关问题的处理

中国政法大学法学院焦洪昌点评:首先值得一提的,就是民众的参与权和知情权。区划变更与广大民众关系密切,而现实中却没有充分的参与权、知情权和表达自由。在名称问题上,北京要建文化名城,"东城"、"西城"的名称缺少文化内涵,而"崇文"、"宣武"则具有非常浓厚的文化传统。这个决定名称的过程中,缺少民众的参与。地方人民政府组织法规定,涉及政治、经济、文化、教育、科学、环境、卫生、民政、民族等重大事项都由人大及常委会讨论决定。据我所知,除了北京市行政区划的调整,天津、上海、深圳、重庆、沈阳等地也都在展开调整。在我国,经济社会发展引发的区划调整高峰或许已经到来。本案实质上涉及的人大和常委会决定本地重大问题的权力,区划变更引发的机构调整和各方面问题是否属于由人大和常委会决定的地方重大问题等,是应当进一步明确的。

四、我国的民族区域自治制度

我国宪法第4条第3款规定:"各少数民族聚居的地方实行区域自治,设立自治机关行使自治权。各民族自治地方都是中华人民共和国不可分离的部分。"民族自治地方自治机关是在民族区域自治地方所设立的行使一般行政区域地方国家机关职权,同时行使民族自治权的国家机关,包括自治区、自治州、自治县的人民代表大会和人民政府。在国家政权机构体系中,民族自治机关具有双重性质:一方面,它们是我国的一级地方国家机关,在

产生方式、任期、机构设置和组织活动原则方面,与一般地方国家机关完全相同,并行使相应的一般地方国家机关的职权;另一方面,它们是民族自治地方行使宪法和有关法律授予的自治权的国家机关,在自治机关的组成与权限等方面又有它的特殊性,主要行使自治权。

民族区域自治制度是指在国家统一指导下,按照宪法的规定,在各少数民族聚居的地方,实行区域自治,设立自治机关,行使自治权,管理本民族内部地方性事务,实现各族人民当家作主的一种基本政治制度。

民族自治机关的组织原则和其他的地方国家机关一样,实行民主集中制的原则。但是,在自治机关的民族构成方面,宪法和民族区域自治法有特殊的规定:(1)民族自治地方的人民代表大会常务委员会中应当由实行区域自治的民族的公民担任主任或者副主任;(2)自治区主席、自治州州长、自治县县长由实行区域自治的民族的公民担任;人民政府的其他组成人员以及自治机关所属工作部门的干部中也要尽量配备实行区域自治的民族和其他少数民族的人员;(3)自治地方的人民代表大会中,除实行区域自治的民族的代表外,其他居住在本行政区域内的民族也应当有适当名额的代表。他们之间的名额和比例,根据法律规定的原则,由省、自治区的人民代表大会常务委员会决定,并报全国人大常务委员会备案。

民族自治地方的自治机关行使同它地位相当的地方国家机关的职权,同时还依照宪法和法律规定的权限行使自治权,自治权是民族区域自治制度的核心。民族自治地方的自治权,是指民族自治地方的自治机关根据宪法、《民族区域自治法》和其他法律的规定,根据实际情况自主地管理本地方、本民族内部事务的权力。根据《宪法》和法律的规定,主要有以下几个方面:

(一)制定自治条例和单行条例

自治条例是民族自治地方的人民代表大会根据宪法和法律的规定,并结合当地民族政治、经济和文化特点制定的有关管理自治地方事务的综合性法规,其内容涉及民族区域自治的基本组织原则、机构设置、自治机关的职权、活动原则、工作制度等重要问题。自治条例具有综合性、自主性、分权性、区域性等特点。

单行条例是民族自治地方的人民代表大会及其常务委员会在自治范围内,根据当地民族的特点,针对某一方面的具体问题而制定的法规。根据宪法和法律的规定,自治区的自治条例和单行条例须报全国人民代表大会常务委员会批准后才能生效;自治州、自治县制定的自治条例和单行条例,须报省或自治区人大常委会批准后生效,并报全国人民代表大会常务委员会备案。

(二)根据当地民族的实际情况,贯彻执行国家的法律和政策

如果上级国家机关的决议、命令不适合本民族自治地方的实际情况,经上级国家关批准,自治机关可以变通或者停止执行。

(三)财政自治权

民族自治地方的财政是一级地方财政,自治机关有权管理本自治地方的财政。凡按照国家财政体制属于民族自治地方的财政收入,都应当由自治机关自主地安排使用。

(四)经济建设的管理权

自治机关可以根据宪法、法律和国家的方针、政策,结合本地方经济发展的特点,制订本区域经济发展规划;合理调整生产关系,自主地安排本地方的基本建设项目,管理隶属于本地方的企业,自主地管理本地方的物资和商品流通等等。

(五)公共事务的管理权

由于少数民族地区有其特殊性,我国现行宪法规定:"民族自治地方的自治机关自主地管理本地方的教育、科学、文化、卫生、体育事业,保护和整理民族的文化遗产,发展和繁荣民族文化。"

(六)组织公安部队权

我国现行宪法规定,民族自治地方的自治机关依照国家军事制度和当地的实际需要,经国务院批准,可以组织维护社会治安的公安部队。

(七)使用本民族的语言文字

民族自治地方的自治机关在执行职务的时候,根据本民族自治地方自治条例的规定,使用当地通用的一种或几种语言文字。

五、特别行政区

(一)特别行政区概述

特别行政区是指在中华人民共和国行政区域范围内设立的享有特殊法律地位、实行资主义制度和生活方式的地方行政区域。特别行政区是我国以和平的方式解决历史遗留下来的香港问题、澳门问题和台湾问题而设立的特殊的地方行政区域。特别行政区的建立构成了我国单一制国家结构形式的一大特色。

特别行政区与一般行政区相比,既有相同点,又有区别。其相同点,主要表现在三个方面:(1)特别行政区和一般行政区一样,都是我国地方制度的有机组成部分。特别行政区是中华人民共和国不可分离的一部分,是我国地方制度的有机组成部分。特别行政区的设立有个大前提就是要承认世界上只有一个中国,即中华人民共和国。各个特别行政区都是中华人民共

和国领土不可分割的组成部分，不能脱离统一的国家管辖。(2)特别行政区是中华人民共和国的一级地方行政区域，直辖于中央人民政府。特别行政区是中华人民共和国的一个享有高度自治权的地方行政区域，该区域建立的地方政权机关，自然是我国的一级地方政权，受中央人民政府的统一管辖。(3)特别行政区和其他一般行政区一样，选举全国人大代表，参加全国人民代表大会。①

特别行政区与一般行政区的区别，主要表现在四个方面：(1)地方政权体系不同。省、自治区、直辖市下设市、区、县、乡、镇等行政单位，而香港、澳门特别行政区不再下设任何政权单位，特别行政区本身即直接联系群众的政权组织。(2)行使权力的大小不同。省、直辖市可以依法制定地方性法规、行使一定的自主权，民族自治地方依法享有自治权，但它们都不能同特别行政区的高度自治权相比。特别行政区享有的某些自治权，例如货币发行权、财政独立、司法终审权等，甚至超过了联邦国家中各州或各成员国所能行使的权力。(3)中央对它们的干预程度不同。除与特别行政区有关的外交事务和防务由中央负责以外，其他事务均由特别行政区政府负责管理并自行制定政策，中央政府所属各部门不得干预特别行政区自行管理的事务；而一般的行政区域则必须遵守、执行和服从中央及其有关部门制定的法规、规章、政策、命令和指示等(特别行政区行政长官须执行中央人民政府就基本法规定的有关事务发出的指令)。(4)实施的法律不同。各省、自治区、直辖市必须执行全国统一的法律和国务院制定颁布的行政法规；除极少数由基本法附件明确列举的全国性法律须在特别行政区实施的以外，特别行政区不实施全国统一的法律和行政法规，它有自己独特的法律体系。②

(二)特别行政区的法律地位

香港特区基本法和澳门特区基本法都在各自的《基本法》第1条和第12条规定了特别行政区的法律地位，主要内容是：

1. 特别行政区是我国单一制国家不可分离的一部分。

“一国两制”是国家对特别行政区的方针。香港特区基本法和澳门特区基本法都体现了维护国家的统一、主权和领土的完整的精神，特别行政区是在中国这个统一的大家庭里实行资本主义制度的地方行政区域。

2. 特别行政区是我国的一个地方行政区域。

中央政府与特别行政区是一个主权国家内部中央与地方的关系，是授权与被授权的关系，是领导与被领导、监督与被监督的关系，不是平行、并列

①② 参见许崇德主编：《宪法》，中国人民大学出版社2009年版，第151页。

的伙伴关系。

3. 特别行政区是实行高度自治的地方行政区域。

中央对特别行政区的管理仅限于涉及外交、防务以及其他属于国家主权和国家整体权益范围内的事务。其他事务,中央除了根据《基本法》的规定进行监督外,不予过问。

(三)特别行政区的特殊性

1. 特别行政区享有高度的自治权。

根据香港、澳门特别行政区《基本法》的规定,特别行政区享有高度自治权,包括:行政管理权、立法权、独立的司法权和终审权;可以依法行使中央授予的有关对外事务权;保持财政独立,其财政收入全部用于自身需要,不上缴中央人民政府;行使中央授予的其他权力等。特别行政区享有的自治权的范围明显大于我国一般地方行政区域和民族自治地方,其中有些权力如司法终审权、货币发行权、出入境管制权等,都是在联邦制下的地方政府所不能享有而应由中央掌握的权力。

2. 特别行政区保持原有的制度和生活方式50年不变。

香港、澳门特别行政区《基本法》都规定,特别行政区“不实行社会主义的制度和政策,保持原有资本主义制度和生活方式,50年不变”。这一规定,体现了“一国两制”方针,它意味着中央人民政府在50年内不改变港、澳的资本主义制度,不能把社会主义制度和政策推行到香港、澳门中去。当然,保证香港、澳门现行的资本主义制度和生活方式50年内不变,50年后更没有改变的必要。

3. 特别行政区实行港人治港、澳人治澳的方针。

香港、澳门特别行政区《基本法》都规定,特别行政区的行政机关和立法机关由该区永久性居民依照基本法的有关规定组成。所谓永久性居民,是指在特别行政区享有居留权和有资格依照当地法律取得载明其居留权的永久性居民身份证的居民。这一规定表明,香港特别行政区和澳门特别行政区由当地人自己管理,中央不派人去管理。这样,有利于充分发挥港、澳同胞的积极性和当家作主的精神,有利于保持香港和澳门地区的稳定与繁荣。

4. 特别行政区原有的法律基本不变。

香港特别行政区《基本法》第8条规定,香港原有法律即普通法、衡平法、条例、附属立法和习惯法,除同基本法相抵触或经香港特别行政区的立法机关做出修改者外,都予以保留。澳门特别行政区《基本法》第8条规定,澳门原有的法律、法令、行政法规和其他规范性文件,除同基本法相抵触或经澳门特别行政区的立法机关或其他有关机关依照法定程序做出修改者外,都予以保留。基本法的这一规定,体现了“一国两制”的构想,既有利于维护我国的国家主权,又有利于特别行政区的繁荣和稳定。

(四)行政长官

根据香港、澳门特别行政区《基本法》的规定,行政长官既是特别行政区的首长,代表特别行政区,同时又是特别行政区政府的首长,领导特别行政区行政机关。行政长官对中央人民政府和本特别行政区负责;作为政府首长,对立法会负责。

行政长官的任职条件:(1)须年满40周岁;(2)在当地通常居住连续满20年;(3)由特别行政区永久性居民中的中国公民担任。香港特别行政区《基本法》规定,在外国有居留权者不得担任行政长官;澳门特别行政区《基本法》未作该限制性规定。

行政长官的任期为每届5年,可连任一次。

【案例】香港无证儿童案①

1997年7月1日,香港回归中国,《香港特别行政区基本法》正式实施。该法第24条规定,香港特区永久性居民在香港以外所生的中国籍子女"在香港特别行政区享有居留权和有资格依照香港特别行政区法律取得载明其居留权的永久性居民身份证"。1997年7月9日,香港临时立法会制定《1997年入境(修改)(第3号)条例》,该条例只承认香港永久性居民中中国公民在内地的婚生子女构成香港永久性居民,规定了这批人进入香港居住的法律程序,并规定申请必须在香港以外进行,该条例对条例生效前偷渡来港的人有溯及力。非法居留的一千多名无证儿童中的家长纷纷起诉,状告香港特区政府。香港高等法院经审理裁决如下:第一,基本法第24条明确规定了享有居留权的主体,但没有规定确定与核实这批人的身份和他们行使权利的程序,这是对特区立法的保留;第二,特区入境条例设立居留权申请制度,符合基本法的精神;基本法第22条(即"中国其他地区的人进入香港特别行政区须办理批准手续,其中进入香港特别行政区定居的人数由中央人民政府主管部门征求香港特别行政区的意见后确定")适用于根据第24条拥有居港权的内地人士;第三,香港永久性居民在内地的婚生子女与非婚生子女享有同等权利。高院判决后,原告与被告均不服,向香港终审法院上诉。1999年1月29日,香港特别行政区终审法院做出终审判决:第一,香港永久性居民在内地的婚生子女与非婚生子女都享有在香港居住的权利;第二,只要具有特区政府颁发的居港权证,已经到港的儿童即使未经内地政府

① 关于本案例,参见 http://hi. baidu. com/%CE%D2%C3%C7%B5%C4%B7%A8%D1%A70611/blog/item/f076f124275329014d088d76. html. 阅读日期:2011年4月21日。

批准,也不能遣返;第三,香港终审法院享有宪法性管辖权,如果全国人大及其常委会的立法与基本法相抵触,香港法院也有权审查并宣布全国人大及其常委会的立法无效。由于担心移民潮影响香港的繁荣与稳定,行政长官董建华于1999年5月建议国务院提请全国人大常委会解释《基本法》。全国人大常委会于1999年6月对基本法进行了解释。

【思考】《香港特别行政区基本法》第22条与第24条是否一并适用于该案?香港法院能否审查全国人大及其常委会的决定?全国人大常委会是否有权解释《香港特别行政区基本法》,其效力如何?

六、基层群众性自治组织

(一)基层群众性自治组织的概念与特点①

在我国,基层群众性自治组织包括村民委员会和居民委员会,是指城乡居民按照居住地区组织起来,实行自我教育、自我管理、自我服务的自治组织。

我国现行宪法第111条第1款规定,"城市和农村按居民居住地区设立的居民委员会或者村民委员会是基层群众性自治组织"。这一规定明确了居民委员会和村民委员会的法律地位即基层群众自治组织,表明其既不同于基层国家机关,又区别于一般的社会团体。作为基层群众性自治组织,它们具有以下显著特点:

1. 自治性。

基层群众性自治组织是代表本地区居民行使自治权的社会自治组织,在性质上不属于国家机关,不享有任何国家机关的职权;在组织上也具有独立性,独立于本居住地区的各级各类国家机关。依照《村民委员会组织法》和《居民委员会组织法》的规定,我国基层政权机关与基层群众性自治组织之间的关系是指导、帮助和监督关系,而不是上级对下级的行政领导关系。居民委员会和村民委员会在活动上具有自治性,通过居民或村民自我管理、自我教育、自我服务开展工作,实行民主选举、民主决策、民主管理、民主监督。尽管基层人民政府或者它的派出机关可以对居民委员会和村民委员会的工作给予指导、支持和帮助,但不得干预依法属于居民委员会和村民委员会自治范围内的事务。

2. 民主性。

基层群众性自治的主体是居住在该地区的所有居民和村民,自治组织

---

① 参见朱丘祥主编:《宪法学》,清华大学出版社2009年版,第391~392页。

仅仅是其行使自治权的一个组织或载体。居民和村民通过基层群众性自治组织,参与到与自身利益直接联系的本居住地区事务的管理和决策当中,是广大基层人民群众进行民主实践、参与社会主义民主政治建设的有效方式和途径。

3. 基层性。

无论居民委员会还是村民委员会,都是以群众居住地为基础建立起来的。因此,它们是与人民群众有着最直接联系的、最基层的社会组织。居民委员会和村民委员会从组织系统上也区别于国家机关或一般的社会团体,它们没有上下级之分,也没有全国性的或地区性的统一组织,它们只存在于居民或村民居住地区范围内的基层社区,这一点与工会、妇联等群众组织不同。另外,居民委员会和村民委员会所管理的事务,也都是本社区内的各项公共事务和公益事业,与居民或村民的生活直接相关,不涉及其他地区,具有基层性。

(二)基层群众性自治组织的职权

我国现行《居民委员会组织法》和《村民委员会组织法》分别对基层群众性自治组织同基层人民政府的关系作出了明确规定。其中,我国现行《居民委员会组织法》第2条第2款规定:"不设区的市、市辖区的人民政府或其他的派出机关对居民委员会的工作给予指导、支持和帮助。居民委员会协助不设区的市、市辖区的人民政府或其他的派出机关开展工作。"第20条规定:"市、市辖区的人民政府有关部门,需要居民委员会或者它的下属委员会协助进行的工作,应当经市、市辖区的人民政府或其他的派出机关同意并统一安排。市、市辖区的人民政府的有关部门,可以对居民委员会有关的下属委员会进行业务指导。"我国现行《村民委员会组织法》也有类似规定,如第4条规定:"乡、民族乡、镇的人民政府对村民委员会的工作给予指导、支持和帮助。但是,不得干预依法属于村民自治范围内的事项。村民委员会协助乡、民族乡、镇的人民政府开展工作。"以上规定表明,基层人民政府与基层群众性自治组织之间是协助与被指导的关系,而不是上级对下级的领导与被领导关系,这就从制度上保障了基层群众性自治组织的独立性。

1. 居民委员会的职责。

我国现行宪法第111条第2款对居民委员会的任务作了原则性规定,即办理本居住地区的公共事务和公益事业,调解民间纠纷,协助维护社会治安,并且向人民政府反映群众的意见、要求和提出建议。《城市居民委员会组织法》第3条对居民委员会的任务作了具体列举:(1)宣传宪法、法律、法规和国家的政策,维护居民的合法权益,教育居民履行依法应尽的义务,爱护公共财产,开展多种形式的社会主义精神文明建设活动;(2)办理本居住地区居民的公共事务和公益事业;(3)调解民间纠纷;(4)协助维护社会治安;(5)协助人民政府或者它的派出机关做好与居民利益有关的公共卫生、计划生育、优抚权济、青少年教育等项工作;(6)向人民政府或者它的派出机关反映居民的意见、要求和提出建议。

2. 村民委员会的职责。

根据现行《村民委员会组织法》的规定,村民委员会的职责有:(1)支持和组织村民发展经济。村民委员会应当支持和组织村民依法发展各种形式的合作经济和其他经济,承担本村生产的服务和协调工作,促进农村生产建设和社会主义市场经济的发展。(2)维护集体经济组织的自主权和村民的合法权益。村民委员会应当尊重并支持集体经济组织依法独立进行经济活动的自主权,维护以家庭承包经营为基础、统分结合的双层经营体制,保障集体经济组织和村民、承包经营户、联户或者合伙的合法财产权和其他合法权益。(3)管理集体所有的土地和其他财产。村民委员会依照法律规定,管理本村属于村农民集体所有的土地和其他财产,引导村民合理利用自然资源,保护和改善生态环境。(4)进行农村社区建设。村民委员会应当支持服务性、公益性、互助性社会组织依法开展活动,推动农村社区建设。(5)依法开展各项活动。村民委员会应当宣传宪法、法律、法规和国家的政策,教育和推动村民履行法律规定的义务、爱护公共财产,维护村民的合法权益,发展文化教育,普及科技知识,促进男女平等,实行计划生育,促进村与村之间的团结、互助,开展多种形式的社会主义精神文明建设活动。(6)遵守各种行为规范。村民委员会及其成员应当遵守宪法、法律、法规、规章和国家的政策,遵守并组织实施村民自治章程、村规民约;执行村民会议、村民代表会议的决定、决议,办事公道,廉洁奉公,热心为村民服务。

思考题

1. 政体有哪些基本分类?

2. 全国人民代表大会制度与西方议会制度的区别?

3. 我国的单一制国家结构有什么样的特色?

4. 试述基层群众自治组织的含义、性质和特点。

5. 试述特别行政区的特殊性。

第四编

宪法的制定与实施

第十二章 宪法的制定与修改

第一节 宪法的制定

作为近代政治法律文明最集中体现的宪法,是以制宪权的存在和运行为逻辑前提的,一切宪法现象实际上都是制宪权作用的结果和折射,一切宪法理论也都是制宪权理论的延伸和展开。可以说,制宪权是整个宪法学研究的理论基石和审视各种宪法规则与现象的价值原点。研究宪法制宪权理论,有助于我们从历史角度客观地分析宪法现象、宪法体制与宪法运行过程。

一、制宪权概述

(一)制宪权的内涵

在法学理论界,对于制宪权的概念,学者们有着不同表述。我国学者基本有如下几种定义:(1)制宪权是制定国家根本法宪法的权力。[①] (2)何为制宪权?顾名思义,是指制定和修改宪法的权力。[②] (3)制宪权是一国的全体人民亲自或者通过一定的组织机构,根据预设的立宪程序制定宪法的权力。[③] (4)所谓宪法的制定权包括三层含义:第一,是指规定国家基本制度,调整公民与国家机关之间以及国家机关相互之间权利义务关系的根本法的权力,因此,制定宪法的权力体现出最高性;第二,是指这种最高的权力应当属于谁,即制宪主体应当是谁;第三,制宪主体以什么样的程序和方式来行使这一权力,或者说宪法只有以不同于普通法律的制定主体并以特殊的程序和方法来制定才是具有最高法律效力的和正当的。[④] (5)宪法制定权(简称制宪权)是制宪主体按照一定原则创造作为国家根本法的宪法的一种权

① 参见许崇德主编:《宪法》,中国人民大学出版社 1999 年版,第 31 页。

② 参见李步云主编:《宪法比较研究》,法律出版社 1998 年版,第 212 页。

③ 参见章剑生:《论制宪权》,《东吴法学》2001 年版,第 3 页。

④ 参见朱福惠主编:《宪法至上——法治之本》,法律出版社 2000 年版,第 144 页。

力。制宪权是一种价值体系，既包括制宪的事实的力量，也包括把宪法加以正当化的权威与价值。[①] 这些定义，从不同侧面反映了学者对制宪权的意义、性质的理解。我们认为，宪法制定权应该是以限制政府权力、维护公民权利为目的的制定一系列将有可能被赋予最高法律效力的条文规则的权力。当制定出的条文规则被公众认可即被赋予了最高法律效力，则成为宪法规范。反之，若未被公众认可，那些制定出的条文规则就不能被称为宪法规范，此时的制宪权行使就没有产生宪法。故宪法制定权只能是制定那些有可能成为宪法规范的条文规则的权力。明确制宪权、主权、立法权与修宪权的关系，对于理解制宪权的概念来说是非常必要的。

制宪权与主权、修宪权与立法权是属于不同层次的权力形态。主权是一个国家的最高权力与权威的体现。根据人民主权原则，国家最高权力与权威都源于主权。享有主权者实际上拥有制宪权。而修宪权是一种依据制宪权而产生的权力，可以理解为制度化的制宪权。从制宪权的性质看，制宪权是具有高度稳定性的权力形态，是不能任意行使的，否则将对整个宪政秩序的稳定产生负面影响。但另一方面，为了保证宪法与社会生活的相互协调，宪法制定权价值又通过宪法修改权得到存在和发展，使宪法保持其灵活性和适应性。从权力的位阶关系看，宪法修改权是属于宪法核心内容的，某种意义上高于立法权、行政权与司法权的具体权力形态，其功能存在严格的界限。立法权有广义和狭义之分，广义的立法权是指制定宪法及其他法律规范的权力，广义的立法权中包含了制宪权。狭义的立法权是指宪法确认的制定部门法的权力。此时的立法权是以宪法的存在为前提的。因而制宪权成功行使即制定出被公认的宪法是狭义立法权存在的前提。狭义立法权是根据宪法授权而产生的权力，属于制宪权与修宪权的下位概念。因此，即使由一个机关同时行使制宪权与修宪权，但行使权力的性质与程序是不尽相同的，不应混淆两者的界限。当一个国家通过国民公决宪法修改时，这种国民公决也是一种源于制宪权的修改宪法行为，不可能是始原的制宪权。有时制宪权与修宪权行使主体相同，但其行为依据的权力属性与行为的性质是不同的。制宪权概念是在社会变迁过程中产生和发展的，标志着宪法制定行为的规范化与自我完善程度。

（二）制宪权的产生和发展

在宪法学发展史上，制宪权的概念最先由法国大革命时期的著名政治活动家西耶斯提出，他在《论特权·第三等级是什么?》一书中把国家权力划分为制定和修改宪法的制宪权和由宪法创立的包括立法、行政、司法在内的

---

① 参见徐秀义、韩大元主编:《现代宪法学基本原理》,中国人民公安大学2001年版,第32页。

权力。这就将制宪权和立法权区分开了,但并未将制宪权和宪法修改权区分开来。他认为制宪权属于最高的权力,是国家制定法律、法规的根源,它不受任何规范的约束和限制。[①] 制宪权的提出对法国大革命乃至整个资产阶级革命的胜利都起到了积极的作用,但对制宪权的理解却从来没有统一过,人们往往在不同层次上使用这一概念。有的观点认为,制宪权就是对固有的政治实体和形态作出根本判断的权力,具体表现为创造宪法,维护宪法及废止宪法的一种权能,优越于国家权力是制宪权的固有性质;有的认为,制宪权具有两方面的属性,一是事实上创造的力量,即创造宪法的权力,二是把宪法加以正当化的权威性,即制定的宪法具有合法性与现实基础;有的则认为,制宪权是统治阶级按照一定的法律程序,通过立法机关创造宪法的活动。[②] 基于对制宪权概念的不同理解,又引发了关于制宪权的更多的争论,如制宪权的主体、制宪权与国家权力的关系、制宪权只能行使一次还是可以多次行使等等。

如果说西方基督理论与自然法理论构建了宪法正当性证明的彼岸世界,那么制宪权理论则把它重新带回宪法的此岸世界。在西耶斯看来,宪法是既"规定立法机构的组织与职能,又决定各行政机构的组织与职能"的根本法;[③]在一个国民众多的国家,因国民无法亲自行使宪法制定权,故需要委托一个"只需一项专门权力"、其"共同意志与国民本身的共同意志具有同样效力"的特别代表团去行使,该特别代表团与普通立法机构毫无相似之处。当然,这些启蒙的制宪权理论主要为了论证制宪的正当性。随着西方制宪运动的发展,传统的制宪权理论对立宪史实的佐证的缺失果然被随后兴起的实证主义法学派广为诟病。以德国的国家法学派拉班德和耶利内克为代表提出国家法人说,彻底否定了制宪权理论。这种学说否定了宪法制定权的权利性与宪法规范的最高效力性,对宪法学说和原理作了不符合实际的歪曲的解释。[④] 直到二十世纪二十年代西方制宪权学说到施密特这里才开始形成一种成熟的理论体系。[⑤] 施密特在总结美国、法国、德国等国家制宪经验的基础上系统构建了其制宪权学说,他以"民族"概念取代了"虚幻"的"人民"概念来说明制宪权主体,通过区分敌友的方式界定政治与国家,并以此说明在制宪权问题上可能存在的政治矛盾,比较完整地阐述了现代制宪权理论。

---

① 参见肖蔚云:《论宪法》,北京大学出版社 2004 年版,第 857 页。

② 参见徐秀义、韩大元主编:《现代宪法学基本原理》,中国人民公安大学 2001 年版,第 32 页。

③ [法]西耶斯:《论特权·第三级是什么》,冯棠译,商务印书馆 1979 年版,第 59 页。

④ 参见莫纪宏:《现代宪法的逻辑基础》,法律出版社 2001 年版,第 56 页。

⑤ 参见朱福惠、刘连泰、周刚志:《宪法学专论》,科学出版社 2006 年版,第 41 页。

（三）制宪权的本质

西耶斯在提出制宪权理论时，将制宪权定性为具有法创造效力的“始原性的权力”，即制宪权存在于自然状态之中。对此，国内学者持有两种理解。第一种认为，该主张“存在许多自相矛盾之处”。[①] 第二种认为，西耶斯的“这种观点不准确，它实际上混淆了制宪权的理论形态与实践形态的界限。”[②]

我们认为，上述两种理解存在本质上的暗合。关键的问题正如韩大元教授所说：“在理解制宪权与国家权力相互关系时，应注意区分根源意义上的国家权力与具体组织化的国家权力，不能简单地把制宪权表述为始原性的权力，否则会导致制宪权与国家权力的相互冲突。”[③]这里所谓“根源意义上的国家权力”即指上述第二种理解中的“最高决定权”，实则一国之主权，所谓“具体组织化的国家权力”乃是指治权意义上的国家权力，即第一种理解中所指的“基于宪法的规定而产生的国家权力”，具体则是指由宪法产生的立法、行政、司法等政府权力。因此，在认识制宪权本质之前首先应区分作为制宪权产生前提的国家权力和由制宪权产生的国家权力这两种不同层次的国家权力。我们认为，对制宪权本质的把握有赖于主权、制宪权、政府权力三者关系的定位。主权与国家不可分，是指一国对内对外的最高统治权，是国家区别于其他社会团体的特殊属性。对外，主权表现为独立权，即一国在处理本国事务时不受他国干涉、控制，其目的在于确立国家间的平等原则；对内，主权表现为最高统治权，即国家通过其政府对国内事务的控制，其目的在于统一和完成政治整合，形成一定统治秩序。现代民主政治认为，主权属于人民，但这只具有象征意义，因为人民作为一个整体，在全国施行统治是很难做到的。因此，主权实际上还是掌握在政府手中，只不过这种政府是以人民的名义施行统治罢了。但在这样的国家中有一种默契，那就是人民将监督政府的行为，一旦政府背弃了与人民达成的无形契约，人民最终会奋起反抗。由此可见，主权的所有者人民与主权的实际行使者政府是适度分离的。而人民主权也只有通过这种主权与治权适度分离的代议民主方式才能真正得以实现，这是现代民主政治的一个悖论。一定意义上，制宪权正是被用来缓解代议民主内部紧张关系、解决主权与治权分离这一现代民主政治困境的制度装置。正如学者所言：“宪法就是为了克服治权被委托为具体的政治代表所带来的局限性，以成文宪法为主体的一整套法律制度作为既定的规则，为公共权力的行使确立标准，并限制公共权力行使上的任意

① 许崇德主编：《宪法》，中国人民大学出版社 1999 年版，第 31 页。

②③ 徐秀义、韩大元主编：《现代宪法学基本原理》，中国人民公安大学 2001 年版，第 35 页。

性”。[①] 因此，现代民主政治中，人民通过掌握制宪权，一方面解决政府治权的合法性，另一方面形成对政府治权的制度化约束（这种制约避免了动用战争、颠覆等暴力手段对社会秩序的破坏）。在此基础上，正是制宪权有效地防止了主权与治权的过度分离，防止了治权对主权的背离，并最终支持、保证了人民主权的实现。

由此可见，主权、制宪权、治权（政府权力）其实构成了一种相互依存、互为支持的关系，如果把这些关系割裂开来，就不可能揭示制宪权的本质属性。首先，制宪权以主权为其存在的前提和基础，以主权的独立、统一为逻辑起点，但制宪权反过来也为人民主权的实现提供了保证和支持；其次，制宪权决定了作为治权的政府权力的活动方式、界限、功能，从而构成了对治权的制度化制约，但同时也为治权的合法性提供了依据；最后，制宪权也正是通过提供治权的合法性依据，使人民主权原则从理论假设转变为一套可实行的制度设计，也正是通过对治权的制约，防止了治权背离主权的可能性，从而保证并支持了人民主权的实现。因此也可以说正是制宪权提供了一个具有内在张力，又不失民主秩序的现代民主体制。

与制宪权本质有关的另一个问题是制宪权存在形式的问题。当制定一部宪法后，制宪权是否存在于现实生活中？目前主要有三种观点：一是有的学者根本否认制宪权存在的意义，认为制宪权是法外的现象，是政治问题；二是认为宪法制定后制宪权应永久冻结，不再运用，即永久冻结说。如日本桶口阳一教授认为，宪法一旦制定完成，只能遵循该宪法内在的规则变更、运用，制宪权观念的功能，除了宣示制宪权威之所在外，就是划定修宪权作用的界限。[②] 第三种观点认为，宪法的制定，实际上是国民对宪法的承认，而这种承认可能存在逻辑的矛盾，即从存在中提炼当为是不可能的。其理由是：制宪权如果因宪法的制定而被吸收，转化为修宪权，则与修宪权概念严格区别的制宪权概念即无存在的必要；反之，制宪权如果不能因宪法的制定而被吸收，平时仍存在于宪法之外，可以介入法的世界，那么以宪法的客观性为前提的宪法学自然失去存在的意义。我们认为，制宪权并不是一次性“消费”的权力，它实际上存在于宪法运行的整个过程，影响、制约宪法的实践。制宪权的价值既通过制度化的修宪权来体现其价值，同时也表现在具体的宪法制度上。制宪权存在形式的变化不应成为否定制宪权概念的理由，应从宪政实践的过程中维护与发展制宪权的价值与功能。

---

① 韩大元：《亚洲立宪主义研究》，中国人民公安大学出版社 1996 年版，第 138 页。

② 参见韩大元：《宪法学基础理论》，中国政法大学出版社 2008 年版，第 76 页。

（四）制宪权的特征

1. 原创性。

制宪权的原创性是指它是国家权力原始创立的唯一依据。国家权力在来源上决不是空穴来风，也不可能是难以捉摸的神的意志，而是国家主权者——全体人民所拥有的制宪权。正如卡贝所说："用不着说，人民就是主权者，主权属于人民的，只有人民才有权制定或者委托别人制定社会公约、宪法和各种法律；任何一个个人、一个家族或者一个阶级妄图充当人们的主人，在我们这里是根本不可想象的。"①制宪权的原创性具有重要的法理意义：其一，制宪权是国家宪法和法律的渊源，制宪权构成了国家宪法和法律的合法性基础；不通过制宪权直接或间接制定的宪法和法律不具有权威性，人民就获得了否定此宪法和法律的正当性理由，这样就不会形成一种和谐的宪政秩序。其二，制宪权可以有多重实现方式，但人民所拥有的制宪权不可剥夺、不可限制。因为，制宪权所构成的基本要素是每个公民的基本权利，而这种基本权利与生俱来、不可剥夺。进而可知，确立制宪权的基本前提是必须无条件地承认每个公民所拥有的基本权利。没有这一前提，制宪权就会成为空中楼阁。

2. 至上性。

制宪权的至上性是指它高于一切由制宪权创设的国家权力，任何国家权力或者其他社会组织都必须服从于制宪权。制宪权具有至上性有助于形成一个统摄社会秩序的最高权威，从而确保社会和谐有序。当人类社会迈入20世纪时，各国都不约而同地选择了法治，几乎都以宪法或以基本法为最高法或根本法，其他法都以宪法或基本法为根据，这就使宪法具有了"母法"的地位，具有"造法性法"的性质，而这"造法性法"的始原性，又在于制宪权的行使。因此，在法治社会里，制宪权具有极其重要性。在宪法至上的时代，制宪权无疑具有至上性。

3. 政治性。

作为一种本源性的国家权力，制宪权在权力类型上属于政治性权力，而非规范性权力或者说法律性国家权力。制宪权的政治性，取决于以下两个方面：一是制宪权形成于宪法和法律性国家权力之前；二是制宪权本质上属于政治性国家权力的内容之一。这种政治性主要表现在：它不接受任何实定法的约束，相反，实定法由其产生。它的归属完全取决于各阶级、社会团体、利益集团对社会资源的占有量和利用率，也就是说，支配制宪权归属的

---

① ［法］埃蒂耶纳·卡贝：《伊加利亚旅行记》，李雄飞译，北京商务印书馆1982年版，第54～55页。

是无形的社会规则,在此我们也可以将制宪权定性为一种"社会性"权力,它的行使体现了制宪主体特定的制宪目的和政治理念,行使的结果是制宪主体内部政治力量博弈的结果,有时还表现出很大的偶然性。

4. 不可替代性。

不可替代性,则更能增强权力对权利的依赖。不可替代的形成,就是一种垄断的产生,我们认为这种垄断是很有必要的。如果人们不能对自己非常重要的权利采取垄断的方式,很难想象这种权利不被他人滥用。但是,如果制宪权不具有不可替代性,宪法的产生则大异其趣。宪法的重要性和根本性则只能是美丽的谎言,宪法的最高性显得苍白无力。宪法的制定,必须行使一定的权力才能完成,这种制定宪法的权力称为制宪权。法国大革命时期的政治家西耶斯,将国家权力分为制定宪法的权力和由宪法所创立的权力。前者指宪法的制定权和修改权,这一权力属于人民,不受任何限制。宪法的制定和修改须经人民一致同意。制宪权除由人民行使外,还可委托人民的临时代表行使。后者是指依宪法设立的立法权、行政权和司法权,这些权力受宪法的约束,只有根据宪法才能行使,立法权只能制定一般的法律。后来,这种分类得到许多国家的承认,一般认为制宪权高于立法权,立法权只能制定普通法律。

二、宪法的制定

(一)宪法制定机关

1. 制宪权主体。

在各种不同类型的制宪实践中,宪法的制定者是不同的。美国宪法的制定者是北美 13 个殖民地的人民;在法国制宪的实践中,宪法的制定者是由人民选举的制宪会议,但是在其中革命势力起了很大的作用;德日两国的宪法是由君主颁布的,而不是由人民或人民的代议机关产生的,因而它的制定者实际上是君主;而英国宪法则根本没有明确的、具体的制定者,是英国几百年历史演化的产物。那么,这是否意味着制宪权的主体是不同的,在有的国家是人民,有的国家是君主,而有的国家则根本没有制宪权的主体呢?在这里,同样应当把"制宪权的主体"与"宪法的实际制定者"这两个概念区分开来,否则的话,就会得出在英国存在着宪法但却不存在制宪权主体的结论,这显然是不合理的。近代以前,由于民主政治不发达,制宪权基本上由君主掌握,君主主权成为国家活动的基本原则。1791 年法国宪法虽规定了国民主权原理,但事实上,主权由国王和国民共同行使。在从君主主权向人民主权转化过程中,只有国民中的一部分才有资格成为制宪权的实际上的主体。国民成为制宪权主体是现代宪法发展的基本特点,表明政治社会中国民的宪法地位。现代各国宪法中普遍规定国民是制宪权主体,如美国宪法、日本宪法、德国基本法序言中都明确规定制宪权主体是国民,并规定了行使制宪权的方式。如德国基本法序言中规定"德国人民,意识到自己对上帝和人类的责任,为维护自己民族的政治的统一……凭借自己的制宪权为德意志联邦共和国制定本基本法。"美国宪法序言中规定:"我们美国人民,为了建立一个更完善的联邦,树立公平的司法制度,保障国内的治安……乃制定并确立了这一部美国宪法"。国民作为制宪权主体,表明制宪权来源于权力的享有主体,但它并不意味着全体国民都直接参与制宪过程,具体行使制宪权。实际参与制宪过程的只是一部分国民或者经选举产生的代表。因此,享有制宪权主体与具体行使制宪权主体是不同的概念。为了使国民有效地行使制宪权,各国成立了不同形式的制宪机关,赋予制宪机关相对独立的职权。

2. 制宪机关。

为了使制宪权的实现过程具体化,各国通常根据制宪的需要,成立各种形式的制宪机关,如制宪会议、国民会议、立宪会议等机关。制宪机关根据民意行使制宪权,具体负责宪法的制定。实际行使制宪权的议会或代表机关是由国民经过选举而产生的。制宪议会不同于一般国会或民意机关,可不受旧宪法的约束,具有政治议会的性质。如印度制宪议会根据 1947 年 7 月 15 日的独立法,自动获得最高权力机关的地位,并于 1947 年 8 月组织了由 7 名委员组成的宪法起草委员会,经审议后,宪法制定会议于 1949 年 11 月正式通过印度宪法。也有一些国家的宪法是由议会通过的,体现了制宪过程中的民主精神和方式。这种方式实际上是国民作为制宪权主体,把具体制宪权的行使委托给代表。另外一种行使制宪权的方式是直接通过国民投票,由国民直接行使制宪权,主要有三种形式:(1)由国民提出宪法制定提案后进行的国民投票;(2)对由其他机关起草的宪法草案进行的国民投票;(3)对制宪会议通过的宪法草案进行国民投票。21 世纪以后制定的阿富汗宪法和伊拉克宪法体现了制宪机关构成与功能的多样性。2004 年的阿富汗宪法是在大国民会议通过的,但在起草过程中成立了具有特色的起草机构。2002 年 10 月 5 日,根据总统令成立了宪法起草委员会,负责制定宪法草案初稿。2003 年 4 月,为了保持制宪工作的延续性,建立了后续机构——宪法委员会,接管宪法起草委员会的工作。[①] 2003 年 11 月,宪法委员会正式公布了宪法草案,经过讨论,最后由大国民会议表决通过。在伊拉克,先成立了伊拉克过渡国民会议,并制定了临时宪法。根据临时宪法成立的宪法起草

① 参见韩大元主编:《外国宪法》,中国人民大学出版社 2005 年版,第 372 页。

委员会起草宪法后，经过各种利益的平衡与协调，正式向议会提交。

制宪机关与宪法起草机构不一定是相同的，主要区别在于：制宪机关是行使制宪权的国家机关，而宪法起草机构是具体工作部门，不能独立地行使制宪权；制宪机关一般是常设的，而宪法起草机关是临时性的机关，起草任务结束后便解散；制宪机关有权批准通过宪法，而宪法起草机关无权批准通过宪法；制宪机关由公民选举产生，具有广泛的民意基础，而宪法起草机关主要是通过任命等方式产生，注重成员的广泛性。

制宪机关在宪法典中的地位，各国宪法的规定不尽相同。有的国家宪法明确规定行使制宪权的制宪机关，并赋予其独立的地位。也有国家宪法对制定机关不作具体规定，只规定修宪权主体。如我国宪法没有具体规定全国人民代表大会是制宪机关，只规定全国人民代表大会有权修改宪法。但从宪政实践和宪法的原理上讲，全国人民代表大会作为制宪机关的地位是十分明确的，其根据在于，全国人民代表大会是最高国家权力机关，制宪权是国家权力存在的正当性的体现，自然由全国人大行使；全国人大行使组织国家权力的职权，国家具体权力的组织以制宪权为基础；从宪政实践看，在我国，制宪权和修宪权行使主体是统一的，第一部宪法的制定与几次修改都是由全国人大通过的。这就说明，尽管在我国宪法条文中没有具体规定制宪机关，但从宪政原理与实践中可以认定全国人大是我国的制宪机关。这种理解并不带来宪政逻辑上的矛盾，全国人大作为最高权力机关，其组织与活动原则应根据宪法规定，受宪法的制约，制宪本身是最高权力的体现和组成部分，故宪法上制宪机关的地位与全国人大作为最高权力机关的地位是相一致的，并不矛盾。

（二）宪法制定程序

宪法制定程序是指制宪机关制定宪法时所经过的阶段和具体步骤。由于宪法是国家的根本法，其制定程序不同于普通法律，程序比较严格。在具体制定程序的设计上，各国宪法的规定不尽相同，形成了行使制宪权的不同方式。如国民可以通过国民投票方式直接行使制宪权，也可以通过国民选出的代议机关制定宪法。在有些国家，把代议机关的制宪权行使与国民投票方式结合起来，确定具体的制定程序。为了保证制宪工作的权威性与严肃性，制定宪法一般包括如下程序：

1. 制宪机构的设立。

为了制定宪法，首先要成立专门的制宪机构，制宪机构的代表通常具有广泛性，代表各方面的利益。制宪机构产生是否民主以及制宪机构成员的素质直接影响制宪的社会效果。如制定南非宪法时，曾围绕制宪机构的组成问题，政府和国大党之间发生了严重的分歧。南非政府主张制宪机构为两院制议会,由各种族、地区和党派平摊席位的上院必须具有制宪、修宪和批准宪法的权力,并对大选产生的下院的议案具有否决权,其目的是在将来的议会中,在黑人占多数席位的情况下,也让少数白人仍能行使否决权。这一主张当然遭到南非国大党的反对,国大党主张在制宪会议中得到66%的议员赞成的议案即可通过成为法律。作为国家独立“身份证”的宪法制定是国家主权独立性的标志。如在韩国,1945年国家独立后,制宪权由国民选举产生的制宪国会行使,由它起草、审议和通过宪法,故韩国第一部宪法被称之为“建国宪法”。

2. 宪法草案的提出。

制宪机构产生后便进行草案的起草工作。草案的起草要遵循一定的指导思想或原则,以保证草案内容的合理性。不论是采用直接方式还是间接方式制宪,都首先要有宪法草案。为起草宪法,有些国家成立了专门的宪法起草机构,我国1954年宪法就是由1953年成立的以毛泽东为首的宪法起草委员会起草的,宪法起草工作在毛泽东直接主持下进行,至1954年6月,草案稿基本形成。从6月15日至9月10日经历了接近3个月的全民讨论,在此基础上又反复修改,于1954年9月15日提请一届全国人大一次会议审议,并由刘少奇作宪法草案报告。有些国家,特别是采用间接方式行使制宪权的国家,则由制宪机构负责起草宪法草案,如法国1791年宪法由“制宪议会”起草、美国宪法则是由1787年费城制宪会议在辩论、修改的基础上形成宪法草案的。

3. 宪法草案的通过。

宪法草案成就以后,就需对宪法草案进行审议、表决。人民直接行使制宪权的情况下,往往采取全民公决方式决议通过宪法,即由一国有选举权的公民直接投票决定通过宪法。法国1946年宪法和1958年宪法以及现行俄罗斯宪法等都是由全民公决后生效的;在人民间接行使制宪权的情况下,往往由经选举产生的制宪机构或国家最高权力机构通过不同于普通立法程序的严格程序议决通过宪法。如美国宪法就是由制宪会议代表签署后,交联邦内至少3/4以上州批准后才能生效,也即必须得到当时13个州中的9个州的批准才能具备最高法的效力。同时为保证宪法的权威性和主权在民原则,麦迪逊和其他制宪会议代表坚决反对用传统的州议会批准方式来批准宪法……所以制宪会议规定宪法必须由各州召开的专门的宪法批准代表大会来批准。[①] 又如我国1954年宪法就是在全民讨论的基础上由国家最高权

① 参见王希:《原则与妥协——美国宪法的精神与实践》,北京大学出版社2000年版,第118~119页。

力机关——第一届全国人民代表大会第一次会议以1197票全票通过后生效的。

4. 宪法的公布。

宪法草案经一定程序通过后,由国家元首或代表机关公布。如阿拉伯也门共和国永久宪法由共和国委员会主席公布,巴林国宪法由世袭君主埃米尔以真主的名义公布等。在我国,通过和公布宪法的机关是全国人民代表大会。如1954年宪法是第一届全国人民代表大会第一次会议以中华人民共和国全国人民代表大会公告形式公布,自通过之日起生效。也有一些国家宪法对公布后宪法生效时间作了具体规定,如日本宪法第100条规定,"本宪法自公布之日起经6个月开始实行"。韩国宪法则具体规定了实施日,即"本宪法自1988年2月25日起实行"。意大利宪法规定:"本宪法由临时国家元首在制宪会议通过后5天内公布,并于1948年1月1日起生效。"

从制宪机构的设立到通过宪法草案的程序是具有内在联系的有序的整体,每一个环节在制宪过程中都发挥重要作用。制宪程序的科学性与民主性是判断一部宪法价值的重要指标。制宪内容的合理性与制宪程序的科学性是相统一的,应高度重视制宪程序的功能和意义,并以此为基础探讨宪法运行机制,不断拓宽宪法调整的领域。

【资料】制宪权与立法权的区别

在宪法学界,一般将制宪权与立法权相区别。创立宪法的权力与宪法所创立的权力不同,前者是指制定宪法的权力,其主体为人民,不受任何限制,属于主权的范畴;而后者是指由宪法所创立的权力,它是依宪法而设立的权力(包括立法权、行政权和司法权等),要受宪法的约束,只能根据宪法来行使。立法权一般特指制定普通法律的权力,它源于制宪权。但在宪法实践中,制宪权与立法权的关系表现为三种情况:一是制宪权与立法权有明显区分,制宪权由特定立宪机关行使,而立法权属于议会,如美国、法国等;二是制宪权与立法权无区分,都由立法机关行使,如英国;三是制宪权与立法权都由最高国家权力机关行使,但二者存在程序上的差别,如当代中国。

第二节　宪法的修改

宪法的稳定性与适应性是辩证统一的,在宪法的实施过程中,随着社会现实的变化、发展,宪法与社会现实会出现不相适应的情况,也就是说宪法与社会生活既存在冲突,又存在协调,冲突是绝对的,协调是相对的。当运用宪法解释权无法解决或不能有效地解决宪法与社会现实的冲突时应适度地运用宪法修改权。[①]

一、宪法修改概说

(一)宪法修改

宪法修改是指宪法正式施行后,随着社会生活的发展与变化,宪法规范与社会生活发生冲突时,特定机关依据宪法规定的程序,以明示的方法对宪法典的条文或文句进行补充、调整的活动。宪法修改的基本条件是:一是成文宪法的存在。不成文宪法体制下实际上不存在宪法修改问题;二是形式意义宪法的存在。如前所述,形式意义宪法是指具有成文形式和形式效力的宪法,一般以宪法典的形式体现;三是当运用宪法解释权达到极限时人们可以运用修宪方式解决社会的各种冲突。

宪法修改是调整宪法规范与社会生活冲突的基本形式之一,其基本目的是提高和保持宪法规范的现实适应性,发挥宪法调整社会生活的基本功能。宪法修改不同于宪法改革、宪法破坏、宪法变迁等概念。宪法改革是对现行宪法体制的重大变动,实际上超越了修改的范围,是一种创制新宪法的活动。宪法破坏是一种对宪法规范内容的蔑视与变更,有时形式上经过了法定的程序,但本质上是对宪法原则的破坏。宪法修改也不同于"宪法的特别措施"。宪法的特别措施一般分为"宪法无视的特别措施"与"宪法尊重的特别措施"。前者是指不经过宪法规定的程序,采取不同于宪法规定的措施的情况。后者是指根据具有宪法效力的法律或宪法修改程序采取不同于宪法规定的措施的情况。以宪法规定的程序作出的不同于宪法规定的措施是否具有正当性是需要论证的命题。从多数国家的宪法实践看,即使出于尊重宪法的目的,如采取的措施违反宪法规定,就有可能出现违宪的结果。在理解宪法修改的概念时需要注意其与宪法变迁之间的关系。

(二)宪法修改权

宪法修改权,是指在宪法实施的过程中,遵循宪法的根本精神和基本原则,按照宪法规定的程序、方式和限制等要求,全面修改或部分修改宪法条款的权力。由制宪权中派生的修宪权低于制宪权而高于立法权。修宪权与立法权尽管都是依据宪法规定而行使国家权力,但修宪权针对的是关涉国家根本制度的内容,不同于制定普通法律的立法权。因此,行使修宪权时应受制宪权的约束,不能违背制宪权的基本精神与原则。制宪权与修宪权的

---

① 参见韩大元:《试论宪法修改权的性质和界限》,《法学家》2003年第5期,第11页。

界限是我们研究宪法运行机制的基本出发点。

根据国民主权原则,修宪权的主体是国民,修宪过程要充分反映国民的意志,遵循修宪的基本程序。在宪法规范体系中制约修宪权的规范是宪法修改规范,违反宪法修改规范的宪法修改是无效的。修宪权的基本功能在于平衡两种价值,即宪法规范一方面要适应社会的变化,另一方面防止宪法规范过于频繁地修改与调整。因此,宪法修改过程中既需要理性地分析社会变化,同时也需要同现行宪法保持价值上的联系性。从当代修宪权发展的基本趋势看,多数国家在宪法中承认修宪权的界限,并进行了一定的限制。

二、宪法修改的原因

随着社会现实的发展变化,宪法颁布之后需要进行修改,以更好地规范和促进社会生活。世界各国的宪政实践已经证明,没有永恒不变的宪法,宪法的修改是必然的。宪法修改一般有两个方面原因:(1)在主观上,由于制宪者或修宪者认识能力的限制,在宪法内容的设计与原则的确定方面存在一定局限性,造成宪法规定内容的不确定性,影响宪法权威的维护。因主观能力的局限而导致的宪法与社会生活的重大矛盾,有时难以通过宪法解释予以解决。(2)在客观上,宪法是在调整社会生活中得到发展和完善的,社会变化不断向宪法规范提出新的课题,要求宪法适应社会生活的变化。宪法修改是保持宪法与社会生活的协调关系、解决违宪问题的基本形式之一。宪法修改一方面反映了社会的需求,同时修改后的宪法又为社会的发展提供了合理的法律基础。在这里,我们从三个方面阐述宪法修改的原因:

(一)经济因素

一般来讲,宪法规定的主要内容是国家机构的权力配置及其他们之间的相互关系以及公民的基本权利等等。按照马克思主义的观点,经济基础决定上层建筑,上层建筑包括法律制度都是经济基础的反映,但是宪法作为一门"控权法"和"人权保障法",生产力发展水平的变化对宪法的影响实际上是很轻微的。以美国宪法为例,美国从建国之初的经济小国一跃而成世界第一经济强国,在其总计27条宪法修正案中,绝少涉及经济制度变迁的内容,从其修正案中也看不出这两百多年来的经济高速发展对美国宪法修改的影响。但是,对于宪法中规定了大量的经济内容的国家来说,促使宪法修改的经济因素就表现得尤为明显。最典型的例子就是我国,1982年宪法颁布实施以来,随着改革开放进程的不断深入,社会主义市场经济体制的建立,我国宪法中关于经济制度和经济政策的规定做了多处修改,这反映出经济发展对我国宪法修改的明显影响。

(二)政治因素

政治这个概念含义广泛,既可以指一种社会活动领域,也可以理解为阶级统治和阶级斗争的活动。根据马克思主义的观点,政治是与经济紧密联系在一起的,经济发展水平决定政治发展水平,反过来,政治体制和政治运作又对经济发展产生反作用。但是,政治具有一定的独立性,往往能直接导致宪法的变迁。我们从以下两个方面来阐述政治对宪法修改的影响:第一,宪法是民主政治的法律化。宪法的产生是与近现代民主政治发展紧密相关的,没有民主政治就没有宪法。毛泽东在《新民主主义的宪政》中指出宪政"就是民主的政治。"[①]综观当今世界各国的宪法修改实践可以表明,民主政治运行机制和运行规则的任何改变,都会在宪法中得到反映。例如苏联解体之前,适用的是1918年、1924年、1936年和1977年一脉相承的前苏联宪法,国家实行的是人民代表苏维埃体制,国家机构按照苏维埃的体制设计和运转;1991年苏联解体以后,俄罗斯联邦继承了前苏联的国际法地位,随即制定了新的宪法,规定国家实行三权分立的体制,承认政治多元化,实行多党制。这些规定与前苏联宪法的规定有着本质上的区别。宪法规定之所以会发生这样的变化,就是因为宪法是民主政治的反映,任何民主政治上的变化都将导致宪法的修改和变迁。从这个意义上说,宪法的修改和变迁是必然的。第二,宪法是上升为国家意志的阶级意志的最集中体现,政治力量对比的发展变化是影响宪法发展变化的最重要原因。[②] 宪法作为国家的根本大法,规定了统治阶级掌握国家权力的模式,规定了国家权力的运行及其界限,因此在政治过程中具有极端重要的地位。宪法的制定和修改也因而成为各种政治力量争论的焦点。

(三)认识因素

从认识论来讲,人具有认识世界、透过现象把握本质的能力,但这种能力毕竟是有限的,在特定的时代、特定知识背景之下的人们,所把握的事物本质只能是相对的真理,而不能达到绝对真理的地步。因此,仅凭人类有限的认识能力,不可能制定出一部完美无缺、包罗万象的宪法。对社会生活的发展,人类在事先根本无法做出准确的预测和全面的推断,因而也就无法将其上升为宪法规范对社会现实进行调整。另外,根据经验主义的哲学观点,人类往往凭借过去的经验处理问题,也就是说,包括宪法规范在内的各种法律规范都是以人们过去的行为模式为标准的。这是因为,一般来讲,人类个体的行为具有重复性和相似性,特别是在比较短的时间之内,大多数人在大

① 毛泽东:《新民主主义的宪政》,《毛泽东选集》(第2卷),人民出版社1991年版,第732页。

② 参见秦前红:《宪法变迁论》,武汉大学出版社2002年版,第104页。

致相同的处境面前会做出大致相同的反映，采取相似的解决办法。但是，这绝不意味着人们只会重复自己的行为，未来的社会生活实践必然有一些会溢出现在的制宪者的预期和视野。由此可知，仅从人类认识能力这一方面来看，宪法的修改也是必然的。

三、宪法修改的方式

宪法修改主要有两种形式：

（一）全面修改

全面修改是指在原有宪法基础上对宪法内容进行全面更新，实际上是以新宪法代替旧宪法。全面修改既涉及宪法的基本原则和内容的调整，同时也涉及宪法结构的变更。全面修改一般是在国家政治、经济、文化生活等发生重大变化，以部分修改方式不能解决社会冲突时采用。全面修改分为实质意义的全面修改与形式意义的全面修改。前者指宪法的基本制度与基本秩序发生实质性的变化，即不仅是量的变化，而且是实质内容的变化。后者是指宪法的实质内容没有发生变化，只是全面变更宪法的规定，是一种量的变化，而不是质的变化。根据这种划分，全面修改的形式、内容是不尽相同的，应注意区分不同性质的全面修改。在具体宪法体制上，有些国家宪法明确规定了全面修改的程序与条件，有的国家宪法并没有明确规定是否允许全面修改。如瑞士宪法第 118 条规定，联邦宪法在任何时候都可被部分修改或全部修改。该法第 119 条规定，全部修改须按照联邦立法规定的方式进行。从宪政发展的实际情况看，不管宪法上是否规定了全面修改的界限，宪法的全面修改是有可能的。但实质意义的全面修改是具有潜在威胁性的修改方式，容易造成宪法规范的不确定性与危机。因此，在特定的历史发展阶段，当需要对宪法进行全面修改时，应把修改内容限定在形式意义的全面修改上，遵循修宪权的界限。我国从 1954 年颁布实施第一部宪法以来，先后在 1975 年、1978 年和 1982 年三次进行了宪法的全面修改。

（二）部分修改

部分修改是对宪法原有的一些内容或特定条款加以改变或调整，或增加若干新的条款的修改方式。部分修改是比较灵活的一种方式，能够在保持宪法稳定性的前提下，及时地协调宪法与社会生活的矛盾，消除影响宪法权威的不利因素，为宪法的顺利实施创造条件。在社会发展处于正常状态时，我们需要运用部分修改的方式解决宪法与社会的矛盾。部分修改的方式又包括修改条文、宪法修正案等具体方式。修改条文形式主要包括增减、补充、修改文句等。修改以后一般要重新颁布新的宪法文本。宪法修正案是指在不触动宪法原文的情况下，把依特定程序通过的修正内容按前后顺序分条附于原文之后。宪法修正案中有些内容是增补性的,有些内容是变更性的,其功能主要在于灵活地适应社会的变化,保持宪法的稳定性。

四、宪法修改程序

宪法修改是按照一定的法定程序进行的,一般包括提案、公告、审议、议决和公布等阶段。

(一)提案

修宪程序的发动必须由有权机关或者人员提议进行,此即提案程序。由于该程序是修改宪法的第一道程序,故备受重视。

从各国宪法的规定看,有权提议修宪的主体有一定数量的代议机关成员,国家元首,一定数量的公民,地方议会以及政党。一般而言,各国宪法均规定宪法修改提案可由代议机关或其成员提出。如美国宪法第 5 条规定,"国会遇两院议员 2/3 多数认为必要时,得提出宪法修正案,或应各州 2/3 的州议会的请求,召开制宪会议以提出宪法修正案。"美国迄今为止的 27 条宪法修正案都是由联邦国会各以 2/3 的多数票提出的,后一种方式迄今为止未使用过,这也表明美国的修宪提案权实际掌握在联邦国会手中。韩国宪法第 128 条规定,"宪法修改经国会在籍议员过半数或总统的提议即成为提案。"日本宪法第 96 条规定,"宪法的修改应经各议院全体议员 2/3 以上赞成,由国会创议,向国民提出建议,并得其承认。"法国宪法第 89 条规定,"修改宪法的倡议权,同时属于共和国总统和议会议员,共和国总统依照总理的建议案行使此项倡议权。修改宪法的草案或者建议案,必须由议会两院就同样的词句表决通过。"在此基础上,有的国家宪法将修宪提案权同时赋予了国家元首,如韩国;也有的国家将修宪提案权赋予执政党(如多哥),多哥宪法第 25 条规定,"联盟党中央委员会可以提出宪法修正案。总统和议会可以提出修正案,修改的建议和草案必须征求联盟党中央委员会的意见"。一些国家还规定公民享有宪法修改的提议权,最典型的是瑞士。瑞士宪法第 121 条规定,"部分修改宪法可依照人民创议或联邦法律规定的方式进行。人民创议系指由 10 万有表决权的瑞士公民提出的关于增订宪法新条文或关于废止或修改现行宪法中某些条文的要求。人民创议可以笼统建议或以具体草案的方式提出。"在我国,只有全国人民代表大会常务委员会和 1/5 以上全国人民代表大会代表有权提出修宪提议。

(二)公告

提出的修正案以公告的形式公布,以征求社会各界的意见。如在韩国,提出修宪案以后,由总统公布 20 日以上。公告程序的意义在于广泛听取社会不同主体的意见,在形成正式修宪案以前形成社会共同体意志,消除因修宪可能引起的社会冲突与矛盾。有些国家的宪法中虽然没有规定宪法修正案草案的公告程序,但在宪政实践中,通常将草案予以公告,以使社会成员知晓,并希望社会成员参与讨论。如在我国宪法中就没有规定公告程序,但是历次修宪,我国均公布宪法修正案草案。

(三)审议

修宪案的公告期过后,修宪案便进入审议程序。宪法修正案被提出后通常不是立刻被提交表决,往往要先由宪法修改程序的参与主体对修宪的原因、内容充分了解进行讨论。从各国的规范上看主要分为两种,一种是没有专门规定的审议程序,宪法修正草案的审议程序与普通法案的审议程序相同;另一种是为了表示对修宪的审慎态度专门规定了修宪法案特殊的审议程序。例如意大利宪法就规定了特别严格的程序,其修改宪法和其他宪法性法律应当由两院中之每一院经两次审议后通过,期间间隔不得少于3个月,并且在第二次表决时必须经议院议员的绝对多数票通过。从审议的内容上分两种,一种是对是否决定修宪,通过先决程序由有关机关对宪法修正案进行初步审议,以决定修正案是否成立,即宪法应否修改,如委内瑞拉、丹麦、比利时等国宪法有此规定;另一种是决定审议修宪草案的内容,通过审议确定哪些内容得为本次修宪内容。

(四)议决

经过有权机关审议后决定修改的内容,经过一定程序作出议决。宪法修改草案在议决程序中被表决和通过,这是宪法修改最为关键的环节,各国宪法修改程序的规范中往往以比较大的篇幅来做规定,议决程序较其他部分规定的更加严格,从而防止不合理的修宪议案被通过,也可以减少将来修改案实施的困难。

从各国的规定看,宪法修改案的议决通常都是由单一的主体行使议决权。有些国家的宪法规定,在宪法修改草案的议决过程中,由单一的主体行使议决权,一般是由议会独立行使议决权,即在充分讨论后将宪法修改的最终议决权付诸享有立法权的议会。但议会在议决宪法修改案时,须经与其议决普通法律案时不同的特别程序,这些特别程序普遍地较普通法律案的议决更严格。各国大都对宪法修改案的通过限定了比较高的赞成人数,若赞成者不满法定的多数,该案即不能成立。更为严格的是有些国家还同时对宪法修改案的议决的法定出席人数予以规定。例如卢森堡宪法第114条规定,宪法修改案的通过,须议会议员总额的3/4出席,2/3以上同意而通过。比利时宪法第131条规定,修改宪法时,如两院任何一院的出席人数未达到全体议员的2/3,不得进行表决,未获得2/3多数赞成票不得通过任何修改案。在专门设置了最高国家权力机关的国家,修宪权与立法权被明确地区别开来，立法机关行使立法权，而修宪权属于最高国家权力机关，故由该最高权力机关议决宪法修改案，如印度尼西亚、阿富汗等。①

有些国家的宪法为了慎重对待修宪而成立特别机关，这种机关的职权是对已经决定的宪法修改草案，做赞同或否决的表示。复决机关大多为公民团体或地方议会，而草案的议定机关则为中央议会。在这种制度下，议决程序的两个环节，即议定草案和批准草案由不同的机关完成，复决机关只是一个决而不议的机关，而草案的议定机关是议而不决的机关，其议决的只是一个草案，目的只是确定草案的内容。在这种制度下议决权为草案议定机关和复决机关所共有，议决由两个机关分两个步骤完成。瑞士宪法第 121 条规定，联邦议会所通过的宪法修改案应提交人民及各邦复决，即联邦议会通过的宪法修改案还须经瑞士公民的多数投票表决以及联邦各州大多数的同意始得生效。日本宪法规定，修改必须经各议会全体议员的 2/3 以上的赞成，由国会向全民提出建议，然后提交国民投票或在国会规定的选举日进行投票，得其承认，这种承认必须在特别国民投票或国会规定的选举日进行投票，必须获得半数以上的赞成，才能成立。意大利宪法规定，宪法修改案应由两院中的每一院经两次审核后通过第二次进行表决时，必须经每院议员 2/3 的多数票通过或绝对多数票通过。如果经每院议员 2/3 的多数票通过则无须经全民公决；如果经绝对多数票通过，在宪法修改案公布之后 3 个月内，有议会任何一院 1/5 的议员或 50 万选民，或 5 个省议会请求举行全民公决时，必须提交全民公决。如果经全民公决没有取得大多数有效票的赞成，该宪法案被认为未被通过，意大利宪法中的这种全民公决是一种补充性的规定，是在宪法修改案经议会绝对多数票通过而未达到 2/3 的多数票时应有权主体要求而举行的。法国宪法规定修改案经议会两院同时表决通过后，须交由公民投票决定。美国宪法第 5 条对宪法修正案的通过规定了四种程序：第一种程序，宪法修正案由国会两院各以出席会议的 2/3 以上议员通过，并交 3/4 的州议会批准。美国 26 条宪法修正案中有 25 条是按照这一程序通过的。第二种程序，宪法修正案由国会两院各以出席会议的 2/3 以上议员通过，并交 3/4 的州制宪会议批准。第 21 条修正案就是由各州制宪会议批准通过的。第三种程序，由 2/3 的州议会申请提出宪法修正案，国会应即召开修宪大会讨论该修正案，通过后交 3/4 的州议会批准。第四种程序，由2/3 的州议会申请提出宪法修正案，国会应即召开修宪大会讨论该修正案，通过后交 3/4 的州制宪会议批准。在后两种程序中，州议会提出的修正案是由专门成立的修宪会议讨论议定的，但这两种程序至今还未采用过。美国设

① 参见李龙：《宪法基础理论》，武汉大学出版社 1999 年版，第 235 页。

置多种选择而又都非常严格的修宪程序是科学的。在我国,1954 年宪法规定,宪法的修改,由全国人民代表大会以全体代表的 2/3 多数通过。而 1975 年宪法和 1978 年宪法对此没有做出规定。我国现行宪法规定,宪法的修改,要由全国人民代表大会以全体代表的 2/3 以上多数通过。

(五)公布

公布修正案是宪法修改的最后一道程序,是修正案发挥法律效力的前提。公布程序的目的在于使国家机关、公务人员以及社会公众了解宪法修改的内容,便于遵守执行。由于各国政治制度和文化传统的不同,各国宪法对宪法修改案公布机关的规定各有不同。具体说来,主要有以下三种情况:

1. 由国家元首公布。

世界上不少国家的宪法明文规定,由国家元首行使宪法修正案的公布权。如挪威、荷兰、日本、意大利的宪法对此均有规定。有的国家虽然没有在宪法中对此做出明确的规定,但在宪法修改的实践中,实际上由国家元首行使公布权。例如,法兰西第三共和国宪法对于制宪会议决定的修正案并未规定由哪个机关公布,但该宪法于 1879 年、1884 年和 1926 年的三次修改,均由总统公布。①

2. 由代议机关公布。

巴西宪法第 217 条规定,宪法修改案应由众议院及参议院执行委员会全体委员签署公布。在我国,究竟由哪个机关公布宪法修正案,宪法中并没有明确的规定,实践中是由全国人大主席团以全国人大公告的形式公布宪法修正案的。

3. 由行政机关公布。

这主要是指美国的做法。美国宪法中并没有规定宪法修正案的公布程序,但在修宪实践中,议决后的宪法修正案交付各州批准,各州将投票结果通知国务卿,如果修正案获得全国 3/4 州的批准,则由国务卿宣告已达法定之数,该宪法修正案即正式成立。我国宪法对宪法的公布机关没有明文规定,实践中是由全国人大主席团以全国人民代表大会公告的形式公布的。由于公布程序是宪法修改程序中的重要一环,是宪法修改内容得以生效的必经环节,因此,我们认为宪法第 64 条应当对宪法修改程序中的公布程序做出规定。

【资料】关于宪法修改问题,西方学者和思想家早就有过争论。早在 18

---

① 参见徐秀义、韩大元主编:《现代宪法学基本原理》,中国人民公安大学出版社 2001 年版,第 296 页。

世纪时,法国大革命时期的政治家西耶斯认为宪法是国家成立的一种契约,而这种契约是人民之间的相互承诺。正是由于缔约者是全体人民,所以如若变更宪法,就必须取得全体人民的同意。也有的思想家认为,宪法是可以修改的。托马斯·杰斐逊认为,后人没有遵守前人制定的宪法的义务,宪法应当修改,每20年应当重新修改一次。实际上,西耶斯也并不是主张宪法绝对不能修改,只是强调宪法修改在程序上应取得全体人民的同意。在宪法修改的方式上,有学者认为:“宪法的全面修改不啻是废弃原宪法,而另外制定新宪法。那不是修宪,实际上是制宪。”①还有学者认为,宪法的全面修改是对宪法从原则到精神进行全面的修改。②

在我国现行宪法修改的问题上,许多知名学者见仁见智。韩大元教授认为,我们对于宪法解释权的功能关注不够,过分强调了宪法修改权的功能,这种偏向注意纠正。③ 关于宪法修改权的运用,韩大元教授还认为,宪法与社会生活之间的冲突是绝对的,协调是相对的,只有当运用宪法的解释权无法解决或者不能有效地解决宪法与社会冲突时才运用宪法的修改权,但宪法修改权本身是有限度的。④ 有学者认为,宪法修改应围绕宪法核心问题,调整好国家权力与阶级结构的关系、国家权力内部的横向、纵向以及执政党与国家政权机关的关系。⑤ 宪法修改是对于政治宪法或形式宪法的一个概念,而在生活宪法的形式下,则发生宪法变迁问题,似乎不可能有宪法修改存在的空间。宪法修改的最大限度在于其不能损害宪法的自治性。所谓宪法的自治性是指满足社会一般正当性诉求的前提,由宪法规范、宪法程序和司宪技术等组成的相对空间。⑥ 中国社科院的李林教授认为,虽然我国现行宪法在很大程度上体现了现代宪政文明的价值取向,但仍然存在着宪法价值取向上的国家主义至上和过于理想化的倾向、宪法基本原则表述不明确、公民基本权利与自由保障乏力、国家权力分配体制不明确、宪法实施不充分等问题。⑦

思考题

1. 简述西耶斯的制宪权理论。

---

① 马起华:《宪法论》,[台]商务印书馆1983年版,第107页。

② 参见赵喜臣主编:《宪法学词典》,山东大学出版社1989年版,第704页。

③ 参见韩大元:《“十六大”后须强化宪法解释制度的功能》,《法学》2003年第1期,第19页。

④ 参见韩大元:《试论宪法修改权的性质和界限》,《法学家》2003年第5期,第11页。

⑤ 参见夏勇:《中国宪法改革的几个基本理论问题》,《中国社会科学》2003年第2期,第4页。

⑥ 参见秦前红:《论宪法修改与宪法自治》,http://www.yadian.cc/paper/16378/,阅读日期:2011年3月28日。

⑦ 参见李林、肖君拥:《中国宪法的宪政取向与缺失》,《法律科学》2003年第3期,第9页。

【提示】西耶斯是法国大革命时期的著名政治家，他最早系统地提出了宪法制定权概念及其理论，其主要观点见诸《论特权·第三等级是什么?》一书。他认为，在自由国家惟有国民才享有制宪权，并特别强调国民意志的权威性，提出国民不仅不受制于宪法，而且不能受制于宪法，也不应受制于宪法。

西耶斯的制宪权理论与其宪法观存在着密切联系。在他看来，宪法是既规定立法机构的组织和作用，又规定执行机构的组织与作用的根本法，但从根本上说，宪法从属于国民，只有国民才有权改变宪法，国民意志永远高于宪法。西耶斯的制宪权理论对德国宪法学以及后来的宪政实践也产生了重要影响。

2. 试述制宪权的界限。

【提示】制宪权是指创造具体的制度化的国家权力之权，这些具体权力无疑都受到宪法的制约，因而创造这些权力的制宪权是否存在界限也就成了宪法学的一个基本理论问题。

在西耶斯看来，制宪权作为创造宪法、决定国家权力的“始原的”力量，具有根本的性质。制宪权可以不受任何原理和制度的制约。而在法律实证主义者看来，制宪权的正当性是法学之外的事情，超出了法学研究的范围。

实际上，制宪权在客观上存在一定的界限，是一种受到制约的权力，主要表现在：(1)受制宪目的的制约。宪法的作用在于为共同的社会生活确立一般规则，而这一规则的本质则决定于统治阶级的立宪目的。(2)受法理念的制约。立宪是一种立法活动，自然会受到法的原理的制约。(3)受自然法的制约。自然法确认人权的基本内容，而保障人权也是宪法的基本价值。(4)受国际法的制约。在一定条件下，国际法也能制约制宪权，例如1946年日本宪法、1949年德国基本法。

3. 简述宪法解释权与宪法修改权的关系。

4. 简述宪法修改的限制。

5. 试述我国现行宪法的修改程序。

第十三章　宪法的实施

第一节　宪法解释

一、宪法解释概说

（一）宪法解释的含义

在学术界，学者们对宪法解释的理解不尽相同。解释，就是分析说明，就是在观察的基础上进行思考，合理地说明事物变化的原因，事物之间的联系，或者是事物发展的规律。有的学者从解释的主体出发，认为宪法解释就是有权机关或法定解释机关对宪法规范的内涵和外延以及词语用句所做的说明。① 有的学者从描述解释行为的角度，认为宪法解释就是根据宪法的原则与精神，采用一定的方法，对宪法的规定与条文含义的理解、说明与分析。② 有的学者从解释应当具有的法律效力的角度提出，宪法解释即对宪法条文的含义作出具有法律效力的说明，③或者把宪法解释理解为法定的宪法解释机关依据宪法精神和原则对宪法规范的内涵、外延以及词语含义所作的具有法律效力的说明。④

如果说宪法解释被认为是当代宪法理论和司法审查理论的核心的话，那么，需要宪法解释来阐明某些具体的宪法条文的含义，或者证明司法审查惯例的需要，则是宪法解释理论的起点。⑤ 由于宪法规范一经产生就存在如何适用和遵守的问题，因此，准确理解、正确适用和遵守宪法规范就需要对

---

① 参见许崇德主编：《宪法》，中国人民大学出版社 2004 年版，第 35 页；杨海坤、上官丕亮、陆永胜：《宪法基本理论》，中国民主法制出版社 2007 年版，第 20 页。

② 参见张千帆主编：《宪法学》，法律出版社 2008 年版，第 97 页。

③ 参见全国人大常委会办公厅研究室政治组编著：《中国宪法解释》，中国民主法制出版社 1996 年版，第 210 页。

④ 参见邹学平主编：《宪法学》，中国民主法制出版社 2006 年版，第 30 页。

⑤ 参见［美］基思·E. 惠廷顿：《宪法解释：文本含义，原初意图与司法审查》，杜强强译，中国人民大学出版社 2006 年版，第 2 页。

宪法进行解释。我们认为,宪法解释应当包括三方面的要素:一是解释的主体应当是有权机关或法定解释机关,这样才能保证解释的权威性、统一性和具有相应的法律效力,排除了无权机关或主体对宪法规范作出的理解和说明;二是解释的对象和方式是根据宪法的原则和精神,采用一定的方法对宪法规范的含义及如何适用进行的说明;三是宪法解释应当具有法律效力。由于宪法解释存在的核心价值是解决宪法规范的含义如何理解,实践中如何适用的问题,因此,由有权机关依照一定的原则和程序对宪法规范的解释必须能够指导宪法适用,这需要宪法解释应当具有一定的法律效力。

综上,宪法解释就是宪法规定的国家机关或特定主体,根据宪法的原则和精神,采用一定的方法对宪法规范的含义和适用作出的具有法律效力的说明。

(二)宪法解释的特征

宪法规范的内容涉及国家权力的基本架构和公民权利的保障,宪法解释主体对宪法规范的含义及适用作出的具有法律效力的说明具有重要意义,这决定了宪法解释具有如下特征:

1. 宪法解释具有一定的价值取向性。

这是指宪法解释的过程是一个价值判断、价值选择的过程。宪法规范的创制就是以一定的价值为基础去实现一定的目的,因此,宪法规范本身就有一定的价值取向性。我们说宪法解释具有一定的价值取向性不是说宪法解释主体可以凭自己的主观意志选择价值取向,而是说宪法解释主体必须遵循宪法规范制定之初由制宪者选择的原则、目的和宗旨。

2. 宪法解释主体具有中立性。

在解释宪法时,宪法解释者应受解释方法、解释原则和宪法规范选择的价值约束,以中立的而非其主观意志解释宪法。任何一个符合原则之决定(Principled Decision),必然在案例的所有问题上都基于理性——其普遍性和中立性超越任何所涉及的直接结果之理性。如果解释者在具体的案件中援引了某项原则,那么在未来类似的案例中也应适用同样的原则,这样可以把解释者任意性的风险限制到最低限度。①

3. 宪法解释具有规范性。

这是从宪法解释的结果和法律效力的角度而言的。宪法解释的过程,既是发现宪法制定者主观意图,追求宪政国家的民主、自由与人权的过程,也是发现宪法文本和规范含义的过程,更是宪法文本与社会生活相适应的过程。宪法解释一旦作出,最终以规范性文件的形式表现出来,将产生普遍

---

① 参见张千帆主编:《宪法学》,法律出版社2004年版,第105页。

的法律效力，指引、预设现在和将来的社会关系。

4. 宪法解释具有主动性和被动性相结合的特点。①

这是从宪法解释程序的启动而言的。从各国宪法解释的实践来看，一般而言，宪法解释通常发生在特定案件中，涉及宪法条文如何适用时，由有宪法解释权的机关依请求进行解释，体现出宪法解释的被动性特征。如九届全国人大常委会第六次会议通过的《关于新疆维吾尔自治区生产建设兵团设置人民法院和人民检察院的决定》和九届全国人民代表大会常务委员会第十次会议通过的《关于〈中华人民共和国香港特别行政区基本法〉第二十二条第四款和第二十四条第二款第（三）项的解释》，前者是根据最高人民法院提出的议案做出的，后者是根据国务院提出的议案做出的。对于宪法解释是否具有主动性的特征，学界存在争议。我们认为，宪法解释也可以由具有宪法解释权的机关对宪法条文的含义和适用主动地进行解释。学界都认同宪法解释属于广义的法律解释。1981 年第五届全国人大第十九次常委会通过的《关于加强法律解释工作的决议》将法律解释分为四类：立法解释、司法解释、行政解释和地方解释。从中可以得知：法律解释是对法律条文本身进一步明确界限或做补充规定的，而且没有强调这种说明和补充规定必须是发生在具体案件中或由其他主体提出的，也就是并没有否定法律解释可以主动进行。由此推断宪法制定者或享有宪法解释权的主体关于宪法条文的说明和补充规定也可以主动做出，虽然目前还未发生主动解释的情形和实例，但不能因此否定宪法解释具有主动性的特点。

（三）宪法解释的必要性

无论是在成文宪法国家还是在不成文宪法国家，宪法解释都是经常进行的。宪法解释是宪法运作的一个重要环节，有着不可或缺的作用。具体说来，宪法解释的必要性主要有以下几方面：

1. 明确宪法含义。

首先，宪法规范具有高度原则性和概括性的特点。由于宪法主要规定国家的基本原则和制度，而且往往是总体的原则，因此宪法规范并非具体可操作的明确规则。加之，为了让宪法能在较长的时期内稳定地发挥作用，宪法较普通成文法更具有模糊性，使得这种高度的原则性与概括性被认为是制宪者的有意识的选择。由于宪法条文存在着模糊性，同一条文可能存在多种不同的理解，这就需要对其进行解释，统一认识，消除争议，从而保障宪

① 有些学者认为只有在涉及宪法条文如何具体适用到特定案件时，才发生宪法解释的问题，参见袁吉亮：《论立法解释制度之非》，《中国法学》1994 年第 4 期，第 24 页。“宪法解释通常因解决一个具体的案件牵涉到的宪法问题而发生，解释机关遵循不告不理的原则，使得宪法解释具有附带性和被动性。”参见张千帆主编：《宪法学》，法律出版社 2004 年版，第 104 页。

法的实施。另外,社会现实是具体多变的,宪法的原则性规定与具体的社会现实之间存在着较大的距离,这也需要宪法解释主体对这些原则性规定的意义加以明确化、具体化,使之与社会现实相符合。

其次,宪法规范使用了开放的语言,故有必要通过宪法解释,确定其含义,适应社会发展的需要。最典型的莫过于美国宪法,其条款使用了诸如"更完善的联邦,树立正义,保障国内的安宁,增进全民福利"等非常开放的语言。[①] 由于宪法解释主体对其含义的具体解释,宪法规范所规定的"平等权"、"选举权"等被适用于黑人和妇女,实现了宪法规范与社会变化的同步发展,从而使得制定于1787年的美国宪法200多年来宪法原文一直未动,仅增加了27条修正案。

最后,文字和法律用语的局限性使得宪法条文不能正确表述当时的语境,容易发生歧义。费孝通先生说过"语言只能在一个社群所有的相同经验的一层上发生",[②]在离开了特定的空间和时间后,文字所传的情、达的意是不完全的。为了将立宪者使用文字表达的含义与社会现实一致起来,也需要宪法解释。

2. 补充宪法缺漏。

由于制宪者主观认识上的局限,宪法规范总会存在缺陷与疏漏。通过对宪法的扩张解释或者缩小解释补充宪法缺漏,实质上是一种"法的创造"。全国人大常委会在1983年通过了《关于国家安全机关行使公安机关侦查、拘留、预审和执行逮捕的职权的决定》,此次宪法解释(或者说法律解释),可以说是对1982年宪法(以及1979年刑事诉讼法)的一个回应。此后,全国人大常委会又分别在1996年、1998年和1999年通过了三项宪法解释,即:《〈中华人民共和国国籍法〉在香港特别行政区实施的几个问题的解释》、《〈中华人民共和国国籍法〉在澳门特别行政区实施的几个问题的解释》和《关于〈中华人民共和国香港特别行政区基本法〉第二十二条第四款和第二十四条第二款第(三)项的解释》。另外,在此之前,全国人大常委会有五次法律解释,基本上是以决定的方式作出的,内容涉及选举、自治州人大和政府的任期和由人大常委会委员长接见外国使节等问题。2000年颁布的《中华人民共和国立法法》又一次明确了全国人大常委会可以在法律规定需要进一步明确具体含义和在法律制定后出现新情况需要明确适用法律依据时,对有关法律进行解释。

---

① 参见美国宪法序言:"我们美利坚合众国的人民,为了组织一个更完善的联邦,树立正义,保障国内的安宁,建立共同的国防,增进全民福利和确保我们自己及我们后代能安享自由带来的幸福,乃为美利坚合众国制定和确立这一部宪法。"

② 参见费孝通:《文字下乡》,《乡土中国·生育制度》,北京大学出版社1998年版,第16页。

3. 消解宪法稳定性和社会发展之间的矛盾。

由于宪法是国家的根本大法，规定了国家基本制度和人民的基本权利，关乎国家的稳定和宪政的实现，需要树立起人们对宪法的信仰，其关键的一点就是必须保证宪法的稳定性。但社会生活是变动的、发展的，宪法又要适应社会的发展，当出现宪法规范与社会现实不适应时，运用宪法解释是解决这种不适应性的一个重要方法，这也是各国宪法发展的重要方式，如前面提到的美国的宪法解释。在联邦德国，1949 年基本法生效后，尤其是德国统一后，主要是通过宪法解释而不是宪法修改的方式，为国家权力的行使与公民权利的保障提供宪法依据。其他国家也是主要采取宪法解释的方式，使宪法适应社会发展的需要。在我国，宪法解释可以适应改革时期的特殊需要，在社会转型、新旧体制转换的过程中，一方面需要宪法全面地规范和调整，另一方面，又需要宪法的规范和调整具有足够的灵活性和适应性。“宪法解释就可以随着体制改革的不断深入而及时地对某些行为做出新的评价，以积极推进改革并有效地维护改革的成果。”①

4. 维护法制的统一性。

宪法作为根本法和母法，是一国法律体系保持统一性的基础，而这种统一性的维持，有赖于宪法解释对法律的合宪性进行判断。当某项法律被认为可能违反宪法时，由宪法解释者在确定宪法规定的含义的基础上做出判断，认为合宪的予以保留，认为违宪的令其失效，这就使得整个法律体系可以在宪法之下得以整合，保证了法律规范与宪法规范的一致性，这样就达到了统一整个法律体系的目的。从世界各国的宪政实践来看，宪法解释作用的重心都有一个从单纯的疑义阐释到法律的违宪审查的转移过程，宪法解释功能的这种转变说明现代的宪法解释是宪政国家整合法律规范体系，进而整合整个社会生活的基本手段。

(四) 宪法解释的意义

根据上文的分析，可以看出，宪法解释在内容上是在不变更宪法规范立法原文的基础上说明或推断立法原意，既是补充、具体化，也是发展；在效力上，宪法解释与宪法规范具有同等法律效力，违反宪法解释的行为也是违宪行为。但是，宪法解释不能与宪法典的精神和原则相违背。

宪法解释的主要意义在于既能保持宪法的稳定性，又能使宪法适应不断发展的社会情况。“宪法是一种相对稳定的行为规范，而社会是千变万化不断发展的。宪法制定后，要既适应社会关系发展变化的需要，又不失应有的稳定性，最及时有效的解决办法就是通过宪法解释赋予宪法规范新的含

---

① 参见邹学平主编:《宪法学》，中国民主法制出版社 2006 年版，第 22 页。

义,使之适应新的社会关系的需要。"①

二、宪法解释的主体

(一)确定宪法解释主体的理论依据

宪法解释权由何种机构行使,是宪法解释制度的基本问题,也是在我国的宪法解释制度争论的浪潮中处于"漩涡"中心的一个话题。有学者主张由全国人大及其常委会行使宪法解释权;有学者主张将宪法解释分为立法性解释和司法性解释,前者交由全国人大常委会行使,后者由最高人民法院行使;也有学者主张,在目前的国家机构设置中无论是全国人大常委会还是最高法院都不能胜任这一职能,应当效仿其他国家另行建构诸如宪法监督委员会这样的机构单独行使这一权力。缘何学者们在选择宪法解释主体的时候会有这么大的分歧呢?主要有两方面的原因:一是与宪法解释的目的相关。宪法解释的目的实质上是通过发现宪法文本的含义的方式对宪法含义所作的说明。宪法解释主体应当具有发现宪法宗旨和目的的能力;二是跟学者们期待的宪法解释在宪政体制框架内发挥的功能有关。通过宪法解释来确认争议事项的合宪性,亦即进行违宪审查与监督。然而,宪法的实施,并非只是由宪法解释机关独立承担,宪法的实施离不开各国家机关依照宪法规定行使职权,将宪法规定的国家权力结构与公民权利保障付诸于现实生活之中。"这种争论也是与传统的违宪审查解释主体来界分的宪法解释模式相互辉映的。这也是中国宪法学界要建立有效宪法解释体制的迫切心情与中国的现有宪法解释机制不能发挥作用的巨大反差的矛盾反映。"②

可以看出,在选择宪法解释主体时,一是要考虑到解释主体的权威性,是否具有权威以作出最终的、权威的、统一的解释,因为宪法解释机关对宪法作出的解释具有最终的宪法解释效力,其他机关、组织和个人都应当遵从而不能违背;二是要考虑这个机构能否恰当地发现宪法的宗旨、精神或意图。我们在分析宪法解释的特征的时候指出,宪法解释具有一定的价值取向性,宪法解释的过程是一个价值判断、价值选择的过程,宪法解释者必须遵循宪法规范制定之初由制宪者选择的原则目的和宗旨解释宪法文本含义;三是要考虑这个机构能否胜任宪法解释工作。宪法解释往往与违宪审查的制度设置相连,涉及特定争议事项的合宪性,因此,宪法解释主体在确定特定争议事项的合宪性时应当具有相应的能力并运用相应的方法来解释

---

① 参见秦前红:《关于宪法渊源的比较研究》,http://www.chinalawedu.com/news/15300/157/2004/9/ma193193411294002 5099_133313.htm,阅读日期:2011年1月24日。

② 参见姚文虎:《论宪法解释模式的文化选择》,http://www.tszz.com/theory/constitution3/constitution32020.doc.html,阅读日期:2011年1月24日。

宪法文本。除了考虑宪法解释主体应当具有权威性、能够发现宪法宗旨和胜任性以外,考察各国目前宪法解释主体模式选择,一国最终选择的宪法解释主体模式还往往受到该国的政治文化的影响。

(二)关于宪法解释主体的几种体例

董和平、韩大元、李树忠将各国宪法解释权的归属情况分为四种:立法机关或权力机关;普通法院;宪法法院;其他专门机构。① 徐秀义、韩大元将其归结为三种模式:立法机关解释宪法;普通法院解释宪法;由宪法法院或专门的解释机关解释宪法。② 周叶中将宪法解释机关的形式概括为五种:国家元首解释制、立法机关解释制、普通法院解释制、特设机关解释制和公民团体解释制。③ 学界比较认可三种模式说,本书就采用三种模式说进行介绍。

1. 立法机关解释制。

立法机关解释制,即由一国立法机关解释宪法的体制。在实行这一模式的国家中,立法机关大多为制宪机构,且担负着监督宪法实施的任务,因而享有对宪法的解释权。还有的国家,由兼具立法权力的最高国家权力机关实施释宪权。这种解释体制的优点是:由于是最高国家权力机关行使,有利于保证宪法解释的权威性。但它的不足之处在于容易使立法机关的意思代替宪法的原意,从而出现汉密尔顿所说的那种情况,即"代表的地位反高于所代表的主体,仆役反高于主人,人民的代表反高于人民本身。"④

英国是奉行"议会至上"的传统国家,因而是这一模式的典型代表。众所周知,英国的不成文宪法的起因是英国革命的不彻底性,资产阶级以议会作为武器一步步地夺取封建贵族手中的权力,并将其巩固于一个个的宪法性文件中去。在革命的过程中,议会就取得了至高无上的地位,也必然地就享有宪法的最终解释权。而英国宪法的解释体制的成因及发展,毫无例外也与英国人的保守主义以及崇尚传统的民族精神紧密相连。保守主义并不是一味顽固地反对进步,而是对变革的方式和进程持稳重的态度。"希望进步和害怕前进中的危险这两种心情在表面上是矛盾的,而实际上确是相互补充、互为条件的。如果没有守旧思想,进步就纵然不是有害的,至少也是

① 参见董和平、韩大元、李树忠主编:《宪法学》,法律出版社2000年版,第146~148页。

② 参见徐秀义、韩大元主编:《现代宪法学的基本原理》,中国人民公安大学出版社2001年版,第266~267页。

③ 参见周叶中主编:《宪法》,高等教育出版社、北京大学出版社2005年版,第393~395页。

④ [美]汉密尔顿等:《联邦党人文集》,程逢如等译,商务印书馆1980年版,第392页。

徒劳的……”[①]这就决定了英国的宪法解释模式的发展是一种冲突中的融合。同时,英国人尊重传统,致力于自己先辈法律的传统的完善,从来不标新立异。“……我们的制度可以在千差万别中维护团结:我们有世袭的王位,有世袭的贵族,也有从祖先那里继承的特权,选举权和自由的人民。”[②]认为继承传统是英国人民团结和发展的源泉,但强调传统并不意味着否认变革,而是意味着尽可能长地保持着某个事物,并且在不得不进行变革时,把变革的幅度限制在尽可能小的范围内。但近年来,随着英国学界对行政法观念的转变和法治原则的发展,“越权无效”原则成为法治原则的重要一面。在英国,议会的至高地位成为对人民权力的最大威胁,法官不能判决议会法律无效,但法官可以对议会法律的目的作出解释,推定议会法律无恶,法官鉴定,议会不会有授权行政机关不合理行为的意图,如果实施了这样的行为,便是越权和无效的。可以看出,法院也在一定程度和范围内根据越权无效原则对制定法和不成文宪法进行解释。根据1998年的人权法案(The Human Rights Act 1998)第3条第1款,明确赋予法院解释制定法是否符合欧洲人权公约的权力。一旦法院认为一个制定法可做模棱两可的解释,可能优先援引公约的含义,表明法院本身在宪法解释中的作用。[③]

现在单纯采取立法机关解释宪法体制的国家已经很少了。除了英国之外,其他一些社会主义国家,如越南、古巴、朝鲜等也规定由国家权力机关及其常设机构行使释宪权。

2. 普通法院解释制。

普通法院解释制是指以普通法院作为解释宪法的机关,最后决定权属于国家最高法院的宪法解释体制。这一模式产生于美国1803年马伯里诉麦迪逊案,马歇尔大法官在判决中认定最高法院有解释宪法的权力。虽然美国宪法并未规定法院拥有宪法解释权,但在制宪者的观念中,宪法解释权被看作是法院当然的权力。[④] 这是因为在当时的美国,司法权是三权中力量最弱的,“它既没有钱,也没有剑”,要想对抗其他二权以自保,应当被赋予一项

---

① 参见姚文虎:《论宪法解释模式的文化选择》,http://www.tszz.com/theory/constitution3/constitution32020.doc.html,阅读日期:2011年1月25日。

② 参见姚文虎:《论宪法解释模式的文化选择》,http://www.tszz.com/theory/constitution3/constitution32020.doc.html,阅读日期:2011年1月25日。

③ 英国1998年《人权法案》规定:“为进一步加强《欧洲人权公约》保护的权利和自由之效力;为使担任一定的司法职务并成为欧洲人权法院法官之人员预做准备及其他相关目的,特制定一部法案。该法案由女王陛下公布并征得上议院和下议院的建议和同意及经其授权规定如下:……3(1)应尽可能将对基本法和附属法的解释和效力与公约规定的权利保持一致。”

④ 参见[美]汉密尔顿等:《联邦党人文集》,程逢如等译,商务印书馆1980年版,第392~393页。

权力。[1] 宪法解释权的授予可以使其对抗其他二权从而得以自保，而且司法机关也不会压制人民的普遍自由权利。同时，立法机关可能制定违宪的法律，而法院可以通过解释宪法来判断其是否违宪。美国首创这一制度后，取得的良好效果使得其他国家纷纷效仿。如1947年日本宪法规定最高法院是有权决定一切法律、命令、规则和处分是否符合宪法的终身法院（第8条）。埃及、加拿大、印度等国都实行这种制度。在这些国家，法院一般采取附带审查的方法，一般不主动解释宪法，只有当法院在审理具体案件的过程中，遇到宪法疑义时才进行解释，而且，如果法院认定某一法律违宪，这项违宪的法律也只在这个案件中无效。

由普通法院享有宪法解释权的体制一直面临的一个紧张关系就是，如何解决作为少数人的法院审查多数人制定的法律的合宪性的合理性问题，即这个制度有可能违反民主原则。因为法院不是民选的机关，它却可以通过解释宪法来宣告由人民选举产生的议会与总统的行为违宪，这可能是对民主原则的挑战。对司法释宪制度的质疑在美国被称为是违宪审查的“反多数困难”（Countermajoritarian Diffculty）。但现在越来越多的人赞同由司法机关解释宪法，这种赞同建立在“对多数人统治下的少数人的保护”的违宪审查观念上的。“多数统治”原则是现代民主政治的基本原则，它是针对君主专制而发的，是具有相当的优越性的：多数人的联合比个人更具智慧，因而可以作出更合理的决定；多数人的利益应当优于少数人的利益；[2]同时“多数统治原则”是构成全体意志的唯一方法。因此“多数的统治”的体现机关——议会与总统是最适合于解决政治问题的。但是“多数人统治”即民主不是美国政治生活的唯一的或至上的政治原则，其最高原则是共和。“多数人统治下的少数人的保护”理论认为不理智的民主，即“多数的统治”或“多数人的暴政”帮助立法者形成专制。“美国的共和政体的最大危险来自无限的权威。”[3]“多数统治”是民主制度绝对的和无例外的原则，并非是不受制约的。罗尔斯认为尽管多数原则具有相当的正当性，但“它作为一种程序手段显然只具有一个从属的地位。”[4]“多数人统治下的少数人的保护，”[5]实际上是个人自由对民主的一种优先，宪法是为保护少数而作的，宪法问题本身是少数人反对多数人决定的问题，所以“从公平的角度考虑是不应该留给大多

---

① 参见[美]德沃金：《认真对待权利》，信春鹰、吴玉章译，中国大百科全书出版社1998年版，第19页。

② 参见胡锦光：《论司法审查制的成因》，《法学家》1999年第1~2期，第130页。

③ 参见[法]托克维尔：《论美国的民主》，董果良译，商务印书馆1997年版，第298页。

④⑤ 参见[美]罗尔斯：《正义论》，何怀宏等译，中国政法大学出版社1998年版，第345页。

数人去决定的。”[1]这样宪法解释就成了少数人维护自己权利，对抗多数人侵害的一种手段，因而不应该由民意代表机构去进行宪法解释。

当然，为了避免宪法解释轻易成为规范的创制（立法）或规范的积极执行（行政），也避免司法机关过多的陷入政治纠纷，引起国家的宪政危机，采用司法机关解释宪法体制的国家一般都有限制司法机关释宪权的规则，只有在这些规则允许的条件下，司法机关才可以解释宪法，不属于规则允许的问题应交由立法机关、行政机关解决。如诉讼身份原则、成熟性原则、回避“政治问题”审查原则和尽量避免作抽象解释原则。

3. 特设机关解释制。

特设机关解释又称为专门机关解释，它是指设立专门机关负责处理宪法争议，对其中相关宪法条文的含义进行释义的制度。这类专门机关有两类：一类是宪法法院，这种模式由奥地利于 1920 年首创，现在的德国、意大利、葡萄牙、西班牙、俄罗斯等国家采用。在这些国家，宪法法院具有纯司法机构的性质，通常独立于立法、行政和普通的司法机构之外。另一类是宪法委员会，以法国最为典型。1958 年设立的宪法委员会是法国宪法史上最具特色的机构。历史上的法国一直具有议会在国家机构中占有强势地位的传统，但自大革命以来，议会至上的观念使得法律具有本源性、无条件性和不可争议性，被视为正义和真理化身。因此，无论是第三共和国时期还是第四共和国时期，违宪审查只停留在形式审查的层面。第五共和国一改往日传统，确立了“理性化”的议会制度，不再将议会奉为神圣的机构。为了确保质疑体制的实现，决定设立宪法委员会以审查议会立法，故有人称宪法委员会为“一门对准议会的大炮”。法国在 2008 年宪法改革中于原有的事前审查制之外创立了合宪性先决程序，在普通诉讼中若发现已生效的法律侵害公民权利，可终止案件审理，将合宪性问题提交宪法委员会。合宪性先决程序的核心是公民权利保障，并且这种保障基于法律的考量而启动，宪法委员会的审查程序也是裁判性的，因此，宪法委员会实质上已然是个“宪法法院”。合宪性先决程序连接了普通诉讼程序与违宪审查程序，将对法国的违宪审查、公民权利保障和普通司法体制产生重大影响。[2]

（三）我国的宪法解释主体

1982 年《中华人民共和国宪法》第 67 条第 1 项规定，全国人大常委会有权解释宪法，全国人大常委会是我国的宪法解释主体。除此之外，由于全国

---

① 参见[美]德沃金：《认真对待权利》，信春鹰、吴玉章译，中国大百科全书出版社 1998 年版，第 191 页。

② 参见王建学：《从“宪法委员会”到“宪法法院”——法国合宪性先决程序改革述评》，《浙江社会科学》2010 年第 8 期，第 35 页。

人大是我国最高权力机关,学界大多认为全国人大也是宪法解释主体。全国人大常委会至今没有针对具体案件以宪法解释的程序与名义解释宪法,通常通过制定相关法律、决定或行使违宪审查权时解释宪法。

1. 全国人大常委会通过制定相关法律解释宪法精神及其有关条款。

我国现行宪法第35条规定:"中华人民共和国公民有言论、出版、集会、结社、游行、示威的自由。"但是,对这类自由权没有作更为明确的说明。《中华人民共和国集会游行示威法》对集会、游行和示威进行了明确的解释,该法的第2条规定:"本法所称集会,是指聚集于露天公共场所,发表意见、表达意愿的活动。本法所称游行,是指在公共道路、露天公共场所列队行进、表达共同意愿的活动。本法所称示威,是指在露天公共场所或者公共道路上以集会、游行、静坐等方式,表达要求、抗议或者支持、声援等共同意愿的活动。"

2. 全国人大常委会通过决定、决议、答复等形式解释宪法。

我国现行宪法第101条规定:"地方各级人民代表大会分别选举并且有权罢免本级人民政府的省长和副省长、市长和副市长、县长和副县长、区长和副区长、乡长和副乡长、镇长和副镇长。"但未规定具体的程序,地方组织法也没有予以规定。1986年江西省在罢免省长的过程中,遇到了罢免程序问题如何理解的问题。为此,该省人大常委会请求全国人大常委会法制工作委员会明确:罢免省长,采用什么形式?应采取决定还是公告?答复机关指出:"罢免省长采用决定还是公告的形式,法律没有规定。全国人大常委会接受辞职时采用决定的形式。一些罢免全国人大代表也是采用决定的形式。我们建议,罢免省长,以采用决定的形式为好。"[①]这个答复明确了罢免省长的具体形式。

3. 全国人大常委会在行使违宪审查权时对宪法作出的解释。

我国现行宪法第67条规定,全国人民代表大会常务委员会有权撤销国务院制定的同宪法、法律相抵触的行政法规、决定和命令;撤销省、自治区、直辖市国家权力机关制定的同宪法、法律和行政法规相抵触的地方性法规和决议。《立法法》第86条第2款规定,全国人民代表大会常务委员会有权撤销同宪法和法律相抵触的行政法规,有权撤销同宪法、法律和行政法规相抵触的地方性法规,有权撤销省、自治区、直辖市的人民代表大会常务委员会批准的违背宪法和本法第六十六条第二款规定的自治条例和单行条例。第90条规定,国务院、中央军事委员会、最高人民法院、最高人民检察院和各

---

① 参见乔晓阳、张春生:《中华人民共和国全国人民代表大会和对方各级人民代表大会选举法释义及问题解答》,中国民主法制出版社1997年版,第330页。

省、自治区、直辖市的人民代表大会常务委员会认为行政法规、地方性法规、自治条例和单行条例同宪法或者法律相抵触的，可以向全国人民代表大会常务委员会书面提出进行审查的要求，由常务委员会工作机构分送有关的专门委员会进行审查、提出意见。前款规定以外的其他国家机关和社会团体、企业事业组织以及公民认为行政法规、地方性法规、自治条例和单行条例同宪法或者法律相抵触的，可以向全国人民代表大会常务委员会书面提出进行审查的建议，由常务委员会工作机构进行研究，必要时，送有关的专门委员会进行审查、提出意见。可见，全国人大常委会享有违宪审查权，当它在撤销这些法规和决定时必须要对宪法作出解释，以说明为什么这些法规和决定违反宪法。可见，一国的宪法解释主体的确定与该国的违宪审查体制的设置有极其密切的关系。

【资料】最高法院可以对宪法进行解释吗？

我国现行宪法规定全国人大常委会有权解释宪法，是我国法定的有权宪法解释机关。对于最高法院能否对宪法进行解释，很多学者持支持的态度。范进学从宪法解释分类中指出宪法解释包括立法性宪法解释和司法性宪法解释，两种宪法解释并行不悖而且互相补充。根据全国人大常委会具体实施宪法解释的情形、条件和效果，他认为全国人大常委会的宪法解释权是立法性的宪法解释，最高人民法院可以也应当行使司法性宪法解释。在张千帆主编的宪法教材中，从法院的机构性质和职责角度分析审判权本身蕴含了对宪法的解释权。最高人民法院通过行使审判权，对涉及公民宪法基本权利的案件，在普通法律没有明文规定的情况下，对宪法基本权利条款在法院裁判案件中的具体应用问题做出解释，是实现宪法授予的审判职责所必须。王磊从我国政治体制的角度分析最高人民法院在其司法解释中，对宪法基本权利在法院裁判案件中的解释与我国人民代表大会制度的政治体制相一致，符合我国宪法的分工与制约精神。安修从比较法角度，考察了各国宪法解释的机构，由国家的审判机关对宪法实施中的问题做出解释，是一种普遍的做法。

三、宪法解释的原则与方法

（一）宪法解释的原则

宪法解释的过程是一个价值判断、价值选择的过程，是宪法解释主体运用一定的方法发现宪法条文隐含的精神、原则的过程。宪法解释者不可以以自己主观意志自己选择价值取向，因此，如何发挥宪法解释者的主观能动性发现客观的宪法精神和原则，就需要宪法解释者遵循一定的原则。

1. 符合宪法的精神和基本原则。

宪法的基本精神和基本原则集中体现了制宪者的意图，是宪法的支柱和灵魂。解释宪法不能仅仅以表面文字为依据，而要特别关注制宪的目的。从通常意义上说，任何宪法都有其精神和基本原则，这些精神和基本原则基本不因时代变化而受影响，如美国宪法是以联邦制、共和制和三权分立为其精神和基本原则的。德国基本法的基本人权原则和法治原则是明确规定不能改变的。只有围绕宪法的精神和基本原则，才能遵循立宪原意，才不会迷失方向。

2. 开放性原则。

宪法是对已有的民主事实的确认，但社会毕竟是向前发展的，社会、政治、经济、文化必然不断发生变化，宪法只有适应社会的发展变化才能起到应有的作用，解释宪法时既要考虑到制宪时的历史条件，又要考虑到社会发展的实际需要，不能完全拘泥于宪法字句进行落后于时代的刻板的解释，否则宪法就不能起到调节社会基本关系的作用而成为一纸空文。

3. 稳定性原则。

由于宪法的稳定关乎宪法的权威，关乎整个国家宪政秩序的稳定，这就首先要求不要轻易以解释宪法的方式变更宪法的内容。在宪法解释方法的选择上，也是首先选择宪法文字的字面含义，只有当这种字面含义显然荒谬或者导致某种不可忍受的后果时，才可以选择其他的解释方法。对宪法条文的开放性解释也应严格限制，只有对宪法条文进行开放性解释才能解决社会发展的需要而不至于修改宪法时才能使用。无论如何，宪法解释者应该保持一种稳健的姿态，成为宪政秩序稳定的基石。

4. 统一性原则。

整个宪法规范是具有紧密关系的逻辑统一体。宪法解释主体在解释宪法某一规定时，不能孤立进行，要考虑该条款与宪法精神的关系，在整个宪法规范体系中的地位以及与其他条款之间的关系进行，避免不同规范之间的相互矛盾，保证规范体系的统一性。

5. 利益衡量原则。

自20世纪初赫克创立利益法学以来，利益衡量就不断被人们提起，到了今天，它已经成了一个被人们广泛使用的方法。乃至于甲斐道太郎不无感慨地说："今天，在进行法律解释的时候如果完全不使用利益衡量，简直让人无法相信。"①对于同一个宪法条文，都存在多种解释的可能性，不同的解释

① 参见[日]甲斐道太郎：《法律解释与实践》，冯科译，法律文化出版社1977年版，第91页。

可能代表着不同的利益，而选择何种解释为最终的解释实际上就是对不同利益进行衡量的结果。在宪法文本中，大量存在着不确定概念和规定的欠缺，利益衡量也就成为了宪法解释的基本原则。利益衡量原则要求宪法解释者在考虑宪法文本的同时，考察社会生活中的政治、经济、文化等方面的各种利益，从中作出判断取舍，通过对宪法文本涉及的主体的利益进行平衡，对社会中出现的利益予以保护或限制，从而使宪法适应社会发展，既维护了宪法权威，也维护了社会秩序的稳定。

（二）宪法解释的方法

宪法解释的方法问题，涉及宪法解释的具体操作，是宪法解释的技术性环节。关于宪法解释的方法，学者们研究较多，观点较为一致，大致包含以下几种：

1. 文本/文义解释法。

何谓文义解释？台湾东吴大学的杨仁寿先生认为，“文义解释，指依照文法用语及通常使用方式而为解释，据以确定法律之意义而言。”①梁慧星教授认为“文义解释指按照法律条文用语之文义及通常使用方式，以阐释法律之意义内容。”可见，文义解释的基本内涵就是按照宪法条文中所使用的文字或词语之字面含义与通常之使用的意义进行理解和解释。文义解释是宪法解释的开端与基础，当宪法规定的文字意义非常明确，并无多种理解的时候，解释者就只能进行文义解释，不能运用其他方法。在进行文义解释的时候，注意以下几个问题：

首先，文义解释是宪法解释者首先考虑的方法。在对宪法进行解释时，解释者首先要做的就是去考察宪法文字是否有明确而唯一的意义，只有当解释有复数的可能性时，才可运用其他解释方法。② 作为宪法解释的基础所在，因为解释必须对制宪者有必要地尊重，而宪法文字正是制宪者意图的基本体现，解释者活动的前提是其对法律的隶属性。③ 所以，文义解释的方法是保障解释的客观性的基础，这种方法在宪法解释中有着重要的价值。

其次，文义解释中的“文义”，应该是理解为“平义”（Plain Meaning）\“显著含义”（Obvious Meaning）或“字面含义”（Literal Meaning），指通常的、一般的、普遍的、公认的，而不是专业上的意义。④ 台湾大学的黄茂荣也说：“法律上所了解之‘文义’是该用语或此在一般的语言习惯上被了解的意义。唯如

① 参见［台］杨仁寿：《法学方法论》，中国政法大学出版社 1999 年版，第 102 页。

② 参见韩大元主编：《比较宪法学》，高等教育出版社 2003 年版，第 404 页。

③ 参见［德］伽达默尔：《真理与方法》，洪汉鼎译，上海译文出版社 1999 年版，第 422 页。

④ 参见［美］詹姆斯·安修：《美国宪法判例与解释》，黎建飞译，中国政法大学出版社 1999 年版，第 7 ~ 11 页。

该用语或词在法律圈有得被认定之特别的其他意义,那么便以后者为它们的意义。所谓的法律圈内认定之意义,主要是指有权解释的情形。"①这是因为宪法的制定者是全体人民,宪法的文义应当是普通人可以理解和表达的含义,在作文义解释时,应注意将一般的、惯用的、普通的意义作为"文义",而非专业含义。1985 年关于民族自治地方人大常委会无权制定单行条例的法律询问答复,就是采用该方法对宪法条文的含义进行解释。该答复指出:"宪法第 116 条、民族区域自治法第 19 条规定,民族区域自治地方的人民代表大会有权制定自治条例和单行条例。根据这一规定,制定单行条例的职权应属于自治区人民代表大会,而不是人大常委会。"②

再次,文义解释中的"文义",通过从两方面推断和认定。一是宪法通过时人们所公认的含义。二是解释者进行解释时人们所公认的含义,这主要是因为文字的流变性所致。斯宾诺莎指出"字之有意义完全是从用法来的,若是按字的一般所公认的意义排列起来使读这些字的人得到感动而敬神,这些字就变为神圣的了,这样写的书也是神圣的。但是,如果字的用法后来废弃了,字没了意义……那么这些字就要丧失了用处与其尊严。最后,或是如果字的常用的意义误用为反面的意思,那么这些字与有这些字的书就变成不洁的与渎神的"。③"词汇和概念都有其自身的历史",④同样的词汇可能在不同时期在日常用语中、在宪法中有不同的含义,因此,对文义的解释也应当与日俱进。

最后,文义解释会根据客观情况发展为扩充解释或限制解释。前文分析了文字和语言都有其自身的历史,随着社会的发展离开了特定的时间和空间,文字不可能保持原有的含义一成不变,即使释宪者在解释宪法的时候也无法完全吻合文本的含义不做丝毫的改变,这样就会产生对宪法文本的限制和扩大解释。如果宪法文本规定过于宽泛,或者规定过于含混导致无法操作或侵害其他价值时,需要限缩其意义。扩张解释在宪法解释中运用极其广泛,因为宪法中存在着大量的不确定性概念与规定的欠缺,而久远之前的宪法也往往难以预见未来的新情况,在这样的情况下,扩张解释在所难免。但这种扩张要受文字的可能含义的限制,不能无限制无根据地扩张。

---

① 参见[台]黄茂荣:《法学方法与现代民法》,中国政法大学出版社 2001 年版,第 274 ~ 275 页。

② 参见乔晓阳、张春生:《中华人民共和国全国人民代表大会和对方各级人民代表大会选举法释义及问题解答》,中国民主法制出版社 1997 年版,第 272 页。

③ 参见[荷兰]斯宾诺莎:《神学政治论》,温锡增译,商务印书馆 1963 年版,第 179 ~ 180 页。

④ 参见[德]伯恩·魏德士:《法理学》,丁小春、吴越译,法律出版社 2003 年版,第 326 页。

2. 原旨/历史解释法。

所谓原旨解释法,又称为历史解释方法,主要是力图从宪法产生时制宪者所确立于宪法文字中的本来意图、推知立宪者的意图而进行解释的一种解释方法。制宪时以及制宪过程中的相关资料,如一切草案、审议和讨论记录、制宪理由及说明文件等,皆可为原旨解释的重要依据。[①]

保罗·布莱斯特(PaulBrest)在《波士顿大学法律评论》上发表《对原初理解的误解性探求》(The Misconceived Quest of Original Understanding)一文,提出了原意主义或原旨主义(Originalism)解释方法。布莱斯特自己解释说:"我使用'原意主义'这一术语所描述的是文本解释与原初历史的解释,以便有别于判例与社会价值的解释。"[②]具体说,布莱斯特所概括的"原意主义"作为一种宪法审判的方法是希图把解释者的权力限制于宪法文本或通过者的意图。按照原意主义方法,解释者的任务就是确定通过宪法时的"人民之意图"。在同一个宪法条文的理解可能推导出两种以上的含义的情况下,为了限制解释者的主观价值判断,需要根据制宪者的意图来选择确定适当的含义。它强调在阐述宪法现在所代表的含义之前,解释者有义务利用各种方法和历史资料来确定该宪法的客观含义。

3. 目的解释法。

目的解释是指以宪法规范之目的为依据而阐释宪法条文含义的一种解释方法。这种方法主要运用在宪法出现规范空缺或漏洞或者按照字义解释可能会出现背离宪法之目的与精神的情形时。目的解释方法强调,为了实现国家最大利益以及保障公民权利,可以从宪法确定的国家权力结构和公民权利的目的出发,而不拘泥于宪法文本对宪法进行解释。[③] 例如,美国马萨诸塞州宪法规定州众议员的选举应当由文字选票来进行,后来立法机构决定用投票机取而代之,而法院亦解释此举合宪,其理由在于,法院认为当初制宪的目的在于防止邪恶,其原意仅是排除口头及举手选举。目的性解释不会拘泥于文字,但应当强调的是宪法规范的目的是宪法的整体目的。宪法的目的如何判定?一般而言,宪法的目的主要体现在宪法的基本原则上,如人民主权原则和基本人权原则等。当然,在不同的国家,宪法的基本原则会有不同,宪法的目的也会有差别。简言之,大部分国家宪法的目的都在于保障人的权利和公民权利,防止国家权力对公民权利造成的侵害。

---

① 参见范进学:《认真对待宪法解释》,山东人民出版社 2007 年版,第 277 页。

② Interpreting the Constitution: the Debate over Original Intent, edited by Jack N. Rakove, Northeastern University Press, 1990, P. 253.

③ 参见[美]詹姆斯·安修:《美国宪法判例与解释》,黎建飞译,中国政法大学出版社 1999 年版,第 27 页。

4. 结构解释方法。

这是指根据宪法确立的政府机构及其与国家权力之间的关系，比较相关的宪法条文，寻求其相互关系，以及是否有相互抵触或者互为补充的情形，结合宪法各条文的结构进行分析和推理。尤其当宪法条文空白或有漏洞，不能依照具体的条文或宪法规范就某一个问题寻求有关的宪法基础时，可以运用该方法进行解释。例如，关于美国联邦最高法院的违宪审查权，并不能从有关宪法条文的明文规定中获得相应的依据，而是在1803年“马伯里诉麦迪逊案”中，运用结构解释方法得出的推理结论。马歇尔法官代表多数法官的意见指出，在联邦宪法没有明文规定联邦最高法院审查国会制定的法律的情况下，依照联邦宪法关于联邦权力的结构安排，以及联邦政府权力来源于人民权利的宪法结构，推理出联邦最高法院有权行使违宪审查权。

5. 平衡解释法。

这是指解释者通过鉴别、评估和比较相互对立（竞争）的主张，即个人或私人组织与政府机构对立的利益的方式，来确定宪法条款的含义。此解释方法主要适用于宪法文本没有提供任何现有的解决方法或者作为一种直觉的适用。在一个具体案件中，适用此方法解释宪法的步骤一般是：首先，必须权衡主张的权利的重要性。其次，必须权衡主张侵害该权利正当性的国家利益的重要性。最后，必须权衡国家利益侵害涉讼案件声称的权利是否具有合理性。总之，当法官适用此解释方法时，推定支持声称的权利必须在更大程度上取决于因此损益的各种社会利益的不同意义或价值。因此，解释宪法必须在相互冲突的利益中进行分析和平衡，确定优先利益，并综合和协调其他利益。

6. 社会学解释法。

社会学的解释法是指在宪法解释出现复数可能性时，通过考察各种解释可能导致的社会效果来确定最终的解释。社会是不断变化的，社会的目的也随之会发生变化，宪法既然要适应社会的发展，那么当社会的目的转变之后，制定宪法时的目的即需要随之调整。也就是说，社会的目的成为宪法解释的重要因素。所以，社会的目的这时可能成为宪法的目的。解释者不必追问多少年前立宪者的意图和目的是什么。只需追问假如立宪者们生活于今天并知道目前的社会状况，他会有什么目的并会怎样去做就够了。原因在于宪法不是历史的宪法，而是社会的宪法，宪法不是孤傲地独立于社会之外的僵死的文本，“一部宪法所宣告的或应当宣告的规则并不是为了正在消逝的片刻，而是为了不断延展未来。”①因此宪法的目的是与社会目的紧密

① 参见［美］本杰明·卡多佐：《司法过程的性质》，苏力译，商务印书馆1998年版，第51页。

相连的，社会学解释方法注重的是宪法与社会目的和利益的互动关系，这种方法自20世纪初以来被用于宪法法律的解释之中，已经成为一种风尚而普遍被采用。① 1943年庞德就提出宪法解释的任务之一是："宪法不是辉煌的政策便览。宪法重要原则的适用应成为社会在法律和政治意义上进步的起点。……宪法不得拘泥于文字来解释和适用。解释宪法原则是把理性原则合理地应用于具体的时空。"②所以，在20世纪由于社会利益法学对宪法解释的影响，社会学解释方法也都被接受为普遍运用的方法。

运用社会学解释方法是有条件和界限的。社会学解释的界限，就是文字的预测可能性，即社会学的解释也只能在宪法文字所可能具有的意义范围内进行。当文字解释有多种解释可能性时，由于每一种解释可能性都在文义上的范围内，因而每种解释都是合法的解释，此时进行选择就应当采用社会学的方法，在充分考察可能产生的社会效果之后再作解释。

四、宪法解释的限度或限制

宪法解释的限度就是对宪法进行解释的合理的范围和程度。因为宪法解释必然存在一定的主观性与自由度，结果上也呈现为规则，放任其发展为一种任意则为立宪主义所不能允许，所以必须为宪法解释确定一定的限制。

首先，宪法解释主体的限制。我们把宪法解释界定为依照宪法规定享有宪法解释权的国家机关或特定主体，根据宪法的原则和精神，采用一定的方法对宪法规范的含义和适用作出的具有法律效力的说明。由于宪法解释具有法律效力，而且其对宪法文本的解读具有权威性、终局性和唯一性，因此，为维护宪法的统一性和权威性，必须慎重选择和限制享有宪法解释权的主体。比如我国宪法的解释属于立法机关解释宪法体制，这种体制确认于1978年，具体规定为：全国人民代表大会常务委员会有权解释宪法和法律，从而以根本法的形式予以确认。其他机关如司法、行政机关在实际生活中适用宪法时虽然也会有需要解释的情形，但其解释属于在具体工作中如何适用和理解宪法条款，这种解释的效力低于享有法定解释权主体作出的解释，不具有终局效力，并且其法律效力可通过违宪审查等方式被撤销。

其次，受到宪法解释原则的限制。宪法解释虽然表现为解释主体对客观宪法条款的主观理解，但正如前文所述，宪法解释本质上是发挥主观能动性以发现、追寻隐藏在宪法文本后的宪法目的、意图和精神的过程。解释者

---

① 参见范进学：《认真对待宪法解释》，山东人民出版社2007年版，第288页。

② 参见[美]詹姆斯·安修：《美国宪法判例与解释》，黎建飞译，中国政法大学出版社1999年版，第191页。

的主观性是非常有限的，在价值选择中要保持价值中立，客观选择和反映制宪者的意图。因此，宪法解释要遵守法定要求、立宪者的立宪意图、宪法基本精神、社会发展需要、宪法文本字面解释、宪法规范整体统一性等的要求和约束。

再次，受宪法文本使用文字的限制。如果宪法规范文字的含义明确、具体，那么宪法规范可以解释的空间和范围就是非常有限的。如宪法有关具体时间、数字、界限的规定，基本上不得作具有弹性的解释。涉及一些抽象的事项的宪法规范，如使用了不确定法律概念和笼统性规定的条款，往往才需要通过宪法解释的方式来明确宪法规范的含义，如宪法规范对国家机关宪法职权职责的规定。

第四，解释权限的限制。这涉及宪法解释权与制宪权和修宪权的权力衔接和界限划分。宪法解释权受制宪权的限制。制宪权被认为是一种原创性的权力，其本身无所谓实定法上的正当性，具有超合法性，只受自然法的约束。而实定法上的一切权力都直接或间接源自制宪权，都要受制于制宪权，因为制宪权是人民意志的最高体现。宪法解释权与宪法修改权也是源自于制宪权的权力，因而其行使自然也不可侵犯制宪权的作用范围。“任何一种受委托的权力都不得对着这种委托的条件作丝毫变动。”[①]解释权受制约表现为解释者应尽可能尊重制宪者的意图。宪法解释者应当保持一种“自我谦抑”，尊重制宪权，在释宪中以文义解释为开端和基础，不仅尊重宪法的文字，还尊重宪法文本隐含的宪政精神。宪法解释具有的创造性也不可超越这种精神。

宪法解释权还受宪法修改权的限制。当社会现实与宪法规范发生矛盾出现不一致时，为了维护宪法的稳定，可以采用宪法解释和宪法修改两种手段进行调和。前者是对宪法规范的含义和适用作出的具有法律效力的说明，后者是宪法制定者或者是依照宪法的规定享有宪法修改权的国家机关或其他特定的主体对宪法规范中不符合宪法制定者利益的内容加以变更的宪法创制活动。因此二者的界限很明显，就在于宪法文字的可能含义。因为解释必须以文字为依托实现宪法的目的，宪法解释出来的含义也必须在宪法规范文字可能包含的含义中，如果脱离了宪法的文字，解释所实现的将不是宪法的目的，而是解释者自己的目的。如果超越了宪法文字可能的含义，就是对宪法做了实质上的修正，那就是宪法修改的权限范围了。因此，当社会现实与宪法规范的矛盾非常突出以致现实的合理性要求无法为宪法规范所容纳时，就使用修宪的手段进行修正；当现实与规范的矛盾不是十分

① 参见[法]西耶斯：《论特权·第三级是什么》，冯棠译，商务印书馆1979年版，第59~60页。

激烈,现实的合理要求符合宪政的精神时,应运用宪法解释来解决这种冲突。宪法解释权与宪法修改权都可以作为调和社会现实与宪法规范发生矛盾和冲突的手段,但可以看出,宪法解释没有更改宪法原有条文,保持了宪法规范的原貌,因此能更好地维护宪法的稳定性和权威性。因此,在宪政运作中,必须时刻对规范与现实作价值之衡量,以此作为选择运用修宪权或解释权的依据。

第五,解释权受社会现实合理性的限制。宪法规范除了应当具有自然价值以外,作为调整社会规范的一种它还应具有现实性的价值。也就是说,宪法规范必须尊重社会现实的合理要求。在进行宪法解释时解释者既要注意使解释合乎宪法的基本精神,合乎宪法规范的可能含义,同时又要有客观的现实基础,关注社会目的,注重"社会效果的预测以及目的的考量"。[①] 释宪者必须考察社会现实,并尽量将现实的合理要求纳入宪法的规范体系之中,达到与社会现实之间的合致性。[②] 因此,释宪者在宪法规范所可能具备的多种解释可能性中进行抉择时,应充分考察社会现实,尽量选择符合现实合理要求的那种解释可能性。要求解释者在宪法文字可能的含义中解释是解释应具有合法性的要求,要求解释适应现实的合理要求是使解释具有合理性,两者都应是宪法解释的界限所在。如美国 1857 年斯科特诉桑弗特案,[③]最高法院对宪法中的"人民"(People),"公民"(Citizens)和《独立宣言》"人人生而平等"中的"人人"(All Men)等概念作出解释,认为黑人的美国公民身份和宪法权利问题没有被制宪者放在心上,黑人也不包括在人民、公民、人人等这些宪法概念中,因此判决黑人斯科特不具备美国公民的身份,不能享有美国公民受联邦宪法保障的公民权利,不具备在联邦法院诉讼的资格。应当说,当时的坦尼大法官对黑人公民权利的这番解释符合历史事实。但在美国建国后近一百年后,社会对黑人及奴隶制的看法发生了很大的转变,在废奴呼声高涨及废奴运动迭起的社会现实中,最高法院作出这样的解释使得美国南北矛盾激化,最终引发南北战争的爆发。

宪法解释关乎社会现实,因此要求解释者在进行解释时,应尽量对现实做细致的调查,并尽量使社会公众的普遍要求、对某一价值的主流观点在其解释中得到反映,这样才能使宪法更符合社会发展需要,也更能维护宪法权威,发挥宪法调整基本社会关系的功能和作用。

---

① 参见[台]杨仁寿:《法学方法论》,中国政法大学出版社 1999 年版,第 130 页。

② 参见韩大元主编:《比较宪法学》,高等教育出版社 2003 年版,第 410 页。

③ 参见任东来、陈伟、白雪峰:《美国宪政历程:影响美国的 25 个司法大案》,中国法制出版社 2005 年版,第 77 ~ 110 页。

五、宪法解释的效力

宪法解释与宪法的效力关系比较清楚明了，宪法解释是对宪法文本含义的解释和说明，宪法解释既不能超越宪法文本可能的含义，也不能超越宪法文本所追求的宪法精神，因此，宪法解释的效力低于宪法，不能与宪法的规定相违背。下面就着重分析宪法解释与宪法修正案、宪法解释与法律、宪法解释之间的效力等级关系。

宪法解释与宪法修正案的效力关系。宪法修正案是对现行宪法个别内容进行修改和完善，使其确认和适应政治经济体制改革成果的一种修宪方式。从主体上讲，在我国享有宪法修改权的主体是全国人大，享有宪法解释权的主体为全国人大常委会。可见，宪法修正案的制定主体的地位高于宪法解释的制定主体。从权限内容上讲，宪法修改权可以突破宪法条款的原有规定，而宪法解释权只能在宪法文本中可能的含义中进行选择，不能超越宪法文本进行解释。宪法修改权的权限高于宪法解释的权限。所以，宪法解释的效力低于宪法修正案。

宪法解释与法律的效力关系。从宪法解释与法律的关系看，宪法解释与法律的制定主体都是全国人大及常委会，但宪法解释的对象是具有最高法律效力的宪法，因此，宪法解释的效力高于法律的效力。

宪法解释之间的效力关系。我国现行宪法规定全国人大常委会享有宪法解释权，这种解释从性质上来说是立法性解释。除了全国人大常委会进行的立法性解释外，根据 1981 年第五届全国人大第 19 次常委会通过的《关于加强法律解释工作的决议》，还存在最高人民法院对法院审判工作中具体应用法律、法令的问题和最高人民检察院对检察工作中具体应用法律、法令的问题进行的司法解释以及国务院及主管部门对不属于审判和检察工作中的其他法律、法令如何具体应用的问题进行的解释。可以看出，在实践中，最高法院、最高检察院、国务院及主管部门在具体应用法律（当然包括宪法）时都会进行解释。如果它们之间对宪法的解释彼此发生冲突，或者它们对宪法有关条文的解释有异议，其解释并不具有正式的、最终的宪法解释效力。享有最终解释权的机关只能是全国人大常委会。

第二节　宪法惯例

一、宪法惯例概述

(一)宪法惯例的概念

政府应当遵守宪法规范,这是法治的要求。政府除了要遵守以宪法典、宪法性法律明示的宪法规范外,还要在政治生活中遵守一定的政治道德、优良传统或某些政治准则。这些准则是在实施宪法的实践活动中产生的,具有规范性质和宪法规范约束力,密尔称之为"宪法惯例"(The Unwritten Maxims of the Constitution),安森称之为"宪法习惯"(The Customs of the Constitution),我国许崇德教授将它称为黙示的宪法规范。

一般来说,所谓的宪法惯例是在长期的政治实践中形成,并被反复运用,为国家机关、政党及人民所普遍遵循且与宪法实际上具有同等效力的习惯或传统。不成文宪法国家和成文宪法国家都存在宪法惯例,只是在国家生活中发挥的作用及在该国宪法中所处的地位有所不同。宪法惯例在不成文宪法国家,是宪法的重要组成部分。在成文宪法国家,对宪法起着重要的补充作用。宪法惯例是一种不成文的政治行为规范,没有特定的文书表现形式,由于其不是国家制定或认可的,因而在政治实践中不具有强制约束力,其运行并不由国家的强制力保障,不具有司法上的适用性,也不会引起司法审查。宪法惯例的作用基础或者约束力是政治道德和思想伦理,所以违反宪法惯例的行为是会受到人们的谴责并可能造成一定的政治后果的。

(二)宪法惯例的特征

1. 没有特定的法律文书表现形式,是在实践中形成,同时又是指导实践的。它的内容并不是规定在宪法典或宪法性法律之中,而是见之于政治生活实践形成的习惯中。

2. 宪法惯例的内容涉及国家根本政治制度和根本组织,它同成文的宪法一样,实际上起着宪法的作用。

3. 宪法惯例在社会生活和国家生活中的实施,主要是以社会公众舆论为后盾,它本身不具有国家的强制力。

4. 宪法惯例可以在不变动宪法原文的情况下修正已有的宪法规范内容,创设新的宪法制度,弥补宪法过于原则性的缺点,弥补宪法立法。

二、世界主要国家的宪法惯例

英国是不成文宪法的典型国家,因而英国的宪法惯例最多。如英王为虚位元首,在政治上保持中立,超出党派,象征国家的统一,不参加内阁会议,王权实际由大臣行使,对大臣作出的决定和建议,英王总是接受,对议会通过的法案总是同意;首相由下院多数党领袖而不是由上院议员出任,下院大选后,英王必须提名下院多数党领袖为首相,组阁执政;内阁集体对下院负政治责任,共进共退,内阁成员在议会内外均不得表示不赞成内阁的决策,在议会内必须为内阁的集体上台,倒阁时集体辞职;实行两党制,两党轮流执政;上院作为上诉案的终审机关,审判时不具有法官资格的贵族不得出席;下院每年至少举行一次会议,会议采取三读程序;英王不得拒绝首相呈请解散任期届满前的下院而重选的要求等。

美国作为典型的成为宪法国家,也有宪法惯例。例如,美国建国后,1789 年 4 月 30 日华盛顿宣誓就任合众国第一届总统。华盛顿担任了两届总统,决定退出总统竞选,1796 年 9 月总统选举前夕,他发表了著名的告别演说,这种拒绝再任的行动,在美国政治史上开创了美国总统只能担任两届的先例,美国国会通过宪法修正案的规定,将这种连任总统以一次为限(一般只能连任 8 年)的宪政制度作为一种重要的政治原则,同时也为美国宪法惯例。

我国虽采取了成文宪法的形式,但也有宪法惯例:

1. 在实现中国共产党对国家的领导方面,我国采取的是由中共中央就重大问题向最高国家权力机关提出建议的形式。如修宪问题,宪法虽然规定了谁有权提出修宪的议案,但我国实践中历次修改宪法均是由党中央向全国人民代表大会提出修改宪法的建议,全国人大接受党中央的建议而对宪法进行修改。

2. 在修改宪法的方式上也形成了惯例。我国宪法对采取何种形式修宪并没有规定。从世界各国修宪方式看,修宪可采取全面修改、宪法修正案、无形修改等方式。我国历部宪法的修改都是采取修正案的形式,可谓已成惯例。

3. 在实现中国共产党与其他民主党派的合作方式上,已成宪法惯例。中国共产党往往就重大问题事先同民主党派进行协商,形成统一意见后,再按法律程序交由国家权力机关决定执行的方式,实现中国共产党与其他民主党派的合作。与此同时,全国政协往往同全国人大同时举行会议,政协委员列席全国人大会议。

4. 全国人大和其常委会在立法时,除吸收专家参加外,对于已经起草完的交由全国人大及其常委会讨论并通过的法律草案要征求专家的意见,此已成惯例。

5. 在选举问题上,特别强调选民选举权的平等性。一人一票,且在候选人名额的分配方面，往往采取照顾各阶层、各方面人士的方式。

6. 在宪法的公布问题上，形成了由全国人大第一次会议主席团公布宪法的惯例。

三、宪法惯例的类型

宪法惯例一般分为宪法习惯和宪法判例两种。

许崇德教授将宪法习惯界定为依据宪法规定享有管理国家事务和社会事务职权的国家机关在实施宪法的过程中所形成的行为习惯，这些行为习惯与实施宪法的活动密切相关，经过长期的实践成为实施宪法的一个不可分割的重要组成部分。

宪法判例是另外一种重要的宪法惯例，它一般产生于实行不成文宪法的国家。在这些国家中，上级法院的判例对下级法院具有约束作用，同一法院的先前判例对以后的判决产生约束力。

四、宪法惯例对宪法的影响

宪法惯例可使宪法条文无效，从而使其不能发生作用。宪法惯例可补充宪法。在不变动宪法原文的情况下，修正宪法。总之，纵观主要国家的宪法惯例及宪政实践，宪法惯例主要具有充实和完善宪法的作用。宪法惯例是不成文宪法结构的外在形式要素和重要的宪法渊源，基于其在实践中的地位和作用，引起了越来越多学者的关注。

思考题

1. 试述宪法解释的功能。
2. 宪法解释的原则有哪些?
3. 宪法解释的方法有哪些?
4. 试对我国宪法解释的现状进行评析。

第十四章　违宪审查与宪政

第一节　违宪审查

一、违宪审查制度

(一)违宪审查的概念①

违宪审查,是指特定的国家机关通过法定程序,以特定方式审查和裁决某项立法或权力行为是否合宪的制度,是宪法监督的重要手段,目的在于保证宪法实施,维护宪政秩序。一般认为,这种制度起源于西方资本主义国家。17世纪,英国枢密院即开始对其殖民地的立法进行监督审查。一般认为,1803年美国的"马伯里诉麦迪逊"案是违宪审查制度的开端。随着宪法实施制度的不断完善,违宪审查在世界各宪政国家中的重要性与日俱增。从违宪审查的概念可以看出,违宪审查具有以下特征:

第一,违宪审查主体是享有违宪审查权的国家机关。判断立法机关的立法是否违宪、国家机关和政党的行为是否违宪,这是非同小可的与宪法相关的事务,不是普通人或普通国家机关所能承担之职。通常,违宪审查机关由宪法明文规定,但也有例外。美国人在宪法文本中并未规定违宪审查机关,却在政治实践中最先创立了违宪审查制度。美国法院在实际判案中通过解释宪法和阐述三权分立的宪政理论认定,宪法虽未明文规定违宪审查机关,但实际上表明了应由法院作为违宪审查机关的含义,从而确立了由法院作为违宪审查机关的理论和实践。发展至今,这一理论和实践已深深扎根,成为不成文宪法传统。其他国家根据美国的经验和各自的宪法实践,都认识到确立违宪审查制度是保障宪法实施,预防和解决宪法危机的重要手段。大多数国家都在宪法中明确规定违宪审查机关及其权力。

① 本部分的写作,主要参考了周叶中主编:《宪法》第22章,高等教育出版社、北京大学出版社2005年版,第412~413页。

第二,违宪审查有特定的审查范围。违宪审查机关是特定的国家权威机关,其本身的性质和地位决定了它不可能对一切违宪案件进行审查,只对那些涉及国家及社会生活的根本问题进行审查。纵观世界各国的违宪审查实践,审查范围主要包括:法律法规及具有法律意义的文件的合宪性问题;一切国家机关、社会团体、企事业组织、各政党及全体公民的行为的合宪性问题等等。在具体审查实践中,由于各国的违宪审查机关不同,其违宪审查范围也不一样。一般说来,采用立法机关作为违宪审查机关的国家,主要审查立法是否合宪,同时也对行政法规、地方性法规是否合宪进行审查,但很少直接宣布某一行政法规或地方性法规违宪。采用司法机关作为违宪审查机关的国家,审查范围基本上与采用立法机关的国家相同。而采用宪法法院作为违宪审查机关的国家,审查范围则比较宽,包括为违宪审查进行的宪法解释,国家机关之间权限争议的裁决,各种法律、法规、法令的合宪性审查,针对国家总统等高级官员的弹劾案进行的审理或监督审查,公民个人提起的宪法诉讼等等。法国的宪法委员会以议会立法为主要监督对象,违宪审查范围较窄。从世界宪政实践来看,违宪审查范围正呈不断扩大的趋势。

第三,违宪审查程序多样化。违宪审查程序的多样性是由审查范围的广泛性决定的。违宪审查范围既涉及立法与行政行为是否合宪等对国家生活可能发生重大影响的根本问题,也涉及公民个人行为是否合宪等只对社会局部产生一定影响的具体问题。性质不同的审查范围决定了审查程序的差异。一般说来涉及国家和社会生活根本问题的审查程序较为复杂和严格,其中弹劾案的程序尤为严格,而涉及公民个人的违宪审查程序则较为简便。有些国家还通过专门法律对不同审查对象作出不同的程序规定。例如,1988 年的韩国的《宪法裁判所法》,就对违宪法律审判程序、弹劾审判程序、违宪政党解散程序、权限争议审判程序、宪法诉讼审判程序、一般裁决程序等做出了不同规定。这就表明违宪审查程序与一般诉讼程序存有区别。审查程序的多样性还表现为不同的审查模式及同一审查模式在不同国家也有不同的审查程序。这种多样性具体表现为三个方面:一是由司法机关负责审查的国家,其违宪审查程序与普通法院的诉讼程序并无区别,美国就是这方面的典型;二是以德国为代表的宪法法院负责违宪审查的国家,一般都通过制定专门法律对违宪审查程序做出较为缜密、详实的规定;三是个别国家对违宪审查程序并无具体法律规定。

第四,违宪审查方式有别于一般司法案件的审判。一般司法案件的审判主要采用辩论方式或控辩方式,而违宪审查有其独特方式,比如以被审查对象是否已经发生法律效力为标准,其方式就包括事先审查、事后审查、事先审查与事后审查相结合的方式等等。

此外,要准确理解违宪审查概念,还必须厘清它与相关范畴的联系与区别:①

违宪审查与宪法监督并非同一概念。宪法监督概念的外延大于违宪审查概念,前者涵盖后者。宪法监督是指为保证宪法实施所采取的各种办法、手段、措施和制度。违宪审查是保证宪法实施的一种具体的手段。广义的宪法监督是对有关宪法的活动实行全面的监督,从监督的主体来说,除了宪法监督的专职机关以外,还包括其他国家机关、政党、人民团体、群众组织和个体公民。从宪法监督的对象看,既包括国家机关的立法行为、行政行为、司法行为,也包括公民个人的行为以及公民结合体如政党、人民团体、群众组织等的活动。狭义的宪法监督一般是指由国家专司宪法监督的机关实行的监督,在监督的对象上偏重于对国家立法机关的立法活动以及行政机关的行政活动所实施的监督。② 宪法监督可以有多种方式、多种手段。对违宪的立法和行为,人们可以通过舆论批评,可以通过各种各样的抗议活动来表示反对。然而,这些反对措施都不具有法律意义,都不能最终回答某项立法、某种行为是否违宪的问题。只有违宪审查机关的审查结论才能最终从法律上回答这一问题。而且,这种机关是常设的权威机关,它一旦做出某项立法或行为违宪的结论,就会直接导致该项立法或行为被撤销等一系列后果。可见,违宪审查是最有效的宪法监督。③

违宪审查与司法审查也不相同。司法审查制度以美国为典范,美国的司法审查制度包含违宪审查和违法审查两个内容:第一,违宪审查,即由司法机关审查国会立法及各州立法,若有违宪之处,则可撤销此立法。第二,对行政行为审查。这种审查包括:其一,审查行政行为是否越权,越权行为违反宪法,因为宪法对国家机关的权力有明确的划分,特别是对行政机关的权力有明确的宪法限制,行政机关超越宪法授予的权力而做出的行政决定、制定的行政规章都是违宪行为。从这个意义上说,这仍属于违宪审查范围。其二,行为并不直接违宪,而是违法,即不符合立法机关制定的法律。司法机关也对违法的行政行为进行司法审查,宣布违法的行政行为无效。从世界各国违宪审查的主体来看,违宪审查包括司法机关的审查、立法机关的审查和专门机关的审查。也就是说,司法审查只是违宪审查的一种方式。

宪法诉讼是违宪审查制度的一个组成部分,二者不可等同。它们的主要区别在于:(1)宪法诉讼一般是以权利主体受到侵害为前提,违宪审查则不一定要求有违宪损害事实的存在。(2)违宪审查包括非诉讼程序审查和

---

① 参见林广华:《违宪审查制度研究》,中国社会科学院2002年博士学位论文,第21~24页。

② 参见陈云生:《民主宪政新潮——宪法监督的理论与实践》,人民出版社1988年版,第7页。

③ 参见李步云主编:《宪法比较研究》,法律出版社1998年版,第386页。

诉讼程序审查两种方式,它可以是事先的,也可以是事后的;宪法诉讼则仅是通过诉讼程序审查权力行为是否违宪的一种审判活动,只能是事后的审查,也即审查已经生效的法律法规。(3)违宪审查或者是在双方当事人地位平等的基础上进行,或者只要求单方的违宪审查机关按特定程序来进行,而宪法诉讼则必须是在当事人地位平等的基础上进行。(4)宪法诉讼必然涉及违宪审查,但进行违宪审查并不必然地要求进行宪法诉讼。宪法诉讼是一种消极的违宪审查,它遵循"不告不理"的原则。(5)司法审查制度侧重于诉讼主体机关的司法属性。在不同的宪法文化背景下,司法审查有着不同的内容,与宪法诉讼并不对应。在中国,司法审查是指人民法院依法对具体行政行为的合法性进行审查。在英国,司法审查是指普通法院对行政机关的决定、行政裁判所和低级法院的裁决是否合法进行的审查,由于英国议会享有最高权力,又没有一部效力高于法律的成文宪法,因此,对法律违宪与否的审查不在司法审查之列。

二、违宪审查的范围①

各国违宪审查的内容和范围不尽相同。概括地说,违宪审查的范围包括以下几类国家权力行为或准国家权力行为:

(一)规范性文件

规范性文件是指那些适用范围广、具有普遍效力的规则和原则的集合体。除了法律文件之外,还包括政党、利益集团和公司制定的章程。法律文件是指具有法律性质的规范性文件。它包括立法机关制定的规范性文件、行政机关或其他授权组织制定的规范性文件、司法机关制定的规范性文件。

立法机关是人民意志和利益的最为集中的代表者,其一切行为理应接受宪法监督。除了议会制定的内部组织条例以外,立法机关的所有立法行为都属于违宪审查的范围。一般认为,法是由全体人民或代表人民的立法机关制定的,理论上确是如此,但实际上,立法机关往往把它的某些立法职能委托给行政机关去行使。行政机关所制定的规范性文件,不论它来自职权立法还是委任立法,只要涉及公民的基本权利,一般都属于违宪审查的范围。②

为了具体适用法律,在大陆法系国家,最高司法机关一般以司法解释的形式补充说明宪法和法律的规定,作为下级司法机关审理和裁决案件遵照的规则;在普通法系国家,上级法院的判例具有先例的效力,并对下级司法

---

① 参见林广华:《违宪审查制度研究》,中国社会科学院2002年博士学位论文,第28~30页。

② 参见龚祥瑞:《比较宪法与行政法》,法律出版社1985年版,第436页。

机关具有拘束力。因此,监督和审查司法机关所作的司法解释或判例的合宪性也是违宪审查的内容。[①] 政党、利益集团、社会团体、公司于20世纪以来在各国的政治生活中扮演着越来越重要的角色,许多国家的宪法都对它们有所规定。它们影响国家和社会的方式之一,就是制定规范性文件,如政党制定的党章,工会、宗教、教育文化、退役军人等社会团体以及大型企业公司制定的章程。这些规范性文件对国家和社会生活的影响越来越大,应当纳入违宪审查的范围。

(二)特定个人的行为

特定个人是代表人民行使国家权力的,因而在一定条件下特定个人的行为或活动应该列入违宪审查的内容。如意大利宪法规定,宪法法院根据宪法的规定对共和国总统和各部部长提出控告案。土耳其宪法规定,宪法法院有权对总统、内阁成员、各类最高法院院长和成员、共和国首席检察官和副首席检察官、最高法院和检察官委员会主席和成员,以及审计院院长和成员的职权犯罪进行审理。根据德国宪法,其宪法法院有权对因总统故意违反宪法和法律而提出的弹劾案进行审理和判决。在下列情况下,特定个人应当接受违宪审查机关的监督和制裁:(1)故意违反宪法。(2)违宪或违法后果严重。比如,破坏国家基本制度,削弱民主制度,危害国家领土完整,侵犯公民基本权利,或有严重渎职、滥用权力等行为。(3)出现严重的道德问题等。

(三)国家机关之间的权限争议

从理论上说,国家机关之间权力的界限是清晰可辨的。但在现实生活中,由于各机关之间存在着权力交叉关系,国家机关的权力界限实际上很难划清,而且不断出现的社会问题要求越来越多的、宪法未曾明确规定的新权力。因此,国家机关之间的权限争议问题不可避免。国家机关之间的权限争议,包括国会与行政机关之间的权限争议,行政机关相互之间的权限争议,司法机关与行政机关的权限争议,司法机关相互之间的权限争议,中央与地方之间的权限争议,联邦与各州之间以及各州相互之间的权限争议。德国宪法规定,当联邦议院、联邦参议院、联邦政府、议员、政党等宪法主体中任意两者之间发生宪法权限争议,都可以请求联邦宪法法院作出裁决;另外,联邦与州之间、各州之间发生的权力纠纷,也属于联邦宪法法院关怀的领域。[②]

---

① 在大陆法系国家,法院在司法实践中作出的司法解释是未写成条文的法律。而判例则与制定法一道,本身就是普通法系国家的重要法律渊源。参见上海社会科学院法学所编:《法学总论》,知识出版社1981年版,第191页。

② 参见韩大元:《外国宪法》,中国人民大学出版社2001年版,第133页。

(四)选举争讼

选举是公民通过投票等方式周期性地更换人民代表,组织与分配国家权力的重大宪法行为。选举过程中可能出现违宪事件,故需要对选举进行监督。如法国宪法委员会不仅负责审查议会立法的合宪性,而且负责审查选举活动及全民公决的合法性,并且最终确认其法律效力。宪法委员会对选举争讼的审查包括:(1)审查总统选举的合法性并由它公布选举结果。(2)裁决议会两院议员选举中的法律争议。(3)监督公民投票程序的合法性,并公布其结果。①

(五)国际条约

国际条约是否属于违宪审查的范围,对此问题有两种不同的看法:一是宪法优越论。这种意见认为,宪法是国内最高法律,签订条约是一种国事行为,无论是条约的实质内容还是签约的程序都必须与宪法相一致,否则就构成违宪。二是条约优越论,即国际法优于国内法。这种意见认为,条约涉及国与国之间的利益关系,如果条约与宪法相抵触,应以宪法服从条约。有些国家,如荷兰宪法就明确规定,宪法在与条约发生矛盾时,宪法服从条约。不过,条约在许多国家实际上已经成为违宪审查的对象,但对条约进行审查在理论上还存有较大的分歧,在实践上也不是普遍实行的做法。②

三、违宪审查的方式

违宪审查的方式是指具体进行违宪审查的步骤和方法。从世界各国的宪政实践来看,违宪审查的方式各有不同,但其基本方式不外乎以下几种:

(一)以审查的对象是否已经发生法律效力为标准,可分为事先审查、事后审查、事先审查与事后审查相结合三种方式

1. 事先审查。

事先审查又称预防性审查。这种审查方式通常适用于法律、法规和法律性文件的制定过程中。它是指在法律、法规和法律性文件尚未正式颁布实施之前,有权机关对其是否合宪进行审查,如果不存在违宪的问题,就予以批准,否则,就不予批准,不使其生效。现在世界上许多国家如伊朗、爱尔兰、瑞典、法国等都实行这种违宪审查方式。法国宪法第 61 条规定:“各项组织法在颁布以前,议会两院的内部规章在执行以前,均应提交宪法委员会审查,由宪法委员会裁定其是否符合宪法。为了同样的目的,各项法律在颁布以前,可以由共和国总统、总理、国民议会议长、参议院议长,或由六十名

① 参见韩大元:《外国宪法》,中国人民大学出版社 2001 年版,第 86~87 页。

② 参见陈云生:《民主宪政新潮——宪法监督的理论与实践》,人民出版社 1988 年版,第 28 页。

国民议会议员或六十名参议员提交宪法委员会。”需要说明的是，事先审查的方式不仅为保障宪法实施的专门机关所采用，实行其他违宪审查体制的国家也采用。例如，爱尔兰的宪法实施保障机关是最高法院，其违宪审查方式完全是事先审查制。爱尔兰宪法第26条规定，总统在同国务委员磋商后，可将财政法案、修宪法案以外的任何法案，提交最高法院裁决该法案或者其中任一指定条款，或其中任何条款，是否与本宪法或本宪法中任何条款不一致；在最高法院宣布裁决前，总统不得签署之。①

事先审查的优点是：首先，可以避免违宪的法律、法规等带来不良的社会效果。违宪审查机关工作积极主动，把关严密，可有效地修改、纠正违宪的法律、法规，防患于未然，从而保障公民的基本权利和正常的社会秩序。其次，事先审查有利于维护宪法和法律的权威。某项法律、法规颁布实施后，如果与宪法或其他法律龃龉不合，那么既破坏整个法律体系的协调一致，又造成广泛的社会疑虑和争议。因此，为了维护宪法和法律的权威，应尽可能避免或减少关于法律是否违宪的认识分歧。而要做到这一点，最稳妥的办法，就是在法律、法规正式生效之前，进行认真的审查监督，使违宪的法律、法规不能实施。

事先审查也存在缺点：首先，事前审查未必可靠、全面。法律文件在字面上违宪，通过事先审查比较容易予以排除，但是，法律是否存在违宪的问题有时并不从文字上表现出来，只有在法律适用中才会发现。事先审查缺乏实践检验环节，审查者难免主观随意性，因而并非绝对可靠。同时，由于时间有限，任务繁重，只能进行重点审查，或者只在法案可能存在违宪问题时，才提议审查，事先审查难以做到周全无遗。其次，如果事先审查没有事后审查相配合，对于已经生效的违宪法律、法规，除了立法机关予以修改更新以外，一般缺乏有效的救济办法。再次，事先审查有时会延误时间，影响立法效率。

2. 事后审查。

事后审查是指在法律、法规和法律性文件颁布实施之后，或者在特定行为产生实际影响之后，有权机关对其是否合宪进行审查。

事后审查的优点是：首先，有利于提高违宪审查的准确性。法律的词语表达、规范体系的序列、立法目的及原则等方面存在的违宪问题能够通过事先的抽象审查得到解决。然而，法律性文件在实施过程中所必然产生的现实法律关系、法律效果是否与宪法相一致，则只能通过事后审查才能作出确切的判断。事后审查的首要优点在于它可克服抽象性审查的局限，提高违

① 参见周叶中主编：《宪法》，高等教育出版社、北京大学出版社2005年版，第376页。

宪审查的准确性,避免主观随意性。其次,有利于维护宪法的权威性、连续性、稳定性。及时有效的事后审查,能够最大限度地排除法律性文件与宪法相违背的情况,保证法律性文件的实施、变动与宪法保持一致,从而有效地维护宪法的权威。再次,增强宪法弹性,适应社会现实变化。根据社会生活的需要,审查机关可结合具体案件对宪法规定作出新的解释,既不用修改宪法,维护宪法的稳定性,又能够使宪法适应不断发展、变化的社会情势,保持宪法活力。①

事后审查也有其不足之处。事后审查的具体性、个案性和消极性等特点决定了审查带有一定的随意性,对法律规范性文件、行政决定、命令的审查是不系统的、不全面的。

3. 事先审查和事后审查相结合。

由于事先审查和事后审查两种方式各有自己的优缺点,通过互补可以进一步完善和健全宪法监督体制。有鉴于此,现代宪政发展的趋势是把这两种方结合起来,以期收到相得益彰之效。目前,采用事先审查与事后审查相结合的方式的国家主要有泰国、斯里兰卡、叙利亚、葡萄牙、瑞士、摩纳哥、塞浦路斯等。例如,1977 年斯里兰卡宪法第 120 ~ 125 条规定,最高法院应总统或公民的要求,对议会准备通过的法案是否违宪进行审理;在最高法院作出裁决之前 ,议会不得对该法案进行通过;最高法院得自要求提出之日起三周内作出裁决通知请求人和议长。凡内阁认为根据国家利益需要紧急通过的法案,总统应向最高法院首席法官提出书面通知,要求最高法院就该法案或其中任何条款是否违宪作出裁决;最高法院接通知后应在 24 小时内或总统规定的 3 日内召集全体会议裁定,并将裁定通知总统或和议长。每个法案应在列入议会提案通知簿前 7 日内在政府公报上发表,总检察长负责对每个法案有无违宪的规定进行审查,如发现有违宪的规定应通知总统,为总统要求最高法院审查提供依据。最高法院对法案所作的裁决,在通知总统或公民和议长时应附说明文书,说明该法案或其任何条款是否违宪、违反宪法的哪些条款以及应如何处理(例如是否经某种修改方可通过);凡被最高法院裁定违宪的法案,非按其要求加以处理不得通过,只有按其要求作了处理而不再同宪法相抵触,通过才为合法有效。以上这些做法显然属于事先审查。另外,该宪法还规定了事后审查,即任何法院、法庭和其他执法机关在诉讼过程中,如遇到认为违宪的法律,应立即提请最高法院裁决并暂停对该案的审理,最高法院需从接到请求之日起的两个月内作出裁决。②

① 参见李春燕:《论宪法修改》,载胡建森主编:《宪法学十论》,法律出版社 1999 年版,第 47 ~ 48 页。

② 参见周叶中主编:《宪法》,高等教育出版社、北京大学出版社 2005 年版,第 377 页。

（二）以审查对象是否依托具体案件为标准，可分为具体审查和抽象审查

具体审查是指具有违宪审查权的机关通过审理具体案件，就所适用的法律是否合宪的问题，作出有约束力的裁决的一种违宪审查制度。例如在美国，法院并不就法律、法规是否违宪作一般的抽象审查，只要没有引起争论，即使某项法律是违宪的，法院也不予过问。只有在具体案件的审理中，当所适用的法律是否合宪这一问题引起争议时，法院才对涉案法律、法规是否合宪作出裁决。但是，这种裁决在原则上只适用有关的具体案件，不具有普遍的约束力，就是说，不排除在以后或者在别的案件中继续适用该法律性文件。由于美国是一个实行判例法制度的国家，法院的裁决特别是最高法院的裁决对下级法院具有约束力，法院在以后的同类案件中会将先前或者上级法院的判决作为"先例"而予以尊重和服从。因此，凡是被法院宣布为违宪的法律，事实上等于被废止。

抽象审查是指就立法是否与宪法相一致进行的一般性判断。无论法律、法规在实施中是否引起争讼，有权机关都可以对其进行合宪与否的判断。实行这种审查方式的国家通常是议会至上的国家或以人民代表大会为最高权力机关的社会主义国家。社会主义国家大多实行最高国家权力机关即立法机关实施宪法监督的制度，法律是否违宪，是立法机关自己裁量的问题。一般说来，无论在法律实施以前，还是在实施以后，立法机关都可或主动或依申请进行抽象性审查，前苏联和我国，对法律的合宪性审查，均采取这种方式。

（三）根据审查程序的不同，可分为普通程序的审查和特殊程序的审查

普通程序的审查有两种情况，一是指立法机关以普通工作程序实行法律合宪性的审查，没有建立专门适用于审查监督的特殊程序。例如，英国没有违宪审查的专门程序。无论是对宪法进行修改、补充，还是协调一般法律和宪法的关系，都是由议会通过普通立法程序做出的。又如我国，全国人大和全国人大常委会按照其通常的工作程序监督宪法的实施。二是指司法机关以普通司法程序实行合宪性审查。由普通法院负责违宪审查的国家，其违宪审查程序与普通的刑民诉讼程序没有差别。

特殊程序是指有权机关为实施违宪审查而建立的特殊方式、方法和步骤。奥地利、德国、意大利的宪法法院都制定了适用于违宪审查的特殊诉讼程序。由于宪法诉讼不一定是在当事人之间进行，即使是在当事人之间进行，这些当事人也往往不是个人，而是诸如政府、国家元首、议会、地区、联邦各州等政治机构或者政治实体。因此，在宪法诉讼中，有必要适用不同于普通诉讼的特别程序，其中最重要的，就是不完全实行"对审诉讼"，有时根据需要，法官有权审查申诉者并未提出异议的有关法律规定。还由于宪法法

院法官人数有限，为了应付大批涌来的宪法诉讼，法官有权在简单审查后即事先拒绝受理其中大部分案件。例如在联邦德国，宪法法院设有一个具有宪法申诉审判权的三人委员会，对宪法案件进行预审，“委员会有权根据不能接受或胜诉可能性低的理由，以一致同意的表决驳回宪法申诉”。① 这样，该委员会否决了每年向宪法法院提出的95%以上的宪法申诉。②

（四）以违宪审查的起因为根据，可分为附带审查、起诉审查和提请审查

1. 附带审查。

附带审查是指司法机关在审理案件过程中，因涉及拟适用的法律、法规和法律文件是否违宪的问题，而对该法律、法规和法律文件所进行的合宪性审查。附带审查的条件是，拟审查的法律已经生效实施，发生了与该项法律有关的具体案件，该项法律是案件审理的依据，当事人已经向审查法院提起诉讼。附带审查是美日等由法院负责审查的国家进行违宪审查的唯一方式，有些国家的法院则不仅进行附带审查，而且还可进行起诉审查和提请审查。

2. 起诉审查。

起诉审查一般是指有关国家机关、社会组织或者公民个人在自己宪法上的权力或者权利受到侵犯或者可能受到侵犯时，依法诉请宪法实施保障机关对特定的法律性文件和行为的合宪性进行审查。起诉审查以宪法诉讼为前提，多适用于专门机关审查模式。

3. 提请审查。

提请审查是指特定的国家机关或国家高级公职人员依法将有异议的法律性文件或行为，提请该国的宪法实施保障机关进行合宪性审查。法国、葡萄牙、斯里兰卡、伊朗等国都实行这种违宪审查方式。例如，根据葡萄牙宪法的规定，对于呈请总统签署批准的法律、法令和命令，总统可以提请宪法法院就其内容的合宪性进行审查。

三、违宪审查的基本模式

违宪审查模式是指在宪法实施监督理论指导下，由违宪审查主体、对象、方式、方法和原则等构成的可供人们理解、把握和仿照的固定形式。

因各国所奉行的政治理念和所实行的政治体制、法律和历史文化传统的不同，在选择能够承担违宪审查任务的主体上也有所不同，相应的，各国

① [美]迈克尔·辛格：《德意志联邦共和国对个人申诉的管辖权》，《法学译丛》1985年第5期，第55页。

② 参见[美]迈克尔·辛格：《德意志联邦共和国对个人申诉的管辖权》，《法学译丛》1985年第5期，第54页。

所建立的违宪审查模式亦各不相同。以违宪审查权的归属为标准,这些模式主要包括:司法机关审查模式、立法机关审查模式、专门机关审查模式、复合审查模式等四类。[①]

(一)司法机关审查模式

司法机关审查模式是指普通法院在审理具体案件中,对该案件适用的法律和行政法规的合宪性进行审查、裁决的一种违宪审查模式。

此种模式简称司法审查(Judicial Review),是指司法机关按照司法程序审查和裁决立法和行政行为是否违宪。这一制度根源于自然法学派的观点,特别是17世纪英国王座法院首席法官科克(Edward Coke)关于普通法高于制定法的观点,是司法审查的直接理论来源;而英国枢密院对其殖民地立法的监督制度则被认为是司法审查的先例。17、18世纪一些自然法学派的思想家继承传统的将法分为自然法和人定法的观点,认为自然法是人类理性的产物,是永恒不变的社会准则,是人类正义或自然正义的保障。而人定法则是国家机关制定的,它必须同自然法相一致,否则就不是正义的。他们以这种理论为根据,抨击封建时代的王法,鼓吹资产阶级法制。17世纪英国法官科克关于普通法的观点实际上也属于自然法理论的范畴。在著名的"博纳姆医学博士案"(Case of Dr. Bonham)中,[②]柯克认为,英国的普通法(即判例法)和大宪章是自然法的体现,其地位和效力优越于国王及国会的立法,凡是同普通法和大宪章相违背的立法一律无效。

司法审查模式依据其违宪审查权的来源,又可分为通过司法判决确定违宪审查权归属的美国模式和由宪法明确规定违宪审查权的日本模式。美国联邦法院享有的违宪审查权是通过1803年的"马伯里诉麦迪逊"案确立的,而日本最高法院享有的违宪审查权则源于该国1946年宪法第81条的规定:"最高法院为有权决定一切法律、法令、规则以及处分是否符合宪法的终审法院。"

目前世界上142部宪法中,明文规定实行司法审查的有40个,暗含规定的有24个,即有64个国家采用司法审查的方式监督宪法的实施。[③] 司法审查制度的确立对于民主政治具有深远意义:(1)司法审查实质上是少数对多数的制约,将精英的智慧与民主的平等相互结合,实现了权力制衡的共和精神。(2)人民通过司法程序间接参与立法,推动法律的发展和完善,符合人

---

① 参见周叶中主编:《宪法》,高等教育出版社、北京大学出版社2005年版,第415~417页。

② See Charles M Gray, "Bonham's Case Reviewed", Proceedings of the American Philosophical Society, Vol. 116, No. 1, 1972.

③参见[荷]亨利·范·马尔赛文等:《成文宪法:通过计算机进行的比较研究》,陈云生译,北京大学出版社2007年版,第90页。

民主权原理。(3)司法审查在发现和克服立法缺陷上,针对性强、反应及时灵活。(4)司法审查将启动审查程序的权利交于人民操持,既能保障人权,又可激发人民的政治热情。(5)司法审查具有消极性、个别性的特点,只是在个案中拒绝适用法律的某项条款,因而不会造成与立法权关系的失衡。其不足主要是:(1)容易形成法官专横。(2)司法机关本来是依照宪法规定而设,却反过来判定宪法的原意似乎与理不合。① (3)民主正当性不足。(4)司法审查主要是具体的个案审查,它不能撤销违宪的法律及法律性文件。(5)对有关法律违宪性裁决的效力具有不确定性和有限性。司法权属于终极性、被动性权力,且受立法、行政权力制约,法院对违宪案件的裁决,如果当事人不服,还可以上诉或申诉。因此,司法审查的终局性并非绝对。

(二)专门机关审查模式

专门机关审查模式是指由宪法所规定的专门机关对法律、法规和行政规章等的合宪性进行审查、裁决的一种违宪审查模式。

1799年法国宪法规定设立护法元老院,并赋予它撤销违宪法律的权力,这是由专门机构负责违宪审查的起源。奥地利最早于1920年设立了宪法法院,后来在捷克、西班牙等国也设立过。第二次世界大战后,联邦德国、意大利、土耳其、塞浦路斯等国都相继建立了宪法法院。由宪法法院行使违宪审查的职权已经发展成为欧洲的违宪审查的基本形式。此外,原苏联的加盟共和国在苏联解体而独立后,东欧和南欧原来的一些社会主义国家在发生剧变后,其中的一些国家也设立了宪法法院。目前约有40余个国家实行这类违宪审查体制。

由于各国历史、文化背景不同,其宪法所规定的专门机关名称也不同。概括起来,这些专门机关可分为两类,即特设司法机关和专门政治机关。因而专门机关审查模式可分为特设司法机关审查模式和专门政治机关审查模式。

特设司法机关审查模式,是指由根据宪法规定设立的专门行使违宪审查权的法院负责违宪审查的一种模式。这种模式在大多数国家被称为宪法法院审查模式。同司法机关审查模式相比,特设司法机关审查模式的优点是:(1)宪法法院地位超脱、权限广泛。它不仅有权审查当事人提起诉讼的相关法律是否合宪,而且有权审查没有当事人提起诉讼的有关法律是否合宪。同时,有的国家的宪法法院还有权审理对总统或联邦法官的弹劾案及政党违宪案。(2)作为专职的司宪机关,不审理普通的刑民案件,能够保证违宪审查的专职有效。(3)程序灵活和审查方式多样,既可是抽象性专门审

① 参见董和平:《宪法学》,法律出版社2007年版,第128页。

查立法合宪性,也可是具体性个案审查。(4)审查具有权威性和终极性。宪法法院的法官一般均由高级法官或资深的政府官员、律师、学者担任,任用程序严格,且宪法法院在国家政治生活中地位较普通司法机关要高,其判决不可上诉,具有权威性和终极性。但是,特设司法机关审查模式亦有不足之处:(1)宪法法院容易卷入政治纷争,或为个别党派所利用,或成为与宪政体制中心不同的另一政治中心,不利于政局稳定。[①] (2)案件堆积如山,精力和人手不够,难于应付。目前世界上实行宪法法院审查制的国家有30多个,如德国、意大利、奥地利等。

专门政治机关审查模式的特点在于专门政治机关的职权主要是政治性职权,例如,法国宪法委员会的首要任务是"监督共和国总统的选举。宪法委员会审查申诉,并且公布投票的结果。"同时法国宪法还规定,"在发生争议的情形下,宪法委员会就国民议会议员和参议员选举的合法性作出裁决"。由于保障总统及议员选举的合法性是一项政治性极强的职能,再加上该委员会的审查范围不包括公民因国家机关的行为造成侵害公民基本权利的宪法诉讼案,因而该模式一般被称为专门政治机关审查模式。当然在法国的宪法审查实践中,并非只有宪法委员会享有违宪审查权,我们这里是出于理论研究的需要将其归入专门政治机关审查模式,其实法国属于复合审查模式。

(三)立法机关审查模式

立法机关审查模式是宪法或宪法惯例所确立的立法机关负责审查、裁决违宪案件的一种违宪审查模式。

立法机关审查模式的优点在于:(1)立法审查具有权威性和权力行使的统一性。(2)监督的直接性和快捷性。但该模式也有缺陷:(1)实效性、经常性和公正性不够理想。因为立法机关本身担负着繁重的立法任务,加上违宪审查的专业性强、工作量大,立法机关往往缺乏精力和时间对所有的法律、法规进行合宪性审查,更不可能受理具体的违宪诉讼。(2)立法机关对自己的立法审查是一种自我监督,与"自己当自己案件的法官"的自然公正原则不符,难以保证审查的公正性。(3)审查结论不具有直接的司法强制性,因而效力有限。正是因为该模式存在上述缺陷,所以英国在司法实践中赋予普通法院以部分违宪审查权,从而形成后来的复合审查模式。

(四)复合审查模式

复合审查模式,是指一国的违宪审查权由两个或两个以上的国家机关行使,并根据法律规定或国家认可的权限、程序和方式对违宪案件进行合宪

---

① 参见董和平:《宪法学》,法律出版社2007年版,第129页。

性审查和裁决的一种模式。目前，该模式中有由议会、政府和法院共同行使违宪审查权的瑞士模式；有由国家权力的最高领导机关和检察机关共同监督宪法实施的朝鲜模式等。但是，比较典型的是由宪法委员会与行政法院并行审查的法国模式和议会与普通法院并行审查的英国模式。

法国采用宪法委员会与行政法院并行审查模式，是由法国历史悠久、体制完备的行政法治系统决定的。法国大革命后，确立了三权分立原则和司法不得干预行政原则，后一原则使法国设立了行政法院，并赋予其行政法规、行政规章和行政行为的合宪性、合法性审查权；前一原则决定了对于议会所制定的法律的合宪性，司法机关不得审查，这就出现了违宪审查漏洞。为弥补这一漏洞，1946 年开始，法国宪法规定设立宪法委员会专门负责审查议会立法的合宪性等问题，进而确定了法国的复合审查模式。

英国的议会和普通法院并行审查模式是由英国的政治习惯和有关判例决定的。英国在特定历史条件下形成了议会主权原则和法治原则。议会主权原则决定了议会的立法由它自己负责审查，但议会作为立法机关，一般不对侵犯公民基本权利的违宪案件进行审查，根据法治原则，这类案件只能由普通法院进行审查。这样，英国的议会和普通法院都享有违宪审查权，并按照各自的权限分工、运行程序和审查方式开展违宪审查工作。

复合审查模式的特点在于审查主体的双重性或多重性，且各审查主体相互分工、密切配合，使违宪案件得到有效审查。不过，该模式也有违宪审查权分散、不统一的缺陷。

四、建立具有中国特色的违宪审查制度

我国违宪审查制度经历了一个不断完善和发展的过程，迄今已经基本形成具有自己特色的违宪审查制度。现行审查模式主要是在我国宪政实践中，依据 1982 年宪法和《行政诉讼法》以及《国家赔偿法》确定下来的，2000 年由全国人民代表大会通过的《立法法》，则对立法行为的违宪审查做了进一步的规定。根据现行宪法和《立法法》的规定，全国人民代表大会及其常务委员会负责监督宪法实施，享有违宪审查权。这样，全国人大及其常委会对立法以及其他规范性文件的合宪性审查实现了制度化、规范化。同时，《行政诉讼法》和《国家赔偿法》规定了司法机关有权对国家机关及其工作人员公务行为的合宪性、合法性问题进行审查。这就表明我国已经初步建立起国家权力机关和司法机关相结合，事先审查与事后审查相统一的违宪审查模式。[①]

① 参见周叶中主编:《宪法》，高等教育出版社、北京大学出版社 2005 年版，第 423 页。

我国现阶段的违宪审查制度符合国家体制,违宪审查具有权威性,审查权行使具有统一性和公正性等优点,但也有不足之处:(1)缺乏专门的宪法监督机关。全国人大及其常委会身兼多职,其他国家机关也有权在自己的职责范围内监督宪法实施,审查主体的模糊性和多层次性使得违宪审查没有成为一种专门化和经常性的工作。(2)审查主体在自我监督时必然动力不足且难免偏颇。(3)审查范围狭窄,监督方式单一。偏重对立法的事先、抽象性审查,忽略对于一般规范性文件以及其他权力行为的事后、具体性审查。(4)缺乏程序保障,难以操作。(5)违宪制裁措施的严肃性、强制性和惩罚性不够强,宪法监督的威慑力弱。① (6)启动违宪审查程序的主体范围过窄。按照《立法法》的规定,启动违宪审查程序的主体为国务院、中央军事委员会、最高人民法院、最高人民检察院和各省、自治区、直辖市的人民代表大会常务委员会。其他国家机关、企业事业组织以及公民对违宪审查诉讼只有建议权,没有启动权。这种制度设计限制了启动违宪审查程序的主体范围,不利于公民宪法权利的行使。②

针对上述问题,近些年来,我国宪法与宪政理论与实践积极予以回应,做了很多有益的探索。在程序保障方面,理论界普遍主张借鉴国外先进经验,制定一部专门的单行法律《宪法监督法》,对违宪审查程序做出完善、周密的规定。在审查机构设计方面可谓见仁见智。其中有代表性的主张有:(1)建立"混合型"的以普通法院为主的合宪性审查制度,由普通法院主要是最高人民法院或专门设立的宪法法院行使违宪审查权。③ (2)全国人大下设一个与人大常委会平行的宪法委员会专司违宪审查职责。④ (3)全国人大下设一个性质及职责与各专门委员会相同的宪法委员会,协助全国人大及其常委会监督宪法实施。(4)把现行的全国人大法律委员会改为宪法和法律委员会,在其原有职权基础上增加违宪审查权。

完善我国违宪审查制度首先应立足可行性和现行政治体制。其次要充分利用现在法律资源,尤其是宪法资源。从我国政治体制看,合宪性审查模式应当符合人民代表大会制度这一根本的政治制度。全国人大在国家体系中处于主导地位,具有最高性和全权性,其他国家机关相对它来说则具有从属性,因而另外设立独立违宪审查机构,似乎不具有可行性。应该改革完善现行体制,克服全国人大及其常委会在自我审查方面存在的一些弊端,而不

---

① 参见朱福惠主编:《宪法学》,厦门大学出版社2009年版,第455页。

② 参见王志民:《中国特色违宪审查制度的完善》,《江西社会科学》2008年第8期,第214页。

③ 参见周永坤:《试论人民代表大会制度下的违宪审查》,《江苏社会科学》2006年第3期,第126页。

④ 参见费善诚:《试论我国违宪审查制度的模式选择》,《政法论坛》1999年第2期,第8页。

是无端增加制度成本,另寻捷径。从法律资源来看,首先,我国宪法已经赋予全国人大及其常委会以合宪性审查权。同时,我国宪法还规定,设立各专门委员会协助全国人大及其常委会的工作,专门委员会中的法律委员会,可以协助权力机关行使违宪审查权。再者,1989 年我国《行政诉讼法》的颁布以及人民法院行政庭的设立,为司法机关审查侵犯公民基本权利的宪法诉讼案件提供了基础。有鉴于此,我国应当实行全国人大及其常委会与普通法院行政庭共同进行合宪性审查的复合审查模式,并在以下方面,对其予以健全和完善:

第一,明确全国人大、人大常委会及各专门委员会、普通法院行政庭受理违宪案件的范围、权限和方式。理顺和规范各审查机关之间的关系,确立审查主体之间分工合作、互相配合的原则和程序,解决多层次审查主体之间权限不清和管辖冲突的问题,推动我国合宪性审查复合体制进一步完备。

第二,加强全国人大及其常委会的机构建设,促使违宪审查运行的具体化。具体说来,主要是加强全国人大法律委员会的建设,促使其协助全国人大及其常委会履行宪法监督任务的职权更加明确化、具体化和程序化,赋予法律委员会对法律、行政法规和地方性法规的合宪性有初审权或预审权,对不应该受理或不必受理的案件有裁定驳回权等,并在积累违宪审查案件经验的基础上,赋予其部分违宪审查的实质性权力。

第三,推进行政诉讼制度改革,加强普通法院行政庭建设。目前,我国法院仅受理对具体行政行为不服提起的诉讼,司法审查的范围和力度过弱。随着整体法治环境的优化和司法权威的增强,加大司法审查在我国复合审查模式中的比重和作用,积累经验、完善规则、改进制度,在条件成熟时确立宪法诉讼。

第四,制定程序规则,建立健全违宪审查程序制度。具体言之,在最高国家权力机关受理违宪案件方面,可由全国人大通过制定《宪法监督法》,对最高国家权力机关受理违宪案件的范围、方式、步骤和时限等做出明确规定;在普通法院受理违宪案件方面,可以在现行的《行政诉讼法》中增加违宪审查程序一章,或制定单行的《人民法院违宪审查程序规则》,具体规定人民法院违宪审查的范围、时限、方式和步骤以及有关争议的解决方法等。

第五,适当扩大违宪审查程序启动主体的范围。除了国家机关之外,应该赋予公民、法人或其他组织等社会主体的违宪审查启动权,因为这些社会主体的利益受到违宪行为的直接影响,有充分的动力提出违宪审查请求。

第二节　宪　政

一、宪政的概念

宪政(Constitutionalism)也称"立宪政体"或"宪政主义"。宪政一词在西方何时出现存在不同的说法。伯尔曼在其《法律与革命》一书中指出:"'立宪主义'一词创始于18世纪后期和19世纪初期,主要用来指美国的成文宪法高于制定法的原理"。[①] 宪政一词的使用是近代的事情。根据哈维·维勒的研究,宪政一词虽然早在1832年就出现,但它成为政治术语中的重要词汇则是将近一个世纪以后。中文世界里的宪政一词,据韩大元考证,最早出现在1906年清政府颁行的"预备立宪"上谕中,其中写道:"今我国亦惟仿行宪政,大权统于朝廷,庶政公诸舆论,以立国家万年有道之基"。但这一说并不准确,因为梁启超早在1899年4月《清议报》上发表的《各国宪法异同论》中已经使用宪政一词。孙中山在其著名的革命程序论中,将宪政视为继军政、训政之后的最后阶段。

正如宪法概念的多样性一样,由于不同国家政治价值和实践模式的不同,人们对宪政的理解也各有不同。从英文词源上看,宪政(Constitutionalism)与宪法(Constitution or Constitutional Law)有不解之缘。《布莱克维尔政治学百科全书》即将宪法、宪政作为同一词目诠释而并未将其明确区分。从历史渊源看,亚里士多德在其《政治学》一书中即交替运用宪法、宪政、政体等词语。在他那里,宪政与宪法含义并无二致。他主张用宪法的形式确立国家机构的形式,规范城邦最高统治机构和政权的安排。到了近代,宪法与宪政的含义既有区别又有联系。而且,就其内涵而言,近现代的宪法、宪政与古希腊城邦共和国的宪法、宪政有实质上的不同。尽管近现代意义的宪政有多种含义,但我们可以将其归结为两类:

(一)从控制国家权力的角度界定宪政

这主要是西方学者的界定,亦是西方的主流观点。较早作出这种界定的是美国学者C.H.麦基文,他说:"宪政有着亘古不变的核心本质:它是对政府的法律限制;是对专政的反对;它的反面是专断,即恣意而非法律的统治。"[②]在后来有关宪政的著述中也有与C.H.麦基文的定义相类似的解释。

---

① [美]哈罗德·J.伯尔曼:《法律与革命——西方法律传统的形成》,贺卫方等译,中国大百科全书出版社1993年版,第479页。

② [美]C.H.麦基文:《宪政古今》,翟小波译,贵州人民出版社2004年版,第16页。

如卡尔·J.弗里德希为《社会学国际百科全书》撰写的“宪法与宪政”词条，将宪政界定为“宪政是对政府最高权威加以约束的各种规则的发展”。[①] 美国华盛顿大学教授丹·莱夫认为：“宪政意指法律化的政治秩序，即限制和钳制政治权力的公共规则和制度。宪政的出现与约束国家及其官员相关。”[②]与控制国家权力的界定相联系的宪政概念还有其他表述。如美国学W.G.安德鲁斯指出：“如果一个人试图对（宪政）这一复杂的概念用两个词进行描述的话，那么他可以称它为‘有限政府’。”[③]另一表述将宪政视为分权与制衡。如欧木斯认为：“宪政主义的中心问题，就是汉密尔顿在联邦论所陈述的：‘首先是使政府能够控制人民，其次是使政府能够控制自己。信赖人民，无疑是对政府的主要控制；但是，经验教训人类仍需要有辅助性的预防办法……对这些辅助性的预防办法，我们就叫它为宪政主义”。[④] 汉密尔顿所说的预防性的辅助办法实际上就是横向的分权（立法、司法、行政）和纵向的分权（联邦和州）与制衡，因此，该定义是将宪政界定为权力分立与制衡。

（二）从民主政治角度界定宪政

宪政与民主的关系极为复杂，两者既相互依存、彼此促进，又相互冲突、彼此矛盾。我国理论界长期以来多忽略两者的冲突，而强调宪政与民主的相互契合，将宪政定义为民主政治。毛泽东在1940年发表的《新民主主义宪政》一文中指出：“宪政是什么呢？就是民主的政治”，“世界上历来的宪政，不论是英国、法国、美国，或者是前苏联，都是在革命成功有了民主事实之后，颁布一个根本大法，去承认它，这就是宪法。”[⑤]我国很多学者认为宪政与民主政治有关显然深受毛泽东论说的启迪。1985年以来出版的众多法学辞书一般都认定“宪政是以宪法为中心的民主政治”，是在“立宪政体下，统治阶级的成员都平等地参政，即实行民主政治。”[⑥]著名宪法学家张友渔认为，“宪政就是拿宪法规定国家体制、政权组织以及政府和人民相互之间的权利义务关系而使政府和人民都在这些规定之下，享有应享有的权利，负担应负担的义务，无论谁都不许违反和超越这些规定而自由行动的这样一种

---

① 参见《社会学国际百科全书》英文版，Carl J. Friederich撰写的“宪法与宪政”词条。转引自李龙：《宪法基础理论》，武汉大学出版社1999年版，第143页。

② 李龙：《宪法基础理论》，武汉大学出版社1999年版，第143页。

③ ［美］W.G.安德鲁斯：《宪法与宪政》，Copyright 1961by D. Van Nostrand Company，Inc，13.转引自徐国利：《宪政概念考源与辨析》，《河北法学》2005年第6期，第11页。

④ ［美］Greenstein：《政府制度与程序》，幼狮文化事业公司1983年版，第47页。转引自徐国利：《宪政概念考源与辨析》，《河北法学》2005年第6期，第11页。

⑤ 《毛泽东选集》（第2卷），人民出版社1991年版，第732、735页。

⑥ 《宪法词典》，吉林大学出版社1988年版，第351页。

政治形态。”[①]许崇德认为,毛泽东的说法构成宪政的实质含义,“再加上形式要件的话,那么宪政应是实施宪法的民主政治。”[②]可见,中国学者大都认为宪政就是民主政治、立宪政治或者说宪法政治。它的基本特征就是用宪法把已争得的民主事实确定下来,以便巩固这种民主事实,发展这种民主事实。

值得注意的是,尽管宪政理论与民主理论之间具有内在的关联,两者之间的区别却不容忽视。纯粹的民主并不能充分保障公民权利,因为民主的政府也可能实行专制统治。民主强调多数的统治、公民的参政权和政治程序,宪政强调对国家权力的限制和防范。将宪政与民主理论相结合,可将宪政定义为:宪政是以宪法为前提,以民主政治为核心,以法治为基石,以保障人权为目的的政治形态或政治过程。

二、宪政的要素

宪政的概念是宪政内涵的抽象表述,宪政作为专制政体的对应物,其基本内涵就是用宪法这一根本大法的形式把已经取得的民主事实确认下来,用法治的精神发展和完善这种民主事实,以此保障公民权利。因此,宪政应包含四个基本要素,即宪法、民主、法治和人权。其中,宪法、民主和法治都服务于相同的价值——保障人权,只是发挥功能的角度不同而已。

(一)宪政以宪法为前提

宪政的起点是宪法。虽然有宪法未必有宪政,但是,有宪政则必有宪法。宪法通过其明确、完备的规范体系为政治共同体提供制度支撑,为社会所有成员,尤其是政府、政党、公民团体等社会组织确立根本的行为规范。宪法将人们对自由、平等、公正的意识和期望凝结成全社会基本的道德共识,赋予这些价值共识以明确的规范形式,能够有效地指导宪政实践,使纸上的宪法内容成为活生生的社会现实。宪法之于宪政,类似建筑物的设计图纸和建筑物的关系,“建筑一座伟大的工程,需要工程师事先有详密的设计,然后绘制精密的蓝图,其高度、长度及载重经久等等,一切都依这设计的蓝图而定。如果没有经过工程师的设计,或设计不精密,这种工程非但不大可靠,而且还有危险。宪法与宪政的道理也是一样,如果我们想建设一个完整的宪政国家,我们必须有良好的宪法,因为宪法就是实施宪政的蓝图。”[③]

(二)宪政以民主政治为基础

宪政与民主均以自然权利为根本出发点。根据自然权利论,何者有利

---

① 张友渔:《宪政论丛》(上册),群众出版社1986年版,第100页。

② 许崇德:《社会主义宪政不平凡的历程》,《中国法学》1994年第5期,第8页。

③ 徐时中:《宪法与宪政》,载《宪法论文选辑》,新中国出版社1947年版,第39~40页。

于自己的最终判断者是每个人自身而不是所谓智慧高人一等的圣贤，人们联合起来组成政府，目的在于维持人与人之间的和平，保障每个公民的权利，现代政治从个人出发，最终回到个人。合法政府作为人造物，是个人之间约定的产物，根本上服从于人的权利，每个人自然权利的平等决定了这种政府只能是民主的政府。“我们只需要提醒自己注意到这一学说（自然权利论）的实际内蕴，那就是唯一合法的制度乃是民主制”。① 民主，也即多数的统治，为宪政对人权保障的价值追求奠定了坚实的基础。没有民主，就不可能有宪法，更谈不上宪政。民主既是宪政的合法性源泉，也是宪政的核心内容之一。民主是构成合理公正的宪政的一个重要的乃至关键性的要件。宪政只有基于民主原则才能坚定而持久。

（三）宪政以法治为保障

宪政与法治的亲缘度极高，它们的内涵几乎可以相互替代，都以限定国家权力的边界和规范权力的运行为重点，“没有无宪政的法治，亦没有无法治的宪政”。②

法治是宪政的保障。宪政的根本目的在于限制政府权力、保障公民权利，而法治恰是最基本的一种限权制度。法治意味着严格依照法律治理国家的政治主张、制度体系和运行状态。法治在功能上表现为对专制权力的决然否定和对民主政治的完善和维护；在价值取向上意味着对正义的追求和对人人平等自由权利的保护。法治强调国家受宪法和法律的限制，政府权力来源于宪法和法律的授权，依宪法和法律指示的轨道有效地运行，强调任何越出轨道滥用权力的行为都同宪法相抵触，与宪政的价值取向格格不入。法治可以为宪政提供稳定的社会基础，始终是宪政的基本保障。如果法治状况良好，社会成员普遍信法守法，唯法是从，无宪之政、违宪之政将寸步难行。此外，法官的宪法解释权、宪法司法和独立的司法审查权，可以及时化解宪政危机，维护宪法的有效性和权威性，保持宪政的健康运行。③

宪政是法治的先决条件和最高形式。法治的集中表现是法律至上、宪法至上。依法治国，首要是依宪治国，即运用宪法的民主原则和法治精神来治理国家。离开了宪法和宪政，法治就丧失了基本的依托，丧失了生命和活力，权力也就不会服从于法律。因此，“宪政国家与法治国家是名异而实

① [美]列奥·施特劳斯：《自然权利与历史》，彭刚译，三联书店 2003 年版，第 197 页。

② 李龙：《宪法基础理论》武汉大学出版社 1999 年版，第 146 页。

③ 参见程汉大：《宪政基本要素及其结构》，《中共南京市委党校学报》2010 年第 1 期，第 35 页。

同”,[①]宪政是法治的基本标志,法治是宪政的必然结果。[②]

(四)宪政以人权为目标

宪政是追求自由与人权的政治。人权是指人作为人应该享有的权利,是一个人在社会中应享有的政治、经济和文化等各项自由平等权利的总称。对公民权利的确认和保护是每一个国家宪法最重要的组成部分。宪法发展和完善的过程也是对公民基本权利选择范围不断扩大,层次不断加深的过程。由此可见,宪政是发展人权的手段,没有宪政实践,人权的保障就只能停留于宪法条文的静态之中。人权将宪政的其他要素——宪法、民主和法治——统一为有机的整体,如果没有人权作为宪政的魂魄,那么,现代社会的所有政治法律设施不过是徒具形式的空壳。人权是衡量宪政实现程度高低的唯一标尺。

三、宪政的特征

宪政是古今诸多政治形态之一,与传统政治、专制政治等相比较,具有以下特征:

(一)宪政是宪法实施后的实然状态

宪政作为人权获得充分保障的实然状态的政治,与宪法未能实施而以书面的、静止的存在不同,也与高悬宪法严重脱离现实的政治不同,更与以立宪相粉饰的专制政治迥异其趣。宪法实施的过程就是宪政建设的过程。如果在政治实践中,宪法得到很好的实施和严格的遵守,各种社会关系特别是基本社会关系,如国家权力、公民权利以及两者之间的关系得到宪法有效的规范和调整,那么宪法和宪政共同的政治价值目标——发展人权和保障人权就能得以实现。这样,不仅宪法得到了很好的实施,而且宪政也得到了很好的建设,因此,建设宪政的基本途径就在于使一个好的宪法得到充分实施,使其充分发挥根本法的作用,成为具有稳定性、连续性和权威性的社会基本行为准则。宪政相对于特定的治理过程、治理手段和治理因素而言,是一种结果,是经由政治建设和治理而达至的一种可以衡量的稳定结构和可以把握的有形成就。[③]

(二)宪政的本质是有限政府

立宪政体是国家权力受到限制的政体。这是宪政区别于所有其他政治形态的本质特征。一切国家权力都必须根植于宪法当中,必须建立有限政府,建立有限政府是宪政的首要精神。这一精神具体表现为两个宪政原则:

---

① 杨兆龙:《杨兆龙法学文选》,中国政法大学出版社 2000 年版,第 46 页。

② 参见周叶中主编:《宪法》,高等教育出版社、北京大学出版社 2005 年版,第 183 页。

③ 参见焦洪昌主编:《宪法》,中国政法大学出版社 2007 年版,第 58 页。

一是国家权力是人民通过宪法授予的,不得行使宪法没有授予和禁止行使的权力;二是国家权力不得侵犯宪法所规定的公民权利,而且有义务保障公民权利的实现。

有限政府是指政府自身在规模、职能、权力和行为方式上受到宪法和社会的严格限制和有效制约。合法正当的政府只能是有限政府。与其他政治形态中的无限政府或全能政府不同,宪政要求政府必须以人权为根本出发点,人权构成政府权力的界限和约束。建立政府的目的只在于为公民的权利冲突导入一个和平的权威处理机制,而不在于全面照应人的生活,尤其不在于促进人的德性或内在生活;有限政府的双重意味是,人和政府皆不可能臻于至善,人世的生活不可能完美无缺,①"就霍布斯及其自由民主的传人而言,公民社会与自然状态的相同之处是,人的生活孤独、贫困、卑污而残忍,尽管不是那么危险和短寿"。②近代的宪政主义者坚信,每个人皆有不受公共权力干预的自治领域,对于个人自治的空间,"风能进、雨能进,国王不能进"。另外,有限的政府与有效的政府并不对立,相反,有限的政府是有效政府的前提,不是有限的政府,不可能是有效的政府。因为,如果权力不受制约,必然会导致权力滥用,从而败坏国家的能力。因此,合法高效的政府理所当然地只能是有限政府,此乃宪政之精髓。

(三)宪法至上是宪政的集中表现

虽然建立有限政府是宪政的基本精神,但人性的弱点和权力的扩张性、腐蚀性总是使拥有权力的人容易滥用权力,因而无时无刻不在威胁公民的权利,使国家权力和公民权利间的关系失衡,从而最终冲击宪政的基本精神。与此同时,尽管实施宪法是建立宪政的基本途径,但宪政是否真正确立,却很大程度上取决于宪法实施的状况。而以上两个问题的解决实际上取决于一个问题的落实,即能否树立宪法的最高权威,实现宪法至上。如果宪法在国家和社会管理过程中真正具有最高法律效力,那么国家权力的限制、公民权利的实现也就有了坚实的保障,宪政也就会最终建立起来。因此可以说,树立宪法的最高权威是宪政的集中表现。

(四)宪政是对民主政治的确认和规范

宪政既确认和保障民主,更规范和约束民主。宪政主义者信奉人民主权,但却怀疑民主政府保护少数人权利的决心和能力,也不相信民主能够自我节制。多数的统治亦可能忽略政治上的弱势人群而堕入暴虐的政治。不受限制的民主具有必然的暴政倾向,历史不乏其例,通过民主程序实施恶劣

---

① 参见汪栋:《霍布斯公民科学的宪法原理》,知识产权出版社2010年版,第144页。

② See Frank M. Coleman, Hobbes and America: Exploring the Constitutional Foundations, Toronto: University of Toronto Press, 1977, P.4.

的统治是民主的悲剧。宪政国家以民主政体为基础。民主体现在主权是建立在每个人同意的基础之上,以及每个人对于政治生活的参与。社会共同体中的每个人都是平等的,他们都是自我利益的最终裁判者。虽然在公民社会中,人们不可能做到完全的自治,他治是必要的,但根本上,他治是自治的延伸,而不是专制政治和古典政治对自治的完全取代。民主政体固然是多数的统治,但是人民的直接管理既容易受激情摆布,而且在一个多元分化的社会中也不现实,"不安定、不公正和带进国民会议里的混乱状态,事实是使平民政府处处腐败的不治之症,而这些情况始终是自由的敌人赖以进行最为华而不实的雄辩的特别喜爱和效果最好的题目"。[①] 因而,"纯粹的民主制是世界上最无耻的东西"。[②] 如前所述,宪政以民主为基础,但又必须约束和规范民主,宪政是民主政治的理想状态。

四、宪法与宪政的关系

有宪政必有宪法,有宪法则未必有宪政。两者既有联系又有区别。

宪法与宪政存在着非常密切的联系。从逻辑上看,宪政以宪法为起点,没有宪法也就不会有宪政,而离开了宪政,宪法则是一纸空文。从内容上看,宪法内容直接决定宪政的内容,立宪目的就是宪政的目的;从价值取向上看,二者都以限制国家权力,保障公民权利为根本精神和价值取向;从两者的相互作用看,宪法指导宪政实践,宪政实践完善宪法。宪政对宪法具有反作用,即矫正宪法内容偏差,修正和完善宪法。总之,宪法是宪政的前提,宪政是宪法的生命。

宪法与宪政亦有显著的区别。两者除内涵不同外,还有若干差异。从外在状态看,宪法通常以宪法典等静态的文书形式存在;而宪政不仅仅指宪政制度,而且包括具体的宪政活动,即动态的立宪政治。从内容范围的角度看,宪政的范围要大于宪法。宪法主要指成文形式的宪法典和宪法性法律,是政治实践的主要行为规范,而宪政不限于宪法的书面规定,还包括动态的政治实践中的宪法惯例和宪法判例等并非制定法意义上的行为规范。从价值取向看,有宪法并不意味有民主宪政和人权保障,而宪政则必须贯彻民主精神,以人权为终极价值鹄的。从世界宪政史看,各国立宪的目的或指向自由,或意在富强,甚或专制其实,立宪其表,宪法反成暴政的遮羞粉饰之具。

---

① [美]汉密尔顿、麦迪逊、杰伊:《联邦党人文集》,程逢如、在汉、舒逊译,商务印书馆 1980 年版,第 45 页。

② [英]柏克:《法国革命论》,何兆武、许振洲、彭刚译,商务印书馆 1998 年版,第 125 页。柏克原文作 prefect democracy,原中译本译为"完美的民主制",佟德志先生认为,将其翻译为"纯粹的民主制"似乎更符合柏克的本义。

因此,宪法与宪政的精神旨趣并不必然相契合。

五、中国的宪政之道

(一)宪政建设的模式

宪政建设通常有两种模式:自然演进型和政府推进型。西方国家的宪政建设多是自然演进型,其主要特点:一是宪政建设没有预定的目标,也没有先行设计宪政制度的具体构成;二是在动力上国家或政府处于消极地位,宪政的发展由经济的进步和社会力量所推动。政府推进型宪政建设则在很大程度上依赖于政府的推动,政府在其中起着一种能动的主导作用,扮演着宪政建设设计者、保障者和引领者的角色。

近代以来,尤其是1949年建国以来,我国宪政建设主要采用的是政府推进型模式,以国家富强和人民幸福为目标,取得了有目共睹的成就。但是,我们也必须清醒地看到中国宪政之道的艰难。首先,中国幅员广阔,历史悠久,人口众多,将宪政建设与特殊的国情相结合,扬长避短,比较顺利地实现我国社会的现代化转型,任务非常艰巨。其次,近代以来,我们引进西方文明成果,移植域外的良法美制,需要较长的时间予以消化吸收。再次,就我国百余年宪政建设的成就来看,离宪政生长所需要的社会基础还有甚大差距。最后,政府推进型自身也有缺陷,宪政旨在限制国家的权力,政府推进又必须发挥国家权力的主导性和能动性,这本身就存在着需要着力克服的内在矛盾。因此,中国的宪政之道应该是将政府推进与自然演进结合起来,实现国家权力和社会力量在宪政建设中的良性互动。

(二)宪政建设的条件

1. 市场经济或权利经济是宪政建设的物质基础。

市场经济是权利经济,权利主体自愿交易合作,限制政府权力的干预,追求普遍性规则的治理,宪政的诸要素如权利、民主、法治、权力制衡等均萌生于市场经济推动的国家与市民社会分离的进程之中。市场经济对宪政的基础作用表现在:

第一,培育具有独立人格的多元平等利益主体。市场经济是以产品或利益交换为机制的经济生活形式。交换或交易机制内在地要求进入市场的主体之间身份平等、意志自由,因此,市场经济的本质是权利经济。人们通过市场竞争锻造其“独立人格”,逐渐形成民主思想和权利义务观念,增强主体意识,成为享有独立地位和诉求的权利主体。

第二,建立契约型社会连带机制。市场和交换促使社会分工和分化的发展,社会愈分化,人们彼此愈依赖,社会合作愈密切。与传统的家庭、宗族组织基于血缘的联系或特定的“身份”不同,社会合作和组织以契约为纽带,形成契约型社会连带机制，实现“从身份到契约”的社会转型。

第三，推进国家与市民社会的分离。在市场经济社会中，国家关心的是公共的普遍利益，是人们根据法律和政策进行活动的公域。市民社会则是人们按照契约性规则寻求各自需要满足的私域。国家和市民社会的分离为限制政府干预私人领域提供了前提条件。

第四，确立普遍性规则的治理。市场经济是突破血缘和地域等限制的，依靠非人格化规则保障的交易半径不断扩展的自发秩序。市场自发秩序排斥权力至上和人治，排斥行政权本位，它主要依靠主体平等、意思自治的法律规范调整，本能地、内在地要求法律的权威至上，要求遵循普遍性的规则，崇尚法治，这正是宪政的内在精神所在。

2. 契约文化为宪政建设提供赖以发展的思想基础。

每个国家和民族都面临着传统法制的新陈代谢问题。尽管近代中国引进了西方的法技术，但是在法文化层面，传统的礼法精神可能仍然居于主导地位。深层的观念意识较之于表面的制度更不易变革，而且，法技术与法观念相互脱节必然对宪政建设的顺利进行形成掣肘。因此，推进社会主义宪政建设，必须认真对待和解决这个问题。

第一，重新认识法的功能，树立法律信仰。中西方对法的理解和态度不同。如果说古代希腊罗马国家源于社会分化和阶级冲突，国家超越于各种社会力量之上成为保护社会成员的公共机构，法即正义，那么，在古代中国，国家和法却只是民族之间武力征服的工具，法只是“刑”或“兵”。[①] 西方社会对法和宪法作为正义的规则深信不疑，从而能够牢固地确立起宪法至上的信仰。法在中国文化中总是与“刑”或“兵”相联系，这就决定了法不可能成为人们的信仰。因此，必须将权利和正义的元素注入到中国法的内涵中，更新人们对法的认识，培养公民对宪法和法律的理解和信任，最终树立宪法和法律至上的信仰。

第二，革新礼法文化，培植契约精神。中国古代法的精神可以归纳为两个命题：第一，中国古代社会是身份社会；第二，中国古代法律是伦理法律。[②] 这种精神在法律制度上的表现，就是家族主义、伦理价值对法的形式主义、理性化的优先。这种实质非理性的法，使得法律的普遍性、确定性和可预期性等价值难以实现。事实上，中国传统社会对法的这种价值的期待并不突出，突出的是法的秩序价值。要注意的是，中国法的这种秩序价值是独特的，最主要的是指宗法社会的秩序。儒家的社会秩序观否认社会是整齐划

① 梁治平：《法辨》，中国政法大学出版社 2002 年版，第 80 页。

② 梁治平：《法辨》，中国政法大学出版社 2002 年版，第 19 页。

一的,认为人有贵贱上下之分。儒家主亲亲,以亲亲为人之本,[①]宗法社会的秩序主要由五种社会关系构成,即以血缘远近为基础的五伦:君臣、父子、夫妇、兄弟、朋友。五伦是儒家思想的中心,政治最高的鹄的。[②] 这种法精神与现代法的契约旨趣根本对立。以礼法文化为基础的中国古代“法治”须经契约精神的革新方能真正走向现代法治。

3. 实行良宪之治。

宪法是静态的宪政,宪政建设的自身条件也就表现在宪法的品质的优劣。良宪之治的前提是要有良好品质的宪法。良宪表现在:

第一,宪法的正当性。宪法的正当性指宪法的内在价值取向,即宪法规范应当体现公认的平等、自由权利精神,充分表达人民的意志和利益。宪法的正当性首先表现为人民掌握制宪权。宪法是规制公共权力保障公民权利的法律,它是法律的法律,亦是创制政府的法律。政府可以制定法律法规作为其行使权力的程序和方式,但它不能制定宣告自己产生并拥有权力的宪法;只有公民直接或者间接选举的代表制定的宪法才具有正当性。政府只有按宪法规定选举产生才具有合法性,宪法是政府正当性的来源,而不是相反。其次表现为制宪程序的正当性,即作为社会成员合意的宪法是通过一系列的步骤、方式和方法而形成的,这些步骤、方式和方法必须符合法治的精神;再次,表现为宪法内容的正当性,即宪法规定的内容要正确反映国家的实际情况,包括历史传统的、现实的权利需求与供给的协调和权力的平衡状况。

第二,提高立宪技术,完善宪法结构。宪法规范的设计、构造和语言是否科学、合理、明确,直接影响宪法的功能和作用。宪法规范应该围绕国家权力和公民权利进行设计,减少非规范性条文,增加规范性条文,多用授权性规范和强制性规范,以保证宪法具有规范的效力、功能和作用。

第三,规范宪法的运行程序,加强宪法实施保障机制。宪法是自由的圣经,而宪法关于自由的实体规定,必须有正当的法律程序来保障,“自由的历史基本上是奉行程序保障的历史”。[③] 返观中国的宪政实践,重实体、轻程序的现象十分严重。目前主要应该完善行宪程序和护宪程序,完善宪法解释、宪法修改和违宪审查制度,保证宪法的正常运行。[④]

---

① 《礼记·大传》云:“人道亲亲也”。《中庸》云:“仁者人也,亲亲为大”。

② 参见瞿同祖:《瞿同祖法学论著集》,中国政法大学出版社 1998 年版,第 307 页。

③ The opinion of the Court delivered by Justice Felix Frankfurter in LcNabb v. United States , see United States Supreme Court Reports(87Law. Ed Oct . 1942Term), The Lawyers Cooperative Publishing Company, 1943, P. 827 ~ 828. ——美国联邦最高法院大法官 F. 福兰克弗特。转引自季卫东:《法治秩序的建构》,中国政法大学出版社 1999 年版,第 9 页。

④ 参见汪进元:《良宪治国:依法治国的核心》,《现代法学》2000 年第 2 期,第 46 页。

思考题

1. 什么是违宪审查？其特征是什么？
2. 违宪审查有哪些方式？各有何特点？
3. 违宪审查是否等同于司法审查？司法审查的优点和缺点是什么？
4. 如何建立有中国特色的违宪审查制度？
5. 什么是宪政？其特征和要素是什么？
6. 宪政与宪法关系是什么？
7. 如何进行中国的宪政建设？

附录　必读宪法文本与国际人权公约*

中华人民共和国宪法

(1982年12月4日第五届全国人民代表大会第五次会议通过,1982年12月4日全国人民代表大会公告公布施行。1988年、1993年、1999年、2004年宪法修正案重新颁布。

序　言

中国是世界上历史最悠久的国家之一。中国各族人民共同创造了光辉灿烂的文化,具有光荣的革命传统。

一八四〇年以后,封建的中国逐渐变成半殖民地、半封建的国家。中国人民为国家独立、民族解放和民主自由进行了前仆后继的英勇奋斗。

二十世纪,中国发生了翻天覆地的伟大历史变革。

一九一一年孙中山先生领导的辛亥革命,废除了封建帝制,创立了中华民国。但是,中国人民反对帝国主义和封建主义的历史任务还没有完成。

一九四九年,以毛泽东主席为领袖的中国共产党领导中国各族人民,在经历了长期的艰难曲折的武装斗争和其他形式的斗争以后,终于推翻了帝国主义、封建主义和官僚资本主义的统治,取得了新民主主义革命的伟大胜利,建立了中华人民共和国。从此,中国人民掌握了国家的权力,成为国家的主人。

中华人民共和国成立以后,我国社会逐步实现了由新民主主义到社会主义的过渡。生产资料私有制的社会主义改造已经完成,人剥削人的制度已经消灭,社会主义制度已经确立。工人阶级领导的、以工农联盟为基础的人民民主专政,实质上即无产阶级专政,得到巩固和发展。中国人民和中国人民解放军战胜了帝国主义、霸权主义的侵略、破坏和武装挑衅,维护了国家的独立和安全,增强了国防。经济建设取得了重大的成就,独立的、比较完整的社会主义工业体系已经基本形成,农业生产显著提高。教育、科学、文化等事业有了很大的发展,社会主义思想教育取得了明显的成效。广大人民的生活有了较大的改善。

中国新民主主义革命的胜利和社会主义事业的成就,是中国共产党领导中国各族人民,在马克思列宁主义、毛泽东思想的指引下,坚持真理,修正错误,战胜许多艰难险阻而取得的。我国将长期处于社会主义初级阶段。国家的根本任务是,沿着中国特色社会主义道路,集中力量

---

* 本书所附外国宪法和国际人权公约,有的是民国时期译本,个别字词的用法与今天的白话文不一致,特此说明。

进行社会主义现代化建设。中国各族人民将继续在中国共产党领导下,在马克思列宁主义、毛泽东思想、邓小平理论和“三个代表”重要思想指引下,坚持人民民主专政,坚持社会主义道路,坚持改革开放,不断完善社会主义的各项制度,发展社会主义市场经济,发展社会主义民主,健全社会主义法制,自力更生,艰苦奋斗,逐步实现工业、农业、国防和科学技术的现代化,推动物质文明、政治文明和精神文明协调发展,把我国建设成为富强、民主、文明的社会主义国家。

在我国,剥削阶级作为阶级已经消灭,但是阶级斗争还将在一定范围内长期存在。中国人民对敌视和破坏我国社会主义制度的国内外的敌对势力和敌对分子,必须进行斗争。

台湾是中华人民共和国的神圣领土的一部分。完成统一祖国的大业是包括台湾同胞在内的全中国人民的神圣职责。

社会主义的建设事业必须依靠工人、农民和知识分子,团结一切可以团结的力量。在长期的革命和建设过程中,已经结成由中国共产党领导的,有各民主党派和各人民团体参加的,包括全体社会主义劳动者、社会主义事业的建设者、拥护社会主义的爱国者和拥护祖国统一的爱国者的广泛的爱国统一战线,这个统一战线将继续巩固和发展。中国人民政治协商会议是有广泛代表性的统一战线组织,过去发挥了重要的历史作用,今后在国家政治生活、社会生活和对外友好活动中,在进行社会主义现代化建设、维护国家的统一和团结的斗争中,将进一步发挥它的重要作用。中国共产党领导的多党合作和政治协商制度将长期存在和发展。

中华人民共和国是全国各族人民共同缔造的统一的多民族国家。平等、团结、互助的社会主义民族关系已经确立,并将继续加强。在维护民族团结的斗争中,要反对大民族主义,主要是大汉族主义,也要反对地方民族主义。国家尽一切努力,促进全国各民族的共同繁荣。

中国革命和建设的成就是同世界人民的支持分不开的。中国的前途是同世界的前途紧密地联系在一起的。中国坚持独立自主的对外政策,坚持互相尊重主权和领土完整、互不侵犯、互不干涉内政、平等互利、和平共处的五项原则,发展同各国的外交关系和经济、文化的交流;坚持反对帝国主义、霸权主义、殖民主义,加强同世界各国人民的团结,支持被压迫民族和发展中国家争取和维护民族独立、发展民族经济的正义斗争,为维护世界和平和促进人类进步事业而努力。

本宪法以法律的形式确认了中国各族人民奋斗的成果,规定了国家的根本制度和根本任务,是国家的根本法,具有最高的法律效力。全国各族人民、一切国家机关和武装力量、各政党和各社会团体、各企业事业组织,都必须以宪法为根本的活动准则,并且负有维护宪法尊严、保证宪法实施的职责。

第一章 总 纲

第一条 中华人民共和国是工人阶级领导的、以工农联盟为基础的人民民主专政的社会主义国家。

社会主义制度是中华人民共和国的根本制度。禁止任何组织或者个人破坏社会主义制度。

第二条 中华人民共和国的一切权力属于人民。

人民行使国家权力的机关是全国人民代表大会和地方各级人民代表大会。

人民依照法律规定,通过各种途径和形式,管理国家事务,管理经济和文化事业,管理社会事务。

第三条 中华人民共和国的国家机构实行民主集中制的原则。

全国人民代表大会和地方各级人民代表大会都由民主选举产生,对人民负责,受人民监督。

国家行政机关、审判机关、检察机关都由人民代表大会产生,对它负责,受它监督。

中央和地方的国家机构职权的划分,遵循在中央的统一领导下,充分发挥地方的主动性、积极性的原则。

第四条　中华人民共和国各民族一律平等。国家保障各少数民族的合法的权利和利益,维护和发展各民族的平等、团结、互助关系。禁止对任何民族的歧视和压迫,禁止破坏民族团结和制造民族分裂的行为。

国家根据各少数民族的特点和需要,帮助各少数民族地区加速经济和文化的发展。

各少数民族聚居的地方实行区域自治,设立自治机关,行使自治权。各民族自治地方都是中华人民共和国不可分离的部分。

各民族都有使用和发展自己的语言文字的自由,都有保持或者改革自己的风俗习惯的自由。

第五条　中华人民共和国实行依法治国,建设社会主义法治国家。

国家维护社会主义法制的统一和尊严。

一切法律、行政法规和地方性法规都不得同宪法相抵触。

一切国家机关和武装力量、各政党和各社会团体、各企业事业组织都必须遵守宪法和法律。一切违反宪法和法律的行为,必须予以追究。

任何组织或者个人都不得有超越宪法和法律的特权。

第六条　中华人民共和国的社会主义经济制度的基础是生产资料的社会主义公有制,即全民所有制和劳动群众集体所有制。社会主义公有制消灭人剥削人的制度,实行各尽所能、按劳分配的原则。

国家在社会主义初级阶段,坚持公有制为主体、多种所有制经济共同发展的基本经济制度,坚持按劳分配为主体、多种分配方式并存的分配制度。

第七条　国有经济,即社会主义全民所有制经济,是国民经济中的主导力量。国家保障国有经济的巩固和发展。

第八条　农村集体经济组织实行家庭承包经营为基础、统分结合的双层经营体制。农村中的生产、供销、信用、消费等各种形式的合作经济,是社会主义劳动群众集体所有制经济。参加农村集体经济组织的劳动者,有权在法律规定的范围内经营自留地、自留山、家庭副业和饲养自留畜。

城镇中的手工业、工业、建筑业、运输业、商业、服务业等行业的各种形式的合作经济,都是社会主义劳动群众集体所有制经济。

国家保护城乡集体经济组织的合法的权利和利益,鼓励、指导和帮助集体经济的发展。

第九条　矿藏、水流、森林、山岭、草原、荒地、滩涂等自然资源,都属于国家所有,即全民所有;由法律规定属于集体所有的森林和山岭、草原、荒地、滩涂除外。

国家保障自然资源的合理利用,保护珍贵的动物和植物。禁止任何组织或者个人用任何手段侵占或者破坏自然资源。

第十条　城市的土地属于国家所有。

农村和城市郊区的土地,除由法律规定属于国家所有的以外,属于集体所有;宅基地和自留地、自留山,也属于集体所有。

国家为了公共利益的需要,可以依照法律规定对土地实行征收或者征用并给予补偿。

任何组织或者个人不得侵占、买卖或者以其他形式非法转让土地。土地的使用权可以依照法律的规定转让。

一切使用土地的组织和个人必须合理地利用土地。

第十一条　在法律规定范围内的个体经济、私营经济等非公有制经济,是社会主义市场经济的重要组成部分。

国家保护个体经济、私营经济等非公有制经济的合法的权利和利益。国家鼓励、支持和引导非公有制经济的发展,并对非公有制经济依法实行监督和管理。

第十二条 社会主义的公共财产神圣不可侵犯。

国家保护社会主义的公共财产。禁止任何组织或者个人用任何手段侵占或者破坏国家的和集体的财产。

第十三条 公民的合法的私有财产不受侵犯。

国家依照法律规定保护公民的私有财产权和继承权。

国家为了公共利益的需要,可以依照法律规定对公民的私有财产实行征收或者征用并给予补偿。

第十四条 国家通过提高劳动者的积极性和技术水平,推广先进的科学技术,完善经济管理体制和企业经营管理制度,实行各种形式的社会主义责任制,改进劳动组织,以不断提高劳动生产率和经济效益,发展社会生产力。

国家厉行节约,反对浪费。

国家合理安排积累和消费,兼顾国家、集体和个人的利益,在发展生产的基础上,逐步改善人民的物质生活和文化生活。

国家建立健全同经济发展水平相适应的社会保障制度。

第十五条 国家实行社会主义市场经济。

国家加强经济立法,完善宏观调控。

国家依法禁止任何组织或者个人扰乱社会经济秩序。

第十六条 国有企业在法律规定的范围内有权自主经营。

国有企业依照法律规定,通过职工代表大会和其他形式,实行民主管理。

第十七条 集体经济组织在遵守有关法律的前提下,有独立进行经济活动的自主权。

集体经济组织实行民主管理,依照法律规定选举和罢免管理人员,决定经营管理的重大问题。

第十八条 中华人民共和国允许外国的企业和其他经济组织或者个人依照中华人民共和国法律的规定在中国投资,同中国的企业或者其他经济组织进行各种形式的经济合作。

在中国境内的外国企业和其他外国经济组织以及中外合资经营的企业,都必须遵守中华人民共和国的法律。它们的合法的权利和利益受中华人民共和国法律的保护。

第十九条 国家发展社会主义的教育事业,提高全国人民的科学文化水平。

国家举办各种学校,普及初等义务教育,发展中等教育、职业教育和高等教育,并且发展学前教育。

国家发展各种教育设施,扫除文盲,对工人、农民、国家工作人员和其他劳动者进行政治、文化、科学、技术、业务的教育,鼓励自学成才。

国家鼓励集体经济组织、国家企业事业组织和其他社会力量依照法律规定举办各种教育事业。

国家推广全国通用的普通话。

第二十条 国家发展自然科学和社会科学事业,普及科学和技术知识,奖励科学研究成果和技术发明创造。

第二十一条 国家发展医疗卫生事业,发展现代医药和我国传统医药,鼓励和支持农村集体经济组织、国家企业事业组织和街道组织举办各种医疗卫生设施,开展群众性的卫生活动,保护人民健康。

国家发展体育事业,开展群众性的体育活动,增强人民体质。

第二十二条　国家发展为人民服务、为社会主义服务的文学艺术事业、新闻广播电视事业、出版发行事业、图书馆博物馆文化馆和其他文化事业，开展群众性的文化活动。

国家保护名胜古迹、珍贵文物和其他重要历史文化遗产。

第二十三条　国家培养为社会主义服务的各种专业人才，扩大知识分子的队伍，创造条件，充分发挥他们在社会主义现代化建设中的作用。

第二十四条　国家通过普及理想教育、道德教育、文化教育、纪律和法制教育，通过在城乡不同范围的群众中制定和执行各种守则、公约，加强社会主义精神文明的建设。

国家提倡爱祖国、爱人民、爱劳动、爱科学、爱社会主义的公德，在人民中进行爱国主义、集体主义和国际主义、共产主义的教育，进行辩证唯物主义和历史唯物主义的教育，反对资本主义的、封建主义的和其他的腐朽思想。

第二十五条　国家推行计划生育，使人口的增长同经济和社会发展计划相适应。

第二十六条　国家保护和改善生活环境和生态环境，防治污染和其他公害。

国家组织和鼓励植树造林，保护林木。

第二十七条　一切国家机关实行精简的原则，实行工作责任制，实行工作人员的培训和考核制度，不断提高工作质量和工作效率，反对官僚主义。

一切国家机关和国家工作人员必须依靠人民的支持，经常保持同人民的密切联系，倾听人民的意见和建议，接受人民的监督，努力为人民服务。

第二十八条　国家维护社会秩序，镇压叛国和其他危害国家安全的犯罪活动，制裁危害社会治安、破坏社会主义经济和其他犯罪的活动，惩办和改造犯罪分子。

第二十九条　中华人民共和国的武装力量属于人民。它的任务是巩固国防，抵抗侵略，保卫祖国，保卫人民的和平劳动，参加国家建设事业，努力为人民服务。

国家加强武装力量的革命化、现代化、正规化的建设，增强国防力量。

第三十条　中华人民共和国的行政区域划分如下：

(一)全国分为省、自治区、直辖市；

(二)省、自治区分为自治州、县、自治县、市；

(三)县、自治县分为乡、民族乡、镇。

直辖市和较大的市分为区、县。自治州分为县、自治县、市。

自治区、自治州、自治县都是民族自治地方。

第三十一条　国家在必要时得设立特别行政区。在特别行政区内实行的制度按照具体情况由全国人民代表大会以法律规定。

第三十二条　中华人民共和国保护在中国境内的外国人的合法权利和利益，在中国境内的外国人必须遵守中华人民共和国的法律。

中华人民共和国对于因为政治原因要求避难的外国人，可以给予受庇护的权利。

第二章　公民的基本权利和义务

第三十三条　凡具有中华人民共和国国籍的人都是中华人民共和国公民。

中华人民共和国公民在法律面前一律平等。

国家尊重和保障人权。

任何公民享有宪法和法律规定的权利，同时必须履行宪法和法律规定的义务。

第三十四条　中华人民共和国年满十八周岁的公民，不分民族、种族、性别、职业、家庭出身、宗教信仰、教育程度、财产状况、居住期限，都有选举权和被选举权；但是依照法律被剥夺政治权利的人除外。

第三十五条　中华人民共和国公民有言论、出版、集会、结社、游行、示威的自由。

第三十六条　中华人民共和国公民有宗教信仰自由。

任何国家机关、社会团体和个人不得强制公民信仰宗教或者不信仰宗教,不得歧视信仰宗教的公民和不信仰宗教的公民。

国家保护正常的宗教活动。任何人不得利用宗教进行破坏社会秩序、损害公民身体健康、妨碍国家教育制度的活动。

宗教团体和宗教事务不受外国势力的支配。

第三十七条　中华人民共和国公民的人身自由不受侵犯。

任何公民,非经人民检察院批准或者决定或者人民法院决定,并由公安机关执行,不受逮捕。

禁止非法拘禁和以其他方法非法剥夺或者限制公民的人身自由,禁止非法搜查公民的身体。

第三十八条　中华人民共和国公民的人格尊严不受侵犯。禁止用任何方法对公民进行侮辱、诽谤和诬告陷害。

第三十九条　中华人民共和国公民的住宅不受侵犯。禁止非法搜查或者非法侵入公民的住宅。

第四十条　中华人民共和国公民的通信自由和通信秘密受法律的保护。除因国家安全或者追查刑事犯罪的需要,由公安机关或者检察机关依照法律规定的程序对通信进行检查外,任何组织或者个人不得以任何理由侵犯公民的通信自由和通信秘密。

第四十一条　中华人民共和国公民对于任何国家机关和国家工作人员,有提出批评和建议的权利;对于任何国家机关和国家工作人员的违法失职行为,有向有关国家机关提出申诉、控告或者检举的权利,但是不得捏造或者歪曲事实进行诬告陷害。

对于公民的申诉、控告或者检举,有关国家机关必须查清事实,负责处理。任何人不得压制和打击报复。

由于国家机关和国家工作人员侵犯公民权利而受到损失的人,有依照法律规定取得赔偿的权利。

第四十二条　中华人民共和国公民有劳动的权利和义务。

国家通过各种途径,创造劳动就业条件,加强劳动保护,改善劳动条件,并在发展生产的基础上,提高劳动报酬和福利待遇。

劳动是一切有劳动能力的公民的光荣职责。国有企业和城乡集体经济组织的劳动者都应当以国家主人翁的态度对待自己的劳动。国家提倡社会主义劳动竞赛,奖励劳动模范和先进工作者。国家提倡公民从事义务劳动。

国家对就业前的公民进行必要的劳动就业训练。

第四十三条　中华人民共和国劳动者有休息的权利。

国家发展劳动者休息和休养的设施,规定职工的工作时间和休假制度。

第四十四条　国家依照法律规定实行企业事业组织的职工和国家机关工作人员的退休制度。退休人员的生活受到国家和社会的保障。

第四十五条　中华人民共和国公民在年老、疾病或者丧失劳动能力的情况下,有从国家和社会获得物质帮助的权利。国家发展为公民享受这些权利所需要的社会保险、社会救济和医疗卫生事业。

国家和社会保障残废军人的生活,抚恤烈士家属,优待军人家属。

国家和社会帮助安排盲、聋、哑和其他有残疾的公民的劳动、生活和教育。

第四十六条　中华人民共和国公民有受教育的权利和义务。

国家培养青年、少年、儿童在品德、智力、体质等方面全面发展。

第四十七条　中华人民共和国公民有进行科学研究、文学艺术创作和其他文化活动的自由。国家对于从事教育、科学、技术、文学、艺术和其他文化事业的公民的有益于人民的创造性工作,给以鼓励和帮助。

第四十八条　中华人民共和国妇女在政治的、经济的、文化的、社会的和家庭的生活等各方面享有同男子平等的权利。

国家保护妇女的权利和利益,实行男女同工同酬,培养和选拔妇女干部。

第四十九条　婚姻、家庭、母亲和儿童受国家的保护。

夫妻双方有实行计划生育的义务。

父母有抚养教育未成年子女的义务,成年子女有赡养扶助父母的义务。

禁止破坏婚姻自由,禁止虐待老人、妇女和儿童。

第五十条　中华人民共和国保护华侨的正当的权利和利益,保护归侨和侨眷的合法的权利和利益。

第五十一条　中华人民共和国公民在行使自由和权利的时候,不得损害国家的、社会的、集体的利益和其他公民的合法的自由和权利。

第五十二条　中华人民共和国公民有维护国家统一和全国各民族团结的义务。

第五十三条　中华人民共和国公民必须遵守宪法和法律,保守国家秘密,爱护公共财产,遵守劳动纪律,遵守公共秩序,尊重社会公德。

第五十四条　中华人民共和国公民有维护祖国的安全、荣誉和利益的义务,不得有危害祖国的安全、荣誉和利益的行为。

第五十五条　保卫祖国、抵抗侵略是中华人民共和国每一个公民的神圣职责。

依照法律服兵役和参加民兵组织是中华人民共和国公民的光荣义务。

第五十六条　中华人民共和国公民有依照法律纳税的义务。

第三章　国家机构

第一节　全国人民代表大会

第五十七条　中华人民共和国全国人民代表大会是最高国家权力机关。它的常设机关是全国人民代表大会常务委员会。

第五十八条　全国人民代表大会和全国人民代表大会常务委员会行使国家立法权。

第五十九条　全国人民代表大会由省、自治区、直辖市、特别行政区和军队选出的代表组成。各少数民族都应当有适当名额的代表。

全国人民代表大会代表的选举由全国人民代表大会常务委员会主持。

全国人民代表大会代表名额和代表产生办法由法律规定。

第六十条　全国人民代表大会每届任期五年。

全国人民代表大会任期届满的两个月以前,全国人民代表大会常务委员会必须完成下届全国人民代表大会代表的选举。如果遇到不能进行选举的非常情况,由全国人民代表大会常务委员会以全体组成人员的三分之二以上的多数通过,可以推迟选举,延长本届全国人民代表大会的任期。在非常情况结束后一年内,必须完成下届全国人民代表大会代表的选举。

第六十一条　全国人民代表大会会议每年举行一次,由全国人民代表大会常务委员会召集。如果全国人民代表大会常务委员会认为必要,或者有五分之一以上的全国人民代表大会代表提议,可以临时召集全国人民代表大会会议。

全国人民代表大会举行会议的时候,选举主席团主持会议。

第六十二条 全国人民代表大会行使下列职权:

(一)修改宪法;

(二)监督宪法的实施;

(三)制定和修改刑事、民事、国家机构的和其他的基本法律;

(四)选举中华人民共和国主席、副主席;

(五)根据中华人民共和国主席的提名,决定国务院总理的人选;根据国务院总理的提名,决定国务院副总理、国务委员、各部部长、各委员会主任、审计长、秘书长的人选;

(六)选举中央军事委员会主席;根据中央军事委员会主席的提名,决定中央军事委员会其他组成人员的人选;

(七)选举最高人民法院院长;

(八)选举最高人民检察院检察长;

(九)审查和批准国民经济和社会发展计划和计划执行情况的报告;

(十)审查和批准国家的预算和预算执行情况的报告;

(十一)改变或者撤销全国人民代表大会常务委员会不适当的决定;

(十二)批准省、自治区和直辖市的建置;

(十三)决定特别行政区的设立及其制度;

(十四)决定战争和和平的问题;

(十五)应当由最高国家权力机关行使的其他职权。

第六十三条 全国人民代表大会有权罢免下列人员:

(一)中华人民共和国主席、副主席;

(二)国务院总理、副总理、国务委员、各部部长、各委员会主任、审计长、秘书长;

(三)中央军事委员会主席和中央军事委员会其他组成人员;

(四)最高人民法院院长;

(五)最高人民检察院检察长。

第六十四条 宪法的修改,由全国人民代表大会常务委员会或者五分之一以上的全国人民代表大会代表提议,并由全国人民代表大会以全体代表的三分之二以上的多数通过。

法律和其他议案由全国人民代表大会以全体代表的过半数通过。

第六十五条 全国人民代表大会常务委员会由下列人员组成:

委员长,

副委员长若干人,

秘书长,

委员若干人。

全国人民代表大会常务委员会组成人员中,应当有适当名额的少数民族代表。

全国人民代表大会选举并有权罢免全国人民代表大会常务委员会的组成人员。

全国人民代表大会常务委员会的组成人员不得担任国家行政机关、审判机关和检察机关的职务。

第六十六条 全国人民代表大会常务委员会每届任期同全国人民代表大会每届任期相同,它行使职权到下届全国人民代表大会选出新的常务委员会为止。

委员长、副委员长连续任职不得超过两届。

第六十七条 全国人民代表大会常务委员会行使下列职权:

(一)解释宪法,监督宪法的实施;

(二)制定和修改除应当由全国人民代表大会制定的法律以外的其他法律;

（三）在全国人民代表大会闭会期间，对全国人民代表大会制定的法律进行部分补充和修改，但是不得同该法律的基本原则相抵触；

（四）解释法律；

（五）在全国人民代表大会闭会期间，审查和批准国民经济和社会发展计划、国家预算在执行过程中所必须作的部分调整方案；

（六）监督国务院、中央军事委员会、最高人民法院和最高人民检察院的工作；

（七）撤销国务院制定的同宪法、法律相抵触的行政法规、决定和命令；

（八）撤销省、自治区、直辖市国家权力机关制定的同宪法、法律和行政法规相抵触的地方性法规和决议；

（九）在全国人民代表大会闭会期间，根据国务院总理的提名，决定部长、委员会主任、审计长、秘书长的人选；

（十）在全国人民代表大会闭会期间，根据中央军事委员会主席的提名，决定中央军事委员会其他组成人员的人选；

（十一）根据最高人民法院院长的提请，任免最高人民法院副院长、审判员、审判委员会委员和军事法院院长；

（十二）根据最高人民检察院检察长的提请，任免最高人民检察院副检察长、检察员、检察委员会委员和军事检察院检察长，并且批准省、自治区、直辖市的人民检察院检察长的任免；

（十三）决定驻外全权代表的任免；

（十四）决定同外国缔结的条约和重要协定的批准和废除；

（十五）规定军人和外交人员的衔级制度和其他专门衔级制度；

（十六）规定和决定授予国家的勋章和荣誉称号；

（十七）决定特赦；

（十八）在全国人民代表大会闭会期间，如果遇到国家遭受武装侵犯或者必须履行国际间共同防止侵略的条约的情况，决定战争状态的宣布；

（十九）决定全国总动员或者局部动员；

（二十）决定全国或者个别省、自治区、直辖市进入紧急状态；

（二十一）全国人民代表大会授予的其他职权。

第六十八条　全国人民代表大会常务委员会委员长主持全国人民代表大会常务委员会的工作，召集全国人民代表大会常务委员会会议。副委员长、秘书长协助委员长工作。

委员长、副委员长、秘书长组成委员长会议，处理全国人民代表大会常务委员会的重要日常工作。

第六十九条　全国人民代表大会常务委员会对全国人民代表大会负责并报告工作。

第七十条　全国人民代表大会设立民族委员会、法律委员会、财政经济委员会、教育科学文化卫生委员会、外事委员会、华侨委员会和其他需要设立的专门委员会。在全国人民代表大会闭会期间，各专门委员会受全国人民代表大会常务委员会的领导。

各专门委员会在全国人民代表大会和全国人民代表大会常务委员会领导下，研究、审议和拟订有关议案。

第七十一条　全国人民代表大会和全国人民代表大会常务委员会认为必要的时候，可以组织关于特定问题的调查委员会，并且根据调查委员会的报告，作出相应的决议。

调查委员会进行调查的时候，一切有关的国家机关、社会团体和公民都有义务向它提供必要的材料。

第七十二条　全国人民代表大会代表和全国人民代表大会常务委员会组成人员，有权依照法律规定的程序分别提出属于全国人民代表大会和全国人民代表大会常务委员会职权范围内的议案。

第七十三条 全国人民代表大会代表在全国人民代表大会开会期间，全国人民代表大会常务委员会组成人员在常务委员会开会期间，有权依照法律规定的程序提出对国务院或者国务院各部、各委员会的质询案。受质询的机关必须负责答复。

第七十四条 全国人民代表大会代表，非经全国人民代表大会会议主席团许可，在全国人民代表大会闭会期间非经全国人民代表大会常务委员会许可，不受逮捕或者刑事审判。

第七十五条 全国人民代表大会代表在全国人民代表大会各种会议上的发言和表决，不受法律追究。

第七十六条 全国人民代表大会代表必须模范地遵守宪法和法律，保守国家秘密，并且在自己参加的生产、工作和社会活动中，协助宪法和法律的实施。

全国人民代表大会代表应当同原选举单位和人民保持密切的联系，听取和反映人民的意见和要求，努力为人民服务。

第七十七条 全国人民代表大会代表受原选举单位的监督。原选举单位有权依照法律规定的程序罢免本单位选出的代表。

第七十八条 全国人民代表大会和全国人民代表大会常务委员会的组织和工作程序由法律规定。

第二节 中华人民共和国主席

第七十九条 中华人民共和国主席、副主席由全国人民代表大会选举。

有选举权和被选举权的年满四十五周岁的中华人民共和国公民可以被选为中华人民共和国主席、副主席。

中华人民共和国主席、副主席每届任期同全国人民代表大会每届任期相同，连续任职不得超过两届。

第八十条 中华人民共和国主席根据全国人民代表大会的决定和全国人民代表大会常务委员会的决定，公布法律，任免国务院总理、副总理、国务委员、各部部长、各委员会主任、审计长、秘书长，授予国家的勋章和荣誉称号，发布特赦令，宣布进入紧急状态，宣布战争状态，发布动员令。

第八十一条 中华人民共和国主席代表中华人民共和国，进行国事活动，接受外国使节；根据全国人民代表大会常务委员会的决定，派遣和召回驻外全权代表，批准和废除同外国缔结的条约和重要协定。

第八十二条 中华人民共和国副主席协助主席工作。

中华人民共和国副主席受主席的委托，可以代行主席的部分职权。

第八十三条 中华人民共和国主席、副主席行使职权到下届全国人民代表大会选出的主席、副主席就职为止。

第八十四条 中华人民共和国主席缺位的时候，由副主席继任主席的职位。

中华人民共和国副主席缺位的时候，由全国人民代表大会补选。

中华人民共和国主席、副主席都缺位的时候，由全国人民代表大会补选；在补选以前，由全国人民代表大会常务委员会委员长暂时代理主席职位。

第三节 国务院

第八十五条 中华人民共和国国务院，即中央人民政府，是最高国家权力机关的执行机关，是最高国家行政机关。

第八十六条 国务院由下列人员组成：

总理，
副总理若干人，
国务委员若干人，
各部部长，
各委员会主任，
审计长，
秘书长。

国务院实行总理负责制。各部、各委员会实行部长、主任负责制。

国务院的组织由法律规定。

第八十七条　国务院每届任期同全国人民代表大会每届任期相同。

总理、副总理、国务委员连续任职不得超过两届。

第八十八条　总理领导国务院的工作。副总理、国务委员协助总理工作。

总理、副总理、国务委员、秘书长组成国务院常务会议。

总理召集和主持国务院常务会议和国务院全体会议。

第八十九条　国务院行使下列职权：

（一）根据宪法和法律，规定行政措施，制定行政法规，发布决定和命令；

（二）向全国人民代表大会或者全国人民代表大会常务委员会提出议案；

（三）规定各部和各委员会的任务和职责，统一领导各部和各委员会的工作，并且领导不属于各部和各委员会的全国性的行政工作；

（四）统一领导全国地方各级国家行政机关的工作，规定中央和省、自治区、直辖市的国家行政机关的职权的具体划分；

（五）编制和执行国民经济和社会发展计划和国家预算；

（六）领导和管理经济工作和城乡建设；

（七）领导和管理教育、科学、文化、卫生、体育和计划生育工作；

（八）领导和管理民政、公安、司法行政和监察等工作；

（九）管理对外事务，同外国缔结条约和协定；

（十）领导和管理国防建设事业；

（十一）领导和管理民族事务，保障少数民族的平等权利和民族自治地方的自治权利；

（十二）保护华侨的正当的权利和利益，保护归侨和侨眷的合法的权利和利益；

（十三）改变或者撤销各部、各委员会发布的不适当的命令、指示和规章；

（十四）改变或者撤销地方各级国家行政机关的不适当的决定和命令；

（十五）批准省、自治区、直辖市的区域划分，批准自治州、县、自治县、市的建置和区域划分；

（十六）依照法律规定决定省、自治区、直辖市的范围内部分地区进入紧急状态；

（十七）审定行政机构的编制，依照法律规定任免、培训、考核和奖惩行政人员；

（十八）全国人民代表大会和全国人民代表大会常务委员会授予的其他职权。

第九十条　国务院各部部长、各委员会主任负责本部门的工作；召集和主持部务会议或者委员会会议、委务会议，讨论决定本部门工作的重大问题。

各部、各委员会根据法律和国务院的行政法规、决定、命令，在本部门的权限内，发布命令、指示和规章。

第九十一条　国务院设立审计机关，对国务院各部门和地方各级政府的财政收支，对国家的财政金融机构和企业事业组织的财务收支，进行审计监督。

审计机关在国务院总理领导下，依照法律规定独立行使审计监督权，不受其他行政机关、社会团体和个人的干涉。

第九十二条 国务院对全国人民代表大会负责并报告工作；在全国人民代表大会闭会期间，对全国人民代表大会常务委员会负责并报告工作。

第四节 中央军事委员会

第九十三条 中华人民共和国中央军事委员会领导全国武装力量。

中央军事委员会由下列人员组成：

主席，

副主席若干人，

委员若干人。

中央军事委员会实行主席负责制。

中央军事委员会每届任期同全国人民代表大会每届任期相同。

第九十四条 中央军事委员会主席对全国人民代表大会和全国人民代表大会常务委员会负责。

第五节 地方各级人民代表大会和地方各级人民政府

第九十五条 省、直辖市、县、市、市辖区、乡、民族乡、镇设立人民代表大会和人民政府。

地方各级人民代表大会和地方各级人民政府的组织由法律规定。

自治区、自治州、自治县设立自治机关。自治机关的组织和工作根据宪法第三章第五节、第六节规定的基本原则由法律规定。

第九十六条 地方各级人民代表大会是地方国家权力机关。

县级以上的地方各级人民代表大会设立常务委员会。

第九十七条 省、直辖市、设区的市的人民代表大会代表由下一级的人民代表大会选举；县、不设区的市、市辖区、乡、民族乡、镇的人民代表大会代表由选民直接选举。

地方各级人民代表大会代表名额和代表产生办法由法律规定。

第九十八条 地方各级人民代表大会每届任期五年。

第九十九条 地方各级人民代表大会在本行政区域内，保证宪法、法律、行政法规的遵守和执行；依照法律规定的权限，通过和发布决议，审查和决定地方的经济建设、文化建设和公共事业建设的计划。

县级以上的地方各级人民代表大会审查和批准本行政区域内的国民经济和社会发展计划、预算以及它们的执行情况的报告；有权改变或者撤销本级人民代表大会常务委员会不适当的决定。

民族乡的人民代表大会可以依照法律规定的权限采取适合民族特点的具体措施。

第一百条 省、直辖市的人民代表大会和它们的常务委员会，在不同宪法、法律、行政法规相抵触的前提下，可以制定地方性法规，报全国人民代表大会常务委员会备案。

第一百零一条 地方各级人民代表大会分别选举并且有权罢免本级人民政府的省长和副省长、市长和副市长、县长和副县长、区长和副区长、乡长和副乡长、镇长和副镇长。

县级以上的地方各级人民代表大会选举并且有权罢免本级人民法院院长和本级人民检察院检察长。选出或者罢免人民检察院检察长，须报上级人民检察院检察长提请该级人民代表大会常务委员会批准。

第一百零二条 省、直辖市、设区的市的人民代表大会代表受原选举单位的监督；县、不设区的市、市辖区、乡、民族乡、镇的人民代表大会代表受选民的监督。

地方各级人民代表大会代表的选举单位和选民有权依照法律规定的程序罢免由他们选出

的代表。

第一百零三条　县级以上的地方各级人民代表大会常务委员会由主任、副主任若干人和委员若干人组成，对本级人民代表大会负责并报告工作。

县级以上的地方各级人民代表大会选举并有权罢免本级人民代表大会常务委员会的组成人员。

县级以上的地方各级人民代表大会常务委员会的组成人员不得担任国家行政机关、审判机关和检察机关的职务。

第一百零四条　县级以上的地方各级人民代表大会常务委员会讨论、决定本行政区域内各方面工作的重大事项；监督本级人民政府、人民法院和人民检察院的工作；撤销本级人民政府的不适当的决定和命令；撤销下一级人民代表大会的不适当的决议；依照法律规定的权限决定国家机关工作人员的任免；在本级人民代表大会闭会期间，罢免和补选上一级人民代表大会的个别代表。

第一百零五条　地方各级人民政府是地方各级国家权力机关的执行机关，是地方各级国家行政机关。

地方各级人民政府实行省长、市长、县长、区长、乡长、镇长负责制。

第一百零六条　地方各级人民政府每届任期同本级人民代表大会每届任期相同。

第一百零七条　县级以上地方各级人民政府依照法律规定的权限，管理本行政区域内的经济、教育、科学、文化、卫生、体育事业、城乡建设事业和财政、民政、公安、民族事务、司法行政、监察、计划生育等行政工作，发布决定和命令，任免、培训、考核和奖惩行政工作人员。

乡、民族乡、镇的人民政府执行本级人民代表大会的决议和上级国家行政机关的决定和命令，管理本行政区域内的行政工作。

省、直辖市的人民政府决定乡、民族乡、镇的建置和区域划分。

第一百零八条　县级以上的地方各级人民政府领导所属各工作部门和下级人民政府的工作，有权改变或者撤销所属各工作部门和下级人民政府的不适当的决定。

第一百零九条　县级以上的地方各级人民政府设立审计机关。地方各级审计机关依照法律规定独立行使审计监督权，对本级人民政府和上一级审计机关负责。

第一百一十条　地方各级人民政府对本级人民代表大会负责并报告工作。县级以上的地方各级人民政府在本级人民代表大会闭会期间，对本级人民代表大会常务委员会负责并报告工作。

地方各级人民政府对上一级国家行政机关负责并报告工作。全国地方各级人民政府都是国务院统一领导下的国家行政机关，都服从国务院。

第一百一十一条　城市和农村按居民居住地区设立的居民委员会或者村民委员会是基层群众性自治组织。居民委员会、村民委员会的主任、副主任和委员由居民选举。居民委员会、村民委员会同基层政权的相互关系由法律规定。

居民委员会、村民委员会设人民调解、治安保卫、公共卫生等委员会，办理本居住地区的公共事务和公益事业，调解民间纠纷，协助维护社会治安，并且向人民政府反映群众的意见、要求和提出建议。

第六节　民族自治地方的自治机关

第一百一十二条　民族自治地方的自治机关是自治区、自治州、自治县的人民代表大会和人民政府。

第一百一十三条　自治区、自治州、自治县的人民代表大会中，除实行区域自治的民族的代表外，其他居住在本行政区域内的民族也应当有适当名额的代表。

自治区、自治州、自治县的人民代表大会常务委员会中应当有实行区域自治的民族的公民担任主任或者副主任。

第一百一十四条 自治区主席、自治州州长、自治县县长由实行区域自治的民族的公民担任。

第一百一十五条 自治区、自治州、自治县的自治机关行使宪法第三章第五节规定的地方国家机关的职权，同时依照宪法、民族区域自治法和其他法律规定的权限行使自治权，根据本地方实际情况贯彻执行国家的法律、政策。

第一百一十六条 民族自治地方的人民代表大会有权依照当地民族的政治、经济和文化的特点，制定自治条例和单行条例。自治区的自治条例和单行条例，报全国人民代表大会常务委员会批准后生效。自治州、自治县的自治条例和单行条例，报省或者自治区的人民代表大会常务委员会批准后生效，并报全国人民代表大会常务委员会备案。

第一百一十七条 民族自治地方的自治机关有管理地方财政的自治权。凡是依照国家财政体制属于民族自治地方的财政收入，都应当由民族自治地方的自治机关自主地安排使用。

第一百一十八条 民族自治地方的自治机关在国家计划的指导下，自主地安排和管理地方性的经济建设事业。

国家在民族自治地方开发资源、建设企业的时候，应当照顾民族自治地方的利益。

第一百一十九条 民族自治地方的自治机关自主地管理本地方的教育、科学、文化、卫生、体育事业，保护和整理民族的文化遗产，发展和繁荣民族文化。

第一百二十条 民族自治地方的自治机关依照国家的军事制度和当地的实际需要，经国务院批准，可以组织本地方维护社会治安的公安部队。

第一百二十一条 民族自治地方的自治机关在执行职务的时候，依照本民族自治地方自治条例的规定，使用当地通用的一种或者几种语言文字。

第一百二十二条 国家从财政、物资、技术等方面帮助各少数民族加速发展经济建设和文化建设事业。

国家帮助民族自治地方从当地民族中大量培养各级干部、各种专业人才和技术工人。

第七节　人民法院和人民检察院

第一百二十三条 中华人民共和国人民法院是国家的审判机关。

第一百二十四条 中华人民共和国设立最高人民法院、地方各级人民法院和军事法院等专门人民法院。

最高人民法院院长每届任期同全国人民代表大会每届任期相同，连续任职不得超过两届。

人民法院的组织由法律规定。

第一百二十五条 人民法院审理案件，除法律规定的特别情况外，一律公开进行。被告人有权获得辩护。

第一百二十六条 人民法院依照法律规定独立行使审判权，不受行政机关、社会团体和个人的干涉。

第一百二十七条 最高人民法院是最高审判机关。

最高人民法院监督地方各级人民法院和专门人民法院的审判工作，上级人民法院监督下级人民法院的审判工作。

第一百二十八条 最高人民法院对全国人民代表大会和全国人民代表大会常务委员会负责。地方各级人民法院对产生它的国家权力机关负责。

第一百二十九条 中华人民共和国人民检察院是国家的法律监督机关。

第一百三十条 中华人民共和国设立最高人民检察院、地方各级人民检察院和军事检察院等专门人民检察院。

最高人民检察院检察长每届任期同全国人民代表大会每届任期相同，连续任职不得超过两届。

人民检察院的组织由法律规定。

第一百三十一条 人民检察院依照法律规定独立行使检察权，不受行政机关、社会团体和个人的干涉。

第一百三十二条 最高人民检察院是最高检察机关。

最高人民检察院领导地方各级人民检察院和专门人民检察院的工作，上级人民检察院领导下级人民检察院的工作。

第一百三十三条 最高人民检察院对全国人民代表大会和全国人民代表大会常务委员会负责。地方各级人民检察院对产生它的国家权力机关和上级人民检察院负责。

第一百三十四条 各民族公民都有用本民族语言文字进行诉讼的权利。人民法院和人民检察院对于不通晓当地通用的语言文字的诉讼参与人，应当为他们翻译。

在少数民族聚居或者多民族共同居住的地区，应当用当地通用的语言进行审理；起诉书、判决书、布告和其他文书应当根据实际需要使用当地通用的一种或者几种文字。

第一百三十五条 人民法院、人民检察院和公安机关办理刑事案件，应当分工负责，互相配合，互相制约，以保证准确有效地执行法律。

第四章 国旗、国歌、国徽、首都

第一百三十六条 中华人民共和国国旗是五星红旗。

中华人民共和国国歌是《义勇军进行曲》。

第一百三十七条 中华人民共和国国徽，中间是五星照耀下的天安门，周围是谷穗和齿轮。

第一百三十八条 中华人民共和国首都是北京。

中华民国宪法

（中华民国三十五年十二月二十五日国民大会通过，中华民国三十六年一月一日国民政府公布，同年十二月二十五日施行）

中华民国国民大会受全体国民之付托，依据孙中山先生创立中华民国之遗教，为巩固国权，保障民权，奠定社会安宁，增进人民福利，制定本宪法，颁行全国，永矢咸遵。

第一章 总 纲

第一条 中华民国基于三民主义，为民有民治民事之民主共和国。

第二条 中华民国之主权属于国民全体。

第三条 具有中华民国国籍者为中华民国国民。

第四条 中华民国领土依其固有之疆域，非经国民大会之决议，不得变更之。

第五条 中华民国各族一律平等。

第六条 中华民国国旗为红地，左上角青天白日。

第二章 人民之权利义务

第七条 中华民国人民，无分男女、宗教、种族、阶级、党派，在法律上一律平等。

第八条 人民身体之自由应予保障。除现行犯之逮捕由法律另定外，非经司法或警察机关依法定程序,不得逮捕拘禁;非由法院依法定程序,不得审问处罚;非依法定程序之逮捕、拘禁、审问、处罚,得拒绝之。

人民因犯罪嫌疑被逮捕拘禁时,其逮捕拘禁机关应将逮捕拘禁原因,以书面告知本人及其本人指定之亲友。并至迟于二十四小时内移送该管法院审问。本人或他人亦得声请该管法院,于二十四小时内向逮捕之机关提审。法院对于前项声请,不得拒绝,并不得先令逮捕拘禁之机关查复。逮捕拘禁之机关,对于法院之提审,不得拒绝或迟延。

人民遭受任何机关非法逮捕拘禁时,其本人或他人得向法院声请追究,法院不得拒绝,并应于二十四小时内,向逮捕拘禁之机关追究,依法处理。

第九条 人民除现役军人外,不受军事审判。

第一〇条 人民有居住及迁徙之自由。

第一一条 人民有言论、讲学、著作及出版之自由。

第一二条 人民有秘密通讯之自由。

第一三条 人民有信仰宗教之自由。

第一四条 人民有集会及结社之自由。

第一五条 人民之生存权、工作权及财产权,应予保障。

第一六条 人民有请愿、诉愿及诉讼之权。

第一七条 人民有选举、罢免、创制及复决之权。

第一八条 人民有应考试、服公职之权。

第一九条 人民有依法律纳税之义务。

第二〇条 人民有依法律服兵役之义务。

第二一条 人民有受国民教育之权利与义务。

第二二条 凡人民之其他自由及权利,不妨害社会秩序、公共利益者,均受宪法之保障。

第二三条 以上各条列举之自由权利,除为防止妨碍他人自由,避免紧急危难,维持社会秩序,或增进公共利益所必要者外,不得以法律限制之。

第二四条 凡公务员违法侵害人民之自由或权利者,除依法律受惩戒外,应负刑事及民事责任。被害人民就其所受损害,并得依法律向国家请求赔偿。

第三章 国民大会

第二五条 国民大会依本宪法之规定,代表全国国民行使政权。

第二六条 国民大会以左列代表组织之:

一 每县市及其同等区域各选出代表一人,但其人口逾五十万人者,每增加五十万人,增选代表一人。县市同等区域以法律定之。

二 蒙古选出代表,每盟四人,每特别旗一人。

三 西藏选出代表,其名额以法律定之。

四 各民族在边疆地区选出代表,其名额以法律定之。

五 侨居国外之国民选出代表,其名额以法律定之。

六 职业团体选出代表,其名额以法律定之。

七 妇女团体选出代表,其名额以法律定之。

第二七条 国民大会之职权如左:

一 选举总统、副总统;

二 罢免总统、副总统;

三 修改宪法;

四　复决立法院所提之宪法修正案；

关于创制、复决两权，除前项第三、第四两款规定外，由全国有半数之县市曾经行使创制、复决两项政权时，由国民大会制定办法并行使之。

第二八条　国民大会代表每六年改选一次。每届国民大会代表之任期，至次届国民大会开会之日为止。

现任官吏不得于其任所在地之选举区当选为国民大会代表。

第二九条　国民大会于每届总统任满前九十日集会，由总统召集之。

第三〇条　国民大会遇有左列情形之一时，召集临时会：

一　依本宪法第四十九条之规定，应补选总统、副总统时；

二　依监察院之决议，对于总统、副总统提出弹劾案时；

三　依立法院之决议，提出宪法修正案时；

四　国民大会代表五分之二以上请求召集时。

国民大会临时会，如依前项第一款或第二款应召集时，由立法院院长通告集会；依第三款或四款应召集时，由总统召集之。

第三一条　国民大会之开会地点在中央政府所在地。

第三二条　国民大会代表在会议时所为之言论及表决，对会外不负责任。

第三三条　国民大会代表除现行犯外，在会期中，非经国民大会许可，不得逮捕或拘禁。

第三四条　国民大会之组织，国民大会代表之选举、罢免，及国民大会行使职权之程序，以法律定之。

第四章　总　统

第三五条　总统为国家元首，对外代表中华民国。

第三六条　总统统率全国陆海空军。

第三七条　总统依法公布法律，发布命令，须经行政院院长之副署，或行政院院长及有关部会首长之副署。

第三八条　总统依本宪法之规定，行使缔结条约及宣战、媾和之权

第三九条　总统依法宣布戒严，但须经立法院之通过或追认。立法院认为必要时，得决议移请总统解严。

第四〇条　总统依法行使大赦、特赦、减刑及复权之权。

第四一条　总统依法任免文武官员。

第四二条　总统依法授予荣典。

第四三条　国家遇有天灾或灾害、疠疫或国家财政经济上有重大变故，须为急速处分时，总统于立法院休会期间，得经行政院会议之决议，依紧急命令法，发布紧急命令，为必要之处置，但须于发布命令后一个月内提交立法院追认。如立法院不同意时，该紧急命令立即失效。

第四四条　总统对于院与院间之争执，除本宪法有规定者外，得召集有关各院院长会商解决之。

第四五条　中华民国国民年满四十岁者，得被选为总统、副总统。

第四六条　总统、副总统之选举，以法律定之。

第四七条　总统、副总统之任期为六年，连选得连任一次。

第四八条　总统应于就职时宣誓，誓词如左：

“余谨以至诚，向全国人民宣誓，余必遵守宪法，尽忠职务，增进人民福利，保卫国家，无负国民付托。如违誓言，愿受国家严厉之制裁。谨誓。”

第四九条 总统缺位时，由副总统继任，至总统任期届满为止。总统、副总统均缺位时，由行政院院长代行其职权，并依本宪法第三十条之规定，召集国民大会临时会，补选总统、副总统，其任期以补足原任总统未满之任期为止。总统因故不能视事时，由副总统代行其职权。总统、副总统均不能视事时，由行政院院长代行其职权。

第五〇条 总统于任满之日解职。如届期次任总统尚未选出，或选出后总统、副总统均未就职时，由行政院院长代行总统职权。

第五一条 行政院院长代行总统职权时，其期限不得逾三个月。

第五二条 总统除犯内乱或外患罪外，非经罢免或解职，不受刑事上之诉究。

第五章 行 政

第五三条 行政院为国家最高行政机关。

第五四条 行政院设院长、副院长各一人，各部会首长若干人及不管部会之政务委员若干人。

第五五条 行政院院长由总统提名，经立法院同意任命之。

立法院休会期间，行政院院长辞职或出缺时，由行政院副院长代理其职务，但总统须于四十日内咨请立法院召集会议，提出行政院院长人选征求同意。行政院院长职务，在总统所提行政院院长人选未经立法院同意前，由行政院副院长暂行代理。

第五六条 行政院副院长、各部会首长及不管部会之政务委员，由行政院院长提请总统任命之。

第五七条 行政院依左列规定，对立法院负责：

一 行政院有向立法院提出施政方针及施政报告之责。立法委员在开会时，有向行政院院长及行政院各部会首长质询之权。

二 立法院对于行政院重要政策不赞同时，得以决议移请行政院变更之。行政院对于立法院之决议，得经总统之核可，移请立法院复议。复议时，如经出席立法委员三分之二维持原决议，行政院院长应即接受该决议或辞职。

三 行政院对于立法院决议之法律案、预算案、条约案，如认为该决议案有窒碍难行时，得经总统之核可，于该决议案送达行政院十日内，移请立法院复议。复议时，如经出席立法委员三分之二维持原案，行政院院长应即接受该决议案或辞职。

第五八条 行政院设行政院会议，由行政院院长、副院长、各部会首长及不管部会之政务委员组织之，以院长为主席。行政院院长、各部会首长须将应行提出立法院之法律案、预算案、戒严案、大赦案、宣战案、媾和案、条约案及其他重要事项，或涉及各部会共同关系之事项，提出于行政院会议议决之。

第五九条 行政院于会计年度开始三个月前，应将下年度预算案提出于立法院。

第六〇条 行政院于会计年度结束后四个月内，应提出决算于监察院。

第六一条 行政院之组织，以法律定之。

第六章 立 法

第六二条 立法院为国家最高立法机关，由人民选举之立法委员组织之，代表人民行使立法权。

第六三条 立法院有决议法律案、预算案、戒严案、大赦案、宣战案、媾和案、条约案，及国家其他重要事项之权。

第六四条　立法院立法委员依左列规定选出之：

一　各省、各直辖市选出者，其人口在三百万以下者五人，其人口超过三百万者，每满一百万人增选一人，

二　蒙古各盟旗选出者；

三　西藏选出者；

四　各民族在边疆地区选出者；

五　侨居国外之国民选出者；

六　职业团体选出者。

立法委员之选举及前项第二款至第六款立法委员名额之分配，以法律定之。妇女在第一项各款之名额，以法律定之。

第六五条　立法委员之任期为三年，连选得连任。其选举于每届任满前三个月内完成之。

第六六条　立法院设院长、副院长各一人，由立法委员互选之。

第六七条　立法院得设各种委员会。各种委员会得邀请政府人员及社会上有关系人员到会备询。

第六八条　立法院会期，每年两次，自行集会，第一次自二月至五月底，第二次自九月至十二月底，必要时得延长之。

第六九条　立法院遇有左列情事之一时，得开临时会：

一　总统之咨请；

二　立法委员四分之一以上之请求。

第七〇条　立法院对于行政院所提预算案，不得为增加支出之提议。

第七一条　立法院开会时，关系院院长及各部会首长得列席陈述意见。

第七二条　立法院法律案通过后，移送总统及行政院，总统应于收到后十日内公布之，但总统得依照本宪法第五十七条之规定办理。

第七三条　立法委员在院内所为之言论及表决，对院外不负责任。

第七四条　立法委员，除现行犯外，非经立法院许可，不得逮捕或拘禁。

第七五条　立法委员不得兼任官吏。

第七六条　立法院之组织，以法律定之。

第七章　司　法

第七七条　司法院为国家最高司法机关，掌理民事、刑事、行政诉讼之审判及公务员之惩戒。

第七八条　司法院解释宪法，并有统一解释法律及命令之权。

第七九条　司法院设院长、副院长各一人，由总统提名，经监察院同意任命之。

司法院设大法官若干人，掌理本宪法第七十八条规定事项，由总统提名，经监察院同意任命之。

第八〇条　法官须超出党派以外，依据法律独立审判，不受任何干涉。

第八一条　法官为终身职，非受刑事或惩戒处分，或禁治产之宣告，不得免职。非依法律不得停职、转任或减俸。

第八二条　司法院及各级法院之组织，以法律定之。

第八章　考　试

第八三条　考试院为国家最高考试机关，掌理考试、任用、锉叙、考绩、级俸、升迁、保障、褒

奖、抚恤、退休、养老等事项。

第八四条 考试院设院长、副院长各一人,考试委员若干人,由总统提名,经监察院同意任命之。

第八五条 公务人员之选拔,应实行公开竞争之考试制度,并应按省区分别规定名额,分区举行考试。非经考试及格者,不得任用。

第八六条 左列资格,应经考试院依法考选铨定之:

一 公务人员任用资格;

二 专门职业及技术人员执业资格。

第八七条 考试院关于所掌事项,得向立法院提出法律案。

第八八条 考试委员须超出党派以外,依据法律独立行使职权。

第八九条 考试院之组织,以法律定之。

第九章 监 察

第九〇条 监察院为国家最高监察机关,行使同意、弹劾、纠举及审计权。

第九一条 监察院设监察委员,由各省、市议会,蒙古、西藏地方议会及华侨团体选举之。其名额分配依左列之规定:

一 每省五人;

二 每直辖市二人;

三 蒙古各盟旗共八人;

四 西藏八人;

五 侨居国外之国民八人。

第九二条 监察院设院长、副院长各一人,由监察委员互选之。

第九三条 监察委员之任期为六年,连选得连任。

第九四条 监察院依本宪法行使同意权时,出席委员过半数之议决行之。

第九五条 监察院为行使监察权,得向行政院及各部会调阅其所发布之命令及各种有关文件。

第九六条 监察院得按行政院及其各部会之工作,分设若干委员,调查一切设施,注意其是否违法或失职。

第九七条 监察院经各该委员会之审查及决议,得提出纠正案,移送行政院及其有关部会,促其注意改善。监察院对于中央及地方公务人员,认为有失职或违法情事,得提出纠举案或弹劾案,如涉及刑事,应移送法院办理

第九八条 监察院对于中央及地方公务人员之弹劾案,须经监察委员一人以上之提议,九人以上之审查及决定,始得提出。

第九九条 监察院对于司法院或考试院人员失职或违法之弹劾,适用本宪法第九十五条、第九十七条及第九十八条之规定。

第一〇〇条 监察院对于总统、副总统之弹劾案,须有全体监察委员四分之一以上之提议,全体监察委员过半数之审查及决议,向国民大会提出之。

第一〇一条 监察委员在院内所为之言论及表决,对院外不负责任。

第一〇二条 监察委员,除现行犯外,非经监察院许可,不得逮捕或拘禁。

第一〇三条 监察委员不得兼任其他公职或执行业务。

第一〇四条 监察院设审计长,由总统提名,经立法院同意任命之。

第一〇五条 审计长应于行政院提出决算后三个月内,依法完成其审核,并提出审核报告

于立法院。

第一〇六条　监察院之组织，依法律定之。

第十章　中央与地方之权限

第一〇七条　左列事项，由中央立法并执行之：

一　外交；

二　国防与国防军事；

三　国籍法及刑事、民事、商事之法律；

四　司法制度；

五　航空、国道、国有铁路、航政、邮政及电政；

六　中央财政与国税；

七　国税与省税、县税之划分；

八　国营经济事业；

九　币制及国家银行；

十　度量衡；

十一　国际贸易政策；

十二　涉外之财政经济事项；

十三　其他依本宪法所定关于中央之事项。

第一〇八条　左列事项，由中央立法并执行之，或交由省、县执行之：

一　省、县自治通则；

二　行政区划；

三　森林、工矿及商业；

四　教育制度；

五　银行及交易所制度；

六　航业及海洋渔业；

七　公用事业；

八　合作事业；

九　二省以上之水陆交通运输；

十　二省以上之水利、河道及农牧事业；

十一　中央及地方官吏之铨叙、任用、纠察及保障；

十二　土地法；

十三　劳动法及其他社会立法；

十四　公用征收；

十五　全国户口调查及统计；

十六　移民及垦殖；

十七　警察制度；

十八　公共卫生；

十九　赈济、抚恤及失业救济；

二十　有关文化之古籍、古物及古迹之保存。

前项各款，省于不抵触国家法律内，得制定单行法规。

第一〇九条　左列事项，由省立法并执行之，或交由县执行之：

一　省教育、卫生、实业及交通；

二　省财产之经营及处分；

三　省市政；

四　省公营事业；

五　省合作事业；

六　省农林、水利、渔牧及工程；

七　省财政及省税；

八　省债；

九　省银行；

十　省警政之实施；

十一　省慈善及公益事业；

十二　其他依国家法律赋予之事项。

前项各款，有涉及二省以上者，除法律别有规定外，得由有关各省共同办理。

各省办理第一项各款事务，其经费不足时，经立法院议决，由国库补助之。

第一一〇条　左列事项，由县立法并执行之：

一　县教育、卫生、实业及交通；

二　县财产之经营及处分；

三　县公营事业；

四　县合作事业；

五　县农林、水利、渔牧及工程；

六　县财政及县税；

七　县债；

八　县银行；

九　县警卫之实施；

十　县慈善及公益事项；

十一　其他依国家法律及省自治法赋予之事项。

前项各款，有涉及二县以上者，除法律别有规定外，得由有关各县共同办理。

第一一一条　除第一百零七条、第一百零八条，第一百零九条及第一百一十条列举事项外，如有未列举事项发生时，其事务有全国一致之性质者属于中央，有全省一致之性质者属于省，有一县之性质者属于县。遇有争议时，由立法院解决之。

第十一章　地方制度

第一节　省

第一一二条　省得召集省民代表大会，依据省县自治通则，制定自治法，但不得与宪法抵触。

省民代表大会之组织及选举，以法律定之。

第一一三条　省自治法应包含左列各款：

一　省设省议会，省议会议员由省民选举之；

二　省设省政府，置省长一人，省长由省民选举之；

三　省与县之关系。

属于省之立法权，由省议会行之。

第一一四条　省自治法制定后，须即送司法院。司法院如认为有违宪之处，应将违宪条文宣布无效。

第一一五条 省自治法施行中,如因其中某条发生重大障碍,经司法院召集有关方面陈述意见后,由行政院院长、立法院院长、司法院院长、考试院院长与监察院院长组织委员会,以司法院院长为主席,提出方案解决之。

第一一六条 省法规与国家法律抵触者无效。

第一一七条 省法规与国家法律有无抵触发生疑义时,由司法院解释之。

第一一八条 直辖市之自治,以法律定之。

第一一九条 蒙古各盟旗地方自治制度,以法律定之。

第一二〇条 西藏自治制度,应予以保障。

第二节 县

第一二一条 县实行县自治。

第一二二条 县得召集县民代表大会,依据省县自治通则,制定县自治法,但不得与宪法及省自治法抵触。

第一二三条 县民关于县自治事项,依法律行使创制、复决之权,对于县长及其他县自治人员,依法律行使选举、罢免之权。

第一二四条 县设县议会。县议会议员由县民选举之。属于县之立法权,由县议会行之。

第一二五条 县单行规章,与国家法律或省法规抵触者无效。

第一二六条 县设县政府,置县长一人。县长由县民选举之。

第一二七条 县长办理县自治,并执行中央及省委办事项。

第一二八条 市准用县之规定。

第十二章 选举罢免创制复决

第一二九条 本宪法所定之各种选举,除本宪法别有规定外,以普遍、平等、直接及无记名投票之方法行之。

第一三〇条 中华民国国民年满二十岁者,有依法选举之权,除本宪法及法律别有规定者外。年满二十三岁者,有依法被选举之权。

第一三一条 本宪法所规定各种选举之候选人,一律公开竞选。

第一三二条 选举应严禁威胁利诱。选举诉讼,由法院审判之。

第一三三条 被选举人得由原选举区依法罢免之。

第一三四条 各种选举,应规定妇女当选名额,其办法以法律定之。

第一三五条 内地生活习惯特殊之国民代表名额及选举,其办法以法律定之。

第一三六条 创制、复决两权之行使,以法律定之。

第十三章 基本国策

第一节 国 防

第一三七条 中华民国之国防,以保卫国家安全,维护世界和平为目的。

国防之组织,以法律定之。

第一三八条 全国陆海空军,须超出个人、地域及党派关系以外,效忠国家,爱护人民。

第一三九条 任何党派及个人不得以武装力量为政争之工具。

第一四〇条　现役军人不得兼任文官

第二节　外　交

第一四一条　中华民国之外交,应本独立自主之精神,平等互惠之原则,敦睦邦交,尊重条约及联合国宪章,以保护侨民权益,促进国际合作,提倡国际正义,确保世界和平。

第三节　国民经济

第一四二条　国民经济应以民生主义为基本原则,实施平均地权、节制资本,以谋国计民生之均足。

第一四三条　中华民国领土内之土地属于国民全体。人民依法取得之土地所有权,应受法律之保障与限制。私有土地应照价纳税,政府并得照价收买。

附着于土地之矿,及经济上可供公众利用之天然力,属于国家所有,不因人民取得土地所有权而受影响。

土地价值非因施以劳力资本而增加者,应由国家征收土地增值税,归人民共享之。

国家对于土地之分配与整理,应以扶植自耕农及自行使用土地人为原则,并规定其适当经营之面积。

第一四四条　公用事业及其他有独占性之企业,以公营为原则,其经法律许可者,得由国民经营之。

第一四五条　国家对于私人财富及私营事业,认为有妨害国计民生之平衡发展者,应以法律限制之。

合作事业应受国家之奖励与扶助。

国民生产事业及对外贸易,应受国家之奖励、指导及保护。

第一四六条　国家应运用科学技术,以兴修水利,增进地力,改善农业环境,规划土地利用,开发农业资源,促成农业之工业化。

第一四七条　中央为谋省与省间之经济平衡发展,对于贫瘠之省,应酌予补助。

省为谋县与县间之经济平衡发展,对于贫瘠之县,应酌予补助。

第一四八条　中华民国领域内,一切货物应许自由流通。

第一四九条　金融机构,应依法受国家之管理。

第一五〇条　国家应普设平民金融机构,以救济失业。

第一五一条　国家对于侨居国外之国民,应扶助并保护其经济事业之发展。

第四节　社会安全

第一五二条　人民具有工作能力者,国家应予以适当之工作机会。

第一五三条　国家为改良劳工及农民之生活,增进其生产技能,应制定保护劳工及农民之法律,实施保护劳工及农民之政策。

妇女儿童从事劳动者,应按其年龄及身事体状态,予以特别之保护。

第一五四条　劳资双方应本协调合作原则,发展生产事业。劳资纠纷之调解与仲裁,以法律定之。

第一五五条　国家为谋社会福利,应实施社会保险制度。人民之老弱残废,无力生活,及受非常灾害者,国家应予以适当之扶助与救济。

第一五六条　国家为奠定民族生存发展之基础,应保护母性,并实施妇女儿童福利政策。

第一五七条　国家为增进民族健康,应普遍推行卫生保健事业及公医制度。

第五节　教育文化

第一五八条　教育文化,应发展国民之民族精神、自治精神、国民道德、健全体格、科学及生活智能。

第一五九条　国民受教育之机会一律平等。

第一六〇条　六岁至十二岁之学龄儿童，一律受基本教育，免纳学费。其贫苦者，由政府供给书籍。

已逾学龄未受基本教育之国民，一律受补习教育，免纳学费，其书籍亦由政府供给。

第一六一条　各级政府应广设奖学金名额，以扶助学行俱优无力升学之学生。

第一六二条　全国公私立之教育文化机关，依法律受国家之监督。

第一六三条　国家应注重各地区教育之均衡发展，并推行社会教育，以提高一般国民之文化水准，边远及贫瘠地区之教育文化经费，由国库补助之。其重要之教育文化事业，得由中央办理或补助之。

第一六四条　教育、科学、文化之经费，在中央不得少于其预算总额百分之十五，在省不得少于预算总额百分之二十五，在市县不得少于其预算总额百分之三十五。其依法设置之教育文化基金及产业，应予以保障。

第一六五条　国家应保障教育、科学、艺术工作者之生活，并依国民经济之进展，随时提高其待遇。

第一六六条　国家应奖励科学之发明与创造，并保护有关历史文化艺术之古迹古物。

第一六七条　国家对于左列事业或个人予以奖励或补助：

一　国内私人经营之教育事业成绩优良者；

二　侨居国外国民之教育事业成绩优良者；

三　于学术或技术有发明者；

四　从事教育久于其职而成绩优良者。

第六节　边疆地区

第一六八条　国家对于边疆地区各民族之地位，应予以合法之保障，并于其地方自治事业，特别予以扶植。

第一六九条　国家对于边疆地区各民族之教育、文化、交通、水利、卫生及其他经济、社会事业，应积极举办，并扶助其发展，对于土地使用，应依其气候，土壤性质，及人民生活习惯之所宜，予以保障及发展。

第十四章　宪法之施行及修改

第一七〇条　本宪法所称之法律，谓经立法院通过，总统公布之法律。

第一七一条　法律与宪法抵触者无效。

法律与宪法有无抵触发生疑义时，由司法院解释之。

第一七二条　命令与宪法或法律抵触者无效。

第一七三条　宪法之解释，由司法院为之。

第一七四条　宪法之修改，应以左列程序之一为之：

一　由国民大会代表总额五分之一之提议，三分之二之出席，及出席代表四分之三之决议，得修改之。

二　由立法院立法委员四分之一之提议，四分之三之出席，及出席委员四分之三之决议，拟定宪法修正案，提请国民大会复决。此项宪法修正案，应于国民大会开会前半年公告之。

第一七五条　本宪法规定事项，有另定实施程序之必要者，以法律定之。

本宪法施行之准备程序，由制定宪法之国民大会议定之。

钦定宪法大纲

一、大清皇帝统治大清帝国,万世一系,永永尊戴。

二、君上神圣尊严,不可侵犯。

三、钦定颁行法律及发交议案之权。凡法律虽经议院议决,而未奉诏命批准颁布者,不能见诸施行。

四、召集、开闭、停展及解散议院之权。解散之时,即令国民重行选举新议员,其被解散之旧员,即与齐民无异,倘有抗违,量其情节以相当之法律处治。

五、设官制禄及黜陟百司之权。用人之权,操之君上,而大臣辅弼之,议院不得干预。

六、统率陆海军及编定军制之权。君上调遣全国军队,制定常备兵额,得以全权执行。凡一切军事,皆非议院所得干预。

七、宣战、讲和、订立条约及派遣使臣与认受使臣之权。国交之事,由君上亲裁,不付议院议决。

八、宣告戒严之权。当紧急时,得以诏令限制臣民之自由。

九、爵赏及恩赦之权。恩出自君上,非臣下所得擅专。

十、总揽司法权。委任审判衙门,遵钦定法律行之,不以诏令随时更改。司法之权,操诸君上,审判官本由君上委任,代行司法,不以诏令随时更改者,案件关系至重,故必以已经钦定为准,免涉分歧。

十一、发命令及使发命令之权。惟已定之法律,非交议院协赞奏经钦定时,不以命令更改废止。法律为君上实行司法权之用,命令为君上实行行政权之用,两权分立,故不以命令改废法律

十二、在议院闭会时,遇有紧急之事,得发代法律之诏令,并得以诏令筹措必需之财用。惟至次年会期,须交议院协议。

十三、皇室经费,应由君上制定常额,自国库提支,议院不得置议。

十四、皇室大典,应由君上督率皇族及特派大臣议定,议院不得干预。

附臣民权利义务(其细目当于宪法起草时酌定)

一、臣民中有合于法律命令所定资格者,得为文武官吏及议员。

二、臣民于法律范围以内,所有言论、著作、出版及集会、结社等事,均准其自由。

三、臣民非按照法律所定,不加以逮捕、监禁、处罚。

四、臣民可以请法官审判其呈诉之案件。

五、臣民应专受法律所定审判衙门之审判。

六、臣民之财产及居住,无故不加侵扰。

七、臣民按照法律所定,有纳税、当兵之义务。

八、臣民现完之赋税,非经新定法律更改,悉仍照旧输纳。

九、臣民有遵守国家法律之义务。

大 宪 章

（1215年6月5日）

受命于天的英格兰国王兼领爱尔兰宗主，诺曼底与阿奎丹公爵、安茹伯爵约翰，谨向大主教，主教，住持，伯爵，男爵，法官，森林官，执行吏，典狱官，差人，及其管家吏与忠顺的人民致候。

由于可敬的神父们，坎特伯里大主教，英格兰大教长兼圣罗马教会红衣主教斯提芬；杜伯林大主教亨利……暨培姆布卢克大司仪伯爵威廉；索斯伯利伯爵威廉……等贵族，及其他忠顺臣民谏议，使余等知道，为了余等自身以及余等之先人与后代灵魂的安全，同时也为了圣教会的昌盛和王国的兴隆，上帝的意旨使余等承认下列诸端，并昭告全国：

（1）首先，余等及余等之后嗣坚决应许上帝，根据本宪章，英国教会当享有自由，其权利将不受干扰，其自由将不受侵犯。关于英格兰教会所视为最重要与最必需之自由选举，在余等与诸男爵发生不睦之前曾自动地或按照己意用特许状所颁赐者，——同时经余等请得教王英诺森三世所同意者——余等及余等之世代子孙当永以善意遵守。此外，余等及余等之子孙后代，同时亦以下面附列之各项自由给予余等王国内一切自由人民，并允许严行遵守，永矢勿渝。

（2）任何伯爵或男爵，或因军役而自余等直接领有采地之人身故时，如有已达成年之继承者，于按照旧时数额缴纳承继税后，即可享有其遗产。计伯爵继承人于缴纳一百镑后，即可享受伯爵全部遗产；男爵继承人于缴纳一百镑后，即可享受男爵全部遗产；武士继承人于最多缴纳一百先令后，即可享受全部武士封地。其他均应按照采地旧有习惯，应少交者须少交。

（3）上述诸人之继承人如未达成年，须受监护者，应于成年后以其遗产交付之，不得收取任何继承税或产业转移税。

（4）凡经管前款所述未达成年之继承人之土地者，除自该项土地上收取适当数量之产品，及按照习惯应行征取之赋税与力役外，不得多有需索以免耗费人力与物力。如余等以该项土地之监护权委托执行吏或其他人等，俾对其收益向余等负责，而其人使所保管之财产遭受浪费与损毁时，余等将处此人以罚金，并将该项土地转交该采地中合法与端正之人士二人，俾对该项收益能向余等或余等所指定之人负责。如余等将该项土地之监护权赐予或售予任何人，而其人使土地遭受浪费与损毁时，即须丧失监护权，并将此项土地交由该采地中之合法与端正人士二人，按照前述条件向余等负责。

（5）此外，监护人在经管土地期间，应自该项土地之收益中拨出专款为房屋、园地、鱼塘、池沼、磨坊及其他附属物修缮费用，俾能井井有条。继承人达成年时，即应按照耕耘时之需要，就该项土地收益所许可之范围内置备犁、锄、与其他农具，附于其全部土地内归还之。

（6）继承人得在不贬抑其身分之条件下结婚，但在订婚前应向其宅人之卑属亲族通告。

（7）寡妇于其夫身故后，应不受任何留难而立即获得其嫁资与遗产。寡妇之嫁奁，嫁资，及其应得之遗产与其夫逝世前为二人共同保有之物品，俱不付任何代价。[自愿改嫁]之寡妇得于其夫身故后，居留夫宅四十日，在此期间其嫁奁应交还之。

（8）寡妇之自愿孀居者，不得强迫其改嫁，但寡妇本人，如执有余等之土地时，应提供保证，未得余等同意前不改嫁。执有其他领主之土地者，亦应获得其他领主同意。

（9）凡债务人之动产足以抵偿其债务时，无论余等或余等之执行吏，均不得强取收入以抵偿债务。如负债人之财产足以抵偿其债务，即不得使该项债务之担保人受扣押动产之处分。但如债务人不能偿还债务，或无力偿还债务时，担保人应即负责清偿。担保人如愿意时，可扣押债务人之土地与收入,甚至后者偿还其前所代偿之债务时为止。惟该债务人能证明其所清偿已超过保人担保之额著,不在此限。

(10)任何向犹太人借债者,不论其数额多少,如在未清偿前身故,此项债款在负责清偿之继承人未达成年之前不得负有利息,如此项债务落入余等之手,则余等除契据上载明之动产以外,不得收取任何其他物品。

(11)欠付犹太人债务者亡故时,其妻仍应获得其嫁资,不负偿债之责。亡故者如有未成年之子女时,应按亡者遗产之性质,留备彼等之教养费,剩余数额,除扣还领主应得之报效外,始可作为清偿债务之用。关于犹太人以外之债务,同样依此规定处理。

(12)除下列三项税金外,设无全国公意许可,将不征收任何免役税与贡金。即(一)赎回余等身体时之赎金[指被俘时]。(二)策封余等之长子为武士时之费用。(三)余等之长女出嫁时之费用——但以一次为限。且为此三项目的征收之贡金亦务求适当。关于伦敦城之贡金,按同样规定办理。

(13)伦敦城,无论水上或陆上,俱应享有其旧有之自由与自由习惯。其他城市、州、市镇,港口,余等亦承认或赐予彼等以保有自由与自由习惯之权。

(14)凡在上述征收范围之外,余等如欲征收贡金与免役税,应用加盖印信之诏书致送各大主教,主教,住持,伯爵与男爵指明时间与地点召集会议,以期获得全国公意。此项诏书之送达,至少应在开会以前四十日,此外,余等仍应通过执行吏与管家吏普遍召集凡直接领有余等之土地者。召集之缘由应于诏书内载明。召集之后,前项事件应在指定日期依出席者之公意进行,不以缺席人数阻延之。

(15)自此以往,除为赎还其本人之身体,策封其长子为武士,与一度出嫁其长女以外。余等不得准许任何人向其自由人征取贡金。而为上述目的所征收之贡金数额亦务求合乎情理。

(16)不得强迫执有武士采地,或其他自由保有地之人,服额外之役。

(17)一般诉讼应在一定地方审问,无需追随国王法庭请求处理。

(18)凡关于强占土地,收回遗产及最后控诉等案件,应不在该案件所发生之州以外地区审理。其方法如下:由余等自己,或余等不在国内时,由余等之大法官,指定法官二人,每年四次分赴各州郡,会同该州郡所推选之武士四人,在指定之日期,于该州郡法庭所在地审理之。

(19)州郡法庭开庭之日,如上述案件未能审理,则应就当日出庭之武士与自由佃农中酌留适当人数,俾能按照事件性质之轻重作出合宜裁决。

(20)自由人犯轻罪者,应按犯罪之程度科以罚金;犯重罪者应按其犯罪之大小没收其土地,与居室以外之财产;对于商人适用同样规定,但不得没收其货物。凡余等所辖之农奴犯罪时,亦应同样科以罚金,但不得没收其农具。上述罚金,须凭邻居正直之人宣誓证明,始得科罚。

(21)伯爵与男爵,非经其同级贵族陪审,并按照罪行程度外不得科以罚金。

(22)教士犯罪时,仅能按照处罚上述诸人之方法,就其在俗之财产科以罚金;不得按照其教士采地之收益为标准科处罚金。

(23)不得强迫任何市镇与个人修造渡河桥梁,惟向未负有修桥之责者不在此限。

(24)余等之执行吏,巡察吏,检验吏与管家等,均不得受理向余等提出之诉讼。

(25)一切州郡,百人村,小镇市,小区——余等自己之汤沐邑在外——均应按照旧章征收赋税,不得有任何增加。

(26)凡领受余等之采地者亡故时,执有余等向该亡故者索欠之特许证状之执行吏或管家应即依公正人士数人之意见,按照债务数额,将该亡故者之动产加以登记与扣押,使在偿清余等债务之前不得移动。偿清后之剩余,应即交由死者之遗嘱执行人处理。如死者不欠余等之债,则除为其妻子酌留相当部分外,其余一切动产概依亡者所指定之用途处理。

(27)任何未立遗嘱之自由人亡故时,其所遗动产应依教会之意见,经由其戚友之手分配之,但偿还死者债务之部分应予留出。

(28)余等之巡察吏或管家吏,除立即支付价款外,不得自任何人之处擅取谷物或其他动产,但依出售者之意志允予延期付款者不在此限。

(29)武士如愿亲自执行守卫勤务,或因正当理由不能亲自执行,而委托合适之人代为执行时,巡察吏即不得向之强索财物。武士被率领或被派遣出征时,应在军役期内免除其守卫勤务。

(30)任何执行吏或管家吏,不得擅取自由人之车与马作为运输之用,但依照该自由人之意志为之者,不在此限。

(31)无论余等或余等之管家吏俱不得强取他人木材,以供建筑城堡或其他私用,但依木材所所有人之意志为之者不在此限。

(32)余等留用重罪既决犯之土地不得超过一年零一日,逾期后即应交还该项土地之原主。

(33)自此以后,除海岸线以外,其他在泰晤斯河,美得威河及全英格兰各地一切河流上之堰坝与鱼梁概须拆除。

(34)自此以后,不得再行颁布强制转移土地争执案件至国王法庭审讯之敕令,以免自由人丧失其司法权。

(35)全国应有统一之度量衡。酒类、烈性麦酒与谷物之量器,以伦敦夸尔为标准;染色布、土布,锁子甲布之宽度应以织边下之两码为标准;其他衡器亦如量器之规定。

(36)自此以后发给检验状(验尸或验伤)时不得索取或给予任何陋规,请求发给时,亦不得拒绝。

(37)任何人以货币租地法,劳役租地法,或特许享有法保有余等之土地,但同时亦保有其他领主之兵役采地者,余等即不得借口上述诸关系强迫取得其继承人(未成年人)及其所保有他人土地之监护权。除该项货币租地,劳役租地与特许享有租地负有军役义务外,余等皆不得主张其监护权。任何人以献纳刀、剑、弓、箭等而得为余等之小军曹者,余等亦不得对其继承人及其所保有之他人土地主张监护权。

(38)自此以后,凡不能提供忠实可靠之证人与证物时,管家吏不得单凭己意使任何人经受神判法(水火法)。

(39)任何自由人,如未经其同级贵族之依法裁判,或经国法判决,皆不得被逮捕,监禁,没收财产,剥夺法律保护权,流放,或加以任何其他损害。

(40)余等不得向任何人出售,拒绝,或延搁其应享之权利与公正裁判。

(41)除战时与余等敌对之国家之人民外,一切商人,倘能遵照旧时之公正习惯,皆可免除苛捐杂税,安全经由水道与旱道,出入英格兰,或在英格兰全境逗留或耽搁以经营商业。战时,敌国商人在我国者,在余等或余等之大法官获知我国商人在敌国所受之待遇前,应先行扣留,但不得损害彼等之身体与货物。如我国商人之在敌国者安全无恙,敌国商人在我国者亦将安全无恙。

(42)自此以后,任何对余等效忠之人民,除在战时为国家与公共幸福得暂加限制外,皆可由水道或旱道安全出国或入国。但监犯与被褫夺法律保护权之人为例外,关于敌国人民与商人,依前述方法处理。

(43)领有归属土地——诸如自窝林福德,诺定昂,波罗因,兰开斯忒诸勋爵领有者,或其他归属于余等之男爵领地——之附庸亡故时,其继承人不另缴承继税。余等亦不得令其提供较男爵生前更多之役务,一切应依该采地在男爵手中时为标准。

(44)自此以后,不得以普通传票召唤森林区以外之居民赴森林区法庭审讯。但为森林区案件之被告人,或为森林区案件被告之保人者,不在此限。

(45)除熟习本国法律而又志愿遵守者外,余等将不任命任何人为法官,巡察吏,执行吏或管家吏。

(46)一切自英国历朝国王获得特许状创立寺院或握有寺产保管权之男爵(贵族),应悉仍旧例,在该项寺院无人主持时,负保管之责。

(47)凡在余等即位后所划出之森林区,及建为防御工事之河岸,皆应立即撤除。

(48)有关每一州郡之森林,园囿,森林官,园囿守护人,管家吏及其仆役,河岸及其守护人等之一切陋规恶习,应由各该州郡推选武士十二人,于宣誓后立即驰赴各地详加调查,并于调查后四十日内予以全部彻底革除,务使永不再起。调查情形应先奏知余等,若余等不在国内时则先禀知大法官。

(49)凡英国臣民为表示和好和忠忱所交予余等之人质或其他担保品,概须立即退还。

(50)余等应解除热拉尔之戚及下列诸人(名略)及随从彼等来英任执行吏者之职务,并使彼等自此以后,不再在英国担任此项职务。

(51)君臣复归于好后,余等应将携带马匹与武器来英格兰并危害英国之外国士兵,弩手,仆役及佣兵等立即遣送出境。

(52)任何人凡未经其同级贵族之合法裁决而被余等夺去其土地,城堡,自由或合法权利者,余等应立即归还之。倘有关于此项事件之任何争执发生,应依后列负责保障和平之男爵二十五人之意见裁决之。其有在余等之父亨利王或余等之兄理查王时代,未经其同级贵族之合法判决而被夺去之上述各项,现为余等所有,或为他人所有而应由余等负责者,当较照参加十字军者获得展缓债务权利之一般规定办理。但当余等参谒圣地归来后,或因故中止余等之东征时,余等应即公平处理之。惟在余等誓师东征前正在进行诉讼,或由余等之敕令正在审理中者,不在此限。

(53)关于下列事件亦应依照前条规定处理或展缓处理之;

(甲)余等之父亨利王,兄理查王时代所划出之森林,何者应撤除,何者应保留。

(乙)余等在他人采地中之监护权(此项监护权系因某人曾自余等领受军役采地,因而使余等享有者)。

(丙)余等在他人采地中所建立之寺院(该采地之领主声称有管辖权者)。

当余等参谒圣地归来后,或因故中止余等之东征时,余等应立即对上述诸项予以公正处理。

(54)凡妇女指控之杀人案件,如死者并非其夫,即不得逮捕或监禁任何人。

(55)凡余等所科之一切不正当与不合法之罚金与处罚,须一概免除或纠正之,或依照后列保障和平之男爵二十五人之意见,或大多数男爵连同前述之坎特伯里大主教斯提芬,及其所愿与共同商讨此事件者之意见处理之。遇大教主不能出席时,事件应照常进行。但如上述二十五男爵中有一人或数人与同一事件有关("大宪章重订译本"作"为同一事件之原告"),则应于处理此一事件时回避,而代之以其余男爵中所遴选之人。

(56)如余等曾在英格兰或威尔斯,未依其同级贵族之合法裁判,而夺去任何威尔斯贵族之土地,自由或其他物品,应立即归还之。遇有关于此类事件之争执发生时,应交由"边区"贵族处理,凡属英格兰人之产业,按照英格兰法律办理,威尔斯人产业,按照威尔斯法律办理,边区产业则依边区法律办理。威尔斯人对余等及余等之人民应同样行之。

(57)至关于威尔斯人在余等之父亨利,或余等之兄理查时代未经其同级贵族之合法判决而被夺去之物,现在余等手中,或虽不在余等手中而应由余等负责者,余等将按照参加十字军者可展缓债务之一般规定处理。但当余等参谒圣地归来后,或因故中止余等之东征时,余等应即予以公平处理。惟在余等誓师东征前正在进行诉讼,或由余等之敕令正在审理中者,不在此限。

(58)余等应立即归还刘埃霖之子及威尔斯人一切人质以及作为和平担保之一切信物与

契据。

(59)关于苏格兰王亚历山大,余等将归还其姊妹,质物,自由与合法权利,一如余等对英格兰诸男爵之所为,但属于其父威廉王敕令中所载,而为余等所保有者,不在此限。此一切当依照在英国宫廷中之苏格兰贵族之意见处理。

(60)余等在上述敕令中所公布之一切习惯与自由,就属于余等之范围而言,应为全国臣民,无论僧俗,一律遵守,就属于诸男爵(一切贵族)之范围而言,应为彼等之附庸共同遵守。

(61)余等之所以作前述诸让步,在欲归荣于上帝,致国家于富强,但尤在泯除余等与诸男爵间之意见,使彼等永享太平之福,因此,余等愿再以下列保证赐予之。

诸男爵得任意从国中推选男爵二十五人,此二十五人应尽力遵守,维护,同时亦使其余人等共同遵守余等所颁赐彼等,并以本宪章所赐予之和平与特权。其方法如下:如余等或余等之法官,管家吏或任何其他臣仆,在任何方面干犯任何人之权利,或破坏任何和平条款而为上述二十五男爵中之四人发觉时,此四人可即至余等之前——如余等不在国内时,则至余等之法官前,——指出余等之错误,要求余等立即设法改正。自错误指出之四十日内,如余等,或余等不在国内时,余等之法官不顾改正此项错误,则该四人应将此事取决于其余男爵,而此二十三男爵即可联合全国人民,共同使用其权力,以一切方法向余等施以抑制与压力,诸如夺取余等之城堡、土地与财产等等,务使此项错误终能依照彼等之意见改正而后已。但对余等及余等二王后与子女之人身不得加以侵犯。错误一经改正,彼等即应与余等复为君臣如初。国内任何人如欲按上述方法实行,应宣誓服从前述男爵二十五人之命令,并尽其全力与彼等共同向余等施以压力。余等兹特公开允许任何人皆可作上述宣誓,并允许永不阻止任何人宣誓。国内所有人民,纵其依自己之意志,不愿对该二十五男爵宣誓以共同向余等施用压力者,余等亦应以命令令之宣誓。如上述二十五男爵中有任何人死亡,离国或因故不能执行上述职务时,其余男爵应依己意自其他男爵中推选另外之人代之,其宣誓方法与上述诸人同。此外,上述二十五男爵于受托执行任务时,倘在出席讨论中关于某些事件发生争端,或有某些男爵被召请后,不愿或不能出席时,则出席男爵过半数之决定,或宣布之方案,应被视为合法且具有约束力,一如二十五人全体出席所议决者同。上述二十五男爵应宣誓对前列各项竭诚遵守,并尽力使其余人遵守之,而余等亦不得由自己或通过他人自任何人取得任何物品致使上列诸权利与自由废止或削减。如有此项取得之物,应视同无效与非法,余等自己不得加以利用,亦不得通过别人加以利用。

(62)自斗争开始以来,余等之僧俗臣民与余等之间所发生之一切敌意,愤怒与仇恨,余等已予宽恕并赦宥之,此外,自本朝第十六年复活节起,至和平重建之日止,一切僧俗人民所犯之一切罪过,余等亦已加以宽恕并赦宥之。关于上述各项让步与诺言,余等兹任命坎特伯里大主教斯提芬勋爵,杜伯林大主教亨利勋爵及前述诸主教与班达尔夫君共同草拟敕令以昭信守。

(63)余等即以此敕令欣然而坚决昭告全国:英国教会应享自由,英国臣民及其子孙后代,将如前述,自余等及余等之后嗣在任何事件与任何时期中,永远适当而和平,自由而安静,充分而全然享受上述各项自由,权剂与让与,余等与诸男爵俱已宣誓,将以忠信与善意遵守上述各条款。上列诸人及其他多人当可为证。

英国《权利法案》

(1689年)

国会两院经依法集会于西敏寺宫,为确保英国人民传统之权利与自由而制定本法律。

1. 凡未经国会同意,以国王权威停止法律或停止法律实施之僭越权力。

2. 近来以国王权威擅自废除法律或法律实施之僭越权力,为非法权力。

3. 设立审理宗教事务之钦差法庭之指令,以及一切其他同类指令与法庭,皆为非法而有害。

4. 凡未经国会准许,借口国王特权,为国王而征收,或供国王使用而征收金钱,超出国会准许之时限或方式者,皆为非法。

5. 向国王请愿,乃臣民之权利,一切对此项请愿之判罪或控告,皆为非法。

6. 除经国会同意外,平时在本王国内征募或维持常备军,皆属违法。

7. 凡臣民系新教徒者,为防卫起见,得酌量情形,并在法律许可范围内,置备武器。

8. 国会议员之选举应是自由的。

9. 国会内之演说自由、辩论或议事之自由,不应在国会以外之任何法院或任何地方,受到弹劾或讯问。

10. 不应要求过多的保释金,亦不应强课过分之罚款,更不应滥施残酷非常之刑罚。

11. 陪审官应予正式记名列表并陈报之,凡审理叛国犯案件之陪审官应为自由世袭地领有人。

12. 定罪前,特定人的一切让与及对罚金与没收财产所做的一切承诺,皆属非法而无效。

13. 为申雪一切诉冤,并为修正、加强与维护法律起见,国会应时常集会。

彼等(即灵俗两界贵族与众议员等)并主张、要求与坚持上述各条为彼等无可置疑之权利与自由;凡上开各条中有损人民之任何宣告、判决、行为或诉讼程序,今后断不应据之以为结论或先例。

美国《独立宣言》

(1776年7月4日)

在人类事务发展的过程中,当一个民族必须解除同另一个民族的联系,并按照自然法则和上帝的旨意,以独立平等的身份立于世界列国之林时,出于对人类舆论的尊重,必须把驱使他们独立的原因予以宣布。

我们认为下述真理是不言而喻的:人人生而平等,造物主赋予他们若干不可让与的权利,其中包括生存权、自由权和追求幸福的权利。为了保障这些权利,人们才在他们中间建立政府,而政府的正当权利,则是经被统治者同意授予的。任何形式的政府一旦对这些目标的实现起破坏作用时,人民便有权予以更换或废除,以建立一个新的政府。新政府所依据的原则和组织其权利的方式,务使人民认为唯有这样才最有可能使他们获得安全和幸福。若真要审慎的来说,成立多年的政府是不应当由于无关紧要的和一时的原因而予以更换的。过去的一切经验都说明,任何苦难,只要尚能忍受,人类还是情愿忍受,也不想为申冤而废除他们久已习惯了的政府形式。然而,当始终追求同一目标的一系列滥用职权和强取豪夺的行为表明政府企图把人民至于专制暴政之下时,人民就有权也有义务去推翻这样的政府,并为其未来的安全提供新的保障。这就是这些殖民地过去忍受苦难的经过,也是他们现在不得不改变政府制度的原因。当今大不列颠王国的历史,就是屡屡伤害和掠夺这些殖民地的历史,其直接目标就是要在各州之上建立一个独裁暴政。为了证明上述句句属实,现将事实公诸于世,让公正的世人作出评判。

他拒绝批准对公众利益最有益、最必需的法律。

他禁止他的殖民总督批准刻不容缓、极端重要的法律，要不就先行搁置这些法律直至征得他的同意，而这些法律被搁置以后，他又完全置之不理。

他拒绝批准便利广大地区人民的其他的法律，除非这些地区的人民情愿放弃自己在立法机构中的代表权；而代表权对人民是无比珍贵的，只有暴君才畏惧它。

他把各州的立法委员召集到一个异乎寻常、极不舒适而有远离他们的档案库的地方去开会，其目的无非是使他们疲惫不堪，被迫就范。

他一再解散各州的众议院，因为后者坚决反对他侵犯人民的权利。

他在解散众议院之后，又长期拒绝另选他人，于是这项不可剥夺的立法权便归由普通人民来行使，致使在这其间各州仍处于外敌入侵和内部骚乱的种种危险之中。

他力图阻止各州增加人口，为此目的，他阻挠外国人入籍法的通过，拒绝批准其他鼓励移民的法律，并提高分配新土地的条件。

他拒绝批准建立司法权力的法律，以阻挠司法的执行。

他迫使法官为了保住任期、薪金的数额和支付而置于他个人意志的支配之下。

他滥设新官署，委派大批官员到这里骚扰我们的人民，吞噬他们的财物。

他在和平时期，未经我们立法机构同意，就在我们中间维持其常备军。

他施加影响，使军队独立于文官政权之外，并凌驾于文官政权之上。

他同他人勾结，把我们置于一种既不符合我们的法规也未经我们法律承认的管辖之下，而且还批准他们炮制的各种伪法案，以便任其在我们中间驻扎大批武装部队；不论这些人对我们各州居民犯下何等严重的谋杀罪，他可用加审判来庇护他们，让他们逍遥法外；他可以切断我们同世界各地的贸易；未经我们同意便向我们强行征税；在许多案件中剥夺我们享有陪审制的权益；以莫须有的罪名把我们押送海外受审；他在一个邻省废除了英国法律的自由制度，在那里建立专制政府，扩大其疆域，使其立即成为一个样板和合适的工具，以便向这里各殖民地推行同样的专制统治；他取消我们的许多特许状，废除我们最珍贵的法律并从根本上改变我们各州政府的形式；他终止我们立法机构行使权力，宣称他们自己拥有在任何情况下为我们制定法律的权力。

他们放弃设在这里的政府，宣称我们已不属他们保护之列，并向我们发动战争。

他在我们的海域里大肆掠夺，蹂躏我们的沿海地区，烧毁我们的城镇，残害我们人民的生命。

他此时正在运送大批外国雇佣兵，来从事其制造死亡、荒凉和暴政的勾当，其残忍与卑劣从一开始就连最野蛮的时代也难以相比，他已完全不配当一个文明国家的元首。

他强迫我们在公海被他们俘虏的同胞拿起武器反对自己的国家，使他们成为残杀自己亲友的刽子手，或使他们死于自己亲友的手下。

他在我们中间煽动内乱，并竭力挑唆残酷无情的印地安蛮子来对付我们边疆的居民，而众所周知，印地安人作战的准则是不分男女老幼、是非曲直，格杀勿论。

在遭受这些压迫的每一阶段，我们都曾以最谦卑的言辞吁请予以纠正。而我们一次又一次的情愿，却只是被报以一次又一次的伤害。

一个君主，其品格被他的每一个只有暴君才干的出的行为所暴露时，就不配君临自由的人民。

我们并不是没有想到我们英国的弟兄。他们的立法机关想把无理的管辖权扩展到我们这里来，我们时常把这个企图通知他们。我们也曾把我们移民来这里和在这里定居的情况告诉他们。我们曾恳求他们天生的正义感和雅量，念在同种同宗的分上，弃绝这些掠夺行为，因为这些掠夺行为难免会使我们之间的关系和来往中断。可他们对这种正义和同宗的呼声也同样充耳不闻。因此，我们不得不宣布脱离他们，以对待世界上其他民族的态度对待他们：同我交战者，就是敌人；同我和好者，即为朋友。

因此，我们这些在大陆会议上集会的美利坚合众国的代表们，以各殖民地善良人民的名义，并经他们授权，向世界最高裁判者申诉，说明我们的严重意向，同时郑重宣布：

我们这些联合起来的殖民地现在是，而且按公理也应该是，独立自由的国家；我们对英国王室效忠的全部义务，我们与大不列颠王国之间大不列颠一切政治联系全部断绝，而且必须断绝。

作为一个独立自由的国家，我们完全有权宣战、缔和、结盟、通商和采取独立国家有权采取的一切行动。

我们坚定地信赖神明上帝的保佑，同时以我们的生命、财产和神圣的名誉彼此宣誓来支持这一宣言。

美利坚合众国宪法

（1787 年起草，1789 年生效）

序　言

我们美利坚合众国的人民，为了组织一个更完善的联邦，树立正义，保障国内的安宁，建立共同的国防，增进全民福利和确保我们自己及我们后代能安享自由带来的幸福，乃为美利坚合众国制定和确立这一部宪法。

第一条

第一款　本宪法所规定的立法权，全属合众国的国会，国会由一个参议院和一个众议院组成。

第二款　众议院应由各州人民每两年选举一次之议员组成，各州选举人应具有该州州议会中人数最多之一院的选举人所需之资格。凡年龄未满二十五岁，或取得合众国公民资格未满七年，或于某州当选而并非该州居民者，均不得任众议员。众议员人数及直接税税额，应按联邦所辖各州的人口数目比例分配，此项人口数目的计算法，应在全体自由人民——包括订有契约的短期仆役，但不包括未被课税的印第安人——数目之外，再加上所有其他人口之五分之三。实际人口调查，应于合众国国会第一次会议后三年内举行，并于其后每十年举行一次，其调查方法另以法律规定之。众议员的数目，不得超过每三万人口有众议员一人，但每州至少应有众议员一人；在举行人口调查以前，各州得按照下列数目选举众议员：新罕布什尔三人、马萨诸塞八人、罗德岛及普罗维登斯垦殖区一人、康涅狄格五人、纽约州六人. 新泽西四人、宾夕法尼亚八人、特拉华一人、马里兰六人、弗吉尼亚十人、北卡罗来纳五人、南卡罗来纳五人、乔治亚三人。任何一州的众议员有缺额时，该州的行政长官应颁选举令，选出众议员以补充缺额。众议院应选举该除议长及其他官员；只有众议院具有提出弹劾案的权力。

第三款　合众国的参议院由每州的州议会选举两名参议员组成之，参议员的任期为六年，每名参议员有一票表决权。参议员于第一次选举后举行会议之时，应当立即尽量均等地分成三组。第一组参议员的任期，到第二年年终时届满，第二组到第四年年终时届满，第三组到第六年年终时届满，俾使每两年有三分之一的参议员改选；如果在某州州议会休会期间，有参议员因辞职或其他原因出缺，该州的行政长官得任命临时参议员，等到州议会下次集会时，再予选举补缺。凡年龄未满三十岁，或取得合众国公民资格未满九年，或于某州当选而并非该州居民者，均不得任参议员。合众国副总统应为参议院议长，除非在投票票数相等时，议长无投票权。参议院应选举该院的其他官员，在副总统缺席或执行合众国总统职务时，还应选举临时议长。所有弹劾案，只有参议院有权审理。在开庭审理弹劾案时，参议员们均应宣誓或誓愿。如受审者为合众国总统，则应由最高法院首席大法官担任主席；在未得出席的参议员的三分之二的同意时，任何人不得被判有罪。弹劾案的判决，不得超过免职及取消其担任合众国政府任何有荣誉、有责任或有俸给的职位之资格；但被判处者仍须服从另据法律所作之控诉、审讯、判决及惩罚。

第四款　各州州议会应规定本州参议员及众议员之选举时间、地点及程序；但国会得随时以法律制定或变更此种规定，惟有选举议员的地点不在此例。国会应至少每年集会一次，开会日期应为十二月的第一个星期一，除非他们通过法律来指定另一个日期。

第五款　参众两院应各自审查本院的选举、选举结果报告和本院议员的资格，每院议员过半数即构成可以议事的法定人数；不足法定人数时，可以一天推一天地延期开会，并有权依照各该议院所规定的程序和罚则，强迫缺席的议员出席。参众两院得各自规定本院的议事规则，处罚本院扰乱秩序的议员，并且得以三分之二的同意，开除本院的议员。参众两院应各自保存一份议事记录，并经常公布，惟各该院认为应保守秘密之部分除外；两院议员对于每一问题之赞成或反对，如有五分之一出席议员请求，则应记载于议事记录内。在国会开会期间，任一议院未得别院同意，不得休会三日以上，亦不得迁往非两院开会的其他地点。

第六款　参议员与众议员得因其服务而获报酬，报酬的多寡由法律定之，并由合众国国库支付。两院议员除犯叛国罪、重罪以及扰乱治安罪外，在出席各该院会议及往返各该院途中，有不受逮捕之特权；两院议员在议院内所发表之演说及辩论，在其他场合不受质询。参议员或众议员不得在其当选任期内担任合众国政府任何新添设的职位，或在其任期内支取因新职位而增添的俸给；在合众国政府供职的人，不得在其任职期间担任国会议员。

第七款　有关征税的所有法案应在众议院中提出；但参议院得以处理其他法案的方式，以修正案提出建议或表示同意。经众议院和参议院通过的法案，在正式成为法律之前，须呈送合众国总统；总统如批准，便须签署，如不批准，即应连同他的异议把它退还给原来提出该案的议院，该议院应将异议详细记入议事记录，然后进行复议。倘若在复议之后，该议院议员的三分之二仍然同意通过该法案，该院即应将该法案连同异议书送交另一院，由其同样予以复议，若此另一院亦以三分之二的多数通过，该法案即成为法律。但遇有这样的情形时，两院的表决均应以赞同或反对来定，而赞同和反对该法案的议员的姓名，均应由两院分别记载于各该院的议事记录之内。如总统接到法案后十日之内（星期日除外），不将之退还，该法案即等于曾由总统签署一样，成为法律，惟有当国会休会因而无法将该法案退还时，该法案才不得成为法律。任何命令、决议或表决（有关休会问题者除外），凡须由参议院及众议院予以同意者，均应呈送合众国总统；经其批准之后，方始生效，如总统不予批准，则参众两院可依照对于通过法案所规定的各种规则和限制，各以三分之二的多数，再行通过。

第八款　国会有权规定并征收税金、捐税、关税和其他赋税，用以偿付国债并为合众国的共同防御和全民福利提供经费；但是各种捐税、关税和其他赋税，在合众国内应划一征收；以合众国的信用举债；管理与外国的、州与州间的，以及对印第安部落的贸易；制定在合众国内一致适用的归化条例，和有关破产的一致适用的法律；铸造货币，调节其价值，并厘定外币价值，以及制定度量衡的标准；制定对伪造合众国证券和货币的惩罚条例；设立邮政局及建造驿路；为促进科学和实用技艺的进步，对作家和发明家的著作和发明，在一定期限内给予专利权的保障；设置最高法院以下的各级法院；界定并惩罚海盗罪、在公海所犯的重罪和违背国际公法的罪行;宣战,对民用船只颁发捕押敌船及采取报复行动的特许证,制定在陆地和海面虏获战利品的规则;募集和维持陆军,但每次拨充该项费用的款项,其有效期不得超过两年;配备和保持海军;制定有关管理和控制陆海军队的各种条例;制定召集民兵的条例,以便执行联邦法律,镇压叛乱和击退侵略;规定民兵的组织、装备和训练,以及民兵为合众国服务时的管理办法,但各州保留其军官任命权,和依照国会规定的条例训练其民团的权力;对于由某州让与而由国会承受,用以充当合众国政府所在地的地区(不逾十哩见方),握有对其一切事务的全部立法权;对于经州议会同意,向州政府购得,用以建筑要塞、弹药库、兵工厂、船坞和其他必要建筑物的地方,也握有同样的权力;——并且为了行使上述各项权力,以及行使本宪法赋予合众国政府或其各部门或其官员的种种权力,制定一切必要的和适当的法律。

第九款 对于现有任何一州所认为的应准其移民或入境的人,在一八〇八年以前,国会不得加以禁止,但可以对入境者课税,惟以每人不超过十美元为限。不得中止人身保护令所保障的特权,惟在叛乱或受到侵犯的情况下,出于公共安全的必要时不在此限。不得通过任何褫夺公权的法案或者追溯既往的法律。除非按本宪法所规定的人口调查或统计之比例,不得征收任何人口税或其他直接税。对各州输出之货物,不得课税。任何有关商务或纳税的条例,均不得赋予某一州的港口以优惠待遇;亦不得强迫任何开往或来自某一州的船苹,驶入或驶出另一州,或向另一州纳税。除了依照法律的规定拨款之外,不得自国库中提出任何款项;一切公款收支的报告和帐目,应经常公布。合众国不得颁发任何贵族爵位:凡是在合众国政府担任有俸给或有责任之职务者,未经国会许可,不得接受任何国王、王子或外国的任何礼物、薪酬、职务或爵位。

第十款 各州不得缔结任何条约、结盟或组织邦联;不得对民用船只颁发捕押敌船及采取报复行动之特许证;不得铸造货币;不得发行纸币;不得指定金银币以外的物品作为偿还债务的法定货币;不得通过任何褫夺公权的法案、追溯既往的法律和损害契约义务的法律;也不得颁发任何贵族爵位。未经国会同意,各州不得对进口货物或出口货物征收任何税款,但为了执行该州的检查法律而有绝对的必要时,不在此限;任何州对于进出口货物所征的税,其净收益应归合众国国库使用;所有这一类的检查法律,国会对之有修正和监督之权。未经国会同意,各州不得征收船舶吨位税,不得在和平时期保持军队和军舰,不得和另外一州或国缔结任何协定或契约,除非实际遭受入侵,或者遇到刻不容缓的危急情形时,不得从事战争。

第二条

第一款 行政权力赋予美利坚合众国总统。总统任期四年,总统和具有同样任期的副总统,应照下列手续选举:

每州应依照该州州议会所规定之手续,指定选举人若干名,其人数应与该州在国会之参议员及众议员之总数相等;但参议员、众议员及任何在合众国政府担任有责任及有俸给之职务的人,均不得被指定为选举人。

各选举人应于其本身所属的州内集会,每人投票选举二人,其中至少应有一人不属本州居民。选举人应开列全体被选人名单,注明每人所得票数;他们还应签名作证明,并将封印后的名单送至合众国政府所在地交与参议院议长。参议院议长应于参众两院全体议员之前,开拆所有来件,然后计算票数。得票最多者,如其所得票数超过全体选举人的半数,即当选为总统;如同时不止一人得票过半数,且又得同等票数,则众议院应立即投票表决,选举其中一人为总统;如无人得票过半数,则众议院应自得票最多之前五名中用同样方法选举总统。但依此法选举总统时,应以州为单位,每州之代表共有一票;如全国三分之二的州各有一名或多名众议员出席,即构成选举总统的法定人数;当选总统者需获全部州的过半数票。在每次这样的选举中,于总统选出后,其获得选举人所投票数最多者,即为副总统。但如有二人或二人以上得票相等时,则应由参议院投票表决,选举其中一人为副总统。

国会得决定各州选出选举人的时期以及他们投票的日子;投票日期全国一律。

只有出生时为合众国公民,或在本宪法实施时已为合众国公民者,可被选为总统;凡年龄未满三十五岁,或居住合众国境内未满十四年者,不得被选为总统。

如遇总统被免职,或因死亡、辞职或丧失能力而不能执行其权力及职务时,总统职权应由副总统执行之。国会得以法律规定,在总统及副总统均被免职,或死亡、辞职或丧失能力时,由何人代理总统职务,该人应即遵此视事,至总统能力恢复,或新总统被选出时为止。

总统得因其服务而在规定的时间内接受俸给,在其任期之内,俸金数额不得增加或减低,他亦不得在此任期内,自合众国政府和任何州政府接受其他报酬。

在他就职之前,他应宣誓或誓愿如下:"我郑重宣誓(或矢言)我必忠诚地执行合众国总统的职务,并尽我最大的能力,维持、保护和捍卫合众国宪法。"

第二款　总统为合众国陆海军的总司令,并在各州民团奉召为合众国执行任务的担任统帅;他可以要求每个行政部门的主管官员提出有关他们职务的任何事件的书面意见,除了弹劾案之外,他有权对于违犯合众国法律者颁赐缓刑和特赦。

总统有权缔订条约,但须争取参议院的意见和同意,并须出席的参议员中三分之二的人赞成;他有权提名,并于取得参议院的意见和同意后,任命大使、公使及领事、最高法院的法官,以及一切其他在本宪法中未经明定、但以后将依法律的规定而设置之合众国官员;国会可以制定法律,酌情把这些较低级官员的任命权,授予总统本人,授予法院,或授予各行政部门的首长。

在参议院休会期间,如遇有职位出缺,总统有权任命官员补充缺额,任期于参议院下届会议结束时终结。

第三款　总统应经常向国会报告联邦的情况,并向国会提出他认为必要和适当的措施,供其考虑;在特殊情况下,他得召集两院或其中一院开会,并得于两院对于休会时间意见不一致时,命令两院休会到他认为适当的时期为止;他应接见大使和公使;他应注意使法律切实执行,并任命所有合众国的军官。

第四款　合众国总统、副总统及其他所有文官,因叛国、贿赂或其他重罪和轻罪,被弹劾而判罪者,均应免职。

第三条

第一款　合众国的司法权属于一个最高法院以及由国会随时下令设立的低级法院。最高法院和低级法院的法官,如果尽忠职守,应继续任职,并按期接受俸给作为其服务之报酬,在其继续任职期间,该项俸给不得削减。

第二款　司法权适用的范围,应包括在本宪法、合众国法律、和合众国已订的及将订的条约之下发生的一切涉及普通法及衡平法的案件;一切有关大使、公使及领事的案件;一切有关海上裁判权及海事裁判权的案件;合众国为当事一方的诉讼;州与州之间的诉讼,州与另一州的公民之间的诉讼,一州公民与另一州公民之间的诉讼,同州公民之间为不同之州所让与之土地而争执的诉讼,以及一州或其公民与外国政府、公民或其属民之间的诉讼。

在一切有关大使、公使、领事以及州为当事一方的案件中,最高法院有最初审理权。在上述所有其他案件中,最高法院有关于法律和事实的受理上诉权,但由国会规定为例外及另有处理条例者,不在此限。

对一切罪行的审判,除了弹劾案以外,均应由陪审团裁定,并且该审判应在罪案发生的州内举行;但如罪案发生地点并不在任何一州之内,该项审判应在国会按法律指定之地点或几个地点举行。

第三款 只有对合众国发动战争，或投向它的敌人，予敌人以协助及方便者，方构成叛国罪。无论何人，如非经由两个证人证明他的公然的叛国行为，或经由本人在公开法庭认罪者，均不得被判叛国罪。

国会有权宣布对于叛国罪的惩处，但因叛国罪而被褫夺公权者，其后人之继承权不受影响，叛国者之财产亦只能在其本人生存期间被没收。

第四条

第一款 各州对其他各州的公共法案、记录、和司法程序，应给予完全的信赖和尊重。国会得制定一般法律，用以规定这种法案、记录、和司法程序如何证明以及具有何等效力。

第二款 每州公民应享受各州公民所有之一切特权及豁免。

凡在任何一州被控犯有叛国罪、重罪或其他罪行者，逃出法外而在另一州被缉获时，该州应即依照该罪犯所逃出之州的行政当局之请求，将该罪犯交出，以便移交至该犯罪案件有管辖权之州。

凡根据一州之法律应在该州服役或服劳役者，逃往另一州时，不得因另一州之任何法律或条例，解除其服役或劳役，而应依照有权要求该项服役或劳役之当事一方的要求，把人交出。

第三款 国会得准许新州加入联邦；如无有关各州之州议会及国会之同意，不得于任何州之管辖区域内建立新州；亦不得合并两州或数州、或数州之一部分而成立新州。

国会有权处置合众国之属地及其他产业，并制定有关这些属地及产业的一切必要的法规和章则；本宪法中任何条文，不得作有损于合众国或任何一州之权利的解释。

第四款 合众国保证联邦中的每一州皆为共和政体，保障它们不受外来的侵略；并且根据各州州议会或行政部门（当州议会不能召集时）的请求，平定其内部的暴乱。

第五条

举凡两院议员各以三分之二的多数认为必要时，国会应提出对本宪法的修正案；或者，当现有诸州三分之二的州议会提出请求时，国会应召集修宪大会，以上两种修正案，如经诸州四分之三的州议会或四分之三的州修宪大会批准时，即成为本宪法之一部分而发生全部效力，至于采用那一种批准方式，则由国会议决；但一八〇八年以前可能制定之修正案，在任何情形下，不得影响本宪法第一条第九款之第一、第四两项；任何一州，没有它的同意，不得被剥夺它在参议院中的平等投票权。

第六条

合众国政府于本宪法被批准之前所积欠之债务及所签订之条约，于本宪法通过后，具有和在邦联政府时同等的效力。

本宪法及依本宪法所制定之合众国法律；以及合众国已经缔结及将要缔结的一切条约，皆为全国之最高法律；每个州的法官都应受其约束，任何一州宪法或法律中的任何内容与之抵触时，均不得有违这一规定。

前述之参议员及众议员，各州州议会议员，合众国政府及各州政府之一切行政及司法官员，均应宣誓或誓愿拥护本宪法；但合众国政府之任何职位或公职，皆不得以任何宗教标准作为任职的必要条件。

第七条

本宪法经过九个州的制宪大会批准后，即在批准本宪法的各州之间开始生效。

美国《权利法案》

（1789年起草，1791年底生效）

第一条　国会不得制定关于下列事项的法律：确立国教或禁止信教自由；剥夺言论自由或出版自由；或剥夺人民和平集会和向政府请愿申冤的权利。

第二条　纪律严明的民兵是保障自由州的安全所必需的，人民持有和携带武器的权利不可侵犯。

第三条　未经房主同意，士兵平时不得驻扎在任何住宅；除依法律规定的方式，战时也不得驻扎。

第四条　人民的人身、住宅、文件和财产不受无理搜查和扣押的权利，不得侵犯。除依据可能成立的理由，以宣誓或代誓宣言保证，并详细说明搜查地点和扣押的人或物，不得发出搜查和扣押状。

第五条　除非根据大陪审团的报告或起诉书，任何人不受死罪或其他重罪的审判，但发生在陆、海军中或发生在战时或出现公共危险时服役的民兵中的案件除外；任何人不得因同一犯罪行为而两次遭受生命或身体的危害；不得在任何刑事案件中被迫自证其罪；不经正当法律程序，不得被剥夺生命、自由或财产。不给予公平赔偿，私有财产不得充作公用。

第六条　在一切刑事诉讼中，被告有权由犯罪行为发生地的州和地区的公正陪审团予以迅速和公开的审判，该地区应事先已由法律确定；得知控告的性质和理由；同原告证人对质；以强制程序取得对其有利的证人；并取得律师帮助为其辩护。

第七条　在习惯法的诉讼中，其争执价额超过二十美元，由陪审团审判的权利应受到保护。由陪审团裁决的事实，合众国的任何法院除非按照习惯法规则，不得重新审查。

第八条　不得要求过多的保释金，不得处以过重的罚金，不得施加残酷和非常的惩罚。

第九条　本宪法对某些权利的列举，不得被解释为否定或轻视由人民保留的其他权利。

第十条　宪法未授予合众国、也未禁止各州行使的权力，由各州各自保留，或由人民保留。

人和公民的权利宣言

（1789年8月）

国民议会在主宰面前并在他的庇护之下确认并宣布下述的人与公民的权利：

第一条　在权利方面，人们生来是而且始终是自由平等的。只有在公共利用上面才显出社会上的差别。

第二条　任何政治结合的目的都在于保存人的自然的和不可动摇的权利。这些权利就是自由、财产、安全和反抗压迫。

第三条 整个主权的本原主要是寄托于国民。任何团体、任何个人都不得行使主权所未明白授予的权力。

第四条 自由就是指有权从事一切无害于他人的行为。因此,各人的自然权利的行使,只以保证社会上其他成员能享有同样权利为限制。此等限制仅得由法律规定之。

第五条 法律仅有权禁止有害于社会的行为。凡未经法律禁止的行为即不得受到妨碍,而且任何人都不得被迫从事法律所未规定的行为。

第六条 法律是公共意志的表现。全国公民都有权亲身或经由其代表去参与法律的制定。法律对于所有的人,无论是施行保护或处罚都是一样的。在法律面前,所有的公民都是平等的,故他们都能平等地按其能力担任一切官职,公共职位和职务,除德行或才能上的差别外,不得有其他差别。

第七条 除非在法律所规定的情况下并按照法律所指示的手续,不得控告、逮捕或拘留任何人。凡动议、发布、执行或令人执行专断命令者应受处罚;但根据法律而被传唤或被扣押的公民应当立即服从;抗拒则构成犯罪。

第八条 法律只应规定确实需要和显然不可少的刑罚,而且除非根据在犯法前已经制定和公布的且系依法施行的法律以外,不得处罚任何人。

第九条 任何人在其未被宣告为犯罪以前应被推定为无罪,即使认为必须予以逮捕,但为扣留其人身所不需要的各种残酷行为都应受到法律的严厉制裁。

第十条 意见的发表只要不扰乱法律所规定的公共秩序,任何人都不得因其意见,甚至信教的意见而遭受干涉。

第十一条 自由传达思想和意见是人类最宝贵的权利之一;因此,各个公民都有言论、著述和出版自由,但在法律所规定的情况下,应对滥用此项自由负担责任。

第十二条 人权的保障需要有武装力量;因此,这种力量是为了全体的利益而不是为了此种力量的受任人的个人利益而设立的。

第十三条 为了武装力量的维持和行政管理的支出,公共赋税就成为必不可少的;赋税应在全体公民之间按其能力作平等的分摊。

第十四条 所有公民都有权亲身或由其代表来确定赋税的必要性,自由地加以认可,注意其用途,决定税额、税率、客体、征收方式和时期。

第十五条 社会有权要求机关公务人员报告其工作。

第十六条 凡权利无保障和分权未确立的社会,就没有宪法。

第十七条 财产是神圣不可侵犯的权利,除非当合法认定的公共需要所显然必需时,且在公平而预先赔偿的条件下,任何人的财产不得受到剥夺。

日本国宪法

(1946 年 11 月 3 日公布,1947 年 5 月 3 日施行)

序 言

日本国民决心通过正式选出的国会中的代表而行动,为了我们和我们的子孙,确保与各国人民合作而取得的成果和自由带给我们全国的恩惠,消除因政府的行为而再次发生的战祸,兹宣布主权属于国民,并制定本宪法。国政源于国民的严肃信托,其权威来自国民,其权力由国民的代表行使，其福利由国民享受。这是人类普遍的原理，本宪法即以此原理为根据。凡与此相反的一切宪法、法律、法令和诏敕，我们均将排除之。

日本国民期望持久的和平，深知支配人类相互关系的崇高理想，信赖爱好和平的各国人民的公正与信义，决心保持我们的安全与生存。我们希望在努力维护和平，从地球上永远消灭专制与隶属、压迫与偏见的国际社会中，占有光荣的地位。我们确认，全世界人民都同等具有免于恐怖和贫困并在和平中生存的权利。

我们相信，任何国家都不得只顾本国而不顾他国，政治道德的法则是普遍的法则，遵守这一法则是维持本国主权并欲同他国建立对等关系的各国的责任。

日本国民誓以国家的名誉，竭尽全力以达到这一崇高的理想和目的。

第一章　天　皇

第一条　天皇是日本国的象征，是日本国民整体的象征，其地位以主权所在的全体日本国民的意志为依据。

第二条　皇位世袭，根据国会议决的皇室典范的规定继承之。

第三条　天皇有关国事的一切行为，必须有内阁的建议和承认，由内阁负其责任。

第四条　天皇只能行使本宪法所规定的有关国事行为，并无关于国政的权能。

天皇可根据法律规定，对其国事行为进行委任。

第五条　根据皇室典范的规定设置摄政时，摄政以天皇的名义行使有关国事的行为，在此场合准用前条第一项之规定。

第六条　天皇根据国会的提名任命内阁总理大臣。

天皇根据内阁的提名任命担任最高法院院长的法官。

第七条　天皇根据内阁的建议与承认，为国民行使下列有关国事的行为：

一、公布宪法修正案、法律、政令及条约。

二、召集国会。

三、解散众议院。

四、公告举行国会议员的选举。

五、认证国务大臣和法律规定其他官吏的任免、全权证书以及大使、公使的国书。

六、认证大赦、特赦、减刑、免除执行刑罚以及恢复权利。

七、授予荣誉称号。

八、认证批准书以及法律规定的其他外交文书。

九、接受外国大使及公使。

十、举行仪式。

第八条　授予皇室财产，皇室承受或赐予财产，均须根据国会的决议。

第二章　放弃战争

第九条　日本国民衷心谋求基于正义与秩序的国际和平，永远放弃以国权发动的战争、武力威胁或武力行使作为解决国际争端的手段。

为达到前项目的，不保持陆海空军及其他战争力量，不承认国家的交战权。

第三章　国民的权利与义务

第十条　日本国民应具备的条件由法律规定之。

第十一条 国民享有的一切基本人权不能受到妨碍。本宪法所保障的国民的基本人权，作为不可侵犯的永久权利，现在及将来均赋予国民。

第十二条 受本宪法保障的国民的自由与权利，国民必须以不断的努力保持之。国民不得滥用此种自由与权利，而应经常负起用以增进公共福利的责任。

第十三条 全体国民都作为个人而受到尊重。对于谋求生存、自由以及幸福的国民权利，只要不违反公共福利，在立法及其他国政上都必须受到最大的尊重。

第十四条 全体国民在法律面前一律平等。在政治、经济以及社会的关系中，都不得以人种、信仰、性别、社会身份以及门第的不同而有所差别。

华族以及其他贵族制度，一概不予承认。

荣誉、勋章以及其他荣誉称号的授予，概不附带任何特权。授予的荣誉称号，其效力只限于现有者和将接受者一代。

第十五条 选举和罢免公务员是国民固有的权利。

一切公务员都是为全体服务，而不是为一部分人服务。

关于公务员的选举，由成年人普选保障。在一切选举中，不得侵犯投票的秘密，由成年人普选保障。

在一切选举中，不得侵犯投票的秘密，对于选举人所作的选择，不论在公的或私的方面，都不得追究责任。

第十六条 任何人对损害的救济，公务员的罢免，法律、命令以及规章的制订、废止和修订以及其他有关事项，都有和平请愿的权利，任何人都不得因进行此种请愿而受到歧视。

第十七条 任何人在由于公务员的不法行为而受到损害时，均得根据法律的规定，向国家或公共团体提出赔偿的要求。

第十八条 任何人都不受任何奴隶性的拘束。除因犯罪而受处罚外，对任何人都不得违反本人意志而使其服苦役。

第十九条 思想及良心的自由，不受侵犯。

第二十条 对任何人的信教自由都给予保障。任何宗教团体都不得从国家接受特权或行使政治上的权利。

对任何人都不得强制其参加宗教上的行为、庆祝典礼、仪式或活动。

国家及其机关都不得进行宗教教育以及其他任何宗教活动。

第二十一条 保障集会、结社、言论、出版及他一切表现的自由。

不得进行检查，并不得侵犯通信的秘密。

第二十二条 在不违反公共福利的范围内，任何人都有居住、迁移以及选择职业的自由。

不得侵犯任何人移往国外或脱离国籍的自由。

第二十三条 保障学术自由。

第二十四条 婚姻仅以两性的自愿结合为基础而成立，以夫妇平等权利为根本，必须在相互协力之下予以维持。

关于选择配偶、财产权、继承、选择居所、离婚以及婚姻和家庭等其他有关事项的法律，必须以个人尊严与两性平等为基础制订之。

第二十五条 全体国民都享有健康和文化的最低限度的生活的权利。

国家必须在生活的一切方面为提高和增进社会福利、社会保障以及公共卫生而努力。

第二十六条 全体国民，按照法律规定，都有依其能力所及接受同等教育的权利。

全体国民，按照法律规定，都有使受其保护的子女接受普通教育的义务。义务教育免费。

第二十七条 全体国民都有劳动的权利与义务。

有关工资、劳动时间、休息以及其他劳动条件的基本标准，由法律规定之。

不得虐待儿童。

第二十八条　保障劳动者的团结、集体交涉以及其他集体行动的权利。

第二十九条　不得侵犯财产权。

财产权的内容应适合于公共福利，由法律规定之。

私有财产在正当的补偿下得收归公用。

第三十条　国民有按照法律规定纳税的义务。

第三十一条　不经法律规定的手续，不得剥夺任何人的生命或自由，或课以其他刑罚。

第三十二条　不得剥夺任何人在法院接受裁判的权利。

第三十三条　除作为现行犯逮捕者外，如无主管的司法机关签发并明确指出犯罪理由的拘捕证，对任何人均不得加以逮捕。

第三十四条　如不直接讲明理由并立即给予委托辩护人的权利，对任何人均不得加以拘留或拘禁。又，如无正当理由，对任何人不得加以拘禁，如本人提出要求，必须立刻将此项理由在有本人及其辩护人出席的公开法庭上予以宣告。

第三十五条　对任何人的住所、文件以及持有物不得侵入、搜查或扣留　。此项权利，除第三十三条的规定外，如无依据正当的理由签发并明示搜查场所及扣留物品的命令书，一概不得侵犯。

搜查与扣留，应依据主管司法官署单独签发的命令书施行之。

第三十六条　绝对禁止公务员施行拷问及酷刑。

第三十七条　在一切刑事案中，被告人享有接受法院公正迅速的公开审判的权利。

刑事被告人享有询问所有证人的充分机会，并有使用公费通过强制的手续为自己寻求证人的权利。

刑事被告人在任何场合都可委托有资格的辩护人。被告本人不能自行委托时，由国家提供之。

第三十八条　对任何人都不得强制其作不利于本人的供述。

以强迫、拷问或威胁所得的口供，或经过非法的长期拘留或拘禁后的口供，均不得作为证据。

任何人如果对自己不利的唯一证据是本人口供时，不得被判罪或课以刑罚。

第三十九条　任何人在其实行的当时为合法的行为或已经被判无罪的行为，均不得再追究刑事上的责任。又，对同一种犯罪不得重复追究刑事上的责任。

第四十条　任何人在拘留或拘禁后被判无罪时，得依法律规定向国家请求赔偿。

第四章　国　会

第四十一条　国会是国家的最高权力机关，是国家唯一的立法机关。

第四十二条　国会由众议院及参议院两议院构成之。

第四十三条　两议院由选举产生的代表全体国民的议员组成之。两议院的议员定额由法律规定之。

第四十四条　两议院的议员及其选举人的资格，由法律规定之。但不得因人种、信仰、性别、社会身份、门第、教育、财产或收入的不同而有所差别。

第四十五条　众议院议员的任期为四年。但在众议院解散时，其任期在期满前告终。

第四十六条　参议院议员的任期为六年，每隔三年改选议员之半数。

第四十七条　有关选举区、投票方法以及其他选举两议院议员的事项，由法律规定之。

第四十八条　任何人都不得同时担任两议院的议员。

第四十九条 两议院议员得按法律规定自国库接受相当数额的年薪。

第五十条 除法律规定外，两议院议员在国会开会期间不受逮捕。开会期前被逮捕的议员，如其所属议院提出要求，必须在开会期间予以释放。

第五十一条 两议院议员在议院中所作之演说、讨论或表决，在院外不得追究其责任。

第五十二条 国会常会每年召开一次。

第五十三条 内阁可以决定召集国会的临时会议。如经任一个议院全体议员的四分之一以上的议员提出的要求，内阁必须决定召集临时会议。

第五十四条 众议院被解散时，必须在自解散之日起四十日以内举行众议院议员总选举，并须在自选举之日起三十日以内召开国会。

众议院被解散时，参议院同时闭会。但内阁在国家有紧急需要时，得要求参议院举行紧急会议。

在前项但书的紧急会议中所采取的措施，是临时性的，如在下届国会开会后十日以内不能得到众议院的同意，该项措施即失效。

第五十五条 对有关议员资格的争议，由两院自行裁决。但撤销议员资格，必须有出席议员三分之二以上多数的决议。

第五十六条 两议院如无全体议员三分之一以上出席，不得开会议事和作出决议。

两议院进行议事时，除本宪法有特别规定者外，由出席议员的过半数表决之，可否票数相等时，由议长决定之。

第五十七条 两议院的会议均为公开会议。但经出席议员三分之二以上的多数决议时，得举行秘密会议。

两议院分别保存各自的会议记录，除秘密会议记录中认为应特别保密者外，均予公开发表，并须公布于众。

如有出席议员五分之一以上的议员提出的要求，各议员的表决必须载入会议记录。

第五十八条 两议院各自选任本院的议长及其他工作人员。

两议院各自制定有关会议、其他手续、内部纪律的规章制度，并对破坏院内秩序的议员进行惩罚。但开除议员必须有出席议员三分之二以上的多数决议。

第五十九条 凡法律案，除本宪法有特别规定者外，经两议院通过后即成为法律。

众议院已经通过而参议院作出不同决议的法律案，如经众议院出席议员三分之二以上的多数再次通过时，即成为法律。

前项规定并不妨碍众议院根据法律规定提出举行两议院协议会的要求。

参议院接到已由众议院通过的法律案后，除国会休会期间不计外，如在六十日内不作出决议，众议院可以认为此项法律案已被参议院否决。

第六十条 预算案必须先在众议院提出。

对预算案，如参议院作出与众议院不同的决议，根据法律的规定，举行两院协议会而仍不能取得一致意见时，又在参议院接到众议院已经通过的预算案后，除国会休会期间外，在三十日内仍不作出决议时，即以众议院的决议作为国会决议。

第六十一条 关于缔结条约所必要的国会的批准，准用前条第二项之规定。

第六十二条 两议院得各自进行有关国政的调查，并得为此要求证人出席作证或提出证言及记录。

第六十三条 内阁总理大臣及其他国务大臣，不论其是否在两议院之一保有议席，为就议案发言均得随时出席议院，另外在被要求出席答辩或作说明时，必须出席。

第六十四条 国会为审判受到罢免控诉的法官，由两议院之议员设立弹劾法院。

有关弹劾的事项，由法律规定之。

第五章　内　阁

第六十五条　行政权属于内阁。

第六十六条　内阁按照法律规定由其首长内阁总理大臣及其他国务大臣组成之。

内阁总理大臣及其他国务大臣必须是文职人员。

内阁行使行政权,对国会共同负责。

第六十七条　内阁总理大臣经国会决议在国会议员中提名。此项提名较其他一切议案优先进行。

众议院与参议院对提名作出不同决议时,根据法律规定举行两院协议会亦不能得出一致意见时,又在众议院作出提名的决议后,除国会休会期间不计外,在十日以内参议院仍不作出提名决议时,即以众议院的决议作为国会决议。

第六十八条　内阁总理大臣任命国务大臣。但其中半数以上人员必须在国会议员中选任。

内阁总理大臣可任意罢免国务大臣。

第六十九条　内阁在众议院通过不信任案或信任案遭到否决时,如十日内不解散众议院必须总辞职。

第七十条　内阁总理大臣缺位,或众议院议员总选举后第一次召集国会时,内阁必须总辞职。

第七十一条　发生前两条情况时,在新的内阁总理大臣被任命之前,内阁继续执行职务。

第七十二条　内阁总理大臣代表内阁向国会提出议案,就一般国务及外交关系向国会提出报告,并指挥监督各行政部门。

第七十三条　内阁除执行一般行政事务外,执行下列各项事务:

一、诚实执行法律,总理国务。

二、处理外交关系。

三、缔结条约,但必须在事前,或根据情况在事后获得国会的承认。

四、按照法律规定的准则,掌管有关官吏的事务。

五、编制并向国会提出预算。

六、为实施本宪法及法律的规定而制定政令。但在此种政令中,除法律特别授权者外,不得制定罚则。

七、决定大赦、特赦、减刑、免除刑罚执行及恢复权利。

第七十四条　法律及政令均由主管的国务大臣署名,并必须有内阁总理大臣的联署。

第七十五条　在职国务大臣,如无内阁总理大臣的同意,不受公诉。但此项规定并不妨碍公诉的权利。

第六章　司　法

第七十六条　一切司法权属于最高法院及由法律规定设置的下级法院。

不得设置特别法院。行政机关不得施行作为终审的判决。

所有法官依良心独立行使职权,只受本宪法及法律的拘束。

第七十七条　最高法院有权就有关诉讼手续、律师、法院内部纪律以及司法事务处理等事项制定规则。

检察官必须遵守最高法院制定的规则。

最高法院得将制定有关下级法院规则的权限委托给下级法院。

第七十八条 法官除因身心故障经法院决定为不适于执行职务者外,非经正式弹劾不得罢免。法官的惩戒处分不得由行政机关行使之。

第七十九条 最高法院由任该法院院长的法官及按法律规定名额的其他法官构成之。除任该院院长的法官外,其余法官由内阁任命之。

最高法院法官之任命,在其任命后第一次举行众议院议员总选举时交付国民审查,自此经过十年之后第一次举行众议院议员总选举时再次交付审查,以后准此。

在前项审查中,投票者以多数通过决议罢免某法官时,此法官即被罢免。

有关审查事项,以法律规定之。

最高法院法官到达法律规定年龄时退职。

最高法院法官均定期接受相当数额之报酬。此报酬在任期中不得减额。

第八十条 下级法院法官,由内阁按最高法院提出的名单任命之。此种法官的任期为十年,得连任。但到达法律规定的年龄时退职。

下级法院法官均定期接受相当数额之报酬。此项报酬在任期中不得减额。

第八十一条 最高法院为有权决定一切法律、命令、规则以及处分是否符合宪法的终审法院。

第八十二条 法院的审讯及判决应在公开法庭进行。

如经全体法官一致决定认为有碍公共秩序或善良风俗之虞时,法院的审讯可以不公开进行。但对政治犯罪、有关出版犯罪或本宪法第三章所保障的国民权利成为问题的案件,一般应公开审讯。

第七章 财 政

第八十三条 处理国家财政的权限,必须根据国会的决议行使之。

第八十四条 新课租税,或变更现行租税,必须有法律或法律规定之条件作依据。

第八十五条 国家费用的支出,或国家负担债务,必须根据国会决议。

第八十六条 内阁编制每一财政年度的预算必须向国会提出,经其审议通过。

第八十七条 为补充难以预见之预算不足,得根据国会决议设置预备费,由内阁负责其支出。

所有预备费之支出,内阁必须于事后取得国会的承认。

第八十八条 皇室的一切财产属于国家。皇室的一切费用必须列入预算,经国会决议通过。

第八十九条 公款以及其他国家财产,不得为宗教组织或团体使用、提供方便和维持活动之用,也不得供不属于公家的慈善、教育或博爱事业支出或利用。

第九十条 国家的收支决算,每年均须由会计检查院审查,内阁必须于下一年度将决算和此项审查报告一并向国会提出。

会计检查院之组织及权限,由法律规定之。

第九十一条 内阁必须定期,至少每年一次,将国家财政状况向国会及国民提出报告。

第八章 地方自治

第九十二条 关于地方公共团体的组织及运营事项,根据地方自治的宗旨由法律规定之。

第九十三条 地方公共团体根据法律规定设置议会为其议事机关。

地方公共团体的首长、议会议员以及法律规定的其他官吏，由该地方公共团体的居民直接选举之。

第九十四条　地方公共团体有管理财产、处理事务以及执行行政的权能，得在法律范围内制定条例。

第九十五条　仅适用于某一地方公共团体的特别法，根据法律规定，非经该地方公共团体居民投票半数以上同意，国会不得制定。

第九章　修改宪法

第九十六条　本宪法的修订，必须经各议院全体议员三分之二以上的赞成，由国会提议，向国民提出，并得其承认。此种承认，必须在特别国民投票或国会规定的选举时进行投票，必须获得半数以上的赞成。

宪法的修订在经过前项承认后，天皇立即以国民的名义，作为本宪法的一个组成部分公布之。

第十章　最高法规

第九十七条　本宪法对日本国民所保障的基本人权，是人类为争取自由经过多年努力的结果，这种权利已于过去几经考验，被确信为现在及将来国民之不可侵犯之永久权利。

第九十八条　本宪法为国家的最高法规，与本宪法条款相违反的法律、命令、诏敕以及有关国务的其他行为的全部或一部，一律无效。

日本国缔结的条约及已确立的国际法规，必须诚实遵守之。

第九十九条　天皇或摄政以及国务大臣、国会议员、法官以及其他公务员均负有尊重和拥护本宪法的义务。

第十一章　补充规则

第一百条　本宪法自公布之日起，经六个月后开始施行。

为施行本宪法而制定必要的法律，参议院议员的选举、召集国会手续以及为施行本宪法而必要的准备手续，得于上项日期之前进行之。

第一百零一条　本宪法施行之际，如参议院尚未成立，在其成立以前由众议院行使国会的权力。

第一百零二条　根据本宪法而产生的第一届参议院议员，其中半数的任期为三年。此等议员，按法律规定决定之。

第一百零三条　本宪法施行时现任在职的国务大臣、众议院议员、法官以及其他公务员，其地位与本宪法承认的地位相应者，除法律有特别规定外，不因本宪法之施行而当然失去其地位。但根据本宪法而选出或任命其后任者时，即当然失去其地位。

德意志共和国宪法（魏玛宪法）

（一九一九年八月十一日）

德意志国民团结其种族，一德一心共期改造邦家，永存于自由正义之境，维持国内国外之和平，促进社会之进化，爰制兹宪法。

第一编　联邦之组织及其职责

第一章　联邦及各邦

第一条　德意志联邦为共和政体。

国权出自人民。

第二条　联邦领土，由德意志各邦构成之。其他地方，如其人民照自决原则愿归属者，得依联邦法律接受，使归入于联邦版图。

第三条　联邦旗色为黑红金三色，商旗为黑白红三色，其上内角镶国旗。

第四条　已公认之国际法上各法规，得视为德意志联邦法律，有裁制力。

第五条　国权之关于联邦事务者，由联邦之机关，依照联邦宪法行使之。

关于各邦事务者，由各邦机关，依照联邦宪法行使之。

第六条　下列各立法权为联邦所专有：

一、外交。

二、殖民制度。

三、国籍，自由移住移民，引渡。

四、兵役法。

五、货币制度。

六、关税制度，并税及贸易区域之划一，以及货物流通之自由。

七、邮政、电报及电话制度。

第七条　联邦对于下列各项，有立法权：

一、民法。

二、刑法。

三、诉讼法及刑罚执行，及官署间之互助法。

四、护照制度及外事警察。

五、救贫制度及游民之救护。

六、出版、结社、集会制度。

七、人口政策，孕妇、婴儿、幼童及青年之保护。

八、公众卫生制度，兽医制度及对于植物之病害及摧残之保护。

九、劳工法，工人及佣工之保险与职业介绍。

十、全国职业代表机关之设立。

十一、军职人员及其家属之保护。

十二、公用征收法。

十三、天然宝藏，经济企业之社会化，及公共经济货物之生产、供给、分配、定价，与其按照集体主义之组织。

十四、商业，度量衡制度，发行纸币，及银行与交易所制度。

十五、饮食品，享乐品及日用必需品之交易。

十六、营业法及矿业法。

十七、保险制度。

十八、航海法，大海及沿海之渔业法。

十九、铁路，内河航业，陆上水上空中自动机交，及关于国防道路之建筑。

二十、戏院及电影制度。

第八条　联邦除上述之立法权外，对于租税以及其他之全部或一部为充实国库而取得之收入，有立法权。如联邦欲将以前归各邦受辖之赋税及其余收入归诸自用时，对于各邦之生存能力，应先予考虑。

第九条　在有发布统一法规之必要限度内，联邦对于下列各项有立法权：

一、公共福利之维护。

二、公共秩序及安宁之保护。

第十条　联邦对于下列各事项，得以立法手续规定其章则：

一、宗教团体之权利及义务。

二、学校制度，包括高等学校制度及学术图书馆制度。

三、各种公共团体之公务员法规。

四、土地法，土地分配，居住地及家园制度，土地所有权之限制，住宅制度及人口分配。

五、埋葬制度。

第十一条　联邦对于各邦赋税之征收与征收之种类，如认为必要时，得以立法手续，以章则规定其性质及征收方法，使得保持重要之社会利益及免除下列弊病。

一、有害于联邦税源或联邦商业者。

二、两重赋税。

三、苛税，或使用公共交通孔道，及足以增加运输负担之不应有捐税。

四、各邦间或同邦各地间贸易之捐税，其足以使输入货较土制货物难销售者。

五、输出奖励金。

第十二条　对于联邦有立法权之事，在联邦不行使其立法权时，各邦得保留之。但对于联邦专有立法权之事，不在此例。

关于第七条第十三项各事，如各邦法律有损害联邦全体利益时，联邦有抗议权。

第十三条　联邦法律得废止各邦法律。

各邦法律与联邦法律发生疑义或有冲突时，联邦或各邦之中央主管官署得依照联邦法律之详细规定，请联邦最高法院判决之。

第十四条　联邦法律无其他特别规定时，由各邦官署执行之。

第十五条　联邦政府对于联邦有立法权事项，行使监督权。联邦法律，由各邦官署执行时，联邦政府得发布通令，联邦政府为监督各邦中央官署及其下级官署，执行联邦法律起见，有派遣委员于各邦中央官署之权，并在取得各邦中央官署同意时得派遣委员于各邦下级官署。

各邦政府对于执行联邦法律有缺点时，经联邦政府之请求，有除去此缺点之义务。彼此意见不同时，不论联邦或各邦，除联邦法律已特效指定由其他法院判决外，得要求高等法院判决之。

第十六条　在各邦内执行直接联邦任务之行政官吏，应以该邦人民充任之。

联邦行政上之官吏，雇员，工役，在可能范围内，并与此等人员之教员及职务上所需条件不相冲突时，应依照各人志愿，留在本籍服务。

第十七条　各邦须有自由邦之宪法，其人民代表应以有德国国籍之人民，不分男女，依照比例选举之原则，用普遍、平等、直接、秘密选举方法选出之。各邦政府应得人民代表之信任。人民代表之选举章程得适用于地方团体选举。但各邦法律得以居住本地方一年以上为条件，以限制选举权。

第十八条　联邦区分各邦应顾虑各该地人民之意见，以求发展其最高经济及文化能力为目的。

在联邦内变更各邦领土及组织新邦，应依照联邦法律修正宪法之手续行之。

如直接有关系之各邦均同意时，得依照极简单之联邦法律行之。

如有关系之一邦，对于各邦领土变更或组织新邦不同意时，得由民意之要求，或因对于联邦有极大利益，仍得依照极简单之法律行之。

民事以投票方法征求。如行将划分区域之居民，其有联邦国会选举权者三分之一以上要求时，联邦政府应即下令举行人民投票。

对于领土变更或组织新邦之决议，应有五分之三之投票并代表有选举权者之过半数之赞同，始得决定之。其仅关于普鲁士行政区之一部分巴威亚邦之一部分或其他各邦相当行政区之一部分之划分，亦须征求各该区全部人民意见。划分之区域若与全区域不相关联者，得依照特别联邦法律，根据划分区域居民之意见行之。

人民表决之后，联邦政府应提出各该法律案于联邦国会解决。

领土之合并或分裂，对于财产分割有争执时，得由当事者一方之动议请求德意志联邦高等法院裁判之。

第十九条 在任何一邦内，有宪法上之争议而该邦无该管辖法院足以解决此争议者，又各邦间或联邦与某一邦间争议时，除关于非私法问题外，得由当事者一方请求联邦高等法院判决之，但以不归其他联邦法院管辖者为限，高等法院之判决，由联邦大总统以命令执行之。

第二章 联邦国会

第二十条 联邦国会，以代表德国人民之议员组成之。

第二十一条 议员为全体人民之代表，惟服从其良心所主张，并不受其他请托之约束。

第二十二条 议员由年满二十岁以上之男女，依照比例代表选举制，以普遍、平等、直接、秘密之选举法选出之。选举日须为星期日或公共休息日。其详细办法另以选举法定之。

第二十三条 联邦国会以四年为任期。每届任期满后，其新选举最迟应限于满期后之第六十日举行。联邦国会第一次集会，最迟应限于选举后之第三十日行之。

第二十四条 联邦国会于每年11月之第一星期三日，自行集会于联邦政府所在地，惟联邦大总统或联邦国会议员三分之一有所要求时，联邦国会议长应将联邦国会提前召集开会。

联邦国会决定其闭会及重行开会日期。

第二十五条 联邦大总统得解散联邦国会，但出于同一之原因，仅得解散国会一次。

新选举最迟应限于联邦国会被解散后之第六十日行之。

第二十六条 联邦国会自选议长副议长及秘书长，并自定议事细则。

第二十七条 在休会或闭会时，由本次会期之议长及副议长继续执行其一切职务。

第二十八条 国会之议场权及警察权，由议长行使之。国会之内部行政，属于议长。议长并掌管国会内依照预算之一切收支，并在其行政上之一切法律行为及诉讼事件代表联邦。

第二十九条 联邦国会之议事，须公开之。惟有议员五十人以上之动议并得三分之二之多数赞成时，可改为秘密会议。

第三十条 凡联邦国会，各邦议会及其议会内之委员会，于公开议事中之言论、记录及正确报告，不发生责任问题。

第三十一条 联邦国会内设置选举审查所。议员资格之存在或丧失，由该法庭判决之。

选举审查所以联邦国会本届议员及由联邦大总统案据联邦行政法院院长呈请任命之联邦行政法院推事共同组织之。

选举审查所依照公开口头辩论原则，以联邦国会议员三人及法官人员两人宣告判决。

选举审查所，除口头辩论外，其诉讼程序，由联邦大总统所任命之联邦委员一人主持之。此外一切程序，由选举审查所规定之。

第三十二条 联邦国会之表决，除宪法规定其他投票比例外，应以过半数行之。

但联邦国会内所行之选举,得依照议事细则为例外之规定。

决议能力,由议事细则规定之。

第三十三条　联邦国会及其委员会,得要求联邦行政院长及各部部长出席。联邦行政院长,各部部长及其所委托之人员,均得出席于联邦国会及其委员会之会议,各邦亦得派遣全权代表出席此会议,以陈述各该邦政府对于某议案意见。

各邦政府代表得于会议时请求发言。联邦政府代表并得于议事日程以外之事要求发言,联邦及各邦政府代表应服从主席之秩序权。

第三十四条　联邦国会有设置审查委员会之权。有国会议员五分之一的动议时,有设置审查委员会之义务。审查委员会及提议设置此委员会者所认为必要之证据,审查委员会应公开搜集之。如审查委员会有三分之二以上人数赞同时,得将公开辩论停止公开。至于该委员会之审理程序及委员人数,由议事细则规定之。

法院及行政官署,对于此委员会所请求搜查之证据,有遵照办理之义务。如委员会调档案,应即送交。关于此委员会及受此委员会请求之官署,于其搜查证据时,得依照刑事诉诸法各规定得适用之。但不得侵害书信、邮政、电报及电话之秘密。

第三十五条　联邦国会设置常任外交委员会。此委员会虽在国会闭会期间,或在国会任期届满,或国会被解散以至新国会集会之期间,仍照常执行职务。此委员会之会议并不公开,但有该委员会三分之二以上委员之多数决议时,准其公开。联邦国会为保持人民代表机关对于联邦政府之权利起见,得在国会闭会期间及国会任满期间设置常任委员会。

此委员会有审查委员会所有之权。

第三十六条　联邦国会及各邦议会议员,无论何时,不得因其投票或因行使其议员职权而发表之言论,受司法上或纪律上之惩处,并不得于议会以外使负任何责任。

第三十七条　联邦国会及各邦议会议员,在开会期间,非得其所属之国会或议会之许可,不得以犯法行为而受审问或被逮捕。惟现行犯当场拘捕或于犯事之翌日被捕者,不在此限。

足以限制人身自由,至使议员不能行使其职权者,须得各该议员所属之议会之许可,始得为之。对于联邦国会或各邦议会议员之一切刑事诉讼或拘留及其余一切足以限制个人自由之拘束,如得其所属议会之要求时,应完全予以停止执行。

第三十八条　联邦国会及各邦议会议员以议员资格受人委托,或因执行议员职务而以事委托他人时,对于该人及该事,有拒绝作证之权。关于没收书证,法律上允许某人有拒绝作证之权者,议员亦如之。

凡欲在联邦国会或各邦议会,无论任何搜索或没收,非得议长之许可,不得行之。

第三十九条　一切官吏及国防军人(或译作防御力所属员),因欲被选为议员时,为准务选举所需时期之假期,应照给之。

第四十条　凡联邦国会议员,在德意志国所有铁路,有免费乘车之权,及依照联邦法律标准,领受损害赔偿,并得支领岁费。岁费由联邦法律定之。

第三章　联邦大总统及联邦政府

第四十一条　联邦大总统,由全体德意志人民选举之。

凡年满三十五岁以上之德意志人,皆有当选权。其细则,另以联邦法律定之。

第四十二条　联邦大总统于就职时,应对联邦国会作下列之宣誓。

余誓竭余力,谋人民之幸福,增进其利益,祛除其弊病,遵守宪章大典,依照良心,尽忠义务,并用正义以临万民,谨誓。

宣誓时,得附加宗教宣誓。

第四十三条　联邦大总统之任期为七年。如再当选,得连任。联邦大总统于任期未满前,得由联邦国会动议,以国民表决罢免之。联邦国会此项决议,须有三分之二之多数赞成,才能成立。决议成立后,联邦大总统应即停止其执行职务,如国民表决拒绝罢免大总统时,联邦大总统等于重新选举,联邦国会应即解散。联邦大总统,非得联邦国会之同意,不受刑事上之诉追。

第四十四条 联邦大总统不得同时为联邦国会议员。

第四十五条 联邦大总统,在国际上,代表联邦,并得以联邦名义,与其他国家缔结同盟,订立条约,授受使节。

宣战媾和,以联邦法律行之。

对外国缔结同盟及订立条约,有涉及联邦立法事项者,应得联邦国会之同意。

第四十六条 联邦大总统,于法律上无特别之规定时,得任免联邦文武官吏,并得命其他官署行使此项任免权。

第四十七条 联邦大总统掌握联邦一切国防军之最高命令权。

第四十八条 联邦大总统,对于联邦中某一邦,如不尽其依照联邦宪法或联邦法律所规定之义务时,得用兵力强制之。

联邦大总统于德意志联邦内之公共安宁及秩序,视为有被扰乱或危害时,为恢复公共安宁及秩序起见,得取必要之处置,必要时更得使用兵力,以求达此目的。

联邦大总统得临时将本法一百一十四,一百一十五,一百一十七,一百一十八,一百二十三,一百二十四及一百五十三各条所规定之基本权利之全部或一部停止之。本条第一第二两项规定之处置,但此项处置得由联邦大总统或联邦国会之请求而废止之。

其细则,另以联邦法律规定之。

第四十九条 联邦大总统代联邦行使恩赦权。联邦大赦,应依联邦法律行之。

第五十条 联邦大总统之一切命令、处分及关于国防军范围内之一切命令、处分,须得联邦行政院长或该主管部长之副署,才发生效力。副署发生责任。

第五十一条 联邦大总统因故不能行使职权时,由联邦行政院长代理之。如事故有延长之虞时,则依照联邦法律规定其代理。

联邦大总统,于任期未满去职及新总统未选出前,得依前项办理。

第五十二条 联邦政府以联邦行政院长及各部部长构成之。

第五十三条 联邦行政院长及由联邦行政院长所推荐之各部部长均由联邦大总统任免之。

第五十四条 联邦行政院长及各部部长,于行使其职权时,须得联邦国会之信任,如其中之一员,不论何人,如受联邦国会之明显决议不信任时,应即退职。

第五十五条 联邦行政院长领导联邦政府,依照由联邦政府制定及经联邦大总统认可之处务章程执行职务。

第五十六条 联邦行政院长规定政治大纲,并对联邦国会负责。在此政治大纲之范围内,各部部长独立执行其所任职务,并对联邦国会自行负责。

第五十七条 各部部长得将一切法案及宪法或法律所规定应行公共讨论之事务,以及关于与多数部长有关系而各内部意见不能一致之问题,提出共同讨论。

第五十八条 联邦政府之决议以多数取决之。表决之票数同等时,由主席投票决定之。

第五十九条 联邦国会对于联邦大总统、联邦行政院长或联邦各部部长,认为违背联邦宪法或联邦法律时,得代表联邦向高等法院控告之。控告之动议须有联邦国会议员百人以上之联署,并须有与为修正宪法而预为规定之人数之相等之同意。其细则,以关于高等法院之联邦法律规定之。

第四章 联邦参政会

第六十条 为代表德意志各邦参加联邦之立法行政,特组织联邦参政会。

第六十一条　各邦在联邦参政会,至少应有一票。大邦每人口七十万(一百万)有一票,其超过之余数(最少须与最小邦之人口数相等),最少有三十五万人口,作为(满一百万)七十万算。无论何邦,不得有总票数五分之二以上之投票权。

奥大利国,在合并于德国之后,其参加联邦参政会之权利,亦得按人民数目,得同等之票权。未合并前,奥大利之代表,只有被咨询之权。票数于每次普遍调查人口后,由联邦参政会重新改定之。

第六十二条　联邦参政会中所组织之各委员会,无论得有一票以上之投票权。

第六十三条　在联邦参政会中,各邦以其政府之成员为代表。但普鲁士票数之一半,得按其邦法律,由普鲁士地方行政机关任命之。

各方得按照参政会所得之票数派遣代表。

第六十四条　联邦政府应联邦参政会会员三分之一之请求,应召集联邦参政会。

第六十五条　联邦参政会及其各委员会之主席,由联邦政府之各部部长充任。联邦政府之各部部长有列席联邦参政会会议之权。如得联邦参政会之要求,有出席之义务,且在会议之中,得要求临时发言。

第六十六条　联邦政府及联邦参政会之会员,在联邦参政会中,有提案权。联邦参政会,依照议事章程,定其议事程序。

联邦参政会之会议为公开,但得依照议事章程,于个别之会议事件,停止公开。

在表决时,以投票之简单过半数为准据。

第六十七条　联邦参政会接受联邦政府各部关于日常执行政务之报告。讨论重大事件时,联邦政府各部应使联邦参政会之该主管委员会参预之。

第五章　联邦立法

第六十八条　法律案由联邦政府或联邦国会提出之。

联邦法律,由联邦国会议决之。

第六十九条　联邦政府提出法律案时,须得联邦参政会之同意,如联邦政府及联邦参政会对于法律案之意见不一致时,联邦政府得将法律案提出,但须将联邦参政会之意见附加说明。

如联邦参政会议决之法律案联邦政府不同意时,联邦政府应说明其立场,将此法律案提交联邦国会。

第七十条　联邦大总统应将依照宪法制定之法律编就并于一月内在联邦法律公报中公布之。

第七十一条　联邦法律,除有特别规定者外,自公布于联邦国都所出版之法律公报之日起,经过十四日,即发生效力。

第七十二条　如有联邦国会议员之三分之一要求时,联邦法律之公布得展期两个月。但如联邦国会及联邦参政会认为紧急者,联邦大总统得不理此要求而公布之。

第七十三条　凡经联邦国会议决之法律,如联邦大总统于一月之内决定交付国民表决者,得于其公布前,交付国民表决。

法律之由联邦国会三分之一之动议,展期公布者,如得有投票权之人民二十分之一之提议,应交付国民表决。

此外,有选举权之人民十分之一请愿提出法律案时,亦当交国民公决之。此项国民请愿,应备已缮拟精备之法律案,然后由政府附加意见,提交联邦国会,若联邦国会对于此项请愿法律案毫无更改而接受时.不必再付国民表决。关于预算、赋税法及俸给条例,惟联邦大总统有提交国民表决之权。关于国民表决及国民请愿,以联邦法律定之。

第七十四条　对于联邦国会所议决之法律案,联邦参议会得否决之。

此项否决案,应于联邦国会投票议决后之两星期内,提交联邦政府。最迟限于再下两星期内,将否决理由书,送交国会。

否决案应重提联邦国会表决,如联邦国会及联邦参政会对于是项法律意见仍不一致时,联邦大总统得将该法律案交付国民表决。如联邦大总统不行使此权时则此法律案视为不成立。如联邦国会以三分之二之多数议决,反对联邦参政会之否决时,则联邦大总统应在三个月内,按照联邦国会所议决者公布或交付国民表决。

第七十五条 联邦国会之议决案,须有投票权者之多数参加表决,方得变更之。

第七十六条 宪法得用立法手续修改之,但联邦国会欲议决修改宪法,必须有法定人数三分之二之出席及出席议员三分之二之赞成,其决议案始得成立。又联邦参政会对于修改宪法之议决,亦须有所投票数三分之二之多数赞成。若由国民请愿而用国民投票以议决修改宪法,须有多数选民之赞成。

如联邦国会对于联邦参政会之修改宪法议决提出抗议时,则联邦大总统如于两星期内,不受联邦参政会之要求,不得将此法律公布。

第七十七条 关于联邦法律实施上所必要之普通行政规条,除法律有特别规定外,由政府须发之。

但如此项法律施行属诸各邦官署之权限者,则须得联邦参政会之同意。

第六章 联邦行政

第七十八条 外交事务,专属于联邦。

凡属于各邦立法范围内之事务,各邦得与外国缔结条约,但此项条约须得联邦之同意。关于与外国协定变更联邦国境事件,须得有关系之各邦之同意,由联邦缔结之。国境变更,除限于整理无居民地方之境界外,须依联邦法律行之。

各邦与外国有经济上特殊关系或境地相接关系而发生利益问题者,关于此项利益之保护,联邦应得各邦之同意,采取一切应需之处置。

第七十九条 国防事务,专属于联邦。德意志人民兵役制度,应根据各地居民特殊情形由联邦法律统一规定之。

第八十条 殖民事务,专属于联邦。

第八十一条 一切德意志商船合组为一商船队。

第八十二条 德意志国在关税及商业上为单一领土,以公共之边界环绕之。

关税境界与国界同。其在海上,以大陆海岸及所属岛屿为关税界。海上及其他水上之关税界,得设例外之规定。

外国领土或领土之一部,得用条约或协定加入于德意志关税界内。有特别必要时,得将某一部分摈于关税界以外,至于自由港之处于关税界外者,仅得以变更宪法之法律撤销之。

处于关税界外之区域。得由于条约或协定加入外国之关税区。

一切天然物产工业品,美术品,在联邦内可以自由交易者,得在各邦境内,各地方团体境内,输入输出或通过之。但得以联邦法律规定例外。

第八十三条 关税及消费税,由联邦官署管理之。

联邦官署,于管理联邦赋税时,应设置,各项设备,俾各邦能保障其农工商范围内之本邦特别利益。

第八十四条 下列各项,由联邦以法律规定之:

一、各邦财政机关之组织,务使联邦税法在各邦均有划一及一平允之执行。

二、执行联邦税法之监督机关之组织及其职权。

三、与各邦之清算。

四、执行联邦税法所需行政费之拨还。

第八十五条　联邦之收支，应于每会计年度预先估计，并编入预算案。预算于会计年度之前，以法律定之。

支出之承认，在原则上，以一年为限，但遇特别情形，得稍为延长。此外凡超越会计年度及无关于联邦之收支或其管理者，不得规定于联邦预算法内。

联邦国会，非得联邦参政会之同意，不得增加支出金额或新设款目于预算草案中。

联邦参政会之同意，得照第七十四条各项所规定以补充之。

第八十六条　关于联邦一切收入之用途，应由联邦财政部长于下次会计年度提出决算于联邦国会及联邦参政会，以减轻联邦政府之责任。决算之审核，由联邦法律规定之。

第八十七条　联邦于预算外及为充生产企业经费时，得以信用方法筹集款项，其筹募方法，联邦负担之义务及保证品惟依据联邦法律行之。

第八十八条　邮政、电报、电话事业，专属于联邦。

邮票全联邦一律。

联邦政府得联邦参政会之同意，得颁布交通规则及使用交通设备应纳之费，并得将此权委托于联邦邮务部。

关于邮政、电报、电话之交通事务及其价目表，联邦政府如得联邦参政会之同意，得酌设顾问机关。

关于与外国订立交通上之条约事件，专属联邦。

第八十九条　联邦得将普通交通上所需要之铁道，收归联邦所有，并统一管理之。

各邦获得私有铁道之权利，如得联邦之要求，应即转让于联邦。

第九十条　铁道转移于联邦所有时，其公用征收权及关于铁道上之一切公权，概由联邦接受之。

关于此项权利范围有争议时，由高等法院裁判之。

第九十一条　联邦政府得联邦参政会之同意，发布关于铁道建筑、经营及车务之命令，并得以联邦参政会之同意，委托此项职权于联邦之主管各部。

第九十二条　联邦铁道之预算、决算，虽包括于联邦总预算、决算内，但当视为经济独立之企业办理支付利息偿还铁道债务，及筹铁道公积金，均在其内。此项偿金及公积金之多寡及公积金之用途，另以单行法律规定之。

第九十三条　联邦政府得联邦参政会之同意，可设置铁道顾问机关以备关于铁道建设及运价之咨询。

第九十四条　如联邦将某一特定区域内之公用设备之铁道收归管理时，在此特定区域内，如欲建筑公用设备之新铁道，应由联邦自行建筑，或由他人得联邦之同意而建筑之。若建筑新铁道，或改变已成之铁道，与各邦警察权有抵触时，联邦铁路管理机关在未决定前，应先咨询各邦官署之意见。

在联邦尚未将铁道移归管理各地，联邦得根据联邦法律. 筹设经费，建筑交通或国防所必需之铁道，或委托他人建筑，于必要时，并得与以公用征收权。该铁道所通过各州之抗议，可置不问，惟以不伤及该邦之权为限。

各铁道管理机关应许其他铁道与本路接轨，惟接轨之设备经费，由其他路线负担。

第九十五条　公用设备之铁道尚未归联邦管理者，应由联邦监督。

在联邦监督下之铁道，应按照联邦规定章则，为划一之建筑及设备，且应维持其营业状况，及按照交通需要扩张之。客运及货运之设置，应适合需要。

关于运价之监督，应以达到全国一律及低廉之额为目的。

第九十六条　一切铁道，不论为公用设备者与否，遇联邦为国防需用时，均应听从联邦征发。

第九十七条 联邦得将供公用设备而可以航行之水道，收归国有，并收归联邦管理。

此项水道收归国有后，其公用设备，须由联邦或得联邦同意，始得建设或扩张之。

管理扩张或新建航行水道时，应得有关系各邦之同意，俾地方文化及地方水利得以维持，其改良时亦然。

水道管理机关，遇其他国内水道自行经费请求联接时，应许可之。遇铁道与水道相联接时，水道管理机关准予联接之义务，仍旧存在。

水道收归国有后，其公用征收权，厘订运价权，水上及船舶警察权，均属于联邦。

河流建设会掌建设莱茵河、韦沙河及爱尔河各流域天然水道之职权，属于联邦。

第九十八条 联邦政府得以联邦参政会之同意，另定规章，设置联邦水道顾问会，以资协助一切水道事务。

第九十九条 在天然水道上，惟限于为图交通便利所设施之工事建筑物及其他设备，始得征收规费。

此项规费之征收，其在国家或地方之设备方面，不得超过建筑及维持必需费。若其设备不专为图交通便利，而另有其他目的者，则其建设费及维持费，仅就其便利通航之部分，由航行规费收入项下支用。利息支付及偿还债务之支出，均属建设费。

关于人造水道以及人造水道上之设备及水岸等之税则，得适用前条之规定。

国内水道之航行捐税，得以——航道——河流或——支流所需全部费用为计算基础。

前项规定，关于可通航之水道上的漂流木筏亦适用之。

外国船舶及货物之捐税，比较德国船舶及货物之捐税或不同，或较高，惟联邦规定之。

为筹集德国航道之维持及扩充费，联邦政府得以法律及其他方法，会与航行有关系者分担之。

第一百条 为筹措内河航路之建设及维持费，联邦政府得以法律令因修理堰堤而获通航以外之利益者纳捐，但此项规定，以水道之通过数州或由联邦单独负担建设者为限。

第一百零一条 一切海上标帜如灯塔，灯船，浮标瓶，浮标；礁标等，得由联邦收归国有管理之。

此项标帜收归国有后，其设立及整理由联邦经办，或须得联邦之同意。

第七章 司 法

第一百零二条 法官独立，只服从法律。

第一百零三条 普通裁判，由联邦法院及各邦之法院行使之。

第一百零四条 普通裁判之法官为终身职。惟依据法律规定之理由及形式，由司法机关决定，始得不顾法官情愿，将其免职，停职，调任或退休。

法官之退休年龄，以法律定之。

因法律而生之暂行停职，不受前项规定限制。

在法院组织及其管辖区域有变更时，各邦之司法行政部得不顾法官之情愿，将其调任他处或令其退职，但须维持原俸。

商事法官、参审员及陪审员，不得适用此等规定。

第一百零五条 不得设置特别法院. 无论何人，不得剥夺其受法定法官裁判之权利，但法律所定之军事会议及戒严法院，不在此项规定之内。

名誉军事法庭，应撤销之。

第一百零六条 除战时及军舰内外，军事审判权应撤销之。其细密，另由联邦法律规定之。

第一百零七条　联邦及各邦应依据法律，成立行政法院，以保护个人权益不受行政官署命令及处分之侵害。

第一百零八条　联邦应依照联法律，设立德意志联邦高等法院.

第二编　德国人民之基本权利及基本义务

第一章　个　人

第一百零九条　德国人民，在法律前一律平等。

原则上，男女均有同等之公民权利及义务。

公法特权及不平等待遇由出生或阶级来看，概行废止。贵族之御称，仅视为姓氏之一部，以后不得再行颁给。

御称，仅限于表未官职及职业者，始得颁给，学位不在此限。

国家不得颁给勋章及荣典。

德国人民不得领受外国政府给与之御称或勋章。

第一百一十条　联邦及各邦人民之国籍，得依照联邦法律规定而取得或丧失之。

凡有一邦之国籍者，同时亦有联邦国籍。

凡德国人民在联邦内各邦所有之权利义务，与各该邦之原籍人民相同。

第一百一十一条　一切德国人民，在联邦内享迁徙自由之权，无论何人，得随意居留或居住于联邦内各地，并有取得不动产及自由营生之权。惟根据联邦法律，始得限制以上之规定。

第一百一十二条　德国人民有移住国外之权。

此项移住，惟联邦法律得限制之。

在联邦领土内外之联邦人民，对于外国，有要求联邦保护之权。

德国人民不得被引渡于外国政府受诉追及处罚。

第一百一十三条　联邦居民有操外国语者，不得以立法及行政手续，妨害其民族性之自由发展。在教育上，内政及司法上使用其母语时，不得干涉。

第一百一十四条　人身之自由不得侵犯。凡用公共权力以妨害或褫夺人身之自由者，惟依法律始得为之。

凡被褫夺自由之人，最迟应于翌日受通知，由何官署，以何理由下令将其自由褫夺，并应即予其人以机会，使对于被褫夺自由提出抗辩。

第一百一十五条　德国人民之住宅为其自由居处，不得侵犯，其例外应依法律为之。

第一百一十六条　无论何种行为，非在行为之前已有法律规定处罚者，不得科以刑罚。

第一百一十七条　书信秘密以及邮政、电报、电话之秘密，不得侵害，其例外惟依据联邦法律始得为之。

第一百一十八条　德国人民.在法律限制内，有用言语，文字，印刷，图书或其他方法，自由发表其意见之权，并不得因劳动或雇佣关系，剥夺其此种权利。如其人使用此权利时，无论何人，亦不得妨害之。不得施行检查。惟对于电影，得依据法律，酌设相当规定。又为防止淫亵文书之发行，及于公开展览及演艺时为保护青年起见，得以法律处置之。

第二章　共同生活

第一百一十九条　婚姻为家族生命及民族生存增长之基础，受宪法之特别保护，并以男女两性平权为本。

家族之清洁康健及社会之改良，为国家与公共团体之任务，其有儿童众多之家庭，得享受相当之扶助以轻负担。

产妇得要求保护及扶助之。

第一百二十条 教育子女,使之受身体上、精神上及社会上美格,为父母之最高义务及自然权利。关于其实行,由政治机关监督之。

第一百二十一条 私生子之身体上、精神上及社会上之进展,在立法上,与嫡生子同等待遇。

第一百二十二条 应保护青年,使勿受利用及防道德上、精神上及体力上之荒废。

国家及公共团体对此亦应有必要之设备,以达其保护之目的。

出于强制之保护处置,惟依据法律始得为之。

第一百二十三条 德国人民(原文系无武器装备)不必报告官署及得特别许可,有和平及无武器集会之权。

露天集会,依据联邦法律,有报告官署之义务。其直接危害公共治安者,得禁止之。

第一百二十四条 德国人民,其目的若不违背刑法,有组织社团及法团之权。此项权利不得以预防方法限制之。

宗教上之社团及社团,得适用本条规定。

社团得依据民法规定,获得权利能力。此项权利能力之获得,不能因该社团为求达其政治上、社会上、宗教上目的而拒绝之。

第一百二十五条 选举自由及选举秘密应受保障,其细则另以选举法规定之。

第一百二十六条 德国人民有以书面向该主管官署或议会请愿或抗告之权利。此权利得由一人或由多人行使之。

第一百二十七条 自治区及行政区,在法律规定内,有行政自主权。

第一百二十八条 市民,不分差别,均得依法规定,按其才能及其劳绩,准予充任官吏。反对女子服官之例外规定,应完全废止。

官规大纲,以联邦法律定之。

第一百二十九条 官吏之任用,除法律有特别规定者外,皆为终身职。养老金及遗族抚养金,另以法律定之。官吏既得之权利,不得侵害。关于金钱上之权利,得向法院起诉。

惟依法律规定及程式,始得将官吏暂行免职,停职或退职,或降任于薪俸较低之他职。

官吏职务上之惩罚判决,得上诉可能时,应予再审。其在官吏人事检查簿中,拟登决不利于该官吏事实时,应先予该官吏发表其对于此事实之意见之机会,而后始登记之。官吏之欲阅览其本人之人事检查簿者,亦应照准。

既得权之不可侵犯及得向法院请求金钱上权利之救济两种权利,职业军人一律享受之。

职业军人之地位,由联邦法律规定之。

第一百三十条 官吏为全国之公仆,非一党一派之佣役。

官吏之政治志向自由及结社自由,应保障之。

官吏得依据联邦法律规定,设立特别之官吏代表机关。

第一百三十一条 官吏行使所受委托之公权时,对于第三者违反其职务上义务,其责任应由该官吏所服役之国家及政治机关担负,不得起诉官吏。

但第三者对于该官吏之求偿权,保留之。通常诉讼方法,于此亦可以适用。

其细则,以法律规定之。

第一百三十二条 德国人民,按法律规定,有担任名誉职之义务。

第一百三十三条 每一德国人民,依据法律,有为国家及自治区服役之义务。

兵役义务,以联邦兵役法法定之。兵役法为贯彻军人任务及维持军纪起见,得规定国防军人之各个基本权利及其受限制之程度。

第一百三十四条 国民,不分差别,应依据法律,称其资力,负担公共费用。

第三章 宗教及宗教团体

第一百三十五条 联邦内居民得享完全之信教自由及良心自由。凡清静之宗教演习,应由宪法保障及由国家保护之。但一般国家法律,不受本条拘束。

第一百三十六条 民事上及公务上之权利义务,不以宗教自由之行使而附条件或受限制。

民事上及公务权利之享受及就任公职之认许,与宗教信仰上无关。无论何人、皆无宣告其宗教上信仰之义务。但为隶属某种宗教团体之故而有权利义务之关系,或为法定统计上调查之必要,官署得在此范围内,有权询问人民属于何种宗教团体。

无论何人,皆不受强迫,使参加宗教仪式或宗教大典,或参加宗教演习,或强用宗教宣誓仪式。

第一百三十七条 不立国教。

宗教团体设立之自由,应保障之。

在联邦领土内,宗教团体之联合不受限制。

宗教团体,在对一般适用法律限制内,得独立规定管理其事务,并不必受国家或人民自治区之干涉,得自行委用职员。

宗教团体得依据民法规定,取得法律能力。

宗教团体有公法上之性质者,仍为公法团体。其他宗教团体,若其组织及社员人数,有确能永久继续之希望者,得依其请求,给予同样之权利。

其多数之公法上宗教团体联合为大团体时,则此团体亦为公法社团。

宗教团体之为公法社团者,有依据人民税册,遵照联邦法规规定标准,征收租税之权。

凡结社以从事共同世界观念为任务者,得以宗教团体待遇之。

此项规定之施行细则,由各邦法律规定之。

第一百三十八条 根据法律契约或特别法律名义由国家付给之宗教团体资助金,以各邦法律废止之。其章则,由联邦规定之。

宗教法团及宗教社团之为文化、教育、慈善各目的而设立机关、财团及其他财产之所有权,应保障之。

第一百三十九条 星期日及由国家所认许之休假日为工作休息日及精神修养日,以法律保护之。

第一百四十条 国防军人,应给予奉行其宗教义务之休假时间。

第一百四十一条 在军营、病院、监狱及其他公共机关,有举行祷拜及精神修养之必要者,准各宗教团体在内举行教礼,但不得强制执行。

第四章 教育及学校

第一百四十二条 艺术、科学及其学理为自由,国家应予以保护及培植。

第一百四十三条 青年教育,由公共机关任之。其设备,由联邦各邦及自治区协力设置之。

教员之养成,依照高等教育一般适用之原则,须规定全国一致。公共学校之教员,有国家官吏之权利义务。

第一百四十四条 教育事务,在国家监督之下,国家亦得令自治区参与之。学校之监督,应由以教育为主要职业及有专门学识之官吏担任之。

第一百四十五条 受国民小学教育为国民普通义务。就学期限,至少八学年,次为完成学校至满足十八岁为止,国民小学及完成学校之授课及教育用品,完全免费。

第一百四十六条 公共教育制度为有系统之组织,在为全民之基本教育制度内,设置中学及高等学校,此等学校之设置,以生活所需各种职业为标准.对于儿童之入一种特定学校之取录,应视其才能及志向而定,不得以其父母之经济及社会地位或宗教信仰为准据,定其去留。在一地方团体内,得依据享受教育权利者之动议,设立其所信仰宗教或世界观之国民小学。但以不妨害已经规定之学校课程及本条第一项之意义者为限。然受教育者之志愿,应顾虑及之。其细则,由各邦立法机关遵照联邦法律原则规定之。

联邦及各邦及自治区,应于预算内准备公款,以资助穷困无资入中学及高等学校者。适合受中学及高等学校教育之贫乏儿童之父母,应受奖学金之资助,至其儿童毕业为止,使其儿童得终所学。

第一百四十七条 以私立学校补充公立学校时,须得国家之认可。在各邦法律上,如私立学校之教育目的及设备与教员学问不亚于公立学校者,又其待遇学生一律平等,不以学生父母之富贫而强分轩轾者,国家始得准许其设立。若其教员之经济及法律条件无充分保证者,不得准予设立。

私立国民小学必根据本宪法第一四六条第二项所规定。顾虑受教育权利者少数之意志,而在该自治区内无合乎彼等宗教信仰或哲学观念之国民小学,或教育当局认为有特别教育上利益时,始得准予设立。

私立预备学校,概应废止。

私立学校之不补充公立学校者,仍照现行法律规定办理。

第一百四十八条 各学校应致力于道德教化,国民节操,使人民在德意志民族精神上及国际协和上,能造就人格及发展职业才能。公立学校授课时,当注意侵犯怀抱他种思想者之情感。国民常识及劳动课程为学校科目之一。学生于其就学义务完毕时,各得宪法印本一册。

国民教育及高等国民学校,应由联邦、各邦及各自治区振兴之。

第一百四十九条 宗教课目为学校之通常学科。

但无宗教信仰(哲学观念)之学校,不在此限。

关于宗教课程之教授,在学校立法范围内规定之。宗教课程,于不妨害国家监督权内,依各该宗教团体之典义教授之。宗教课程之教授,宗教仪式之演习,由学校教员之意见定之。宗教课程、宗教仪式之参与.由管辖儿童宗教教育者之意见定之。高等学校之神道科,依然存在。

第一百五十条 美术、历史及博物之纪念品与天然风景,受国家之保护及维持。防止德国美术品转移于外国之事务,属于联邦。

第五章 经济生活

第一百五十一条 经济生活之组织,应与公平之原则及人类生存维持之目的相适应。在此范围内,各人之经济自由,应予保障。

法律强制,仅得行使于恢复受害者之权利及维持公共幸福之紧急需要。

工商业之自由,应依联邦法律之规定,予以保障。

第一百五十二条 经济关系,应依照法律规定,为契约自由之原则所支配。重利,应禁止之。法律行为之违反善良风俗者,视为无效。

第一百五十三条 所有权,受宪法之保障。其内容及限制,以法律规定之。

公用征收,仅限于裨益公共福利及有法律根据时,始得行之。公用征收,除联邦法律有特别规定外,应予相当赔偿。赔偿之多寡,如有争执时,除联邦宪法有特别规定外,准其在普通法院提起诉讼。联邦对于各邦自治区及公益团体行使公用征收权时,应给予赔偿。

所有权为义务,其使用应同时为公共福利之役务。

第一百五十四条 继承权,应依照民法之规定受保障。国家对于继承财产所应征收之部分，以法律定之。

第一百五十五条　土地之分配及利用，应由联邦监督，以防不当之使用，并加以监督，以期德国人均受保障，并有康健之住宅，及德国家庭尤其生齿繁多之家庭，得有家产住宅及业务之所需规定章则时，尤应特别注意参战人员。

因应住宅之需要，奖励拓殖开垦或发展农业，土地所有权得征收之。家族内之土地财产应废止之。

土地之耕种及开拓，为土地所有者对于社会之义务。土地价值之增加非由投资或人工而来者，其福利应归社会。

土地宝藏及经济上可以利用之天然力，均在国家监督之下。私人特权，得以法律转移于国家。

第一百五十六条　联邦得依据法律，照公用征收之规定，将私人经济企业之适合于社会化者，予以赔偿收归公有。各邦或自治区得参与此类经济企业或组合之管理，或以其他方法，保持其一定之势力。

联邦得于紧急需要时，为公共经济计，依照法律，使经济企业及组合相结合，立于自治基础之上，俾得保持一切生利之阶级共同协力。雇主及劳工参加管理经济财务之生产、制造、分配、消费、定价、输出、输入，依公共经济原则规定。生产组合，经济组合及其联合邦团体，如其自行提出要求时，得审查其组织及其特质，使并入于公共经济中。

第一百五十七条　劳力，受国家特别保护。

联邦应制定划一之劳工法。

第一百五十八条　智识上之工作，著作权，发明权，美术权，同享受国家之扶持扶助。

德国科学上、美术上、技术上之创作品，应依照国际条约，使其在国外亦享受保护。

第一百五十九条　为保护及增进劳工条件及经济条件之结社自由，无论何人及何种职业，均应予以保障。

规定及契约之足以限制或妨碍此项自由者，均属违法。

第一百六十条　无论何人，或为雇员，或为劳工，在服务或劳动中，应有尽公民义务之余暇。如职务不受重大妨害时，并应有余暇尽名誉公职。

所受之赔偿及报酬，以法律规定之。

第一百六十一条　为保持健康及工作能力，保护产妇及预防因老病衰弱之生活经济不生影响起见，联邦应制定概括之保险制度，且使被保险者与闻其事。

第一百六十二条　关于工作条件之国际法规，其足使世界全体劳动阶级得最低限度之社会权利者，联邦应赞助之。

第一百六十三条　德国人民，不妨害其人身自由时，应公共福利之需要，应照精神上、体力上之能力，尽道德上之义务。德国人民应有可能之机会，从事经济劳动，以维持生计。无相当劳动机会时，其必需生活应筹划及之。其详细，另以联邦单行法律规定之。

第一百六十四条　农工商业之独立中流社会，应由立法行政机关设法发展及保护之，使不负担过重及被吞并。

第一百六十五条　劳动者及受雇者，得以同等权利会同企业家制定工金劳动条件及生产力上之全部经济发展之规章。双方所组织之团体及其协定，均受认可。

劳动者，受雇者，为保持其社会上及经济上之利益起见，得在企业工会及按照经济区域组织之区工会与联邦工会，有法律上之代表。

区工会联邦工会，为履行其全部之经济任务及为执行社会法律之协助起见，得与企业家代表及其余有关系之人民各界代表集会于区经济会议及联邦经济会议。区经济会议及联邦经济会议之组织，应使全国之重要职业团体，视其经济上、社会上之重要关系，派选代表出席。

关系重大之社会或经济法律草案,应由联邦政府于未提出议会前,提交联邦经济会议审核之。联邦经济会议亦有自行提议此项法律之权。联邦政府不同意时,联邦经济会议得说明其立场,提出于联邦国会。联邦经济会议得派会员一人,代表出席联邦国会。

劳动会议及经济会议,在该管辖范围内,有监督及管理之权。

关于劳动会议及联邦会议之组织及任务,及其对于他项自治团体之关系,专由联邦规定之。

过渡规定及终结规定

第一百六十六条 在联邦行政法院未设立以前,关于选举审查所之组织,以联邦大理院代行联邦行政院职务。

第一百六十七条 本宪法第十八条第三项及第六项,于本宪法公布两年后始施行。

普鲁士之上斯来西州,于德意志官署将临时占领地区之行政权收回两个月内,应即依照本宪法第十八条第四项第一句及第五项举行投票,以解决应否组织上斯来西邦问题。

如投票可决,即上斯来西邦得于其他联邦法律颁布前组织之,并适用下列各规定:

一、选出之邦议会,于所投票结果经官署确定后三日内召集之,使任命邦政府及议决邦宪法。此项选举规则,由联邦大总统按照联邦选举法颁布之,并指定选举日期。

二、联邦大总统得上斯来西邦议会之同意,规定该邦何时成立。

三、上斯来西邦之邦籍,得依下列条件取得之:

1. 成年之联邦人民,于上斯来西邦之成立日,在该邦有不动产或永久之居所者,自此日起,取得邦籍。

2. 成年人有普鲁士邦籍而在上斯来西州出生,及于该邦成立一年内而向邦政府声请欲取得该邦邦籍者,自声请到达之日起,取得该邦籍。

3. 联邦人民,由于出生,嫡出或婚姻,因随从甲乙两项所记之人之一而取得国籍者,取得该邦籍。

第一百六十八条 在本宪法第六十三条所规定之各邦法律未颁布前,但最迟限至 1921 年 7 月 1 日止(一年为期),在联邦参政会之一切普鲁士投票,由政府各部部长行使之。

第一百六十九条 本宪法第八十三条第一项之规定,其施行日期,由联邦政府规定之。在相当过渡时期中,关于消费税及关税之征收及管理,得依各邦之请求,交各邦自行办理。

第一百七十条 巴燕及韦登堡之邮政及电信管理,最迟限于 1921 年 4 月 1 日转移于联邦。如接收条件至 1920 年 9 月 1 日尚未解决时,由高等法院判决之。在未拉收以前,巴燕及韦登堡之旧有权利义务照旧保留之,但与邻邦及外国有关邮电事务应专由联邦规定之。

第一百七十一条 铁路、水道及海上标帜,最迟限于 1921 年 4 月 1 日转移于联邦。

关于接收条件,若至 1920 年 10 月 1 日尚未解决时,由高等法院判决之。

第一百七十二条 关于高等法院之联邦法律,在未发生效力以前,高等法院之职权以由七人组成之评议会行使之。此评议会之组织,由联邦国会选出四人及联邦大理院选出三人共同组织之,其诉讼程序,由该评议会自定之。

第一百七十三条 在依本宪法第一三八条应发布之联邦法律未发布前,所有从前依旧法律契约及依据权利名义而给予各宗教团体之政府资助,仍旧有效。

第一百七十四条 在本宪法第一四六条第二项所指定之联邦法律未发布前,其已有之法律地位仍继续维持。此项法律对于联邦内,并无依宗教派别而设立之学校之各区域,应特别注意。

第一百七十五条 本宪法第一〇九条之规定,对于 1914 年至 1919 年战争时期中所发给之勋章及荣典,不适用之。

第一百七十六条　一切公务人员及国防军人,应对本宪法宣誓。其细则,以大总统命令定之。

第一百七十七条　按照现行法律宣誓,应有宗教宣誓形式时,宣誓者得不用之,并得以代"余誓"语,但法律规定之宣誓内容,仍不更改。

第一百七十八条　1871 年 4 月 16 日之德意志之帝国宪法及 1919 年 1 月 10 日之帝国暂行政权法,均废止之。此外帝国之一切法律及命令仍有效,但以不与本宪法抵触者为限。1919 年 6 月 28 日在凡尔赛签订之和平条约,不得以宪法抵触之。参照关于取得黑尔哥兰岛之谈判与为优待该岛之人民起见,得颁发与本宪法第十七条第二项不符之章则。

官署之命令根据从前法律以合法手续颁发者,在未用他项命令及法律以废止之前,仍属有效。

第一百七十九条　法律及命令所定之规定及机关,虽经本宪法废止而仍提及之者,以本宪法所定之相当规定及机关代替之。如国民会议,以联邦国会代之。各邦委员会,以联邦参议会代之。依据帝国暂行政权法所选出之行政元首,以依本宪法所选出之大总统代之。依照规定,属于各邦委员会之命令发布权,此后应转移于联邦政府。惟联邦政府应依照本宪法之规定,须得联邦参政会之同意,始得发布命令。

第一百八十条　在第一次联邦国会未集会以前,以国民大会代联邦国会,第一次大总统未就职以前,其职务以依据关于临时联邦权力于法律所选出之联邦大总统行使之。

第一百八十一条　德意志国民以其国民会议投票表决及制定本宪法。本宪法自公布日施行。

1919 年 8 月 11 日于黑堡

联邦大总统　爱尔白

联邦行政院各部部长　鲍伟

爱慈皮格　爱尔满米勒

大伟博士恼斯格斯米特

斯力克　杞斯白尔慈

马得博士　皮尔博士

德意志联邦共和国基本法*

（1949 年 5 月 8 日西德议会会议通过,同月 23 日公布,
包括 2001 年 11 月 26 日及以前的修订）

序　言

我德意志人民,认识到对上帝与人类所负之责任,愿以联合欧洲中一平等分子之地位贡献世界和平,兹本制宪权力制定此基本法。

我巴登—符腾堡（Baden – Wurttemberg）、巴伐利亚（Bayer）、柏林（Berlin）、布兰登堡（Brandenburg）、不莱梅（Bremen）、汉堡（Hamburg）、黑森（Essen）、梅克伦堡—前波莫瑞（Mecklenburg – Vorpommern）、下萨克森（Niedersachsen）、北莱茵—威斯伐伦（Nordrhein – Westfalen）、莱茵兰—

* 朱建民原译,陈冲增、张桐锐、林子平增译。

伐尔兹(Rheinland - Pfalz)、萨尔兰(Sarrland)、萨克森(Sachsen)、萨克森—安哈特(Sachsen - Anhalt)、什勒斯维希—霍尔斯坦(Schleswig - Holstein)及图林根(Thueringen)各邦之德意志人民依自由决定完成德国之统一与自由。因此,本基本法适用于全体德意志人民。

第一章　基本权利

第一条

一、人之尊严不可侵犯,尊重及保护此项尊严为所有国家机关之义务。

二、因此,德意志人民承认不可侵犯与不可让与之人权,为一切人类社会以及世界和平与正义之基础。

三、下列基本权利拘束立法、行政及司法而为直接有效之权利。

第二条

一、人人有自由发展其人格之权利,但以不侵害他人之权利或不违犯宪政秩序或道德规范者为限。

二、人人有生命与身体之不可侵犯权。个人之自由不可侵犯。此等权利唯根据法律始得干预之。

第三条

一、法律之前人人平等。

二、男女有平等之权利,国家应促进男女平等之实际贯彻,并致力消除现存之歧视。

三、任何人不得因性别、出身、种族、语言、籍贯、血统、信仰、宗教或政治见解而受歧视或享特权。任何人不得因其残障而受歧视。

第四条

一、信仰与良心之自由及宗教与世界观表达之自由不可侵犯。

二、宗教仪式应保障其不受妨碍。

三、任何人不得被迫违背其良心,武装服事战争勤务,其细则由联邦法律定之。

第五条

一、人人有以语言、文字及图画自由表示及传布其意见之权利,并有自一般公开之来源接受知识而不受阻碍之权利。出版自由及广播与电影之报导自由应保障之。检查制度不得设置。

二、此等权利,得依一般法律之规定、保护少年之法规及因个人名誉之权利,加以限制。

三、艺术与科学、研究与讲学均属自由,讲学自由不得免除对宪法之忠诚。

第六条

一、婚姻与家庭应受国家之特别保护。

二、抚养与教育子女为父母之自然权利,亦为其至高义务,其行使应受国家监督。

三、惟在养育权利人不能尽其养育义务时,或因其他原因子女有被弃养之虞时,始得根据法律违反养育权利之意志,使子女与家庭分离。

四、凡母亲均有请求社会保护及照顾之权利。

五、非婚生子女之身体与精神发展及社会地位,应由立法给予与婚生子女同等之条件。

第七条

一、整个教育制度应受国家之监督。

二、子女教育权利人有权决定其子女是否接受宗教教育。

三、宗教教育为公立学校课程之一部分,惟无宗教信仰之学校不在此限。宗教教育在不妨害国家监督权之限度内,得依宗教团体之教义施教,教师不得违反其意志而负宗教教育义务。

四、设立私立学校之权利应保障之。私立学校代替公立学校者，应经国家之许可并服从各邦法律。私立学校如其教育目的与设备及教导人员之学术训练不逊于公立学校，并对于学生不因其父母之财产情况而加以区别者，应许可其设立。如其教导人员之经济上与法律上地位无充分保障者，不得许可。

五、私立国民学校唯有教育行政机关认其设立具有特殊教学利益时，或经儿童教育权利人之请求以之作为乡镇公学(Gemeinschaftsschule)、宗教潜修或理想实践学校(Bekenntnis-oder Weltanschauungsschule)时，而该乡镇(Gemeinde)又无此类公立国民学校时，始得准其设立。

六、先修学校(Vorschule)禁止设立。

第八条

一、所有德国人均有和平及不携带武器集会之权利，无须事前报告或许可。

二、露天集会之权利得以立法或根据法律限制之。

第九条

一、所有德国人均有结社之权利。

二、结社之目的或其活动与刑法抵触或违反宪法秩序或国际谅解之思想者，应禁止之。

三、保护并促进劳动与经济条件之结社权利，应保障任何人及任何职业均得享有。凡限制或妨碍此项权利为目的之约定均属无效；为此而采取之措施均属违法。依第十二条之一、第三十五条之二、三项、第八十七条之一第四项，以及第九十一条所采之措施，其主旨不得违反本项所称结社保护并促进劳动与经济条件所为之劳工运动。

第十条

一、书信秘密、邮件与电讯之秘密不可侵犯。

二、前项之限制唯依法始得为之。如限制系为保护自由民主之基本原则，或为保护联各邦之存在或安全，则法律得规定该等限制不须通知有关人士，并由国会指定或辅助机关所为之核定代替争讼。

第十一条

一、所有德国人在联邦领土内均享有迁徙之自由。

二、此项权利唯在因缺乏充分生存基础而致公众遭受特别负担时，或为防止对联邦或各邦之存在或自由民主基本原则所构成之危险，或为防止疫疾、天然灾害或重大不幸事件，或为保护少年免受遗弃，或为预防犯罪而有必要时，始得依法律限制之。

第十二条

一、所有德国人均有自由选择其职业、工作地点及训练地点之权利，职业之执行得依法律管理之。

二、任何人不得被强制为特定之工作，但习惯上一般性而所有人均平等参加之强制性公共服务，不在此限。

三、强迫劳动仅于受法院判决剥夺自由时，始得准许。

第十二条之一

一、男性自年满十八岁起，有在军队、联邦边境防卫队或民防组织服事勤务之义务。

二、任何人基于良心理由而拒绝武装之战争勤务者，得服代替勤务。其期限不得逾兵役期限，其细则以法律定之，该法律不得有碍良心判断之自由，并应规定与军队及联邦边境防卫队无关之代替勤务之机会。

三、应服兵役而未受征服第一、二项所称之任何一项勤务者，得于防卫情况时依法服事以防卫为目的之民事勤务，包括保护平民；至于公法上之勤务，则仅限于为警察之警戒勤务或仅能藉公法勤务始能完成之公共行政事务。本项第一段所称之工作，得为武装部队中类同公共行政之补给事务；至于被指派担任补给平民之工作，仅于生活上急切需要或为保障其安全时，始得允许。

四、在防卫事件中,民事卫生及医疗事务,以及固定地点之军事医护组织中民事勤务之需要,如无从以自愿方式支应时,则十八足岁至五十五足岁之妇女得依法受征服事该项勤务,(但)绝对不得课予其从事武装勤务之义务。

五、防卫事件发生前,第三项所称之勤务仅得依第八十条之一第一项之标准为之。为准备第三项所称之勤务而有特别知识及技能之需要时,得依法强制参加训练活动,但本项第一段之规定不适用之。

六、防卫事件发生时,第三项第二段所称范围之劳动力如不能以自愿方式支应时,则为确保该项需要,得依法限制德国人民之自由、业务执行或工作地点。防卫事件发生前,适用第五项第一段之规定。

第十三条

一、住所不得侵犯。

二、搜索唯法官命令,或遇有紧急危险时,由其他法定机关命令始得为之,其执行并须依法定程序。

三、根据事实怀疑有人犯法律列举规定之特定重罪,而不能或难以其他方法查明事实者,为诉追犯罪,得根据法院之命令,以设备对该疑有犯罪嫌疑人在内之住所进行监听。前开监听措施应定有期限。前述法院之命令应由三名法官组成合议庭(Spruchkoerper)裁定之。遇有急迫情形(bei Gefahr im Verzuge),亦得由一名法官裁定之。

四、为防止公共安全之紧急(dringend)危险,特别是公共危险或生命危险,唯有根据法院之命令,始得以设备对住所进行监察。遇有急迫情形,亦得依其他法定机关之命令为之;但应立即补正法院之裁定。

五、仅计划用以保护派至住所内执行任务之人而为监察者,得依法定机关命令为之。除此之外,由此获得之资料,只准许作为刑事诉追或防止危险之目的使用,唯须先经法院确认监察之合法性;遇有急迫情形,应立即补正法院之裁定。

六、联邦政府应按年度向联邦议会报告有关依前三项规定执行监察之情形。由联邦议会选出委员会根据该报告进行议会监督。各邦应为同样的议会监督。七、除上述情形外,除为防止公共危险或个人生命危险,或根据法律为防止公共安全与秩序之紧急危险,尤其为解除房荒、扑灭传染疾病或保护遭受危险之少年,不得干预与限制之。

第十四条

一、财产权及继承权应予保障,其内容与限制由法律规定之。

二、财产权负有义务。财产权之行使应同时有益于公共福利。

三、财产之征收,必须为公共福利始得为之。其执行,必须根据法律始得为之,此项法律应规定赔偿之性质与范围。赔偿之决定应公平衡量公共利益与关系人之利益。赔偿范围如有争执,得向普通法院提起诉讼。

第十五条

土地与地产、天然资源与生产工具,为达成社会化之目的,得由法律规定转移为公有财产或其他形式之公营经济,此项法律应规定赔偿之性质与范围。关于赔偿,适用本基本法第十四条第三项第三、四两段。

第十六条

一、德国人民之国籍不得剥夺之。国籍之丧失须根据法律,如系违反当事人之意愿时,并以其不因此而变为无国籍者为限。

二、德国人民不得引渡于外国,在符合法治国原则的情况下,得以法律就引渡至欧盟会员国或国际法庭为其他规定。

第十六条之一

一、受政治迫害者,享有庇护权。

二、由欧洲共同体之成员国或由一个保障关于难民法律地位之协约或欧洲人权公约有其适用之第三国入境者,不得主张第一项所定之权利。欧洲共同体成员国以外,符合第一句所定要件之国家,以需经联邦参议院同意之法律定之。在第一句所定之情形,终结居留之措施不因对其提起法律定之。在第一句所定之情形,终结居留之措施不因对其提起法律救济而停止执行。

三、基于法律状况、法律适用及一般的政治关系,而显示出有保障人民不受政治迫害及非人道或侮辱性处罚或处置之国家,得以须经联邦参议院同意之法律规定之。由此等国家入境之外国人,除其举出确受政治迫害之事实外,推定为未受迫害。

四、在第三项所定情形及申请庇护为显无理由可视为显无理由者,终结取留措施之执行仅于对此等措施之合法性有显著之怀疑时,始得经由法院中止之;审查范围得受限制且事后之请求应不予考虑。其细节以法律定之。

五、欧洲共同体成员国相互间之其与第三国所缔结之国际条约,系尊重于缔约国内应予适用之有关难民法律之协约与欧洲人权公约,而所缔结之国际条约中规定审查庇护申请之管辖与庇护决定之相互承认者,第一项至第四项之规定不得与之抵触。

第十七条

人民有个别或联合他人之书面向该管机关及民意代表机关提出请愿或诉愿之权利。

第十七条之一

一、有关兵役及代替勤务之法律得规定,对于军队及代替勤务之服役人员于服役或从事代替勤务之期间,限制其以语言、文字及图画自由表示及传布意见之基本权利(第五条第一项)、集会自由之基本权利(第八条)及请愿之权利(第十七条),但得规定许其联合他人提出请愿及诉愿。

二、有关国防及保护平民之法律得规定限制迁徙之基本权利(第十一条)及住宅不可侵犯权(第十三条)。

第十八条

凡滥用言论自由,尤其是出版自由(第五条第一项)、讲学自由(第五条第三项)、集会自由(第八条)、结社自由(第九条)、书信、邮件与电讯秘密(第十条)、财产权(第十四条)、或庇护权(第十六条之一),以攻击自由、民主之基本秩序者,应剥夺此等基本权利。此等权利之剥夺及其范围由联邦宪法法院宣告之。

第十九条

一、凡基本权利依本基本法规定得以法律限制者,该法律应具有一般性,且不得仅适用于特定事件,除此该法律并应具体列举其条文指出其所限制之基本权利。

二、基本权利之实质内容绝不能受侵害。

三、基本权利亦适用于国内法人,但以依其性质得适用者为限。

四、任何人之权利受官署侵害时,得提起诉讼。如别无其他管辖机关时,得向普通法院起诉,但第十条第二项后段之规定不因此而受影响。

第二章 联邦与各邦

第二十条

一、德意志联邦共和国(Bundesrepublik Deutschland)为民主、社会之联邦国家。

二、所有国家权力来自人民。国家权力,由人民以选举及公民投票,并由彼此分立之立法、行政及司法机关行使之。

三、立法权应受宪法之限制,行政权与司法权应受立法权与法律之限制。

四、凡从事排除上述秩序者,如别无其他救济方法,任何德国人皆有权反抗之。

第二十条之一

国家为将来之世世代代,负有责任以立法,及根据法律与法之规定经由行政与司法,于合宪秩序范围内保障自然之生活环境。

第二十一条

一、政党应参与人民政见之形成。政党得自由组成。其内部组织须符合民主原则。政党应公开说明其经费与财产之来源与使用。

二、政党依其目的及其党员之行为,意图损害或废除自由、民主之基本秩序或意图危害德意志联邦共和国之存在者,为违宪。至是否违宪,由联邦宪法法院决定之。

三、其细则由联邦立法规定之。

第二十二条

联邦国旗为黑、红、金三色。

第二十三条

一、德意志共和国为实现欧洲之联合,参与欧洲联盟之发展,而欧洲联盟系以民主、法治国、社会与联邦原则以及补充性原则为其义务,且提供与本基本法相当之基本权利保障。联邦对此得依据须经联邦参议院同意之法律托付主权。欧洲联盟之成立以及其条约依据与相当规定之修改,而本基本法依该规定之内容应予修改或补充,或可能修改或补充者,本基本法第七十九条第二项及第三项之规定准用之。

二、联邦议会参与欧洲联盟事务;各邦经由联邦参议院参与欧洲联盟事务。联邦政府应广泛且尽速向欧邦议会与联邦参议院提出报告。

三、联邦政府于其参与欧洲联盟立法之前,应予联邦议会有表示意见之机会。联邦政府于进行协商时应考虑联邦议会之意见。其细节以法律定之。

四、联邦参议院参与相关之内国措施或各邦对其有管辖权者,联邦意思之形成应有联邦参议院之参与。

五、在联邦专属立法之领域涉及各邦之利益者或其他联邦有立法权之情形,联邦政府应考虑联邦参议院之意见。事项之重点涉及各邦之立法权,其机关之设置或其行政程序者,联邦意思之形成于此范围内对于联邦参议院之意见应予以具决定性的考虑;在此应维护联邦之国家整体之责任。会导致联邦增加支出,减少收入之事务,应经联邦政府同意。

六、德意志共和国依其欧洲联盟成员国之地位所负责法律之履行,如事项之重点涉及各邦之专属立法权者,应由联邦转让于由联邦参议院所指定之各邦代表。此等法律之履行须有联邦政府之参与与表决;在此应维护联邦之国家整体的责任。

七、第四项至第六项之施行细则以须经联邦参议院同意之法律定之。

第二十四条

一、联邦得以立法将主权转让于国际组织。

一之一、各邦于其行使国家权能与履行国家任务之权限范围内,经联邦政府之同意,得将主权托付于周边国际组织。

二、为维护和平,联邦得加入互保之集体安全体系;为此,联邦得同意限制其主权,以建立并确保欧洲及世界各国间之持久和平秩序。

三、为解决国际争端,联邦得加入普遍性、概括性、强制性国际公断协议。

第二十五条

国际法之一般规则构成联邦法律之一部分。此等规定之效力在法律上,并对联邦领土内居民直接发生权利义务。

第二十六条

一、扰乱国际和平共同生活之行为,或以扰乱国际和平共同生活为目的之行为,尤其是发动侵略战争之准备行为,均属违宪。此等行为应处以刑罚。

二、供战争使用之武器,其制造、运输或交易均须经联邦政府之许可。其细则由联邦法律定之。

第二十七条

所有德国商船形成统一商船队。

第二十八条

一、各邦之宪法秩序应符合本基本法所定之共和、民主及社会法治国原则。各邦、县市及乡镇人民应各有其经由普通、直接、自由、平等及秘密选举而产生之代表机关。于县市与乡镇之选举,具有欧洲共同体成员国国籍之人,依欧洲共同体法之规定,亦享有选举权与被选举权。在乡镇得以乡镇民大会代替代表机关。

二、各乡镇在法定限度内自行负责处理地方团体一切事务之权利,应予保障。各乡镇联合区在其法定职权内依法应享有自治之权。自治权之保障应包含财政自主之基础;各乡镇就具有经济效力的税源有税率权(Hebesatzrecht)即属前开财政自主之基础。

三、联邦有义务使各邦之宪法秩序符合基本权及第一项、第二项之规定。

第二十九条

一、为保障各邦得依其面积与产能有效履行其任务,联邦领土得重新调整。联邦领土之重新调整应斟酌地方团结性、历史文化关联、经济上之合目的性以及国土规划上之需求。

二、发布重新调整联邦领域之措施应依据需经公民复决之联邦法律。相关各邦得陈述意见。

三、各邦中由其分出领域或部分领域而组成新邦或组成重新划定领域之邦者,公民投票于此等各邦举行(相关各邦)。公民投票应对于相关各邦是否维持现状或组成新邦或重新划定领域之问题进行表决。公民投票于将来之领域或其邦籍会随之改变之相关各邦领域或部分领域全部,皆以多数赞成改变者,为通过组成新邦或组成重新划定领域之邦。相关各邦有一邦之领域以多数反对改变,为不通过;但其一部分领域以三分之二之多数决定改变邦籍者除此等领域全体以三分之二之多数反对其改变外,原反对改变之公民投票对其无拘束力。

四、在一领域散及数邦且拥有超过一百万人口之相关连而有一定范围之移民与经济区中,经其联邦议会选举权人十分之一之公民表决要求整体区域应有统一之邦籍者,应以联邦法律于两年内决定是否依第二项之规定改变邦籍,或于相关各邦举行民意测验。

五、此民意测验应针对是否同意于该法中所提议之改变邦籍。该法得提出不同,但不超过两项之民意测验提议。多数赞成改变邦籍者,应于两年内以联邦法律规定是否依第二项改变邦籍。民意测验所提出之提议获得符合第三项第三句及第四句规定之同意者,应于民意测验后两年内颁布建立所提议新邦之联邦法律,此联邦法律不须经公民复决。

六、公民投票及民意测验以投票数之多数为多数,但须达联邦议会选举权人四分之一。关于公民投票、公民表决及民意测验之其余细节,以联邦法律定之;此法律得规定公民表决于五年内不得重复举行。

七、各邦领域之其他改变得由相关各邦以国家邦约为之,或改变邦籍之领域其人口不超过五万人者,得依须经联邦参议院同意之联邦法律为之。细节以须联邦参议院及联邦议会多数议员同意之联邦法律定之。该法律应规定须经相关乡镇及县市陈述意见。

八、各邦对于其领域或部分领域之重新调整得不依第二项至第七项之规定,而以国家邦约规定之。相关乡镇及县市得陈述意见。国家契约应于任一相关各邦经公民复决。国家契约涉及各邦之部分领域者，公民复决得仅限于此部分领域内举行；第五句下半句之规定不适用之。公民投票以投票数之多数决定之，但须达联邦议会选举权人四分之一；细节以联邦法律定之。国家契约须经联邦议会同意。

第三十条

国家权力之行使及国家职责之履行，为各邦之事，但以本基本法未另有规定或许可者为限。

第三十一条

联邦法律优于各邦法律。

第三十二条

一、对外关系之维持为联邦之事务。

二、涉及某邦特殊情况之条约，应于缔结前尽早谘商该邦。

三、各邦在其立法权限内，经联邦政府之核可，得与外国缔结条约。

第三十三条

一、所有德国人民在各邦均有同等之公民（staatsburgerliche）权利与义务。

二、所有德国人民应其适当能力与专业成就，有担任公职之同等权利。

三、市民权（burgerliche Rechte）与公民权（staatsburgerliche Rechte）之享有，担任公职之权利及因担任公务而取得之权利，与宗教信仰无关。任何人不得因其信仰或不信仰某种宗教或哲学思想（Weltanschauung）而受歧视。

四、国家主权（hoheitsrechtiche Befugnisse）之行使，在通常情形下，应属于公务员之固定职责，公务员依据公法服务、效忠。

五、有关公务员之法律，应充分斟酌职业公务员（Berufsbeamtentum）法律地位之传统原则而规定之。

第三十四条

任何人执行交付担任之公职职务，如违反对第三者应负之职务上之义务时，原则上其责任应由国家或其任职机关负之。遇有故意或重大过失，应保留补偿请求权。关于损害赔偿及补偿请求，得向普通法院提起诉讼。

第三十五条

一、联邦及各邦之机关应相互提供法律上及职务上之协助。

二、为维护或恢复公共安全或秩序，遇有重大事件，如一邦之警察无协助即不能或甚难完成其任务时，得请求联邦边境防卫队人员或设备之协助。遇有天然灾害或重大不幸事件，一邦得请求他邦警力、其他行政机关、联邦边境防卫队或军队人员或设备之协助。

三、天然灾害或重大不幸事件如危及一邦以上之地区时，如为有效处理所必要，联邦政府得指示邦政府利用他邦之警力，或指挥联邦边境防卫队或军队单位支持警力。联邦政府依本项前段所采之措施应随依联邦参议院之要求或于危险排除后迅即取消。

第三十六条

一、联邦最高机关之公务员（Beamte）应以适当比例选自各邦。联邦其他机关之公务员，原则上应选自其任职之联邦。

二、军事法律应对联邦之区分为邦及各邦之特殊地方环境，加以注意。

第三十七条

一、邦如未履行其依本基本法或其他联邦法律对联邦所负之义务，联邦政府得经联邦参议院之同意，采取必要措施，以联邦强制之法，强令该邦履行其义务。

二、为执行联邦强制，联邦政府或其委任机关有对各邦及其机关发布命令之权。

第三章　联邦议会

第三十八条

一、德意志联邦议会(Bundestag)议员依普通、直接、自由、平等及秘密选举法选举之。议员为全体人民之代表,不受命令与训令之拘束,只服从其良心。

二、凡年满十八岁者有选举权,成年者有被选举权。

三、其细则由联邦法律规定之。

第三十九条

一、联邦议会依下述规定选出,任期四年。其任期至新联邦议会集会时为止。新选举应于任期开始后四十六至四十八个月间举行。

二、联邦议会应于选举后三十日内集会。

三、联邦议会议决其会议之结束与再开。议长得提前召开会议。有议员三分之一或联邦总统或联邦总理要求时,议长有义务提前召开会议。

第四十条

一、联邦议会选举议长、副议长及书记。联邦议会自行制定议定规则。

二、议长管辖议会大厦并在大厦内执行警察权。在联邦议会大厦范围内,非经议长许可,不得搜索或扣押。

第四十一条

一、审查选举为联邦议会之责。联邦议会并决定其议员是否丧失议员资格。

二、不服联邦议会之决定,得向联邦宪法法院提出抗告。

三、其细则由联邦法律规定之。

第四十二条

一、联邦议会应公开举行会议。但经议员十分之一之建议或经联邦政府之请求,得以三分之二多数决议举行秘密会议。此项建议之决议应以秘密会议为之。

二、联邦议会之决议,除本基本法另有规定外,以投票之过半数决定之。联邦议会内之选举,议事规则得另为规定。

三、联邦议会及其委员会公开会议之翔实报告,对外不负责任。

第四十三条

一、联邦议会及其委员会得要求联邦政府任何人员列席。

二、联邦参议院议员、联邦政府总理与阁员及其委派之人员,均得列席联邦议会及其委员会之一切会议。上述各人有随时陈述之权。

第四十四条

一、联邦议会有设置调查委员会之权利,经议员四分之一建议,并有设置之义务,调查委员会应举行公开会议聆取必要证据。会议得不公开。

二、证据调查准用刑事诉讼程序之规定。书信、邮政及电讯秘密不受影响。

三、法院及行政机关有给予法律及职务协助之义务。

四、调查委员会之决议不受司法审查。但法院对调查所根据之事实得自由评价及定断。

第四十五条

联邦议会应设一委员会,掌理欧洲联盟事务,联邦议会得授权该委员会执行联邦议会依本法第二十三条相对于联邦政府之权利。

第四十五条之一

一、联邦议会应设一外交委员会及一个国防委员会。

二、国防委员会并应享有调查委员会之权利。如经其委员四分之一之建议,有对特定事项进行调查之义务。

三、第四十四条第一项,于国防事项不适用之。

第四十五条之二

联邦议会应委派一防卫专员,以确保人民之基本权利,并协助联邦议会施行议会监督权。其细则由联邦法律规定之。

第四十五条之三

一、联邦议会应设一请愿委员会,掌理人民依本法第十七条向联邦议会所提出请求与诉愿之处理。

二、关于审查诉愿之委员会权限以联邦法律定之。

第四十六条

一、议员不得因其在联邦议会投票或发言,对之采取法律或惩戒行为,亦不对联邦议会以外负责。但诽谤不在此限。

二、非经联邦议会之许可,议员不得因犯罪行为而被诉追或逮捕,但在犯罪当场或次日补逮捕者不在此限。

三、此外,非经联邦议会之许可,不得对议员之个人自由加以其他限制或根据本基本法第十八条对之采取行为。

四、对议员采取任何刑事诉讼程序及本基本法第十八条所定之任何行为,任何逮捕拘禁及对其个人自由之任何其他限制,如经联邦议会要求,应即停止。

第四十七条

议员对其以议员资格交付事实之人,或以议员资格承受事实之人,及其事实本身,有拒绝作证之权。在此拒绝作证权限内,并不得扣押文件。

第四十八条

一、竞选联邦议会议员之人,有请求给予竞选必要假期之权。

二、任何人不得妨碍其就任或执行议员之职务。并不得因此预告解职或免职。

二、议员有要求适当报酬以维持其独立之权,议员有搭乘国家交通工具免费旅行之权。其细则由联邦法律规定之。

第四十九条(一九七六年八月二十三日废止。)

第四章 联邦参议院

第五十条

各邦经由联邦参议院参与联邦立法、行政及欧洲联合事务。

第五十一条

一、联邦参议院由各邦政府任命及征召之各该邦政府委员组织之,此等参议员得由各该邦政府之其他委员代表之。

二、每一邦至少应有三个投票权;人口超过二百万之邦应有四个投票权;人口超过六百万之邦应有五个投票权;人口超过七百万之邦应有六个投票权。

三、每邦得派与其投票权相同之参议员。各邦之票只能集体投之,并只能由出席之参议员或其代表投之。

第五十二条

一、联邦参议院自行选举议长,任期一年。

二、议长召集联邦参议院。遇有至少两邦代表或联邦政府请求召集,议长必须召集。

三、联邦参议院至少须有投票权过半数始得决议。联邦参议院自行制定议事规则，并举行公开会议，但得举行非公开会议。

三之一、联邦参议院为欧洲联合事务，得成立欧洲议院，其决议视为联邦参议院之决议。本基本法第五十一条第二项及第三项第二句之规定，准用之。

四、各邦政府之其他委员或受托者得参加联邦参议院各委员会。

第五十三条

联邦政府总理及阁员有参加联邦参议院及其委员会辩论之权利，如经要求，并有参加之义务。联邦总理及阁员有随时陈述之权利。联邦政府应随时向联邦参议院报告联邦事务之处理。

第四章之一　联席委员会

第五十三条之一

一、联席委员会由三分之二联邦议会议员，及三分之一联邦参议院参议员组织之。联邦议会议员之选任应依各党派之比例定之，且不得隶属于联邦政府。每一邦由其所指定之参议院议员一人为代表；此等参议员并不受任何指示之拘束。联席委员会之设立及其程序由议事规则定之，该议事规则须经联邦议会议决，并须参议院之同意。

二、联邦政府就其国防事件之计划应通知联席委员会。联邦议会及其委员会依第四十三条第一项之权利不受影响。

第五章 联邦总统

第五十四条

一、联邦总统（Bundespraesident）由联邦大会（Bundesversammlung）不经讨论选举之。德国人民凡具有联邦议会选举而年满四十岁者，均有被选举权。

二、联邦总统任期五年，连选以一次为限。

三、联邦大会由联邦议会议员及各邦民意代表机关依比例代表制原则选举与联邦议会议员同数之代表组织之。

四、联邦大至迟应于联邦总统任期届满前三十日，遇有联邦总统于任期届满前缺位，至迟应于缺位后三十日集会。联邦大会由联邦议会议长召集。

五、联邦议会任期届满后，本条第四项第一段之限期，应自联邦议会第一次集会起算。

六、得联邦大会代表过半数票者，当选为联邦总统。如两次投票无人获得过半数票，第三次投票得票最多者当选。

七、其细则由联邦法律规定之。

第五十五条

一、联邦总统不得兼任政府官吏，并不得为联邦或各邦立法机关议员。

二、联邦总统不得从事任何其他有给职务、经营商业或执行业务，并不得为营利事业之董监事。

第五十六条

联邦总统就职时，应于联邦议会及联邦参议院议员集合之前宣誓，誓词如下：“余谨宣誓：愿全力促进德国人民幸福，增进德国人民利益，排除德国人民灾害，维护基本法及联邦法律，尽忠职守，公平待人。愿神保庇。谨誓”宣誓得免除宗教誓词。

第五十七条

联邦总统因故不能视事或任期未满缺位时，由联邦参议院议长代行其职权。

第五十八条

联邦总统之命令须经联邦总理或联邦主管部长副署始生效力。本规定不适用于联邦总理之任免、本法第六十三条所定联邦议会之解散及第六十九条第三项所定之要求。

第五十九条

一、联邦总统在联邦国际关系上代表联邦。联邦总统代表联邦与外国缔结条约。联邦总统派遣并接受使节。

二、凡规律联邦政治关系或涉及联邦立法事项之条约,应以联邦法律形式,经是时联邦立法之主管机关同意或参与。行政协议适用有关联邦行政之规定。

第五十九条之一(一九六八年六月二十四日废除)

第六十条

一、除法律另有规定外,联邦总统任免联邦法官及联邦文武官员。

二、联邦总统代表联邦就个别案件行使赦免权。

三、联邦总统得以此等权力委托其他机关行使。

四、本基本法第四十六条第二项至第四项之规定,适用于联邦总统。

第六十一条

一、联邦议会联邦参议院得以联邦总统故意违反本基本法或任何其他联邦法律向联邦宪法法院提出弹劾。弹劾案之动议至少须联邦议会议员四分之一或联邦参议院投票权四分之一之赞同,始得提出。弹劾案之决议以联邦议会议员三分之二或联邦参议院投票权三分之二之多数决定之。弹劾公诉由弹劾机关委托一人行之。

二、联邦宪法法院如认定联邦总统故意违反本基本法或任何其他联邦法律,得宣告其解职。弹劾程序开始后,联邦宪法院得以临时命令决定停止其行使职权。

第六章 联邦政府

第六十二条

联邦政府(Bundesregierung)由联邦内阁总理(Bundeskanyler)及联邦内阁阁员(Bundesminister)组织之。

第六十三条

一、联邦总理经联邦总统提名由联邦议会不经讨论选举之。

二、得联邦议会议员过半数票者为当选。当选之人由联邦总统任命之。

三、提名之人未能当选时,联邦议会得于投票后十四日内以议员过半数选举一人为联邦总理。

四、联邦总理如在限期内未能选出时,应立即重行投票,以得票最多者为当选。当选之人如获得联邦议会议员过半数之票,联邦总统应于选举后七日内任命为联邦总理。当选之人如未得此过半数票,联邦总统应于七日内任命为联邦总理或解散联邦议会。

第六十四条

一、联邦内阁阁员经联邦总理提名由联邦总统任免之。

二、联邦总理及联邦内阁阁员就职时应于联邦议会之前为本基本法第五十六条所定之宣誓。

第六十五条

联邦总理应决定政策方针并负其责任。在此政策方针范围内,联邦阁员应各自指挥专管之部而负其责任。联邦阁员意见发生争执,由联邦政府解决之。联邦总理应照联邦政府所定而经联邦总统核可之处务规程处理政务。

第六十五条之一

国防部长对武装部队有命令指挥之权。

第六十六条

联邦总理及联邦阁员不得从事任何其他有给职务、经营商业或执行业务，未经联邦议会之同意并不得为营利事业之董监事。

第六十七条

一、联邦议会仅得以议会过半数选举一联邦总理继任人并要求联邦总统免除现任联邦总理职务，而对联邦总理表示其不信任。联邦总统应接受其要求并任命当选之人。

二、动议提出与选举，须间隔四十八小时。

第六十八条

一、联邦总理要求信任投票之动议，如未获得联邦议会议员过半数之支持时，联邦总统得经联邦总理之请求，于二十一日内解散联邦议会。联邦议会如以其议员过半数选举另一联邦总理时，此项解散权应即消减。

二、动议提出与选举，须间隔四十八小时。

第六十九条

一、联邦总理任命联邦阁员一人为副总理。

二、联邦总理或联邦阁员之职位，在任何情形下，应随新联邦议会之集会而终止，联邦阁员之职位亦随联邦总理之职位因其他原因终止而终止。

三、联邦总理经联邦总统之要求，联邦阁员经联邦总理或联邦总统之要求，应继续执行其职务至继任人命时为止。

第七章　联邦立法

第七十条

一、本基本法未赋予联邦立法之事项，各邦有立法之权。

二、联邦与各邦管辖权之划分应依本基本法有关专属立法（ausschliessliche Gesetzgebung）与共同立法（konkurrie-rende Gesetzgebung）之规定决定之。

第七十一条

联邦专属立法事项，各邦惟经联邦法律明白授权并在其授权范围内，始有立法权。

第七十二条

一、竞合立法事项，各邦仅于联邦不制定法律以行使其立法权，并就其未行使之范围内，始有立法权。

二、在联邦领域内建立等值之生活关系，或在整体国家利益下为维护法律与经济之统一，而认以联邦法律规范为必要者，联邦有立法权。

三、联邦法律已不具有第二项所定之必要性者，得依联邦法律之规定，以邦法律代替之。

第七十三条

联邦关于下列事项有专属立法权：

（一）外交及国防，包括平民保护。

（二）联邦国籍。

（三）迁徙自由、护照、移民及引渡。

（四）通货、货币及铸币、度量衡及时间与历法之规定。

（五）关税与通商区域之划一、通商与航海协议、货物之自由流通及国外贸易之支付，包括关税保护与边界保护。

(六)航空运输。

(六)之一完全或大部分属联邦所有财产之铁路(联邦铁路)之运输,联邦铁路之铺设、保养或经营,以及使用联邦铁路费用之征收。

(七)邮政及电讯。

(八)联邦与联邦政府直辖公法团体服务人员之律地位。

(九)工业财产权、版权及发行权。

(十)联邦与各邦左列事项之合作:

1. 刑事警察事项。

2. 保护自由民主之基本秩序、联邦或一邦之持续与安全。

3. 防止在联邦境内使用暴力或准备使用暴力而危及德意志联邦共和国外在意义之行为,以及联邦刑事警察机关之设置及国防犯罪之扑灭。

(十一)联邦所使用之统计。第七十四条一、下列事项属于共同立法范围。

(一)民法、刑法及判决执行、法院组织、司法程序、律师、公证及法律咨询。

(二)人口状况事项。

(三)集会、结社。

(四)外侨居留、居住权。

(四)之一武器法及炸药法。

(五)(一九九四年十月二十七日废止)

(六)难民及被逐人之事项。

(七)公共福利

(八)(一九九四年十月二十七日废止)

(九)战争损害及回复。

(十)战争伤患及战争遗族之扶助以及以往战俘之照顾。

(十)之一军人墓地、其他战争受害者及暴政受害者之墓地。

(十一)有关经济(矿业、工业、能源供应、手工业、贸易、商业、银行与证券交易、民间保险)之法律。

(十一)之一为和平目的核能之生产与利用,为满足上述目的装备之设立与操作,因核能或放射线外泄及放射性物料处理所生危险之防护。

(十二)劳动法,包括企业组织、劳工保护与职业介绍,及社会保险,包括失业保险。

(十三)学术补助之整顿及科学研究之促进。

(十四)有关本基本法第七十三、七十四两条列举各事项之公用征收法律。

(十五)土地、地产、天然资源与生产工具之转移公有或其他形式之公营经济。

(十六)经济权力滥用之防止。

(十七)农林生产之促进、粮食供应之保障、农林产品之输出输入、远洋与海洋渔业及海岸防御。

(十八)地产交易、土地法(但不含拓路受益费法)与农地租佃制度、住宅制度、政府给予垦殖与家园制度。

(十九)防止人畜传染疾病之措施,医师与其他医疗业及医疗商执照之许可,药品、麻醉药品、毒药之贩卖。

(十九)之一、医院之经济保障及医院病人看护规则之整顿。

(二十)食品、刺激性饮料、生活必需品、饲料、与农林苗种交易之保护,树木植物病害之防止,及动物之保护。

(二一)远洋与沿海航运、航业补助、内陆航运、气象服务、海洋航路,及用于一般运输之内陆水道。

(二二)陆路交通、汽车运输及长途运输公路之修建保养。

(二三)非属联邦之铁路,但山岳铁路不在此限。

(二四)垃圾处理、防止空气污染及防止噪音。

(二五)国家责任

(二六)人工受精,遗传讯息之研究与人为改变及器官与组织之移植。

二、前项第二十五款之法律应经联邦参议院之同意。

第七十四条之一

一、如联邦未依第七十三条第八款为专属立法,对于处于公法勤务及信赖关系之公务员,共同立法得延伸其范围至彼等之薪给。

二、前项之联邦法律需要联邦参议院之同意。

三、依第七十三条第八款所制定之联邦法律,如规定薪给结构或衡量之标准,包括官职之评鉴或其他薪额上下限等而有第一项联邦法律之性质时,亦需要联邦参议院之同意。

四、第一、二项之规定亦适用于邦法官之薪给。第九十八条第一项之法律适用第三项之规定。

第七十五条

一、联邦根据本基本法第七十二条,关于下列事项对于各邦之立法有颁布通则之权;(本基本法)第七十二条第三项之规定,准用之。

(一)除第七十四条之一另有规定外,有关各邦、各乡镇及其他公法团体服务人员之法律地位。

(一)之一、高等教育之一般基本原则。

(二)出版之一般法律关系。

(三)狩猎事宜、自然景观之保护与乡村及风景之维护之保存。

(四)土地分配、区域计划与水土保持。

(五)户口登记与身分证证明事项。

(六)保护德国文化资产免于外流。本基本法第七十二条第三项之规定,准用之。

二、通则仅于例外情形得作细节或直接规定。

三、各邦应于联邦颁布通则后,依其所定之期当期间内,颁布必需之邦法律。

第七十六条

一、法案应由联邦政府、联邦议会议员或联邦参议院提出于联邦议会。

二、联邦政府之议案应先提交联邦参议院。联邦参议院有权于六周内对此议案表示意见。联邦参议院如基于重大理由,特别是考虑到范围而要求延期者,期间最长为九周。联邦政府如认为其提交联邦参议院之议案系例外特别紧急事件,则于三周后,或如联邦参议院依第三句提出延期之要求,则于六周后,纵联邦参议院之意见尚未送达;但于收受联邦参议院之意见后,应即转送联邦议会。关于修改基本法之草案与依本基本法第二十三条或第二十四条之托付主权,表示意见之期间为九周;第四句之规定不适用之。

三、联邦参议院之议案应由联邦政府于六周内提出于联邦会。联邦政府于提出时应附具其见解。联邦政府如基于重大理由,特别是考虑到范围而要求延期者,期间最长为九周。联邦参议院如认为其议案系例外特别紧急事件,期间为三周,或如联邦政府依第三句提出延期之要求,则为六周。关于修改基本法之草案与依本基本法第二十三条或第二十四条之托付主权,此期间为九周;第四句之规定不适用之。联邦议会应于相当期间内审查此议案并作成决议。

第七十七条

一、联邦法律应由联邦议会通过。联邦议会通过后应立即由联邦议会议长提交联邦参议院。

二、联邦参议院得于收到法律决议三周内，请求召开联邦议会议员与联邦参议院参议员所组成之委员会，联席审查该议案。此项委员会之组织与程序，由议事规则规定之，议事规则由联邦议会议决并经联邦参议院同意。奉派参加此项委员会之联邦参议院参议员不受指示之拘束。如某一法律需要联邦参议院之同意，联邦议会与议邦政府均得请求召开委员会。如委员会建议修改联邦议会通过之法律决议，联邦议会应重新决议。

二之一、法律须经联邦参议院同意者，如未依第二项第一句请求召开联席委员会，或调停程序并未建议修改法律决议即告终结，联邦参议院应于相当期间内为同意之决议。

三、遇有法律不须联邦参议院同意之情形，如本条第二项所定程序业经完成，联邦参议院得于二周内对联邦议会所通过之法律提出异议。异议期限之起算，在第二项末段之场合，自接到联邦议会重新通过之决议时开始；在所有其他情形，则自收到第二项所谓委员会之主席通知，谓委员会之程序已告完结时开始。

第七十八条

联邦议会通过之法律如经联邦参议院同意，或不依第七十七条第二项行事，或不于第七十七条第三项限期内提出异议或撤销其异议，或其异议为联邦议会所拒绝，即为成立。

第七十九条

一、本基本法之修正应以法律为之，此项法律应明文表示修正或增补本基本法之文句。国际条约其主题为和平解决、准备和平解决、或取消占领体制或其宗旨在增强联邦共和国防务者，为阐明本基本法之规定不与此等条约之缔结及生效相抵触起见，仅须对本基本法原文就该项阐明解释作一补充规定已足。

二、此项法律需要联邦议会议员三分之二及联邦参议院投票权三分之二之同意。

三、本基本法之修正案凡影响联邦之体制、各邦共同参与立法或第一条与第二十条之基本原则者，不得成立。

第八十条

一、联邦政府、联邦阁员或邦政府，得根据法律发布命令（Rechtsverordnungen）。此项授权之内容、目的及范围，应以法律规定之。所发命令，应引证法律根据。如法律规定授权得再移转，授权之移转需要以命令为之。

二、除联邦法律另有规定外，联邦政府或部长关于利用联邦邮政与电讯设施之原则与费用、利用联邦铁路设施之费用之征收原则及关于铁路之建设与经营等，所发布之命令，以及根据联邦法律所发布之命令，而该法律需经联邦参议院之同意，或该法律为各邦受联邦之委托而执行，或其执行属各邦本身之职务者，应经联邦参议院之同意。

三、联邦参议院对于需经其同意之命令，有提案权。

四、邦政府基于联邦法律之授权而得发布命令者，各邦亦得基于法律颁布邦法规。

第八十条之一

一、有关国防包括平民保护，在本基本法或一联邦法律中规定，仅得依本条之规定发布命令时，则除防卫情形外，仅得于联邦议会确认已进入紧急情况，或其特别允许时，始得为之。遇有第十二条之一第五项前段及第六项二段场合，紧急情况之确认及特别允许需要所投票数三分之二之多数。

二、基于第一项命令所为之措施，如经联邦议会要求，应予撤销。

三、违反第一项所为之命令，如系基于并依照国际机关经联政府同意在条约之范围内所为之决定，亦得允许。依本项所采之措施，如经联邦议会议员多数要求，应予撤销。

第八十一条

一、遇有本基本法第六十八条场合，联邦议会未被解散，如其不顾联邦政府业经宣布某一法案为紧急议案而拒绝通知，联邦总统得以联邦政府之请求，并经联邦参议院之同意，宣布该议案为立法紧急状态(Gesetzgebungsnotstand)。某一法案如经联邦总理连同第六十八条所定信任动议一并提出而联邦议会拒绝者,亦同。

二、联邦议会如于立法紧急状态宣布后再度拒绝该法案或虽通过而其措辞为联邦政府宣布不能接受者,该法案如经联邦参议院同意应视为已成立。联邦议会如于该议案重行提出后四周内不予通过,亦同。

三、联邦总理任期内,凡经联邦议会拒绝之任何其他法案,均得于立法紧急状态最初宣布后六个月内,依本条第一、二两项通过之。上项期间届满后,在同一联邦总理任期内,不得再宣布立法紧急状态。

四、本基本法不得以根据本条第二项所制定之法律予以修正或全部或局部废止或停止。

第八十二条

一、依本基本法规定所制定之法律,经副署后,应由联邦总统缮成正本,并公布于联邦公报(Bundesgesetzblatt)。命令由发布机关签署,除法律另有规定外,应公布于联邦公报。

二、法律与命令均应明定生效日期。如无此项规定,应于联邦公报刊行之日终了后第十四日生效。

第八章　联邦法律之执行与联邦行政

第八十三条

除本基本法另有规定或许可外,各邦应以执行联邦法律为其本身职务。

第八十四条

一、各邦以执行联邦法律为其本身职务时,除经联邦参议院同意之联邦法律另有规定外,各邦应规定设立机关及行政程序。

二、联邦政府经联邦参议院之同意,得发布一般性行政规程(allgemeine Verwalt-ungsvorschriften)。

三、联邦政府应监督各邦依现行法律执行联邦法律。为此联邦政府得派驻委员于各邦最高机关;经各邦最高机关之同意,或各邦最高机关不予同意而经联邦参议院之同意,并得派驻委员于各下级机关。

四、各邦执行联邦法律,如联邦政府认为欠缺不足而未能克服时,联邦参议院以联邦政府或有关邦之请求应决定该是否违法。对联邦参议院此项决定得上诉于联邦宪法法院。

五、联邦政府为执行联邦法律,得于特殊场合,经联邦立法授权发布个别指令(Einzelweisungen),此项联邦立法应经联邦参议院之同意。除联邦政府认为情况紧急外,此等指令应对各邦最高机关发出。

第八十五条

一、联邦法律如经联邦委托各邦执行,设立机关应为各邦之事项,但联邦法律经联邦参议院同意另有规定者,不在此限。

二、联邦政府经联邦参议院之同意,得发布一般性行政规程。联邦政府得规定公务员及雇员之统一训练。中级机关首长之任命,应经联邦政府之同意。

三、各邦机关应服从联邦最高主管机关之指令。除联邦政府认紧急者外,此等指令应对各邦最高机关发出。各邦最高机关应确保指令之执行。

四、联邦监督之范围,应包括执行方法是否合法与是否适宜。联邦政府为此得要求提出报告与文件,并得派驻委员于各机关。

第八十六条

联邦如由联邦自设行政官署或由联邦直属之公法团体或机构执行法律,除法律有详细规定外，联邦政府应发布一般性行政规程。除法律另有规定外，联邦政府应规定设立机关。

第八十七条

一、外交事务、联邦财务行政及本基本法第八十九条所定之联邦水路与航运行政，属联邦直接行政事务，由联邦政府下级行政机关执行。依联邦法律得设置联邦边境防卫官署、警务新闻中心、刑事警察局，为维护宪法并防免在联邦领域内使用暴力企图伤害德意志联邦共和国外交利益之行为或其预备行为，并得设置联邦调查局。

二、社会保险主体，其管辖范围超过一邦之领域者，为直属联邦之公法团体。社会保险主体，其管辖范围超过一邦，而未超过三邦之领域，如对其监督之邦由有关各邦自行决定者，为直属邦之公法团体。

三、此外，凡联邦有立法权之事项，均得依联邦立法，设立独立之联邦中央机关及联邦直属之新公法团体与机构。联邦有立法权之事项如获得新职权，遇有迫切需要场合，经联邦参议院及联邦议会过半数之同意，得自设联邦中下级机关。

第八十七条之一

一、联邦为国防而建立武装部队，其兵力数量及编制原则应于预算案中表示之。

二、为国防目的以外之武装部队，仅于本基本法明白规定时始得设置。

三、在防卫事件及紧急状况时，武装部队如因执行其防卫任务有必要，有权保障民有财产并监管交通管制。此外在防卫事件及紧急状况时，如为支持警察之措施，亦得交付武装部队保障民有财产；在此情形，武装部队应与该管机关共同为之。

四、为防止对联邦或一邦存在或自由民主基本秩序之紧急危险，如有第九十一条第二项之情形，而警力及边境保卫队已不足应付时，联邦政府得派武装部队支持警察及边境保卫队，以保障民有财产并对抗有组织之武装叛乱分子。如经联邦议会或联邦参议院之请求，武装部队之指派应即中止。

第八十七条之二

一、联邦国防部队行政，应由其本身具有下级行政机构之联邦自设行政机关掌管之，其职权为管理关于人事及武装部队物质需要之直接供应事项，但有关伤病官兵之救济或营建工程等事项，除经联邦参议院同意之联邦立法规定者外，不得交由联邦国防部队行政机关管理之。授权国防部队行政机关干预第三人之权利之立法，亦须获得联邦参议院之同意，但有关人事之法律，不在此限。

二、有关国防，包括征兵及保护平民联邦法律，经联邦参议院之同意，得规定其全部或一部由本身具有下级行政机构之联邦自设行政机关执行之，或由各邦以联邦代理机关之资格执行之。如此类法律系由各邦以联邦代理机关之资格执行，经联邦参议院之同意，得规定依第八十五条授与联邦政府及联邦最高主管机关之权力全部或一部移交联邦高级机关行使之；遇此情形，并得规定各该机关依第八十五条第二项第一段发布一般性行政规程，无须联邦参议院之同意。

第八十七条之三

依第七十四条第十一款之一公布之法律，经联邦参议院之同意得规定该等法律由联邦委托各邦执行。

第八十七条之四

一、空运行政属联邦直接行政。关于采行公法或私法之组织形式，由联邦法律定之。

二、经联邦参议院同意之法律，得将空运行政之职权委托各邦代管之。

第八十七条之五

一、联邦铁路之铁路运输行政属联邦直接行政。铁路运输行政之任务得以联邦法律转让予各邦成为其固有事务。

二、超过联邦铁路范围之铁路运输行政任务而由联邦法律转让予联邦者,由联邦履行之。

三、联邦铁路以私法形式之经济企业营运。此经济企业之活动包含铁路之铺设、保养与经营者,属联邦财产。联邦转让依第二句对此企业之股份者,应依据法律为之。联邦应保留此企业之多数股份。细节以联邦法律定之。

四、联邦应保障于建构及维持联邦铁路法律以及不涉及铁路旅客运送之铁路网运输服务时,考虑公众福祉,尤其运输之需要。细节以联邦法律定之。

五、第一项至第四项所定之法律,需经联邦参议院同意。关于联邦铁路企业之解散、合并与分裂,联邦铁路转让予第三人以及联邦铁路之停止营运或有铁路旅客运送效果之法律规定,需经联邦参议院之同意。

第八十七条之六

一、联邦应依需经联邦参议院同意之联邦法律,保障邮政与电讯勤务之适当与充分。

二、前项所定之勤务为私经济活动者,应由以德国联邦邮政之特别财产成立之企业实施。邮政与电讯领域内之高权任务,应由联邦直接行政履行。

三、涉及以德国联邦邮政之特别财产所成立企业之个别任务,联邦得不依第二项第二句之规定,而根据联邦法律,以直属联邦之公法团体的法律形式履行。

第八十八条

联邦应设置一货币及发行币券之银行为联邦银行。其权限与任务于欧洲联合之范围内,得托付于具独立性,且以确保价格稳定为其优先目标之欧洲中央银行。

第八十九条

一、联邦为前德国国有水路(Reichswasse-rstrassen)之所有人。

二、联邦应由其自设之机关管理联邦水路。凡超过一邦领域之内河运输职务及法律赋予联邦之海洋运输职务,均由联邦行使。联邦得应要求将一邦领域内之联邦水路,以委任行政委托该邦代为管理。水路如经过数邦,联邦得将其管理委托有关各邦同意之一邦。

三、联邦管理、修建及新建水路时,应与各邦共同确保农田水利之需要。

第九十条

一、联邦为前德国国有高速汽车道路(Reichsautobahnen)及前德国国有公路(Reichsstrassen)之所有人。

二、各邦或依各邦法律有管辖权之自治团体,应代联邦管理联邦高速汽车道路及其他长途运输之联邦公路。

三、联邦应各邦之请求,得自行接管各该领域内之联邦高速汽车道路及其他长途运输之联邦公路。

第九十一条

一、为避免威胁联邦或一邦自由基本秩序或存在之紧急危险,一邦得要求他邦警力及其他行政机关或联邦边境保卫队之人力设备协助。

二、遭受紧急危险威胁之邦,如本身不拟或不能制止危险时,联邦政府得将该邦之警察及他邦警力置于其指挥下并得指派联邦边境保卫队单位。此种指挥于危险排除后应即撤销或应联邦参议院之请求而随时撤销。该种危险如扩及一邦以上,为有效制止而有必要时,联邦政府得指挥邦政府,在此情形,本项前段不受影响。

第八章之一　共同任务

第九十一条之一

一、各邦执行其任务,如此等任务具整体意义而联邦之参与对改善生活水准有必要时,左列情形联邦应予协力。

（一）大学包括大学医院之建立与新建。

（二）地方经济结构之改善。

（三）农业结构与海岸防御之改善。

二、有关共同任务之细节由经联邦参议院同意之联邦法律定之，该法律应包括执行上之一般原则。

三、该法律应就共同计划大纲有所规定，大纲中拟议之事，需要在其领域实施之邦同意始得接受。

四、在第一项一、二款之情形，联邦应负担每一邦之一半支出，在第一项三款之情形，联邦至少应负担一半；其对每一邦之资助应属一致。其细节以法律定之。其资金之筹划则留诸联邦及各邦预算案中规定之。

五、如经请求，应将共同任务之执行情形通知联邦政府及联邦参议院。

第九十一条之二

联邦及各邦经由协议得对教育计划及超地区经济研究计划之推动，共同进行，其费用之分摊于协议中定之。

第九章　司　法

第九十二条

司法权付托于法官；由联邦宪法法院（Bundesverfass-ungsgericht）、本基本法所规定之各联邦法院（Bundesgerichte）及各邦法院（Gerichte der Lander）分别行使之。

第九十三条

一、联邦宪法法院审判左列案件：

（一）遇有联邦最高机关或本基本法或联邦最高机关处务规程赋予独立权利之其他关系人之权利义务范围发生争议时，解释本基本法。

（二）关于联邦法律或各邦法律与本基本法在形式上及实质上有无抵触或各邦法律与其他联邦法律有无抵触、发生歧见或疑义时，经联邦政府、邦政府或联邦议会议员三分之一之请求受理之案件。

（二）之一关于法律是否符合本基本法第七十二条第二项之要件发生歧见，而由联邦参议院、邦政府或邦议会所提起之案件。

（三）关于联邦与各邦之权利义务，尤其关于各邦执行联邦法律及联邦对各邦行使监督，发生歧见之案件。

（四）关于联邦与各邦间、邦与邦间或一邦内之其他公法上争议，而无其他法律途径可循之案件。

（四）之一任何人声请其基本权利或其依第二十条第四项、第三十三、三十八、一百零一、一百零三及一百零四条所享之权利遭公权力损害所提起违宪之诉愿。

（四）之二乡镇及乡镇联合区由于依第二十八条之自治权遭法律损害而提起违宪之诉愿，该法律如系邦法，则须系无从在邦宪法法院提起者。

（五）本基本法规定之其他案件。

二、此外，联邦宪法法院应受理联邦立法指定受理之其他案件。

第九十四条

一、联邦宪法法院由联邦法官及其他法官组织之。联邦宪法法院法官半数由联邦议会、半数由联邦参议院选举之。此等法官不得为隶属于议会、联邦参议院、联邦政府或各邦类似机关之人员。

二、联邦宪法法院之组织与程序及在何种情形其判决具有法律效力,应由联邦法律规定之。该法律得规定提起违宪诉愿以先进行其他法律程序而无从救济为前提,并得规定一特别受理程序。

第九十五条

一、为一般法律事件、行政、财务、劳工、社会法律事件,联邦设立联邦最高法院、联邦行政法院、联邦财务法院、联邦劳工法院及联邦社会法院为最高之法院。

二、该等法院法官之选任,由依事务性质;该管联邦部长会司法官选任委员会决定之,该委员会由各邦之该管部长与联邦议会选举同额之委员组织之。

三、为维护司法统一,第一项所称之各法院应组成一联席会议,其细节以联邦法律定之。

第九十六条

一、联邦为工商业法律保护事件,得设置一联邦法院。

二、联邦得设置管辖武装部队之军事法院为联邦法院,此等法院仅于防卫事件或对派驻国外或在战舰上服役之武装部队成员,行使刑事管辖权,其细节由联邦法律定之。此等法院业务范围属联邦司法部长监督,其专任法官应具有充任法官之资格。

三、第一、二项所称法院之最高法院为联邦最高法院。

四、对服事公法勤务之人员,联邦得设置联邦法院以处理惩戒程序及诉愿程序。

五、对第二十六条第一项及国家保护之刑事程序,得以经联邦参议院同意之联邦法律规定,将联邦管辖权委由邦法院行使之。

第九十七条

一、法官应独立行使职权,并只服从法律。

二、正式任用之法官非经法院判决,并根据法定理由、依照法定程序,在其任期届满前,不得违反其意志予以免职,或永久或暂时予以停职或转任,或令其退休。法律得规定终身职法官退休之年龄。遇有法院之组织或其管辖区域有变更时,法官得转调其他法院或停职,但须保留全薪。

第九十八条

一、联邦法官之法律地位,应由联邦特别法律规定之。

二、联邦法官,如于职务上或非职务上违反本基本法之原则或各邦之宪法秩序时,联邦宪法法院经联邦议会之请求,得以三分之二之多数,判令其转任或退休。如违反出于故意,得令其免职。

三、各邦法官之法律地位,应由各邦特别法律规定之。除第七十四条第四项另有规定外联邦得颁布规范性章则。

四、各邦得规定各邦法官之任命应由邦司法部部长会同法官选任委员会决定之。

五、各邦得根据本条第二项制定各邦法官规程。现行之各邦宪法不受影响。法官弹劾案件由联邦宪法法院审判。

第九十九条

邦内之宪法争议,得由各邦立法交由联邦宪法法院审理,而关于各邦法律适用之终级审判,亦得藉此由第九十五条一项所称之各最高法院审理。

第一百条

一、法院如认为某一法律违宪,而该法律之效力与其审判有关者,应停止审判程序。如系违反邦宪法,应请有权受理宪法争议之邦法院审判之;如系违反本基本法,应请联邦宪法法院审判之。各邦法律违反本基本法或各邦法律抵触联邦法律时,亦同。

二、诉讼进行中如关于国际法规则是否构成联邦法律一部分及其是否对个人产生直接权利义务(本基本法第二十五条)发生疑义时,法院应请联邦宪法法院审判之。

三、某一邦宪法法院解释本基本法时,如欲背联邦宪法法院或他邦宪法法院原有之判决,该宪法法院应请联邦宪法法院审判之。

第一百零一条

一、非常法院(Ausnahmegerichte)不得设置。不得禁止任何人受其法定法官之审理。

二、处理特别事件之法院,惟根据法律始得设置。

第一百零二条

死刑应予废止。

第一百零三条

一、在法院被控告之人,有请求公平审判之权。

二、行为之处罚,以行为前之法律规定处罚者为限。

三、任何人不得因同一行为,而依一般刑法多次受罚。

第一百零四条

一、个人自由非根据正式法律并依其所定程序,不得限制之。被拘禁之人,不应使之受精神上或身体上之虐待。

二、惟法官始得判决可否剥夺自由及剥夺之持续时间。此项剥夺如非根据法官之命令,须实时请求法官判决。警察依其本身权力拘留任何人,不得超过逮捕次日之终了。其细则由法律定之。

三、任何人因犯有应受处罚行为之嫌疑,暂时被拘禁者,至迟应于被捕之次日提交法官,法官应告以逮捕理由,加以讯问,并予以提出异议之机会。法官应实时填发逮捕状,叙明逮捕理由,或命令释放。

四、法官命令剥夺自由或延续剥夺期间时,应实时通知被拘禁人之亲属或其信任之人。

第十章 财 政

第一百零四条之一

一、除本基本法另有规定外,联邦及各邦各负担执行其任务所发生之支出。

二、各邦受托处理联邦之事务时,由联邦负担因此而生之支出。

三、准许金钱支出并由各邦执行之联邦法律得规定金钱支出由联邦负担一部或全部。该法如规定联邦负担一半或一半以上,须系由联邦委托而执行者。该法如规定各邦负担四分之一或四分之一以上之支出,则须经联邦参议院之同意。

四、联邦得对各邦及乡镇之重大投资提供财务协助,此等投资须为消除对整体经济均势之障碍,平衡联邦领域内不同之经济力量或促进经济成长所必要者。其细节,尤其促进投资之种类,由经联邦参议院同意之联邦法律或依联邦预算法之行政协议定之。

五、联邦及各邦负担其机关内产生之行政支出,并在相互关系上负责有秩序行政。其细节由经联邦参议院同意之联邦法律定之。

第一百零五条

一、联邦对关税及财政专卖有专属之立法权。

二、赋税收入之全部或一部如划归联邦或遇有本基本法第七十二条第二项须定之情形时,联邦对其余之赋税有共同立法权。

二之一、对地方性之消费税与交易税,如其不属联邦法律所定税收之同一种类时,各邦有立法权。

三、税收之全部或一部系用于各邦或乡镇时,有关之联邦法律须经联邦参议院之同意。

第一百零六条

一、专卖收入及下列税收应归联邦：

(一)关税。

(二)未依第二项划归各邦、未依第三项划归联邦与各邦共有或未依第六条划归乡镇之消费税。

(三)运输税。

(四)资本交易税、保险税及汇票税。

(五)一次财产税及为平衡财政负担而课征之平衡税。

(六)所得税与法人税之附加税捐。

(七)欧洲共同市场范围内之税捐。

二、下列税收应归各邦：

(一)财产税。

(二)遗产税。

(三)动力车辆税。

(四)未依第一项划归联邦或未依第三项划归联邦与各邦共有之交易税。

(五)啤酒税。

(六)赌场税。

三、所得税、法人税及加值型营业税(Umsatzsteuer)归联邦与各邦共有(共有税),但以所得税之税收未依第五项、加值型营业税之税收未依第五项之一划归乡镇者为限。所得税与法人税之收入由联邦与各邦各分得二分之一。营业税应由经联邦参议院同意之联邦法律规定联邦与各邦划分之比例。此种划分并应遵循后列原则。决定联邦与各邦就加值型营业税之分配时,应对各邦自一九九六年一月一日起,因所得税法对儿童之照顾导致税收减少之情形,并予考量。其细节以联邦法律依第三句定之。

(一)在经常收入之范围内,联邦与各邦均有同等之请求权以支应必要之支出。至于支出之界限,应斟酌一多年之财政计划予以定断。

(二)联邦及各邦之预算需要应予协调,以达成合理之平衡,避免过重之税负并确保联邦境内一致之生活水准。

四、如联邦与各邦之收支关系发生重大变化,则联邦与各邦对营业税之划分比例应重新调整;依第三项第五句于决定联邦与各邦就加值型营业税之分配时应考量之税收减少,就此毋庸斟酌。如各邦因联邦法律而增加支出或减少收入,则此增加之负担,可依经参议院同意之联邦法律以财政津贴予以平衡,但以短期者为限,在该法律中应规定此项财政津贴之估计原则及分贴各邦之原则。

五、乡镇获得所得税收入之部分,其比例由各邦依各乡镇居民缴纳所得税成绩之原则予以分配。其细节由经联邦参议院同意之联邦法律定之。(该联邦法律)得规定由各乡镇决定乡镇分得部分之税率。

五之一、乡镇自一九九八年一月一日起获得加值型营业税收入之部分,由各邦根据地方与经济需求分配予其乡镇。其细节由经联邦参议院同意之联邦法律定之。

六、土地税与非加值型营业税(Gewerbesteuer)之收入归属乡镇,地方性之消费税与奢侈税(Aufwandsteuer)之收入归属乡镇或依邦立法所定之标准归属乡镇联合区。乡镇有权于法定范围内决定土地税与非加值型营业税之税率。邦无乡镇者,土地税、非加值型营业税及地方性之消费税与奢侈税之收入归属邦。联邦及各邦得藉征收而分得营业税之收入。征收之细节由经联邦参议院同意之法律定之。依邦立法所定之标准,土地税和非加值?型营业税,以及乡镇就所得税与加值型营业税收入分得部分,得作为征收之估计基础。

七、共同税之总收入中各邦分得部分，应由邦立法决定一定百分比用以拨注乡镇及乡镇联合区。其余则由邦立法决定邦税收入是否以及在何种程度内拨注乡镇（乡镇联合区）。

八、联邦如在各别邦内或乡镇（乡镇联合区）内筹办特别事业，引起超额支出或减少收入（特别负担），而不能期待各邦或乡镇承受此一特别负担时，应由联邦作必要之调整，斟酌此项调整时，并应考虑邦或乡镇因筹办此种事业所生对第三人之补偿支付及财政上之利益。

九、本条所称各邦之收支亦适用于乡镇（乡镇联合区）之收支。

第一百零六条之一

各邦自一九九六年起，为公共旅客运送之需要，得自联邦租税收入获得一笔款项。其细节以需经联邦参议院同意之联邦法律定之。本款项于依本基本法第一百零七条第二项测定财力时，应不予考虑。

第一百零七条

一、邦税之收入及所得税、法人税收入各邦分得部分，在财税机关于各该领域税收之范围内（地方收入），属于各该邦。经参议院同意之联邦法律，就法人税及薪资税，应详细规定地方收入，划分之种类与范围。该法律并得规定因其他税收所生地方收入之划分与范围。营业税各邦分得部分，由各该邦依其人口数为准而分享，其中一部分，至多为各邦分得部分之四分之一，得由经参议院同意之联邦法律规定作为补助款，以补助邦税、所得税及法人税收入以每一居民计低于各邦平均数之邦。

二、各邦间互异之财力，应藉法律确保其有合理之平衡，在此并应注意乡镇（乡镇联合区）之财力与财政需要。该法律并应规定要求补助各邦请求权之条件与有补助义务各邦之补助责任，以及补助数额之给付标准，该法律亦得规定，由联邦以自有经费补助资弱之邦，以支应其一般财政需要之不足（补助款）。

第一百零八条

一、关税、财政专卖、联邦法律所定之消费税包括输入营业税以及欧洲共同市场内之税捐，应由联邦财政机关管理之。此等机关之组织应由联邦法律定之，如设置中级机关，其首长之任命应咨询各邦政府。

二、其余各税由各邦财政机关管理之，此等机关之组织、人员之训练等由经参议院同意之联邦法律定之，如设置中级机关，其首长之任命应得联邦政府同意。

三、各邦财政机关处理划归联邦收入之税，系受联邦委托而为，并适用第八十五条第三、四项之规定，但该条中之联邦政府于此应以联邦财政部长代替之。

四、经联邦参议院同意之联邦法律得就税务管理规定联邦与各邦之合作，就第一项所称之税规定邦财政机关之管理，就其余之税规定联邦财政机关之管理，藉使税法之执行得以改善或减轻。至仅拨注乡镇（乡镇联合区）之税，其原系邦财政机关之管理权，得由各邦将全部或一部交由乡镇行使。

五、联邦财政机关所采用之程序由联邦法律定之。至邦财政机关或第四项后段情形各乡镇所采之程序，则由经参议院同意之联邦法律定之。

六、财政管辖区域由联邦法律统一定之。

七、联邦政府得颁布一般性管理规则，如各邦财政机关或乡镇亦负有管理义务，并应经联邦参议院之同意。

第一百零九条

一、联邦与各邦在财务管理方面应自给自足，互不依赖。

二、联邦与各邦在财务管理方面应考虑全面经济均势之需要。

三、经由参议院同意之联邦法律，得就预算法、配合景气之财务管理及多年财政计划树立对联邦与各邦共同有效之原则。

四、为消除对整体经济均势之障碍,经联邦参议院同意之联邦法律得规定:

(一)区域性法人及目的性团体所受贷款之最高金额、条件与时间。

(二)免除联邦及各邦在德意志联邦银行保持无息存款(景气平衡准备金)之义务。发布此等命令之授权仅得赋予联邦政府。该等命令需要联邦参议院之同意,惟如经联邦议会请求应予取消;其细节由联邦法律定之。

第一百十条

一、联邦之一切收支应编入预算案,联邦企业及特别财产仅须列其收入或支出,预算案应收支平衡。

二、预算案应为一会计年度或依年别分数会计年度,于第一会计年度开始前以预算法订定之。预算案之某些部分,亦得规定系就年别而适用于不同时间。

三、前项第一段之法律案,以及预算法及预算案之修正案,由联邦议会送交联邦参议院;参议院有权于六周内(修正案则于三周内)表示其意见。

四、预算法中仅能容纳与联邦收支及该法当时之有关规定。预算法得规定其条款于次一预算法公布时或依第一百十五条之授权于较晚之时始告失效。

第一百十一条

一、会计年度终了,如下年度预算案尚未以法律确定,联邦政府在此项法律生效前,有权为左列之必要支出:

(一)维持合法成立之机关并执行合法决定之措施。

(二)履行合法成立之联邦债务。

(三)在上年度预算核定之经费范围内,继续营建工程、购置及其他工作,或为此继续给与补助。

二、如特别立法所定税收、输入及其他来源之收入或流动资金准备金,不敷本条第一项支出,联邦政府得以信用借款方式筹募上年度预算最后总额四分之一之必要经费,以处理当前政务。

第一百十二条

超过预算或预算外之支出,应得联邦财政部部长之同意。此项同意,惟有在不可预料且属不可避免之必要情形下,始得给予。其细则由联邦法律定之。

第一百十三条

一、法律如增加联邦政府所提预算案中之支出或增列新支出或将来不免有新支出时,应得联邦政府之同意。此于减少收入或将来不免减少收入之法律亦适用之。联邦政府得请求联邦议会决议废止该等法律。在此情形,联邦政府应于六周内向联邦议会表示意见。

二、联邦政府得于联邦议会议决法律后四周内请求联邦议会重新决议。

三、法律依第七十八条业已成立,联邦政府曾于事先着手第一项三、四句或第二项之程序时,始得于六周内表示拒绝同意,逾期视为业已同意。

第一百十四条

一、联邦财政部长应于次一会计年度中,为免除联邦政府责任,将收支及资产负债提于联邦议会及联邦参议院。

二、联邦审计局,其成员享有法律上之独立性,审查帐目及预算执行与资产管辖之经济性与正确性。除联邦政府外,审计局应每年直接向联邦议会及联邦参议院报告。其余联邦审计局之职权由联邦法律定之。

第一百十五条

一、信用贷款及为未来会计年度之支出而为之保证或其他担保,须具有依数额而定之联邦法律授权。信用贷款不得超过预算案中所估投资支出之数额;例外情形仅限于为消除整体经济均势之障碍时,始得准许,其细节由联邦法律定之。

二、关于联邦之特别财产得依联邦法律排除第一项之适用。

第十章之一 防卫事件(防卫情况)

第一百十五条之一

一、联邦领域遭受武装力量攻击或此种攻击迫切威胁,此种防卫状况之确定,由联邦议会经联邦参议院之同意决之。此种确定系基于联邦政府之请求,并应有三分之二之投票数,其中并至少应包括联邦议会议员过半数。

二、如情势急迫须采取立即行动,而联邦议会因不可克服之困难而无法适时集会或未达法定人数时,则由联席委员会以三分之二之投票数决定之,其中至少应包括该委员会成员过半数。

三、该项确定应由联邦总统第八十二条于联邦公报中公布之。如此一作法不能及时完成,则以其他方式公布,但嗣后如情势许可应补载于联邦公报。

四、如联邦领域遭受武装力量攻击,而该管联邦机关无法立即依第一项前段予以确定,则该确定视为已决定并自攻击时生效。联邦总统应于情势许可时立即公布此一时间。

五、如防卫情况:确定业经公布而联邦领域已遭受武装力量攻击,联邦总统得经联邦议会同意就此状况之存在作国际法之宣告。在第二项之情形,则以联席委员会之同意代之。

第一百十五条之二

防卫情况一经宣布,武装部队之命令指挥权移归联邦总理。

第一百十五条之三

一、防卫情况发生时,属于各邦立法管辖范围之事件,联邦亦有共同立法权。

二、防卫情况期间,如情形有必要,联邦法律得就防卫情况:

(一)暂行规定不依第十四条三项二段征收之赔偿。

(二)法官如未能于正常有效期间内行使职权,则就剥夺自由决定违反第一百零四条第二项三段及三项前段之时限,但最高不得逾四日。

三、如为防止当前或迫切攻击所必要,防卫情况发生时藉经参议院同意之联邦法律,得就联邦及各邦之行政与财政事务违反第八章、第八章之一及第十章而作规定,藉以保障各邦、乡镇及乡镇联合区之生存能力,尤其是有关财政事务。

四、依第一项及第二项一款所定之联邦法律,为执行准备,甚至得于防卫情况发生前适用之。

第一百十五条之四

一、防卫情况时之联邦立法,第二、三项之规定得违反第七十六条第二项、第七十七条第一项二段及第二至第四项、第七十八条以及第八十二条第一项而适用。

二、联邦政府认为紧急之法律案,应于送交联邦议会之同时送交联邦参议院。联邦议会及联邦参议院应即共同讨论该项议案。如一法律以联邦参议院之同意为必要,则该法律之成立须经其多数之同意。其细则以联邦议会通过并经参议院同意之议事规则定之。

三、此等法律公布适用第一百十五条之一第三项后段之规定。

第一百十五条之五

一、防卫情况发生,如联席委员会以至少过半数成员投票数之三分之二决定,联邦议会因不可克服之困难而无法适时集会或表决,则由联席委员会取代联邦议会及联邦参议院之地位,并统一行使其权利。

二、联席委员会不得立法修改本基本法或使本基本法全部或一部失效或排除适用。联席委员会不得依本基本法第二十三条第一项第二句、第二十三条第一项或第二十九条制颁法律。

第一百十五条之六

一、防卫情况发生时，如情势有必要，联邦政府得：

（一）指派边境防卫队至整个联邦领域。

（二）对联邦行政机关及邦政府发布命令，如其认为紧急，并得直接对各邦官署发令，联邦政府得将此项权力转交其所指定之邦政府成员。

二、依第一项所采之措施应即通知联邦议会、联邦参议院及联席委员会。

第一百十五条之七

联邦宪法法院及其法官之宪法地位及宪法职权之行使不得侵害。如联邦宪法法院之意见亦认为保全其职权能力有必要时，联席委员会始得立法修改有关联邦宪法法院之法律。此项法律制颁前，联邦宪法法院得采取保全其作能力之必要措施。就前二段所为决议须经联邦宪法法院多数出席法官之同意。

第一百十五条之八

一、防卫情况期间届满任期之联邦议会或各邦人民代表会，应于防卫情况结束后六个月始告任满。防卫情况期间任满之联邦总统或其提前缺位而由参议院议长代行职务时，应于防卫情况结束后九个月始告任满。防卫情况期间任满之联邦宪法法院成员，应于防卫情况结束后六个月始告任满。

二、如有必要由联席委员会选举新联邦总理，则由其成员以多数选举之；联邦总统并得推荐人选。联席委员会仅得以三分之二多数选出继任之方式对联邦总理提出不信任案。

三、在防卫情况存续下，联邦议会不得解散。

第一百十五条之九

一、如联邦主管机关不能采取排除危险之必要措施，而依情势不得不在联邦之部分领域内采取立即独立之行动，则各邦政府或由其指定之官署或其委任人有权于其该管范围内采取第一百十五条之六第一项之措施。

二、依第一项所采措施得随时由联邦政府废止之，其由各邦官署及下级联邦官署采取者，各邦总理亦得随时废止之。

第一百十五条之十

一、依第一百十五条之三、第一百十五条之五及第一百十五条之七所制颁之法律，以及依该等法律所发之命令，于其适用期间使相对之法律失其效力，但不得对抗依前开各条早先所制颁之法律。

二、联席委员会制颁之法律及依该等法律所发之命令，至迟于防卫情况结束后六个月失其效力。

三、含有违反第九十一条之一、第九十一条之二、第一百零四条之一、第一百零六条及第一百零七条规定之法律，至迟于防卫情况结束后第二会计年度终了时失效。此等法律于防卫情况结束后得由经联邦参议院同意之联邦法律予以修正，藉以配合第八章之一及第十章之各项规定。

第一百十五条之十一

一、联邦议会得随时经联邦参议院同意废止联席委员会之立法。联邦参议院亦得要求联邦议会作此决议。联席委员会或联邦政府为排除危险所采之措施，得经联邦议会及联邦参议院之予以废止。

二、联邦议会经联邦参议院之同意得随时以由联邦总统公布之决议宣告防卫情况结束。联邦参议院亦得要求联邦议会作此决议。防卫情况如其确定之前提要件已不存在，应即宣告其结束。

三、和平条约之缔结由联邦法律决定之。

第十一章　过渡及最后条款

第一百十六条

一、除法律另有规定外,本基本法所称德国人,系指具有德国国籍之人,或于一九三七年十二月三十一日以后,以难民或被放逐者而具有德国血统之资格,或以其配偶或后裔之资格准许进入前德国(Reich) 领土之人。

二、前德国国民一九三三年一月三十日至一九四五年五月八日期间,因政治、种族或宗教理由,被剥夺国籍者及其后裔,得申请恢复其国籍。此等人如一九四五年五月八日以后在德国设有住所并未表示相反意思者,视为未丧失其国籍。

第一百十七条

一、法律与本基本法第三条第二项抵触者,在未经依照本基本法该项规定调整以前,仍继续有效,但不得超过一九五三年三月三十一日。

二、由于目前房荒而限制迁徙自由之法律,未经联邦法律废止前,仍继续有效。

第一百十八条

巴登、乌尔腾堡—巴登、乌尔腾堡—霍亨左伦各邦领域之重新调整,得不照本基本法第二十九条之规定,而依有关各邦之协议为之。倘协议不克成立,该项调整应由联邦法律规定之,此项法律须规定人民复决。

第一百十八条之一

柏林与布兰登堡领域之重新调整,得不依本基本法第二十九条之规定,而由此二邦经由其选举权之参与,以协议为之。

第一百十九条

关于难民及被逐者事项,尤其关于彼等分配于各邦事项,在联邦立法有所规定前,联邦政府经联邦参议院之同意,得发布具有法律效力之命令(Verordnungen)。遇有特殊场合,联邦政府得发布个别指令(Einzelweisungen)。除迫切危险外,此项指令应对各邦最高机关发出。

第一百二十条

一、联邦应负担占领费用,并依联邦法律细则规定负担因战争而引起之其他国内外费用,如此等战争后延费用迄至一九六九年十月一日已由联邦法律规定者,则由联邦及各邦共同依该联邦法律规定之战争后延费用,迄至一九六五年十月一日已由各邦、乡镇(乡镇联合区)或其他代行邦及乡镇功能之团体所付出,则联邦对于此等费用,纵系在前开时间以后者,亦不负责。联邦负担社会保险补助费,包括失业保险及失业救济。本项关于联邦与各邦就战争后延费用分摊之规定并不影响有关战争赔偿请求权之法律规定。

二、联邦承担支出之同时,应拨给收入。

第一百二十条之一

一、实施平衡负担之法律,经联邦参议院之同意,得规定在平衡受益方面一部分应由联邦执行,一部分应由各邦受联邦之委托执行;依第八十五条授与联邦政府及联邦最高该管机关之权力,应全部或部分委任联邦平衡局(Bundesausgleichsant)行使。联邦平衡局在行使该项权力时,无须联邦参议院之同意;除紧急情形外,联邦平衡局之指令应对各邦最高机关(邦平衡局)发出。

二、第八十七条第三项第二段之规定,不受本条规定之影响。

第一百二十一条

本基本法所称联邦议会议员及联邦大会议员之多数,为其法定议员名额之多数。

第一百二十二条

一、联邦议会集会后,法律应专由本基本法所承认之立法机关议决通过。

二、立法机关,及备立法咨询之机关,其职权因本条第一项而终止,应随时解散。

第一百二十三条

一、联邦议会集会前业已存在之法律,如不抵触本基本法,应继续有效。

二、前德意志国家(das Deutsche Rei)缔结之条约,其规定事项。依本基本法属于邦立法职权者,如仍有效并不违背一般法律基本原则,在新条约由本基本法认定有权缔约之机关缔结前或在该条约由本所定理由另行废止前,仍继续有效,但保留利害关系人之权利与异议。

第一百二十四条

有关联邦专属立法事项之法律,在其适用范围内为联邦法律。

第一百二十五条

有关联邦共同立法事项之法律,如有左列情形,在其适用范围内为联邦法律:

(一)如一律适用于一个或两个以上占领区。

(二)如涉及一九四五年五月八日以后修改前德国法律(Reichsrecht)之法律。

第一百二十五条之一

一、因基本法第七十四条第一项或第七十五条第一项之修改,而使联邦对该事项已不得再颁布联邦法律者,原已颁布之联邦法律仍得作为联邦法律而继续有效。此等法律得以邦法律代替之。

二、依据至一九九四年九月十五日仍为有效之本基本法第七十二条第二项所制定之法律,仍得作为联邦法律而继续有效。此等法律得依联邦法律之规定,以邦法律代替之。在此同一时点前所颁布之联邦法律,或依本基本法第七十五条第二项已不得再颁布,而前已颁布之法律,亦同。

第一百二十六条

法律是否继续以联邦法律施行,发生歧见,由联邦宪法法院判决之。

第一百二十七条

本基本法公布后一年内,(美英)联合区经济管理局法律,如依第一百二十四条或第一百二十五条继续以联邦法律施行,联邦政府得经有关各邦政府之同意,将其推行于巴登、大柏林、莱茵兰—伐尔兹、乌尔腾堡—霍亨伦各邦。

第一百二十八条

本基本法第八十四条第五项所称发布指令之权,如根据现行有效法律仍然存在,在法律另有规定前,此等指令权继续有效。

第一百二十九条

一、法规(Rechtsvorschriften)如继续以联邦法律施行,其定有发布命令(Rechtsverordnungen)或一般性行政规程及采取行政行为之授权者,此项授权应移归目前主管该事项之机关。如有疑义,联邦政府应以联邦参议院之同意决定之;此项决定应予公布。

二、法规如继续以各邦法律施行,其定有此项授权者,应由各邦法律所定主管机关行使之。

三、上述第一、二两项所称,如授权修改或补充法规或授权发布法规代替法律者,其授权应失效。

四、法规所指规程如已失效或所指机关如不复存在,应适用上述第一、二两项规定。

第一百三十条

一、行政机关及其他公共行政机关或司法机关,未依各邦法律或邦际条约设立者,应属于联邦政府;西南德国铁路联营处及法国占领区邮电管委员会亦同。联邦政府经联邦参议院之同意,应规定上述各机关之移转、解散或清理。

二、上述各机关人员之最高惩戒官署，为联邦主管部部长。

三、公法团体不直接受邦之监督，且非根据邦际条约而设立者，应受联邦最高主管机关之监督。

第一百三十一条

凡于一九四五年五月八日任公职之人，包括难民及被放逐者，因公务员规程或俸给规程以外之原因离职，迄今未任职或未就任与其以往地位相当之职位者，其法律地位由联邦立法规定之。凡于一九四五年五月八日有权领退休金或受其他救济之人，包括难民及被逐者，因公务员规程或俸给规程以外之原因未再领此项退休金、救济金或相等之物者，亦同。除各邦法律另有规定外，在联邦法律施行前，不得提出法律上之请求权。

第一百三十二条

一、本基本法施行时，业经任为终身职之公务员（Beamte）及法官，如其个人资历或专门技能，不适于所任职务，得于联邦议会第一次集会后六个月内，令其退休或另候任用或转任俸给较低之其他职位。雇员（Angestellte）勿须预算而解雇者，亦适用此项规定。雇员依其服务条件，须预告始得解雇者，如其预告限超过俸给规程所定者，得于上述同一期间内废止之。

二、前项规定，对于不受“肃清纳粹主义与肃清黩武主义”法律影响之公务人员或公然反对纳粹主义之公务人员，不适用之。

三、受上述影响之人，得依本基本法第十九条第四项采取法律途径。

四、其细则由联邦政府以命令规定之，此项命令应经联邦参议院之同意。

第一百三十三条

联邦继承（美英）联合区经济管理局之权利义务。

第一百三十四条

一、前德意志国家之财产，原则上属于联邦所有。

二、此项财产，如原系主要用于行政职务，此项行政职务，依本基本法不属于联邦之行政职务，应无偿移交今后执行该项职务之主管机关；如依其现在之用途，系用于依本基本法今后应由各邦履行之职务，而其用途且非属于暂时性质，应无偿移交各邦。联邦亦得将其他财产移交各邦。

三、以往由各邦及各乡镇（乡镇联合区）交由前德意志国家使用之财产，如联邦不需要作为自己行政职务之用，应无偿交还各邦及各乡镇（乡镇联合区）。

四、其细则由联邦法律规定之，此项联邦法律应经联邦参议院之同意。

第一百三十五条

一、一九四五年五月八日至本基本法生效之日，某一领域如由一邦转为另一邦，原属于该邦领域内之财产，应移交该领域现在所属之邦。

二、现已不复存在之邦及其他公法团体之财产，如原系主要用于行政职务或现在主要用于行政职务，而其用途且非属于暂时性质者，应移交现在执行此项职务之邦或公法团体。

三、现已不复存在之邦不动产连同附属物，应移交该不动产现在座落所在地之邦，但已属于本条第一项所指之不动产者，不在此限。

四、联邦之重大利益或某一地域之特别利益有所需要时，联邦立法得另行规定而不受本条第一项至第三项之限制。

五、此外财产之合法继承与清理，如在一九五二年一月一日以前未能依照有关各邦或公法团体协议解决者，应由联邦立法规定之，此项立法应经联邦参议院之同意。

六、前普鲁士邦参与之私法企业，应移转于联邦。其细则由联邦法律规定之，此项联邦法律得另行规定。

七、依本条第一项至第三项应归属于某一邦或某一公法团体之财产，如在本基本法施行时,业经有权处分者依邦法律或基于邦法律或以其他方法处分者,该项财产之转移应视为在处分之前业已完成。

第一百三十五条之一

第一百三十四条第四项及第一百三十五条第五项所保留之联邦立法,得同时规定下列债务全部或一部不予履行:

(一)前德意志国家前普鲁士邦及其他已不存在之公法团体之债务。

(二)联邦及其他公法团体因依第八十九条、第九十条、第一百三十四条及第一百三十五条移转财产所生之债务,以及上述权利主体因第一项所述权利主体所采措施所负之债务。

(三)各邦及乡(乡镇联合区)于一九四五年八月一日以前,为执行占领国家之规定或为排除因战争而生之危急状态,在其为前德意志国家所托付之行政职权范围内所采措施而生之债务。

第一百三十六条

一、联邦参议院应于联邦议会第一次集会之日举行第一次会议。

二、第一任联邦总统选举前,其职权应由联邦参议院议长行使之。行使联邦总统职权之联邦参议院议长,无解散联邦议会之权。

第一百三十七条

一、公务员、公务机关雇员、职业军人、暂时性之志愿军人及法官,于联邦、各邦及各乡镇中之被选权,得由立法予以限制。

二、德意志联邦共和国第一届联邦议会,第一届联邦大会及第一任联邦总统之选举,应适用制宪会议所通过之选举法。

三、联邦宪法法院设立前,本基本法第四十一条第二项所赋予职权,由联合经济区德国高等法院行使之,此一高等法院,依其诉讼规则审判。

第一百三十八条

巴登、巴伐利亚、乌尔腾堡—巴登及乌尔腾堡—霍亨左伦各邦公证现有体制之变更,应得各该邦政府之同意。

第一百三十九条

为"解救德国人民肃清国社主义及黩武主义"制定之法规,不受本基本法规定之影响。

第一百四十条

一九一九年八月十一日德国宪法第一百三十六条、第一百三十七条、第一百三十八条、第一百三十九条及一百四十一条之规定,为本基本法之构成部分。

第一百四十一条

本基本法第七条第三项第一段,不适于一九四九年一月一日邦法规已另有规定之邦。

第一百四十二条

在不违反本基本法第三十一条之原则下,邦宪法之规定如符合本基本法第一条至第十八条保障基本权利者,仍继续有效。

第一百四十二条之一

(一九六八年六月二十四日废止)

第一百四十三条

一、统一条约第三条所定领域内施行之法律,由于情况之不同而无法完全符合基本法秩序,至一九九二年十二月三十一日,得与本基本法之规定相违反。于此等违反,不得有抵触本基本法第十九条第二项之情形,且应符合本基本法第七十九条第三项所揭示之原则。

二、与第二章、第八章、第八章之一、第九章、第十章及第十一章相违反之规定,至一九九五年十二月三十一日仍为合法。

三、除前二项之规定外，统一条约第四十一条及其执行规定，于其规定在统一条约第三项所定领域内对财产权之干预已不得被撤销时，得持续有效。

第一百四十三条之一

联邦对于联邦铁路由联邦直接行政转变为私经济企业所生之一切事务，有专属立法权。本基本法第八十七条之五第五项之规定，准用之。

第一百四十三条之二

一、德国联邦邮政之特别财产依联邦法律之规定改组为私企业之法律形式。联邦对于一切因此所生之事务有专属立法权。

二、联邦于改组前既得之专属权，得依联邦法律之规定于过渡期间授与由德国联邦邮政局与德国联邦电讯局所成立之企业。联邦于法律生效后五年得其对德国联邦邮政局之衍生企业所持之多数资本释出。细节以需联邦参议院同意之联邦法律定之。

三、在德国联邦邮政服务之联邦公务员，应保障其法律地位与雇主之责任而于私企业继续工作。雇主之权能由此企业实施。细节以联邦法律定之。

第一百四十四条

一、本基本法应经本法初期施行之德意志各邦之民意代表机关三分之二之认可。

二、本基本法遇有第二十三条第一项所列举各邦中任一邦或各该邦中任一邦之一部分，受有限制不克适用时，该邦或该邦之一部分，有依照第三十八条派遣代表出席联邦议会及依照第五十条派遣代表出席联邦参议院之权。

第一百四十五条

一、制宪会议应在大柏林代表之参加下举行公开会议，通过本基本法，签署并公布之。

二、本基本法自公布期满时生效。

三、本基本法应刊登联邦公报。

第一百四十六条

在完成德国之统一与自由后适用于全体德意志人民之本基本法，于德意志人民依其自由决定制定之宪法生效时失其效力。

公民权利和政治权利国际公约

（联合国大会1966年12月16日通过并开放给各国签字、批准和加入）

前　文

本盟约缔约国，

鉴于依据联合国宪章揭示之原则，人类一家，对于人人天赋尊严及其平等而且不可割让权利之确认，实系世界自由正义与和平之基础，

确认此种权利源于天赋人格尊严，

确认依据世界人权宣言之昭示，唯有创造环境，使人人除享有经济社会文化权利而外，并得享受公民及政治权利，始克实现自由人类享受公民及政治自由无所恐惧不虞匮乏之理想，

鉴于联合国宪章之规定，各国负有义务，必须促进人权及自由之普遍尊重及遵守，

明认个人对他人及对其隶属之社会，负有义务，故职责所在，必须力求本盟约所确认各种权利之促进及遵守，

爰议定条款如下：

第壹编

第一条

一、所有民族均享有自决权，根据此种权利、自由决定其政治地位并自由从事其经济、社会与文化之发展。

二、所有民族得为本身之目的，自由处置其天然财富及资源，但不得妨害因基于互惠原则之国际经济合作及因国际法而生之任何义务。无论在何种情形下，民族之生计，不容剥夺。

三、本盟约缔约国、包括负责管理非自治及托管领土之国家在内，均应遵照联合国宪章规定，促进自决权之实现，并尊重此种权利。

第贰编

第二条

一、本盟约缔约国承允尊重并确保所有境内受其管辖之人；无分种族、肤色、性别、语言、宗教、政见或其他主张民族本源或社会阶级、财产、出生或其他身分等等，一律享受本盟约所确认之权利。

二、本盟约缔约国承允遇现行立法或其他措施尚无规定时，各依本国宪法程序，并遵照本盟约规定，采取必要步骤，制定必要之立法或其他措施，以实现本盟约所确认之权利。

三、本盟约缔约国承允：

（子）确保任何人所享本盟约确认之权利或自由如遭受侵害，均获有效之救济，公务员执行职务所犯之侵权行为，亦不例外；

（丑）确保上项救济声请人之救济权利，由主管司法、行政或立法当局裁决，或由该国法律制度规定之其他主管当局裁定，并推广司法救济之机会；

（寅）确保上项救济一经核准，主管当局概予执行。

第三条

本盟约缔约国承允确保本盟约所载一切公民及政治权利之享受，男女权利，一律平等。

第四条

一、如经当局正式宣布紧急状态，危及国本，本盟约缔约国得在此种危急情势绝对必要之限度内，采取措施，减免履行其依本盟约所负之义务，但此种措施不得只触其依国际法所负之其他义务，亦不得引起纯粹以种族、肤色、性别、语言、宗教或社会阶级为根据之歧视。

二、第六条、第七条、第八条（第一项及第二项）、第十一条、第十五条、第十六条及第十八条之规定，不得依本条规定减免履行。

三、本盟约缔约国行使其减免履行义务之权利者，应立即将其减免履行之条款，及减免履行之理由，经由联合国秘书长转知本盟约其他缔约国。其终止减免履行之日期，亦应另行移文秘书长转知。

第五条

一、本盟约条文不得解释为国家团体或个人有权从事活动或实行行为，破坏本盟约确认之任何一种权利与自由，或限制此种权利与自由逾越本盟约规定之程度。

二、本盟约缔约国内依法律公约条例或习俗而承认或存在之任何基本人权，不得借口本盟约未予确认或确认之范围较狭，而加以限制或减免义务。

第叁编

第六条

一、人人皆有天赋之生存权。此种权利应受法律保障。任何人之生命不得无理剥夺。

二、凡未废除死刑之国家,非犯情节最重大之罪,且依照犯罪时有效并与本盟约规定及防止及惩治残害人群罪公约不抵触之法律,不得科处死刑。死刑非依管辖法院终局判决,不得执行。

三、生命之剥夺构成残害人群罪时,本盟约缔约国公认本条不得认为授权任何缔约国以任何方式减免其依防止及惩治残害人群罪公约规定所负之任何义务。

四、受死刑宣告者,有请求特赦或减刑之权。一切判处死刑之案件均得邀大赦、特赦或减刑。

五、未满十八岁之人犯罪,不得判处死刑,怀胎妇女被判死刑,不得执行其刑。

六、本盟约缔约国不得援引本条,而延缓或阻止死刑之废除。

第七条

任何人不得施以酷刑,或予以残忍、不人道或侮辱之处遇或惩罚。非经本人自愿同意,尤不得对任何人作医学或科学试验。

第八条

一、任何人不得使充奴隶、奴隶制度及奴隶贩卖,不论出于何种方式,悉应禁止。

二、任何人不得使充奴工。

三、(子)任何人不得使服强迫或强制之劳役;

(丑)凡犯罪刑罚得科苦役徒刑之国家,如经管辖法院判处此刑,不得根据第三项(子)款规定,而不服苦役;

(寅)本项所称"强迫或强制劳役"不包括下列各项:

(一)经法院依法命令拘禁之人,或在此种拘禁假释期间之人,通常必须担任而不属于(丑)款范围之工作或服役;

(二)任何军事性质之服役,及在承认人民可以本其信念反对服兵役之国家,依法对此种人征服之国民服役;

(三)遇有紧急危难或灾害祸患危及社会生命安宁时征召之服役;

(四)为正常公民义务一部分之工作或服役。

第九条

一、人人有权享有身体自由及人身安全。任何人不得无理予以逮捕或拘禁。非依法定理由及程序,不得剥夺任何人之自由。

二、执行逮捕时,应当场向被捕人宣告逮捕原因,并应随即告知被控案由。

三、因刑事罪名而被逮捕或拘禁之人,应迅即解送法官或依法执行司法权力之其他官员,并应于合理期间内审讯或释放。候讯人通常不得加以-押,但释放得令具报,于审讯时、于司法程序之任何其他阶段、并于一旦执行判决时,候传到场。

四、任何人因逮捕或拘禁而被夺自由时,有权声请法院提审,以迅速决定其拘禁是否合法,如属非法,应即令释放。

五、任何人受非法逮捕或拘禁者,有权要求执行损害赔偿。

第十条

一、自由被剥夺之人,应受合于人道及尊重其天赋人格尊严之处遇。

二、(子)除特殊情形外,被告应与判决有罪之人分别—押,且应另予与其未经判决有罪之身分相称之处遇;

(丑)少年被告应与成年被告分别一押,并应尽速即予判决。

三、监狱制度所定监犯之处遇,应以使其悛悔自新,重适社会生活为基本目的。少年犯人应与成年犯人分别拘禁,且其处遇应与其年龄及法律身分相称。

第十一条

任何人不得仅因无力履行契约义务,即予监禁。

第十二条

一、在一国领土内合法居留之人,在该国领土内有迁徙往来之自由及择居之自由。

二、人人应有自由离去任何国家,连其本国在内。

三、上列权利不得限制,但法律所规定、保护国家安全、公共秩序、公共卫生或风化,或他人权利与自由所必要,且与本盟约所确认之其他权利不抵触之限制,不在此限。

四、人人进入其本国之权,不得无理褫夺。

第十三条

本盟约缔约国境内合法居留之外国人,非经依法判定,不得驱逐出境,且除事关国家安全必须急速处分者外,应准其提出不服驱逐出境之理由,及声请主管当局或主管当局特别指定之人员予以覆判,并为此目的委托代理人到场申诉。

第十四条

一、人人在法院或法庭之前,悉属平等。任何人受刑事控告或因其权利义务涉讼须予判定时,应有权受独立无私之法定管辖法庭公正公开审问。法院得因民主社会之风化、公共秩序或国家安全关系,或于保护当事人私生活有此必要时,或因情形特殊公开审判势必影响司法而在其认为绝对必要之限度内,禁止新闻界及公众旁听审判程序之全部或一部;但除保护少年有此必要,或事关婚姻争执或子女监护问题外,刑事民事之判决应一律公开宣示。

二、受刑事控告之人,未经依法确定有罪以前,应假定其无罪。

三、审判被控刑事罪时,被告一律有权平等享受下列最低限度之保障:

(子)迅即以其通晓之语言,详细告知被控罪名及案由;

(丑)给予充分之时间及便利,准备答辩并与其选任之辩护人联络;

(寅)立即受审,不得无故稽延;

(卯)到庭受审,及亲自答辩或由其选任辩护人答辩;未经选任辩护人者,应告以有此权利;法院认为审判有此必要时,应为其指定公设辩护人,如被告无资力酬偿,得免付之;

(辰)得亲自或间接诘问他造证人,并得声请法院传唤其证人在与他造证人同等条件下出庭作证;

(巳)如不通晓或不能使用法院所用之语言,应免费为备通译协助之;

(午)不得强迫被告自供或认罪。

四、少年之审判,应顾念被告年龄及宜使其重适社会生活,而酌定程序。

五、经判定犯罪者,有权声请上级法院依法覆判其有罪判决及所科刑罚。

六、经终局判决判定犯罪,如后因提出新证据或因发见新证据,确实证明原判错误而经撤销原判或免刑者,除经证明有关证据之未能及时披露,应由其本人全部或局部负责者外,因此判决而服刑之人应依法受损害赔偿。

七、任何人依一国法律及刑事程序经终局判决判定有罪或无罪开释者,不得就同一罪名再予审判或科刑。

第十五条

一、任何人之行为或不行为,于发生当时依内国法及国际法均不成罪者,不为罪。刑罚不得重于犯罪时法律所规定。犯罪后之法律规定减科刑罚者,从有利于行为人之法律。

二、任何人之行为或不行为,于发生当时依各国公认之一般法律原则为有罪者,其审判与刑罚不受本条规定之影响。

第十六条

人人在任何所在有被承认为法律人格之权利。

第十七条

一、任何人之私生活、家庭、住宅或通信,不得无理或非法侵扰,其名誉及信用,亦不得非法破坏。

二、对于此种侵扰或破坏,人人有受法律保护之权利。

第十八条

一、人人有思想、信念及宗教之自由。此种权利包括保有或采奉自择之宗教或信仰之自由,及单独或集体、公开或私自以礼拜、戒律、躬行及讲授表示其宗教或信仰之自由。

二、任何人所享保有或采奉自择之宗教或信仰之自由,不得以胁迫侵害之。

三、人人表示其宗教或信仰之自由,非依法律,不受限制,此项限制以保障公共安全、秩序、卫生或风化或他人之基本权利自由所必要者为限。

四、本盟约缔约国承允尊重父母或法定监护人确保子女接受符合其本人信仰之宗教及道德教育之自由。

第十九条

一、人人有保持意见不受干预之权利。

二、人人有发表自由之权利;此种权利包括以语言、文字或出版物、艺术或自己选择之其他方式,不分国界,寻求、接受及传播各种消息及思想之自由。

三、本条第二项所载权利之行使,附有特别责任及义务,故得予以某种限制,但此种限制以经法律规定,且为下列各项所必要者为限:

(子)尊重他人权利或名誉;

(丑)保障国家安全或公共秩序、或公共卫生或风化。

第二十条

一、任何鼓吹战争的宣传,应以法律禁止之。

二、任何鼓吹民族、种族或宗教仇恨之主张,构成煽动歧视、敌视或强暴者,应以法律禁止之。

第二十一条

和平集会之权利,应予确认。除依法律之规定,且为民主社会维护国家安全或公共安甯、公共秩序、维持公共卫生或风化、或保障他人权利自由所必要者外,不得限制此种权利之行使。

第二十二条

一、人人有自由结社之权利,包括为保障其本身利益而组织及加入工会之权利。

二、除依法律之规定,且为民主社会维护国家安全或公共安它、公共秩序、维持公共卫生或风化、或保障他人权利自由所必要者外,不得限制此种权利之行使。本条并不禁止对军警人员行使此种权利,加以合法限制。

三、关于结社自由及保障组织权利之国际劳工组织一九四八年公约缔约国,不得根据本条采取立法措施或应用法律,妨碍该公约缔约国所规定之保证。

第二十三条

一、家庭为社会之自然基本团体单位,应受社会及国家之保护。

二、男女已达结婚年龄者,其结婚及成立家庭之权利应予确认。

三、婚姻非经婚嫁双方自由完全同意,不得缔结。

四、本盟约缔约国应采取适当步骤,确保夫妻在婚姻方面,在婚姻关系存续期间,以及在婚姻关系消灭时,双方权利责任平等。婚姻关系消灭时,应订定办法,对子女予以必要之保护。

第二十四条

一、所有儿童有权享受家庭、社会及国家为其未成年身分给予之必需保护措施，不因种族、肤色、性别、语言、宗教、民族本源或社会阶级、财产或出生而受歧视。

二、所有儿童出生后应立予登记，并取得名字。

三、所有儿童有取得国籍之权。

第二十五条

一、凡属公民，无分第二条所列之任何区别，不受无理限制，均应有权利及机会：

（子）直接或经由自由选择之代表参与政事；

（丑）在真正、定期之选举中投票及被选。选举权必须普及而平等，选举应以无记名投票法行之，以保证选民意志之自由表现；

（寅）以一般平等之条件，服本国公职。

第二十六条

人人在法律上一律平等，且应受法律平等保护，无所歧视。在此方面，法律应禁止任何歧视，并保证人人享受平等而有效之保护，以防因种族、肤色、性别、语言、宗教、政见或其他主张、民族本源或社会阶级、财产、出生或其他身分而生之歧视。

第二十七条

凡有种族、宗教或语言少数团体之国家，属于此类少数团体之人，与团体中其他分子共同享受其固有文化、信奉躬行其固有宗教或使用其固有语言之权利，不得剥夺之。

第肆编

第二十八条

一、兹设置人权事宜委员会（本盟约下文简称委员会）委员十八人，执行以下规定之职务。

二、委员会委员应为本盟约缔约国国民，品格高尚且在人权问题方面声誉素着之人士；同时并应计及宜选若干具有法律经验之人士担任委员。

三、委员会委员以个人资格当选任职。

第二十九条

一、委员会之委员应自具备第二十八条所规定资格并经本盟约缔约国为此提名之人士名单中以无记名投票选举之。

二、本盟约各缔约国提出人选不得多于二人，所提人选应为提名国国民。

三、候选人选，得续予提名。

第三十条

一、初次选举至迟应于本盟约开始生效后六个月内举行。

二、除依据第三十四条规定宣告出缺而举行之补缺选举外，联合国秘书长至迟应于委员会各次选举日期四个月前以书面邀请本盟约缔约国于三个月内提出委员会委员候选人。

三、联合国秘书长应就所提出之候选人，按照字母次序编制名单，标明推荐其候选之缔约国，至迟于每次选举日期一个月前，送达本盟约缔约国。

四、委员会委员之选举应由联合国秘书长在联合国会所召集之缔约国会议举行之，该会议以缔约国之三分二出席为法定人数，候选人获票最多且得出席及投票缔约国代表绝对过半数票者当选为委员会委员。

第三十一条

一、委员会不得有委员一人以上为同一国家之国民。

二、选举委员会委员时应计及地域公匀分配及确能代表世界不同文化及各主要法系之原则。

第三十二条

一、委员会委员任期四年。续经提名者连选得连任。但第一次选出之委员中九人任期应为二年;任期二年之委员九人,应于第一次选举完毕后,立由第三十条第四项所称会议之主席以抽签方法决定之。

二、委员会委员任满时之改选,应依照本盟约本编以上各条举行之。

第三十三条

一、委员会某一委员倘经其他委员一致认为由于暂时缺席以外之其他原因,业已停止执行职务时,委员会主席应通知联合国秘书长,由其宣告该委员出缺。

二、委员会委员死亡或辞职时,委员会主席应即通知联合国秘书长,由其宣告该委员自死亡或辞职生效之日起出缺。

第三十四条

一、遇有第三十三条所称情形宣告出缺,且须行补选之委员任期不在宣告出缺后六个月内届满者,联合国秘书长应通知本盟约各缔约国,各缔约国得于两个月内依照第二十九条提出候选人,以备补缺。

二、联合国秘书长应就所提出之候选人,按照字母次序编制名单,送达本盟约缔约国。补缺选举应于编送名单后依照本盟约本编有关规定举行之。

三、委员会委员之当选递补依第三十三条规定宣告之悬缺者,应任职至依该条规定出缺之委员会委员任期届满时为止。

第三十五条

委员会委员经联合国大会核准,自联合国资金项下支取报酬,其待遇及条件由大会参酌委员会所负重大责任定之。

第三十六条

联合国秘书长应供给委员会必要之办事人员及便利,俾得有效执行本盟约所规定之职务。

第三十七条

一、委员会首次会议由联合国秘书长在联合国会所召集之。

二、委员会举行首次会议后,遇委员会议事规则规定之情形召开会议。

三、委员会会议通常应在联合国会所或日内瓦联合国办事处举行之。

第三十八条

委员会每一委员就职时,应在委员会公开集会中郑重宣言,必当秉公竭诚,执行职务。

第三十九条

一、委员会应自行选举其职员,任期二年,连选得连任。

二、委员会应自行制定议事规则,其中应有下有列规定:

(子)委员十二人构成法定人数;

(丑)委员会之决议以出席委员过半数之同意为之。

第四十条

一、本盟约缔约国承允依照下列规定,各就其实施本盟约所确认权利而采取之措施,及在享受各种权利方面所获之进展,提具报告书:

(子)本盟约对关系缔约国生效后一年内;

(丑)其后遇委员会提出请求时。

二、所有报告书应交由联合国秘书长转送委员会审议。如有任何因素及困难影响本盟约之实施,报告书应予说明。

三、联合国秘书长与委员会商洽后得将报告书中属于关系专门机关职权范围之部分副本转送各该专门机关。

四、委员会应研究本盟约缔约国提出之报告书。委员会应向缔约国提送其报告书及其认为适当之一般评议。委员会亦得将此等评议连同其自本盟约缔约国收到之报告书副本转送经济暨社会理事会。

五、本盟约缔约国得就可能依据本条第四项规定提出之任何评议向委员会提出意见。

第四十一条

一、本盟约缔约国得依据本条规定,随时声明承认委员会有权接受并审议一缔约国指称另一缔约国不履行本盟约义务之来文。依本条规定而递送之来文,必须为曾声明其本身承认委员会有权之缔约国所提出方得予以接受并审查。如来文关涉未作此种声明之缔约国,委员会不得接受之。依照本条规定接受之来文应照下开程序处理:

(子)如本盟约某一缔约国认为另一缔约国未实施本盟约条款,得书面提请该缔约国注意。受请国应于收到此项来文三个月内,向递送来文之国家书面提出解释或任何其他声明,以阐明此事,其中应在可能及适当范围内,载明有关此事之本国处理办法,及业经采取或正在决定或可资援用之救济办法。

(丑)如在受请国收到第一件来文后六个月内,问题仍未获关系缔约国双方满意之调整,当事国任何一方均有权通知委员会及其他一方,将事件提交委员会。

(寅)委员会对于提请处理之事件,应于查明对此事件可以运用之国内救济办法悉已援用无遗后,依照公认之国际法原则处理之。但如救济办法之实施有不合理之拖延,则不在此限。

(卯)委员会审查本条所称之来文时应举行不公开会议。

(辰)以不抵触(寅)款之规定为限,委员会应斡旋关系缔约国俾以尊重本盟约所确认之人权及基本自由为基础,友善解决事件。

(巳)委员会对于提请处理之任何事件,得请(丑)款所称之关系缔约国提供任何有关情报。

(午)(丑)款所称关系缔约国有权于委员会审议此事件时出席并提出口头及/或书面陈述。

(未)委员会应于接获依(丑)款所规定通知之日起十二个月内提出报告书:

(一)如已达成(辰)款规定之解决办法,委员会报告书应以扼要陈述事实及所达成之解决办法为限。

(二)如未达成(辰)款规定之解决办法,委员会报告书应以扼要陈述事实为限,关系缔约国提出之书面陈述及口头陈述纪录应附载于报告书内。

关于每一事件,委员会应将报告书送达各关系缔约国。

二、本条之规定应于本盟约十缔约国发表本条第一项所称之声明后生效。此种声明应由缔约国交存联合国秘书长,由秘书长将声明副本转送其他缔约国。缔约国得随时通知秘书长撤回声明。此种撤回不得影响对业经依照本条规定递送之来文中所提事件之审议;秘书长接得撤回通知后,除非关系缔约国另作新声明,该国再有来文时不予接受。

第四十二条

一、(子)如依第四十一条之规定提请委员会处理之事件未能获得关系缔约国满意之解决,委员会得经关系缔约国事先同意,指派一专设和解委员会(下文简称和委会)。和委会应为关系缔约国斡旋,俾以尊重本盟约为基础,和睦解决问题;

(丑)和委会由关系缔约国接受之委员五人组成之。如关系缔约国于三个月内对和委会组成之全部或一部未能达成协议,未得协议之和委会委员应由委员会用无记名投票法以三分二之多数自其本身委员中选出之。

二、和委会委员以个人资格任职。委员不得为关系缔约国之国民,或为非本盟约缔约国之国民,或未依第四十一条规定发表声明之缔约国国民。

三、和委会应自行选举主席及制定议事规则。

四、和委会会议通常应在联合国会所或日内瓦联合国办事处举行,但亦得于和委会谘商联合国秘书长及关系缔约国决定之其他方便地点举行。

五、依第三十六条设置之秘书处应亦为依本条指派之和委会服务。

六、委员会所搜集整理之情报,应提送和委会,和委会亦得请关系缔约国提供任何其他有关情报。

七、和委会于详尽审议案件后,无论如何应于受理该案件十二个月内,向委员会主席提出报告书,转送关系缔约国:

(子)和委会如未能于十二个月内完成案件之审议,其报告书应以扼要说明审议案件之情形为限;

(丑)和委会如能达成以尊重本盟约所确认之人权为基础之和睦解决问题办法,其报告书应以扼要说明事实及所达成之解决办法为限;

(寅)如未能达成(丑)款规定之解决办法,和委会报告书应载有其对于关系缔约国争执事件之一切有关事实问题之结论,以及对于事件和睦解决各种可能性之意见。此项报告书应亦载有关系缔约国提出之书面陈述及所作口头陈述之纪录;

(卯)和委会报告书如系依(寅)款之规定提出,关系缔约国应于收到报告书后三个月内通知委员会主席愿否接受和委会报告书内容。

八、本条规定不影响委员会依第四十一条所负之责任。

九、关系缔约国应依照联合国秘书长所提概算,平均负担和委会委员之一切费用。

十、联合国秘书长有权于必要时在关系缔约国依本条第九项偿还用款之前,支付和委会委员之费用。

第四十三条

委员会委员,以及依第四十二条可能指派之专设和解委员会委员,应有权享受联合国特权豁免公约内有关各款为因联合国公务出差之专家所规定之便利、特权与豁免。

第四十四条

本盟约实施条款之通用不得妨碍联合国及各专门机关之组织约章及公约在人权方面所订之程序,或根据此等约章及公约所订之程序,亦不得阻止本盟约各缔约国依照彼此间现行之一般或特别国际协定,采用其他程序解决争端。

第四十五条

委员会应经由经济暨社会理事会向联合国大会提送常年工作报告书。

第伍编

第四十六条

本盟约之解释,不得影响联合国宪章及各专门机关组织法内规定联合国各机关及各专门机关分别对本盟约所处理各种事项所负责任之规定。

第四十七条

本盟约之解释,不得损害所有民族充分与自由享受及利用其天然财富与资源之天赋权利。

第陆编

第四十八条

一、本盟约听由联合国会员国或其专门机关会员国、国际法院规约当事国及经联合国大会邀请为本盟约缔约国之任何其他国家签署。

二、本盟约须经批准。批准书应送交联合国秘书长存放。

三、本盟约听由本条第一项所称之任何国家加入。

四、加入应以加入书交存联合国秘书长为之。

五、联合国秘书长应将每一批准书或加入书之交存,通知已经签署或加入本盟约之所有国家。

第四十九条

一、本盟约应自第三十五件批准书或加入书送交联合国秘书长存放之日起三个月后发生效力。

二、对于在第三十五件批准书或加入书交存后批准或加入本盟约之国家,本盟约应自该国交存批准书或加入书之日起三个月后发生效力。

第五十条

本盟约各项规定应一律适用于联邦国家之全部领土,并无限制或例外。

第五十一条

一、本盟约缔约国得提议修改本盟约,将修正案提交联合国秘书长。秘书长应将提议之修正案分送本盟约各缔约国,并请其通知是否赞成召开缔约国会议,以审议并表决所提议案。如缔约国三分一以上赞成召开会议,秘书长应以联合国名义召集之。经出席会议并投票之缔约国过半数通过之修正案,应提请联合国大会核可。

二、修正案经联合国大会核可,并经本盟约缔约国三分二各依本国宪法程序接受后,即发生效力。

三、修正案生效后,对接受此种修正之缔约国具有拘束力,其他缔约国仍受本盟约原订条款及其前此所接受条正案之拘束。

第五十二条

除第四十八条第五项规定之通知外,联合国秘书长应将下列事项通知同条第一项所称之所有国家:

(子)依第四十八条所为之签署、批准及加入;

(丑)依第四十九条本盟约发生效力之日期,及依第五十一条任何修正案发生效力之日期。

第五十三条

一、本盟约应交存联合国档库,其中、英、法、俄及西文各本同一作准。

二、联合国秘书长应将本盟约正式副本分送第四十八条所称之所有国家。

经济、社会和文化权利国际公约*

（联合国大会 1966 年 12 月 16 日通过并开放给各国签字、批准和加入）

序 言

本公约缔约各国，

考虑到，按照联合国宪章所宣布的原则，对人类家庭所有成员的固有尊严及其平等的和不移的权利的承认，乃是世界自由、正义与和平的基础，

确认这些权利是源于人身的固有尊严，

确认，按照世界人权宣言，只有在创造了使人可以享有其经济、社会及文化权利，正如享有其公民和政治权利一样的条件的情况下，才能实现自由人类享有免于恐惧和匮乏的自由的理想，

考虑到各国根据联合国宪章负有义务促进对人的权利和自由的普遍尊重和遵行，

认识到个人对其他个人和对他所属的社会负有义务，应为促进和遵行本公约所承认的权利而努力，

兹同意下述各条：

第一部分

第一条

一、所有人民都有自决权。他们凭这种权利自由决定他们的政治地位，并自由谋求他们的经济、社会和文化的发展。

二、所有人民得为他们自己的目的自由处置他们的天然财富和资源，而不损害根据基于互利原则的国际经济合作和国际法而产生的任何义务。在任何情况下不得剥夺一个人民自己的生存手段。

三、本公约缔约各国，包括那些负责管理非自治领土和托管领土的国家，应在符合联合国宪章规定的条件下，促进自决权的实现，并尊重这种权利。

---

* 《全国人民代表大会常务委员会关于批准〈经济、社会及文化权利国际公约〉的决定》（2001 年 2 月 28 日通过）：第九届全国人民代表大会常务委员会第二十次会议决定，批准我国政府于 1997 年 10 月 27 日签署的《经济、社会及文化权利国际公约》。同时，声明如下：

一、中华人民共和国政府对《经济、社会及文化权利国际公约》第八条第一款（甲）项，将依据《中华人民共和国宪法》、《中华人民共和国工会法》和《中华人民共和国劳动法》等法律的有关规定办理。

二、根据 1997 年 6 月 20 日和 1999 年 12 月 2 日中华人民共和国常驻联合国代表先后致联合国秘书长的照会，《经济、社会及文化权利国际公约》适用于中华人民共和国香港特别行政区和中华人民共和国澳门特别行政区，依照《中华人民共和国香港特别行政区基本法》和《中华人民共和国澳门特别行政区基本法》的规定，通过各该特别行政区的法律予以实施。

三、台湾当局于 1967 年 10 月 5 日盗用中国名义对《经济、社会及文化权利国际公约》所作的签署是非法和无效的。

第二部分

第二条

一、每一缔约国家承担尽最大能力个别采取步骤或经由国际援助和合作,特别是经济和技术方面的援助和合作,采取步骤,以便用一切适当方法,尤其包括用立法方法,逐渐达到本公约中所承认的权利的充分实现。

二、本公约缔约各国承担保证,本公约所宣布的权利应予普遍行使,而不得有例如种族、肤色、性别、语言、宗教、政治或其他见解、国籍或社会出身、财产、出生或其他身分等任何区分。

三、发展中国家,在适当顾到人权及它们的民族经济的情况下,得决定它们对非本国国民的享受本公约中所承认的经济权利,给予什么程度的保证。

第三条

本公约缔约各国承担保证男子和妇女在本公约所载一切经济、社会及文化权利方面有平等的权利。

第四条

本公约缔约各国承认,在对各国依据本公约而规定的这些权利的享有方面,国家对此等权利只能加以限制同这些权利的性质不相违背而且只是为了促进民主社会中的总的福利的目的的法律所确定的限制。

第五条

一、本公约中任何部分不得解释为隐示任何国家、团体或个人有权利从事于任何旨在破坏本公约所承认的任何权利或自由或对它们加以较本公约所规定的范围更广的限制的活动或行为。

二、对于任何国家中依据法律、惯例、条例或习惯而被承认或存在的任何基本人权,不得借口本公约未予承认或只在较小范围上予以承认而予以限制或克减。

第三部分

第六条

一、本公约缔约各国承认工作权,包括人人应有机会凭其自由选择和接受的工作来谋生的权利,并将采取适当步骤来保障这一权利。

二、本公约缔约各国为充分实现这一权利而采取的步骤应包括技术的和职业的指导和训练,以及在保障个人基本政治和经济自由的条件下达到稳定的经济、社会和文化的发展和充分的生产就业的计划、政策和技术。

第七条

本公约缔约各国承认人人有权享受公正和良好的工作条件,特别要保证:

(甲)最低限度给予所有工人以下列报酬:

(1)公平的工资和同值工作同酬而没有任何歧视,特别是保证妇女享受不差于男子所享受的工作条件,并享受同工同酬;

(2)保证他们自己和他们的家庭得有符合本公约规定的过得去的生活;

(乙)安全和卫生的工作条件;

(丙)人人在其行业中有适当的提级的同等机会,除资历和能力的考虑外,不受其他考虑的限制;

(丁)休息、闲暇和工作时间的合理限制,定期给薪休假以及公共假日报酬。

第八条

一、本公约缔约各国承担保证：

（甲）人人有权组织工会和参加他所选择的工会，以促进和保护他的经济和社会利益；这个权利只受有关工会的规章的限制。对这一权利的行使，不得加以除法律所规定及在民主社会中为了国家安全或公共秩序的利益或为保护他人的权利和自由所需要的限制以外的任何限制；

（乙）工会有权建立全国性的协会或联合会，有权组织或参加国际工会组织；

（丙）工会有权自由地进行工作，不受除法律所规定及在民主社会中为了国家安全或公共秩序的利益或为保护他人的权利和自由所需要的限制以外的任何限制；

（丁）有权罢工，但应按照各个国家的法律行使此项权利。

二、本条不应禁止对军队或警察或国家行政机关成员的行使这些权利，加以合法的限制。

三、本条并不授权参加一九四八年关于结社自由及保护组织权国际劳工公约的缔约国采取足以损害该公约中所规定的保证的立法措施，或在应用法律时损害这种保证。

第九条

本公约缔约各国承认人人有权享受社会保障，包括社会保险。

第十条

本公约缔约各国承认：

一、对作为社会的自然和基本的单元的家庭，特别是对于它的建立和当它负责照顾和教育未独立的儿童时，应给以尽可能广泛的保护和协助。缔婚必须经男女双方自由同意。

二、对母亲，在产前和产后的合理期间，应给以特别保护。在此期间，对有工作的母亲应给以给薪休假或有适当社会保障福利金的休假。

三、应为一切儿童和少年采取特殊的保护和协助措施，不得因出身或其他条件而有任何歧视。儿童和少年应予保护免受经济和社会的剥削。雇佣他们做对他们的道德或健康有害或对生命有危险的工作或做足以妨害他们正常发育的工作，依法应受惩罚。各国亦应规定限定的年龄，凡雇佣这个年龄以下的童工，应予禁止和依法应受惩罚。

第十一条

一、本公约缔约各国承认人人有权为他自己和家庭获得相当的生活水准，包括足够的食物、衣着和住房，并能不断改进生活条件。各缔约国将采取适当的步骤保证实现这一权利，并承认为此而实行基于自愿同意的国际合作的重要性。

二、本公约缔约各国既确认人人享有免于饥饿的基本权利，应为下列目的，个别采取必要的措施或经由国际合作采取必要的措施，包括具体的计划在内：

（甲）用充分利用科技知识、传播营养原则的知识、和发展或改革土地制度以使天然资源得到最有效的开发和利用等方法，改进粮食的生产、保存及分配方法；

（乙）在顾到粮食入口国家和粮食出口国家的问题的情况下，保证世界粮食供应，会按照需要，公平分配。

第十二条

一、本公约缔约各国承认人人有权享有能达到的最高的体质和心理健康的标准。

二、本公约缔约各国为充分实现这一权利而采取的步骤应包括为达到下列目标所需的步骤：（甲）减低死胎率和婴儿死亡率，和使儿童得到健康的发育；

（乙）改善环境卫生和工业卫生的各个方面；

（丙）预防、治疗和控制传染病、风土病、职业病以及其他的疾病；

（丁）创造保证人人在患病时能得到医疗照顾的条件。

第十三条

一、本公约缔约各国承认，人人有受教育的权利。它们同意，教育应鼓励人的个性和尊严的充分发展，加强对人权和基本自由的尊重，并应使所有的人能有效地参加自由社会，促进各民族之间和各种族、人种或宗教团体之间的了解、容忍和友谊，和促进联合国维护和平的各项活动。

二、本公约缔约各国认为，为了充分实现这一权利起见：

(甲)初等教育应属义务性质并一律免费；

(乙)各种形式的中等教育，包括中等技术和职业教育，应以一切适当方法，普遍设立，并对一切人开放，特别要逐渐做到免费；

(丙)高等教育应根据成绩，以一切适当方法，对一切人平等开放，特别要逐渐做到免费；

(丁)对那些未受到或未完成初等教育的人的基础教育，应尽可能加以鼓励或推进；

(戊)各级学校的制度，应积极加以发展；适当的奖学金制度，应予设置；教员的物质条件，应不断加以改善。

三、本公约缔约各国承担，尊重父母和(如适用时)法定监护人的下列自由：为他们的孩子选择非公立的但系符合于国家所可能规定或批准的最低教育标准的学校，并保证他们的孩子能按照他们自己的信仰接受宗教和道德教育。

四、本条的任何部分不得解释为干涉个人或团体设立及管理教育机构的自由，但以遵守本条第一款所述各项原则及此等机构实施的教育必须符合于国家所可能规定的最低标准为限。

第十四条

本公约任何缔约国在参加本公约时尚未能在其宗主领土或其他在其管辖下的领土实施免费的、义务性的初等教育者，承担在两年之内制定和采取一个逐步实行的详细的行动计划，其中规定在合理的年限内实现一切人均得受免费的义务性教育的原则。

第十五条

一、本公约缔约各国承认人人有权：

(甲)参加文化生活；

(乙)享受科学进步及其应用所产生的利益；

(丙)对其本人的任何科学、文学或艺术作品所产生的精神上和物质上的利益，享受被保护之利。

二、本公约缔约各国为充分实现这一权利而采取的步骤应包括为保存、发展和传播科学和文化所必需的步骤。

三、本公约缔约各国承担尊重进行科学研究和创造性活动所不可缺少的自由。

四、本公约缔约各国认识到鼓励和发展科学与文化方面的国际接触和合作的好处。

第四部分

第十六条

一、本公约缔约各国承担依照本公约这一部分提出关于在遵行本公约所承认的权利方面所采取的措施和所取得的进展的报告。

二、(甲)所有的报告应提交给联合国秘书长；联合国秘书长应将报告副本转交经济及社会理事会按照本公约的规定审议；

(乙)本公约任何缔约国，同时是一个专门机构的成员国者，其所提交的报告或其中某部分，倘若与按照该专门机构的组织法规定属于该机构职司范围的事项有关，联合国秘书长应同时将报告副本或其中的有关部分转交该专门机构。

第十七条

一、本公约缔约各国应按照经济及社会理事会在同本公约缔约各国和有关的专门机构进行咨商后，于本公约生效后一年内，所制定的计划，分期提供报告。

二、报告得指出影响履行本公约义务的程度的因素和困难。

三、凡有关的材料业经本公约任一缔约国提供给联合国或某一专门机构时，即不需要复制该项材料，而只需确切指明所提供材料的所在地即可。

第十八条

经济及社会理事会按照其根据联合国宪章在人权方面的责任，得和专门机构就专门机构向理事会报告在使本公约中属于各专门机构活动范围的规定获得遵行方面的进展作出安排。这些报告得包括它们的主管机构所采取的关于此等履行措施的决定和建议的细节。

第十九条

经济及社会理事会得将各国按照第十六条和第十七条规定提出的关于人权的报告和各专门机构按照第十八条规定提出的关于人权的报告转交人权委员会以供研究和提出一般建议或在适当时候参考。

第二十条

本公约缔约各国以及有关的专门机构得就第十九条中规定的任何一般建议或就人权委员会的任何报告中的此种一般建议或其中所提及的任何文件，向经济及社会理事会提出意见。

第二十一条

经济及社会理事会得随时和其本身的报告一起向大会提出一般性的建议以及从本公约各缔约国和各专门机构收到的关于在普遍遵行本公约所承认的权利方面所采取的措施和所取得的进展的材料的摘要。

第二十二条

经济及社会理事会得提请从事技术援助的其他联合国机构和它们的辅助机构以及有关的专门机构对本公约这一部分所提到的各种报告所引起的任何事项予以注意，这些事项可能帮助这些机构在它们各自的权限内决定是否需要采取有助于促进本公约的逐步切实履行的国际措施。

第二十三条

本公约缔约各国同意为实现本公约所承认的权利而采取的国际行动应包括签订公约、提出建议、进行技术援助、以及为磋商和研究的目的同有关政府共同召开区域会议和技术会议等方法。

第二十四条

本公约的任何部分不得解释为有损联合国宪章和各专门机构组织法中确定联合国各机构和各专门机构在本公约所涉及事项方面的责任的规定。

第二十五条

本公约中任何部分不得解释为有损所有人民充分地和自由地享受和利用他们的天然财富与资源的固有权利。

第五部分

第二十六条

一、本公约开放给联合国任何会员国或其专门机构的任何会员国、国际法院规约的任何当事国、和经联合国大会邀请为本公约缔约国的任何其他国家签字。

二、本公约须经批准。批准书应交存联合国秘书长。

三、本公约应开放给本条第一款所述的任何国家加入。

四、加入应向联合国秘书长交存加入书。

五、联合国秘书长应将每一批准书或加入书的交存通知已经签字或加入本公约的所有国家。

第二十七条

一、本公约应自第三十五件批准书或加入书交存联合国秘书长之日起三个月后生效。

二、对于在第三十五件批准书或加入书交存后批准或加入本公约的国家,本公约应自该国交存其批准书或加入书之日起三个月后生效。

第二十八条

本公约的规定应扩及联邦国家的所有部分,没有任何限制和例外。

第二十九条

一、本公约的任何缔约国均得提出对本公约的修正案,并将其提交联合国秘书长。秘书长应立即将提出的修正案转知本公约各缔约国,同时请它们通知秘书长是否赞成召开缔约国家会议以审议这个提案并对它进行表决。在至少有三分之一缔约国赞成召开这一会议的情况下,秘书长应在联合国主持下召开此会议。为会议上出席并投票的多数缔约国所通过的任何修正案,应提交联合国大会批准。

二、此等修正案由联合国大会批准并为本公约缔约国的三分之二多数按照它们各自的宪法程序加以接受后,即行生效。

三、此等修正案生效时,对已加接受的各缔约国有拘束力,其他缔约国仍受本公约的条款和它们已接受的任何以前的修正案的拘束。

第三十条

除按照第二十六条第五款作出的通知外,联合国秘书长应将下列事项通知同条第一款所述的所有国家:

(甲)按照第二十六条规定所作的签字、批准和加入;

(乙)本公约按照第二十七条规定生效的日期,以及对本公约的任何修正案按照第二十九条规定生效的日期。

第三十一条

一、本公约应交存联合国档库,其中文、英文、法文、俄文、西班牙文各本同一作准。

二、联合国秘书长应将本公约的正式副本分送第二十六条所指的所有国家。

后　记

自上个世纪90年代初以来,我国宪法学界逐步形成的主流观点认为,公民权利与国家权力的关系是宪法学的全部研究内容。换言之,公民权利与国家权力是宪法学的一对基石范畴。以此为逻辑起点,宪法被界定为授予并限制国家权力以保障公民权利的根本法,而宪法学则被界定为关于国家权力控制与公民权利保障的学说。的确,只有对宪法(学)做出这样的界定,行政合法性原则、罪刑法定原则、无罪推定原则等所承载的公法学原理才能得到最终的理论说明,宪法(学)才能体现出其根本性、基础性。基于此种考虑,本教材将"公民权利"、"国家权力"单独设编,分别予以介绍,而不像多数宪法学教材那样,在介绍公民权利之外专门介绍国家机构。由于宪法学理论认为"权利先于宪法"、"权利优于权力",故将"公民权利编"置于"国家权力编"之前。当然,这种编写体例的变化所体现的意义主要是形式方面的,对于选举制度、政党制度如何体现国家权力的形成,政体、国家结构形式如何体现国家权力的制约原理,我们并未做出明确的说明,这是本教材的一大缺憾,我们将在修订时予以弥补。

世界上多数国家的宪法,尽管形式各异,但大都是围绕公民权利与国家机构(国家权力的载体)展开的,体现了控制国家权力、保障公民权利的精神。国际人权公约虽然没有国家机构之设,而纯粹是关于人权的宣示,但都明确规定保障人权是各国政府的义务,从而体现出了控制国家权力、保障公民权利的价值取向。为了帮助同学们形成关于宪法的感性认识,我们选取世界主要发达国家的现行宪法和两大人权公约附于书后,希望大家籍文本阅读之机,深化对宪法的认识,尽快步入宪法学之门。

由于研究范围有限,每个人都不可能独立完成一部宪法学教材的撰写工作,所以我们沿用了主编制。因此,本教材也像其他采用主编制的教材一样,个别章节之间存在着文风不一致甚至前后观点不统一等现象。这是主编制教材本身无法避免的缺点,倒也正好为任课教师留下了发挥的余地。毕竟,教材虽然是初学者必不可少的模本,但绝不能成为教师照本宣科的凭据。

本教材主编为夏泽祥,副主编为于胜刚、汪栋两位老师。由主编负责统稿。各章的具体分工如下(以撰写章节先后为序):

夏泽祥(山东师范大学):第一、二、三章;

王新娟(山东科技大学):第四、八章;

宋海春(东北师范大学):第五、六章;

王守印(泰山学院):第七章;

汪栋(山东农业大学):第九、十四章;

李琳(潍坊学院):第十、十一章;

于胜刚(临沂大学):第十二章;

朱宝丽(山东建筑大学):第十三章。

本书引用的宪法学研究领域许多专家、学者的资料,书中已经尽量标注清楚,在此表示衷心的感谢。如有遗漏、错讹之处,还请各位专家、学者原谅,并恳请读者指正!

编者

2011 年 6 月

图书在版编目(CIP)数据

宪法学/夏泽祥主编.—济南:山东人民出版社,2011.8(2016.8 重印)
高等院校法学专业系列教材
ISBN 978-7-209-05756-1

Ⅰ.①宪… Ⅱ.①夏… Ⅲ.①宪法学—法的理论—高等学校—教材 Ⅳ.①D921.01

中国版本图书馆 CIP 数据核字(2011)第 092697 号

责任编辑:崔 萌
封面设计:张丽娜

宪法学
夏泽祥 主编

山东出版传媒股份有限公司
山东人民出版社出版发行
社 址:济南市经九路胜利大街 39 号 邮 编:250001
网 址:http:// www.sd-book.com.cn
发行部:(0531)82098027 82098028
新华书店经销
山东省东营市新华印刷厂印装

规 格 16 开(169mm×239mm)
印 张 30
字 数 530 千字 插页 2
版 次 2011 年 8 月第 1 版
印 次 2016 年 8 月第 3 次
ISBN 978-7-209-05756-1
定 价 45.00 元

如有印装质量问题,请与印刷单位联系调换。电话:(0546)6441693